MARY DALY
AUSWÄRTS REISEN

MARY DALY

AUSWÄRTS REISEN
DIE STRAHLKRÄFTIGE FAHRT

Darin Erinnerungen aus meinem
Logbuch einer Radikalen Feministischen Philosophin
(Beschreibung meiner Zeit/Raum-Reisen und -Ideen –
Damals und Wieder und Jetzt und Wie)

aus dem amerikanischen Englisch
von Erika Wisselinck

Frauenoffensive

Für meine Mutter, Anna, die mein Schiff/meine Kunst ins Leben
entließ
und sie ständig im Expandierenden Jetzt nachtankt,
und für Andere Vorschwestern und Gefährtinnen,
die zu allen Zeiten
auf Kurs geblieben sind
auf ihre eigene einmalige Weise
und die wissen, wer sie Sind.

1. Auflage, 1994
© Mary Daly, 1992
Originaltitel: Outercourse. The Be-Dazzling Voyage
Veröffentlicht bei Harper, San Francisco
© deutsche Übersetzung: Verlag Frauenoffensive, München 1994
(Knollerstr. 3, 80802 München)

ISBN 3-88104-253-9

Druck: Clausen & Bosse, Leck
Umschlaggestaltung: Frauke Bergemann, München

Dies Buch ist gedruckt auf Papier aus chlorfrei gebleichtem Zellstoff.

INHALT

VORWORT ZUR DEUTSCHEN ÜBERSETZUNG

Dieses Buch enthält – verbunden mit biographischen Details – eine Zusammenfassung aller Gedanken aus Mary Dalys vorangegangenen Büchern, von denen ich *Gyn/Ökologie* und *Reine Lust* ins Deutsche übersetzt habe. Einer erstmalig Daly lesenden Frau stellt sich somit das Problem, daß sie hier sämtliche „Neuen Worte" und Alliterationen aus allen vorangegangenen Werken vorfindet. Hätte ich sie alle mit Fußnoten erklärt, wäre dieses Buch doppelt so dick und würde mehr als zur Hälfte aus Fußnoten bestehen. Ich konnte deshalb häufig lediglich auf die entsprechenden Stellen in den beiden genannten Büchern hinweisen (aus denen, neben dem nicht übersetzbaren *Wickedary*, fast alle neuen Worte stammen) und habe Erklärungen nur bei besonders witzigen oder raffinierten Wortspielen oder möglichen Unverständlichkeiten gegeben. Im übrigen kann ich hier nur die ersten Sätze aus dem „Vorwort zur deutschen Übersetzung" in *Gyn/Ökologie* zitieren:

„Mary Dalys Originaltext lebt von Wortspielen, die schwer oder gar nicht zu übersetzen sind. Viele davon sind Alliterationen, Zusammenfügungen mehrerer ähnlich klingender Wörter, deren wörtliche Übersetzung meist keineswegs ähnlich klingt. Auch das wortspielerische Demaskieren von Wörtern, indem sie an ungewöhnlicher Stelle mit Bindestrich getrennt oder in ungewöhnlicher Form zusammengeschrieben werden, ist in dieser Form nicht übertragbar." (*Gyn/Ökologie*, S.9) (Wenn ich in Fußnoten „unübersetzbares Wortspiel" schreibe, so heißt das natürlich nicht, daß nicht irgendeiner genialen Frau eine wunderfeine Entsprechung einfallen könnte...)

Zu einigen zentralen Begriffen: Die in *Gyn/Ökologie* entwickelte Vorstellung von Vordergrund und Hintergrund spielt auch in *Auswärts reisen* eine entscheidende Rolle: Vordergrund – die alltägliche, sichtbare, aber dennoch „phantomische" Welt, Hintergrund – das „Eigentliche", aus dem die Erkenntnisse, die Kraft zum Durchschauen und zum Handeln kommen. Wiederum stehen die *Be*-Wörter (*Be-Laughing*, *Be-Friending* etc.) im Mittelpunkt. Mit dem vorangestellten *Be* (sein) will Mary Daly die „ontologische Dimension" dieser Worte fassen, die verwendeten deutschen Vorsilben können das leider nicht vermitteln. Meine ausführlichen Erläuterungen finden sich an entsprechender Stelle in Fußnoten. Die Vorstellungen von den „dämonischen Kräften", die den Weg der Reisenden blockieren, und den „Todsünden der Väter" stammen aus *Gyn/Ökologie*. Die aus dem Kontext der Elemente entwickelten neuen Begriffe sind in *Reine Lust* entstanden.

Aufmerksamen Daly-Kennerinnen wird vielleicht auffallen, daß ich in diesem Buch häufiger Worte verwendet habe, die im Deutschen als „Fremdworte" empfunden werden. Wie bereits im Vorwort zu *Reine Lust* ausgeführt, hat die englische Sprache einen sehr hohen Anteil an Worten mit lateinischer Wurzel (Anglisten sprechen von nur etwas mehr als 25 % Anteil „Inselsprache"). Zu den meisten dieser englischen umgangssprachlich verwendeten Worte mit lateinischer Wurzel gibt es deutsche „Fremdwort"-Entsprechungen. Ich hatte mich in den anderen Büchern bemüht, diese „Fremdworte" möglichst zu vermeiden, in diesem Buch jedoch boten sie sich, besonders in den theoretisch-philosophischen Abschnitten, einfach an, und ich habe meine Scheu ihnen gegenüber abgelegt. (*The Expanding Now*, beispielsweise, klingt als „das sich Ausdehnende Jetzt", besonders in diversen Zusammenset-zungen, einfach plump, während „das Expandierende Jetzt" genauso gut verständlich und sprachlich eleganter ist.) Unsere Sprache ist inzwischen sowieso teilweise so verwissenschaftlicht, daß ich dieses Vorgehen für zumutbar halte.

Für Daly-Erstleserinnen: In ihrer Einleitung gibt Mary Daly ab DIE MOMENTE VON AUSWÄRTS REISEN eine äußerst komprimierte Zu-sammenfassung des Inhalts dieses Buches, in der komplizierte neue Ausdrücke noch nicht erklärt werden. Sollte dieser Text sehr schwierig erscheinen, empfehle ich, gleich bei der Biographie (MEINE UR-REISEN ZUM JAHRE OH!) zu beginnen und sich die gekonnte Zusam-menfassung bis zum Schluß aufzuheben.

Ein Problem stellt auch die von Mary Daly bewußt eingesetzte, von den Rechtschreibregeln der englischen Sprache abweichende Groß- und Kleinschreibung dar. Sie kann im Deutschen nur soweit über-nommen werden, als es sich um Verben oder Adjektive/Adverbien handelt, nicht jedoch bei Substantiven, da diese im Deutschen immer groß geschrieben werden. (So schreibt Mary Daly z.B. Hintergrund, *Background*, immer groß und Vordergrund, *foreground*, immer klein, was natürlich eine ins Auge springende Wertung ist.) Das stets groß geschriebene *Now*, das Jetzt, ist ein zentraler Begriff in diesem Buch, sowie die stets groß geschriebenen *Moments*, die im Deutschen als Momente (also ohne die Großschreibungswertung) eher zu harmlos klingen (ausführliche Erklärung im Text).

Im übrigen gilt, wie für die vorangegangenen Bücher: Ich habe nach Kräften weitestmögliche Annäherung versucht.

Mein Dank geht an Ulrike Bauer, die meine eingeflogenen Manu-skriptseiten mit Liebe und Sorgfalt in den Computer eingegeben hat.

Campo de Baixo, April 1994   *Erika Wisselinck*

Im Folgenden bedeutet: * = Anm. der Autorin; † = Anm. der Übersetzerin.

EINLEITENDE BEMERKUNGEN

In die Augenblicke des Lebens und Schreibens von *Outercourse/ Auswärts reisen* hinein- und darüber hinwegzuspringen war ein Abenteuer voller Überraschungen. Dieses Buch nun auf seine Reise in „die Welt" hinauszuschicken ist eine Tabu-brechende Tat. Daher wird es voraussichtlich Anstoß zu weiteren ent-hüllenden/erstaunlichen Ereignissen sein – besonders, da es in den frühen neunziger Jahren das Licht der Welt erblickt, einer Zeit, in der die Greuel eskalieren und die Gerechte Wut wieder auflebt. Dies ist eine Zeit, Elementale Kräfte wachzurufen, und dazu gehört, Erinnerungen und Worte wieder zum Leben zu erwecken.

In *Outercourse* verwende ich viele Neue Worte, die ich im Laufe der Zeit Ent-deckt habe und die 1987 im *Wickedary* zusammengefaßt wurden.* Viele davon sind aus ihrem ursprünglichen Kontext in meinen früheren Büchern heraus verständlich, andere wurden ausführlich erklärt, jedoch auf keine feste Definition festgelegt. Im *Wickedary* werden die Neuen Worte, die in meinen Büchern erschienen waren, klar definiert und weitere Neue Worte eingeführt. Um den historischen Hintergrund für diese Neuen Worte in *Outercourse* zu vermitteln, habe ich ein System von Mondsymbolen in Konjunktion mit *Wickedary*-Definitionen verwendet.* Folgende Symbole geben an, in welchem meiner Bücher das entsprechende Wort zum ersten Mal auftaucht:

● *The Church and the Second Sex.* Die jüngste Ausgabe (Beacon Press, Boston 1985) enthält den Originaltext (Harper and Row, New York 1968), das „Autobiographische Vorwort" und die „Feministische postchristliche Einführung der Autorin" aus der Harper-Kollophon-Ausgabe 1975 sowie die „Neuen Archaischen Nachworte" von 1985.†

---

* Siehe *Webster's First New Intergalactic Wickedary of the English Language, Conjured by Mary Daly in Cahoots with Jane Caputi* (Boston: Beacon Press, 1987; London: The Women's Press Ltd., 1988). AdÜ.: Da es sich hier um ein die englische Sprache betreffendes Lexikon (Hexikon) handelt, konnte dieses Buch nicht ins Deutsche übersetzt werden.

* Das gleiche System, wie es im *Wickedary* verwendet wurde (siehe S.59-60 dort).

† Deutsch: *Kirche, Frau und Sexus*, Freiburg 1970. Da die vergriffene deutsche Ausgabe mir leider nicht vorliegt, kann ich den Namen der/des Übersetzerin nicht angeben. Der deutsche Titel ist jedoch äußerst irreführend, da Mary Daly von Simone de Beauvoirs *Le Deuxième Sex* (englisch: *The Second Sex*, deutsch: *Das andere Geschlecht*) ausgeht. Der englische Titel meint klar: Die Kirche und das andere Geschlecht. Ich werde deshalb das Buch stets mit seinem englischen Titel zitieren.

● *Beyond God the Father: Toward a Philosophy of Women's Liberation.* Die jüngste Ausgabe (Beacon Press, Boston 1985) enthält den Originaltext (Beacon Press, Boston 1973) und eine „Wieder-Einführung der Autorin". Die britische Ausgabe, 1986 bei The Women's Press, London, erschienen (Neuauflage 1991), enthält den Originaltext sowie meine „Wieder-Einführung".†

◐ *Gyn/Ecology: The Metaethics of Radical Feminism.* Die jüngste Ausgabe (Beacon Press, Boston, 1990) enthält den Originaltext (Beacon Press, Boston 1978) und eine „Neue Intergalaktische Einleitung der Autorin". Die jüngste britische Ausgabe (The Women's Press, London 1991) enthält den Originaltext (The Women's Press, London 1979) sowie meine Neue Intergalaktische Einleitung.†

○ *Pure Lust: Elemental Feminist Philosophy.* Die jüngste Ausgabe (HarperSanFrancisco, San Francisco 1992) enthält den Originaltext (Beacon Press, Boston 1984). Die britische Ausgabe wurde 1984 von Women's Press, London, herausgegeben.†

Ist bei einer Definition kein Symbol angegeben, bedeutet das, daß dieses Wort zum ersten Mal im *Wickedary* erschienen ist.

Mein *Logbuch einer Radikalen Feministischen Philosophin*, aus dem ich Stoff für *Outercourse* bezogen habe, existiert nicht in greifbarer Form. Es lebt in meinem Gedächtnis, das sich ständig ausweitet. Insofern ist *Outercourse* keine Niederschrift meines *Logbuchs*, es enthält lediglich einige Gedanken daraus, die ich manchmal als „*Logbuch*-Eintragungen" bezeichne. Diese Gedanken sind in *Outercourse* immer wieder mit philosophisch/theoretischen Überlegungen verwoben. Auf diese Weise nehmen sie in *Outercourse* Gestalt an.

Mein *Logbuch einer Radikalen Feministischen Philosophin* führt sein eigenes Dasein. Es ist eine unerschöpfliche Quelle, aus der sich für meine Arbeit als Metapatriarchale Philosophin/Piratin weiterhin Gedanken und philosophische Fragen, Einsichten und Theorien eröffnen können.

Meine Arbeit als Piratin bedeutet, daß ich die Schätze, die die patriarchalen Diebe uns gestohlen haben, rechtmäßig plündere und zu Frauen zurückschmuggele. Sie verlangt Präzision, Genauigkeit und penible Wissenschaftlichkeit. Sie verlangt auch, daß ich Regeln verletze, die die kreativen Ausdrucksmöglichkeiten einschränken. Meine

---

† Deutsch: *Jenseits von Gottvater, Sohn & Co.*, München 1980; Übersetzung: Marianne Reppekus.

† Deutsch: *Gyn/Ökologie. Eine Meta-Ethik des radikalen Feminismus*, München 1981 (4 Auflagen); erweiterte Neuauflage MIT NEUER INTERGALAKTISCHER EINLEITUNG, München 1991; Übersetzung: Erika Wisselinck.

† Deutsch: *Reine Lust. Elemental-feministische Philosophie*, München 1986; Übersetzung: Erika Wisselinck.

Großschreibung, zum Beispiel, ist ganz und gar unregelmäßig.† Sie weist auf besondere Bedeutung in von mir geschaffenen, sich ständig verändernden Kontexten hin. Insofern entspricht die scheinbare Inkonsequenz einem höheren Gesetz Radikal Feministischer Kreativität, das da lautet: „Werft die Scheuklappen/Geistbandagen ab. Greift nach den Sternen."

DANKSAGUNGEN

Viele Freundinnen haben das Manuskript in seinen verschiedenen Stadien mit ermutigenden und konstruktiven Kommentaren begleitet. Ich danke im besonderen Barbara Hope, Geraldine Moane, Suzanne Bellamy, Emily Culpepper, Jane Caputi, Myrna Bouchey, Krystyna Colburn, Mary Ellen McCarthy, Annie Lally Milhaven und Karen O'Malley. Joyce Contrucci arbeitete unermüdlich und voller Sachverstand an den Aufgaben des „Ideen-Korrekturlesens", sie hat das Manuskript kritisch begleitet und viele kluge und wertvolle Anregungen beigetragen. Robin Hough leistete unschätzbare Dienste mit ihrer Arbeit an den Druckfahnen.

Ich danke meiner Agentin Charlotte Cecil Raymond für ihre wichtige Arbeit sowie meinem Lektor John Loudon und Joan Moschella, Lektoratsassistentin bei HarperSanFrancisco. Barbara Flanagan hat tüchtig und effizient das Manuskript redigiert und den Index vorbereitet. Nilah MacDonald schuftete wie wild am Index. Marge Roberson und Judith Contrucci gaben kundige Hilfestellung bei der Endfassung des Manuskripts.

Und ich danke meiner Geistverwandten, Wild Cat†, einer auswärtsreisenden Katze, die jault, um Rauszukommen, besonders nachts, wenn Vollmond ist und ich ein Gewitter heraufschreibe. Sie hat mich ermutigt und inspiriert, saß stolz in der Schachtel, die das Manuskript der Vierten Spiral-Galaxe dieses Buches enthielt. Damit hat sie ihre Identität als Katze der Vierten Galaxie unterstrichen, einer Katze, die scharf darauf ist, die Jetzt Reise fortzusetzen.

---

† Da das Deutsche generell mehr Großschreibung enthält als das Englische, kann Mary Dalys „inkonsequente" Großschreibung nur zum Teil übernommen werden. Sie wurde bei wichtigen Verben und Adjektiven übernommen, bei Substantiven war das logischerweise nicht möglich.

† englisch: *Familiar*, im Sinn von *spiritus familiaris*, der verwandte Geist.

DIE SPIRALENDEN MOMENTE VON *AUSWÄRTS REISEN*

Auswärts reisen ist Metapatriarchale Zeit/Raum-Reise, die die Form vierfachen Spiralens annimmt. Ihre Teile (Spiralen) beschreiben jeweils einen Schwarm von Augenblicken/Momenten, und zu jedem gehören, jeder von ihnen verlangt gigantische qualitative Sprünge in Andere Dimensionen des Hintergrunds.

Wenn ich meine intellektuelle Reise als Radikale Feministische Philosophin er-innere, dann bin ich mir nur zu gut des Kampfes bewußt, auf meinem Wahren Kurs zu bleiben, obgleich Dämonen der Ablenkung ständig versucht haben, das zu unterminieren und mich von meinem Kurs abzubringen. Diese habe ich schließlich ent-deckt/ entlarvt und als Agenten und Institutionen des Patriarchats beim Namen genannt. Ihr Ziel war/ist, mich – im Grunde alle lebenden Wesen, alles lebendige Sei-en – im Würgegriff des Vordergrunds*, was heißt, des Vater-Lands, zu halten.

Mein Wahrer Kurs war und ist Auswärts Reisen – mich aus den kerkerhaften geistigen, physischen, emotionalen und spirituellen Mauern des Patriarchats, dem Staat/Zustand des in-Besitz-genommen-seins hinauszubewegen. Wenn ich mich auf Auswärts Reisen konzentriere, bin ich natürlich von den wohlwollenden Kräften des Hintergrunds* umgeben und geleitet.

Da dies meine persönliche Erfahrung von Auswärts Reisen ist, hielt ich es für Crone-logisch†, daß die philosophisch/theoretischen Dimensionen dieses Buches mit Gedanken aus einem imaginären – doch sachlich genauen – Werk, das ich *Logbuch einer Radikalen Feministischen Philosophin* genannt habe, zusammengewoben werden. Ich glaube, diese Gedanken tragen viel zum Verständnis der wichtigsten

---

*   Vordergrund ◐ ist definiert als „Männer-zentrierte und eindimensionale Arena, in der Fälschung, Objektifizierung (AdÜ.: Lebendiges zum Objekt machen) und Entfremdung stattfindet; Zone der festgelegten Gefühle, Wahrnehmungen, Verhaltensweisen; die greifbare Welt: FLACHLAND" (*Wickedary*). Die Erklärung der Mondsymbole (●, ◑, ◐, ○), wie sie im ganzen Buch verwendet werden, findet sich in den Einleitenden Bemerkungen.

*   Hintergrund ◑ hat hier die Bedeutung „das Reich der Wilden Realität; die Heimat der Selbste der Frauen und aller anderen Anderen; die Zeit/der Raum, wo sich die Auren von Pflanzen, Planeten, Sternen, Tieren und allen Anderen lebendigen Wesen verbinden" (*Wickedary*).

†   engl. *Crone-logical*, Wortspiel mit *Crone* = die Weise Alte.

hier behandelten theoretischen Gegenstände bei, da sie empörend/ revoltierend† intellektuelle Bio-graphische Informationen enthalten, die mit den philosophischen Fragen, dem philosophischen Ziel dieses Buches zutiefst verflochten sind.*

DER TITEL DIESES BUCHES: *OUTERCOURSE**†[1]

Das Substantiv *course* hat vielschichtige Bedeutungen. Unter den Definitionen in *Webster's Third New International Dictionary of the English Language* findet sich „die Handlung oder Tätigkeit, sich auf einem bestimmten Weg von einem Punkt zum anderen zu bewegen (die Planeten und ihr Kurs)". Eine „veraltete" Bedeutung ist „RENNEN, GALOPPIEREN". Als „altertümliche" Definition ist „eine Attacke im ritterlichen Zweikampf" angegeben. Es bedeutet auch „ein Leben als Lauf betrachtet: LEBENSLAUF, KARRIERE". *Course* heißt „sich auf einer geraden Linie ohne Richtungsveränderung vorwärtsbewegen (das Schiff wechselte, als es die Inseln umsegelte, häufig den Kurs)". Eine wichtige Definition ist schließlich noch „der Weg, den ein Schiff oder ein Flugzeug nimmt; der vorgegebene Weg wird im allgemeinen als Winkel im Uhrzeigersinn von Nord ausgehend gemessen".

Die Bedeutung von *course* in *Outercourse* umfaßt alle diese Dimensionen und verändert sie zugleich. So ist meine Reise als Radikale Feministische Philosophin auf multidimensionalen Kursen verlaufen. Sie hat sich auf bestimmten Wegen bewegt – doch nicht von „Punkt zu Punkt", sondern von Augenblick zu Augenblick, und, darüber hinaus, von Spiral-Galaxie zu Spiral-Galaxie. Häufig war sie wie ein Rennen, ein Galoppieren (wie eine Stute oder Nacht-Mähre). Auch ein kriegerischer Aspekt gehört dazu, doch nicht als „Attacke im ritterlichen

---

†   Doppelbedeutung von engl. *revolting* = empörend, abstoßend und revoltierend.
*   Ein kurzer Abriß über die Genesis dieser Verflechtung findet sich in Kapitel 16.
*   Das Wort *Outercourse* verdanke ich Nancy Kelly (Gespräch im Herbst 1987).
†   *Outercourse* war schwer übersetzbar (zur englischen Genealogie dieses Wortes siehe Anmerkung 1 in diesem Buch). Wir dachten zunächst an „Außer Kurs", aber abgesehen davon, daß dieses Wort einen negativen Anklang hat („außer Kurs geraten" im Sinn von „orientierungslos"), gab es den Titel im Deutschen bereits. Auswärts reisen ist (wie im Englischen) in sich bereits ein Wortspiel. Denn nach deutschen grammatikalischen Regeln kann ich nicht „auswärts reisen". Ich reise irgendwohin – nach England, in die Schweiz, ans Meer. Der Begriff auswärts hingegen gibt keine bestimmte Ortsangabe, lebt vielmehr von seiner Unbestimmtheit. „Ich hatte auswärts zu tun", „ich war auswärts", „wir aßen auswärts"'"etc. etc. Unter den Synonymen von auswärts fand ich „anderswo, außer Reichweite, auf dem Mond (sic!)" sowie „nicht zugehörig, fremdartig, etc." Dieses geheimnisvoll unbestimmte Wort zusammen mit reisen schien uns eine angemessene Übersetzung des *Sinns* von *Outercourse*.

Zweikampf", sondern als bahnbrechendert Amazonischer Kampf gegen die nekrophilen Anbeter des Nichts, die die Todeszone – den Vordergrund – herstellen, ausdehnen und kontrollieren. Hier wird Leben als Lauf, als Rennen betrachtet, das heißt: an der Wilden voranstürmenden Bewegung allen Lustvollen Lebens teilhaben.

Der Kurs von *Outercourse* ist von einer geraden Linie im üblichen Sinn weit entfernt; er ist nicht „linear", sondern spiralend. Seine Momente sind meistens nicht vorhersehbar. Dennoch steckt in *Outercourse* die Bedeutung einer bestimmten Richtung. Trotz scheinbarer Abweichungen und Nebengeleisen und gelegentlicher Ausflüge, scheinbarer Inkonsequenzen und Richtungswechsel gibt es eine Art Meta-gerader Linie. Das heißt im weitesten Sinn, dieser Kurs ist scharf auf ein Ziel konzentriert. Mit *Outercourse* ist auch die wilde Entschlossenheit der Reisenden benannt, sich auf keinen Fall von ihrem Letzten Ziel ablenken zu lassen, und dieses ist das in ihr lebende, ihr innewohnende, sich ständig entfaltende, von ihr als Gut betrachtete und sie zum Handeln anregende Ziel, ihre Teilhabe am Sei-en zu realisieren, in Leben umzusetzen.

Webster's beschreibt Kurs als „im allgemeinen als Winkel im Uhrzeigersinn von Nord ausgehend gemessen". Demgegenüber bewegt sich die Reise Radikaler Feministischer Philosophie gegen den Uhrzeigersinn, das heißt, in einer Richtung, die den Uhren der Vater-Zeit zuwiderläuft. Dies ist die Zeit-Reise derer, die lernen, ihren Sinn gegen den Uhrzeigersinn zu finden, das heißt, zu er-fahren, wie frau in Feen-Zeiten/Gezeiten-Zeit leben, sich bewegen, handeln kann. Das ist der Weg der Sibyllen und Weisen Frauen, die darauf bestehen, ihre Fragen gegen den Uhrzeigersinn zu stellen, Fragen, die die Fragenden über die Grenzen der Uhrokratie hinaus- und in den Fluß der Gezeiten-Zeit hineinschleudern.[2] Die sich in dieser Richtung bewegen, spüren, daß wir auf unserem Wahren Kurs sind.

Aus einer bestimmten Perspektive könnten die Wege unseres Wahren Kurses als ein *Innercourse* (Innenkurs) bezeichnet werden, denn dazu gehört, sich tief in den Prozeß der Kommunikation mit dem Selbst und dem/den Anderen hineinzubegeben – ein Prozeß, der tiefe E-motion, tiefes Er-innern und tiefes Verstehen verlangt. Da Amazonische Akte mutigen Kampfes dazugehören, könnte das auch *Countercourse* (Gegenkurs) genannt werden. Doch seine erste und wichtigste Konfiguration ist mit *Outercourse* genau benannt. Denn es handelt sich um eine Reise Spiralender Wege, einer Bewegung aus dem Staat/Zustand der Knechtschaft heraus. Es ist eine ständige Expansion des Denkens, der Vorstellungen, des Handelns, des Seiens. Auswärts Reisen ist ein

---

† *A-mazing*: ausbrechen aus der *maze*, dem Irrgarten; vgl. *Gyn/Ökologie* S. 22/23. Wortspiel mit *amazing* = erstaunlich, verblüffend.

Spiralen, das seine Quelle in der Hintergrund-Erfahrung hat – ein intuitives Wissen davon, daß die Reisenden die Antworten sowie die Fragen entdecken, indem sie sich weiter voranbewegen. Wie Linda Barufaldi bemerkte: Wir kommen nicht voran, indem wir uns in den „Fragen" und den Pseudoproblemen, die Therapie und andere fragwürdige Quellen fabrizieren, suhlen, sondern wir stolpern direkt über die Lösungen, wenn wir unser Leben wirklich leben und dem Eigentlichen Ziel folgen.[3]

Ich beschreibe in diesem Buch das Schiff/Fahrzeug meiner Reise als Radikale Feministische Philosophin und Theologin: nämlich meine Kraft/mein Können† mein Handwerk als Theoretikerin, Autorin, Lehrerin. Dieses Können zu praktizieren heißt Reisen, was eine Form von Hexenkunst ist. Mein Werkzeug/Fahrzeug/Können ist eine Art Vermittlerschaft†, die zwischen verschiedenen Welten kreuzt.

Dieses Reisen ist Werden, es ist das Suchen/Sehen von Seherinnen. Philosophie ist, etymologisch gesprochen, nicht Weisheit, sondern die Liebe zur Weisheit. Weisheit selbst ist keine Sache, die in Besitz genommen werden kann, sondern ein Prozeß/eine Reise. Radikale Feministische Philosophie ist demnach eine Suche/ein Fragen, das niemals aufhört und sich niemals mit dem Erwerb von totem Wissensstoff zufriedengibt. Es ist Teilnahme am sich ständig entfaltenden Sei-en.

DIE MOMENTE† VON AUSWÄRTS REISEN

Ich betrachtete das Blumenbeet bei der Eingangstür. „Das ist die Ganzheit", sagte ich. Ich schaute auf eine Pflanze mit einer Fülle von Blättern hinunter, und es schien mir plötzlich klar, daß die Blume selbst ein Teil der Erde war, daß ein Kreis die Blume umschloß und daß das die wahre Blume war: teils Erde, teils Blume. Es war ein Gedanke, den ich mir aufbewahrte, weil er mir später vielleicht noch sehr nützlich werden könnte.

Virginia Woolf[4]

Das Wort *moment* kommt vom Lateinischen *momentum*, was „Bewegung, bewegende Kraft, Augenblick, Wirkung" bedeutet. Es soll seine

---

† Unübersetzbares Wortspiel mit engl. *craft* = Fahrzeug, spez. Schiff, und *craft* als (Hand- oder Kunst)-Fertigkeit, Kunst, Geschicklichkeit, auch Hexenkunst = Kraft (*witchcraft*). Handwerkszeug im weitesten Sinne.
† Engl. *mediumship*, unübersetzbares Wortspiel.
† Mary Daly bezieht sich hier auf Virginia Woolfs Buch *Moments of Being*, das in der deutschen autorisierten Übersetzung „Augenblicke" heißt. Ich verwende jedoch hauptsächlich den Ausdruck „Momente", da *moments* hier häufig in Alliterationen oder Wortspielen auftaucht.

Wurzel im Verbum *movere* haben, das „bewegen" bedeutet (*Webster's*).
Bei Virginia Woolf sind „*moments of being*" Erlebnisse, bei denen man
hinter die „Watte des Tagesablaufs" sieht und den Kontext versteht.
Wie sie von der Blume im Blumenbeet sagt: „Das ist die Ganzheit."

Die Spiralende Fahrt der Auswärtsreise besteht aus Metapolitischen
Momenten, die Spiral-Galaxien bilden. Diese sind Momente/Bewegun-
gen der Teilhabe am Sei-en, die die Reisenden über die Vordergrund-
Begrenzungen hinaustragen. Sie sind Akte von Hoffnung, Vertrauen
und Biophilen Freudensprüngen. Sie sind Akte Qualitativen Springens.

Sogar unsere scheinbar „kleinen" Momente sind wie Sprünge innerhalb eines Großen Moments/in einen Großen Moment hinein. So
haben sie teil am wahren Bedeutsamen (engl. *Momentous*). Wenn
Frauen das Bedeutsame Potential unserer „gewöhnlichen" Momente
Realisieren, dann merken wir, daß wir Spiralen. Solche Erlebnisse sind
nicht einfach „nur momentan". Sie tragen uns in eine Andere Art von
Dauer/Zeit.

Die Spiralenden Momente der Auswärtsreise sind also alles andere
als lediglich kurze Augenblicke (engl. *instants*). *Instant* bedeutet „eine
winzige (engl. *infinitesimal*) Spanne Zeit..." (*Webster's New Collegiate
Dictionary*)* Die aufgeführten Definitionen von *infinitesimal* sind
aufschlußreich: „bezieht sich auf Werte, die undefinierbar dicht bei
Null liegen... unmeßbar oder unberechenbar klein." Das Adjektiv
instant läßt die Katze aus dem Sack. Dort finden wir: „für einfache
schnelle Zubereitung vorgemischt oder vorgekocht (*instant*-Kartoffel-
brei)". (*Webster's Collegiate*)

Instants sind demnach Einheiten der Vordergrund-Zeit. Sie sind
unberechenbar klein. Sie sind lediglich Pünktchen in der Zeit. Sie
implizieren weder bewegende Kraft noch Bewegung, Bedeutsamkeit,
Antriebskraft (engl. *Motion, Movement, Momentousness, Momentum*).
Sie sind phantomische Vordergrund-Imitationen von Momenten. Sie
öffnen sich nicht in den Hintergrund. Sie nehmen nicht an Spiralender
Bewegung teil und implizieren daher keine sich ständig vertiefenden
Erfahrungen von Zukunft, Vergangenheit und Gegenwart, die sich
überlappen und sich im Dialog miteinander befinden. Wie „*Instant
Kaffee*" und „*Instant* (hier: sofortiger) Erfolg" sehen *instants* nur für
diejenigen, deren Sinne durch Einkerkerung in die düsteren Zellen des
Vordergrunds abgestumpft sind, wie das Echte aus.

Im Gegensatz zu „instants" sind Momente unberechenbar Groß. Sie
sind als Fenster und Türen anzusehen, durch die wir in den Hintergrund springen und rasen. Sie beeinflussen uns; sie sind von großer
Bedeutung, da sie uns in die Richtung Elementaler Zeit/Gezeiten-Zeit
weisen. Sich in Spiralenden Pfaden bewegend, schleudern sie uns auf

---

* Ab hier wird dieses Lexikon einfach als *Webster's Collegiate* bezeichnet.

eine Intergalaktische Fahrt. Dies bringt uns zum Thema der Intergalaktischen Bewegung der Momente von *Auswärts reisen.*

DIE INTERGALAKTISCHE BEWEGUNG VON MOMENTEN

Die vier Spiral-Galaxien von *Auswärts reisen* bestehen aus den Spiralenden Pfaden, die durch die Momente/Bewegungen der Teilhabe am Sei-en hergestellt werden. Diese Spiral-Galaxien befinden sich, wie die Galaxien des Universums, in ständiger Bewegung.[*] Die Momente der Auswärtsreise werden geboren wie Sterne. Sie passieren im Nu.[5][†] Sie kommen zum sei-en durch Gynergetische Akte von Frauen, deren Zielsetzung und Kraft aus dem Hintergrund gespeist sind.

Ein Moment führt zum Anderen/Nächsten. Das liegt daran, daß er Folgen in der Welt hat und daher eine Frau dazu Bewegt, den Sprung in den nächsten Moment zu tun. Der Vergleich mit den Beziehungen zwischen Sternen in einer Galaxie gibt zu denken. Ein Astronom schreibt:

> In einer Galaxie sind die Sterne durch weite Entfernungen voneinander getrennt. Doch aufgrund der Schwerkraft stehen die Sterne in Wechselwirkung. Die Sterne spüren gegenseitig ihre Schwerefelder... In einer Galaxie wird die Beziehung der Sterne untereinander durch die Schwerkraft reguliert.[6]

In einer Galaxie der Auswärtsreise sind die Momente manchmal durch weite Entfernungen voneinander getrennt. Doch wegen ihrer subjektiven Realität und Verbundenheit im Bewußtsein der Reisenden und wegen ihrer miteinander verbundenen Folgen in der Welt stehen die Momente miteinander in Wechselwirkung. Die Zielsetzung der Reisenden lenkt die Beziehungen unter den Momenten.

Durch die sich summierende Gynergie von Momenten breiten sich die gebogenen Arme einer Galaxie beim Auswärtsreisen aus. An einer bestimmten Stelle dieses wirbelnden Verlaufs ermöglicht die sich summierende Gynergie der Momente der Reisenden, einen Qualitativen Sprung zu tun und auf diese Weise eine Neue Galaxie zu beginnen. Da die Zielsetzung und die Triebkraft aus der gleichen Quelle/Kraft

---

[*] Eine *spiral galaxy* wird definiert als „eine Galaxie, die einen Kern oder eine gitterförmige Struktur zeigt, von denen Materie-Konzentrationen ausgehen, die gebogene Arme bilden, was den Eindruck eines riesigen Windrads erweckt". (*Webster's*)

[†] Engl. *in the Twinkle of an Eye/I.* Hier überlagern sich viele Assoziationen. Der Ausdruck bedeutet im „im Nu" (wörtlich: in der Zeit eines Lidschlags/Zwinkerns). *Twinkle* heißt aber auch blitzen, glitzern, funkeln (*Twinkle, twinkle, little star...*) Das phonetisch dem *Eye* (Auge) angeschlossene *I* (Ich) fügt dem Ausdruck noch eine weitere Bedeutuung hinzu.

stammen, Bewegt sich diese Galaxie im Einklang mit der vorhergehenden.

Dieses Buch beschreibt die Pfade von vier solchen Spiral-Galaxien der Momente. Vielleicht sollten wir stets bedenken, daß *The American Heritage Dictionary**** eine *Galaxie* als „ein jedes der zahlreichen riesigen Aggregate von Sternen, Gas und Staub" bezeichnet. Die Reisende von *Auswärts reisen* sieht sich einer Menge „Gas und Staub" gegenüber, wovon nicht alles wunderschöner kosmischer Stoff ist. Vieles an Gas und Staub zwischen den Momenten wird uns von den Dämonen, die unsere Reise zu blockieren versuchen, in den Weg gelegt. So bleibt der Exorzismus eine wichtige und anstrengende Aufgabe bei der Intergalaktischen Fahrt, die Auswärtsreisen darstellt. Dieser Prozeß des Exorzismus, zusammen mit der untrennbar damit verbundenen Aktivität/Erfahrung von Ekstase, stellt die notwendige Kraft und Zielsetzung für Auswärtsreisen zur Verfügung.[7] Diese brennbaren Komponenten sind der Treibstoff für unsere Fahrzeuge. Sie machen die Reise Strahlkräftig, was heißt:

> die Vordergrund/phantomische Welt durch die Strahlkraft des sei-ens in den Schatten stellen. (*Wickedary*)

Je weiter sich die Reisende Hinausbewegt, desto heller wird das Licht. Der Vordergrund verblaßt, und seine dämonischen Bewohner/Beherrscher werden von Kräften des Hintergrunds überwältigt. Sie werden von der Strahlkraft des sei-ens in den Schatten verbannt – das heißt Teilhabe am Sei-en.

Die Unerhörte Herausforderung und Hoffnung, die die Fahrzeuge auf der Auswärtsreise bewegt, ist Strahlkräftig. In diesem Zeitalter der höchsten Not können wir uns nicht mit weniger zufriedengeben. Die Alternative zu Strahlkräftig ist genau Nichts.

In den vier folgenden Abschnitten werden die Vier Spiral-Galaxien der *Strahlkräftigen Fahrt*, die *Auswärts reisen* ist, kurz zusammengefaßt.

DIE ERSTE SPIRAL-GALAXIE
BE-SPRECHEN: MOMENTE VON PROPHEZEIUNG UND VERSPRECHEN
(OH! – 1970)

In meiner persönlichen Geschichte gehörte zu den frühen Momenten das Be-Sprechen, das heißt, voraussagen, von dem sprechen, was sein wird. Durch Be-Sprechen wird mittels Worten psychische und/oder materielle Veränderung hervorgebracht. In meinem Erleben solcher

---

* Ab hier wird dieses Lexikon einfach als *American Heritage* bezeichnet.

Akte des Besprechens waren und sind* sie Momente des Exorzismus patriarchal auferlegter *Aphasie*, das heißt der Unfähigkeit, Hintergrund-Realität und Vordergrund-Täuschungen und die Verbindungen zwischen beiden zu Be-Nennen/Be-Zeichnen.* Einer meiner frühen Akte des Be-Sprechens war ein Brief, der 1964 in *Commonweal* veröffentlicht wurde, eine positive Reaktion auf einen Artikel in jenem Magazin, geschrieben von Rosemary Lauer mit dem Titel „Frauen und die Kirche". Ich gab bekannt, daß ich mich schämte, daß ich den Artikel nicht selbst geschrieben hatte, und sagte voraus, daß es eine Flut derartiger Feministischer Schriften geben würde. Ich verkündete: „Und – dies ist eine Prophezeiung sowie ein Versprechen – sie werden kommen."[8]

So wurde ich durch das Schreiben einer anderen Frau ins Be-Sprechen Be-Sprochen. Dieser Brief – der veröffentlicht wurde, als ich noch eine Studentin in Fribourg, Schweiz, war – führte zu einer Kette atemberaubender Folgen. Es führte dazu, daß ich mein erstes Feministisches Buch *The Church and the Second Sex* schrieb, daß ich als Folge vom Boston College belästigt und gefeuert wurde, und zu monatelangen Studentendemonstrationen, Aktivismus und öffentlichem Interesse, was schließlich zu meiner Beförderung und Anstellung auf Lebenszeit führte. Mit anderen Worten: Jeder der aufeinanderfolgenden Momente prophetischen Be-Sprechens bewirkte, daß die Welt antwortete. Als dieser Dialog an Schubkraft gewann, wurde ich über von Menschen/Männern-gemachte fiktive Vordergrund-Illusionen über „die Zukunft" hinausgeschleudert und kam in Berührung mit der Hintergrund-Zukunft. Als ich im Herbst 1969 zu meiner Lehrtätigkeit am College zurückkehrte, hatte ich mich bereits drastisch zu ändern begonnen. Ich hatte angefangen, hinter den Besonderheiten meiner Erfahrungen mit Boston College die allgemeine Situation von Frauen an allen Universitäten und in allen Institutionen des Patriarchats zu sehen. Ich hatte meine ersten deutlichen Begegnungen mit den Dämonen der *Assimilation* – besonders in der Form des Alibismus – gehabt und hatte gewonnen. Ich tat den Sprung in die Zweite Spiral-Galaxie meiner Auswärtsreise.

---

* Hier gibt es ein Problem der Zeitform. Weil die Spiralen nicht linear sind – da ich zu einem späteren Zeitpunkt an den gleichen, doch anderen Ort des Spiralens gekommen bin –, ist die Vergangenheitsform nicht angebracht. Viele dieser Momente kehren auf unterschiedliche Weise wieder. Somit waren sie, aber sie sind auch, und sie werden weiterhin sein.

* Ich verdanke Louky Bersianik den Gedanken einer feministischen Interpretation des Wortes Aphasie, ebenso wie Amnesie und Apraxie. Für die weitere Ausdehnung und Entwicklung dieses Konzepts zeichne ich verantwortlich. Vgl. Louky Bersianik, *Les agénèsies du vieux monde* (Outremont, Quebeck: L'Integrale, éditrice, 1982), besonders S. 5-9.

DIE ZWEITE SPIRAL-GALAXIE
SICH-FALLEN-LASSEN:
AUGENBLICKE DES DURCHBRUCHS UND ZURÜCK-RUFENS
(1971 – 1974)

Indem ich die Verbindungen, die im früheren Stadium der Fahrt weitgehend unterschwellig gewesen waren, Sah und Be-Nannte, Bewegte ich mich in die Zweite Spiral-Galaxie meiner Auswärtsreise. Dazu gehörten Akte des Exorzismus der von patriarchalen Institutionen auferlegten *Amnesie*, auferlegt speziell durch die Religion und die -ologien, die diese Institutionen hervorbringen und durch die sie dann wiederum legitimiert werden. Der Exorzismus der *Amnesie* verlangte Akte des Ent-Vergessens – das heißt durch die Vordergrund-„Vergangenheit" hindurch in die Hintergrund-Vergangenheit zu Sehen – jenseits der androkratischen Lügen über Frauengeschichte. Ich entdeckte, daß mit dem Durchbruch zum Wissen um eine Vorpatriarchale Heidnische Vergangenheit die Möglichkeit zum Radikalen Be-Nennen eröffnet wurde. Es wurde klar, daß Zurück-Rufen der Schlüssel für wahre Antriebskraft war. Wie Orwell in *1984* schrieb:

> „Wer die Vergangenheit kontrolliert", so lautete das Schlagwort der Partei, „der kontrolliert die Zukunft: Wer die Gegenwart kontrolliert, kontrolliert die Vergangenheit."... Alles, was nötig war, war eine nie endene Reihe von Siegen über dein Gedächtnis.[9]

Mein Ent-Vergessen nahm manchmal aktive politische Formen an, beispielsweise 1971, als ich – im Komplott mit Gefährtinnen – den Harvard Memorial Church Exodus anzettelte. Ich war als erste Frau in der dreihundertundsechsunddreißigjährigen Geschichte der Memorial Church eingeladen worden, dort beim Sonntagsgottesdienst zu predigen. Nachdem ich mich mit Freundinnen in Harvard verschwörerisch beraten hatte, nahm ich die Einladung an und verwandelte den Anlaß in einen Aufruf zu einem historischen Exodus aus der patriarchalen Religion. Die Hunderte von uns, die hinausgingen, erlebten die Aktion auf verschiedenen Ebenen. Für einige von uns war es ein Akt des Sich-Fallen-Lassens.* Dazu gehörte, sich in Archaische Erinnerung zu Bewegen. Es war aber auch eine Erinnerung an die Zukunft – eine Aktion, die die Zukunft beeinflußt/bewirkt. Einige von uns erlebten bei der Teilnahme an diesem Ereignis ein aus alter Zeit herrührendes Frauenzentriertes spirituelles Bewußtsein.

Jenseits von Gottvater gehört in diese Galaxie. Dadurch, daß ich dieses Buch und danach die „Feministische Nachchristliche Einleitung"

---

* Sich-Fallen-Lassen ist „die Ontologische Erbsünde der Gefallenen Frauen, die dem Ruf der Parzen folgen". (*Wickedary*)

20

zur Ausgabe 1975 von *The Church and the Second Sex* schrieb, bewegte ich mich in weitere Akte des Sich-Fallen-Lassens. Ich begegnete dämonischen Kräften der *Auslöschung*, die die Geschichten der Frauen und unsere Leben ausmerzen.* Damit wurde ich in Richtung auf die Dritte Spiral-Galaxie hin geschleudert.

DIE DRITTE SPIRAL-GALAXIE
BE-HEXEN: MOMENTE DES SPINNENS
(1975 – 1987)

Momente des Spinnens Bewegen uns in die Hintergrund-Gegenwart hinein. Ich habe sie als Momente des Exorzismus der den Frauen auferlegten *Apraxie* (Unfähigkeit zu handeln) erlebt. Ich meine damit nicht, daß ich im gängigen Sinn des Wortes „aktivistischer" wurde (obgleich ich auch weiterhin in diesem Sinne arbeitete), sondern daß ich in meiner *kreativen* intellektuellen Arbeit Aktiver wurde. Das bedeutete, daß ich mich darüber hinaus Bewegte, patriarchal definierten Methoden des Denkens, Schreibens, öffentlichen Redens und Lehrens zu „folgen" oder einfach nur darauf zu reagieren. In diesem Sinne kam meine Tätigkeit meinem Ideal des Strahlkräftigen näher – die Vordergrund-Welt mit der Strahlkraft des sei-ens in den Schatten stellen.

Das Jahr 1975 war ein Jahr des Umbruchs. Als die „Feministische Nachchristliche Einleitung" 1975 erschien, hatte ich einen Vortrag mit dem Titel „Radikaler Feminismus: Der Qualitative Sprung über Patriarchale Religion hinaus" geschrieben. Ich hielt ihn auf einer Konferenz von Soziologen und Theologen, die unter der Schirmherrschaft von Kardinal König, Erzbischof von Wien, in Wien stattfand.

Wenn ich diesen Vortrag noch einmal lese, bin ich verblüfft, daß Worte wie *nachchristlich* unwichtig für mich geworden waren. Ein solcher Terminus zog die Aufmerksamkeit dahin, wo ich gewesen, und nicht dorthin, wo ich angekommen war. Ihn weiter zu strapazieren, wäre vergleichbar mit einer Frau, die Jahre nach dem Ereignis immer noch auf ihrer Scheidung herumreitet und sich als „Geschiedene" bezeichnet. Qualitativ Springen heißt, nicht lediglich über das Christentum, sondern über alle patriarchale Religion und Identifikation hinaus springen. Außerdem ist es nicht nur „darüber hinaus", sondern auf etwas anderes hin und hinein, was ich Spinnen Be-Nannt habe.

Im Verlauf dieser Galaxie schrieb ich *Gyn/Ecology* (1978), *Pure Lust* (1984) und (im Komplott mit Jane Caputi) *Websters' First New*

---

* Diese Kräfte würden natürlich versuchen wiederzukommen, doch war dies ein bedeutsamer Sieg.

Intergalactic Wickedary of the English Language (1987). Zum Prozeß des Schreibens an diesen Büchern und dazu, ihre Folgen zu konfrontieren, gehörten Begegnungen mit den dämonischen Kräften der *Zerstückelung,* die Frauen von unserer wahren Gegenwart und von unserer Anwesenheit für unsere Selbste füreinander abschneidet.

Meine Konflikte mit diesen Kräften und mit anderen Personifikationen „der Todsünden der Väter" ereigneten sich während der gesamten Metapatriarchalen Reise von Exorzismus und Ekstase, welche ein grundlegendes Erlebnis und Thema dieser Galaxie ist und zuerst in *Gyn/Ecology* Be-Nannt und erklärt wird. Die Dämonen zu entdecken und zu besiegen, verlangt eine Form von Kreativität, die Spinnen ist. Dazu gehört, zwischen scheinbar ganz unterschiedlichen Phänomenen Verbindungsfäden zu finden.

In *Gyn/Ecology* zeigt sich eine große Veränderung meiner Schreibweise, die nun Metapatriarchal Metaphorisch ist. Dieser Gestaltwandel setzte/setzt sich in *Pure Lust* fort, welches ein Werk Elementaler Feministischer Philosophie ist. Ein wesentliches Thema dieses Buches, das sich zügig/wütend auf die dämonische Zerstörung von Natur sowie Frauen und auf Metamorphische Möglichkeiten, den Weg Hinaus zu Weben, konzentriert, ist das Neu-Weben von Netzen der Verbundenheit zwischen Frauen und den Elementen.

Das *Wickedary* ist ebenfalls ein Werk, mit dem Zerstückelung überwunden wird, indem die Einsichten dieser Galaxie mittels des Webens Wilder Worte zusammengebracht werden. Es folgt im Kielwasser von *Gyn/Ecology* und *Pure Lust,* kämpft gegen die sich ständig verschlechternden Bedingungen des Vordergrunds und Bewegt sich auf Expansion der Kräfte der Frauen, kosmische Verbindungen zu Erspüren, hin – Kräfte, die uns befähigen, eine Wahre Gegenwart zu Vergegenwärtigen/Realisieren.

Somit Bewegen sich die Werke dieser Galaxie mehr und mehr in das Strahlkräftige Licht hinein. In diesem Licht macht sich die Reisende für ihren Sprung in die Vierte Spiral-Galaxie bereit, der sie Fort von den Kalendern, Fort von den Uhren, in Momente Momentosen Er-Innerns hinein trägt.

DIE VIERTE SPIRAL-GALAXIE
DAS STRAHLKRÄFTIGE JETZT:
MOMENTE MOMENTOSEN ER-INNERNS
(FORT VON DEN KALENDERN, FORT VON DEN UHREN)

Um das fortgeschrittenste Stadium der dämonischen Krankheit von *fragmentation* (Zerstückelung) zu bezeichnen, verwende ich das Wort *dis-memberment* (Zerstückelung). Zu dem Vordringen des Zeitalters der Zer-Stückelung – einem Zustand, der sich in der Vervielfältigung von Trennungen im Innern von Frauen und von Frauen untereinander manifestiert – gehört auch der durch Phallokraten bewirkte Zusammenbruch der Natur und das Abspalten der Frauen von der Natur.†

In diesem Zeitalter kann Schwesterlichkeit wie ein verlorener und unmöglicher Traum erscheinen. Das Wissen und die Erinnerungen, die in der sogenannten „Zweiten Welle" des Feminismus wieder eingefordert wurden, kehren auf eine unterschwellige Ebene in unser Bewußtsein zurück. Wie ich unsere Situation in den neunziger Jahren sehe, sind Frauen herausgefordert, die zerstörten Verbindungen in unserem Wissen, Spüren und Fühlen wieder zu Spinnen und zu Weben, in unserer Beziehung zu unseren Selbst und untereinander wieder Lebendig zu werden. Da ist es nötig, psychische/mediale Politik zu praktizieren, und es sind Zeit-Reisen – nämlich unsere Zukunft und unsere Vergangenheit Er-Innern – notwendig. Was wir brauchen, ist eine Spiralende Serie von Siegen über die Zer-Stückeler der Gegenwart von Frauen und unserer Erinnerungen, einschließlich der Erinnerungen an die Zukunft.

Eine solche Serie von Siegen, das heißt, die Spiralenden Momente Momentosen Er-Innerns, können nicht als lineare Progression gesehen werden. Bei Eintritt in die Vierte Spiral-Galaxie erlebt die Reisende ein Überlappen der Momente ihrer vorhergehenden Reisen – ein Gespräch des Jetzt mit diesen Momenten. Der Wiederholungsaspekt des Spiralens bereichert das Erlebnis der Bewegung, besonders, wenn die Vierte Spiral-Galaxie erreicht ist. Doch die kritischsten Momente sind immer Jetzt, und deshalb ist Jetzt immer das spezielle Ziel der Zerstückeler der Leben von Frauen.

Es ist entscheidend zu wissen, daß alle Spiral-Galaxien miteinander verknüpft sind, daß alle Momente sich gegenseitig *implizieren*. Hier liegt die Hoffnung, Mißkommunikation, die aus der Kluft zwischen den Generationen entsteht, und Zeitverwerfungen, die Frauen im Zeitalter der Zerstückelung erleben, aufzulösen. *Implicate* (implizieren) hat die altertümliche Bedeutung „zusammenfalten, zusammenwickeln: VERWEBEN, VERFLECHTEN; UMSCHLINGEN; UMWINDEN. Es bedeutet auch „als Folge, Begleiterscheinung oder natürliche Folgerung hineinziehen: EINBEZIEHEN". (*Webster's*)

Ich meine, daß eine organische Interdependenz/Verwobenheit zwischen den Spiral-Galaxien von *Auswärts reisen* besteht. Vor uns liegt also die Aufgabe, die Beziehungen/Verbindungen aktiv zu *erklären* (engl. *explicate*). Eine Definition des Verbums *explicate* ist „die

---

† *Fragmentation* und *dis-memberment* haben im Deutschen die gleiche Bedeutung, bzw. es gibt keine zwei Substantive, die sie unterschiedlich abdecken. *Fragmentation* geht mehr in Richtung des Zerbrechens in kleine Stücke, *dis-memberment* mehr in Richtung Verstümmelung, nämlich Glieder (*member*) oder Teile abschneiden.

Bedeutung oder den Sinn von (etwas) entfalten: INTERPRETIEREN, KLÄREN". Es bedeutet auch: „was mit (etwas) verknüpft, in (etwas) einbezogen ist". (*Webster's*)

Die Frage ist: Wer kann oder will dies tun? Zweifellos kann von einer Frau in ihrem ersten Moment des Be-Sprechens dies nicht erwartet werden. Erklären ist die Aufgabe jener, die sich bereits einige Zeit auf der Strahlkräftigen Fahrt bewegen und die deshalb einen Überblick über die Spiralenden Pfade haben. Diese Frauen sind die Erinnerung-tragende Gruppe – Frauen, die frühere Momente Zurück-Rufen und die Erinnerung und das Wissen um Zerstörung *ertragen* können.

Die Hoffnung, daß solche Frauen Gehört werden können, gründet sich auf die Tatsache, daß die Teilhabe an der Hintergrund-Gegenwart der Unterbau *aller*, auch der frühesten Momente der Auswärtsreise ist. Insofern eine Frau überhaupt Lebendig ist und Spiralt, muß sie einen Blick auf die Hintergrund-Gegenwart erhascht haben. Daher hat jede potentielle Radikale Feministin die Fähigkeit, die Botschaften der Erinnerung-Tragenden Gruppe zu Hören – wenn auch nicht immer gleich alle zu verstehen.

Wenn ich meine eigene Fahrt Zurück-Rufe, dann weiß ich, daß meine Fähigkeit, mit Be-Sprechen zu beginnen, darin wurzelte, daß ich in der Lage war, in der Gegenwart zu Leben und dabei die Vordergrund-Gegenwart zumindest soweit zu entlarven, daß ich eine verzweifelte Dringlichkeit verspürte, daß ich vehement um Zielsetzung rang und mich mittels wagemutig Unerhörter Taten losreißen konnte, um mein eigenes Leben zu leben. Diese Fähigkeit, in der Gegenwart zu sei-en, ist die wesentliche Voraussetzung für Auswärtsreisen.

In der Vierten Spiral-Galaxie Bewegen sich die Reisenden in das Zeitalter der Weisheit/Reife (engl. *Cronehood, Crone*, die Weise Alte, AdÜ.) des Feminismus. Wahrscheinlich hat die sogenannte „Erste Welle" des Feminismus im neunzehnten Jahrhundert das Zeitalter der Weisheit nicht erreicht, obgleich damals einzelne Weise Alte wie Sojourner Truth und Matilda Joslyn Gage lebten. Als kollektive Bewegung jedoch war der Feminismus durch die Kräfte des Patriarchats entgleist und geschwächt. Die Sadogesellschaft hatte die Möglichkeit, die alle Rassen und Klassen umfassenden, wahrlich planetarischen Dimensionen der Feministischen Bewegung zu sehen, erfolgreich blockiert. Die Phallokratie hatte das Gefühl der Intensität/Dringlichkeit/Verzweiflung, sich zu Momenten Momentosen Er-Innerns weiterzubewegen, erstickt.

In der „Zweiten Welle" sehen wir uns – trotz beträchtlicher öder Energieverschwendung bei dem Versuch, immer wieder das Rad zu erfinden und die Zerstückelung zu bekämpfen – der Tatsache gegenüber, daß ein Qualitativer Sprung in die Weisheit/das Wissen/Sein der

Weisen Alten notwendig ist. Dies ist das Zeitalter der scheinbar unumkehrbaren Verseuchung – die Zeit des (Vordergrund)-Triumphs der Phallotechnologie. Es ist eine äußerst gefährliche Zeit des Biozids, Genozids, Gynozids. Das Gefühl der verzweifelten Dringlichkeit zusammen mit wütender Zielgerichtetheit kann eine wichtige Neue Kognitive Minderheit von Frauen in die Vierte Spiral-Galaxie schleudern.

Feministinnen waren in der patriarchalen Ära immer eine kognitive Minderheit, doch zu der Neuen Kognitiven Minderheit gehört die Erinnerung-tragende Gruppe von Frauen, die frühere Momente durchlebt haben. Dazu gehören unsere Vorschwestern/Gefährtinnen aus der Vergangenheit, die ihre Selbste Jetzt denen, deren Sinn für Kosmische Verbundenheit erwacht, Vergegenwärtigen. Folglich gehört zur Vierten Spiral-Galaxie, daß Andere Dimensionen von Wahrnehmung und Bewegung betreten werden, die Radikale Veränderungen direkt im Kern des Bewußtseins bewirken.

Die Momente der Vierten Spiral-Galaxie begannen, als ich anfing, an *Auswärts reisen* zu arbeiten. Das ganze *Auswärts reisen* wurde aus der Perspektive dieser Galaxie der Zeit-Reise geschrieben. Aus dem Blickwinkel dieser Megagalaxie/Metagalaxie habe ich meine früheren Momente zurückverfolgt; wenn ich sie erneut aufsuche, haben sie eine ergiebigere Bedeutung angenommen. Obgleich die Ereignisse, die ich beschreibe, sich „damals", in den früheren Galaxien abspielten, geschieht das Zurück-Rufen Jetzt, und das Resultat ist ein völlig Anderes als lediglich eine Sammlung von Erinnerungen. Es ist vielmehr Teilhabe an Neuer Spiralender Bewegung. Dies ist anders als alles, was ich bisher geschrieben habe. Es ist eine Reihe von Akten Momentosen Er-Innerns meiner eigenen Fahrt.

DIE BEDEUTUNG UND DIE ROLLE DER ERINNERUNGEN AUS MEINEM *LOGBUCH EINER RADIKALEN FEMINISTISCHEN PHILOSOPHIN*

> *Log* [Abkürzung für Logbuch]: „Ein täglicher Bericht über die Geschwindigkeit oder die zurückgelegte Strecke eines Schiffes oder der volle Bericht über die Fahrt eines Schiffes, einschließlich Notierungen der Schiffposition zu verschiedenen Zeiten und einschließlich Notizen über das Wetter und wichtige Zwischenfälle während der Reise."
> *Webster's Third New International Dictionary of the English Language*
>
> *Logbuch*: „Ein Daly-Bericht... et cetera."†
> *Websters' Second New Intergalactic Wickedary of the English Language*

---

† Wortspiel mit *daily record* und *Daly record*.

Aus dem vorangegangenen Material dieser Einleitung geht hervor, daß dieses Buch sowohl autobiographisch als auch philosophisch ist. Das *Logbuch* existiert weithin in meinen Erinnerungen und in meiner Sammlung von veröffentlichten und unveröffentlichten Schriften. Ich habe keine niedergeschriebenen Tagebücher, außer jenen, die ich in meine Erinnerung Geschrieben habe.

Die Erinnerungen aus meinem *Logbuch* stellen keine klar unterscheidbare Einheit oder einen getrennten Teil innerhalb dieses Buches dar. Die Information aus meinem *Logbuch* ist im Verlauf dieser Reise verwoben mit der philosophischen Analyse; bei dieser Reise sind Intellektuelle/Spirituelle/E-motionale/Physische/Sinnenhafte Fahrten untrennbar miteinander verbunden.

Zweck der Erinnerungen aus meinem *Logbuch* ist, die Ideen, Erlebnisse, Leidenschaften, die die Momente meiner Fahrt ausmachen, Zurück-zu-Rufen. Ich habe die Hoffnung, daß diese Er-Innerungen Frauen – einschließlich meiner selbst – dabei behilflich sein können, die Zeitverwerfungen, die das Zeitalter der Zerstückelung bestimmen, zu überwinden, jene Vordergrund-„Gegenwart", die unser Leben in einer wahren Gegenwart/Anwesenheit behindert. Ich habe ebenfalls die Hoffnung, daß dieses Er-Innern mehr Gynergie für weiteres Strahlkräftiges Reisen erzeugen wird.

SYN-CRONE-IZITÄTEN: WIE DIE PHILOSOPHISCHEN UND BIOGRAPHISCHEN DIMENSIONEN DIESES BUCHES ZUSAMMENPASSEN

Syn-Cron-icities ○: „Zusammentreffen", die von Crones/Weisen Alten als Merkwürdig bedeutsam erlebt und erkannt werden.

(*Wickedary*)

Die philosophischen und biographischen Dimensionen dieses Buches verschlingen sich durch vielfache „Zusammentreffen" (*coincidences*). Das heißt, sie sind *coincident* (übereinstimmend, sich deckend), was nach *Webster's* bedeutet „zur gleichen Zeit geschehen oder operieren: GLEICHZEITIG, BEGLEITEND". *Coincident* bedeutet auch „den gleichen Raum einnehmen; Gleichheit von Position, Richtung oder Ort habend". Es bedeutet „übereinstimmende Züge oder Wesen haben: HARMONISCH". Die philosophischen und biographischen Dimensionen oder Aspekte von *Auswärts reisen* haben an der gleichen Zeit teil. Sie teilen die gleiche Position und bewegen sich in die gleiche Richtung, zum gleichen Ort des Geschehens – der Strahlkräftigen Fahrt. Folglich tragen sie übereinstimmende Züge: Sie befinden sich in Harmonie miteinander. Die philosophische Theorie und die biographischen Ereignisse, die hier aufgezeichnet wurden, gehören zur gleichen Suche/zum gleichen Anliegen.

Die Erinnerungen aus meinem *Logbuch* sind die Hauptquelle für das philosophische Theoretisieren in diesem Buch. Ein Schlüsselbeispiel ist, wie ich – indem ich meine frühen Erlebnisse Zurück-Rief – die enorme und komplexe Rolle des unterschwelligen Wissens in mir und in anderen Frauen Realisierte. Mein unterschwelliges Wissen vom Ausmaß patriarchaler Unterdrückung und der Existenz oder zumindest der Möglichkeit einer Anderen Realität war es, das mich leitete und mir den Mut gab, in den frühen Stadien weiterzumachen. Als es so schien, als sei ich eine kognitive Minderheit von einer, wurde ich – wie ich Jetzt Realisiere – durch mein unterschwelliges Wissen von in anderen Frauen verborgenem unterschwelligem Wissen gestärkt.

Wenn ich mir das *Logbuch*-Material anschaue, begreife ich Jetzt, daß all meine Fahrten als Radikale Feministische Philosophin über und durch ein Meer von unterschwelligem Wissen geführt haben, welches ich als „das Unterschwellige Meer" bezeichnet habe. Je weiter die Fahrt voranging, desto offenkundiger wurde dieses Wissen.

Wie ich es Jetzt sehe, hat sich mein Leben, mein Schiff in den frühen Stadien des Bewußtseins über die Oberfläche des Meeres von unterschwelligem Wissen, das Frauen unter dem Patriarchat gemeinsam haben, bewegt. Wiederholt machte ich die Erfahrung, von einem Großen Wind angetrieben zu sein, und ich konnte Bewegungen aus der Tiefe des Unterschwelligen Meeres spüren. Dann gab es schließlich Vulkanausbrüche in dem Meer, in meinem Geist/meiner Seele. Ich begann, dieses Wissen als „Hintergrund"-Wissen zu Be-Zeichnen. Ich entdeckte auch, als ich mich kühner fortbewegte, als ich Qualitative Sprünge von Moment zu Moment tat, daß ich Verbindungen/Beziehungen nicht nur in mir selbst und zu Anderen Frauen Realisierte, sondern auch mit den Elementen dieses Planeten und mit Sonne, Mond und Sternen. Ich spürte eine kosmische Verbindung.

Aus meinen *Logbuch*-Erinnerungen habe ich gelernt, daß ein wichtiger Teil meiner Aufgabe war und ist, das unterschwellige Wissen von Frauen wiederzufinden/zurückzuholen und Formen zu Ent-Decken, in denen dies weiterzugeben ist. Eine Realität, die konfrontiert werden muß, ist die Tatsache, daß das Unterschwellige Meer – genau wie die Ozeane der Erde – verseucht ist. Es wurde von von-Menschen(Männern)-gemachten unterschwelligen Botschaften (der Medien, der Mythen, der Religion, aller -ologien etc.) verschmutzt. Da diese Botschaften jedoch umgekehrte Derivate tiefen Hintergrundwissens sind, sind selbst sie Tore/Fenster in den Hintergrund. Teil meiner Aufgabe ist es, Möglichkeiten zu ersinnen, wie sie auf diese Weise genutzt werden können.

Wenn Frauen damit fortfahren, Tiefe Erinnerung zu verlieren, dann wird es keinen Protest geben gegen die Bilder, die von den Pornographen, den obszönen Experimenten der Reproduktions-Techniker, der Verstümmelung und dem Mord an den Körpern von Frauen durch die Söhne von Jack the Ripper und die Verstümmelung und den Mord an Geist/Seele von Frauen durch die allgegenwärtigen frauenhassenden Propagandisten propagiert werden. Dann wird es auch keinen Protest geben gegen die Vergewaltigung und den Mord an dem Planeten.

Mein *Logbuch*-Material (natürlich zusammen mit anderen Quellen) hat mich mit Informationen über die fast unbeschreibliche Notwendigkeit für Bewußtseinsveränderung versorgt, und es hat mir Hinweise auf Möglichkeiten, solche Veränderungen zu bewerkstelligen, gegeben.

Auswärts reisen ist genausowenig sterile Hirntätigkeit, wie es eine geistlose und gequälte Sammlung „interessanter Erlebnisse" ist. Für das „Zusammentreffen" der philosophischen und biographischen Dimensionen dieses Buches ist ein verbindendes Ziel verantwortlich. Eine Auswärtsreisende erlebt Teilhabe an einem komplexen Chorus des Sei-ens. Sie ist sich einer Hintergrund-Harmonie bewußt, einer Telepathischen Verbindung, die zumindest ein Intergalaktisches Konzert Strahlkräftiger Intelligenzen ist. Dieses Buch ist der Versuch, das Gefühl dieses Konzerts zu vermitteln, diese Exzentrische und Fremdartige Realität hinter den Kulissen, die in alltäglichen Vorkommnissen Anwesend ist und uns befähigen kann, die Integrität unserer Leben Umzuweben/Neu-zu-Weben.

BE-SPRECHEN:

Momente von Prophezeiung
und Versprechen

(Oh! – 1970)

MEINE UR-REISEN
ZUM JAHRE OH!

Der Stoff der folgenden Kapitel wurde aus meinem unveröffentlichen (und ungeschriebenen) *Logbuch einer Radikalen Feministischen Philosophin* zusammengetragen. Dieses Material enthält einige bewußte Erinnerungen an Augenblicke meiner Reise und was ich heute darüber denke.

Natürlich habe ich keine bewußten Erinnerungen an meine Ur-Reisen. Ich muß also auf wissende Mutmaßungen über jene Phase meiner Reise zurückgreifen.

Ich stelle mir gern vor, daß bereits Jahre ehe ich „auf der Bildfläche erschien", meine Mutter und ich faszinierende Gespräche über meine Zukunft führten. Ich habe später von ihr erfahren, daß sie sich von ganzem Herzen nur *ein* Kind wünschte – und zwar auf jeden Fall ein Mädchen.

Die für mich immens wichtige Frage war: Was wünschte *ich* mir? War ich zu jener Zeit auch nur vorausgedachte Idee im Kopf meiner Mutter, so machte ich mir doch viele eigene Gedanken zu dieser Sache. Meine Mutter mußte ziemlich lange warten – sogar jahrelang –, während ich mich entschied.

Ich glaube – man könnte es vielleicht eine „Ahnung" nennen – daß ich in dieser Zeit der Vor-Empfängnis sehr nachdenklich und kritisch war und mir die Möglichkeiten für meine spätere Identität und den Verlauf, den mein Leben nehmen würde, sehr genau überlegte. Ich befragte meine Archaische Erinnerung und machte mir zweifellos Gedanken über die Geschichten von Frauen und Männern, verglich ihre Beiträge zu dem „Rennen", an dem ich bald teilnehmen würde. Ich nehme an, daß meine Entscheidung, als Frau auf die Welt zu kommen, ein Augenblick wissender Zustimmung und zugleich ein konspirativer Augenblick zwischen meiner Mutter und mir war.

Als ich mir Gedanken machte über die miserable Vorstellung, die die Mehrheit der Männer, die die patriarchale Macht auf diesem Planeten ausübten, boten, das heißt ihre erbärmlichen Leistungen in der Vergangenheit, wurde ich ihnen gegenüber wirklich sehr kritisch.

Ich wußte natürlich, daß es Ausnahmen unter ihnen gab und gibt – Männer mit Mut, Intelligenz und gutem Willen. Diese jedoch haben nur selten Machtpositionen innegehabt. Als ich mir die Situation genauer ansah, wurde mir klar, daß dieses Problem systemimmanent ist. Ich sah, daß das Patriarchat eine nekrophile Gesellschaftsform ist, in der jede entscheidungsbefugte Institution ausschließlich in der Hand von Männern und einigen ausgesuchten Handlangerinnen ist, und daß es sich um eine Gesellschaft handelt, deren Merkmale Unterdrückung, Repression, Depression und Grausamkeit sind.

Voller Traurigkeit stellte ich fest, daß viele Frauen unter patriarchaler Herrschaft nicht besonders bewunderungswürdig gewesen waren und es sich gestattet hatten, diesem System zu dienen und es damit am Leben zu erhalten. Eine Reihe weiblicher „Heiliger" fiel mir ein, und Königin Viktoria erschien vor meinem geistigen Auge. Voll böser Ahnungen sah ich das Erscheinen von Phyllis Schlafly und Margaret Thatcher voraus. Voll Abscheu studierte ich das Phänomen des Alibismus. Es schien, als seien die Frauen sowohl unter sich als auch in sich selbst gespalten.

Obgleich dieses entmutigende Phänomen vorherrschte, war ich doch zutiefst beeindruckt von der großen Anzahl wahrhaft Großer Frauen – genialer Frauen, die ebenfalls vor meinem geistigen Auge erschienen, Frauen in allen Gegenden dieses Planeten, in allen ethnischen Gruppen und zu allen Zeiten. Obgleich ich ihre Größe wahrnahm, wußte ich, daß der größte Teil dessen, was sie gesagt und getan hatten, keinen Eingang in die patriarchalen Geschichtsbücher gefunden hatte. Viele von ihnen stammten aus einer Zeit lange vor der geschriebenen patriarchalen Geschichte. Sie sagten mir, sie stammten aus einer präpatriarchalen Zeit.

Von all diesen Frauen aus allen Zeitaltern erfuhr ich von dem ungeheueren Potential dessen, was ich als Rasse der Wilden Frauen† betrachtete. Ich sah auch die Möglichkeit und Realität von Frauen, die sich in Schwesterlichkeit verbündeten. Ich hörte von frauenidentifizierten Frauen. Eine der wortgewaltigsten Befürworterinnen dieser Lebensform war eine mit Namen Sappho, die sagte, sie stamme von der Insel Lesbos. Ich war besonders beeindruckt, als sie im Orakelton verkündete:

Ihr mögt vergessen
aber ich sage Euch dies:
in irgendeiner fernen Zeit in der Zukunft
wird jemand
an uns denken.

Ich hoffte inständig, daß ich zumindest niemals vergessen würde.

Mir wurde auch klar, daß ich diesen Planeten in einem kritischen Augenblick – oder einer Serie von Augenblicken – seiner Geschichte betreten, mein Auswärts reisen beginnen würde. Die Zeit nahte, in der

---

† *Race of Wild Women*, Doppelbedeutung von Rasse und Rennen, ausführliche Erklärung dazu: *Reine Lust*, Kapitel 6.

die Bewegung zur Befreiung der Frauen wieder aufleben würde. Ich sah, daß mit diesem Großen Ereignis der Kampf ums Überleben allen Lebens auf dem Planeten Erde einhergehen würde. Es würde eine aufregende Zeit sein.

So entschied ich mich endgültig, eine frauen-identifizierte Kämpferin und Philosophin zu werden – mich dem Patriarchat entgegenzustellen und mich auf eine Strahlkräftige† metapatriarchale Reise zu begeben. Ich glaube, ich wußte, daß dies keine bequeme Reise werden würde, zumal ich selbst, mein Selbst, das Boot zum Schaukeln bringen würde. Es war klar, daß ich – hineingeboren in eine frauenhassende, lebenhassende Gesellschaft, deren grundlegender Denkkontrollmechanismus in der Umkehrung bestand/besteht – von einigen als einseitige Männerhasserin, als widerliches Weibsstück etc. etc. ad nauseam angesehen werden würde. Auf der anderen Seite würde es sich über alle Maßen lohnen. Es würde Augenblicke Radikaler Einsamkeit geben, aber auch Augenblicke, in denen ich mir des Kosmischen Bundes Radikaler Frauen bewußt sein würde.

Ich war überzeugt, daß ich mit dieser Entscheidung meinen kleinen Beitrag zur Sache der Unterdrückten beitragen würde, einschließlich aller, die wegen ihrer Rasse, Klasse, Spezies, ihres Alters behindert und zerstört wurden – was ich alles als Folgen patriarchaler Herrschaft begriff. Ich sah, wie Phallokraten Tiere, Bäume, Meere, ja, den gesamten wunderbaren Planeten Erde verstümmelten. Angesichts der Ungeheuerlichkeit meines Plans fühlte ich mich wirklich sehr klein, doch ganz offensichtlich war es einen Versuch wert.

Das also ist die Geschichte meiner Entscheidung, meine vorauskonzipierte Laufbahn von Kritizismus sowie Selbst-Bestimmung und Kreativität in meinem zukünftigen Leben als Radikale Feministische Philosophin fortzusetzen. Natürlich war mir klar, daß mein Eintritt in diese Welt traumatisch sein und eine gewisse Amnesie mit sich bringen würde. Außerdem würde ich einem dauernden Sperrfeuer von Verhaltensanpassung aus allen Ecken des Patriarchats ausgesetzt sein, damit ich mein Urwissen vergessen sollte. Das meiste von dem, was ich bereits herausgefunden hatte, würde ich neu lernen müssen. Doch glaubte ich fest daran, daß ich diese grundlegenden Erkenntnisse schließlich wieder Er-innern/Zusammensetzen würde.

---

† Engl. *Be-Dazzling.* M.D. legt in diesem von ihr geschaffenen Begriff nicht das moderne Verständnis von *dazzling* (= 1. blendend, glänzend, fig. strahlend (schön), 2. verwirrrend) zugrunde, sondern eine archaische Bedeutung aus *Webster's: eclipse with greater brilliance* = durch größere Strahlkraft in den Schatten stellen, und gibt im *Wickedary* die Erklärung für dieses neue Wort: „die Vordergrund-/phantomische (AdÜ.: „phantomisch", Erklärung in *Reine Lust*, S. 174f.) Welt durch die Strahlkraft des Sei-ens in den Schatten stellen". (*Wickedary*, S. 36)

Als mein Tatsächlicher Geburtstag kam, erlebte ich mich, wie ich den Geburtskanal hinuntersegelte, die Reise genoß und äußerst begierig darauf war, mit meiner Strahlkräftigen Auswärts-Reise zu beginnen. In dem Augenblick, als ich sie sagen hörte: „Es ist ein Mädchen!", quäkte ich laut: meine Elementale Selbst-Gratulation. Ich weiß, sie glaubten, ich weinte, doch ich hatte immer die Vorstellung, daß ich in Wirklichkeit alles be-lachte und daß mein erstes Wort, als ich das Tageslicht erblickte, „be-ing" war.† Ich vermute, mein zweites Wort – voller Verblüffung herausgeheult – klang etwa wie „Oh!"

Ich hoffe, dieses Buch wird zeigen, wie ich stets versucht habe, meiner Ur-Entscheidung zugunsten der Frauen treu zu bleiben. Es gibt welche (und wird sie immer geben), die glauben, ich bin über Bord gegangen. Ich versichere ihnen, daß diese Einschätzung stimmt, vermutlich weit über ihre wildesten Phantasien hinaus, und daß ich es weiterhin so halten werde.

---

† Im Deutschen durchgehend als sei-en formuliert (Erklärung siehe Vorwort zur deutschen Übersetzung *Gyn/Ökologie*, S. 20), wegen der lautmalerischen Vokale hier im englischen Original.

KAPITEL EINS

FRÜHE MOMENTE:
MEIN TABU-BRECHENDES ANLIEGEN – PHILOSOPHIN SEIN

Als Schülerin einer kleinen, von Arbeiterkindern besuchten katholischen High School in Schenectady, New York, klang ich wie der
Prophet in der Wüste, als ich erklärte, ich wolle Philosophie studieren.
Selbst die sensible und großzügige Schwester, die mich stets ermutigte,
zu schreiben mit dem Ziel, das Geschriebene auch zu veröffentlichen,
konnte mit einem solchen unerhörten Wunsch nichts anfangen.[1] Auch
fanden sich in der Schulbücherei keine Bücher zum Thema. Doch war
dieses Bedürfnis meines jugendlichen Gemüts so stark, daß ich zu
Hause meine eigenen Philosophien entwickelte. Ich habe keinerlei
Vorstellung, woher ich diese Merk-würdige Neigung hatte.

Mit Hilfe meiner Eltern plus des Bischof-Gibbons-Stipendiums (als
Ergebnis eines Wettbewerbs im Fach Religion) plus des gesparten
Geldes von meinem Check-Out-Job† im Supermarkt konnte ich ein
kleines katholisches Frauen-College in der Nähe besuchen. Von Schu-
len wie Vassar, Radcliffe oder Smith hatte ich als Bewohnerin des
katholischen Ghettos noch nicht einmal gehört. Aber auch wenn ich
von ihnen gewußt hätte, wären sie mir nicht zugänglich gewesen –
und auch nicht wünschenswert erschienen. Ich wollte „katholische
Philosophie" studieren, und so führte der Weg meiner Suchenden
Reise logisch und realistisch zum College of Saint Rose in Albany, New
York. Ironischerweise gab es an dem College Philosophie nicht als
Hauptfach, als Nebenfach waren jedoch achtzehn Pflichtvorlesungen
für alle Studierenden vorgeschrieben. In meinem Fall war der Unterschied der, daß ich das Fach liebte. Diese Liebe war durch nichts zu
erschüttern, auch nicht durch die Langeweile, die die Professorenpriester
verströmten. Sie behaupteten, Frauen könnten nie Philosophie treiben,
und ihre Vorlesungen bestanden darin, vor der Klasse zu sitzen und
laut aus den Lehrbüchern zu deklamieren, womit sie ihre Fähigkeit,
englisch zu lesen, bewiesen. Mein Interesse an dem Fach schien sie
völlig zu verwirren, und ihre Verwirrung hatte zweifellos etwas mit der
Tatsache zu tun, daß sie bei sich selbst nie irgendwelchen Enthusiasmus
für diese Studien verspürt hatten. Während sie da saßen und die Texte
herunterleierten, saß ich da und staunte über die Widersinnigkeit der

---

† In vielen großen US-Supermärkten steht am Ende des Kassenfließbandes jemand
bereit, um nach Bezahlung die Waren für die Kunden in Tüten zu verpacken, eine
Arbeit, die oft von SchülerInnen und StudentInnen geleistet wird.

Situation. Und dieses Staunen wurde dann Teil meiner persönlichen philosophischen Fragestellung. Ich hatte noch nicht begriffen, daß, wenn eine Frau danach strebte, Philosophin zu werden, dies den Bruch eines Schrecklichen Tabus[2] bedeutete.

Jene Professoren trugen zur Förderung meines philosophischen Anliegens, meiner philosophischen Suche wenig bei, meine eigenen Erfahrungen hingegen sehr viel. Bereits in meiner frühen Kindheit gab es schimmernde Momente. Beispielsweise jener Zeit-Punkt – ich war etwa fünf oder sechs –, als ich den großen glänzenden Eisbrocken im Schnee entdeckte. Es gab keine Worte für diese Erfahrung. Die Luft war frisch und scharf, und es war später Nachmittag. In einem bestimmten Winterlicht und einem bestimmten Wintergeruch stieß ich auf diesen Eisbrocken – vermutlich in unserem Garten. Ganz plötzlich stand ich in Verbindung mit etwas Ehrfurchtgebietendem – später würde ich das Elemental nennen. Es war ein Schock, der in mir ein Wissen von einer anderen Dimension weckte, und in mir regte sich etwas, der Ruf des Wilden, eines der ersten Erlebnisse dieser Art, an die ich mich erinnern kann. Ich weiß, daß ich die Fähigkeit, Eis im Schnee auf diese Weise wahrzunehmen, niemals ganz verloren habe, denn erst kürzlich, als ich an diesem Buch arbeitete, machte ich an einem Winterabend einen Spaziergang, und es passierte wieder. Diese Begegnung war mir Merkwürdig vertraut.

Die schimmernden Augenblicke ereigneten sich mit großer Intensität mit beginnender Pubertät. Zum Beispiel jener Augenblick, als eine bestimmte Kleeblüte mir ihr Sei-en Verkündete. Sie Sagte eindeutig, klar und mit äußerster Einfachheit: „Ich bin." Sie gab mir eine Erkenntnis von Sei-en. Jahre später, als ich die Philosophie von Jacques Maritain studierte, wußte ich, daß ich mit dieser Erkenntnis nicht allein war.[3]

Dennoch machte sie mich natürlich unaussprechlich Einsam. Ständig zog sie mich in eine Richtung, über die mir kein anderer Mensch Auskunft geben konnte. Sie sollte mich schließlich dahinbringen, praktisch ohne Geld den Atlantik zu überqueren, um an einer fremden, mittelalterlichen Universität, in der die Vorlesungen in Latein gehalten wurden und wo meine „Kommilitonen" katholische Priester und Seminaristen waren, Doktorate in Theologie und Philosophie zu erwerben.

Die Begegnung mit jener Kleeblüte hatte viel mit meiner Entwicklung zur Radikalen Feministischen Philosophin zu tun. Wenn eine Kleeblüte sagen konnte „Ich bin", warum sollte ich das nicht auch können?

ZURÜCKSPIRALEN:
FRÜHE ABSCHLÜSSE UND PRIVATE VERGNÜGUNGEN

Es wäre schwierig zu vermitteln, welche Vordergrund-Öde in den vierziger und fünfziger Jahren in Amerika herrschte, speziell für eine potentielle Radikale Feministische Philosophin mit einer Leidenschaft für verbotenes theologisches und philosophisches Wissen – es *wäre* schwierig, wenn es dem patriarchalen Staat/Zustand der Langeweile nicht gelungen wäre, sich zu wiederholen, indem er die unerträglichen achtziger und neunziger Jahre herausrülpste und damit eine Zeit der dumpfen, abgestumpften Gehirne, Seelen und Leidenschaften reproduzierte. Deshalb muß ich die Leserin nicht auffordern, sich eine solche Zeit vorzustellen oder zu versuchen, sich zu erinnern, sie muß sich nur umschauen.*

In jenen Dekaden gab es jedoch keinerlei Möglichkeit des Vergleichs, keine Gelegenheit zur Nostalgie. Es gab nur die sich selbst legitimierende Faktizität der Herrschaft der Langeweile und kein Entrinnen war in Sicht. Für mich aber war da der Ruf der Kleeblüte. Angetrieben von der Idee, daß *Ich Bin*, unternahm ich sondierende Ausflüge, mit denen ich bereits für mein Auswärts Reisen trainierte – was dann zum Kurs für mein Leben wurde.

Doch ich muß ein wenig zurückspiralen, denn vor der Zeit jener existentiellen Begegnung lag die Grundschule.

Die Leserin sei versichert, daß ich stets, geradezu krampfhaft, wenn auch erfolglos versucht habe, mich anzupassen. Als ich beispielsweise in der ersten Klasse in der Saint John the Evangelist School in Schenectady bemerkte, daß viele meiner MitschülerInnen schmutzige, abgenutzte Schulbücher hatten, spuckte und sabberte ich die Seiten meines nagelneuen Buches voll, damit es gebraucht aussehen sollte. Als meine Lehrerin, Schwester Mary Edmund, von mir eine Erklärung verlangte, fehlten mir die Worte. Ich ahne nicht, ob sie verstand, warum ich mein Buch vollsabberte, doch ich glaube, daß ich irgendwie „dazugehören" wollte.

Eine meiner Mitschülerinnen in der ersten Klasse, sie hieß Rosemary, wurde von der Trambahn ergriffen und getötet, als sie vor ihrem Haus die Straße überquerte. Es hieß, sie habe nicht nach rechts und links geschaut und das Geräusch der sich nähernden Straßenbahn nicht gehört, da die, aus der sie eben ausgestiegen war, gerade anfuhr. Die

---

* Ein Unterschied besteht jedoch. In den letzten zwei Jahrzehnten dieses Jahrtausends war – und ist es weiterhin – möglich, die frühen Augenblicke der neuen Welle der Frauenbewegung in den sechziger und siebziger Jahren zu Er-Innern – entweder unmittelbar oder über die Schriften und Geschichten Anderer Frauen, die dabei waren. Es ist ebenfalls möglich, sich das Leben von Feministinnen früherer Zeiten vor Augen zu ver-Gegenwärtigen.

ganze Klasse mußte mit Schwester Mary Edmund die aufgebahrte Rosemary ansehen gehen. Sie trug ein weißes Kleid. Ich mochte ganz und gar nicht dabeisein. Das Erlebnis war nirgends unterzubringen. Es hing da wie ein weißer Tropfen. Es war unmöglich zu verstehen und schlimmer als ein Alptraum.

In der zweiten Klasse hatte ich Schwester Mary Clare of the Passions als Lehrerin, die viel – nach meinem Geschmack zu viel – über die „Armen Gottes" tönte. Ich verstand nicht, warum die Armen Gott gehören sollten. Ich hatte die Schwester wieder im fünften Schuljahr und erinnere mich, wie tief ich geschockt war, als sie sich über einen Jungen in unserer Klasse lustig machte, der wirklich arm (*poor*) war und Abram Spoor hieß. Sie beleidigte ihn mit einem Vers der in etwa so ging „Abram Spoor... and he *is* poor" (und er ist wirklich arm).

Nach einigem Nachdenken bin ich zu dem Schluß gekommen, daß dieses erschreckende Verhalten nicht auf Bösartigkeit beruhte, sondern auf einer Leidenschaft für Verschen, Witze und Wortspiele im allgemeinen. Ich erinnere mich, daß Schwester Mary Clare of the Passion mehr als einmal über meine schriftlichen Arbeiten den Titel der (damals) populären Hymne „Daily, daily, sing to Mary" (Täglich, täglich, singt zu Maria) schrieb. Diese Worte waren dann immer mit einem sehr dünnen kritzeligen Strich durchgestrichen – wie um zu zeigen, daß sie sie versehentlich dorthin geschrieben hatte. Mir war klar, daß dies ein Spiel oder Spaß sein sollte, aber ich fand das damals gar nicht lustig.[4]

Nachdem ich weiter darüber nachgedacht habe, ist mir jetzt klar, daß diese Frau eine starke kreative Ader hatte. In der fünften Klasse ordnete sie eines Tages an, alle sollten irgendein Spielzeug mitbringen, das sie nicht mehr mochten. Wir sollten unser altes Spielzeug tauschen, und so würde jede/r etwas Neues bekommen. Ich brachte einen Blechaffen mit Trommel an, der, wenn man ihn aufzog, gehorsam auf dem Instrument herumdonnerte. Ich wollte mich von ihm trennen, weil er mir für eine Person, die die fünfte Klasse besuchte, viel zu kindisch vorkam. Ich erinnere mich, wie Adam Spoors Gesicht in reinem Glück erstrahlte, als er meinen mechanischen Affen sah und sagte: „*Den* will ich".

Zweifellos war es für diese Frau spannend, unsere Transaktionen und Reaktionen zu beobachten. Ich selbst war entzückt über meine Erwerbung: zwei Buchbände in merkwürdigem Format mit dem Titel „Our Gang". Doch das wirklich erinnernswerte Erlebnis dieses Tages war Adams Gesichtsausdruck und seine Stimme, als er meinen Affen bekam. Offenbar hatte er in seinem ganzen Leben kein so schönes Spielzeug besessen. Ich bin beeindruckt, wie treffend der unsensible und unglückliche Scherzvers der Schwester war. Heute frage ich mich, ob ihre Scherze vielleicht unkontrolliert, ohne daß sie die Folgen bedachte, aus ihr herausplatzten. Vielleicht hat ihr sonderbarer und trauriger Name – den sie sich aller Wahrscheinlichkeit nach nicht selbst ausgesucht hatte – sie dazu inspiriert, so rücksichtslos und satirisch mit Worten umzugehen.[5]

Schwester Mary Arthur, die mich im dritten und sechsten Schuljahr unterrichtete, war eine hübsche junge Frau mit struppigen Augenbrauen, die zwischen den Schulbänken auf und ab stürmte und die Jungen, nur die Jungen, mit ihrem Lineal schlug. Ihr gehörte meine unerschütterliche Loyalität und Bewunderung.

Die Schwestern gehörten alle zu einem Orden, der „Sisters of the Holy Names" hieß. Ihre Hauben hatten steife weiße Seitenteile, die rechts und links von ihrem Gesicht abstanden. Dieser Kopfschmuck muß ihren Blickwinkel stark eingeschränkt haben. Sie mußten ihre Köpfe ständig nach allen Seiten drehen, doch kam mir dieses Phänomen damals nicht ungewöhnlich vor, denn so war es nun eben an der Schule Saint John the Evangelist, und ich kannte keine anderen Nonnen, die mir als Vergleich hätten dienen können.

In diesen ersten sechs Jahren meines offiziellen Bildungsganges habe ich ziemlich viele Schultage versäumt. Schon die leichteste Erkältung war ein Grund, zu Hause im Bett zu bleiben und meine Lieblingsbücher zu lesen, wie *Ruf der Wildnis*, die „Raggedy Ann"-Geschichten und die „Children of All Lands"-Geschichten von Madeline Frank Berneis. Ich fand es völlig in Ordnung, daß ich ab und an den Alltagstrott unterbrechen und mich in meine ganz persönliche Welt abseilen konnte. Während dieser Reisen in den Welt-Raum tischte mir meine Mutter ein ganz besonderes Ambrosia auf: gekühlter „Junket"†, den es in drei köstlichen Geschmacksrichtungen gab, nämlich Schokolade, Vanille und Erdbeere. Vielleicht auch Himbeere.

Meine Lehrer verlangten einen Preis für diese seligen freien Tage: Sie setzten meinen Notendurchschnitt herunter, womit ich nach einigen Wochen nur noch die Zweitbeste in der Klasse war. Das gelang ihnen, indem sie für Klassenarbeiten, die ich an meinen Ausflugstagen verpaßte, jeweils eine „Null" eintrugen. Ich fand das sehr unfair, besonders weil meine Konkurrentin, Sarah Behan, die nie den Unterricht versäumte, dann Erste wurde, obgleich ihre Noten schlechter waren. Doch waren jene Zeiten des freien Fluges das wert, damals fand ich für immer Geschmack daran, auferlegten Routinen zu entkommen. Ich glaube, meine Mutter, die Mitverschwörerin, wußte das.

† eine Art Milchpudding

DIE WELT DER LEUCHTENDEN BÜCHER
UND DER RUF DES WILDEN

So gingen die Grundschuljahre dahin. Meine Leidenschaft für das intellektuelle Leben brach mit der Pubertät aus, genau gesagt im siebten Schuljahr. Da die Saint Joseph the Evangelist School nur bis zum sechsten Schuljahr ging, war ich nun an der Saint Joseph's Academy. Diese katholische Schule gehörte zu einer Gemeinde von Deutschen aus der Arbeiterklasse und reichte vom ersten Schuljahr bis zum Ende der High School. Hier unterrichteten die Schwestern des Ordens Saint Joseph of Carondelet. Die Saint Joseph's Academy gibt es heute nicht mehr. Für mich jedoch war diese arme kleine Schule der Schauplatz für Metamorphische Augenblicke, die Zurück-gerufen und er-Innert werden können. Für viele ihrer Hunderte von SchülerInnen schufen einige der Schwestern, die dort – häufig nicht anerkannt – unterrichteten, reiche Erinnerungen an die Zukunft. Sie formten/ verwandelten unsere Zukunft, die natürlich Jetzt ist.

Ich war eine äußerst eifrige Schülerin. Kaum jemand verstand, warum ich so voller Verehrung hinter den High-School-StudentInnen herlief und die Bücherpacken, die sie mit sich herumschleppten, mit verliebten Augen anstarrte, besonders die dicken Bände Chemie, Mathematik und Physik. Ich war überwältigt von Bewunderung und Neid, weil sie Zugang zu diesen gelehrten und faszinierenden Büchern hatten. Es kam mir nie in den Sinn, daß ihre Haltung diesen Wälzern gegenüber von Indifferenz bis Abscheu reichte. In meiner unerschütterlichen Unschuld sah ich in ihnen die Tore zum Paradies, magisch und unendlich verlockend.

Obgleich mir Jahre später die alles andere als magischen Qualitäten vieler dieser Bücher klarwurden, war diese Ent-Deckung kein Erlebnis der Desillusionierung. Meine Beschäftigung mit den Bänden von Weisheit, die die High-School-StudentInnen mit sich herumschleppten, gründete sich auf eine Hintergrund-Intuition/Er-Kenntnis des Strahlenden Reichs der Bücher, und das war keine Illusion. Deshalb war da nichts, das mich hätte desillusionieren können. Später erkannte ich, daß die meisten Bücher nur die Vordergrund-Ebene abdeckten. Doch das hat meinem Wissen um die Diese-Welt/Andere-Welt-Realität von Büchern keinen Abbruch getan.[6]

Meine Eltern hatten mir immer viele schöne Bücher geschenkt, besonders in den Ferien. So drang die Welt der Leuchtenden Bücher schon sehr früh in meine Vorstellung und wurde ein Kristallisationspunkt für mein Streben, Philosophin zu werden.

In meinen High-School-Tagen träumte ich mehr als einmal von wunderbaren Welten – ich war in Räumen, die angefüllt waren mit bunten leuchtenden Büchern. Wenn ich aufwachte, war ich in einem

Zustand großer Ekstase und wußte, daß dies *meine* Welt war, in die ich gehörte.

In dieser Zeit der Pubertät Ent-Deckte ich ebenfalls den „himmlischen Glanz" in der Natur. Mein Vater war Vertreter für Maschinen zur Eiscreme-Herstellung, und manchmal, wenn er über Land fuhr, um die Eiscreme-Verkaufsstände seiner Kunden zu besuchen, begleitete ich ihn. Auf einigen dieser Fahrten erwachte mein Bewußtsein für das transzendental Leuchtende Licht über Wiesen und Bäumen.[7] Andere Augenblicke des Kontakts mit der Natur waren, wenn mir der Ruf des Wilden von den Bergen und abendroten Himmeln und aus dem süßen frischen Geruch des Schnees bewußt wurde.

Diese Einladungen der Natur an meinen erwachenden Geist waren irgendwie ganz eng verbunden mit dem Ruf aus der Welt der Leuchtenden Bücher. Mein Leben war durchdrungen von der Sehnsucht nach einer Art Großem Abenteuer, in dem ich diese fremden Welten berühren und erforschen würde, die mich einen Blick auf ihre Wunder hatten erhaschen und nach mehr Dürsten lassen.

TABU-BRECHEN:
„DAS KLOSTER" ALS FLIEGENKLATSCHE

Ich war ziemlich gut gerüstet, um diesem anscheinend unfaßbaren, noch nicht voll artikulierten, dennoch Kristallklaren Ruf Folge zu leisten. Zum einen war ich mit unerträglicher Sturheit ausgestattet – ein Wesenszug, der mich nie im Stich gelassen hat. Auch hatte ich die Gabe, die Erwartungen, die die Gesellschaft an mich als „normale" junge Frau hatte, zumindest zu fünfzig Prozent überhaupt nicht zu bemerken und jenen Erwartungen, die ich nicht umhin konnte wahrzunehmen, zu hundert Prozent nicht zu entsprechen. So hatte ich zum Beispiel nie auch nur den leisesten Wunsch zu heiraten und Kinder zu haben. Bereits in der Grundschule und ohne irgendeine feministische Bewegung hatte ich es als unerträglich empfunden, meinen Namen aufgeben und „Mrs." Soundso werden zu müssen. Das wäre eindeutig eine Vergewaltigung meiner Selbst. Außerdem habe ich meinen Namen immer gemocht. Ich würde ihn um keinen Preis verkaufen. Weitere nützliche Eigenschaften waren unerschütterliches Selbstvertrauen und Zielbewußtsein. Sie haben mich selbst in den schwärzesten Zeiten nie ganz verlassen.

Im Rückblick wird mir klar, daß all diese Aktivposten Geschenke meiner außergewöhnlichen Mutter waren. Zum einen hatte sie mir stets klargemacht, daß sie nur ein Kind gewollt hatte, und das sollte eine Tochter sein. Ich war genau, was sie wollte, und alles, was sie wollte. Wie es ihr gelang, das so zu arrangieren, habe ich nie erfahren.

Jedenfalls schien mein Vater keine ernsthaften Einwände zu haben. Des weiteren kann ich mich nicht erinnern, daß sie jemals – nicht ein einziges Mal – versucht hat, den Gedanken zu unterstützen, ich solle heiraten und eine Familie haben, obgleich sie oft sagte, daß sie sehr glücklich verheiratet sei, und dies auch wirklich zu stimmen schien. Andererseits lag es ihr ganz fern, das Kloster zu propagieren. Ich war diejenige, die mit dieser Drohung um sich warf, in erster Linie als Waffe gegen wohlmeinende Verwandte und „Freunde der Familie", die psalmodierten, eines Tages würde „schon der Richtige" kommen. Ich habe meine Drohung, ins Kloster zu gehen, nie wahrgemacht, doch als Verteidigung gegen die Gesellschaft allgemein hat sie mir gute Dienste geleistet.[8]

Das heißt nicht, daß ich den Eintritt ins Kloster nie ernsthaft in Erwägung gezogen hätte. Ich war nicht direkt unaufrichtig, als ich dies als Ziel ausgab. Es schien lediglich unendlich aufschiebbar. Vielleicht, wenn die Nonnen die Möglichkeit gehabt hätten, große Wissenschaftlerinnen zu werden – wie meiner Vorstellung nach Mönche sie hatten – wäre ich ernsthafter in Versuchung gewesen. Ich nahm statt dessen einige der Einschränkungen wahr, denen ihr Leben unterlag. Ihnen war nicht die Muße gegönnt, zu studieren und zu reisen und ihre Fähigkeit zu kreativem Denken voll auszuschöpfen. Selbst diejenigen, die im College unterrichteten, hatten einen eingeschränkten Blickwinkel. Die Schwestern waren zu Arbeitstieren der Kirche bestimmt.* Also konnte ich mich nicht ganz mit dem Kloster als Lebensziel identifizieren und mußte meinen eigenen Weg finden. Später las ich einen Artikel, in dem jemand die Altjungfernschaft als eine „Reserve Religiöser Berufung" bezeichnete, der – besonders in den vierziger und fünfziger Jahren – ein Quentchen Anerkennung zuteil wurde, und besonders dann, wenn die jeweilige alte Jungfer sich hingebungsvoll ihrer Arbeit widmete. Ich bin sicher, daß diese Botschaft in mein Bewußtsein eingedrungen war und mir das ein ganz gutes Geschäft zu sein schien. Ich wußte, daß einige Frauen versuchten, der „Liebe und Ehe" zu entkommen, indem sie ins Kloster gingen – eine Strategie, die im Mittelalter, als viele Klöster Wilde Orte waren, besser funktioniert hatte. Doch für mich war das nicht der wahre Aus-Weg. Für mich bedeutete das Alte-Jungfer-Sein die Möglichkeit, frei zu sein. Doch konnte ich diesen Gedanken noch nicht richtig formulieren, nicht einmal vor mir selbst, denn allein schon der Gedanke war Tabu. So verhielt ich mich einfach logisch entsprechend, während ich, wenn nötig, das Banner „Kloster" wie eine Fliegenklatsche schwang.

---

* Dies stand völlig in Einklang mit der Arbeitstier-Rolle, die allen Frauen von der Kirche und von der patriarchalen Gesellschaft generell zugewiesen wurde/wird.

ANNA UND FRANK

Die Haltung meiner Mutter mir gegenüber war von der Vorstellung bestimmt, daß ich alles haben sollte, was ihr in ihrer Jugend versagt war. Sie, Anna, war als sehr kleines Kind von ihrer Großmutter aufgenommen und zusammen mit vielen Tanten und Onkeln aufgezogen worden, weil ihre Mutter zu arm war, um für all ihre Kinder zu sorgen. Obgleich sie ihre Großmutter sehr liebte, hatte meine Mutter eine harte Kindheit. Sie mußte viel Hausarbeit tun, einschließlich der beschwerlichen Aufgabe, die Kerosinlampen zu reinigen. Zur Schule gehen hieß, an kalten und windigen Wintertagen über die Brücke zu stapfen, die South Glens Falls, New York, mit der Stadt Glens Falls verband. Dennoch lernte sie mit leidenschaftlicher Hingabe, und die Tragödie ihres Lebens war, daß sie in ihrem zweiten High-School-Jahr „aus der Schule gerissen" wurde, um als Telefonistin in der etwa vierzig Meilen entfernten Stadt Schenectady zu arbeiten.[*]

Sechzehn anstrengende Jahre arbeitete Anna in der Telefongesellschaft. Dann lernte sie meinen Vater kennen und heiratete ihn; sie kauften ein Haus in Schenectady. Mit sehr langer Verzögerung wurde ich schließlich geboren. Ich erschien gerade rechtzeitig zur Großen Depression (Wirtschaftskrise). Sie sagte oft zu mir, daß ihr Haus „zum Paradies wurde, als du kamst".

Meine Mutter war achtunddreißig, als ich den Schauplatz betrat. Da sie bei ihrer Großmutter, Johanna Falvey, aufgewachsen und diese aufgrund der Kartoffel-Hungersnot aus Irland gekommen war, reichten ihre Erinnerungen weit in die Vergangenheit, und sie gab – bewußt und unbewußt – sehr viel alte irische Volksweisheit und Volksweisen an mich weiter. Obgleich meine Urgroßmutter vor meiner Geburt gestorben war, war sie in meiner Kindheit überwältigend gegenwärtig: sie, die als Vierzehnjährige mit dem Schiff herübergekommen war, als Dienstmädchen gearbeitet, geheiratet und zwölf Kinder geboren hatte. Sie konnte weder lesen noch schreiben, dennoch konnte sie viel von Dickens und aus dem „Leben der Heiligen" auswendig, weil ihr Mann, Dan Buckley, ihr diese Bücher immer wieder vorlas. Sie kannte auch Geheimnisse der Natur und des Wetters und hatte heilerische Fähigkeiten; sie half, andere irische Immigranten und ihre Familien in ihrer Nachbarschaft in South Glens Falls zu versorgen, wenn sie krank waren.

Auf der Seite meines Vaters war die Verbindung zu Irland genauso direkt und der weibliche Einfluß genauso stark. Beide Eltern waren

---

[*] Ich glaube, es lag an dem Druck, den sie als Kind erduldet hatte, daß meine Mutter mich immer wieder warnte, mich nicht in der Falle „Familie" fangen zu lassen, womit sie Verwandte, die „versuchen würden, dich runterzuziehen", meinte.

von der Grünen Insel herübergekommen. Sein Vater war kurz nachdem er, Frank, das jüngste Kind, geboren worden war, gestorben. Seine Mutter war eine starke und gewiefte Frau, die ein Geschäft hatte und ihre fünf Kinder damit durchbrachte. Es ging nicht anders, als daß mein Vater nach der achten Klasse die Schule verlassen und arbeiten gehen mußte. Dennoch wußte er immer geschickt mit Worten umzugehen, und er machte auch etwas daraus, indem er zum Beispiel Werbeslogans erfand und manchmal Preise für seine kreativen Bemühungen gewann. Ich erinnere mich an einen dieser Slogans: „Irgendwann einmal – warum nicht gleich?"

Als ich sehr klein war, sah ich Exemplare eines Buches, das mein Vater geschrieben und veröffentlicht hatte. Es handelte davon, wie man Zubehör für die Eiscreme-Herstellung verkaufte, und es enthielt Fotografien. Die Exemplare des Buches (die in einer Großen Schachtel aufbewahrt wurden) sind seit langem verschwunden.[9] Ich nehme an, daß der Anblick dieser Bücher etwas mit der Vorstellung, die ich schon in frühester Kindheit entwickelte, zu tun hatte, daß nämlich eines Tages *ich* ein Buch schreiben würde.

Von beiden Eltern hörte ich die rhetorische Frage: „Haben wir nicht Glück, irisch zu sein?" Wenn ich beim Ausfüllen von Formularen meine Nationalität angeben mußte, schrieb ich immer „irisch". Es kam mir nicht in den Sinn, „amerikanisch" zu schreiben. Hinzu kam, daß ich – da es ein Glück war, irisch zu sein – glaubte, daß ich persönlich Glück hätte. Und wie überwältigend auch die Kräfte waren, die versuchten mir diesen Glauben auszutreiben, er überlebte. Mehr noch, ich glaube, daß er als sich-selbst-erfüllende Prophezeiung wirkte.[10]

FREUNDE

Trotz dieses besonderen Nationalstolzes glaube ich nicht, daß ich besonders unbeliebt war. Ich war vielmehr eine Art Anführerin und hatte eine ganze Reihe von FreundInnen. Da war zum Beispiel, als ich sechs oder sieben war, Carlie Derwig, der in der gleichen Straße wohnte und dessen Großvater „mit dem ‚Großen Schiff' aus Deutschland gekommen war". Wie einige meiner anderen Freunde mochte Carlie mein Mädchenspielzeug mehr als ich selbst. Stundenlang spielte er mit meiner Puppen-Waschmaschine, die viel Seifenschaum absonderte. Wenn man die Kurbel drehte, machte es wumm, wumm, wumm. Später wandte er sein Interesse Spielzeugautos zu, die rrum, rrum, rrum machten, und da begann er mich sehr zu langweilen.

Danach kam der Nachbarjunge Eddie Mann. Eines Tages hatten wir einen freundlichen Ringkampf, und er brach mir den Ellenbogen, so daß ich wochenlang jeden Tag an einer Stange hängen mußte, um ihn wieder gerade zu bekommen. Bewußt war ich nicht wütend darüber, daß er mir den Ellenbogen gebrochen hatte.[11] Er war ein Jahr älter und viel größer und kräftiger als ich, doch ich wußte, ich hatte mich freiwillig auf diesen Zweikampf eingelassen. Wirklich Kopfzerbrechen bereitete mir die Tatsache, daß seine Mutter ihn jeden Tag mit Zuckerzeug herüberschickte als Entschuldigung dafür, daß er ein Mädchen verhauen hatte. Ich mochte zwar die Süßigkeiten, doch irgendwie hatte ich das Gefühl, daß das keinen Sinn ergab. Irgend etwas stimmte nicht an dieser Inszenierung. Ich glaube, wir haben danach nicht mehr viel miteinander gespielt.

Ich hatte jedoch viel früher eine andersgeartete und tiefergehende Kränkung erlebt. Es war lange, ehe ich in die Schule kam, ich glaube, ich war viereinhalb, und meine Freundin Carol Houghton war fünfeinhalb. Als sie zu uns nach Hause kam, sprang sie über alle Möbel und machte Sachen kaputt. Sie brach alle Regeln guten Benehmens, die meine Mutter aufgestellt hatte, und ich bewunderte sie grenzenlos. Ich liebte Carol. Wenn wir zu ihr nach Hause gingen, las uns ihre Mutter aus, für unser Alter, sehr anspruchsvollen Büchern wie zum Beispiel dem *Dschungelbuch* vor. Dann zogen sie und ihre Mutter weg, und ich wußte nicht wohin, und es gab nichts, was ich in dieser Situation tun konnte. Ich grämte und grämte mich.

Einige der Kinder in meiner Gegend waren nicht direkt FreundInnen, doch sie gehörten dazu. Hollace Bascomb, der in meiner Straße wohnte, war älter und geistig behindert. Er spielte gern mit meinen Puppen und meinem Puppenwagen. Ich hatte nichts dagegen, denn mich interessierten sie nicht. Früher hatte ich mit meiner „Patsy-Ann"-Puppenfreundin Teestunde gehalten, doch da war ich erst vier. Seit ich zur Schule ging, beschränkten sich meine Aktivitäten mit Puppen darauf, sie alle paar Monate aufzureihen und mit ihnen Waisenhaus zu spielen. Als Direktorin des Waisenhauses zog ich ihnen ihre schönen Kleider aus und kleidete sie in Lumpen. Dann bekamen sie ihre normalen Kleider wieder an und interessierten mich nicht mehr, bis es wieder Waisenhaus-Zeit war.

Einige meiner Freunde lebten natürlich in Büchern. Ganz hoch in meiner Gunst standen Dr. Dolittle und Buck, der Held von *Der Ruf der Wildnis*. Ich identifizierte mich mit beiden. Die Mädchen in den Büchern schienen selten irgend etwas Interessantes zu *tun*, außer daß sie manchmal in anderen Ländern lebten, so hatten sie also nichts an sich, was meine Phantasie beschäftigen konnte, und das war sehr deprimierend. Ich hatte außerdem freundliche Beziehungen zu meinen Schutzengeln und einer Reihe von Tieren in der Nachbarschaft, zu bestimmten Bäumen (besonders einem Trompeten-Baum) und zu dem Rosen- und dem Fliederstrauch, die im Garten hinter unserem Haus wuchsen, und den Löwenzahnblüten, die jedes Jahr wiederkamen.

Vielleicht war das schreckliche Erlebnis, das ich im sechsten Schuljahr hatte, auf meine Freundschaft mit Bäumen zurückzuführen. Es war Mitte Dezember und mein Vater und ich waren losgezogen, um den Weihnachtsbaum zu kaufen. Nachdem wir ihn ins Haus geschleppt hatten, schnitzten wir seinen Stumpf zurecht, damit er in den Ständer paßte. Plötzlich überkam mich eine Welle des Schreckens, die ich nicht in Worte fassen konnte. Das Gefühl quälte und ängstigte mich, und ich konnte es mir nicht erklären. Im Rückblick würde ich es eine Ahnung vom Nichts nennen. Es war ein Gefühl völliger Leere.

Ich hatte Weihnachtsbäume immer geliebt – den Geruch der Tannennadeln und die märchenhaften bunten Lichter und die Geschenke, die darunter lagen. Es war mir nicht in den Sinn gekommen, daß unser Weihnachtsbaum getötet und dann aufgeputzt worden war, daß er nur lebendig roch, nachdem er tot war. Ich bin sicher, daß ich auch an jenem Weihnachten nichts davon deutlich erkannte. Doch ich *wußte*, daß irgend etwas ganz schrecklich verkehrt war, ehe ich wußte, *was* verkehrt war. Viele Jahre später ent-deckte ich einige der Schichten, die jene Ahnung umfaßte.[12]

Ich weiß, daß ich auch in bezug auf andere Feiertage ein unbewußtes Wissen hatte, auch wenn ich nicht wußte, wie ich es ausdrücken sollte. Ich hatte das Gefühl, daß es mit Thanksgiving etwas Schreckliches auf sich hatte. Es war, als ob ein grauer Nebel über dem Feiertag läge. Es ging nicht darum, daß es ein langweiliger Tag war, der darin bestand, daß Verwandte zum Truthahn-Essen eingeladen wurden. Ich mochte das Essen, und schlimmstenfalls waren die Verwandten einfach fade. Vielmehr hatte ich eine dunkle Ahnung, daß hinter all dem etwas anderes steckte – etwas war verkehrt. Ich hatte die Schulbuch-Version der Ursprünge des Thanksgiving-Feiertags gelesen und die üblichen langweiligen Bilder der frommen Pilger gesehen. Sie waren alles andere als begeisternd. Wie hätte ich wissen können, daß das, was die Pilger feierten und wofür sie Gott dankten, das Massaker an der amerikanischen Urbevölkerung war. Als ich schließlich dahinterkam, stellte sich jenes Gefühl des Unbehagens, das ich in meiner Kindheit verspürt hatte, als durchaus plausibel heraus.

Halloween war etwas anderes. Es sollte dabei um schlimme Wesen gehen – Hexen, Kobolde und Geister. Doch bei Halloween hatte ich keinerlei unheimliche Gefühle. Es streckte keine Fangarme aus, die mich in irgendeine gezähmte Welt hineinsaugen wollten. Es war vielmehr aufregend und einladend, rief mich in eine wundervolle Welt, die mit dem Mond und der Nacht verbunden war. Halloween-Kostüme waren etwas ganz anderes als die Osterkleider. In einem Jahr war ich George Washington, in einem anderen eine Hexe. Das war *wirklich* verkleiden. Und die Papierlaternen mit den Kerzen darin waren der Stoff, aus dem die Träume sind. In meiner Vorstellung waren sie verbunden mit der Welt der Leuchtenden, Glänzenden Bücher. Ich liebte Halloween.

Schließlich Ostern. Ich mochte Spielzeughasen, Osterkörbe, Jellybeans, Ostereier anmalen und suchen. Ich haßte Osterhüte und sich fein anziehen und in die Kirche gehen. Doch mein Gefühl, daß mit Ostern etwas nicht stimmte, ging über all das hinaus. Auch wenn man die ganze „Auferstehungs"-Geschichte beiseite ließ, sollte Ostern das freudige Fest des Frühlings sein. Doch gab es zu Ostern keine Wilde Freude. Es ging nicht wirklich um die Natur, sondern um gezähmte Sachen, die mich davon abhielten, in der Natur zu sein, wie zum Beispiel Mädchen-Sonntagskleider mit Rüschen und Spitzen. Hätte ich damals schon das Wort gehabt, dann hätte ich gesagt, daß dieser Feiertag wirklich im Vordergrund festgefahren war.

Meine Ahnung vom Übel des Stumpfsinns und der Gezähmtheit war nicht auf Feiertage beschränkt. Einige Blocks von unserem Haus entfernt stand auf der Eastern Avenue ein „Regenschirm-Baum". Dieser Baum wurde ständig beschnitten, damit er wie ein Kunstwerk aussehen sollte. Er war ganz und gar ordentlich und in Form gebracht. Ich mußte mehrmals jede Woche an ihm vorbei, auf dem Weg zur Schule Saint John the Evangelist und zum Kaufladen. Und jedesmal, wenn ich ihn sah, fühlte ich mich deprimiert. Ich würde jetzt sagen, daß damals in mir unterschwellig die Wahrnehmung erwachte, wie das Patriarchat ständig das Wilde in den Bereich des Vordergrunds verbannt, seinen freien und spontanen Ausdruck von Leben tötet. Der Baum war nicht frei er Selbst zu sein. Doch natürlich wußte ich damals nichts von all dem auszudrücken. Sein Anblick machte mich einfach nur unglücklich.[13]

Ein ganz anderes Zeichen dafür, daß mit der Welt etwas nicht stimmte, war das Schicksal meiner beiden weißen Kaninchen, Peter und Jacky. Als ich eines Morgens hinausging, um ihnen ihre Mohrrüben zu bringen, fand ich sie mit abgeschnittenen Schwänzen. Es wurde von „bösen Buben" in der Nachbarschaft gesprochen. Das war eine gemeine Art von „böse", von deren Existenz ich nichts gewußt hatte – die Art, die einen häßlichen Schleier über alles legt. Am gleichen Tag waren dann meine Kaninchen verschwunden. Ich glaube, man erzählte mir, sie seien weggelaufen. Ich weiß nicht, ob ich das glaubte oder ob mir klar war, daß meine Eltern sie hatten verschwinden lassen. Ich sah sie nie wieder.

Zu dieser gemeinen Art von bösen Jungen gehörte der große Quälgeist, der, wenn ich zur Schule ging, immer wieder versuchte, mir den Weg zu verstellen und mich zu betatschen, während ich schrie und mit den Füßen nach ihm stieß. Ich hatte auch die üblichen

Erlebnisse mit schmierigen alten Männern in Parks und Kinos, von denen die meisten aktiven kleinen Mädchen heimgesucht werden. Ich konnte ihren groben Demonstrationen eines unstillbaren Drangs, ihre Unzulänglichkeiten zur Schau zu stellen und damit „jemanden zu erreichen", nicht ganz entgehen. Doch, wie schon gesagt, ich hatte Glück. Mir gelang es stets, ernsten Belästigungen und Gewalt zu entgehen. Zu jener Zeit konnte ich noch nicht verstehen, wie diese widerlichen Erlebnisse mit dem, was meinen Kaninchen angetan worden war, oder mit der schrecklichen Ahnung über den Weihnachtsbaum zusammenhingen, doch ich speicherte all diese wichtigen Informationen und stellte später – viel später – die Verbindungen her.

Ich ging Risiken ein. Ich erinnere mich, wie ich eines Tages von der Schule nach Hause durch den Vale-Friedhof in Nott Terrace ging, der als gespenstisch und gefährlich bekannt war. Er hatte einen waldartigen Teil, in dem keine Gräber waren, mit einem Teich darin, in dem mehrere Kinder ertrunken sein sollten. In diesem Teil trieben sich auch Stadtstreicher herum. Ich schlenderte an einer Gruppe von Stadtstreichern vorbei, die gerade frühstückten, und ich erinnere mich, daß einer von ihnen ein Messer hatte. Ich ging einfach weiter an ihnen vorüber. Ich glaube nicht, daß das eine Sache besonderen Mutes war. Teilweise nahm ich das gar nicht wahr, und teilweise hatte ich eine Art sechsten Sinn, der mir sagte, daß nichts Schlimmes passieren würde.

Wenn man den Vale-Friedhof durchquerte, kam man schließlich zu dem Teil nahe unserem Haus, der sonnig war und wo viele Gräber lagen. Ich erinnere mich noch genau an den Sonnenschein, der dort über den Gräsern lag, und an das Gefühl, daß es gar nicht so schlecht sei, wieder zur Erde zurückzukehren. Irgendwie war das stimmig.

Was mir jedoch wirklich Angst machte, war der Film *Dracula,* den ich mit neun oder zehn Jahren sah. Ich ging mit ein paar anderen Kindern hinein und hatte monatelang schreckliche Alpträume. Ich schrie nachts nach meiner Mutter, es verfolgte mich viele Jahre lang. Ich wußte, daß es an irgendeine schreckliche Wahrheit rührte.*

DIE FOLGEN DER GROSSEN DEPRESSION

Das Haus, in dem wir lebten, als ich ein Kind war, hatte ursprünglich meinen Eltern gehört, doch sie verloren es als Folge der Großen Depression. Die Bank holte es sich. Als ich meine Eltern darüber hatte reden hören, zog ich den Schluß, daß man ein Haus nicht wirklich besitzen konnte. *Sie* können es dir immer wegnehmen.

---

* Im Verlauf der Dritten Spiral-Galaxie sollte ich dann über Vampirismus als patriarchales Phänomen schreiben. Vgl. *Gyn/Ökologie,* S. 104-105, 393.

Wir lebten jedoch weiter in dem gelben Zwei-Familien-Haus, das die Bank übernommen hatte. Wir vermieteten das Erdgeschoß. Im Dachgeschoß lebten Mr. und Mrs. MacReady mit ihrem Sohn Archie, wenn er nicht im Gefängnis war. Mrs. MacReady war eine soziale Aufsteigerin, die versuchte, über ihre Verhältnisse zu leben. Mr. MacReady war ein ruhiger und deprimierter Mann. Wir sahen, wie er Archie Essen brachte, wenn der im Gefängnis war, und meine Mutter sagte, daß er sich schämte.

Ich mochte Mrs. MacReady nicht sehr. Sie gehörte der Episkopal-Kirche an, der Kirche der Reichen. Einmal lud sie mich ein, mit ihr zu einem Krippenspiel in ihre Kirche zu kommen. Eigentlich wollte ich nicht, doch ich ging mit. Ich langweilte mich sehr. Irgendwie war immer irgend etwas nicht echt, wenn man mit ihr zusammen war. Statt uns richtige Butter vorzusetzen, mischte sie irgendwelches gelbes Zeug unter die Margarine, und es schmeckte schauderhaft. Ich konnte nicht so tun, als ob ich es möchte. Meine Mutter sagte, sie täte das, um Geld für teure Kleider zu sparen, mit denen sie einen guten Eindruck machen könnte. Ich war nicht beeindruckt.

Eines Tages stieg Hollace Bascomb auf unseren Dachboden, um mein altes Spielzeug durchzuschauen. Vielleicht wollte er nach meinem Puppenwagen suchen. Auf jeden Fall öffnete er das Fenster, und ein Vogel flog herein. Meine Mutter sagte, in Irland glaube man, wenn ein Vogel ins Haus kommt, würde jemand sterben.

Kurz danach erhängte sich Mr. MacReady auf dem Dachboden. Meine Mutter fand ihn, als ich in der Schule war. Sie war sehr bestürzt. Sie sagte, Mr. MacReady hätte das letzte Mal, als sie ihn traf, sehr traurig ausgesehen, so als wollte er sich verabschieden. Ich glaube, ich war zehn, als das passierte.

Mir war sehr traurig zumute, als mir klarwurde, daß meine Eltern eines Tages sterben würden. Ich glaube, daß mir diese Erkenntnis allmählich kam, doch sie wurde an einem Abend klar und deutlich, als ich allein auf den Eingangsstufen zu unserem Haus saß. Meine Eltern waren nicht da, wahrscheinlich waren sie einkaufen, und es war dunkel. Ich beobachtete die Scheinwerfer der vorüberfahrenden Autos. Sie kamen, und dann waren sie wieder weg. So war das also! Immer wenn mir die Gewißheit zukünftigen Verlustes wieder klarwurde, grämte ich mich sehr, besonders vorm Einschlafen.

Nach Mr. MacReadys Selbstmord schien Sich-Erhängen fast zu einer Gewohnheit in unserer Nachbarschaft zu entwickeln. Mrs. Priess, die aus Deutschland herübergekommen war, wo sie, wie sie sagte, „zwanzig Jahre für ein Federbett gearbeitet" hatte, erhängte sich auf ihrem Dachboden im Nachbarhaus. Ihr Mann, Mr. Priess, dem das Haus gehörte und der die ganze Zeit daran herumwerkelte und ans Geldsparen glaubte, wurde sehr einsam und deprimiert. Ich sah ihn am Küchentisch sitzen, den Kopf auf der Tischplatte. Dies bestärkte mich in meiner Überzeugung, daß ein Haus besitzen und Geld sparen nicht viel für sich hatte. Geldsparen gehörte nicht unbedingt zur Lebensart meiner Eltern. Wir hatten immer richtige Butter und im allgemeinen gutes Essen. Dinge wie Kleidung und Spielsachen kauften sie in der besten Qualität, die sie sich leisten konnten, meistens für mich. In meiner Vorstellung entstanden zwei Kategorien von Menschen: die Sparer und die Geldausgeber. Meine Eltern waren Geldausgeber. Da mein Vater kein geregeltes Einkommen hatte, war es manchmal schwierig, diesen Lebensstil durchzuhalten. Wir lebten von den „Provisionen", die er mit dem Verkauf von Eiscreme-Maschinen verdiente, und die gingen sehr unregelmäßig ein. Ich erinnere mich, daß in einem Winter, als ich sehr schnell wuchs, all meine Kleider zu kurz waren, doch meine Mutter konnte mir zu dem Zeitpunkt kein neues kaufen. Mir war das so peinlich, daß ich mich weigerte, drinnen im Haus vor meinen Freundinnen meine Überhosen auszuziehen. Sie lachten mich aus, was mir das Gefühl gab, ich sei etwas komisch. Doch im großen und ganzen waren wir sehr glücklich.

Immer, schon seit ich ganz klein war, genoß ich das Gefühl, die Straße entlangzugehen und dabei Münzen in meiner Tasche klimpern zu hören. Besonders gern hatte ich Pennies in der Tasche meiner Shorts. Ich konnte in den Kaufladen in der Nachbarschaft gehen und für fünf Cent eine große Auswahl an Penny-Süßigkeiten kaufen. Das gab mir das Gefühl, eine große Geldausgeberin zu sein. Die Süßigkeiten – Spearmint Leaves, Zuckerzigaretten, Root Beer Barrel, Chicken Bones und „falsche Zähne", die aus aromatischem Kauwachs hergestellt waren† – verschafften mir ein ganz besonderes geschmackliches und ästhetisches Erlebnis.

Im Rückblick scheint es mir so, daß die ganze Frage des Geldes für meine Eltern ebenso verwirrend war wie für mich. Meine Mutter schenkte mir eine glänzende Spielzeug-Registrierkasse, in der ich Nickel, Dimes und Quarters aufbewahren konnte. Ich sparte, mit ihrer Ermutigung, von meinem Taschengeld auf ein Fahrrad. Irgendwie entstand in mir auch die klare Überzeugung, es sei eine gute Idee, mir später einen Teilzeitjob zu suchen und zu sparen, um aufs College gehen zu können.[14] Doch als Grundidee wurde mir vermittelt, das wichtigste sei, für den Tag zu leben, denn alles müßte schließlich zwangsläufig sowieso gut enden.

---

† Da auch mit einer erklärenden Übersetzung das spezielle Erinnerungsaroma dieser amerikanischen Kindersüßigkeiten nicht mitgeliefert werden kann, lasse ich es bei den bei uns nicht bekannten Artikeln gleich bei der englischen Bezeichnung.

Kurz nachdem sich Mrs. Priess erhängt hatte, tat ein Mann, der bei uns um die Ecke wohnte, dasselbe. Damit war er Nummer drei, doch ich kannte ihn nicht. Auf jeden Fall war das Thema Erhängen für mich ausgereizt. Außerdem mußte ich mich mit so vielen anderen Dingen beschäftigen. Da war zum Beispiel die Schule, und einige Ereignisse dort waren ziemlich nervend. Etwa ein lästiger blonder Junge namens Peter, der sich an der Tatsache weidete, daß Mädchen nicht Ministrantinnen sein durften. Diese Ungerechtigkeit traf mich sehr, und ich haßte ihn wegen seiner Schadenfreude und seines Hohns.

Ich weiß nicht, ob ich je eine Verbindung herstellte zwischen der Art, wie Peter die Mädchen verhöhnte, und der Art, wie die Leute über „Nigger" redeten. Ich weiß nur, daß ich in beiden Fällen gegen die Irrationalität ankämpfte. Wenn Verwandte und Freunde der Familie sagten, „sie" seien eben „einfach anders", fragte ich immer wieder, was denn so anders an jemandem sei, dessen Haut lediglich eine andere Farbe habe. Ich mochte meine Sonnenbräune. Also was sollte es? Und sie antworteten regelmäßig, da sei eben ein „Unterschied".

In Schenectady gab es nicht viele Afroamerikaner (wir sagten damals „Neger"). Die meisten wohnten in der Gegend um Lafayette Street, das war mindestens eine Meile von unserem Haus entfernt. Man sagte mir, sie lebten dort, weil sie „arm" seien, doch niemand erklärte mir, warum sie arm wären. Eine Familie in unserer Nachbarschaft hielt man für Mulatten, aber niemand wußte es genau, und sie „blieben unter sich".[15] An meiner Schule gab es keine Negerkinder. Dennoch war es manchmal ein Thema, wenn Verwandte zu Besuch kamen, und wenn ich sie zur Rede stellte, beendeten sie die Diskussion mit dem Hinweis auf die (nicht näher erklärte) „Unterschiedlichkeit". Es war genauso hoffnungslos wie die Frage zu stellen, warum Mädchen nicht ministrieren durften. Es drehte sich immer im Kreis und ergab keinen Sinn.

Eines Tages kam eine Frau an unsere Haustür und wollte Bestellungen für Kinderbücher aufnehmen. Auf ihrer Liste hatte sie ein Buch über Schiffe, das mir gut gefiel und meiner Mutter auch. Sie wollte es bestellen, doch die Frau sagte mit einem kleinen hämischen Lächeln, *so etwas* für ein kleines Mädchen zu kaufen, sei doch *albern*. Meine Mutter war verblüfft und bestellte gar nichts, und die Frau ließ ein Faltblatt für mich da für ein Buch mit dem Titel *Die kleine Maschine, die es konnte*. Ich fand dieses Faltblatt über *Die kleine Maschine, die es konnte* das Dümmste, das ich je gelesen hatte. Ich fragte mich, was wohl in dem Buch über Schiffe stände, das ich nun nicht erfahren würde.

Das vielleicht bemerkenswerteste Erbe, das meine Mutter mir

mitgab, war die Flut ermutigender Botschaften in bezug auf *meine Arbeit*. Sie führte ihren Haushalt peinlich genau, doch sie hielt mich grundsätzlich davon ab, ihr bei der Hausarbeit zu helfen.[16] Wenn ich eines meiner halbherzigen Angebote machte, das Geschirr zu spülen, sagte sie regelmäßig: „Nein, geh und mach deine eigene Arbeit, Liebling." Für mich bedeutete das im Alter von acht, neun und fünfzehn letztendlich, daß ich herauszufinden hatte, was eigentlich meine Arbeit war, und mich dann daranmachen mußte.[17]

Ich erinnere mich, daß ich sehr frühzeitig – als ich neun oder zehn war – beschloß, daß Schreiben meine Arbeit sein sollte. Doch das ließ die Frage offen: *„Worüber* schreiben?" Was wußte ich, worüber ich hätte schreiben können? Damals versuchte ich mich an einigen Gedichten. Eines zum Beispiel hatte den Titel „Mein [nichtexistierender] Hund", ein anderes war ein erbauliches Stück über „Meine [vollkommen inauthentische] Liebe" zu meinen Klassenkameraden Charlie Duffy und Clement Higby (ein Dreiecks-Nichtverhältnis).

In mein achtes Schuljahr an der Saint Joseph's Academy fiel die Bombardierung von Pearl Harbour. Es war Krieg. Mein Bewußtsein war durchdrungen von Botschaften über „den Krieg". Mein Vater mußte seine Freiheit aufgeben und in einer Fabrik arbeiten (General Electric). Meine Mutter, die viele Jahre lang nicht mehr berufstätig gewesen war, wurde Telefonistin im Van Curler Hotel. Wir nahmen eine Frau als Untermieterin auf, die auch bei General Electric arbeitete. Es gab Rationierungen, Luftschutz- und Verdunkelungsübungen. Wir hatten die Depression überlebt, und nun kam dies, und es war äußerst interessant.

Ganz sicher war mein Benehmen manchmal fürchterlich und kostete meine Eltern einige Kraft. Als ich in der achten oder neunten Klasse war, äußerte mein Vater seine Unzufriedenheit über mein jungenhaftes Wesen. Ich erinnere mich, wie er zu meiner Mutter sagte: „Mary hat einfach keine Persönlichkeit, meinst du nicht auch?" Ich reagierte nicht positiv auf dieses Auslöschen meiner Seele. Seine Bemerkung wurde hervorgerufen durch meine Aufmachung, als ich nämlich eines Tages in Blue Jeans, einem rotkarierten Holzfällerhemd und einer Mütze aus grobem Stoff nach Hause kam – ein Outfit, das ich mit großer Befriedigung bei Sears Roebuck von meinem Ersparten erstanden hatte. Auch meine Mutter äußerte ihr Mißfallen, daß ich immer „Jungensachen" tragen wollte. Für mich waren das nicht „Jungensachen", sondern einfach Sachen, die mir gefielen.[18]

Schon davor hatte ich einige schwer faßbare Unterschiede zwischen meinen Eltern und mir entdeckt. Ich glaube, ich war etwa elf, als ich meine Geburtsurkunde sehen wollte, denn ich hatte den Verdacht, ich sei adoptiert worden. Und selbst als mir dieser Beweis vorgelegt wurde, war ich noch nicht zufriedengestellt. Ich fürchtete, daß ich in der Klinik hätte vertauscht worden sein können. Es gab keinen wirklich endgültigen Beweis für meine Identität.

RÄTSEL, ENTDECKUNGEN, STÖRUNGEN

Ich hatte einige Merkwürdige philosophische Probleme. Verwirrt zerbrach ich mir den Kopf über die Vorstellung, George Washington sei der erste Präsident der Vereinigten Staaten gewesen. Wenn er der „erste" war, was war dann vor ihm? Was konnte „der erste" denn eigentlich bedeuten? Ich sah eine große gähnende Leere, die davor bestanden haben mußte, wenn er der erste war. Diese Frage hatte mich schon sehr früh geplagt – etwa mit fünf oder sechs. Sollte ich jemals versucht haben, sie in Worte zu fassen, so hatte niemand eine Antwort gewußt, die das Problem gelöst hätte. Es blieb ein Rätsel.

Später hatte ich noch andere Ängste. Ich machte mir Sorgen, daß ich plötzlich und auf unerklärbare Weise schwanger werden könnte. Ich hatte den Eindruck, daß dies einigen Mädchen tatsächlich zugestoßen war und sie dann „unverheiratete Mütter" wurden. Die Leserin muß bedenken, daß zu jener Zeit im irisch-katholischen kulturellen Umfeld sexuelle Aufklärung nicht gerade mit Nachdruck betrieben wurde. Für mich klang das ein bißchen wie Lepra bekommen – eine Möglichkeit, die mir ebenfalls Sorge bereitete, da einige meiner Lehrerinnen voller Bewunderung von Heiligen gesprochen hatten, die von dieser Krankheit befallen waren.[19]

Mit der Menstruation war es etwas anderes. In der siebenten Klasse wies mich die Schulschwester – die stets ein dunkelblaues Kleid trug – auf dieses bevorstehende Ereignis hin und sagte, wenn ich Blut in der Toilettenschüssel sähe, würde ich erst einmal erschrecken und schreien, aber ich würde mich daran gewöhnen. Eines Tages sah ich etwas Rotes und war keineswegs erschrocken, doch ich schrie wie am Spieß, weil ich dachte, das gehörte sich so. Als meine Mutter ins Badezimmer gestürzt kam, erklärte ich ihr nicht, daß ich lediglich die Erwartungen der Schulschwester erfüllte. Sie dachte, ich hätte Angst, und ich ließ sie in dem Glauben. Ich glaube, daß ich die hochdramatische Spannung der Situation nicht zerstören wollte.

In der High School liebte ich Naturwissenschaften und Mathematik. Ich hatte das Gefühl, daß diese Themen dem Gehirn gut taten, es sauber und klar werden ließen. Häufig unterbrach ich den Unterricht, um Fragen zu stellen, die die Lehrerinnen schwer beantworten konnten. Besonders bei einer Nonne wirkte sich diese Neigung zu meinem Nachteil aus. Sie lehrte sehr viele verschiedene Fächer – das taten die vier Schwestern, die den gesamten Lehrkörper der High School darstellten, alle –, unter anderem Physik. Ich war das einzige Mädchen, das sich dieses Fach gewählt hatte, und sie beschloß, mich aus der Jungenklasse herauszuekeln, indem sie mich vor ihnen lächerlich machte. Es gelang ihr. Ich nahm statt dessen Deutsch für Fortgeschrittene, was viel Spaß machte, besonders weil es von einer ausgezeichneten Lehrerin, Schwester Genevieve Greisler mit den stets fröhlichen Augen, unterrichtet wurde.[20] Doch es ärgerte mich, daß mir die Physik entging.[21]

Ich trieb auch immer irgendwelchen verrückten Unfug während des Unterrichts. Das lag hauptsächlich daran, daß ich stillsitzen mußte, während die Lehrerinnen denen, die langsamer von Begriff waren, immer wieder aufs neue Sachen erklärten, die ich sofort verstanden hatte, zum Beispiel grammatikalische Regeln oder Mathematik. Zu dieser Gruppe gehörten hauptsächlich Jungen. Eigentlich gehörten mit wenigen Ausnahmen alle Jungen unserer sechsundzwanzig SchülerInnen umfassenden Klasse dazu. Nicht, daß sie nicht gelernt hätten. Das Problem war, daß sie es einfach nicht begriffen. Diese Situation hatte einige Vorteile für mich. Zum einen war der Stoff – zum Beispiel Syntax – durch soviel unnötige Wiederholung unauslöschlich in mein Gehirn eingebrannt. Ein weiterer und wichtigerer Vorteil war, daß damals bei mir der Grund dafür gelegt wurde, all die Mythen von der Überlegenheit des männlichen Geistes zu durchschauen – für immer. Der patriarchalen Propaganda würde es nie gelingen, mich auf diesem Gebiet in die Irre zu führen. Das war wahrscheinlich die wichtigste Lektion, die ich auf der High School lernte. Ich konnte allerdings nicht verstehen, wie irgendein Mensch einer solchen empörenden Propaganda Glauben schenken konnte.

Manchmal flog ich aus der Klasse und mußte für unbestimmte Zeit, manchmal sogar Stunden, auf dem Flur bleiben, weil ich störte. Eine meiner Lieblingslehrerinnen schmiß mich am häufigsten raus. Böswilligkeit oder Ungerechtigkeit spielten dabei jedoch keine Rolle. Möglicherweise war sie zu dem Schluß gekommen, daß es hieß: sie oder ich, und hatte sich für ihr Überleben entschieden. Ich für meinen Teil genoß meinen schlechten Ruf und meine Freizeit draußen in den Fluren. Ich erinnere mich, daß einmal eine der Nonnen meine Mutter anrief und ihr sagte, sie würde mich am liebsten umbringen. Ich glaube nicht, daß ich das wörtlich nahm. Meine Mutter, nehme ich an, fand es eher komisch.

ABENTEUER, ERKUNDUNGEN, ALTERNATIVEN

Mein Hang, die Anführerin zu spielen, brachte mich dazu, Präsidentin der „Polka Dots" zu werden, einer Organisation, der die Mädchen unserer Klasse (wir waren zwölf oder dreizehn an der Zahl) angehörten. Wir fingen damit in der neunten Klasse an und setzten es während der ganzen High-School-Zeit und sogar noch eine Weile danach fort. Wir wohnten sehr weit auseinander, und die „Polka Dots"† waren unsere Antwort auf die Isolation, die dadurch entstand. Wir trafen uns jeden Monat in einem unserer Elternhäuser, die über das ganze Gebiet von Schenectady verteilt waren, unternahmen lange Wanderungen und Erkundungen. Wir genossen unsere Zusammenkünfte, das gemeinsame gute Essen und ausgelassene Reden, lachten wie die Wilden über unsere eigenen Witze. Wir hatten sogar ein Maskottchen namens Polky. Es war ein gepunktetes, schlabberohriges Plüschtier undefinierbarer Rasse. Sie/er/es war stets bei unseren Treffen dabei und wurde am Schluß jeder Sitzung an die Polka Dot weitergegeben, in deren Haus das nächste Treffen stattfinden sollte.

Aber ich hatte auch meine eigenen Abenteuer. Die Liebe zu klimpernden Münzen in meiner Tasche hat mich nie verlassen. Jedoch war jetzt mein Hang zu Penny Candy weitgehend von der Lust auf Hamburger abgelöst worden. So ging ich manchmal in der Mittagspause allein zum „White Tower", einem Hamburgerstand nicht weit von der Saint Joseph's Academy. Dort bekam ich für fünfundzwanzig Cent zwei „Junior"-Hamburger, ein Stück Kuchen und eine Cola. Ich genoß den Duft der röstenden Zwiebeln, während ich in stolzer Unabhängigkeit in meiner Nische saß und auf mein Essen wartete. Gestärkt durch dieses exotische Mahl ging ich zurück, um mich den üblichen Anfechtungen der Schule zu stellen.

In den sechs Jahren auf Saint Joseph's war Clare Hall meine beste Freundin. In der siebten und achten Klasse rauchten wir beispielsweise Zigarren miteinander und schlichen uns in protestantische Kirchen. Die ganzen Jahre war Clare eine treue und aktive Polka Dot. Eines unserer Probleme war, interessante Unternehmungen zu finden, mit denen wir die Mittagspause herumbringen konnten.† Wir hatten eine fruchtbare Phantasie und einen rastlosen Unternehmungsgeist; so organisierten wir zum Beispiel unter dem Vorwand, daß ein Projekt in Gemeinschaftskunde dies erforderlich mache, einen Besuch im örtlichen Gefängnis.

In der siebten und achten Klasse und in den ersten High-School-Jahren war ich bei einigen der Jungen beliebt, die mir Schachteln mit Fanny-Farmers-Schokolade und andere Süßigkeiten spendierten. Ich begriff nicht ganz, was das alles sollte, und habe zweifellos nicht angemessen reagiert. Auf jeden Fall kamen dann keine Süßigkeiten

---

† *Polka Dots* sind Punktmuster auf Kleidungsstücken/Stoff.
† Der Leserin ist sicher bekannt, daß im amerikanischen Schulsystem (entsprechend dem englischen und dem der meisten außerdeutschen Länder) der Vor- und Nachmittagsunterricht selbstverständlich ist. Die Kinder gehen mittags also nicht nach Hause, sondern essen in der Schule.

mehr. Das hatte sicherlich auch viel mit der Tatsache zu tun, daß ich im Verlauf der Jahre an der High School ganz bewußt zu einer Art *Schlampe* wurde. Ich glaube, dieses Verhalten hatte damit zu tun, daß ich mich irgendwie in Richtung Randexistenz entschieden hatte, was sich in Form von „Unattraktivität" ausdrückte. Man nannnte mich nun „Das Gehirn", doch ich hatte nichts gegen diese Bezeichnung, denn ich schätze diesen Teil meiner Anatomie ganz besonders.

Die Tanzveranstaltungen der Schule waren grauenhaft. Von den Mädchen wurde erwartet, daß sie herumstanden und hofften, irgendein männliches Wesen würde sie als seine „Partnerin" aussuchen. Teil meines Problems war, daß ich nicht lernen konnte (oder wollte), wie man einem Tanzpartner „folgt", und daß es immer damit endete, daß ich führte, was ich auch nicht richtig konnte.

Die Abschlußbälle der Unter- und Oberstufe waren grausame Ereignisse. Die meisten Jungen in unserer Klasse pflegten keine Mädchen einzuladen. So mußten viele von uns die Jungen bitten, „mitgenommen" zu werden, oder sie konnten eben gar nicht hingehen.[22] Für mich war es eine Demütigung, einen Jungen bitten zu müssen, doch die „Wahlmöglichkeit", nicht hinzugehen, war undenkbar. So machte ich eben mit, auch wenn der Gedanke, überhaupt hingehen zu müssen, mir verhaßt war. Das ganze Abschlußballphänomen war ein unausweichliches Verwirrspiel, getarnt als reines Vergnügen.

An der St. Joseph's Academy gab es keinen Sportunterricht für Mädchen. Der einzige Sport, der überhaupt angeboten wurde, war Basketball, und der war für die Jungen reserviert. Mädchen konnten Cheerleader sein. Ich verstand dieses Phänomen, die Jungen anzufeuern, überhaupt nicht. Jedoch an den Übungstagen, an denen meine Freundinnen, die Cheerleader waren, alle mit den gleichen grünen Pullovern zum Unterricht kamen, zog ich ebenfalls meinen grünen Pullover an, auch wenn er einen anderen Farbton hatte. Ich erinnere mich, daß ich das tat, bin aber nicht sicher, ob ich wußte, warum. Natürlich versuchte ich, mich mit meinen besten Freundinnen zu identifizieren, mich ihnen verbunden zu fühlen.

Ich suchte mir andere Dinge. So beschlossen zum Beispiel meine Klassenkameradin Ann Hogan und ich, an den Juniorinnen-Kursen des *Women's Army Corps (W.A.C.)* teilzunehmen. Wir sollten im Gleichschritt marschieren und auf einem Schießstand beim Exerzierplatz Gewehrschießen lernen. Ich war unbegabt, im Gleichschritt zu gehen, und erinnere mich, daß ich angebrüllt wurde: „He, du da hinten!" Ich marschierte also in die falsche Richtung – wieso nicht? Als ich versuchte, ein Gewehr abzufeuern, war ich von dem Krach betäubt.

Ich glaube, ich war nicht öfter als zwei-, dreimal beim W.A.C.-Training. Es war klar: Nicht nur das Anfeuern der Jungen, sondern auch das Soldatinnenleben mußte von meiner Liste der möglichen

Wege zur Selbstverwirklichung gestrichen werden: Nicht zum ersten Mal grübelte ich über die Möglichkeit nach, daß ich etwas sonderlich sei – vielleicht sogar ausgesprochen abartig. War ich vielleicht eine Eigenbrötlerin?

MERKWÜRDIGKEITEN

Die Adresse unseres Hauses hatte mir – seit ich lesen und schreiben konnte – ein Gefühl von Absonderlichkeit bereitet. „6 Grosvenor Square". Leuten, die nicht in unserer Straße wohnten, mußte ich das buchstabieren und ihnen erklären, daß das S in „Grosvenor" stumm war. Entweder sprachen sie es „Gross-venor" aus, oder sie sprachen es richtig und schrieben es falsch. Zusammen mit „Square" und „Schenectady" war es eine merkwürdige Adresse, besonders für jemanden, der nicht aus Schenectady war. So mußte ich ständig wiederholen: „Grosvenor' wird G-r-o-s-v-e-n-o-r geschrieben. Ja, es heißt ‚Square' und nicht ‚Straße'". Waren sie nicht aus Schenectady, ging es weiter: „‚Schenectady' wird S-c-h-e-n-e-c-t-a-d-y geschrieben. Es ist ein Indianername."

Unsere Straße war nur einen Block lang, und eines Tages änderten irgendwelche Beamten die Hausnummern, und unsere wurde zu „1306 Grosvenor Square". Das machte die Sache noch verückter. Sogar „sie" mußten das erkannt haben, denn sie machten diese Änderung wieder rückgängig.

Für sich genommen erscheint dies vielleicht nicht sehr merkwürdig, aber da gab es noch anderes. Zum Beispiel hatte ich keinen richtigen zweiten Vornamen. Meine Mutter erklärte das damit, daß sie mich nicht mit zu vielen Namen belasten wollte. Ich würde mir meinen Firmungsnamen auswählen, und das reichte dann. Vier Namen wären zuviel. So suchte ich mir, als ich mit neun Jahren gefirmt wurde, den Namen „Frances" aus, nach meinem Vater. Der zweite Name meiner Mutter war Catherine, das wäre die andere Möglichkeit gewesen. Sie sagte, es würde ihr nichts ausmachen, wie ich mich entschied, doch als ich „Frances" wählte, konnte ich ihrem Gesicht ansehen, daß sie enttäuscht war. Doch dann sagte sie, das sei gut so, ich blieb bei meiner Entscheidung. Dazu trug unsere Überlegung bei, daß ich nach der Schwester meiner Mutter „Mary" getauft worden war, und daß deshalb die Ergänzung „Frances" nun ein Gleichgewicht zwischen beiden Seiten der Familie herstellte. Also stellte es sich als eine „faire" Lösung heraus.[23]

Dennoch, immer wenn ich „Mary Frances Daly" schrieb, kam es mir komisch vor, denn ich wußte, daß das nur mein Firmungs-Name war. Immer wenn mich jemand nach meinem zweiten Namen fragte und ich „Frances" sagte, hatte ich ein seltsames Gefühl, denn das stimmte ja nicht wirklich. Zusätzlich zu meiner merkwürdigen Adresse wurden noch mehr Erklärungen fällig. Viele Jahre später kam es mir immer noch komisch vor, wenn ich auf Bankdokumenten und für die Sozialversicherung und dergleichen Schrott mit „Mary F. Daly" unterschrieb. Mir schien, das F. gehörte zu den falschen Dokumenten einer Schwindelwelt. Wer mich *kannte*, nannte mich nie „Mary Frances", außer einer Lehrerin, die mich überhaupt nicht kannte. Vielleicht stand das F. für „falsch", „verrückt" oder „Falscher Fuffziger" oder – fällt mir gerade ein – für „Vordergrund".

Eine andere merkwürdige Sache war der Name meines Vaters. Er lautete Frank X. Daly. Er sagte, er sei nach dem Heiligen Franz Xavier genannt worden. Dies allein war nicht so unüblich. Doch er sprach es „X-avier" aus. Es dauerte lange, bis mir klar wurde, daß die meisten Leute „Savier" sagten. Es gab noch andere Merkwürdigkeiten in der Art, wie mein Vater redete. So sprach er zum Beispiel das Wort „Film" wie „Fillum" aus. Außerdem saßen seine Hüte immer ganz merkwürdig auf seinem Kopf. Viel später, als ich durch County Clare in Irland reiste, wurde mir der Grund für manche dieser Merkwürdigkeiten klar. Mein Vater war schon in Amerika geboren, doch seine Eltern stammten von dort, und das erklärte sehr viel. Als ich entdeckte, daß die Leute in Irland wirklich „Fillum" sagen und daß die älteren Männer in Clare ihre Hüte genauso merkwürdig auf ihren Köpfen tragen, paßte alles zusammen. Ich bemerkte auch, daß die Leute in dieser Gegend Musik lieben und mit Worten umgehen können und sehr schüchtern sind. So sah ich die Liebe meines Vaters zu seinem Klavier, seine Wortgewandtheit und seine befangene Schüchternheit in einem anderen Licht.

Derlei merkwürdige Dinge waren viel zu zahlreich, als daß ich sie alle aufzählen könnte. Doch signalisierten sie mein wachsendes Bewußtsein in Richtung einer Matrosin des Unterschwelligen Meeres, einer Grenzbewohnerin und einer exotischen Außenseiterin.

WEITER SPIRALEN

Auf jeden Fall schrieb ich in den folgenden High-School-Jahren immer mehr Essays und Gedichte. In unregelmäßigen Abständen hatte ich eine Kolumne in der Diözesan-Zeitung in Albany, und einige meiner Gedichte wurden in überregionale Anthologien mit Gedichten von High-School-StudentInnen aufgenommen. Schwester Athanasia Gurry, die mich vier Jahre lang in Englisch unterrichtete, hat mich ständig in dieser Richtung bestärkt.

Ich könnte das ebensogut in der Gegenwartsform ausdrücken, denn ich Spüre noch immer die Anwesenheit und den Einfluß dieser außergewöhnlichen Frau, auch jetzt, wenn ich diese Zeilen schreibe. Ihre ständige Ermutigung und Liebe, ihr bemerkenswerter Geist und ihre Kreativität verwandelten jene kleine Gemeindeschule in eine/n Zeit/Raum, aus denen, für mich, oft Andeutungen von Transzendenz hervorschimmerten, an die ich mich Jetzt er-innere/die ich Jetzt verarbeiten kann.†

Aus den äußerst bescheidenen Mitteln, die ihr in jener Schule zur Verfügung standen, machte Schwester Athanasia Erstaunliches. So baute sie zum Beispiel für die High School-StudentInnen eine wunderbare Bibliothek auf und leitete sie. Dort begegnete ich zum ersten Mal solch genialen Geistern wie Emily und Charlotte Brontë. Zwar bekümmerte es mich, daß ich keinerlei philosophische Bücher fand, doch das war wirklich nur mein Problem. Es wäre unbillig gewesen – es war unbillig –, zu erwarten, daß sich dort in jenen Tagen, zu jener Zeit philosophische Texte einstellen würden.

Unser Abschlußtag war eine weitere von ihr gestaltete Erinnerung an unsere Zukunft.† Dieser Tag, der wochen- (vielleicht monate-)lange Vorbereitungen erfordert hatte, war ein wunderbares Ereignis. Es gab ein offizielles Essen im Van Curler Hotel, bei dem wir Lieder sangen, die wir wochenlang davor eingeübt hatten.[24] Ein besonders bewegendes Lied hieß „Green Cathedral" (Grüne Kathedrale).[25] Seine Melodie und einige Textteile sind für immer in mein Gedächtnis eingegraben. Clare hielt die Eröffnungsansprache und ich die Abschiedsrede. Ich erinnere mich, daß es eine Rede mit vielen langen Worten war, zu einem Thema, das ich nicht selbst gewählt hatte – „Pax ex Justitia" (Frieden aus Gerechtigkeit). Es war mir vom Leiter der Schule, Reverend Leo B. Schmidt, aufgedrängt worden. Er war Pfarrer an der Saint Joseph's Kirche und beeindruckte durch die Tatsache, daß er viel

† Mary Daly schreibt das Wort *remember* = erinnern häufig als *re-member*, was, je nach Zusammenhang, den Doppelsinn von zusammensetzen u.ä. ergibt.

† An dieser Stelle einige Erklärungen zum amerikanischen Bildungssystem: *Elementary School* entspricht unserer Grund- und Hauptschule. *High School* umfaßt die Klassen 8 bis 12 und endet mit einem Abschlußzeugnis, *graduation diploma*. *College* kann das allgemeine oder Grundstudium von vier Jahren (*Freshman-*, *Sophomore-*, *Junior-*, *Senior*-Jahr) bedeuten, das mit dem B.A. (*Bachelor of Arts*) abschließt. Es kann aber auch eine Lehranstalt mit Universitätsrang sein, in der auch die höheren Abschlüsse wie M.A. (*Magister of Arts*) oder Dr. gemacht werden können. (So hat beispielsweise Boston College, wo Mary Daly lehrt, Universitätsrang). Die Vorbereitung für diese höheren Abschlüsse könnte man als Aufbaustudium bezeichnen, sie findet in Zwei-Jahres-Kursen an der Graduate School dieser Universitäten oder Colleges statt, dazu besteht unbegrenzt Zeit für die schriftliche Arbeit. *Credits* wurde mit „Anrechnungspunkte" übersetzt, sie entsprechen in etwa den an deutschen Universitäten üblichen „Seminarscheinen", doch sind viel mehr Scheine erforderlich, und die Noten sind extrem wichtig. *Summer-Schools* sind Lehrveranstaltungen an Universitäten/Colleges während der offiziellen Sommerferien, dort gibt es zwar auch *credits*, doch wesentlicher ist die Funktion eines breiten Bildungsangebots.

weinte, besonders bei seinen eigenen Predigten. Das Thema war zweifellos deshalb für angemessen erachtet worden, weil im Jahr davor der Zweite Weltkrieg zu Ende gegangen war.

Das Austeilen unserer Abschlußzeugnisse geschah in der Kirche. Ich genoß es über die Maßen, zu „Pomp and Circumstance" den Gang zwischen den Kirchenbänken entlangzumarschieren, und wäre gern stundenlang so weitermarschiert. Vielleicht marschiere ich immer noch nach jener Melodie. Die ganze Veranstaltung weckte in mir ein Gefühl von Stolz, Erhobensein und Hoffnung, das mich nie ganz verlassen hat.

Es war besonders Schwester Athanasia, die, zusammen mit Schwester Genevieve[26], meine Entschlossenheit, nach den Sternen zu greifen, anregte und nährte. Ich erinnere mich, daß ich deutlich fühlte, ich würde mit meiner Entscheidung – und meinem Verlangen/meiner Lust –, Schriftstellerin zu werden, bereit sein müssen, auf einige Dinge zu verzichten, dennoch war es eine völlig unzweideutige Entscheidung. Ich hatte das starke Bedürfnis, mein Leben hinauszuschleudern, so weit es irgend ging.

An einem Sommertag, als ich bei einem unserer Schwimmteiche im Gras lag, hatte ich meine Begegnung mit der Kleeblüte, die mir eine Ahnung vom Sei-en vermittelte. Da fing ich wirklich an zu wissen, *worüber* ich schreiben würde. So begann meine tabubrechende Reise/ Suche – eine Philosophin zu werden.

KAPITEL ZWEI

STUFENWEISE VORAN†

Seit Jahren hatte ich dem College entgegengefiebert, und ich hatte mir gezielt das College of Saint Rose ausgesucht. Es erfüllte in mancher Hinsicht meinen Traum. Ich belegte spannende Kurse, die von auf ihrem Gebiet äußerst kompetenten Frauen gegeben wurden. Sie waren der lebendige Beweis, daß Frauen College-Professorinnen sein konnten. Mehr noch: Sie kümmerten sich um ihre Studentinnen.

Diese Frauen gehörten alle dem Orden Saint Joseph of Carondelet an, ebenso wie die Schwestern, die an der Saint Joseph's Academy unterrichtet hatten. Da ich es gewohnt war, intelligente und anregende Lehrerinnen zu haben, ist es möglich, daß mir diese Qualitäten selbstverständlich erschienen. Ich hatte keine Vergleichsmöglichkeiten.

Genauer gesagt, ich hatte keine Vergleichsmöglichkeiten, soweit es Frauen betraf. Aber da gab es noch die Priester. Alle Kurse in Philosophie und Religion lagen in ihren Händen, da man diese Themen für zu hoch für das weibliche Gehirn hielt. Dennoch wurde die Teilnahme von allen Studentinnen verlangt. Sie unterrichteten mit einer widerwärtigen Inkompetenz und hätten kaum desinteressierter sein können.[1]

Es war mein besonderes Pech, daß alle Kurse in Philosophie von diesen Burschen gegeben wurden, dieses Fach liebte ich wirklich. Alles andere kam für mich in zweiter Linie. Hätte das College Philosophie als Hauptfach angeboten, hätte ich das gewählt, trotz der schlechten Unterrichtsqualität, denn dann hätte ich wenigstens die Bücher studieren können.

Wie ich bereits sagte, verlangte das College von allen Studentinnen Philosophie als Pflichtnebenfach mit achtzehn Stunden (neben unseren freigewählten Nebenfächern).[2] Einige Priester brachten ihre Verachtung des weiblichen Intellekts äußerst wortreich zum Ausdruck. Die Schwestern behielten zwar ihre Meinung über die Fähigkeit von Frauen, Philosophie zu studieren, für sich, doch ich bezweifle, daß sie mit den Priestern übereinstimmten. Die ganze Sache war sehr ambivalent. Einerseits hielt man eine „Katholische Höhere Bildung" ohne Studium der „Katholischen Philosophie" für unvollständig. Andererseits wußten die Schwestern, da viele von ihnen ebenfalls in Saint Rose studiert hatten, von welcher Qualität der Unterricht der Priester war. Zweifellos

---

† Im Englischen *Onward by Degrees,* hat die unübersetzbare Doppelbedeutung von Stufen und „durch akademische Grade" voran.

hatten viele Schwestern eine unbewußte Abscheu gegenüber diesem Fach und auch gegenüber dem Fach „Religion" entwickelt.[3]

Für mich war diese Ambivalenz quälend. Trotz des miserablen Unterrichts gab es das Fach Philosophie, und ich verschlang die Lehrbücher. Doch ich wollte unbedingt mehr – viel mehr.

DAS VERBORGENE GEBROCHENE VERSPRECHEN

Meine bisherigen zwölf Schuljahre hatte ich in einem System der Koedukation verbracht. Jetzt, in diesem Frauen-College, spürte ich eine Aura von Dumpfheit, von Langeweile. Irgend etwas schien zu fehlen. Ich dachte damals, dies sei die Anwesenheit von Jungen. Doch das war eine zu billige Erklärung. Ich würde Jetzt sagen, daß meine frühen Erfahrungen mit Koedukation mir das Wissen um die Bedingungen, unter denen Frauen in der wirklichen Welt lebten, verstellt hatten. Das war besonders deshalb so, weil alle wirklichen Autoritätspersonen, sowohl für Mädchen wie für Jungen, Frauen gewesen waren. (Der Pfarrer und die Priester, die gelegentlich vorbeikamen, um den Religionsunterricht zu „übernehmen", waren eindeutig Alibifiguren.)

In Saint Rose – praktisch eine Welt der Frauen – sah ich mich nun mit Beweisen konfrontiert, wie die in einer Gesellschaft, die ich später als Patriarchat zu bezeichnen lernte, aufgezogenen Frauen verkrüppelt und gezähmt werden. Erst sehr viele Jahre später – 1968, auf dem Höhepunkt der Frauenbewegung –, als wir Unterrichtsräume und Gebäude besetzten und uns zu unseren Zwecken zusammenfanden, sollte ich zum erstenmal die Wahre Macht der Anwesenheit von Frauen im Frauen-Raum erleben.[4]

Es gab keinen Feministischen Kontext und keine Sprache, die es mir möglich gemacht hätten, zu Be-Nennen†, was in jenem Frauen-College fehlte. Wonach ich mich unbewußt sehnte, war das, was Emily Culpepper in den siebziger Jahren Gynergie nannte – „die weibliche Energie, die sowohl umfaßt als auch schafft, was und wer wir sind; der Impuls in unserem Innern, der niemals vom Patriarchat oder irgendeinem Mann besessen wurde; frauen-identifiziertes Sei-en".[5]

Dies war kein Raum, in dem Gynergie entfacht werden konnte. Das heißt, es war kein Frauen-Raum, ebensowenig wie das Klöster, Frauen-Hilfskorps, Frauengefängnisse, Frauenclubs oder andere Frauen-Colleges waren oder heute sind – auch wenn es heute am Rande

† englisch *Naming*: von M.D. neu definierter Ausdruck für das Formulieren neuer, im Patriarchat nicht existierender (unterdrückter) Erkenntnisse, „Exorzismus patriarchaler Bezeichnungen/Etiketten, indem eine Andere Realität angerufen und die Geister von Frauen und aller Wilden Naturen beschworen werden". (*Wickedary*) Im Deutschen seit *Gyn/Ökologie* übersetzt mit „Namen geben" oder „Be-Nennen".

mancher Colleges in Form von Frauenzentren, Kursen in Frauenstudien und aktiven Feministischen Gruppen Oasen gibt.

Was ich Spürte, war die Repression und Unterdrückung all dieser Frauen, die hier zusammen und doch nicht zusammen waren – eine aufgezwungene Enge des Horizonts. Dies war ja kein Mädchenpensionat. Die Lehrerinnen waren gut präpariert und motiviert. Viele der Studentinnen waren sehr begabt. Dennoch war das alles von der unterschwelligen Botschaft durchdrungen, daß wir nichts Besseres als Pensionatsmädchen waren. Größe, Erfolg, das war uns nicht bestimmt. Diese Botschaft hing wie eine übeldünstende Wolke über allem. Hier zu sein bedeutet zwar nicht unbedingt, geistig wie in einer Zwangsjacke zu leben, dennoch kam es mir manchmal vor, als sei mein Geist in ein viktorianisches Korsett gezwängt. Ich sehnte mich danach, frei zu sein.

Aber es gab natürlich keine Worte, mit denen ich dieses Gefühl, diesen Mangel hätte ausdrücken können. Es hätte Ausbrüche von Feministischem Hintergrund-Bewußtsein geben müssen. Immerhin hatte es ja Sappho, Matilda Joslyn Gage und Virginia Woolf gegeben. Doch diese und fast alle anderen Vorschwestern waren völlig ausgelöscht worden.

Dennoch ließ meine gefühlsmäßige Verbundenheit zu meiner „Alma Mater" nichts zu wünschen übrig. Mein College bot trotz allem gute Sachen. Ich lebte in Kameradschaft mit anderen jungen Frauen, die „eine Bildung bekamen", und uns ging es gut miteinander. Doch war das ganze Arrangement auch eine Illusion. Es war ein gebrochenes Versprechen, aber niemand gab das zu, und niemand konnte sagen, was für ein Versprechen da eigentlich gebrochen wurde.

Wenn ich mir die Situation aus meiner Heutigen Perspektive ansehe, ist mir klar, daß diese vier Jahre in einer ausschließlich weiblichen Bildungsumgebung eben wegen dieses gebrochenen Versprechens so herzzerbrechend waren. Begraben unter den Trümmern der unter der Repression des Patriarchats zerbrochenen Frauenträume lag auch der Traum von einer Feministischen Universität – einer Schule, in der Frauen die Lügen der Phallowissenschaft hätten aufdröseln und unsere eigene Geschichte, Literatur, Naturwissenschaft und Philosophie hätten entdecken können.[6] Frauen-Colleges waren – und sind bis heute – blasse Vordergrund-Simulationen solcher Studien-Orte. Sie waren und sind das Disneyland, das die Wilden Reiche der Natur nachäfft. Sie erwecken Erwartungen auf etwas Wunderbares – etwas, das sie nicht bieten und über das sie noch nicht einmal sprechen können, außer in zerhackten Wörtern oder Sätzen, in denen gelegentlich ein Schimmer dessen sichtbar wird, was gewesen sein könnte und immer noch sein kann, wenn es sich nur einige wenige Frauen erlauben könnten, zu Sehen.

Tatsache ist jedoch, daß die Frauen in meinem College dies zu jener Zeit nicht tun konnten. Die ihnen vom Patriarchat angelegten Scheuklappen und Geistbandagen waren dicht und eng. Die Tragödie war, daß jede durch das unsichtbare gebrochene Versprechen verkrüppelt war und ums Überleben kämpfte. Ich möchte glauben, daß einige auf ihre Weise ebenfalls versuchten, sich freizukämpfen.

Ich hatte im College gute und loyale Freundinnen, besonders meine Zimmergenossinnen Kay Fitzpatrick und Mary Jane Fina. Wir besuchten uns auch zu Hause und führten wirkliche Gespräche. Ich bin mir nicht ganz im klaren darüber, ob sie oder andere meiner Freundinnen meinen Kummer über das gebrochene Versprechen teilten. Dies schien nicht der Fall zu sein. Zurückschauend bin ich mir sicher, daß ich damals nicht in der Lage war, meinen Schmerz zu artikulieren, da Worte wie Feminismus oder Lesbianismus niemals ausgesprochen wurden. Dies war Ende der vierziger Jahre, Zeit/Raum der Herrschaft der Dumpfheit, als/wo wir noch nicht einmal wissen sollten, daß Dumpfheit überhaupt existierte.

Natürlich erweckte ich nach außen nicht den Anschein, als ob ich mich über ein solches schwer faßbares Versprechen grämte. Wenn mein Jahrbuch ein verläßliches Zeugnis ist, wurde ich als witzig betrachtet, außerdem als gelehrsam und äußerst aktiv – also kaum eine „trübe Tasse". Wenn mich meine Erinnerung nicht täuscht, war ich immer für irgendwelchen Unfug zu haben. Ich litt unter einem unterschwelligen Schmerz, den ich erst viele Jahre später als solchen erkennen konnte. Was offenkundigen, identifizierbaren Schmerz anbelangt, betraf dieser die Krankheit meines Vaters und seinen Tod im Jahre 1949, am Ende meines Junior-Jahrs.

Mein Vater hatte, noch während ich auf die High School ging, einen Herzanfall, und während meiner College-Jahre war er krank und ging allmählich dem Tod entgegen. Meine Mutter, die sich über die Situation im klaren war, tat ihr Bestes, um ihren Kummer zu verbergen, doch manchmal konnte sie die Tränen nicht zurückhalten. So war ich wirklich voller Schmerz, wegen seiner Krankheit, seines Todes und ihrer Situation. Doch ich weiß, daß das nichts mit meinem Kummer um das gebrochene Versprechen dieses Frauen-Colleges zu tun hatte, obgleich damit vielleicht jenes Gefühl ohne Namen überdeckt worden sein könnte.

Nach Beendigung des Colleges besuchte Mary Jane eine Medical School, und Kay, die ihren Abschluß in Englisch gemacht hatte, trat dem Orden bei. Jede ging ihren eigenen Weg, und nach kurzer Zeit hatten wir den Kontakt zueinander verloren. Innerhalb weniger Jahre waren die meisten meiner Kommilitoninnen verheiratet. Der bekannte Witz, daß der einzige angestrebte Grad die „Mrs." sei, war zur sich selbst erfüllenden Prophezeiung geworden.

Zum Syndrom des gebrochenen Versprechens gehört, daß Frauenfreundschaft abgeblockt wird. Es bestand ein Schreckliches Tabu gegenüber tiefen seelischen Verbindungen unter Frauen sowie gegenüber emotionalen und physischen Ausdrucksweisen derartiger Beziehungen.* Dieses Totale Tabu blockierte Energie, Freundschaft und Kreativität auf allen Ebenen.*

Ich halte es für sehr typisch, daß meine Erfahrungen von Frauenfreundschaft im College irgendwie weniger robust, gesund und spontan waren als die in meiner Kindheit und an der High School. Letztere entwickelten sich unter Umständen, die weniger vom Schrecklichen Tabu beschwert waren. Vielleicht lag das daran, daß die koedukativen Bedingungen nicht so stark mit dem Potential für weibliche Verbindung aufgeladen und daher weniger repressiv waren.

Es ist auch möglich, daß der weniger spontane und anregende Charakter, den die meisten meiner Beziehungen zu Mitstudentinnen im College hatten, durch die subtilen und uneingestandenen Klassenunterschiede ausgelöst war. Obgleich die Nonnen diese Institution als ein College für Mädchen der Arbeiterklassen bezeichneten, entsprach das nicht ganz den Tatsachen. Die Studentinnen kamen aus sehr unterschiedlichen Elternhäusern. Jetzt bin ich in der Lage zu sehen, wie ich unzählige unterschwellige Botschaften empfing, die mein „unpassendes" Benehmen und meinen unmöglichen Stil betrafen. Sie kamen von Mitstudentinnen, die aus Aufsteigerfamilien der Mittelklasse stammten. Tatsache war, daß ich nie „dazu paßte" und daß die Freundinnen, die ich mir aussuchte (und sie mich), meist einen ähnlichen ökonomischen Hintergrund hatten.

Das alles wurde dadurch so schwierig, daß mir der uneingestandene Klassensnobismus nicht wirklich bewußt war und ich deshalb nicht direkt dagegen angehen konnte. Diese Vernebelung in Verbindung mit der Tatsache, daß alle – oder fast alle – Studentinnen ihre Zukunft in der Ehe sahen, versetzte mich in eine verwirrende Rand-Situation.

In diese Situation gedrängt, nahm ich auch äußerst scharf wahr, was ich Jetzt „die dumpfe Stimmung" nenne. Ich erinnere mich höchst ungern an diese Erfahrung und hatte einige Widerstände zu überwinden, um mir die von jener Stimmung geprägte Zeit zurückzurufen. Wenn ich jetzt diese dumpfe Stimmung Be-Nenne, sind mir die

* Schreckliches Tabu ○ (engl. *Terrible Taboo*) ist definiert als „das umfassende unnatürliche patriarchale Tabu des Intimen/Endgültigen sich Berührens von Frauen; Verbot, entstanden aus der männlichen Angst vor Frauen, welche Elementale Berührungs-Macht ausüben". (*Wickedary*)
* Totales Tabu ○ (engl. Total Taboo) bedeutet „Abwehr gegen die Schreckliche Totalität weiblicher Verbindung – der unmittelbaren physischen und emotionalen Berührung und besonders der Ausübung der Geistigen Berührungskräfte von Frauen". (*Wickedary*)

unterdrückerischen/repressiven Implikationen klar – damals konnte ich sie nicht ent-decken oder dechiffrieren.

Ich weiß nicht, ob meine Zimmergenossinnen oder andere Freundinnen je radikale Feministinnen geworden wären, doch ich weiß, daß in vielen eine bestimmte Qualität von Energie durch das allumfassende patriarchale Tabu abgetötet und ein enormes Weibliches Potential über die emotionale Schiene wirkungsvoll blockiert wurde – ein Potential, das, würde es freigesetzt, den Lauf der Welt verändern könnte. Das Potential, von dem ich hier spreche, ist Elementale/ Spirituelle Kraft. Ein Teil des gebrochenen Versprechens bestand also in der Verkrüppelung spirituellen/seelischen Wissens. Auf der akademischen Ebene waren die Religionsstunden im College langweilig, ohne Herausforderung; sie dienten dazu, die traditionellen Auffassungen von der Rolle der Frau zu verstärken. Sie weckten bei mir keinerlei Interesse, entfachten vielmehr meinen Ärger, was immerhin ein wichtiger Beitrag war. Diese schwelende Wut begleitete mich viele Jahre lang, während ich unzählige weitere Beweisstücke für die phallokratische Auslöschung und Versklavung von Frauen zusammentrug und die Querverbindungen zwischen ihnen ent-deckte. Viele Jahre später brach meine Wut schließlich in Flammen Pyrogenetischer Leidenschaft aus und lieferte Treibstoff für meine Strahlkräftige Reise.

Wenn ich an jene Jahre zurückdenke, wird mir klar, daß meine Randsituation auch einen großen Vorteil hatte, sie bot mir eine Chance, in Grenzgebiete vorzudringen – das heißt, sie war eine Schwelle zu Anderen und Neuen Wahrnehmungen. Denn mag ich auch meinen Lehrerinnen und Mitstudentinnen einigermaßen zufrieden erschienen sein, so war ich es in Wirklichkeit nicht. An mir nagte mein schwelendes unterschwelliges Wissen, daß irgend etwas nicht stimmte und daß Etwas Anderes sein könnte. Dies war damals erst ein keimhaftes Wissen, doch es trieb mich unablässig an, endlich dem, was da an mir nagte, einen Namen geben zu können. Es trieb mich immer wieder zu Taten des Be-Sprechens an†, Versuche, die im Keim steckenblieben, da der Kontext mehr nicht zuließ. Doch über die Jahre gewann ich immer mehr Triebkraft, und als dann Zeit/Raum gekommen waren – in den frühen sechziger Jahren –, konnte mein Be-Sprechen deutlich werden und der Ruf des Wilden Laut und Klar ertönen. In jener zukünftigen Zeit wandelte sich meine Rand-Situation zu einem Aktiven Auf-der-Grenze-Leben.*

† Engl. *Act of Be-Speaking*: „... mit Worten eine psychische und/oder materielle Veränderung bewirken; etwas ins Sei-en sprechen". (*Wickedary*)
* Auf-der-Grenze-Leben (engl. *Boundary Living*): „die Macht der Anwesenheit an den Rändern/Grenzen patriarchaler Institutionen; mitten in Vordergrund-Bedingungen den Hintergrund vergegenwärtigen, indem ansteckender Mut, Stolz und andere Vulkanische Tugenden vermittelt werden". (*Wickedary*)

Inzwischen machte ich am College of Saint Rose meinen Abschluß in Englisch, weil es dort keinen Abschluß in Philosophie gab und ich wußte, daß ich Schriftstellerin werden wollte. Ich schrieb bereits während meiner ganzen College-Zeit Essays, Gedichte und Kurzgeschichten. In meinem Junior-Jahr war ich Redakteurin des Literaturmagazins des Colleges, und in meinem Senior-Jahr redigierte ich das Jahrbuch. Ich schrieb unablässig, oft stand ich mitten in der Nacht auf, um einige Gedichte zu schreiben.[7]

Obgleich ich enorm viele Kurse in den unterschiedlichsten Gebieten belegte, wollte ich meine hohe Durchschnittsnote beibehalten und zugleich an einer Reihe „außerschulischer" Aktivitäten teilnehmen. Das bedeutete, daß ich einen scharfen Sinn für Zeiteinteilung entwickeln mußte, besonders wenn es darum ging, für Prüfungen zu lernen. Ich mußte genau wissen, wann der letzte Sekundenbruchteil war, an dem ich mit dem „Herumalbern" aufhören und mit dem Büffeln anfangen mußte.

In dieser Angelegenheit kam mir einer zu Hilfe, den ich als den „kleinen Grünen Mann in meinem Kopf" kannte. Diese Persönlichkeit war – und ist immer noch – Der Zeitnehmer. Zwar stehen meine ersten klaren Erinnerungen an dieses Wesen in Zusammenhang mit meinen College-Prüfungen – wahrscheinlich, weil ich mich da oft in angespannten Situationen befand – doch ist es möglich, daß ich „ihm" bereits auf der High School begegnet bin.[8]

Auf jeden Fall machte der ungewöhnliche Ausstoß an Anrechnungspunkten in meinen Unterlagen der Frau in der Registratur Schwierigkeiten – das behauptete sie jedenfalls mir gegenüber. Ein Grund für dieses Phänomen war, daß ich nach etwas suchte, was in den Kursen nicht geboten wurde. Viele dieser Kurse waren, nach den „normalen" Maßstäben patriarchaler Bildung, sehr gut. Doch ich Suchte Etwas Anderes. Ich glaube, ich hoffte immer, daß in einem dieser Kurse der Jackpot verborgen war.

Ich sammelte Wissen an, das sich später als nützlich, ja wesentlich erweisen würde. Das College of Saint Rose war ein entscheidendes Sprungbrett für viele Qualitative Sprünge, die ich in der Zukunft würde unternehmen müssen. Ohne es zu wissen, bereitete ich mich auf diese Sprünge vor.[9]

RENNEN UM MEIN LEBEN: DER RUF DES TRAUMS...
DER TRAUM VOM GRÜN

Nachdem ich das College abgeschlossen hatte, setzte sich dieses „Anhäufungssyndrom" in verstärktem Maß fort. Auf dem College hatte ich nur Kurse und Zensuren zusammengetragen, jetzt sammelte ich akademische Grade. Dies zu tun war nicht einfach angesichts der Tatsache, daß ich überhaupt kein Geld und keinerlei Beziehungen hatte. Doch zugleich wußte ich: Ich hatte gar keine andere Wahl. Es war mir klar, daß mein Überleben – mein Leben als solches – davon abhing, daß ich unter Einsatz meines Verstandes die akademische Leiter „hinauf"kletterte. Als Sekretärin oder als High School-Lehrerin in Schenectady wäre ich vor Entfremdung und Verzweiflung eingegangen.

Ich wußte, ich mußte auf eine Graduate School, doch das war keine leichte Entscheidung. Seit mein Vater tot war, hatte meine Mutter nur mehr mich, und wir hatten nur sehr wenig Geld. Der Gemeindepfarrer sagte, ich solle daheim bei meiner Mutter bleiben und mir in Schenectady Arbeit suchen. Ich wußte in meinem Innersten, daß er falsch lag. Obgleich er mich verwirrt und mir Schuldgefühle gemacht hatte, indem er mir einen schlechten Rat gab – schlecht in jeder Bedeutung des Wortes –, blieb mir keine andere Wahl als fortzugehen. Das Verständnis meiner Mutter, ihr großzügiges Denken, war, wie immer, überwältigend.

Mein Überlebensinstinkt war klar und sicher. Ich hatte, als ich noch auf der High School war, einige Erfahrungen mit Jobs gemacht und wußte, was auf eine so Merkwürdige wie mich zukommen würde, wenn ich in Schenectady blieb. Ich hatte kurz an einem Hamburger-Stand gearbeitet, wurde jedoch gefeuert, weil ich die Hamburger aß und die Milchshakes trank, statt sie den Kunden zu servieren, und vor allem, weil ich mich mit dem Boß wegen einiger seiner Vorstellungen angelegt hatte. Ich hatte auch in der Städtischen Bibliothek von Schenectady gearbeitet, flog jedoch hinaus, weil ich die Bücher las, statt sie an die Besucher auszugeben, und ganz sicher auch, weil ich gegenüber den BibliothekarInnen aufmüpfig war. Meinen Job als Packerin im Supermarkt verlor ich nicht, doch wurde meine Geistesabwesenheit dort als Dummheit ausgelegt. Das war verständlich, denn ich pflegte Brot und Eier auf den Boden der Papiertüten und die schweren Dinge oben drauf zu packen. Ich hörte einmal, wie eine Kundin mittleren Alters, die mich angewidert beobachtet hatte, zu ihrer Begleiterin sagte: „Was für doofe Mädchen sie hier arbeiten lassen!" Diese Bemerkung gab mir zu denken.

So war ich, nachdem ich den B.A. erworben hatte, entschlossen, mir einen Magister-Grad in Philosophie zu holen. Das System, das ich immer noch nicht als Patriarchat zu definieren wußte (wie sollte ich? Das Wort wurde – ebenso wie das Wort Sexismus – um 1950 von niemandem verwendet), legte mir ernste Schwierigkeiten in den Weg. Die einzige angesehene Universität, die mir als Bewohnerin des spirituellen, intellektuellen und wirtschaftlichen Ghettos offenstand, war The Catholic University of America in Washington D.C. Sie boten mir ein Stipendium für alle Unterrichtskosten an. Der Haken war, daß man ein Stipendium für den M.A. nur für das Fach bekam, in dem man den College-Abschluß gemacht hatte. Ich erwähne dieses langweilige Detail, weil damit wieder mein Herzensanliegen, Philosophie zu studieren, vereitelt war. Doch nahm ich das Stipendium an und machte meinen Magister in Englisch, Philosophie-Kurse belegte ich nebenher. Hier war ich nun wieder in einer koedukativen Umgebung. Ich spürte, wie der Druck, den ich in Saint Rose gespürt hatte, nachließ, der Druck, den ich Jetzt als die Last des unterschwellig gebrochenen Versprechens, des zerstörten Traums begreife. Ich mußte dort nicht das Gefühl einer unerklärbaren Nostalgie erleben. Die Catholic University war auf ihre Weise anregend. Ich bekam einen echten Vorgeschmack vom intellektuellen Leben.

Die andereren StudentInnen im Magister-Programm in Englisch waren gute GefährtInnen. Sie waren auf komplexe Weise witzig, das gefiel mir. Natürlich kamen „die Jungs" hinter meine Feministischen Ansichten (die in jener Zeit nicht präzise als „Feministisch" definiert werden konnten) und verabscheuten sie. Als meine beste Freundin dort, Ann Walsh, verkündete, sie würde heiraten, war ich bereit, ihre „Brautjungfer" zu sein, doch innerlich war ich entsetzt.

In jenem ersten Jahr an der Katholischen Universität hatte ich eines Nachts einen seltsamen Traum. Ich hatte am Nachmittag und Abend davor lange Stunden mit der mühseligen Aufgabe zugebracht, Texte aus dem Mittelenglischen in modernes Englisch zu übertragen. Als ich in jener Nacht endlich zu Bett ging, war mein Gehirn ausgebrannt. Es war bestimmt keine Belebende Erfahrung gewesen. Dennoch, ich fiel in tiefen Schlaf und träumte von etwas, das für mich von absoluter Wichtigkeit war. Der Inhalt des Traums ist mit Worten nicht genau wiederzugeben. Er ist mir stets als „Der Traum vom Grün" in Erinnerung geblieben. Ich Träumte vom Grün – Elementales Grün. Als ich aufwachte, war die Botschaft klar – klar wie das Strahlkräftige Grün. Sie lautete: „Du solltest Dein Leben nicht an dieses langweilige Zeug verschwenden. Tu, wozu du geboren wurdest. Konzentriere dich auf die Philosophie!"

Es ist möglich, daß Der Traum vom Grün durch etwas in den Mittelenglischen Texten, an denen ich gearbeitet hatte, hervorgerufen wurde, etwas Mystisches und Elementales. Er könnte mit den Gedichten aus dem 14. Jahrhundert *Gawain und der Grüne Ritter* und *Perle* zusammenhängen. Doch wichtig war seine absolut donnernde Botschaft. Natürlich blieb das Problem: wie konnte ich, ohne Geld?

In meinem zweiten Studienjahr schrieb ich meine Magisterarbeit zu einem literaturwissenschaftlichen Thema.[10] Es war eine Analyse der Theorie von John Crowe Ransom. Ich wählte das Thema dem ungeschriebenen Gesetz zum Trotz, daß dieses Gebiet nicht in Magisterarbeiten behandelt werden sollte. Es war generell für Doktorarbeiten reserviert. Ich argumentierte und kämpfte um das Thema, denn mit ihm näherte ich mich, soweit wie es mir möglich war, an philosophisches Arbeiten an. Hinzu kam, daß der Professor, der Literaturwissenschaft unterrichtete, James Craig La Drière war. Wir hatten keinen guten persönlichen Kontakt, doch er war ein hervorragender Lehrer. Bei ihm habe ich wirklich denken gelernt. Mir war damals noch nicht klar, daß seine hohe Leistung zum großen Teil von dem männlichen Privileg abhing.* Im Vergleich zu ihm waren die Schwestern, die mich im College unterrichtet hatten, eng und einengend – auch wenn sie kompetent und engagiert waren. Ich konnte damals noch nicht sehen, daß dies eine weitere Manifestation der Tragödie des gebrochenen Versprechens war. Der Vergleich ist unfair, doch Tatsache bleibt: Dieser privilegierte männliche Professor, der mir gegenüber bestenfalls indifferent war, war für mich das erste hervorragende Beispiel eines Lehrers, der ein umfassend gebildeter Wissenschaftler und ein systematischer Denker war.

Professor La Drière wurde mein Magister-Vater. Einer der Priester-Professoren, ein gewisser W.J. Rooney, der ein Koreferent war, war besonders entmutigend. Er bemängelte, daß meiner Arbeit der „philosophische *habitus*" fehle. Mir war nicht klar, was ein solcher *habitus* sein sollte, doch ich war entschlossen, es herauszufinden. Die Kritik des Priesters war grausam, denn ich wollte ja eigentlich Philosophie studieren, und seine Institution hielt mich davon ab. Mich stachelte das jedoch zu einer noch wilderen Entschlossenheit an, meinen Doktor in Philosophie zu machen und eine Philosophin zu *sein*.

Das muß der Zeitpunkt gewesen sein, als ich beschloß, alle meine Gedichte zu vernichten. Mir erschienen sie jetzt saft- und kraftlos, ihnen fehlte die Strenge eines „philosophischen *habitus*". Das war ein etwas dramatisches Vorgehen, doch ich war der Meinung, wenn ich je wieder lyrisch/poetisch schreiben sollte, sollte meine Arbeit stark und absolut präzise sein. Sie sollte philosophisch-poetisch sein.

In jenem zweiten Jahr im Magister-Programm unterrichtete ich in der sechsten Klasse der Gemeindeschule, um mir mein täglich Brot zu verdienen. Obgleich die Zuhörerschaft aus Elfjährigen bestand, hatte ich enormes Lampenfieber, ehe ich meine erste Stunde gab, doch gelang es mir, meine Angst zu verbergen, und ich entwickelte in jener Zeit wirkungsvolle und unorthodoxe Vermittlungsformen, die ich bis heute beibehalten habe. Es war sowohl für mich als auch für meine altklugen Schüler ein Bildungserlebnis: Wir haben manch fröhliche

---

* Trotz der Realität des männlichen Privilegs bleibt die Tatsache, daß La Drière der erste begnadete männliche Lehrer war, dem ich begegnete. Außerdem war er eine Ausnahme unter seinen Kollegen an der Katholischen Universität.

Stunden damit verbracht, uns darüber lustig zu machen, wie das Thema in den Schulbüchern für die sechste Klasse angeboten wurde. Auf diese Weise bewältigten sie den Stoff.

Ich rannte zur Universität, wo ich Philosophiekurse belegt hatte, rannte in meine Wohnung und in die Bibliothek, um meine Arbeit zu recherchieren und zu schreiben, und rannte zu meinem Arbeitsplatz als Schulmamsell. In den wenigen freien Minuten dazwischen dachte ich über Möglichkeiten nach, an das Geld zu kommen, mit dem ich mich für ein volles Doktoranden-Programm in Philosophie hätte einschreiben können. Es gab keine.

In dieser Zeit ging ich gelegentlich mit meinem Freund Charlie aus, der am Doktoranden-Programm in Philosophie teilnahm. Ich war gern mit ihm zusammen, und das war's auch schon. Doch ihm war es ernst. Er wollte heiraten und beschrieb, wie er sich diesen Zustand vorstellte: Die Frau sollte auf jeden Fall nur im Haus arbeiten. Ich war entsetzt. Alle meine Fluchtinstinkte traten in Aktion. Ich sagte ihm, daß ich mich mit dem Gedanken trüge, einem Orden beizutreten, und rannte um mein Leben.

Nun war ich bereit, weiter auf meine Reise/Suche zu gehen, die Hindernisse zu überwinden, die Anfechtungen zu bestehen. Ich war Angefeuert/Inspiriert, dem Traum zu folgen... Dem Traum vom Grün.

VOM WINDE VERWEHT:
DER GROSSE WIND – DER SÜDWIND

In dieser Zeit erlebte ich Das Merkwürdige. Während ich in einer Philosophievorlesung saß, sah ich mich selbst an der Tafel vor einem Auditorium stehen und Theologie unterrichten. Dieses Ereignis war in verschiedener Hinsicht Merkwürdig. Erstens hatte ich keinerlei Ehrgeiz, Theologie zu studieren oder zu unterrichten. Zweitens war dies im Jahre 1952 unerhört. Frauen war es nicht gestattet, katholische Theologie zu studieren oder zu unterrichten.

Kurz davor oder danach, als ich mit dem Zug von Schenectady nach Washington, D.C., fuhr, kaufte ich am Zeitungsstand in Grand Central Station eine liberale katholische Zeitschrift (*America* oder *Commonweal*). Mir fiel sofort eine Anzeige für eine „School of Sacred Theology" ins Auge, die am St. Mary's College in Notre Dame, Indiana, eingerichtet werden sollte, und die einen Ph.D. in Religion für Frauen anbot. Kaum in Washington angekommen, schrieb ich an die Präsidentin in Saint Mary's, deren Name in der Anzeige angegeben war. Es war Schwester Madeleva, die bekannte Lyrikerin.[12] Ihre Antwort kam sofort per Telegramm: Sie bot mir ein Stipendium plus einen Teilzeitjob, nämlich Englisch-Unterricht an St.Mary's an. Wenige Monate danach, mit meinem M.A. bestückt, befand ich mich im Zug Richtung South Bend, Indiana. Das Erlebnis dieser Eisenbahnreise war ÜberNatürlich. Nicht nur, daß ich noch nie so weit von zu Hause fortgewesen war. Es war etwas anderes im Spiel. Mir war, als sei ich von einem Großen Wind getragen. Das Gefühl war physisch, metaphysisch. Es war ein Augenblick des Großen Abenteuers.

Mir ist dabei völlig klar, daß für meine Mutter dies alles sehr schwierig war. Zwar hatte ja sie mich immer ermutigt, „meine eigene Arbeit zu tun", doch ich bin sicher, daß sie nicht vorausgesehen hat, wie weit ich Springen würde. Als ich von zu Hause fortging, um in Washington meinen M.A. in Englisch zu machen, war das zwar schwierig, doch immer noch im Bereich des Akzeptablen, und sie war äußerst verständnisvoll gewesen. Aber jetzt dies! Keine Frage, daß es hart für sie war – härter, als ich mir damals eingestehen wollte. Es gab Spannungen und schmerzliche Auseinandersetzungen zwischen uns. Doch ich war mir sicher, daß ich es tun mußte.

In Saint Mary's führten mich dominikanische Priester-Professoren in Thomas von Aquin ein, der mein Lehrer wurde. Beim Studium seines Werkes lernte ich, meinen Geist in intensiv systematischer Weise zu benutzen. Endlich konnte ich damit anfangen, einen philosophischen *habitus* zu entwickeln – die Geisteshaltung, auf rigoros logische Weise philosophisch zu denken. Ich sage *philosophisch*, da Aquins *Summa Theologiae* zu neunzig Prozent Philosophie ist. Mittelalterliche Theologie, speziell die des Aquin, war Philosophie in Andere Dimensionen übertragen. So studierte ich letztendlich wirklich Philosophie, und zwar unter ausgezeichneten Bedingungen.

Die theologische Lehre von der „Heiligen Trinität" begeisterte mich. Ich war so glücklich, den Stoff zu studieren, daß ich sogar so etwas wie Mitleid für Menschen empfand, die die Theologie „der Trinität" nicht verstanden. Ich erinnere mich noch genau an einen sonnigen Tag, als ich in South Bend, Indiana, an einer Straßenecke stand und die vorbeiziehenden Ströme einkaufender Menschen beobachtete und dachte, wie traurig es doch war, daß ihnen solch wichtiges Wissen entging. Jahre später, als ich mich an diesen Tag erinnerte und Freundinnen das Erlebnis beschrieb, wälzten wir uns fast auf dem Boden vor Lachen. Dennoch... da die christliche Trinität eine Art Zerrspiegel des Bildes der Dreifachen Göttin ist – eine Umkehrung, die wieder umgekehrt und dechiffriert werden kann –, ist es nicht so merkwürdig, daß das Studium dieses Dogmas mich glücklich machte. Oder es ist gerade sehr Merkwürdig. Denn dieses Symbol/Dogma, diese Lehre, ist unterschwellig Überbringerin der Großen Einblicke in den Hintergrund, und unterschwellig Spürte ich das. Und Jetzt tun mir die Ströme einkaufender Menschen wirklich leid, die am Erlebnis des Dechiffrierens nicht teilhaben konnten – die noch nicht den Schicksalsgöttinnen, den Nornen, der Archaischen Gynozentrischen Tradition begegnet sind.

Während meines Aufenthalts in St.Mary's hatte ich ein Erlebnis, das ich als Fortsetzung meiner jugendlichen Begegnung mit der Kleeblüte, die mir eine Ahnung vom Sei-en vermittelt hatte, verstand. Diesmal kam die Botschaft von einer Hecke auf dem Campus, die mir an einem tauglänzenden Morgen auffiel. Sie verkündete mir nicht nur ihr Sei-en. Die Hecke Sagte: „Fortgesetzte Existenz." Damals glaubte ich, das sollte heißen, daß Sei-en sich nach dem Tode fortsetzt, daß es den Tod transzendiert. Die Hecke gab einfach mehr vom Hintergrund-Wissen preis, als im Sprechen der Kleeblüte enthalten gewesen war. Ich war zutiefst dankbar für diese Elementale Begegnung. Es war/ist ein Augenblick, der mich immer begleitet hat.

Erst Jetzt, wenn ich mir das Erlebnis Zurück-Rufe, wird mir mehr von der Botschaft der Hecke klar. Sie Sagte: „Fortgesetzte Existenz." Zu jener Zeit und noch viele Jahre danach konnte ich das nur in bezug auf eine sich in der Zukunft fortsetzende Existenz verstehen. Als Mitglied der katholischen Kirche war es mir untersagt, an Reinkarnation, also an „frühere Leben" oder an gleichzeitige vielfache Leben oder Formen der Existenz zu glauben. Ein solcher Gedanke wäre unvorstellbar. Ich erinnere mich, daß mir „fortgesetzte Existenz" ein merkwürdiger Ausdruck erschien. Warum war das in der Vergangenheitsform? Warum nicht „sich fortsetzende" Existenz?† Auf jeden Fall hatte ich Gehört, was ich Gehört hatte, und das dann im Kontext meines begrenzten christlichen Glaubens ausgelegt.

Jetzt, wenn ich mich an das Be-Sprechen der Hecke Er-Innere, ist mir klar, daß in der Botschaft mögliche Andere Zeit-Dimensionen sind.[13] Die Worte enthalten etwas wie: „Ich war und bin und werde sein." So ist jener Einzigartige Augenblick wieder zurückspiralt, und das Be-Sprechen ist reicher an Möglichkeiten. Es Ent-hüllt mehr vom Entfalten des Sei-ens. Der Sinn der Ursprünglichen Botschaft ent-faltet sich weiter noch, während ich dies schreibe, meine Erinnerung an den Augenblick, als ich die Hecke Hörte, Ent-hüllt sich als Metaerinnerung. Das heißt, es ist

> Tiefe, Ekstatische Erinnerung an die Teilhabe am Sei-en, die sich den Kategorien und Kartierungen patriarchalen Bewußtseins entzieht, indem sie in die Vergangenheit Spiralt und Visionen heraufholt; Erinnerung, die Archaische Zeiten zurückruft, sie in unser Sei-en Zurück-Ruft; Erinnerung über die Zivilisation hinaus. (*Wickedary*)

Eines Tages fand ich die Stelle bei Aquin, wo er Frauen als „etwas

---

† Wegen der grammatischen Korrektheit (Handlungsverb) ist es leider nicht möglich, die Worte „*continued* (existence)" und *continuing* eleganter zu übertragen.

Mangelhaftes und eine Zufallserscheinung" bezeichnet, als Folge einer „Schwäche der wirkenden Kraft [des männlichen Samens] oder wegen schlechter Verfassung des Stoffes oder auch wegen einer von außen bewirkten Veränderung, zum Beispiel den feuchten Südwinden."* Ich stürzte hinüber zu einer der anderen elf Frauen des Kurses – sie war beträchtlich älter als ich und etwas einschüchternd – und schrie: „Schau dir das an!" Worauf sie antwortete: „Das ist keine Kränkung *deiner* Würde."* Ich war total verblüfft und versuchte ihr die Augen zu öffnen, doch ich schaffte es nur, wie eine tobende Verrückte zu klingen. So legte ich die ganze Geschichte in meinem Gedächtnis ab. Jahre später kam dann die Gelegenheit, diese Sätze im Kontext meiner eigenen Analyse zu entlarven. In jenem Augenblick wurde mir – nicht zum ersten und nicht zum letzten Mal – klar, was es heißt, eine kognitive Minorität von einer Person zu sein. Es war eine Gelegenheit, die spirituellen Muskeln zu entwickeln, die ich brauchte, um allein-stehen und mein Bewußtsein intakt halten zu können. Das war eine Fähigkeit, die ich in Zukunft dringend brauchen würde.

Eine meiner Freundinnen in Saint Mary's war Betty Farians. Betty war potentiell ebenfalls eine Radikale Feministische Philosophin. Ob-gleich uns zu jener Zeit kein Vokabular zur Verfügung stand, mit dem wir unsre Identität hätten Be-Nennen können, war in uns beiden die gleiche Antriebskraft, nämlich die Sehnsucht und das Gefühl der Schmach. In späteren Jahren kreuzten sich unsere Pfade immer wie-der. In den Sechzigern traten wir beide der Saint Joan's International Alliance bei, einer Organisation katholischer Feministinnen, die für die Gleichstellung der Frauen in der Kirche und in der ganzen Welt kämpfte.[14] In den siebziger Jahren arbeiteten wir zusammen, um Frauen im Boston Theological Institute – Zusammenschluß aller theo-logischen Ausbildungsstätten im Gebiet von Boston – zu organisieren. Doch bereits in den frühen fünfziger Jahren war Betty eine Rebellin,

---

* *Summa Theologiae* I, q. 92,a. 1 ad 1. In einem Telefongespräch im Juli 1988, als ich Jane Caputi die Geschichte des Großen Windes erzählte, der mich nach Saint Mary's – und anderswohin – blies, bemerkte sie den interessanten Gegensatz zu den „südlichen Winden", die Aristoteles und Aquin für die Existenz von Frauen verantwortlich machen. Das gibt in der Tat zu denken. Ich habe viele Sprünge und Synchronizitäten erlebt, die von dem Großen Wind getragen waren. Es waren Sprünge in eine größere Selbst-verwirklichung als abweichende/widerständige – und nach patriarchalen Normen man-gelhafte – Frau. Heute neige ich in der Tat dazu, zu glauben, daß Aristoteles' und Aquins „südliche Winde" eine patriarchale Umkehrung des Großen Windes sind, der Wilde, Abweichende Frauen auf unseren Wahren Kurs Ruft und Trägt.
* Diese Form der Eigenzensur, des Selbstbetrugs, der Selbstverleugnung wurde und wird immer noch allgemein von katholischen Frauen benutzt, um die „unreifen", das heißt die störenden Fragerinnen in ihren Reihen zum Schweigen zu bringen. In die Köpfe der Allgemeinheit wird das übertragen durch Klischees wie „von gleichem Rang", „gleich in den Augen Gottes" undsoweiter undsoweiter.

die es nach Gerechtigkeit gelüstete und die dafür kämpfte, eine rauhe Individualistin und wahre Naturliebhaberin.

Ich erhielt meinen Ph.D. in Religion im reifen Alter von fünfundzwanzig Jahren. Das brachte mir neben anderem den großen Vorteil, daß ich nun nicht mehr „Miss Daly" genannt werden mußte. Obgleich „Miss" für mich weniger schrecklich war als „Mrs.", verdroß es mich doch schwer. Ich zögerte also nicht, von nun an darauf zu bestehen, stets mit „Doktor" statt mit „Miss" angeredet zu werden. Ich hatte damals noch nicht Virginia Woolfs *Drei Guineen* mit der wunderbaren Beschreibung des „Geruchs", der am Wort „Miss" hängt, gelesen, doch ich *wußte* es bereits.

Ich war mit diesem akademischen Grad nicht zufrieden und wollte immer noch meinen Doktor in Philosophie per se machen, also bewarb ich mich um die Zulassung bei der University of Notre Dame, die gleich um die Ecke war und sich als unglaublich bigott und unterdrückerisch in ihrem Verhalten Frauen gegenüber herausstellte. Mir wurde die Zulassung zu ihrem Doktoranden-Kurs in Philosophie aus dem einzigen Grund verweigert, weil ich eine Frau bin.

Zusätzlich zu dieser Ablehnung litt ich darunter, daß ich mich mit Schwester Madeleva überworfen hatte. Sie hatte sich von mir abgewendet, weil ich als arme Doktorandin die Dreistigkeit besessen hatte, ihr Lieblingsprojekt, den Doktorandenkurs in Theologie, reformieren zu wollen. Ich spielte eine führende Rolle bei der Revolte, die die Absetzung eines Professors forderte, in dessen knochentrockenen Vorlesungen wir nichts lernten. Die Dichterin/Prophetin, die ich so sehr bewundert hatte, zog daraufhin ihr Angebot eines Lehrauftrags am Saint Mary's College zurück, der mein Studium an Notre Dame finanziert hätte, wenn man mich angenommen hätte.

Angesichts dieser doppelten Katastrophe wurde mir klar, daß meine Zeit dort vorbei war. Mich überkam ein schreckliches Gefühl des Verlassenseins. Mir war, als sei ich aus einer Dimension von Existenz hinausgeworfen worden, die das Paradies gewesen war, in der ich vom Baum der Erkenntnis gegessen und die Früchte köstlich gefunden hatte. Ich erinnere mich, daß ich nach Empfang der schlechten Nachrichten mit meinen Freundinnen in South Bend in einen Alec Guiness-Film (*Adel verpflichtet*) ging, ihn mir voller Kummer ansah, an den komischen Stellen lachte und mir zur gleichen Zeit vollkommen verlassen vorkam.[15]

DIE SCHINDEREI DER SCHLIMMEN FÜNFZIGER ÜBERLEBEN (1954 – 1959)

So begann ich mich anderswo nach einem Lehrauftrag in Theologie umzusehen, in dem naiven Glauben, daß dies kein Problem darstellen würde und ich meinen Traum, in Philosophie zu promovieren, irgendwie verwirklichen könnte, während ich Unterricht gab, um meinen Lebensunterhalt zu sichern. Nachdem ich von mindestens zwei Dutzend Colleges ablehnende Bescheide bekommen hatte, nahm ich für Herbst 1954 einen Lehrauftrag im heute nicht mehr existierenden Cardinal Cushing College in Brookline, Massachusetts, an, das gerade als ein Zwei-Jahres-College eröffnet worden war. Da es im ersten Jahr nur sehr wenige StudentInnen hatte, mußte ich auch noch in der angeschlossenen High School unterrichten – was ich haßte. Nach dem ersten Jahr unterrichtete ich ausschließlich am College. Nach kurzer Zeit war ich die ganze theologische und philosophische Fakultät dort.

Mitte der fünfziger Jahre zog meine Mutter von Schenectady nach Brighton, Massachusetts, wo wir uns eine gemeinsame Wohnung nahmen. Ich konnte zu jener Zeit nicht voll ermessen, was der Verlust ihres bisherigen Heims für sie bedeutete, auch wenn ich natürlich wußte, daß es sehr hart für sie war. Jetzt jedoch, während ich an *Auswärts reisen* schreibe, habe ich mich an einige Dinge aus ihrem Leben erinnert, die jenes Ereignis in einen Kontext stellen. Wie ich in Kapitel Eins erzählt habe, wurde sie von ihrer Großmutter aufgezogen. Einige Jahre nachdem sie von der Großmutter aufgenommen worden war, verlor sie ihre Mutter, und bis zu einem gewissen Grad wurde sie zum Dienstmädchen ihrer erwachsenen Tanten und Onkel. Ihr Haus war für meine Mutter kein wirkliches Zuhause. Als sie dann meinen Vater heiratete, hatte sie zum ersten Mal ein eigenes Heim. So war es eine Qual für sie, fast alle ihre Möbel verkaufen und von Schenectady fortziehen zu müssen. Doch wußten wir keine andere Lösung, und es war gut, zusammen zu sein.

Es war eine trübe Zeit. Zwar lernte ich eine Menge, indem ich eine große Bandbreite von Unterrichtsstoff für das Cardinal Cushing College vorbereitete, doch irgend etwas fehlte mir ganz fürchterlich. Dies war nicht die Verwirklichung meines Traumes, Philosophin zu sein, ein geistiges Leben zu führen. Ich hatte noch nicht einmal Worte, um mein unerträgliches Gefühl des Verlustes und der grauen Trostlosigkeit, die auf den fünfziger Jahren lastete, auszudrücken. Ich versuchte mich aus dem Sumpf herauszuziehen, indem ich am Spätnachmittag gelegene Philosophiekurse für Prüfungssemester am Boston College und während der Sommerferien in verschiedenen Universitäten belegte, einschließlich Notre Dame (die Frauen während der Ferienprogramme zuließ), Laval University in Quebec und Saint Louis University.

Außerdem war ich Gasthörerin bei einigen Vorlesungen von Paul Tillich an der Harvard Divinity School. In dieser vorökumenischen Zeit gab es praktisch keine weiteren Katholiken an der Divinity School, doch der mit der Einschreibung beauftragte Beamte hieß mich argwöhnisch unter den „Schäflein" willkommen.

Während Tillich redete, saß ich im Hintergrund des Sperry Room. Er hatte ein starkes Charisma, aber irgend etwas daran mißfiel mir. Ich nahm nur sporadisch teil – einerseits angezogen von seinem Intellekt, andererseits abgestoßen durch die üblen Dünste seines Charismas. Ich bin mir nicht sicher, ob ich, als ich da hinten im Hörsaal saß, bereits eine Vorahnung meines viele Jahre später stattfindenden Kampfes mit jener ätzenden Kraft hatte. Wahrscheinlich hatte ich keinerlei Vorwissen. Doch es war wichtig, daß ich Tillich persönlich gesehen und gehört hatte – daß mein Wissen nicht auf seine Bücher beschränkt war.

In dieser schlimmen Zeit Mitte bis Ende der fünfziger Jahre hörte ich mich zu einer Freundin sagen: „Ich möchte ein Buch schreiben." Ich erinnere mich, daß ich das nicht mit großer Überzeugungskraft sagte. Meine Stimme klang schwach und unsicher, und ich glaubte meinen eigenen Worten kaum. Die geistige Vergiftung, die die Atmosphäre in Amerika während dieser Zeit durchdrang, hatte mir meine Zielstrebigkeit genommen und mein Selbstgefühl untergraben, und es gab keine feministische Bewegung, die mir geholfen hätte, mir einen Reim auf all das zu machen, was um mich herum passierte, nämlich Gehirntod, Seelentod. Das Wort Feministin war immer noch nicht in Umlauf – höchstens vielleicht in bezug auf ein paar merkwürdige alte Damen, die im vergangenen Jahrhundert gelebt hatten und höhnisch „Suffragetten" genannt wurden. Und das Wort Lesbisch – es war unaussprechlich, undenkbar. Es vermittelte gräßliche Perversion, etwas, das im schmutzigsten Untergrund der bewußten Wahrnehmung zu verstecken war.

Irgendwann fand ich Simone de Beauvoirs Das andere Geschlecht in einer Buchhandlung – vermutlich in Cambridge. Ich erinnere mich, wie ich dort stand und las – wie ich in großen Schlucken trank, wie eine Frau, der man fast bis zur Unerträglichkeit das Wasser vorenthalten hat.[16] Meine Dankbarkeit ihr gegenüber war enorm. Doch gab es immer noch keinen Kontext, keine Bewegung, um ihre Botschaft wirksam werden zu lassen.

DER GROSSE GLÜCKSFALL: ICH ENT-DECKE FRIBOURG

Also mußte ich auf mich selbst gestellt mit meiner Suche fort-Fahren. Da es mir nicht gelungen war, einen Lehrauftrag in Theologie an einem College zu bekommen, dem eine intellektuell herausfordernde Atmosphäre nachgesagt werden konnte, glaubte ich, daß ich als Eintrittskarte in eine Umgebung, in der ich atmen und mich entfalten konnte, einen „besseren" Doktortitel benötigte.

Im Grund meines Sei-ens wollte ich immer noch Philosophin werden/sein, doch die Erfahrungen, die ich gemacht hatte, während ich zweiundvierzig *graduate credits* in Philosophie zusammentrug, waren nicht gerade erfreulich gewesen. Ein Nebel von Irreführung sowie Dumpfheit hatte über vielen dieser Kurse gelegen. Außerdem blies der Große Wind, der mich zu Saint Mary's in Indiana getragen hatte, um Theologie zu studieren, immer noch mit voller Kraft.

Ich dachte, wenn ich den höchsten der höheren Grade in Theologie erwerben würde – das bedeutete für Katholiken damals den Doktortitel einer Pontifikalen Fakultät der Heiligen Theologie –, würde ich einen Job bekommen, in dem ich interessante Kurse für sehr begabte StudentInnen halten und Zeit für meine eigene Arbeit haben würde. Da die Catholic University of America die einzige Universität in den Vereinigten Staaten war, die diesen höchstmöglichen Grad verlieh, schrieb ich wiederholt an den Dekan der Theologischen Fakultät und erhielt lange keine Antwort.[17]

Ich hatte Latein, Griechisch, Hebräisch, dazu Deutsch und Französisch studiert, ich hatte einen Magistertitel, der mehr als gleichwertig zu einem M.A. in Philosophie war, und einen Ph.D. in Religion, doch sie brachten es nicht über sich, mir zu antworten. Die unglaubliche Engstirnigkeit dieser armseligen Institution zeigte sich hier ganz ungeschminkt. Das einzige „Problem" war, daß ich eine Frau war, und sie hatten nicht einmal den Mut, mir das mit einem Mindestmaß an Höflichkeit zu sagen.

Es war mein Glück, daß sie meine Bewerbung ablehnten, denn so mußte ich meine Aufmerksamkeit größeren und besseren Dingen zuwenden. In den Vereinigten Staaten konnte keine andere Universität diesen Grad anbieten, also wendeten sich meine Überlegungen Europa zu. Nach einiger Mühe fand ich heraus, daß die französischen und belgischen Universitäten keine Frau für diesen Grad zulassen würden. Die einzige Möglichkeit bestünde in Deutschland oder in der Schweiz, weil in diesen Ländern die katholischen und protestantischen Theologischen Fakultäten den staatlichen Universitäten eingegliedert waren und das deutsche und das Schweizer Gesetz nicht erlaubten, Frauen aufgrund ihres Geschlechts vom Studium auszuschließen.

Es gab nur ein kleines Problem. Ich hatte buchstäblich kein Geld. Mein Gehalt am Cardinal Cushing College hätte es kaum erlaubt, Geld zu sparen, selbst wenn ich gewollt hätte. Meine Mutter lebte bei mir und war auf meine Hilfe angewiesen. Dennoch war ich sicher, daß ich dies alles irgendwie lösen würde.

Ich stellte eine Liste katholischer Bischöfe auf, bei denen ich wegen eines Darlehens zur Fortsetzung meiner theologischen Ausbildung anfragen wollte. Als erstes schrieb ich an Kardinal Cushing von Boston, dessen Antwort in einer „heiligen Karte" bestand, die ein Gebet für eine „religiöse Berufung" enthielt. Nachdem ich die voller Wut zerrissen hatte, schrieb ich an John Wright, damals Bischof von

Pittsburg, der als Liberaler und Förderer von (männlichen) Laientheologen bekannt war.* Er reagierte fast sofort mit einem kleinen Geldgeschenk (fünfhundert Dollar) und einem Darlehen von zwölfhundert Dollar aus der Medora A. Feehan-Stiftung.

In der Zwischenzeit hatte ich mich für ein Fulbright-Stipendium in Deutschland wie auch für ein Schweizer Austausch-Stipendium beworben. Das Schweizerische wurde genehmigt. Zudem fand ich heraus, daß ich, um mein Geld zum Leben zu verdienen, beim Auslandsprogramm des Rosary College in Fribourg, Schweiz, unterrichten sowie als „Chaperone" (Anstandsdame) für die dortigen StudentInnen in einem ihrer Apartments wohnen konnte. Ich erfuhr ebenfalls, daß ich für Herbst 1959 definitiv an der Theologischen Fakultät der Universität Fribourg angenommen war.

Die Karte von Europa zu sehen, war, als sei ich bereits dort. Fribourg auf der Karte zu finden, war der Beginn meiner Großen Ent-Deckung. Sie sollte mich später zu den Gedanken von Wanderlust/ Wunderlust inspirieren, die ich in *Reine Lust* ausgeführt habe. Gerade Jetzt, während ich diese Zeilen schreibe, habe ich den Weltatlas aufgeschlagen und Lebe jene Erfahrung auf andere Weise. Ich Er-Innere Fribourg in allen Einzelheiten und Rufe mir mit verblüffender Lebendigkeit unzählige Orte zurück, die ich in Europa und im Nahen Osten während der Semesterferien besucht habe. Wenn ich Jetzt in den Atlas schaue, scheint es mir, als sei ich an all diesen Orten – zur gleichen Zeit hier und dort.

Meine Mutter zu verlassen, war schlimm. Sie wollte zu ihrer Schwester in Kalifornien ziehen, doch ich hatte dabei kein gutes Gefühl. Auch verfolgten mich noch immer die Schuldgefühle, die mir der Gemeindepfarrer in Schenectady vor vielen Jahren eingeflößt hatte. Diese Schuldgefühle waren mir auch nach Saint Mary's gefolgt. Jetzt ging ich wieder fort – überquerte den Ozean, ging in ein fremdes Land, und meine Mutter war neunundsechzig Jahre alt.

Doch meine blanke Verzweiflung, zu finden, was ich finden mußte, sowie der Große Glücksfall günstiger Umstände, die dies Ereignis ermöglichten, triumphierten über alles andere. In dem Sommer, ehe ich fortging, verbrachten wir einige Wochen in Ottawa, Kanada, zusammen, wo ich an der Summer School der Universität von Ottawa unterrichtete. Ich erinnere mich, daß wir häufig miteinander Abendspaziergänge unternahmen und in die Sterne schauten. Ich glaube, wir spürten beide, daß unsere getrennten und dennoch miteinander verwobenen Lebensweisen heroische Taten, astronomische Veränderungen und astrale Kommunikation erforderten.

* Wegen seiner Anständigkeit, Sensibilität, Einfühlungsgabe und sogar Großzügigkeit, die die Einengungen der üblichen Prälatenrolle überstieg, werde ich diesen Menschen hier und im Verlauf dieses Buches einfach nur mit seinem Eigennamen bezeichnen.

KAPITEL DREI

STUDENTENTAGE IN EUROPA:
METAPHYSISCHE ABENTEUER UND EKSTATISCHE REISEN

Im September 1959 flog ich zum ersten Mal nach Europa. Ich landete in Paris, und alles, was ich sah und hörte, erfüllte mich mit Staunen und Begeisterung. Das alles war wie ein Märchen, und dieses Märchen widerfuhr mir. Nach der tödlichen Entfremdung in Amerika war die Ankunft in Europa wie eine Heimkehr, endlich. Ich besuchte eine Freundin in Paris und bestieg dann den Zug nach Fribourg. Ungläubig starrte ich auf die Schönheit der Landschaft, als der Zug durch die saftige grüne Welt der Schweiz rauschte. Ich war wieder von dem Wind getragen, der mich sieben Jahre zuvor nach South Bend gebracht hatte.

Ich hätte mir nie vorstellen können, daß es so etwas wie Fribourg gab – außer in Märchenbüchern. Ich bekam Stielaugen angesichts des magischen Anblicks der *basse ville* – des mittelalterlichen Teils der Stadt – wie aus einer anderen Welt! Das Geläut der Schweizer Kuhglocken war himmlisch. Die ganze Aura des Ortes war verzaubert. Die Luft roch anders. Der Smog von Dumpfheit, der über dem Leben in Amerika hing, fehlte! Ich konnte die Erleichterung fast nicht aushalten. Obgleich ich das noch nicht wußte, sollte Fribourg die nächsten sieben Jahre lang mein Zuhause sein.

METAPHYSISCHE ABENTEUER

Noch ehe das Semester begann, sah ich auf den Straßen von Fribourg die weißgekleideten dominikanischen Priester-Professoren. Sie sahen besonders komisch aus, weil ihre Kutten meist ziemlich kurz waren – etwa 20 bis 25 Zentimeter über dem Boden –, sie darunter aber keine Hosen trugen. Dies war der „Europäische Look". Amerikanische Priester und Seminaristen wären lieber gestorben, als ohne Hosen herumzulaufen.* Ich war gespannt darauf, wie die Vorlesungen an dieser Universität sein würden, die von einigen meiner amerikanischen Kommilitonen gequält als „liebe alte F.U." bezeichnet wurde.

---

* Amerikanische Seminaristen erzählten mir, daß den europäischen Dominikanern verboten sei, unter ihren Kutten Hosen zu tragen, damit sie nicht so leicht fortlaufen könnten. Ich bin nicht sicher, ob das nur eine Anekdote oder die Wahrheit ist, auf jeden Fall ist es unterhaltsam.

In der Villa des Fougères, die das Auslands-Junior-Jahr-Programm des Rosary College beherbergte, gab ich Kurse in Theologie und Philosophie für junge amerikanische Frauen. Dort lernte ich Schwester Kaye Ashe kennen, die später Leiterin des Programms wurde. Wir wurden bald Be-Lachende Freundinnen, und diese Freundschaft erhellte für mich die kommenden Jahre in Fribourg. Mit Kaye über die Ungereimtheiten des Fribourger Lebens zu gackern, wurde zu einer meiner liebsten Teilzeit-Beschäftigungen.

An der Universität belegte ich etwa achtzehn Wochenstunden pro Semester. Die Vorlesungen waren in Latein, gehalten von Dominikanern aus verschiedenen Ländern. Sie sprachen daher Latein mit unterschiedlichem Akzent, und in den ersten Monaten saß ich nur da und verstand gar nichts. Dann hob sich der Nebel. Es war ein ganz besonderes intellektuelles Erlebnis, Vorlesungen über die Mathematik „der Trinität" in Latein zu hören. „Warum sind es drei Personen und nicht vier?"[1] Die raffinierten Kommentare, die die Professoren zur *Summa Theologiae* des Thomas von Aquin abgaben, waren Meisterstücke präziser und eleganter Logik – nur jemandem, der ihre bizarren Prämissen nicht akzeptierte, mußten sie gewunden vorkommen. Ich blühte bei dieser metaphysischen Logik auf. Sie trug mich davon. Diese Gedankenflüge paßten genau zu Zeit und Raum des mittelalterlichen Fribourg, und ich genoß ihre belebende Wirkung.

Ich haßte Vorlesungen in „Heiliger Schrift" und Kirchengeschichte. Sie waren keine Herausforderung für mich. Die fehlende innere Logik der Bibel deprimierte mich. Dagegen waren die Vorlesungen im Fach Theologie auserlesen komplex. Im Grunde waren es griechische metaphysische Abhandlungen, in den Bereich des Mystizismus übertragen, doch durch die Begrenzungen des christlichen Mythos eingeengt. Ich nahm mir, was mir weiterhalf. Nicht, daß ich das etwa bewußt aussortiert hätte. Ich glaube eher, daß meine Psyche eine eingeborene natürliche Weisheit besaß/besitzt, die wußte, daß dies der Weg war, der mich in den frühen sechziger Jahren dem Hintergrund näher bringen würde. Es war nicht einfach ein Einsammeln von Informationen, sondern eine Schulung des Geistes. Hier wurde der Teil meines Gehirns, der auf der High School Mathematik geliebt hatte, trainiert. Es war außerdem ein metaphysisches Abenteuer. Ohne dieses Training/ diese Erfahrung hätte ich *Jenseits von Gottvater, Gyn/Ökologie, Reine Lust, Wickedary* oder *Auswärts reisen* nicht schreiben können. All diese Bücher basieren auf einer Athletik des Geistes, die ich damals lernte – eine Art intellektuelles Karate. Sie trugen auch dazu bei, daß ich die Symbole und Mythen und die Ethik der westlichen patriarchalen theologischen Tradition dechiffrieren konnte, eben weil ich sie so gut gelernt hatte.

Dieses metaphysische Abenteuer konnte mir nur in Fribourg widerfahren, in jenem Zeit/Raum des Mittelalters, der zugleich mit jungen amerikanischen StudentInnen in ihrem Auslands-Junior-Jahr angefüllt war, von denen ich viel gelernt habe.* In Fribourg war ich weit weg von den geistigen/emotionalen/physischen, die Vorstellungskraft einengenden Grenzen Amerikas und in der Nähe vieler anderer Länder, anderer Kulturen, die mir während der langen Frühjahrs- und Sommerferien offenstanden.

Besonders liebte ich die Anstrengungen des intellektuellen Lebens einer Thomistischen Wissenschaftlerin.* Ich liebte – und liebe immer noch – abstraktes Denken, und ich mißtraute Symbolen zutiefst wegen ihrer, wie ich es damals sah, Verschwommenheit und Gefühlsduselei.* Es war ein glücklicher Umstand, daß ich diese durch und durch abstrakten theologischen Studien mit meinem Leben in einem fremden Land und mit vielen Möglichkeiten zu abenteuerlichen Reisen verbinden konnte. Meine Reiseerlebnisse waren sehr lebendig, inhaltsreich und konkret. Diese Abenteuer in Neuen und Archaischen Welten bildeten eine Art Kontrapunkt zur abstrakten Studienarbeit, so daß das Ganze so etwas wie eine verbindende und lebendige harmonische Struktur ergab. Es war eine Form von Sei-en, die ich später als „Spinnen" bezeichnen sollte.

Je mehr ich studierte, und je mehr ich reiste und dabei kulturelle Einengungen und Scheuklappen abschüttelte, desto seltener ging ich in die Kirche. Ich war nicht mit Frömmigkeit oder missionarischem Eifer behaftet. Ich hatte kein Bedürfnis, Priesterin oder Seelsorgerin zu sein. Mich gelüstete es nach dem Leben des Geistes. Es war einfach so,

---

* Mir war – bereits in sehr jungen Jahren – klar, daß Lehren, um zu Lernen, mein Stil war – nicht Lernen, um zu lehren. (Später würde ich hinzufügen: Lehren, um zu schreiben – nicht Schreiben, um zu lehren.)
* Sooft das Wort Thomistisch in diesem Buch vorkommt, schreibe ich es groß als Dank für die intellektuelle Schulung und die intellektuellen Schätze, die ich durch meine Studien dieser Tradition erwarb. Diese Studien kräftigten und schärften meine intellektuellen Kräfte – die rationalen und die intuitiven – und bereiteten damit den Weg für die zukünftige kreative Arbeit. Vergleiche Kapitel Vier.
* Wenn ich in diesem positiven Sinn von „abstraktem Denken" spreche, beziehe ich mich auf philosophische Konzepte, die eine solide Basis in der Realität haben und die es möglich machen, Ähnlichkeiten wahrzunehmen und Unterscheidungen zu treffen. Mir ist durchaus klar, daß es auch eine Art leerer Abstraktion gibt, die verbale Spielereien zuläßt, welche nicht auf Erfahrung beruhen. Dies sind Pseudo-Abstraktionen. Sie sind in Wirklichkeit Distraktionen. Was meine ehemalige Geringschätzung von Symbolen angeht: Ich glaube, das lag an der Tatsache, daß die Symbole der patriarchalen Gesellschaft alle patriarchal und daher verschwommen sind. Das sind sie zwangsläufig, da sie Betrug transportieren. Sie dienen unausweichlich als Aufputschmittel für Männlichkeit und als Sedativa für Weiblichkeit. Später, als ich begann, die Verschleierungen der männlichen Symbol-Systeme zu durchschauen, ihre Umkehrungen wieder umzukehren und zu Archaischerem und Ursprünglicherem mythischem Denken zu kommen, wurde ich vertraut damit, die kreative Kraft der Metapatriarchalen Metaphern zu nutzen. Siehe besonders Kapitel zwölf und dreizehn.

daß, je mehr ich studierte und forschte, ich immer mehr zu meinem Selbst fand, und damit wurde mir der Kirchgang zutiefst zuwider.

Es gab eine Ausnahme, das waren die der Maria gewidmeten Kathedralen, die ich während meiner Ferienreisen in Europa besuchte, und ganz besonders ein Marienaltar in der Nähe von Fribourg.* Das ist ein Altar für Unsere Frau von Bourgillon, wo unzählige Heilungen stattgefunden haben. Obgleich der Altar selbst abscheulich ist, spürte ich dort eine starke Präsenz, und ohne zu wissen, was ich tat, rief ich die Göttin an. Die Präsenz ist Vorchristlich/Metachristlich. Sie ist endgültig Heidnisch, Kraftvoll und Natürlich. Sie war und ist eine Quelle meines Lebens.

Es war schon immer so, daß die Begeisterung/Ekstase, die ich in der Natur und im Reich der Bücher erlebte, etwas ganz anderes als Frömmigkeit war. Die Freude und Heiterkeit, die ich Er-Lebte, als ich in Fribourg studierte, hatte überhaupt nichts mit Religiosität zu tun. Es war der Überschwang von Intellektuellem/E-motionalem/Spirituellem/Elementalem Leben.

Am Ende des ersten akademischen Jahres bestand ich die Prüfungen für das Baccalaureat in Heiliger Theologie *summa cum laude.* Angesichts der Tatsache, daß ich bereits einen Ph.D. in Religion vom St. Mary's College hatte, nach einer Ausbildung durch dominikanische Priester dort, mag es grotesk erscheinen, daß ich diese Prüfungen machen mußte. Doch die hochgeehrte Fakultät hielt nichts von jener Ausbildung und verlangte daher, daß ich – als Vorbereitung auf ihr Super-Doktorat – durch alle europäischen Reifen sprang, um mich zu bewähren. Einer der Professoren, dem ich mein amerikanisches Diplom zeigte, lachte sogar. Die unausgesprochene Botschaft war, daß dies ein Studiengang für Frauen gewesen und daher lachhaft war.[2]

Die Baccalaureatsprüfungen waren mündlich, und ich beschloß, sie lieber in Latein als in Französisch abzulegen – ich hatte mir überlegt, daß der Prüfer, ein französischer Dominikaner, keinen ganz so unfairen Vorteil haben würde, wenn wir beide lateinisch sprechen mußten, als wenn er seine Muttersprache hätte benutzen können. So sprach ich ein grobes Latein, das mir eher wie Pidgin-Latein vorkam, ergänzt durch Zeichensprache und heftige Grimassen, wenn ich nicht auf das exakte Wort kam.

In meinem zweiten Jahr in Fribourg mietete ich mir ein Zimmer in der Wohnung einer Schweizer Familie. Madame verlangte Trinkgeld dafür, daß sie mir Abendessen servierte, und verwendete ordentlich zugeschnittene Zeitungspapierstückchen als Klopapier. Mein Zimmer war tagsüber nicht geheizt (Madame hielt sich in der beheizten Küche

---

* Ich war nicht an Messen und Zeremonien interessiert, doch ich spürte die Kraft dieser Orte.

auf), daher ging ich in die Universität und setzte mich in leere Vorlesungsräume, um zu lernen. Mitte jenes Jahres bekam ich einen zweiten Job, ich unterrichtete junge Männer im Junior-Jahr-Auslandsprogramm der Georgetown-Universität in Philosophie. Als ich mich um den Job bewarb, wurde ich zunächst abgelehnt, da die Jesuiten keine Frau beschäftigen wollten. Als dann jedoch ihr männlicher Philosophie-Dozent Mitte des Jahres plötzlich verschwand, waren sie bereit, es mit mir zu versuchen. Ich behielt diesen Job die restlichen fünfeinhalb Jahre lang, die ich in Fribourg war. Am Ende jenes Jahres, in dem ich, wie im Vorjahr, siebzehn bis achtzehn Stunden pro Woche belegt hatte, bestand ich die letzten mündlichen Prüfungen für das Lizentiat in Heiliger Theologie *magna cum laude.**

Daß Frauen theologische Wissenschaft betrieben, wurde in Fribourg als Witz angesehen. Wenn ein Professor in seiner Vorlesung ein Buch oder einen Artikel einer Wissenschaftlerin erwähnte (und das war selten genug der Fall), pflegte stets ein Gutteil meiner etwa zweihundert Kommilitonen – Priester und Seminaristen aus aller Welt – ihrer Belustigung lautstark Ausdruck zu verleihen. Sie trampelten unter den Tischen auf dem Fußboden, um ihr Vergnügen über diese oder andere ihnen komisch erscheinenden Aussagen auszudrücken. Auf diese Weise konnte der Professor die „Schuldigen" nicht entdecken.

Doch war ihre Haltung mir gegenüber nicht von Verachtung geprägt. Es schien eine Kombination von Angst, Verblüffung und Bewunderung zu sein. Im „Autobiographischen Vorwort zur Auflage 1975" von *The Church and the Second Sex* schrieb ich:

> Die Seltsamkeit dieser Situation wurde durch die Tatsache ergänzt, daß meine Kommilitonen fast alle Priester und Seminaristen waren, viele von ihnen aus romanischen Ländern. Dazu kam, daß in den überfüllten Hörsälen häufig rechts und links von mir Plätze freiblieben, weil meine „Mit"studenten die Versuchung fürchteten, die über sie kommen könnte, wenn sie neben einer Frau saßen.[3]

Wenn ich auf Fribourgs Straßen den Schwärmen schwarzgekleideter spanischer Seminaristen begegnete, hielten sie ihre Augen züchtig niedergeschlagen, während ich sie direkt ansah. Es war klar, daß eine Frau in ihrer Mitte ihnen Angst machen mußte. Doch empfand ich kein durchgängiges Gefühl der Feindseligkeit von ihrer Seite. Welcher Art ihre Bewunderung war, zeigte sich, nachdem ich die beachtliche Prüfung für das Lizentiat in heiliger Theologie bestanden hatte. Sie

---

* Im amerikanischen Bildungssystem gibt es kein Äquivalent zum Lizentiat. Es ist mehr als ein Magister-Grad und weniger als ein Doktorat. Es ist die letzte große Hürde, die die StudentInnen nehmen müssen, ehe sie mit der Arbeit an der Dissertation beginnen.

applaudierten mir öffentlich und verglichen mich mit John Glenn, der gerade die Erde umkreist hatte. Dieser Vergleich gab mir in astronomischen Dimensionen zu denken. Dennoch stimmt immerhin, daß wir beide „erste" waren.

Obgleich ich zwei Lehraufträge hatte und es mir gelungen war, mein Schweizer Austausch-Stipendium für ein weiteres (drittes) Jahr verlängert zu bekommen, war Geld noch immer ein Problem. Das Darlehen von der Medora A. Feehan-Stiftung sollte nur die Ausgaben für das Lizentiat decken, und ich war nun entschlossen, zu bleiben und den Doktor in Theologie zu machen. So schrieb ich noch einmal an John Wright und erklärte ihm meine Pläne. Er erhöhte das Darlehen um dreitausend Dollar, die in drei Raten kamen.

Inzwischen hatte ich einen dritten Job angenommen, ich lehrte in einem weiteren Junior-Jahr-Auslandsprogramm. Es war ein Programm des La Salle College in Philadelphia, in dem mindestens zwanzig männliche Studenten eingeschrieben waren.

So unterrichtete ich zu Beginn meines dritten Jahrs in Fribourg insgesamt etwa dreißig junge Frauen und dreißig junge Männer, dazu nahm ich an Doktorandenseminaren in Theologie und mehreren Vorlesungen in Philosophie teil. All diese Aktivitäten verlangten, daß ich ziemlich viel unterwegs war, denn die Programme fanden in drei verschiedenen Häusern statt, die über ganz Fribourg verteilt waren, und die Universität war der vierte Ort. Ich kaufte mir also ein Velosolex-Mofa und brauste darauf durch die Stadt. Ich liebte dieses Mofa und machte viele Ausflüge ins Schweizer Land. Wenn ich damit fuhr, hatte ich das Gefühl, zu fliegen. Amerikanische „Landsleute" versicherten mir, ich böte einen erstaunlichen Anblick, wenn ich auf diesem Fahrzeug herumsauste.

In jenem Jahr mietete ich ein neues Zimmer, wieder bei einer Schweizer Familie in Fribourg. Hier war nun wenigstens im Winter geheizt. Ich begann die Arbeit an meiner Dissertation in Theologie, die „Das Problem der spekulativen Theologie" zum Thema hatte. Die Texte, mit denen ich arbeiten mußte, waren in Latein und Französisch, so verbrachte ich viele Stunden in der Universitätsbibliothek.

Sollte die Leserin den Eindruck haben, daß dies alles wie Arbeit, Arbeit, Arbeit klingt, versichere ich ihr: Das war es. Der Punkt ist, daß ich das, was ich tat, gern tat. Außerdem gab es auch eine Menge Vergnügen, Vergnügen, Vergnügen und ekstatische Reisen. Ich weiß nicht, wie das möglich war, aber so war es. Zeitweise gab ich bis zu zwölf oder dreizehn prüfungspflichtige Stunden pro Semester und arbeitete intensiv daran, diese Bandbreite an Kursen in Philosophie und Theologie vorzubereiten.

Zugleich aber verbrachten meine StudentInnen und ich viele lustige Stunden miteinander, saßen in Fribourgs Teestuben und Bierhäusern herum und genossen es, hier zu sein und nicht „dort zu Hause". Wir gingen auch zusammen Skilaufen, unternahmen Picknicks und Ausflüge. Ich nahm mündliche Prüfungen in Philosophie auf dem Dach der Villa des Fougères ab, wobei ich in dieser exotischen inquisitorischen Atmosphäre Wein mit meinen Opfern trank. Irgendwie war das Leben leicht.

BEGEISTERNDE/EKSTATISCHE REISEN

Ich reiste viel allein, verbrachte Sommer in Paris und Madrid und besuchte Städte wie London, Dublin und Rom. Ich reiste per Eisenbahn, zweiter Klasse, und übernachtete oft in dritt- oder viertklassigen *pensioni* (Italien), in billigen Hotels oder Klöstern, die weibliche Reisende aufnahmen. Einmal fing ich mir einen Floh ein, der wochenlang bei mir blieb. Ich durchstreifte die Straßen all dieser Städte, häufig bei Nacht, und hatte eigentlich keine Angst.

Ich begegnete ständig interessanten Wanderschwestern aus anderen Ländern, und wir besuchten Schlösser und Museen miteinander. Ich erinnere mich an einen Gedanken, der mich immer wieder heimsuchte, wenn ich durch schöne Landschaften fuhr oder wanderte: „Ich bin die Glücklichste Frau der Welt!" Ich glaube, ich habe das sogar laut vor mich hingesagt.

Diese Abenteuer in Europa waren Augenblicke, die meine Welt weiteten. Ein paar Jahre zuvor hatte mir eine Freundin aus Jugoslawien, der ich in Kanada begegnete, gesagt, wenn ich nach Europa ginge, würde sich mein Geist „aufblasen wie ein Ballon". Sie meinte damit nicht, ich würde einen „Kopf voller Luft" bekommen, sondern vielmehr, daß mein Bewußtsein sich enorm erweitern würde. Ihre Beschreibung erwies sich als prophetisch. In dem Moment, als ich den Sprung aus Amerika heraus getan hatte, spürte ich, wie meine Aura sich ausdehnte. Vom Augenblick jener ersten Landung in Paris an hatte ich das Gefühl, ich sei heimgekehrt. Wenn ich in den Straßencafés auf dem Boulevard Saint-Michel saß, die Wasserspeier an Notre Dame anstarrte, durch die Straßen von Montmartre lief – ich hatte eine/n andere/n Zeit/Raum betreten. Ich weiß, daß ich oft vor mich hin lächelte, wenn ich ein Wunder nach dem anderen in mich aufnahm, und dieser Ausdruck von Glückseligkeit wurde von einigen jener grapschwütigen Männer, die sich scheinbar verfügbaren weiblichen Wesen von allen Seiten nähern, als Einladung ausgelegt. „Mademoiselle?" Ihr Gemurmel drang in meine Sphäre ein. Dachten sie etwa, ich lächelte sie an?! Ich war nicht vertraut mit romanischem männlichem Verhalten, doch ich lernte damit umzugehen. Bei meinen nächsten Aufenthalten brachte ich ein wissenschaftliches Werk mit, in das konnte ich mich, wenn notwendig, ernsthaft vertiefen, und es war auch eine mögliche Waffe.*

In italienischen Zügen waren die grapschenden Hände manchmal unerträglich. Ich entdeckte den Regenschirm als nützliches Stechinstrument, doch im allgemeinen hatte ich nie einen dabei. So entwikkelte ich verschiedene Arten von steifem Gang und Anstarren. Ich hatte weder die Fähigkeit noch Lust, den gewollt leeren Blick zu übernehmen, den romanische Frauen für wirksam halten. Vielleicht war meine Methode nicht die erfolgreichste angesichts einer unterlegenen Situation, aber mir ging es besser damit.

Doch war dies alles nur ein geringer Ärger. Italien war reinste Schönheit. Manchmal übernachtete ich in italienischen Klöstern, die für billiges Geld recht gute Unterkunftsmöglichkeiten für Frauen anboten. Das Kloster, in dem ich in Venedig wohnte, war buchstäblich ein Palast. Hier traf ich oft europäische Reisende, die genauso arm wie ich waren und genauso scharf darauf, neues Terrain zu erforschen.

Das Überwältigende an meinen ersten Reisen in Europa war das total überraschende Phänomen, daß all die magischen Bilder, die seit meiner Kindheit in meiner Phantasie lebten, sich nun wirklich materialisierten und lebendig wurden. In Rom zum Beispiel war ich, als ich zum ersten Mal das Forum und das Colosseum bei Nacht sah, einfach außer mir. In meinen lateinischen Lehrbüchern in der High School hatte ich Bilder davon gesehen. Und nun existierten sie hier wirklich! So befand ich mich auf Raum/Zeit-Reisen, bewegte mich bereits in der vierten Dimension.[5]

Manchmal wurden Kinderreime lebendig. Als ich zum ersten Mal die London Bridge sah, erwartete ich, daß sie zusammenbrechen würde.† Dann wiederum stieß ich auf Originale, die Vorlagen für amerikanische Imitationen waren. Ich hatte schon immer gotische Architektur geliebt. Als ich Notre Dame oder Chartres bestaunte, Sah ich – und Erlebte mit all meinen Sinnen – das Echte. Manchmal machte ich die Erfahrung, den Ursprung eines Kunstwerks zu Sehen/zu Spüren. Ich hatte schon immer eine gewisse Affinität für El Greco gehabt. Als ich durch Spanien reiste, Sah ich, was ihn inspiriert hatte.

Kurz: Da, woher ich kam, war alles aus zweiter Hand, nachgemacht und unecht, und jetzt war ich zu den Quellen gekommen. Es war, als sei ich bisher in einer Art Disneyland eingesperrt gewesen und sei nun

---

* Ich benutzte dazu häufig die französische Ausgabe von Aquins *Summa theologiae*. Diese bestand aus einer Reihe von kleinen Paperbacks und war daher leicht zu tragen. Das hatte noch mehr Vorteile. Ich konnte auf meinen Reisen einige meiner Studien erledigen. Außerdem mußte jeder, der sah, was ich da wirklich mit mir herumtrug und las – manchmal las ich darin, wenn ich auf die Métro wartete oder auf der Straße –, entsetzt, eingeschüchtert oder einfach nicht mehr interessiert sein.

† Bezieht sich auf den Kinderreim „London Bridge is falling down".

plötzlich in die wirkliche Welt freigelassen worden. Ich war wie jemand, der nur Plastikbäume und Plastikblumen gekannt hatte und nun an einem Ort voll lebendigem Grün ausgesetzt worden war – einem Wald oder einem Dschungel. Unzählige Türen und Fenster in meinem Gehirn flogen auf, und ich trank in tiefen Zügen die frische belebende Luft. Ich war in einem Zustand sinnlicher Entbehrung erstickt, und das lag nun hinter mir.

Doch all dies kann nicht wirklich ausdrücken, was ich erlebte. Es ging darum, daß die Aura/die Auren Europas anders waren, sind; sie waren/sind Archaisch. Sie paßten zu meiner Seele. Dies war eine Welt voll strahlender Pracht. Sie war Strahlkräftig. Meine Reise nach und meine Reisen in Europa gehören entscheidend zu meiner Reise in den Hintergrund.*

Manchmal beobachtete ich, wie Gruppen amerikanischer Tourist-Innen aus ihren Reisebussen gescheucht und herumkommandiert wurden. Ich dachte, daß es für sie im Grunde genommen unmöglich sei, ein Ursprüngliches Abenteuer zu erleben. Mir taten sie leid, weil sie ihr ganzes Leben auf Ihre Europa-Reise gewartet hatten, die nun überhaupt nicht echt war. Wenn ich jetzt daran denke, erinnert mich das noch einmal daran, welches Glück ich hatte, Eltern zu haben, deren Einstellung es war, für den Tag zu leben statt für eine Vorder-grund-Zukunft zu sparen. Mir ist auch klar, daß diese Art von Metareisen mir möglich war, weil sie meine Abenteuerlust nicht unterdrückt hatten, und wie entscheidend diese Abenteuer für meine zukünftige Arbeit als Philosophin/Schriftstellerin waren.

Zu meiner ersten Reise nach England und Irland (1961) gehörte ein Anfall von Seekrankheit, als wir den Kanal überquerten. Ich hatte den Zug durch Frankreich nach Calais genommen und mußte bei rauher See nach Dover übersetzen. Die Gegend um Canterbury erschien mir mystisch/magisch. Ich fühlte mich in die Zeiten und Geschichten von Beowulf und Grendel zurückversetzt. Ich sah einen Ort, in dem Weber gelebt und gearbeitet hatten. Auch wenn ich damals noch nicht viel

---

* Das soll natürlich nicht heißen, daß Europa der Hintergrund ist. Ich bin mir der Unterdrückung der Frauen sowie der rassischen und klassenmäßigen Ausbeutung und der Zerstörung des Wilden dort und anderswo in der Welt nur zu gut bewußt. Doch in Europa waren und sind immer noch Erinnerungen im Land und in der Kultur eingebettet, die mir den Hintergrund zugänglicher machen. Diese Tiefen Erinnerungen an Archaische Realität sind nicht so ausgeblichen und heruntergekommen wie in Amerika. Es ist hier auch wichtig zu sehen, daß dies eine Beschreibung dessen ist, was Europa für mich auf meiner persönlichen Reise bedeutete und immer noch bedeutet. Da meine Wurzeln nicht die einer eingeborenen Amerikanerin sind, kann ich mich im nordamerikanischen Kontinent nicht verwurzelt fühlen. Es ist möglich, daß bei einer anderen Frau ihre Hintergrund-Erfahrungen gerade durch eine Reise nach Amerika oder nach Asien oder Afrika ausgelöst werden. Wichtig ist, daß solche Erfahrungen überhaupt ausgelöst werden.

über WeberInnen wußte, hatte ich das deutliche Gefühl, daß sie etwas Besonderes waren.

Ich nahm den Zug und das Nachtschiff nach Irland und machte den Fehler, eine Pritsche mit Wolldecke zu mieten, worauf ich zur wandelnden Flohkiste wurde. In diesem Zustand kam ich im Land meiner Vorfahren an. Natürlich regnete es. Ich wanderte voller Staunen durch die Straßen. Ich blieb vor einer offenbar leeren anglikanischen Kirche stehen und wurde umringt von rothaarigen Kindern, die mich um Pennies anbettelten. „Warum gehen Sie da hinein, Miss?" fragten sie mich. Gute Frage. Ich ging dennoch hinein und stellte fest, daß gerade ein Spätnachmittagsgottesdienst begann. Ich sah eine Prozession von Männern – ein oder zwei in Talaren, die anderen in Chorhemden. Irgendwo in einer Ecke sah ich einen, der in altmodischen schwarzen Reithosen herumtaperte. Es war eine Szene aus einem alten Alec Guinnes-Film, der nie gedreht wurde. Die Gemeinde bestand aus einer gut angezogenen Dame, und die Männer sangen die Vesper für sich selbst. Einige Minuten lang war ich fasziniert, dann ging ich, um den Kindern ihre Pennies zu geben. Ich glaube, ich war mir mit ihnen einig, daß dies ein schlechter, verwünschter Ort sei.

Als nächstes besuchte ich Trinity College, um die offenen Seiten des Book of Kells zu sehen. Am Abend ging ich in Jury's Hotel, um mich an der berühmten Gesang- und Tanz-Show zu erfreuen und wurde über meinem Irish Coffee angemessen sentimental. Ich übernachtete in einem Kloster, das Zeitungspapier als Klopapier hatte, und schwatzte mit den freundlichen Nonnen. Nach einem Trip nach Glendalaugh bestieg ich den Zug nach Westen. Der Ring of Kerry lag gespenstisch im Nebel. Überzeugt, daß ich in Rass Castle einem Familiengespenst begegnet war, rollte ich mich in einem Angstanfall in meinem Bett in dem B&B† zusammen, in dem ich die Nacht verbrachte. Dies war jedoch nicht meine tiefste Begegnung mit Irland. Der Augenblick sollte erst viele Jahre später kommen.* Der Tiefe Hintergrund Irlands verbarg noch sein Gesicht vor mir.

Mein Leben in der Schweiz – meinem Standquartier – war in sich bereits eine Ekstatische Reise. Die Straßen der *basse ville*, der Altstadt von Fribourg, versetzten mich ins Mittelalter. Das Geläut der melodischen Kuhglocken versetzte mich buchstäblich in Märchenzeiten. Die große Stadtuhr in Bern mit ihren Unmengen sich bewegender kleiner Leute und Tiere war ein Realität gewordener Kindheitstraum. Die

† *Bed and Breakfast* = Hotel garni.
* 1984 sprach ich in der Liberty Hall in Dublin, nachdem *Reine Lust* erschienen und *Gyn/Ökologie* in Irland ziemlich bekannt geworden war. Damals reiste ich nach Belfast und Cork und traf gute Freundinnen. doch das Große Abenteuer begann sich erst zu entfalten, als ich 1987 zurückkehrte und Irland wirklich entdeckte. Siehe Kapitel Dreizehn, Siebzehn, Achtzehn und Zwanzig.

Alpen, besonders das Gebiet der Jungfrau, waren für mich wirkliche Berge, unglaublich majestätisch. Sie glichen genausowenig den Catskills und den Adirondacks meines Heimatstaats New York, wie Chartres mit der Saint John's Church in Schenectady vergleichbar – oder auf diese reduzierbar – war.

Eine meiner Reiseschwestern war Dorothée Gysi, die ich in Paris kennenlernte und die zufällig aus Bern stammte, das nicht weit von Fribourg liegt. Mit Dorothée ging ich auf Abenteuerreisen in der Schweiz. Eine der denkwürdigsten waren Winter-Studienferien hoch in den Alpen in einem Chalet, das ihrer Familie gehörte. Um hinaufzukommen, nahmen wir den Zug nach Brig und eine angsteinflößende Drahtseilbahn – hoch über allem, was mit dem Zug erreichbar war. (Es war eine Drahtseilbahn, die neben dem Personentransport auch für den Holztransport benutzt wurde. Ein paar Jahre darauf hörte ich, daß mehrere Menschen getötet wurden, als sie schließlich zusammenbrach.) Die Reise mit diesem Fahrzeug führte so weit hinauf, daß man, um das Chalet zu erreichen, wieder eine kurze Strecke hinuntergehen mußte. Dieses letzte Stückchen der Reise konnte im Winter oder zu Beginn des Frühjahrs nur auf Skiern bewältigt werden. Als erfahrene Skiläuferin, die ich nicht war, gelang es mir weitgehend auf dem Hosenboden hinunterzukommen.

In dieser anregenden Zuflucht arbeitete ich an meiner Dissertation, während Dorothée ihren Studien nachging. Aus dieser Perspektive war es unmöglich, die Schweiz als ein kleines Spielzeugland, das auf Kuckucksuhren spezialisiert ist, zu sehen. Hier war es ein Reich voll majestätischer Kraft und Frieden. An dem „Problem der spekulativen Theologie" zu arbeiten, erschien in dieser ausgedünnten, doch absolut Elementalen Atmosphäre durchaus am Platz.

DIE GROSSE WIEDERVEREINIGUNG

In all dieser Zeit in Europa war ich eine freie Fremde, nicht eingesperrt durch die Entfremdung, „dazuzugehören". Ich fürchtete nur eines: in mein „Heimatland" mit seinem Smog der Unechtheit und geisttötenden Gleichheit zurückzukehren und nicht wieder entkommen zu können. Ich hatte Alpträume, ich würde besuchsweise zurückkehren und mir ein Bein brechen oder irgendeinen anderen Unfall haben, der mich davon abhalten würde, nach Europa und zu meinem freien Leben als Fremde-Länder-besuchende-Studierende zurückzukehren.

Doch ein Besuch stand ohnehin finanziell völlig außer Frage. Ich sah keine Möglichkeit, wie ich ein Flugticket zu irgendeinem Teil der Staaten hätte bezahlen können, schon gar nicht nach Kalifornien, wo meine Mutter lebte. Im Grund meines Herzens hoffte ich eine Möglichkeit zu finden, daß sie nach Fribourg kommen und dort leben könnte. Ich versuchte ständig eine solche Möglichkeit aufzutun.

Am Ende meines dritten Jahres in Fribourg (Sommer 1962) verdiente ich durch meine Lehrtätigkeit bei den Junior-Jahr-Auslandsprogrammen genug, daß ich – in Verbindung mit meinem Studentenaustausch-Stipendium und dem Darlehen von John Wright – es mir leisten konnte, eine Wohnung zu mieten und meiner Mutter ein Flugticket zu schicken.

Da das einzig erschwingliche Ticket von Icelandic Airlines war, die die Schweiz nicht anflog, sondern in Luxemburg landete, flog meine Mutter tapfer von Kalifornien in dieses kleine Land. Ich fuhr mit dem Zug dorthin, um sie vom Flughafen abzuholen. Auf dem Weg vom Bahnhof zum Flughafen passierte etwas Merkwürdiges. Ich sah, an der Straße geparkt, einen kastanienbraunen Pontiac. Es war ein altes Modell (Mitte der vierziger Jahre) mit dem üblichen silbernen Indianer auf der Motorhaube. Das Auto war genau der gleiche Pontiac, wie ihn mein Vater während der letzten Jahre, ehe er 1949 starb, besessen hatte. Dieser „Zufall" war überraschend.

Ich hatte während all meiner Reisen durch Europa nie ein kastanienbraunes Vierziger-Jahre-Pontiac-Modell gesehen. (Und seitdem auch nicht wieder.) Ich spürte wie eine klare Botschaft, daß mein Vater anwesend war und daß er etwas damit zu tun hatte, daß diese Wiedervereinigung möglich wurde.

Ich war sehr bewegt, als ich meine Mutter aus dem Flugzeug steigen sah. Wir hatten uns drei Jahre nicht gesehen, hatten uns nur mehrmals die Woche geschrieben. Ich sah, daß sie sehr viel älter geworden war. Wir blieben ein, zwei Tage in einem Hotel in Luxemburg und nahmen dann den Zug nach Fribourg und zogen in die erste der drei Wohungen ein, in denen wir dort leben sollten.

Im vierten Jahr in Fribourg (1962/63) unterrichtete ich in den Junior-Jahr-Auslandsprogrammen und belegte eine große Menge Vorlesungen und Seminare an der Philosophischen Fakultät, während ich an meiner theologischen Dissertation arbeitete. Die langen Ferien machten es möglich, ziemlich viel zu reisen.

Obgleich die Gesundheit meiner Mutter zu wünschen übrigließ, reisten wir voll Abenteuerlust zusammen, zuerst innerhalb der Schweiz und dann in andere Länder. Sonntags fuhren wir oft zum Essen nach Bern und sahen einen amerikanischen Film. Bern mit seinen lockenden Arkaden lag in einem anderen Kanton und schien eine andere Welt, obgleich es (damals) mit dem Schnellzug nur siebenundzwanzig Minuten von Fribourg entfernt war. Einer unserer beliebtesten Ausflüge führte nach Interlaken, von wo aus wir eine Rundfahrt in die Alpen der Jungfrauregion, nach Wengen und der Kleinen Scheidegg und dann zurück über Grindelwald unternahmen.

Wir staunten oft über unser gemeinsames Leben und Reisen in Europa. Sie sagte dann: „Sie [die Leute zu Hause] werden sich fragen, woher all das Geld kommt, wenn sie unsere Postkarten bekommen. Sie denken sicher, wir sind heimlich reich!" In Wirklichkeit lebten wir von meinem sehr bescheidenen Einkommen aus dem Unterrricht, den ich gab, von der lächerlichen Rente, die meine Mutter von der Sozialversicherung bekam (achtunddreißig Dollar im Monat), und – in den ersten Jahren ihres Besuchs – von meinem kleinen zusätzlichen Einkommen aus dem Schweizer Studentenaustausch-Stipendium und dem neuerlichen Darlehen.

Nachdem wir beide dort drüben und in einer Wohnung untergebracht waren, waren die Ausgaben minimal. Dennoch schien es wie ein Wunder.

Wir hatten eine Neue Kommunikationsebene gefunden. In meiner langen und turbulenten Pubertät und als junge Erwachsene war das nicht möglich gewesen. Jetzt war ich vierunddreißig und konnte mir unsere frühere Verbundenheit ins Gedächtnis rufen, die glücklichen Zeiten meiner Kindheit und meine unschätzbare Dankbarkeit ihr gegenüber sowie meine Bewunderung für viele ihrer Qualitäten, besonders ihre Sensibilität und ihren einmaligen, tief anrührenden Sinn für Humor. All dies war noch voll da. Als sie eines Tages in Fribourg vom Friseur nach Hause kam, kommentierte sie ihre herabgeminderte Gehfähigkeit einfach mit dem Zitat aus einem Kinderreim. „Hippity hop to the barber shop, to buy a stick of candy."† Dies war ganz und gar Anna, der es nicht lag, zu jammern und zu klagen.

Sie vergab alles. Auch wenn ich verrückt genug war, einen akademischen Grad nach dem anderen zu ergattern, sah sie, daß ich als beliebte Lehrerin anerkannt und daß ich glücklich war, also war sie beruhigt. Zwischen uns war eine Harmonie des Verstehens, die leuchtende Erinnerungen zurückbrachte. All dies wurde noch intensiviert durch die Schönheit unserer Umgebung und das Gefühl der Wiedervereinigung und des gemeinsamen Abenteuers. Verstärkt wurde es auch durch das uns indirekt bewußte Wissen, daß das Leben kurz ist und diese Zeit ein besonderes Geschenk war. Meine Mutter war meine *Boon Companion*.* Ihre Anwesenheit in Fribourg war der Glücksfall einer Weggenossin.

---

† Hopplahopp zum Barbier-Shop (Friseurladen), um eine Zuckerstange zu kaufen.
* *Boon Companion* wird im *Wickedary* definiert als „eine intime Freundin; eine, die zur Gezeiten-Zeit erscheint; Glücksfall einer Weggenossin". AdÜ.: Im englisch-deutschen Langenscheidt im patriarchalen Sinn mit „lustiger Kumpan oder Zechbruder" (sic!) übersetzt.

MEIN DOKTORAT IN HEILIGER THEOLOGIE:
EIN ERSTAUNLICHES PHÄNOMEN

Am Ende meines vierten Jahres in Fribourg (Sommer 1963) hatte ich meine Dissertation für das Doktorat in Heiliger Theologie abgeschlossen und meine letzten Prüfungen *summa cum laude* bestanden. Das ganze Phänomen meines Erwerbs dieses Titels ist, aus meiner Jetzigen Perspektive, erstaunlich, aber begreifbar. Wie ich bereits sagte, ist es nur im Kontext meiner Suche in jener Zeit zu verstehen; die „Zweite Welle" des Feminismus war noch nicht durchgebrochen.

Einer der verblüffenden Aspekte dieser Leistung war die Dissertation selbst, Thema: „Das Problem der spekulativen Theologie". Wenn ich mir dieses Dokument – das ich jahrelang sorgfältig vor mir versteckt habe – zum Gegenwärtigen Zeitpunkt ansehe, bin ich Jetzt verblüfft zu Sehen, was wirklich passiert war.

Im Frühjahr 1988 nahm ich das Manuskript mit einiger Beklommenheit aus dem Regal, blies den Staub herunter und begann den Inhalt daraufhin zu prüfen, ob er möglicherweise einige Vorstadien zu der Strahlkräftigen Reise enthielt. Leicht geschmerzt sah ich, daß die Autorin Mary *F.* Daly hieß. Nun, was sollte es. Dann begann ich zu lesen. Ich fand in dieser Arbeit ein bis zum Äußersten vorangetriebenes Leidenschaftliches Plädoyer für das Leben des Geistes und besonders für Wissen um des Wissens willen.

Meine Dissertation war eine heftige und ausgeklügelte Argumentation gegen gewisse Augustinianer, die behaupteten, daß Theologie in erster Linie praktisch sei, und sie verfocht die Thomistische Position, daß es sich in erster Linie um spekulative Weisheit handele – das heißt, um Wissen um seiner selbst willen. So kann es auf der Vordergrundebene beschrieben werden. Wenn ich es Jetzt lese, kann ich deutlich erkennen, was ich eigentlich zu sagen versuchte. Bei meiner Untersuchung Thomistischer Texte hatte ich Passagen gefunden, die aussagten, theologisches Wissen hätte „eine Dynamik, über sich hinauszuwachsen", eine Tendenz, „sich selbst zu überholen", das heißt, ein Wissen zu erreichen, das jenseits der Vernunft liegt, dieses jedoch notwendigerweise auf rationalem Wege. Ich argumentierte, daß Theologie über den blinden Glauben hinausgeht, indem sie Verstehen sucht; daß sie „zu einer gewissen Teilnahme an der Vision Gottes neigt". Um es einfach auszudrücken: Ich kämpfte für intellektuelle Autonomie.

Natürlich war das in einer Sprache geschrieben, die ich Jetzt nicht benutzen würde, doch war die Dissertation ein elegantes Argument für die Möglichkeit rationalen Wissens, das über die bloßen Erscheinungen zum Kern der Realität vordringt. Wenn ich versuchen sollte, den intellektuellen Prozeß, den ich in dieser Dissertation ablaufen sehe, zu erklären, würde ich sagen, ich schrieb und dachte in einer Sprache, mit der ich nicht ausdrücken konnte, was ich zu sagen versuchte. Ich entdeckte, wie so etwas wie Metawissen durch meine Argumentation läuft. Die Art, wie ich damals vorging, könnte wohl als „auf unterschwellige Weise" bezeichnet werden. Das heißt, ich schrieb in einem Code, ohne mir dessen bewußt zu sein. Viel später, als ich *Jenseits von Gottvater, Gyn/Ökologie, Reine Lust* und das *Wickedary* schrieb, kam mir diese Erfahrung, unterschwellig denken zu müssen, sehr zustatten. Sensibilisiert für die vielschichtige Natur des Diskurses, konnte ich nun den Prozeß umdrehen und patriarchale Theologie und philosophische Texte dechiffrieren und damit ihre verborgenen Botschaften freilegen.

Zum Erlangen des Doktorats in Heiliger Theologie gehörten viele erstaunliche Ereignisse. Eines der verblüffendsten stand in Zusammenhang mit der Forderung der Universität, daß alle Doktoranden in Theologie nach den Abschlußprüfungen den „Antimodernisten-Eid" ablegen mußten. Dazu gehörte, daß man vor dem weißbekutteten dominikanischen Dekan der Theologischen Fakultät knien und die Hände auf die Bibel legen mußte, die auf seinem Schoß lag.

Da zum Modernismus viele Ideen gehörten, mit denen ich mich in völliger Übereinstimmung befand, zum Beispiel ohne sich auf „Autoritäten" zu stützen der eigenen Inspiration vertrauen, sah ich für mich keine Möglichkeit, auf diese Weise meineidig zu werden.[6] Legte der Kandidat diesen Eid jedoch nicht ab, würde der Doktorgrad nicht verliehen. Ich hatte diese Krise nicht vorausgesehen, weil der „Antimodernisten-Eid" für die vorangegangenen Grade (Baccalaureat und Lizentiat) in der Gruppe abgelegt wurde. Wir standen da, während ein Student den Text in Latein herunterratterte. Für diese Rolle wurde stets ein spanischer Seminarist ausgewählt, weil die Spanier im Herunterrattern von Latein einsame Spitze waren. Da ich bei jenen Gelegenheiten selbst nichts *sagen* mußte, hatte ich mich nicht meineidig gefühlt.

Die Doktoranden-Situation war eine andere. Ich hätte das abscheuliche Zeug allein sprechen müssen, und das konnte ich guten Gewissens nicht tun. Ich fragte mich, ob ich, nach all den jahrelangen Mühen, das Doktorat nun doch nicht bekommen würde. In letzter Minute, ohne eine Ahnung zu haben, was sie taten, retteten mich die ehrwürdigen Mitglieder der Theologischen Fakultät. Da ich die erste Frau war, die je diesen Grad erworben hatte, standen sie vor einer einmaligen Situation. Sie beschlossen, daß sie nicht wollten, daß einer Frau gestattet sein sollte, den „Antimodernisten-Eid" abzulegen, denn damit wäre sie berechtigt gewesen, an einer Pontifikalen Theologischen Fakultät zu lehren (beispielsweise an der Catholic University of America). Ich hätte dem Professor, der diese ernste Entscheidung hochtrabend verkündete, vor Erleichterung fast ins Gesicht gelacht. Wie immer hatte ich viel Glück gehabt.

PHILOSOPHISCHE SCHLÜSSE UND BEGINN DES BE-SPRECHENS: *THE CHURCH AND THE SECOND SEX* SCHREIBEN

Der Sommer 1963 war eine entscheidende Zeit. Nachdem ich im Juni meinen Doktor in Theologie gemacht hatte, mein sechster akademischer Titel, war ich nicht geneigt, meine Laufbahn des Titelansammelns aufzugeben. Ich liebte Fribourg und hatte dort immer noch meine drei Lehraufträge. Ich war süchtig danach, auf meinem Mofa herumzusausen und die Ferien in anderen Ländern zu verbringen. Außerdem hatte die Universität Fribourg eine ausgezeichnete Philosophische Fakultät. So kam ich zu dem Schluß, daß nun der Weg frei sei, das, was ich seit der High School angestrebt hatte, in die Tat umzusetzen. Jetzt konnte ich mich offiziell an der Philosophischen Fakultät einschreiben und dort meine Doktorarbeit schreiben.

Ich hatte bereits in den akademischen Jahren 1961/62 und 1962/63, während ich meine theologische Dissertation schrieb, philosophische Vorlesungen belegt.* Alles, was noch zu tun blieb, waren ein paar Seminare und das Schreiben der Dissertation. Aufgrund meiner bisherigen wissenschaftlichen Arbeit in Fribourg hatte ich keinerlei Schwierigkeiten, den vollen Doktoranden-Status in Philosophie zu erlangen.

Daß meine FreundInnen mich entsetzt anschauten und ausriefen: „Mary, nicht *noch* einen Doktor!", bestärkte mich nur noch in meiner Absicht. So begann ich, was als meine Laufbahn als der Welt ältestes Wunderkind erscheinen mochte. „Hört sie denn niemals auf?" stöhnten sie. „Nicht, solange ich es mir leisten kann", dachte ich. „Es wird von Grad zu Grad einfacher", sagte ich.

In den akademischen Jahren 1963/64 und 1964/65 lebte ich weiter glücklich mit meiner Mutter zusammen, gab Kurse in Philosophie und nahm an philosophischen Vorlesungen und Seminaren teil. Ich arbeitete konzentriert an meiner Doktorarbeit. Außerdem reiste ich.

VERBLÜFFENDE ABENTEUER

Die eindrucksvollste und abenteuerlichste Reise mit meiner Mutter war die nach Griechenland. Das war im Frühjahr, vermutlich 1964. Wir fuhren die ganze Strecke mit dem Zug, zweiter Klasse. Das heißt, wir fuhren quer durch die Schweiz und Norditalien, dann durch Jugosla-

---

* Siehe Kapitel Drei.

wien und weiter durch Griechenland nach Athen. Der Zug war voll, und diese lange Reise verlangte einige Durchhaltekraft. Ich erinnere mich, wie erleichtert ich bei unserer Einreise nach Griechenland war, als einige Jungen Shishkebab durch die Abteilfenster verkauften.

In Athen brachten uns glückliche Umstände in ein einfaches, doch sauberes und schönes Hotelzimmer mit einem wundervollen Ausblick auf die Akropolis. Meine Mutter genoß dieses helle Zimmer. Wir besuchten den Hafen von Athen, den Piräus. Ich erinnere mich, daß ich etwas aß, das ich für ein köstliches Fischgericht hielt, und dann erfuhr, daß es sich um kleine Tintenfische handelte, die mit Steinen zerquetscht worden waren. Ich spülte den Rest meines Essens mit Ouzo herunter und versuchte nicht mehr daran zu denken.

Wir unternahmen diverse Ausflüge, und ich erinnere mich, daß wir Korinth sahen und Delphi und den Tempel des Poseidon an der Küste im Sonnenuntergang. Die Farben des Meeres und des Himmels waren so leuchtend, daß sie – zumindest für Menschen, die aus weniger farbenfrohen Gegenden kamen – fast „künstlich" erschienen. Wir fuhren auch mit dem Boot auf eine wunderschöne kleine Insel (Delos), die mit leuchtenden Blumen bedeckt war.

Das erstaunlichste Ereignis war unser Besuch auf Kreta. Wir fuhren mit dem Schiff hinüber, und es war rauhe See. Alle waren seekrank. Kreta war anders als alles, was ich bisher gesehen hatte. Wir reisten mit den örtlichen Bussen ins Land hinein. Ich war verblüfft, daß unsere Mitreisenden sich ständig bekreuzigten (rückwärts, aus meiner römisch-katholischen Perspektive). Ich sah nicht, daß wir an vielen Kirchen oder Altären vorüberfuhren, und fand daher den Grund für diese Bekreuzigungen nicht heraus. Ich dachte schließlich, daß vielleicht die Löcher in der Straße derart offensichtlich verzweifelte Äußerungen von Frömmigkeit hervorriefen. Ich stellte fest, daß die Frauen sich etwa zweimal so oft bekreuzigten wie die Männer. Der Busfahrer bekreuzigte sich sehr, sehr oft.*

Auf dieser Busreise gab es ein paar kleine unerklärliche Ereignisse. So hielt beispielsweise der Bus mitten im Niemandsland an, meilenweit war kein Haus und kein Dorf in Sicht, und ließ einen Mitreisenden aussteigen, als sei dies ein ganz normaler Haltepunkt. Ich starrte aus dem Fenster, um zu sehen, ob er in einer Höhle oder einem Erdloch verschwinden würde, doch der Bus ratterte weiter. An einer anderen Haltestelle stieg eine Frau mit einem Korb ein, dessen Inhalt mit einem Tuch bedeckt war, und obendrauf saß ein Huhn. Ich weiß nicht, warum dies so merkwürdig erschien – nicht ärgerlich – nur

---

* Auf dem Armaturenbrett war ein Altar mit mehreren brennenden Votivkerzen vor der Statue eines (für mich) nicht erkennbaren Heiligen. Ich dachte, daß dies allein genügte, um alle im Bus äußerst nervös zu machen.

interessant und merkwürdig. Wenigstens bekreuzigte sich das Huhn nicht.

Natürlich besuchten wir den Palast von Knossos. Seine vorpatriarchale Bedeutung war mir nicht bewußt. Solche Einsichten wurden mir erst Jahre später zugänglich.* Doch irgend etwas Mächtiges muß mich dazu gebracht haben, Kreta zu besuchen. Genau wie bei meinem ersten Besuch in Irland scheint mir diese Reise im Rückblick wie ein erster vorbereitender Treffpunkt mit etwas, das zu mächtig war, um sofort und auf einmal Ent-deckt zu werden. Und diese Reise fand natürlich in den frühen sechziger Jahren statt, ehe ich wußte, wonach ich suchen mußte.

Unsere Rückreise mit dem Zug von Griechenland in die Schweiz war voller unerwarteter Überraschungen. Als wir Jugoslawien durchquert hatten, hielt der Zug plötzlich in einer Stadt direkt vor der italienischen Grenze. Alle wurden aufgefordert, den Zug zu verlassen. Meine Mutter war eingeschlafen, als dies passierte, und ich hatte mich gerade durch die Menge der Reisenden zum WC vorgekämpft. Auf jeden Fall konnten wir beide keinerlei Erklärung für diesen harschen Rausschmiß bekommen. Ich versuchte es in englisch, deutsch und französisch.

Schließlich fanden wir heraus, daß in Italien die Eisenbahner streikten und der Zug deshalb nicht weiterfahren konnte. Wir mußten uns um ein Quartier für die Nacht – oder für unbestimmte Zeit – kümmern. Ich schaute in mein Portemonnaie, um zu sehen, wieviel Geld wir noch hatten, und stellte zu meinem Entsetzen fest, daß all mein Geld gestohlen worden war. Ich erinnerte mich an einen besonders verdächtig aussehenden Typen mit liebenswürdigem Lächeln, der mir direkt gegenüber gesessen und all meine Bewegungen verfolgt hatte. Jetzt war er nirgendwo zu sehen. Ich nahm an, daß er mein Geld genommen haben mußte, als ich meinen Platz verlassen hatte und meine Mutter schlief.

Es war in dem Augenblick unwichtig, wer das Geld genommen hatte. Tatsache war, es war weg, und wir mußten etwas unternehmen. Es war spät am Nachmittag, und wir gingen zum örtlichen Reisebüro. Ich erklärte der jungen Frau, die dort arbeitete, unsere mißliche Lage und fragte, wann wir wohl einen Zug zurück nach Fribourg bekommen könnten. Dieses ganze Gespräch mußte in unzulänglichem Deutsch stattfinden, da dies unsere einzige gemeinsame Sprache war.

Die junge Frau lud meine Mutter und mich zu sich nach Hause ein. Wir wurden zum Essen gebeten, und dieses Treffen war sehr bewe-

---

* Bei meinem nächsten Besuch im Jahr 1976 verstand ich die archaische Bedeutung Kretas wirklich, und diese Reise hatte großen Einfluß auf mein Buch *Gyn/Ökology*, siehe Kapitel Zwölf.

gend. Die Großmutter der Frau und meine Mutter verständigten sich ohne Worte und mochten sich sofort. Meine Mutter sagte mir, daß die alte Jugoslawin sie an ihre eigene Großmutter erinnerte. Als ich nachfragte, sagte meine Mutter: „Es liegt daran, wie sie die Dinge macht. Schau, wie sie das Geschirr abwäscht." Ich sah, daß sie keine Seife benutzte, sondern die Teller gründlich in heißem Wasser spülte und dazu nur ihre Hände benutzte. Offenbar hatte es meine Urgroßmutter genauso gemacht. Auch die Katze erinnerte meine Mutter an die Katze ihrer Großmutter. Die Freundlichkeit dieser Frauen war sehr anrührend.

Ich konnte diese Leute nicht bitten, mir Geld zu leihen, und wir würden welches zum Essen und für den Schweizer Zug von Zürich nach Fribourg brauchen. Also beschloß ich, zum Gemeindepfarrer zu gehen und ihn um ein Darlehen im Gegenwert von vierzig Dollar – oder Schweizer Franken, ich weiß nicht mehr, welches von beidem – zu bitten. Der Mann schaute verschreckt und war sich vermutlich sicher, daß er sein Geld nie wiedersehen würde, doch er lieh es mir. Mir wurde klar, daß er im Zustand ständiger Furcht gelebt haben mußte, denn ich sah, wie Leute verstohlene Besuche in der Kirche machten, sich bekreuzigten, sichernd umherschauten und wieder davoneilten. Das waren eindeutig fromme Leute, die in diesem kommunistischen Land Angst hatten, auch nur in der Nähe der Kirche gesehen zu werden.

Am nächsten Tag fuhr der Zug weiter, und wir kamen sicher in Fribourg an. Ich schickte dem Priester eine internationale Geldanweisung, doch ich habe nie erfahren können, ob er das Geld wirklich erhalten hat. Meine Mutter und ich sprachen oft über diese ereignisreiche Reise.

MEINE DOKTORARBEIT IN PHILOSOPHIE:
PARADOXE

Ich machte mich wieder an meine Doktorarbeit in Philosophie, die den Titel hatte *Natural Knowledge of God in the Philosophy of Jacques Maritain* (Das natürliche Wissen von Gott in der Philosophie Jacques Maritains). Sie sollte im Frühjahr 1965 fertig sein, Zeit genug, um die Abschlußexamen für das Doktorat im Juli jenes Jahres abzulegen.

Als ich während des Schreibens von *Auswärts reisen* diesen Band aus dem Regal nahm und ihn seit vielen Jahren zum ersten Mal wieder ansah, machte ich eine ähnliche Erfahrung wie bei meiner erneuten Bekanntschaft mit meiner theologischen Dissertation. Die Philosophie-Arbeit war auch von einer „Mary F. Daly" geschrieben, einer begeisterten Thomistin, die – nach den akademischen Regeln jener Zeit – von sich selbst als „wir" sprach. Nachdem ich durch das Studium ihrer ersten Dissertation bereits mit ihrem Stil vertraut war, konnte ich mich gleich in den Inhalt stürzen.

Es hat mich kaum überrascht, daß auch diese Arbeit eine leidenschaftliche Abhandlung über das geistige Leben ist. Sie ist, genau wie die theologische Dissertation, extrem theoretisch. Natürlich geht es um einen anderen Inhalt; ich mußte dafür sehr genau das umfangreiche Werk von Maritain in Französisch lesen. Doch das alte Thema, nämlich Wissen, in dem die Dynamik liegt, sich selbst zu überschreiten, zieht sich wie ein Kehrreim auch durch diese Arbeit. Hier geht es vor allem um die „Intuition des Seins", für mich ein Thema von größtem Interesse. Ich rang mit Maritain immer dann, wenn ich glaubte, er sei in Gefahr, in eine Art „weichen" Intuitionismus abzusinken. Obgleich ich mit ihm übereinstimmte, daß es „diese Intuition ist, die den metaphysischen Habitus bewirkt, in Gang setzt", befürchtete ich, daß seine Denkweise ihn zu der bequemen Annahme führen könnte, daß „diese quasi-mystische Intuition die Rolle eines Ersatzes für die *Arbeit* der Philosophie spielen könnte".

Es ging mir darum, daß, obgleich ich diese Intuition schätzte und keinen Sinn darin sehen konnte, ohne sie zu philosophieren, ja vielleicht sogar zu leben, ich mich zugleich ganz klar auf die Seite intellektueller Exaktheit/Schärfe stellte. Es war für mich von äußerster Wichtigkeit, darauf zu bestehen, *alles* zu haben – einerseits Intuition, andererseits die in Intuition wurzelnde Anstrengung logischen Folgerns. Ich liebte beide Formen der Erkenntnis, die ich als sich gegenseitig bedingend begriff. Ich war es müde, daß Intuition herabgesetzt und lächerlich gemacht und als aufs erbärmlichste reduzierte „Fähigkeit" den Frauen zugeschoben wurde – was natürlich implizierte, daß „Vernunft" als Vorrecht der Männer reserviert war – und ich versuchte dieses Spiel, das die Akademiker seit Jahrhunderten spielen, zu Be-Nennen. Das war in der Tat eine der größten von den Herren angerichteten Geistes-Verwirrungen der Jahrtausende.

Mir wird Jetzt klar, welch äußerst wichtige Rolle meine Arbeit an dieser Dissertation sowie auch meine theologische Arbeit dabei spielten, mich darauf vorzubereiten, meine Bücher zu schreiben, obgleich ich zu jener Zeit natürlich keine Ahnung hatte, daß diese einmal entstehen würden. Mit meiner Arbeit an dieser Dissertation stärkte ich meine Fähigkeit, zum Kern eines Problems vorzudringen, logische Verknüpfungen herzustellen, meinen eigenen Intuitionen zu vertrauen, während ich ihre Implikationen peinlich genau darlegte, und meine Argumentation auf eine Weise auszudrücken, die in sich Klarheit enthält – was etwas ganz anderes ist, als eine gute „Debattiererin" zu sein, die nur argumentiert, um Punkte zu sammeln, aber nicht die Wahrheit sucht. Später, als Radikale Feministische Philosophin, sollte ich auf diese Fähigkeiten und die Sicherheit, die sie mit sich brachten, zurückgreifen. Ich hatte sie besonders nötig, weil meine Kreativität – Erkenntnis, die über sich hinausreicht –, aufs äußerste zielgerichtet sein muß.* Um dies alles stark vereinfacht auszudrücken: Ich mußte die Regeln besonders gut lernen, um sie dann mit Präzision brechen zu können.

So wurde meine Schulung als Thomistische Theologin und Philosophin zu meiner Labrys, mit der ich durch die von Männern hergestellten Täuschungen zum Kern von Problemen vordringen und die betrügerischen tödlichen Mittel Ent-larven konnte, die Akademiker, Medienmänner und kulturelle Kontrolleure des Patriarchats verwenden – Mittel wie Auslöschung und Umkehrung. Je größer die Herausforderungen wurden, desto Wilder wurde meine Arbeit, und ich griff weiterhin auf jene Schulung in Präzision zurück. Ein entscheidendes Ziel meiner Aufgabe war, eine Philosophie zu entwickeln, die sowohl das wagemutige freie Spiel der Intuition als auch die Strenge rationaler Analyse enthält.

Vielleicht erscheint es paradox, daß ich mich in die Schule der mittelalterlichen Meister und ihrer Schüler begab und später dann zu dem Punkt vordrang, an dem ich die Notwendigkeit erkannte, alle Arten patriarchaler Meister zu stürzen. Ich empfinde dies jedoch nicht als unvereinbar mit der Richtung meiner Strahlkräftigen Reise. Diese Suche/Reise war in sich konsequent, was bedeutete, daß ich ständig Hindernisse durchbrechen, Geistbandagen abreißen, Umkehrungen wieder umkehren und Ent-hüllen mußte, was entstellt und ausgelöscht und begraben worden war – mit anderen Worten: als *Crafty* Piratin arbeiten.* Und da ich eine frauen-identifizierte Philosophin in einer patriarchalen Welt bin, ergibt es durchaus einen Sinn, daß es sich in dieser Weise entwickelt hat, nämlich als *Outercourse*.

Ein weiteres Paradox ist die Tatsache, daß jene Studienjahre, die ihren Kulminationspunkt in meiner philosophischen Dissertation hatten, mein Verständnis und meinen Respekt für intuitive Kräfte stärkten, einschließlich derer, die sogenannte „einfache" oder „ungebildete" Frauen entwickeln. Ich war nun besser ausgerüstet zu analysieren, wie

---

* Da die verkrüppelnden Einrichtungen phallischer Zerstückelung und Verstümmelung alles darangesetzt haben – besonders seit Mitte der achtziger Jahre –, die Erkenntnisse des Feminismus zu unterminieren, wird die Wichtigkeit einer Wütenden Zielgerichtetheit evident. So können wir zum Beispiel die Notwendigkeit erkennen, eine Auflösung in Anti-Intellektualismus ebenso zu vermeiden wie, scheinbar am gegensätzlichen Ende, knochentrockene elitäre/sterile akademische Studien und Diskussionen (manchmal unter dem Deckmantel von „Frauenstudien" oder Studien zur „Geschlechterdifferenz"), die die Zeiger der Uhr zurückdrehen und ausgelutschte alte „Probleme" endlos wiederholen, die bereits vor über zwei Dekaden intelligent diskutiert und ad acta gelegt wurden.

* Zur weiteren Erörterung von Piraterie siehe Vorwort zur Zweiten Spiral-Galaxie.

patriarchale „Bildung" derartige Kräfte abstumpfen und verkümmern lassen kann. Die Richtung, in die mich meine Studien bewegten, führte weg von akademischem Elitizismus und hin zur Erkenntnis unseres gemeinsamen Wissens.

Diese paradoxe Erkenntnis wurde dadurch bestärkt, daß ich allmählich erkannte, daß einige meiner Professoren weit weniger bewunderungswürdig waren als die Lehren, die sie verkündeten. Ein herausragendes Beispiel: Ein angesehener Professor für Neues Testament, der sich auf den Gedanken der „Nächstenliebe" (Agape) in den Paulus-Briefen spezialisiert hatte, nahm es auf sich zu versuchen, meine Möglichkeiten, in den Junior-Jahr-Austauschprogrammen zu unterrichten, zu torpedieren. Das hätte für mich den wirtschaftlichen Ruin bedeutet sowie das Ende der Hoffnung, meine Studien fortzusetzen, und schließlich hätte es meinen Ruf zerstört. Dieser viel bewunderte Priester ging zur Direktorin eines dieser Austauschprogramme und verkündete ihr, daß ich eine unmoralische Person sei und man mir den Lehrauftrag entziehen solle. Da ich, selbst nach seinen Grundsätzen, in keine „unmoralischen" Aktivitäten verstrickt war, war dieser Zwischenfall bizarr.

Glücklicherweise lachte die Direktorin den heiligen Gelehrten höflich aus ihrem Büro. Als sie mir später davon erzählte, empfand ich einen eigentümlichen Horror angesichts der fiesen Gemeinheit dieses Priesters. Diese Erfahrung half mir, mich auf Variationen desselben Themas priesterlicher Nächstenliebe, die sich später ereignen sollten, vorzubereiten. Zu jener Zeit sah ich es als groteskes Verhalten eines Individuums und verspürte sogar einige „Schuld"gefühle und versuchte mir zu erklären, was ich denn so Schlimmes getan haben könnte, um dieses heimtückische strafende Verhalten hervorzurufen. Später sollte ich es als Manifestation des ganz alltäglichen, banalen, institutionalisierten Bösen, speziell der Misogynie, erkennen. Ich sollte mir auch die erhabene Ideologie christlicher Tugend näher ansehen, die derartigen Frauenhaß legitimiert.

Doch war die Haltung der dominikanischen Professoren nicht einhellig oder durchgängig von Misogynie geprägt. Einige Mitglieder der Theologischen wie auch der Philosophischen Fakultät versuchten wirklich hilfreich zu sein. Mein Doktorvater in Philosophie – M.-D. Phillippe, O.P. – war ein echter Gelehrter und ein integrer Mensch, der meine Arbeit respektierte. Ich habe keinen Grund anzunehmen, daß ihn meine feministischen Bücher erfreuen könnten, doch würde ich von ihm eine differenziertere Reaktion erwarten als die absehbare arrogante Feindseligkeit vieler anderer. Auf jeden Fall war er zu jener Zeit ein guter Doktorvater und ein brillanter Lehrer.

In jener Zeit der Arbeit an meiner Dissertation begann Das Folgen-schwere Ereignis. Im Dezember 1963 erschien im Magazin *Commonweal* ein Artikel „Frauen und die Kirche" von Rosemary Laurer, Philosophie-Professorin an der St. John's University in New York, in dem sie sich für die Gleichberechtigung von Frauen in der katholischen Kirche einsetzte. Dieser Artikel hatte eine magische Wirkung. Er weckte in mir die Kraft, mit der Sprache herauszukommen und die Unterdrückung der Frauen zu Be-Nennen. Das heißt, er weckte meine schlafenden Kräfte des Be-Sprechens.

Als Reaktion auf diesen Artikel schrieb ich einen Brief an *Commonweal*, in dem ich sagte, daß ich mich meines Schweigens schämte – mich schämte, daß ich nicht selbst einen solchen Artikel geschrieben hatte. Nachdem ich verkündet hatte, daß es eine Flut derartiger Essays und wissenschaftlicher Bücher, die die Geschichte des Problems von Frauen und Kirche untersuchten, geben müsse, schrieb ich:

> Soviel weiß ich: Die Anfänge dieser Artikel und dieser Bücher (wie notwendig brauchen wir besonders diese Bücher!) sind bereits in den Köpfen und auf den Lippen vieler von uns. Und – dies ist eine Prophezeiung sowie ein Versprechen – sie werden kommen.[1]

Dies war vor der „Zweiten Welle" des Feminismus, und ich bezog mich auf zukünftige Bücher von mir und anderen Frauen. Diese Worte kamen aus meiner Schreibmaschine, ehe ich überhaupt sicher war, daß ich so etwas im Kopf hatte, ehe die Worte direkt vor mir standen.

Ohne bewußt wahrzunehmen, was passierte, war ich in die wir-belnde Bewegung der Augenblicke des *Be-Sprechens* gesprungen, das heißt:

> 1: Voraussagen, wahrsagen, Sagen, was sein wird, 2: eine psychi-sche und/oder materielle Veränderung durch Worte bewirken. (*Wickedary*)

Die Schwungkraft dieses Ur-Augenblicks von Be-Sprechen trieb mich an, meine ersten Feministischen Artikel zu schreiben. Einer davon wurde von der Schweizer Feministin Getrud Heinzelmann in ihre Anthologie „Wir schweigen nicht länger!" aufgenommen, Aussagen von Frauen, gerichtet an die „Väter" des Zweiten Vatikanischen Konzils.[2] Ein anderer mit dem Titel „Ein eingebautes Vorurteil" erschien im Januar 1965 in *Commonweal*.[3] Dieser Artikel war von großer Tragwei-te.

Im Frühjahr 1965, als ich an meiner Dissertation arbeitete und noch eine weitere Gruppe amerikanischer AustauschstudentInnen unter-richtete, zeigte – ohne daß ich etwas davon wußte – mein *Commonweal-*

Artikel seine Wirkungen. Ein Verlagsberater, der für einen Londoner Verlag (Geoffrey Chapman, Ltd.) arbeitete, hatte den Artikel gelesen und versuchte mich zu finden. Wie ich im autobiographischen Vorwort zur 1975er Ausgabe von *The Church and The Second Sex* schrieb:

> Einige Wochen später fand der Brief eines Londoner Verlegers seinen Weg zu mir nach Fribourg, nachdem er zunächst an verschiedene falsche Adressen gegangen war. Er forderte mich auf, ein Buch über Frauen und die Kirche zu schreiben, in dem ich meine in dem *Commonweal*-Artikel niedergelegten Gedanken weiter entwickeln sollte... Der Brief war wie ein Ruf, und ich wußte ganz klar, daß nun die Zeit für das erste Erscheinen von *The Church and the Second Sex* gekommen war.[4]

Wenn ich auf diesen Augenblick zurückschaue, verblüfft mich erneut die Tatsache, daß es ein Akt des Be-Sprechens einer anderen Frau war, der die Kette der Ereignisse in Bewegung gesetzt hatte, die es schließlich möglich machten, daß ich meine eigenen Be-Sprechenden Kräfte realisierte. Die Gynergie, die durch ihren Mutigen Akt freigesetzt wurde, öffnete mein (Drittes) Auge/öffnete mich.[†] Ich riß die Binde, die meine Augen bedeckt hatte, ab und den Knebel, der meinen Mund verschlossen hatte, heraus und konnte nun „das Geheimnis des Menschen/Mannes" Sehen und Be-Nennen.

Augenblicke haben es an sich, daß einer zum nächsten führt. Das liegt daran, daß er Folgen in der Welt zeitigt und daher eine Frau dazu Bewegt, weitere Sprünge zu tun. Mein Akt, meine Gedanken „laut herauszuschreiben", hatte Folgen. So war der von dem englischen Verleger ausgehende „Ruf", ein Buch zu schreiben, für mich wie ein Gebot direkt aus dem Kosmos – ein unerbittliches Gebot. Der Brief erreichte mich schließlich, nachdem der Große Wind, der mich so weit gebrachte hatte, ihn durch all die falschen Adressen geblasen hatte. Das Phänomen war sehr Merkwürdig und zugleich sehr vertraut. So wußte ich, als der Brief mich erreichte, was ich zu tun hatte. Natürlich war der Ruf zweiseitig gewesen. Dadurch, daß ich den Artikel „Ein eingebautes Vorurteil" geschrieben hatte, hatte ich ihn hervorgerufen. Auf einer tieferen Ebene war hinter all dem immer noch der Ruf der Kleeblüte, der mich nach Fribourg gelockt hatte und mich zu weiterem Be-Sprechen verlockte.

Es folgte eine beschleunigte Spirale von Augenblicken. Im Mai 1965 wurde der Vertrag für *The Church and the Second Sex* unterzeichnet (mit Geoffrey Chapman, London). Ich war von diesem Projekt ein wenig abgelenkt, weil ich meine Doktorarbeit beenden und das Rigorosum machen mußte – eine Aufgabe, die ich im Juli jenes Jahres

† Unübersetzbares Wortspiel mit Eye/I.

erledigte und zugleich ein weiteres Semester mit Unterrichtgeben abwickelte. Es blieb nur noch das Problem des Drucks der Dissertation, der von der Universität verlangt wurde.[*5] Die Beendigung meiner Dissertation und die mündliche Anhörung dazu war der große Höhepunkt meiner Reise/Suche durch die Irrgärten von Akademia. Ich meine damit nicht, daß ich durch diesen Titel nun auf magische Weise zur Philosophin wurde, als ob das erreicht werden könnte, indem man einen Titel verliehen bekam. Es war vielmehr eine Art Initiationsritus. Mehr noch: Auch wenn ich es damals noch nicht artikulieren konnte, war es für mich ein Initiationsritus für meine Piratische Unternehmung, mit der ich von phallokratischen Dieben gestohlene Schätze Plünderte und sie zu Frauen innerhalb von Akademia zurückschmuggelte. Das heißt, es war eine patriarchale professionelle Legitimation für meine Absolut Anti-patriarchale, Unprofessionelle Karriere, verlorenes/gestohlenes Wissen zu suchen und zu Ent-Decken und meine eigenen Verlorenen Sinne und das Verlorene Gefühl für Worte zu Er-Innern/Wieder Zusammenzusetzen. Mit Anderen Worten: Es war ein Auslösendes Moment auf meiner Reise, eine Radikale Feministische Philosophin zu werden.

ROM 1965: ERMITTLUNGEN ZUM ZWEITEN VATIKANISCHEN KONZIL

Im Herbst 1965 nahm ich einen Zug nach Rom, um meine persönlichen Ermittlungen zum Zweiten Vatikanischen Konzil durchzuführen. Ich mietete mich in einer relativ wanzenfreien Pension ein und begann meine Wanderungen auf den Straßen der Vatikanstadt. Natürlich hatte mich niemand eingeladen. Ich hatte keinen offiziellen Status. Dennoch fühlte ich mich unter Hunderten anderen Abweichlern, die sich eingefunden hatten, um sich für ihre Anliegen einzusetzen, durchaus zu Hause. Ich verbündete mich mit anderen katholischen Feministinnen, saß mit Theologen und Studenten wie auch mit Journalisten zusammen. Einige von diesen liehen mir ihren Presseausweis, so daß ich während der Sitzung in den Petersdom hineinschleichen und den phantastischen Anblick in mich aufnehmen konnte.

Mein Besuch in Rom war voll intensiver, vielfarbiger, vielschichtiger Erfahrungen. Ich sah und hörte, wie die aufgeblasenen Kardinäle – sie sahen aus wie dumme alte Männer in roten Kleidern – ihre ewigen Plattitüden daherbeteten. Ich hatte engagierte Gespräche mit katholi-

---

* Ich erbat und bekam eine weitere Erhöhung meines Darlehens vom Medora A. Feehan Fund, um die Ausgaben für diese Veröffentlichung decken zu können. Damit waren meine Schulden auf 5.200 Dollar angewachsen, was damals viel Geld war, doch ich wußte, daß ich das alles zurückzahlen könnte und würde.

schen Denkern und Anwälten für Veränderung. Uns einte das Gefühl beschwingender Hoffnung, ein leidenschaftlicher Glaube an die Möglichkeit zur Veränderung.

Zu meinen erfreulichen Zufallsbekanntschaften gehörte der liebenswürdige Journalist Gary MacEoin. In einem der freundlichen Restaurants von Rom erklärte mir Gary sehr einfach die heimliche Kunst, ein Buch zu schreiben. Ich hatte zwar Doktorarbeiten geschrieben, doch das Problem, wie man ein *Buch* anging, verwirrte mich. Dieses Vorhaben schien riesig und nicht zu bewältigen. Als dieser freundliche Journalist mir erklärte, wie er seine Bücher strukturierte, löste sich das Geheimnis während einer einfachen Unterrichtsstunde.*
Nun war ich bereit, mit *The Church and the Second Sex* zu beginnen.

Ein Monat Leben in Rom (selbst in meiner preiswerten Pension) hatte mich arm gemacht, doch auf jede andere Weise sehr bereichert. Ich hatte nun unzählige Erinnerungen an aufregende Begegnungen und Gespräche – an den Austausch von Energien, der jeden Tag elektrisiert hatte. Meine Vorstellungskraft war außerdem durch eine überwältigende Reihe visueller Erlebnisse angeheizt worden. Da war zum Beispiel der Augenblick, als ich mich direkt vorm Petersdom plötzlich, etwa nur einen Meter entfernt, mit einem pathologisch dicken Kardinal in seinem flammend roten Gewand konfrontiert sah. Er wurde von zwei kräftigen Angehörigen der Schweizer Garde buchstäblich aus seiner Limousine gehoben, sie waren offenbar dazu abgestellt worden, ihn rechtzeitig zur Sitzung zu bringen. Seine Eminenz sah, wie ich ihn staunend anstarrte, und warf mir einen Blick blanken Hasses zu. Ich werde diese dunklen glänzenden Augen und den Ausdruck äußerster Misogynie niemals vergessen. Man könnte wirklich sagen, daß dies auf gewisse Weise ein Augenblick der Inspiration war.[6]

Ich kehrte also mit der klaren und sicheren Absicht, dieses Buch zu schreiben, nach Fribourg zurück. Es befand sich schon im Entstehen, da mein unbewußtes Selbst bereits daran gearbeitet und jeden Augenblick Beziehungen gesponnen und gewoben hatte.

---

* Gary skizzierte in kurzen Umrissen seinen Arbeitsprozeß. Obgleich ich mich Jetzt nicht an alle Einzelheiten erinnere, weiß ich doch noch die grundlegenden Strukturelemente. Er schlug vor, ich solle einen Brief an eine Freundin schreiben, in dem ich mein Vorhaben darstellte. Er sagte, daß er im allgemeinen mit einem Kapitel begänne, das die Funktion hat, das Szenario zu entwickeln. Dies stelle den gegenwärtigen Kontext dar. Im nächsten Kapitel würden dann die in diesem Szenario enthaltenen Probleme analysiert. Danach folgten historische Kapitel, die den Hintergrund dieser gegenwärtigen Probleme schilderten. In den letzten Kapiteln bot er dann neue Möglichkeiten zur Lösung dieser Probleme an. Dies mag alles sehr allgemein klingen, doch war es genau, was ich brauchte, um loszuSpinnen. Meine Blockade, ein Buch zu strukturieren, war für immer dahin. Diese Erinnerung an den Ablauf wurde, während ich an *Auswärts reisen* schrieb, in einer Diskussion mit Gary bestätigt. (Gespräch in Boston im Juni 1990.)

Jenes siebte und letzte akademische Jahr in Fribourg war ein Jahr des Aufschubs/der Gnade. „Theoretisch" hätte ich im September 1965 in die Vereinigten Staaten und in die Gefangenschaft eines Vollzeit-unterrichtsjobs zurückkehren müssen, denn ich hatte ja nun meine akademischen Abschlüsse. Ich wollte jedoch noch nicht – oder eigent-lich niemals – zurückkehren. Der Widerstand, den ich zu diesem Zeitpunkt gegenüber einer Rückkehr empfand, lag durchaus auf mei-nem Kurs. Wäre ich zurückgekehrt, hätte ich die aufregende Zeit in Rom und andere Forschungsabenteuer verpaßt, zum Beispiel meine Reise in den Mittleren Osten. Am wichtigsten jedoch: Ich hätte dieses Jahr der Freiheit, in Fribourg zu leben und zu schreiben, dem Ruf des Wilden zu folgen, verpaßt, wobei ich mich natürlich materiell auf meine drei Unterrichtsjobs in den Austauschprogrammen stützte.

Ich wäre gern auf unabsehbare Zeit in diesem Zustand der Seligkeit geblieben. Ich hatte jedoch naiverweise den taktischen Fehler began-gen, mich im Herbst 1965 bei der Schweizer Fremdenpolizei in der Kategorie „berufstätig" und nicht mehr als „Studentin" einzutragen. Da ich beschlossen hatte, kein viertes Doktorat zu erwerben und daher nicht mehr an der Universität eingeschrieben war, erschien dies nur logisch. Ein besonders strenger Angestellter im Büro der *police des étrangers* – ein frommer Katholik, der vorher bei der Universität angestellt gewesen war – beschloß jedoch, daß ich nach den Buchsta-ben des Gesetzes behandelt werden sollte. Das bedeutete, daß ich, da ich offiziell keine Studentin mehr war, die Schweiz bis Ende Sommer 1966 verlassen mußte. Außerdem hatte die Polizei meine Wohnung überprüft und entdeckt, daß meine Mutter dort lebte, und auch sie zum Verlassen des Landes aufgefordert.

Aus Fribourg rausgeschmissen! Der Gedanke und die Vorstellung, fortgehen zu müssen, war schmerzlich. Ich verbrachte das akademi-sche Jahr 1965/1966 mit intensiver Arbeit an *The Church and The Second Sex* in der Hoffnung, das Buch beenden zu können, ehe ich dazu verdammt war, diesen magischen Ort, den ich liebte, zu verlassen und in das Land zurückzukehren, das mir nie richtig wie „mein Heimatland" vorgekommen war. Ich hielt auch Kontakt zu einigen Frauen, die für die Sache des Feminismus arbeiteten (damals noch als „Gleichberechtigung" bezeichnet). Zu diesen gehörte die nicht unter-zukriegende Gertrud Heinzelmann, die seit Jahren für das Frauen-stimmrecht in der konservativen Schweiz kämpfte[7] und seit dem Zweiten Vatikanischen Konzil ihre Aufmerksamkeit der katholischen Kirche zugewandt hatte. Außerdem gab es die mutigen älteren engli-schen Frauen, die die „Saint Joan's International Alliance" gegründet hatten und am Leben hielten – eine Organisation katholischer Frauen, die seit Jahrzehnten patriarchale Ungerechtigkeit bekämpften. Eine amerikanische Mitfrau dieser Organisation, Frances McGillicuddy, eine engagierte und unermüdliche Kämpferin für die Gleichstellung der Frauen in der Kirche, hatte ich in Rom kennengelernt. Ein weiteres Mitglied war Betty Farians, die ich bereits erwähnt habe.* Diese Freundinnen blieben nach meiner Rückkehr in die Staaten weiterhin für mich wichtig.

DEN VORDEREN ORIENT ENT-DECKEN: DIMENSIONEN EINER ANDEREN WELT

Im Frühjahr 1966 beschloß ich, in den Nahen Osten zu reisen. Ich wollte die Gelegenheit ergreifen, da ich ja in die Vereinten Staaten zurückkehren mußte und so gesehen dieses Reiseziel nicht so weit von Fribourg entfernt war. Für meine Mutter kam die Reise nicht in Frage, doch sie hatte nichts dagegen, daß ich fuhr. Einige meinten, es sei gefährlich, eine solche Reise allein zu unternehmen. Eine Friseuse in Fribourg, der ich von meinen Plänen erzählte, während sie meine Haare schnitt, sagte entsetzt: „Vous allez toute seule? Quelle horreur!" (Sie fahren ganz allein? Wie schrecklich!) Ich sah dem jedoch keineswegs mit Horror, sondern mit großer Abenteuerlust entgegen. Und wie sich herausstellte, war es genau das. Meine Reisen in Europa hatten mir die Augen geöffnet. Meine Reise nach Jordanien, Libanon, Syrien und Ägypten fügte dem völlig Andere Dimensionen hinzu.

In Jordanien befand ich mich in einem Über-Natürlichen Zustand des Rausches, ohne die Hilfe von Haschish, Marihuana oder einer anderen Droge.* Es lag an der Gegend. Mein intensivstes Erlebnis war ein Ausflug von Jerusalem* durch die Wüste zur alten Stadt Petra. Ich wurde um vier Uhr früh von einem Araber in meinem Hotel abgeholt. Er trug das traditionelle weiße Gewand und den Fez und verkündete, er würde mein Reiseführer und Taxifahrer auf dieser langen Strecke sein. In der folgenden Stunde sammelte er weitere Touristen-Mitreisende ein. Es war wichtig, daß wir früh losfuhren, um zur Nacht wieder zurückzusein. Auch mußten wir unseren Bestimmungsort vor der

---

* Informationen über Bettys Arbeit siehe Kapitel Zwei, Sieben und Acht.
* Weder Haschish noch Marihuana haben mich je (für mich) merklich beeinflußt. Ich habe nie etwas anderes versucht. Juno weiß, daß ich es mit Hasch probiert habe. Ich kaufte ein großes Stück von einem meiner amerikanischen Studenten, der es aus Istanbul eingeschmuggelt hatte. Da ich Schwierigkeiten hatte, es zu inhalieren, schluckte ich große Mengen in Tee – alles ohne Erfolg. Alle um mich herum, die das gleiche Zeug genommen hatten, waren total im Rausch.
* Zu jener Zeit gehörte ein Teil von Jerusalem noch zu Jordanien.

Mittagshitze erreichen. Während dieser Spritztour durch die Wüste sah ich Herden von Kamelen und eine Schar wandernder Beduinen.

Als wir uns nach einigen Stunden dieser bizarren Reise unserem Ziel näherten, kamen wir zu einer besonders tiefen Schlucht. Hier ging es mit dem Auto nicht weiter, also reisten wir auf von kleinen Jungen geführten Eseln durch die Schlucht. Das Klipp-klapp-Geräusch der Eselshufe auf den Steinen der Schlucht gab an diesem merkwürdigen Ort ein Echo, und es klingt Jetzt in meinem Geist wider. Diese erstaunliche Prozession brachte uns zu einem rosenroten Tempel mit anmutigen Säulen und Skulpturen geflügelter Kriegsjungfrauen und arabischer Schlachtrosse. Darüber lag ein von Bergen umgebener ovaler Bereich. Dort hatte die verschwundene Stadt Petra gestanden. Übriggeblieben sind buchstäblich Tausende von Felsengräbern, die in Reihen auf den Sandsteinabhängen der umgebenden Berge angeordnet sind. Ich starrte ungläubig auf die großen königlichen Grabfronten mit ihren geschmückten Fenstern und riesigen Säulen. Ich erkletterte und erforschte diesen Ehrfurchtgebietenden Ort, der Einblick in Welten vermittelte, für die mir die Worte fehlten. Auf der Rückfahrt nach Jerusalem war ich wegen der Hitze von Erschöpfung und Übelkeit überwältigt, doch das war ein geringer Preis – wenn es überhaupt einer war – für ein solch außergewöhnliches Abenteuer.

In Jerusalem verbrachte ich einige Zeit in einer von gastfreundlichen Arabern geführten Buchhandlung, durchstöberte die Regale, trank Kaffee und hörte mir ihre wortreich vorgetragene Sicht vom israelisch-arabischen Konflikt an. Das war eine Perspektive, von der ich in den Staaten noch nichts gehört hatte. Obgleich ich in Fribourg mit arabischen Freundinnen lange Gespräche geführt hatte, gingen mir die Geschichten aus den Flüchtlingslagern und das Gefühl des Leidens hier vor Ort wesentlich näher. Mein Eindruck eines hoffnungslosen, niemals endenden Konflikts, der dort stattfand, wurde nachts vom Geräusch von Gewehrschüssen im „Niemandsland" zwischen Israel und Jordanien unterstrichen.

Die Reisen im Nahen Osten brachten – ebenso wie die Reisen in Europa – Merkwürdige „Zufälle" mit sich. So „passierte" es zum Beispiel, daß ich vor dem Postamt in Jerusalem eine Freundin aus Fribourg traf, die jetzt mit einem Araber verheiratet war und in dieser Stadt wohnte. Ich besuchte sie zu Hause und erfuhr, meist indirekt, eine Menge über die Bedingungen, unter denen Frauen in der arabischen Gesellschaft lebten. Dieser scheinbare Zufall erinnerte mich an meinen ersten Besuch in London, wo ich den einzigen in London lebenden Menschen, den ich kannte, „zufällig" traf.

Entscheidend ist, daß solches Wandern all meine Sinne, einschließlich der sogenannten „übersinnlichen" zu entfalten schien. In Beirut und Damaskus mußte ich als erstes den Marktplatz sehen, wo die

Lebendigkeit der sinnlichen Eindrücke überwältigend war und mit nichts vergleichbar, das ich je außerhalb der Buchseiten von *Tausendundeiner Nacht* gesehen hatte. Das große Aufgebot farbenfroh gekleideter und sich Merkwürdig verhaltender Typen glich aufs Haar den Illustrationen jenes Buches. Ich sah zum Beispiel einen von einem Jungen geführten blinden Mann. Beide waren in erstaunliche arabische Gewänder gekleidet und schienen direkt den Seiten jenes Buches entstiegen zu sein. Ich sah große, beeindruckende Frauen in farbenfrohen Gewändern und überall Händler und feilschende „Märchenbuch"-Menschen. Die leuchtende Welt der Bücher meiner Kindheit spielte sich hier vor mir ab. Ich besuchte Moscheen und sah alte, schwarz verhüllte Frauen, die in dunklen Ecken kauerten, vor sich hin murmelten und auf Brotstücken herumkauten. Keine Fotografien und kein Film hätten auch nur annähernd etwas von dieser Realität wiedergeben können. Um ein völligs unpassendes Lied zu paraphrasieren: *My brain was so loaded it nearly exploded...* (Mein Gehirn war so angefüllt, daß es fast explodierte).

In Ägypten explodierte meine Seele dann wirklich. Da war Kairo. Da war die Sphinx. Da waren die Pyramiden. Da war ein unglaublicher Ausflug nach Luxor, Touristen-Zentrum für Besucher der Ebene von Theben. Auf dem Weg nach Luxor kam ich an saftigen Zuckerrohrfeldern vorbei, wo atemberaubend schöne Menschen arbeiteten oder im Schatten ausruhten.

Ich konnte zu erschwinglichen Preisen nach Luxor reisen, denn ich war in Kairo zu einem Reisebüro gegangen, das mich einer Gruppe amerikanischer TouristInnen zugesellt hatte. Sie gehörten zu einer kirchlichen Gruppe aus einer kleinen Stadt im Südwesten, Reiseleiter war ihr Pfarrer, und sie sprachen inbrünstig von Dingen wie „Moses im Schilfrohr" und „der Herr". Eine von ihnen hieß Mabel, und ihre Begleiterin mußte immer wieder laut ausrufen: „O Mabel, schau doch nur!" In der Tat gab es viel zu Sehen.

Luxor und Karnak stehen auf dem Grund der alten Stadt Theben. Dort, im Tal der Könige, besuchte ich einige der Gräber. Auch wenn die besten Stücke aus dem Grab des Tut-ench-Amon ins Museum in Kairo gebracht worden sind, gibt dieses mit anderen thebanischen Gräbern einen die Augen-öffnenden Einblick in die Vorstellung der alten Ägypter von der Anderswelt. In besonderer Weise überwältigend war das Grab von Seti I. Die urtümlichen Farben der Wandgemälde, die so aussahen, als seien sie frisch gemalt, und generell die Schönheit, Feinheit und unglaubliche Vielfalt der Bilderschrift trugen mich in eine andere Welt. Die leuchtenden, farbenfrohen Bilder regten mein Gefühl/meine Sinne des Hintergrunds an, erweckten und wiedererweckten meine Sehnsucht nach einer Realität, die spirituell, lebendig, Elemental wunderbar ist.

Mir fiel der Unterschied auf zwischen dieser unbeschreiblichen Pracht und der muffigen Düsternis der christlichen Gräber. Ich dachte an die finsteren Katakomben in Rom. Das Alte Ägypten hatte etwas, das nicht nur über die christliche Düsterkeit hinauswies, sondern auch über den so-genannten künstlerischen und pekuniären Wert der Schätze.

Und es stachelte meine Vorstellungskraft an, über die verschwommenen christlichen Vordergrund-Bilder eines „Lebens nach dem Tode" hinaus, einen Blick in eine Anderswelt – Vergangenheit, Gegenwart und Zukunft – von unbeschreiblich reicher Sinneserfahrung zu tun. Einige geographische und historische Einzelheiten würde ich vergessen, doch diese Augenblicke des Versprechens aus dem Hintergrund sollten immer mit mir sein.

Der Anblick des Tempels der Hatschepsut, die von ihrem ressentimentgeladenen Neffen verunstaltet wurde, weil er nicht mit dem Wissen um die Macht dieser Frau leben konnte, regte zum Denken an. Ebenso die Statuen zweier Könige, die zwischen ihren Beinen die kleinen Abbilder ihrer Ehefrauen stehen hatten. Ich wußte, dies war Männerherrschaft/Patriarchat*, doch immer wieder schimmerte ein Strahl von etwas sehr Altem und Wunderbarem hindurch, aus einer Zeit, die ich heute Archaisch nennen würde.

Meine Reise durch den Nahen Osten hatte, nach ordentlicher Vordergrund-Zeit gerechnet, nur etwa zwei Wochen gedauert, doch in der Dimension von Elementaler Gezeiten-Zeit war es wie die Erfahrung von ungezählten Jahren. Ich kehrte zutiefst erfrischt nach Fribourg zurück und war begierig darauf, mit der Arbeit an *The Church and The Second Sex* fortzufahren.

VERTREIBUNG AUS DEM PARADIES:
„NACH HAUSE" ZURÜCKGESCHICKT

In diesem letzten Jahr in Fribourg hatte ich Bewerbungsschreiben für eine Lehrtätigkeit in den Vereinigten Staaten geschrieben. Ich bekam eine Reihe von Angeboten – eines klang schlimmer als das andere. In

---

* Leider ist jener Teil der Welt immer noch patriarchal – genau wie, in unterschiedlichem Maße, alle anderen Nationen auf allen Kontinenten dieses Planeten. Ich wurde jedoch auf meinen Reisen durch den Nahen Osten nie ernsthaft von arabischen Männern belästigt. Ich bewegte mich frei und tat alles, was ich wollte. In Jordanien war ich ohne unangenehme Zwischenfälle mit einem gewöhnlichen Bus voller arabischer Männer gefahren. Kairo war schwieriger. Ich nahm ein Taxi zu einem Ort auf dem Lande, den ich sehen wollte, und es gab keine andere Möglichkeit, dorthin zu kommen. Als ich den Fahrer bezahlen wollte, wollte er meine Hand nicht loslassen. Doch ich erinnere mich nicht, daß ich selbst dann in Panik geraten wäre. Als er meine völlige Ablehnung sah, ließ er mich los. Natürlich hatte ich, wie immer, Glück.

angesehenen Colleges von der Ost- bis zur Westküste standen mir die Türen zu Posten sowohl in Philosophie als auch in Theologie offen. Ich wußte damals noch nicht, daß dies teilweise damit zu tun hatte, daß die Zeit des Alibismus begonnen hatte. In den USA wußte man noch nichts von meiner wahren, Ärger verursachenden Natur, und für Fakultäten, die Alibifrauen suchten, sahen meine Referenzen sehr gut aus. Was ich jedoch mit Sicherheit wußte, war, daß dies das Ende meiner ekstatischen und freien Existenz in Fribourg und die Gefangenschaft in akademischer Banalität bedeutete. Der bevorstehende Verlust bewegte mich zutiefst.

Dieses Jahr war in der Tat von bevorstehendem Verlust in seiner tiefsten Bedeutung geprägt. Die Gesundheit meiner Mutter ließ sichtbar nach, und ich wußte, daß sie ihre Tage nicht in einem fremden Land beenden wollte. Sie wollte nach Hause. In einer Schicht meines Bewußtseins war mir klar, daß „nach Hause" gehen auch den Verlust meiner liebsten Freundin und Gefährtin innerhalb relativ kurzer Zeit bedeuten würde. Dieses Wissen verstärkte noch mein Gefühl für die Kostbarkeit eines jeden Augenblicks in Fribourg – jenem Märchenland, das zur Inkarnation meiner Welt der Leuchtenden Bücher, Zeit/Raum meiner Träume geworden war.

Ich schrieb die ersten fünf Kapitel von *The Church and The Second Sex* in Fribourg fertig. Obgleich ich nun endlich meinen Doktor in Philosophie gemacht hatte, wehte der Große Wind, der mich zuerst zu Saint Mary's und später nach Fribourg getragen hatte, immer noch. Es war der Wind, der die Einladung, ein Buch über Frauen und Kirche zu schreiben, zu mir getragen hatte, trotz der vielen Umwege über unmögliche Adressen, und der Wind, der mich nach Rom getragen hatte. In praktisch-politische Begriffe übersetzt: Was der Wind mir jetzt zutrug, war, daß die Hoffnung auf Aktion bei den Theologischen Fakultäten lag, denn nach dem Zweiten Vatikanum waren einige Theologen immerhin offen für Vorstellungen von gesellschaftlicher Veränderung und suchten nach KollegenInnen, die den Status quo in Frage stellen würden.

Ich wollte auch unbedingt an einer koedukativen Universität lehren. Ziemlich viele meiner männlichen Studenten hatten Begeisterung für das Diskutieren und Erforschen von Ideen gezeigt, und unter dem würde ich es nicht tun, so meinte ich zumindest damals. Ich hatte die lebhaftesten Alpträume, von der Außenwelt abgeschlossen, in einem stumpfsinnigen/abstumpfenden katholischen Frauen-College zu existieren – eine mir unerträglich erscheinende Situation. Meine Erfahrung mit den jungen Frauen, die ich im Austauschprogramm des Rosary College unterrichtet hatte, war im Großen und Ganzen positiv. Dennoch, zusammen mit meinen Erinnerungen an mein Leben als Studentin und später als Lehrperson in katholischen Frauen-Colleges, hatte sie mich davon überzeugt, daß ich nicht glücklich werden würde, wenn ich weiter an solchen Institutionen arbeitete, wo die meisten Studentinnen und ein großer Teil des Lehrkörpers von der *feminine mystique*† durchdrungen waren. Mich plagte das Nagende Gefühl, daß an diesen Orten Etwas fehlte. Dieses Etwas war die Lust, zu lernen und sich mit anderen Frauen zu verbinden/verbünden. Dieses Fehlende setzte das Syndrom des Gebrochenen Versprechens fort, und ich hatte tiefsten Horror davor. Obgleich ich die Studentinnen mochte und mich mit ihnen gut verstanden hatte, war es für mich eine unerträgliche Vorstellung, „nach Hause" zu kommen und mich mit Horden junger Frauen konfrontiert zu sehen, die auf das Ziel fixiert waren, Ehefrauen und Mütter Amerikas zu werden. Das wäre so, als würde ich in eine Welt der lebendigen Toten eingeschlossen/hineingezappt.

Nachdem ich die Angebote verschiedener Universitäten und Colleges studiert hatte, unterzeichnete ich einen Zwei-Jahres-Vertrag als Assistant Professor in der theologischen Abteilung des von Jesuiten betriebenen Boston College.* Ich war so naiv, daß ich noch nicht einmal wußte, daß ich von Anfang an die Stelle eines Associate Professors oder *Tenure*† hätte verlangen sollen. Das wäre angesichts meiner Lehrerfahrung und meiner akademischen Titel eine durchaus berechtigte Forderung gewesen. Ich kannte nicht einmal den Unterschied zwischen Assistant und Associate Professor. Derartige akademische Details hatten nicht zu meiner Welt gehört.

Der Vertragsunterzeichnung war ein Briefwechsel mit dem Abteilungsleiter vorausgegangen, der wollte, daß ich Vorlesungen in „Christologie" halten sollte. Tatsache war jedoch, daß ich schon seit Jahren die christliche Fixierung auf die „Göttlichkeit Christi" und auf die Gestalt von Jesus peinlich und vollkommen abstoßend gefunden hatte. Ich glaube, mir war in einer Schicht meines Bewußtseins klar, daß diese Vergöttlichung von Männlichkeit dazu diente, das Patriarchat zu legitimieren. Natürlich erklärte ich das Problem nicht in diesen Formulierungen, doch ich gab zu verstehen, daß ich es vorzog, mehr philosophisch orientierte Vorlesungen zu halten, die sich mit „dem

---

† Originaltitel von Betty Friedans 1963 erschienenem Buch, in dem zum ersten Mal ausführlich die scheinbare „Zufriedenheit" der Durchschnittsamerikanerin analysiert wurde; deutsch mit dem Titel „Der Weiblichkeitswahn", Reinbek 1966.
* Ein wichtiger Faktor bei meiner Entscheidung, das Angebot des Boston College anzunehmen, war mein Wunsch, an der Ostküste zu sein. Ich hatte zwar auch Angebote von der Westküste bekommen, doch das kam mir zu weit von Europa entfernt vor. Ich wollte geographisch „nahe" bei Fribourg sein. Außerdem war mir die Gegend von Boston wenigstens vertraut.
† Festanstellung.

Gottesproblem" beschäftigten. Dieses Thema bereitete mir keine ethischen Schwierigkeiten, denn ich sah „Gott" immer noch als geschlechtsloses Wort, das nicht notwendigerweise das Bild von Männlichkeit implizierte. So war ich erleichtert, als der Vorsitzende meiner Themenwahl zustimmte. Ich wurde im „Honors Program" eingesetzt, und das war genau, was ich wollte: eine breit gefächerte Betrachtung philosophischer Gedanken, die sehr begabte Studenten anziehen würde. Ich hatte wieder einmal Glück gehabt, so schien es mir. Ich konnte erwarten, in einer anregenden Umgebung frei zu lehren.

Dennoch hatte ich das Gefühl, wieder in ein Gefängnis eingesperrt zu werden. Fribourg zu verlassen, kam einer Vertreibung aus dem Paradies gleich, vergleichbar meinem Abschied von Saint Mary's. Ich weinte im Zug, als ich Fribourg endgültig verließ, und meine Mutter war auch voller Traurigkeit und Kummer. Da saßen wir beide und heulten hemmungslos, wie über einen großen und sinnlosen Verlust.

Wir kehrten nicht sofort oder direkt nach Boston zurück. Ich hatte mehrere große Kisten mit Büchern und Kleidungsstücken nach Boston aufgegeben, und so reisten wir im August mit dem Zug mit zwei oder drei Koffern zu unseren letzten Ferien in Europa. Wir fuhren an die italienische Adria, die ich vor einigen Jahren durch Gertrud Heinzelmann, bei der ich ein paar Tage in Pesaro zu Besuch gewesen war, entdeckt hatte. Ich erinnerte mich, daß die Strände dort wunderbar waren und daß es gleich am Strand gute saubere Hotels in einer niedrigen Preisklasse gab. Wir brauchten einen Ort, an dem wir uns ausruhen und uns von den physisch und psychisch anstrengenden Wochen mit Packen und Möbelverkauf und schließlich dem Verlassen von Fribourg erholen konnten. Pesaro war die perfekte Lösung.

Die italienischen Frauen waren von der Schönheit meiner Mutter beeindruckt. Sie war nun sechsundsiebzig, und obgleich ihr Haar überwiegend grau war, war es klar, daß es vorher schwarz gewesen war. Ihre Augen waren blau, doch ihre Haut hatte einen olivfarbenen Schimmer. Meine irische Großmutter und die Tanten hatten das für einen Makel gehalten, doch für die Italienerinnen schien es etwas Italienisches zu haben. Ich erinnere mich, wie ein Zimmermädchen ausrief: *„La mama è bella!"* Ja, das war sie.

Meine Mutter genoß die Ruhe und die Schönheit der Meeresküste, doch sie war etwas verängstigt durch das nächtliche Wellenrauschen. Ich war traurig, daß sie das so empfand. Für mich war dieses Geräusch eine ekstatisierende sinnliche Erfahrung und es war meine wichtigste Erinnerung an meinen ersten Aufenthalt in Pesaro. Ich hatte nicht bedacht, daß das Dröhnen des Meeres Botschaften vielerlei Art überbringen kann.

Unser Plan war, über Dublin nach Boston zurückzukehren. Als wir darüber in Pesaro sprachen, sagte meine Mutter: „Vielleicht werde ich in Irland meine Großmutter treffen." Ich wußte, daß sie sich dabei auf die endgültige Wiedervereinigung bezog und daß die Tatsache, daß sie auf diese Weise davon sprach, durch das unermüdliche und unerbittliche Geräusch des Meeres hervorgerufen worden war. Der Prozeß, nach Amerika zurückzukehren, war quälend. Wir machten kurz in Irland Halt. Meine Mutter traf da noch nicht ihre Großmutter, doch war es zwischen uns uneingestandenermaßen klar, daß dieses Ereignis bevorstand. Als unser Flugzeug mit dem Ziel Boston den nordamerikanischen Kontinent erreichte, starrte ich mit Abscheu und Ekel hinab und hatte das vernichtende Gefühl, ich hätte mich nur im Kreis gedreht. Ich begriff noch nicht, daß diese „Rückkehr" *kein* toter Kreis war, sondern vielmehr ein wichtiger Teil der Spiralenden Reise.

KAPITEL 5

ZURÜCKSPIRALEN NACH BOSTON
UND DARÜBER HINAUS

Es war Mitte September 1966, als meine Mutter und ich uns in einem Hotel in Downtown Boston einmieteten. Vor mir lag die Aufgabe, eine Wohnung zu suchen. Da ich meine Rückkehr bis zum letztmöglichen Augenblick aufgeschoben hatte, sah ich mich nun der Tatsache gegenüber, daß ich in zwei Tagen mit dem Unterricht beginnen mußte. Ich erinnere mich, wie ich in dem trostlosen Hotelzimmer saß und den Fernseher anstellte. Amerikanisches Fernsehen! Das hatte ich sieben Jahre lang nicht gehabt. Ein *Tarzan*-Film... Eine mir wohlvertraute alte Depression überkam mich und suchte das Zimmer heim.

Eine Zeitlang schien es – nicht, daß mein Glück mich wirklich verlassen hatte –, aber daß das Schicksal mich grob in eine Richtung stieß, gegen die ich mich sträubte. Doch ich hatte keine Zeit zum Sträuben. Der erbarmungslose Kampf ums Überleben hielt mich in atemloser Bewegung. Ich mußte wieder mit amerikanischem Geld, amerikanischen Supermärkten, dem amerikanischen öffentlichen Verkehrssystem vertraut werden. Merkwürdigerweise war all das für mich viel schwerer zu begreifen als Währung, Läden und Verkehrssysteme in der Schweiz oder in einem der europäischen Länder, die ich besucht hatte. Ich war eine heimwehkranke Fremde, empfand die Entfremdung, die mir hier von früher her bekannt war, jedoch diesmal *bewußt*: Ich wußte jetzt, *was* mir fehlte – das beschwingte intellektuelle Leben, abenteuerliche Reisen, kulturelle Vielfalt, Verbindung mit meinen Wurzeln und eine fröhliche seelische Unbekümmertheit – alles, was ich in Europa gehabt hatte.

KREISE, WIDERSPRÜCHE, AUSLÖSCHUNGEN,
UMKEHRUNGEN

Mein Herz war schwer, als ich die Straßenbahn (heute als „die T" bekannt) bestieg, um das Boston College zum ersten Mal als neues Mitglied der Fakultät zu betreten. Als die Straßenbahn sich der Gegend des Colleges näherte, kamen wir am „Cleveland Circle" vorbei, dort in der Nähe hatte ich gewohnt, ehe ich nach Fribourg ging. Das erinnerte mich an meine Angst, ich sei im Kreis herumgelaufen, sei an meinen Ausgangspunkt zurückgekehrt – ich sei wieder in den alten Geleisen festgefahren, die ich für immer hinter mir gelassen zu haben glaubte.

114

Dieses Gefühl verstärkte sich noch, als ich in dieser Gegend umherlief und verzweifelt eine Wohnung suchte, in die meine Mutter und ich einziehen könnten. Als ich zum Cleveland Circle kam, sah ich ein riesengroßes rotes Neonzeichen mit dem Wort CIRCLE (Kreis). In Wirklichkeit war es das Reklameschild der „Circle Reinigung", doch mir brachte es die Botschaft „wieder zurück".

Im Rückblick sehe ich das CIRCLE-Zeichen als Warnung gegen die Fallen der Stagnation. Obgleich ich das damals noch nicht begriff, sollte meine Rückkehr nach Boston die Fortsetzung der Spiralenden Reise über stagnierendes Kreisen hinaus ermöglichen. Dazu gehörten Augenblicke der Bewegung, die mich auf meiner Strahlkräftigen Reise weiter vorantrieben. Doch damit sich diese Augenblicke ereignen konnten, mußte ich Risiken eingehen, von ein paar Klippen springen und mit den Schicksalsschwestern fliegen. All dies wurde sehr viel einfacher dadurch, daß der Große Wind, auf dem ich mich nach Saint Mary's in Notre Dame und später nach Fribourg geschwungen hatte, immer noch wehte und daß sich viele Möglichkeiten eröffnen sollten, aufzuspringen und mit ihm zu reisen.

Zunächst begann ich meine Lehrlaufbahn am Boston College. Es stellte sich heraus, daß alle meine Studenten männlich waren, denn Frauen waren am College of Arts and Sciences (Künste und Wissenschaften) damals noch nicht zugelassen, sondern an die School of Education (Lehrerausbildung) oder die School of Nursing (Schwesternausbildung) verbannt. Doch ich mochte meine Studenten und versorgte sie sofort mit schwierigen, doch interessanten Literaturlisten, die von Nietzsche über Martin Buber, Arnold Toynbee, Paul Tillich bis zu Jean Paul Sartre reichten.

Es kam mir merkwürdig vor, daß, obgleich man im BC† Frauen als nicht geeignet ansah, zum Studium von *Arts and Sciences* zugelassen zu werden, ich als Lehrerin nicht nur von gewöhnlichen männlichen Studenten, sondern besonders der „hochbegabten Studenten" willkommen geheißen wurde. Dies war eine der vielen gespenstischen Erfahrungen, mit denen ich jeden Tag auf dem Campus bombardiert wurde.

Ich lebte in einer Situation des ständigen Widerspruchs. Ohne das abgekartete Spiel zu durchschauen, hatte ich einen Job als Alibi-Frau in einer nur aus Männern bestehenden theologischen Abteilung an einer Jesuiten-Universität angenommen. In meiner Naivität hatte ich geglaubt, daß ich wegen meiner besonderen Qualifikation für diese Tätigkeit angestellt worden sei. Das traf natürlich in gewisser Hinsicht auch zu, doch nicht auf die eindeutige Weise, wie ich es aufgefaßt hatte. Einen deutlichen Hinweis bekam ich, als ich feststellte, daß auch ein Rabbi und ein protestantischer Theologe gerade eingestellt worden

† BC: Abkürzung für Boston College, die ich von hier an übernehme.

waren. Unsere Fotos erschienen sogar zusammen im *The Boston Globe*. Meine Kollegen witzelten: Wenn sie eine schwarze protestantische Theologin angestellt hätten, hätten sie drei für den Preis von einer gehabt, und ich lachte mit ihnen darüber. Die volle Tragweite dieser Sache war mir jedoch noch immer nicht klar. Mir stand noch keine Analyse über die Bedeutung des Alibismus zur Verfügung.* Wie hätte das auch sein können? Es war 1966 – die Zeit kurz vor dem Erblühen der „Zweiten Welle" des Feminismus – und ich war gerade eben aus Fribourg zurück. In diesem Kontext hörte und verstand ich den Witz, doch begriff ich die Tiefe des Problems nicht *wirklich*. Die Erinnerung an diese Tatsache offenbart den Horror des aufgezwungenen Doppeldenkens patriarchaler Institutionen.

Der zweischneidige Charakter meiner Lage, nämlich einerseits mein ständiger und unveränderter Status einer niederen Kaste als Frau unter dem Patriarchat und andererseits mein Status der erworbenen Privilegien als Mitglied der Fakultät – und zwar als einzigartiges Fakultätsmitglied – begann sich allmählich zu enthüllen. Die Hinweise kamen per Zufall. Und in Abstufungen von Deutlichkeit: von äußerst offen bis subtil und gespenstisch unterschwellig. Ich nahm diese Hinweise sehr deutlich mit dem Bauch auf. Es war eine Art Emotionales Wissen, das absolut sicher, jedoch mit den gewöhnlichen Mitteln „rationaler" Erkenntnis nicht verifizierbar war.

Die Leserin muß bedenken, daß es 1966 keine zugänglichen Werke feministischer Analyse von Akademia gab.[1] Und es gab auch keine kognitive Minderheit von Feministinnen, mit denen frau die Ereignisse hätte diskutieren und ihre Bedeutung dechiffrieren können. Trotz all dem war einer meiner stärksten Aktivposten meine Fähigkeit, deutlich die Bedeutung von Ereignissen, die auf den Status meiner Geschlechtskaste hinwiesen, zu spüren und ein Muster in diesen Ereignissen zu entdecken.

So stellte beispielsweise zu Beginn meines ersten Semesters ein männliches Mitglied (good old boy) der philosophischen Abteilung einer an einem Tisch sitzenden Gruppe großtuerisch einige neue Fakultätsmitglieder, das heißt mehrere Männer und mich, vor. Während alle meine Kollegen als „Doktor" Soundso vorgestellt wurden, wurde ich als letzte und als „Miss Daly" präsentiert. Das kam mir wie ein Witz kosmischen Ausmaßes vor. Ich war mit drei Doktortiteln in dieses Land zurückgekehrt, und nun bewältigten sie die Situation so. Ich hatte noch keine Strategien gelernt, mit denen ich dieser als „Achtung" getarnten unterminierenden Taktik hätte begegnen können. Es war eine Situation, in der ich mich wütend und ohnmächtig fühlen

---

* Jahre später entwickelte ich immer differenziertere Analysen des Alibismus. Siehe *Jenseits von Gottvater*, *Gyn/Ökologie*, *Reine Lust* und *Wickedary*.

116

mußte und natürlich wie eine Hochstaplerin, eine alte Jungfer und ein verabscheuungswürdiges Nichts. Da niemand sonst etwas Merkwürdiges dabei zu finden schien, mußte ich meine Wahrnehmung – das heißt mein klares Wissen – dessen, was passiert war, erst einmal abheften.

Weitere unterschwellige Botschaften wurden ausgesandt als Versprecher, oder vielmehr als Verhörer, und als groteskes Schweigen. Als ich mich zum Beispiel mit meinem Dekan traf, um mit ihm zu besprechen, was ich gern lehren würde, erwähnte ich Literatur und Mythologie und wies auf die Tatsache hin, daß ich einen M.A. in Englisch hatte. Er schaute verwirrt und sagte: „Sie haben ein ‚A‘ in Englisch?" Er hatte sich wirklich verhört, als ich jedoch die Feststellung wiederholte, wurde sein Blick eisig. Mir war, als hätte ich gerülpst. Bei anderer Gelegenheit, als ich meinen Wunsch vortrug, Philosophie-Kurse geben zu können, erwähnte ich, daß ich sowohl einen philosophischen als auch einen theologischen Doktortitel von der Universität Fribourg habe. Ich meinte sie auf diese Tatsache hinweisen zu müssen, da sie ständig ausgelöscht wurde. Als ich das erwähnte, starrte der verehrte Vorsitzende auf seinen Schreibtisch und begann dann, mit absichtsvoller Detailversessenheit, sehr langsam seine Pfeife zu füllen und anzuzünden. Ich kam mir vor wie eine geisteskranke Patientin, die gerade in Gegenwart eines väterlichen Psychiaters einen Schwall Obszönitäten von sich gegeben hat.

Das Schlimmste war, daß mir, obgleich es mir nicht lag, mich mit meinen Titeln zu brüsten, sondern ich in dem Punkt eher ein wenig befangen war, das Gefühl gegeben wurde, ich sei eine Umkehrung und Karikatur meiner selbst – eine lautstarke Angeberin, die nicht aufhören konnte, über ihre Qualifikationen zu reden. Zweifellos wurde ich hier aufgebaut, mir selbst als „kranke" alte Jungfer vorzukommen, eine, die auf ihre akademischen Leistungen fixiert war und zu unpassenden Äußerungen neigte – ein höchst unattraktives und unweibliches Wesen, eine hoffnungslose Außenseiterin.

Die Komik der Situation war klar, doch da dies passierte, *ehe* ich die Möglichkeit hatte, mit der Frauenbewegung in diesem Land in Berührung zu kommen, war ich der Be-Lachenden Gefährtinnen beraubt, mit denen ich die verrückt-machenden Gefühle losgeworden wäre und den Schmerz in brüllendem Gelächter hätte ertränken können. Die wenigen Freunde, die in der Lage waren, die Komik zu verstehen, waren natürlich Männer. Einer von ihnen schlug vor, ich solle das nächste Mal Lippenstift mit ins Büro des Dekans nehmen und wenn er die Pfeifen-Arie startete, mir ostentativ die Lippen anmalen. Kein schlechter Vorschlag für 1966!

All diese Erfahrungen, ordentlich oder chaotisch in meiner Erinnerung abgeheftet, trieben mich zu weiteren Momenten von Prophezeiung und Versprechen an und legten den Grund zu meinen späteren theoretischen Einsichten über patriarchale Strategien wie Auslöschung und Umkehrung.

Zur gleichen Zeit, als ich erlebte, wie gespenstisch und prekär mein Leben als erfolgreiche Frau in einer von versteckter Feindseligkeit durchdrungenen Umwelt war, hörte und sah und fühlte ich, daß sich Amerika verändert hatte. Die erstickende Gesellschaft, vor der ich 1959 geflohen war, verwandelte sich rasch in ein Land der Hoffnung. Die Bürgerrechtsbewegung war seit einiger Zeit in vollem Gang, und es lag etwas in der Luft, das sich *richtig* anfühlte. Dies vermittelte sich mir besonders durch den Rhythmus und die Texte der Pop-Musik, die so völlig anders als das öde deprimierende Getöse der vierziger und fünfziger Jahre war. Medial begabte Menschen würden sagen, daß die Schwingungen andere waren, und das Spürte ich. Sie ähnelten den Schwingungen, die ich im Jahr davor in Rom verspürt hatte. Etwas *Gutes* ging vor sich.

Das bedeutete nicht, daß ich Fribourg nicht vermißte. Meine Verbindung zu jenem Zeit/Raum war so tief, daß allein der Gedanke an Fribourg mich glücklich machte. Es war eine Ekstatische Erinnerung. Eine der weiterhin bestehenden Verbindungen mit dieser Realität war meine Arbeit an *The Church and The Second Sex*, die unterbrochen, aber nie aufgegeben worden war.

Zu diesen Unterbrechungen gehörten meine ersten öffentlichen Vorträge zum Thema Frauen und Kirche. Besondere Bedeutung hatte der Vortrag, den ich im April 1967 am College of the Holy Names in Oakland, Kalifornien, hielt. Viele Nonnen waren anwesend. Im Verlauf meines Vortrags, als ich die Frauenfeindlichkeit der Kirchenväter und mittelalterlicher Theologen wie Thomas von Aquin darlegte, merkte ich, daß viele meiner ZuhörerInnen – besonders die Nonnen – mich wütend anstarrten. Langsam wurde mir, zu meiner Verblüffung, klar, daß ihre Wut sich nicht gegen die von mir enthüllte Frauenfeindlichkeit richtete, sondern gegen mich, weil ich sie enthüllte. Irgendwie wurde mir da klar, daß die Entdeckung dieses Mechanismus der Übertragung von Wut von großer Bedeutung war, und automatisch heftete ich diese Erfahrung in meiner Psyche zur späteren Bezugnahme ab.*

Im Sommer 1967 beendete ich mein Buch und wartete. Mir war zu jener Zeit keineswegs klar, daß das Schreiben dieses, meines ersten

---

* Dieser Mechanismus ist noch immer am Werk. Besonders in den konservativen achtziger Jahren diente er dazu, Frauen von Radikalem Feminismus und Frauen-Identifikation abzuhalten. Frauen, die sehr starke Pro-Frauen-Positionen eingenommen hatten – die für Frauen als Frauen gekämpft hatten –, wurden als „Männerhasserinnen", „Rassistinnen", „Klassistinnen" etc. angegriffen und in lähmende falsche Schuldgefühle getrieben.

Feministischen Buches, die Auswärtsreise meines Lebens grundlegend beeinflussen würde. Es war ein Akt des Be-Sprechens, der mich in Konflikte schleudern sollte, die ich niemals vorausgesehen hatte. Das Buch selbst schien mir überaus vernünftig und normal – und das war es auch.* Es versuchte schließlich „lediglich", die katholische Kirche zu reformieren, und dieser Akt war zu furchterregend, als daß er von meinen Arbeitgebern und den Kräften, für die sie standen, mit Würde akzeptiert werden konnte.

DER TOD MEINER MUTTER

Im Herbst und Winter 1967 sah ich immer noch nicht bewußt den Tumult voraus, den mein Buch, das im Frühjahr erscheinen sollte, hervorrufen würde. Das lag nicht nur daran, daß ich vollauf mit meiner Lehrtätigkeit beschäftigt war, sondern auch daran, daß etwas unendlich Folgenschweres und Schmerzliches vor sich ging. Meine Mutter lag im Sterben. Bald würde ich meine liebste Freundin verlieren.

In dieser Zeit traten langjährige Freunde auf den Plan und erleichterten unsere Lebensbedingungen. Besonders erinnernswert war die Anwesenheit von Bill Wilson, der einer meiner Studenten in Fribourg gewesen war und sich jetzt in Princeton auf seinen Abschluß in Theologie vorbereitete. Seine Sensibilität und Hilfsbereitschaft waren bemerkenswert. Voll ganz besonderer Zuwendung waren auch Pat und Joe Green, die ich an der Catholic University kennengelernt hatte. Zu kritischen Zeiten waren sie *da*, und das half mir, weiterzumachen.

Während meiner Kindheit waren meine Mutter und ich uns sehr eng verbunden gewesen, doch während meiner Pubertät und meinen frühen Erwachsenenjahren hatte es zwischen uns Kummer und Kämpfe gegeben. In unserer Zeit des Zusammenlebens in Brighton, ehe ich nach Europa ging, und dann besonders in unserer wunderbaren Zeit

---

* Während ich an diesem Kapitel schrieb, wurde ich von einer Journalistin interviewt, die – nachdem ich den Inhalt von *The Church and The Second Sex* beschrieben hatte – ausrief: „Da waren Sie also eine liberale Feministin, ehe Sie eine radikale Feministin wurden!" Dieser Kommentar zeigt die vielen Kommunikationsprobleme, die durch die Zeit-Verwerfungen hervorgerufen werden. Mein Be-Sprechen war in seinem Impuls Ursprünglich Radikal, und indem ich diesem Impuls treu geblieben bin, bin ich in Strahlkräftige Richtungen gereist. Hätte ich jenes Buch, oder eines mit den gleichen Argumenten, 1985 oder auch 1975 veröffentlicht, wären die Bemerkungen der Interviewerin sinnvoll gewesen. Durch die Tatsache, daß ich es zwischen 1965 und 1967 schrieb, war ihr Kommentar chronologisch nicht am Platz, das heißt, er war anachronistisch. Wie ich es verstehe, beschreibt das Adjektiv Radikal den ursprünglichen Impuls und nicht lediglich den materiellen Inhalt einer Handlung, und die Handlung sollte in ihrem historischen Kontext gesehen werden.

der Wiedervereinigung in Fribourg hatten wir jenen Konflikt überwunden. Während dieser Wiedervereinigung erlangten wir erneut die frühen ekstatischen Dimensionen unserer Kommunikation und wiederholten die leuchtenden Augenblicke meiner Kindheit, während sich unser gegenseitiges Verständnis vertiefte. Wir waren nicht lediglich an den Ausgangspunkt zurückgekehrt. Unser Prozeß war vielmehr spiralförmig. Meine Mutter war nicht nur einfach meine Mutter, sondern auch meine Schwester und Freundin.

Auf unseren gemeinsamen Reisen hatten wir auf tiefe Weise unsere Liebe zur Schönheit der Natur geteilt. Voll Ehrfurcht betrachteten wir die Berge in der Schweiz, erfreuten uns an den sonnigen Wiesen Italiens, nahmen begierig die leuchtenden Farben des Himmels und der Küsten in Griechenland in uns auf. Bis zu den letzten Augenblicken ihres Lebens behielt meine Mutter ihre bemerkenswerte Empfänglichkeit für Schönheit.

Wenige Wochen vor ihrem Tode fuhren wir immer noch aufs Land hinaus, um uns die prächtige Herbstfärbung der Bäume New Englands anzusehen. Wir konnten diese Fahrten unternehmen, weil ich mir nach einem Jahr Lehrtätigkeit endlich ein Auto leisten konnte. Ich hatte einen glänzenden neuen goldenen Plymouth Barracuda erworben (den ich zwölf Jahre lang fahren sollte). Sie war über dieses Auto sehr glücklich, weil es eine Art Symbol war. Ich glaube, für sie bedeutete es, daß ich „es geschafft" hatte – daß ich nach all den Jahren des Studierens und des Unterrichtens für geringe Bezahlung und ohne „Sozialleistungen" nun eine Form von wirtschaftlicher Anerkennung und Sicherheit erreicht hatte. Ich glaube auch, daß mit meinem Auto Botschaften verbunden waren, die irgendwie mit meinem Vater zu tun hatten, für den das Auto wichtigster Besitz war – als Fahrzeug, das er für seine Arbeit als Handelsvertreter brauchte und mit dem er mit meiner Mutter und mir Ausflüge unternehmen konnte, um die Landschaft zu genießen.

So kamen in diesen Augenblicken unseres Zusammenlebens viele Dinge zusammen. Zwar konnte meine Mutter *The Church and The Second Sex* nicht mehr in der endgültigen Buchform sehen, doch sie sah die letzten Druckfahnen des Verlages mit der Widmung an sie. Es ging ihr nicht gut genug, um viel davon zu lesen, doch sie hatte die Freude, es in ihren Händen zu halten. Ihre Anwesenheit war während des ganzen Prozesses des Schreibens Inspiration und Trost, zuerst in Fribourg und dann in Boston. So teilten wir ein Gefühl der Befriedigung, als dieser Traum/dieses Projekt endlich Ver-Wirklicht war. Weder sie noch ich konnten ahnen, welch hohen Preis ich für die Vollendung dieses Werkes würde bezahlen müssen.

Inzwischen war jeder Augenblick kostbar. Ich Er-Innere lebhaft ein besonderes Ereignis auf einem unserer letzten Herbstausflüge. Wir fuhren nach Sonnenuntergang nach Hause und sahen einen Ahornbaum in unglaublichen Farben in der Dämmerung glühen. Meine Mutter sagte mit angehaltenem Atem: „Oh, du Schöne!" Und sie sprach tatsächlich *mit* dem Baum. Das gab mir eine Ahnung von der für sie charakteristischen Fähigkeit zur Begeisterung/Ekstase, die sie mir vermacht hatte. Diese Fähigkeit war der Kern unserer tiefen Verbindung. Wir teilten ein intuitives Wissen, daß wir an etwas Großartigem teilhatten, etwas Wunderbarem, etwas manchmal auch sehr Komischem.

Wenn ich an das Gespräch meiner Mutter mit dem Baum denke, verstehe ich Jetzt die Quelle jenes Glanzes, der so viele Dinge meiner Kindheit umgab, besser: glänzende Bonbons, freundliche Nachbarhunde, die Geschäfte, die wir beim Einkaufen in der Stadt besuchten, die Löwenzahn- und Hahnenfußblüten, die ich ihr in Kindersträußen mitbrachte. Ihre Aura strahlte aus, daß sie in Harmonie mit dem Leben um uns herum existierte.

In der letzten Nacht im Leben meiner Mutter sprachen wir fast bis zum Tagesanbruch miteinander und erinnerten uns an die guten Zeiten, die wir miteinander erlebt hatten. Wir sprachen darüber, welches Glück wir hatten, jene Zeit in Europa miteinander verbringen und so phantastische Orte besuchen zu können. Sie sagte mir, daß ich all das war, von dem sie immer gehofft hatte, daß ich es werden könnte. Wenige Stunden nach diesem letzten außergewöhnlichen Geschenk von Annahme und Anerkennung starb sie zu Hause. Es war ein sonniger Morgen – der 15. Dezember 1967. Ich hatte noch versucht einen Krankenwagen zu rufen, doch er kam – zum Glück – zu spät. So wurde ihr der Horror erspart, ins Krankenhaus zu kommen und lebensverlängernde „Behandlung" zu erleiden.

Ich erinnere mich, auf welche Weise ich das Wort „Nein" sagte, als ich sah, daß meine Mutter tot war. Es war das Nein zu dem unaussprechlichen Verlust, den ich seit meiner Kindheit gefürchtet hatte. Es war das uralte schreckliche Nein, das unzählige Töchter vor mir, Jahrtausende hindurch, in einem solchen Augenblick atemlos hervorgestoßen hatten. Jetzt war ich dran, es zu sagen.

In den kommenden Monaten führte ich mein Leben wie immer – unterrichtete, ging mit FreundInnen aus – doch die klaffende Wunde des Verlustes war immer da. In jener Zeit war ich gezwungen, nach weiteren Dimensionen von Sinn zu suchen, mich psychisch aus meiner vorherigen Position weiterzubewegen. Ich spürte damals, und habe es seither immer gespürt, daß meine Mutter mir über Grenzen von Zeit und Raum, die mir vorher unüberwindbar erschienen waren, zuwinkte.

DIE VERÖFFENTLICHUNG VON
THE CHURCH AND THE SECOND SEX: BIZARRE Werbung

Anfang 1968 kam *The Church and The Second Sex* in England heraus. In den Vereinigten Staaten erschien es im Frühjahr. Wieder einmal, nur diesmal auf eine neue Weise, öffnete sich meine Welt. Mein amerikanischer Verleger, Harper & Row, schickte mich auf Lesereisen, zu denen Live-Auftritte im Fernsehen gehörten. Ich wurde buchstäblich vor die TV-Kamera geschleudert, mit den goldenen Möglichkeiten, mich vor Millionen Zuschauern entweder brillant aufzuführen oder schrecklich zu blamieren. Mein erster Auftritt war in der „Alan Burke Show" in New York City, die ich mit Glanz hinter mich brachte. Kurz danach diskutierte ich mit William F. Buckley jr. in seiner auf Video aufgezeichneten Show „Firing Line". Buckley wollte über mein Buch sprechen, ohne sich mit dessen Inhalt vertraut gemacht zu haben. Obgleich ihm die Geistesgegenwart fehlte, seine Unwissenheit zu verbergen, zeigte er eine erstaunliche Fertigkeit, vor jeder Werbeeinblendung immer das letzte Wort zu haben. Es gelang mir jedoch, nach jeder „Pause" auf seine Unlogik zurückzukommen und sie zu widerlegen. Nach der Show erzählten mir Freunde, die im Publikum gesessen hatten, sie hätten gesehen, wie er immer dann, wenn er meinte, die Zeit für eine „Unterbrechung" sei gekommen, einen Knopf unter seinem Sitz drückte. Obgleich ich dies nicht sehen konnte, schien es nicht unwahrscheinlich, da die Werbeeinblendungen stets unmittelbar auf seine Pointen folgten.

Eine der absurdesten dieser Medien-vermittelten Erfahrungen war mein Auftritt in der „Our Man Mark Show" in Cleveland, einer Vormittagssendung, deren Zielgruppe Hausfrauen und kleine Kinder waren. Ich trat zusammen mit Blinko dem Clown auf, der den „Jungen und Mädchen" erklärte, wie sie ihre Milch trinken sollten. Nach diesem Teil führte mich der Gastgeber, ohne die winzigste Pause, mit ernsten volltönenden Worten als „die Theologin vom Boston College, Autorin von *The Church and The Second Sex*" ein. Obgleich mein Outfit mit dem von Blinko nicht zu vergleichen war, empfand ich eine Verwandtschaft in unseren Rollen und nahm die Herausforderung an.

Es gab viele andere bizarre Auftritte, doch die verblüffendste war wohl mein Live-Auftritt in der „Frank Ford Show" in Philadelphia im Mai 1968. Mein Verlag informierte mich in letzter Minute, daß ich zusammen mit Mitgliedern der Cryonics Society im Programm sein würde. Diese Gesellschaft bestand aus Menschen, die nach ihrem Tode ihren Körper eingefroren haben wollten bis zu dem Tag, wo eine zukünftige Wissenschaft sie auftauen und wiederbeleben könnte. Ich kam kurz vor Beginn der Show im Fernsehstudio an und erfuhr, daß ich allein mit dieser Gruppe auftreten sollte. Ich kam mir vor, als sei ich von Außerirdischen umgeben. Ehe ich wußte, wie mir geschah, hörte ich, wie ich als „*die* theologische Expertin für Cryonics von der *Boston University*" vorgestellt wurde. Das Thema Frauen und Kirche wurde in der Show nicht diskutiert, doch gab ich als meine offizielle Meinung die Erklärung ab, daß zwischen Cryonics und der christlichen Lehre von der Unsterblichkeit kein Widerspruch bestünde. Die Cryonics-Leute begrüßten meinen Kommentar aufs Wärmste. Außerdem flimmerte, höchst widersinnig, etwa dreißig Sekunden lang ein Exemplar von *The Church and The Second Sex* über den Bildschirm. Ich raste zum Flughafen in der wilden Hoffnung, wenigstens einige Restbestände meines Verstandes aus Philadelphia retten zu können. Später erhielt ich eine Nachricht von einer Freundin, die damals in Philadelphia wohnte, Jane Furlong Cahill, die mit mir in den fünfziger Jahren in St. Mary's Theologie studiert hatte. Jane hatte die Show voller Verblüffung gesehen und meinte, ich schiene nicht „ganz du selbst" gewesen zu sein. Wem sagte sie das!

WEITERE SCHWERWIEGENDE EREIGNISSE

Auf einer völlig anderen Ebene ereignete sich in jenem Frühjahr 1968 ein weiteres Schwerwiegendes Ereignis. Ich machte für einige Tage mit Freunden – Pat und Joe Green – Ferien in Florida, und wir gingen am Ostersonntag in eine katholische Kirche in Fort Myers. Ich hatte bereits davor allmählich aufgehört, in die Kirche zu gehen, doch die Tatsache, daß meine Freunde ihre kleinen Kinder mitnahmen, muß meine Entscheidung beeinflußt haben. Auf jeden Fall befaßte sich die Predigt mit dem Thema Bingo, und als ich um mich herum die blütenweiße Gemeinde mit den leeren Gesichtern in ihren Ostergewändern sah, empfand ich den überwältigenden Wunsch/die überwältigende Notwendigkeit/Entscheidung zu gehen.

Wir saßen weit vorn. Gerade als ich aufstand und allein den Gang hinunter dem Ausgang zustrebte, begann die Orgel zu spielen. Unglaublicherweise war die Hymne, die bei meinem Abgang durch die Kirche klang, „Daily, Daily, Sing to Mary" – jener Lobgesang, mit dem meine Lehrerin sich das Vergnügen gemacht hatte, mich als Kind zu necken. Ich hatte den Spaß als nicht witzig und langweilig empfunden. In diesem Augenblick des Rücken-Kehrens jedoch Hörte ich, wie die Hymne Dimensionen kosmischer Fröhlichkeit annahm. Seit Jahren hatte ich darum gerungen, der Kirche aus dem Weg zu gehen. Dies war jedoch ein Großer Abgang und ein Debüt. Ich kehrte den Rücken, verließ und sprang weiter in dieser Ersten Spiral-Galaxie von *Auswärts reisen*.

Das Frühjahr 1968 war auch die Zeit meiner ersten Folgenschweren

Erfahrung mit Frauen-Raum.* Drei Frauen, die Schwarze-Gürtel-Trägerinnen waren, gaben in einem Hörsaal einer großen Universität in Boston vor einem nur aus Frauen bestehenden Publikum eine Vorführung von Tae Kwon Do. Ich erinnere mich noch lebhaft an den Schwall von Energie/Gynergie, den ich verspürte, als ich jenen Raum betrat. Kurz nachdem ich gekommen und mich irgendwo hinten hingesetzt hatte, stürmte ein wütender Mann, dem man den Eintritt zu dieser nur für Frauen vorgesehenen Vorführung verwehrt hatte, in den Raum und wurde aufgefordert, wieder zu gehen. Er schrie, er habe ein Recht, hier zu sein, denn dies sei *sein* Raum in *seinem* Gebäude in *seiner* Schule. Als er sich weigerte zu gehen, hoben zwei Frauen in ihren weißen Karate-Anzügen ihn einfach hoch und trugen ihn hinaus. Als dies geschah, intensivierten sich die Wellen der Gynergie in erstaunlichem Maß. Ich wußte, ich erlebte etwas Neues. Frauen forderten unseren eigenen Raum. Wenn ich jetzt über dieses Ereignis nachdenke, würde ich sagen, daß wir *Nemesis** ausübten. In diesem Raum empfand ich nicht die Tragödie des Gebrochenen Versprechens. Dies war ein Augenblick der Verheißung, in dem die Gebrochenheit transzendiert wurde und ich einen Blick auf das Potential von Frauen-Identifikation/Integrität erhaschte.

DER KRIEG UM *THE CHURCH AND THE SECOND SEX*

Das akademische Jahr 1968/69 war angefüllt mit Aktivitäten, die mit Lehren und öffentlichen Vorträgen verbunden waren. *The Church and The Second Sex* brachte dem Boston College unerwünschten Ruhm. In jenem Winter bekam ich einen einjährigen, abschließenden Vertrag; das heißt, ich war gefeuert.

Ich bemühte keinen Rechtsanwalt, noch machte ich irgendwelche Kompromisse.* Obgleich ich noch kein Vokabular besaß, das dämo-

---

* *Women's Space ◑),* im *Wickedary* definiert als „Raum, geschaffen von Frauen, die unsere Selbste aus dem Status der Dienstbarkeit herausnehmen wollen: FREIRAUM; Raum, in dem Frauen archimagische Kräfte verwirklichen, den Fluß von Gynergie freisetzen; Raum, in dem Frauen Spinnen und Weben, kosmische Gewebe kreieren; Raum, in dem Frauen Zimmer, Webstühle und Besen für uns allein finden". AdÜ.: engl. in Anspielung auf Virginia Woolf: „Rooms, Looms, Brooms for our Own".

* *Nemesis* ● im *Wickedary* definiert als „1. Tugend über Gerechtigkeit hinaus, erworben durch inspirierte Akte Gerechten Zorns; Tugend, die Seherinnen dazu befähigt, der gefangenen Gerechtigkeit die Binde von den Augen zu nehmen; 2. Teilhabe an den Kräften der Göttin Nemesis; Elementale Unterbrechung des patriarchalen Gleichgewicht des Terrors; leidenschaftliches Spinnen/Spiralen der Archaischen Fäden der Gynergie".

* Ich beriet mich ein oder zwei Stunden lang mit einem Anwalt. Dieser – Irvin Cobb in Boston – und ich kamen zu dem Ergebnis, daß, da ich nicht gewillt war, einen

nische Phänomen der *Assimilation* zu beschreiben, erkannte ich die Gefahr und ging ihr irgendwie aus dem Wege.* In dieser Spirale der Ereignisse war nichts „normal", und ich glaube, das war deshalb so, weil ihr Ursprung, ihr Feuer, ihre Zielgerichtetheit und folglich auch ihr Ergebnis aus dem Hintergrund kamen.

1975 veröffentlichte ich folgenden Bericht über diese „Spirale der Ereignisse":

Obgleich sich die Verwaltung nie die Mühe machte, irgendeinen Grund für die Beendigung unserer glücklichen Beziehung anzugeben, konnten die Presse und fast alle anderen Menschen zwei und zwei zusammenzählen. Ein aufmüpfiges Zweites Geschlecht war für die Kirche einfach zuviel. Und für die Studenten am College ging es genau um diese Frage: War ihre Universität ein Ort, an dem Gedanken frei ausgesprochen werden konnten, oder war sie „die Kirche"?

Mein „Fall" wurde zu einer *cause célèbre*. Es war 1969, ein Jahr der Demonstrationen, und die Studenten wollten ein Symbol für ihren Kreuzzug für „akademische Freiheit". Ich war dieses Symbol. Es gab einige Monate des Kampfes. Ungefähr fünfzehnhundert Studenten demonstrierten. Zweieinhalbtausend unterschrieben eine Petition. All das wurde von der Verwaltung ignoriert, und diese fehlende Reaktion führte zu einem siebenstündigen Teach-in. Mehrere Professoren, die von anderen Universitäten gefeuert worden waren, sprachen, Studenten sprachen, ich sprach. Einige örtliche selbsternannte Hexen erschienen und verwünschten Boston College, erinnerten uns an den kirchlichen Brauch, Hexen zu verbrennen.

Am kommenden Tag stellten Studenten Streikposten vorm Haus des Präsidenten auf, und während der Nacht war das Verwaltungsgebäude mit leuchtend roten Graffiti geschmückt worden (von denen noch heute, trotz der kostspieligen Anwendung moderner

---

Kompromiß einzugehen, ich absolut keine Verwendung für einen Anwalt hatte. Diese Erkenntnis erwies sich als absolut richtig. Einige Jahre später hatte ich Rechtsanwälte, die auf „akademische Freiheit" und „Frauenrechte" spezialsiert waren, und diese Erfahrungen bestätigten die anfängliche Einsicht. Mir ist klar, daß einige Frauen in Akademia (und natürlich anderswo) sagen, daß ihnen Anwälte geholfen hätten. Ich bezweifle ihre Worte nicht. Doch der Preis ist exorbitant, nicht nur in Geld. Gegen eine patriarchale Institution mit der „Hilfe" einer anderen zu arbeiten, muß unvermeidlich Situationen hervorrufen, die demütigend, kräfteabsaugend und grundsätzlich zerstörerisch sind. Es verlangt, daß frau ihre Instinkte dämpft und 90 % dessen, was frau aus eigener Erfahrung weiß, verleugnen muß. Die Tatsache, daß es manchmal nötig ist, diese Hilfe in Anspruch zu nehmen, ist eine deprimierende Illustration des Lebens unter dem Regiment der Väter, Söhne und Heiligen Geister.
* Die Todsünde der *Assimilation* wird in *Gyn/Ökologie*, dem *Wickedary* und in Kapitel Sechs dieses Buches beschrieben.

Technologie zu ihrer Entfernung feine Spuren zu erkennen sind). Der Campus wurde zur Zirkusmanege, und rasch nahmen Fernsehkameras am Tatort Aufstellung. Die Story war der Aufmacher in den Bostoner Zeitungen, wurde in der *New York Times* berichtet und in einer Kolumne, die in vielen größeren Zeitungen im ganzen Land erschien, behandelt. Mein Fall hatte nationale, internationale, supernatürliche Aufmerksamkeit erregt, und die Jesuiten konnten sich nicht länger hinter ihren Rosenkranzperlen verstecken.

Die Mühlen der Bürokratie begannen sich schwerfällig in Gang zu setzen. Eine Sondersitzung des Senats der Universität wurde einberufen und ein „Fakultäts-Untersuchungsausschuß" wurde ernannt, um den Fall zu prüfen. Da dieser Ausschuß dem Präsidenten lediglich beratend zur Seite stand und außerdem zur „Geheimhaltung" verpflichtet war, hätte selbst eine einstimmige Entscheidung zu meinen Gunsten keinen Sieg garantiert. Als am Ende des akademischen Jahres noch keine Entscheidung verkündet war, schien mein Schicksal besiegelt.

Das Frühjahr 1969 war eine unglaubliche Zeit gewesen. Vom Dach meines Apartment-Hauses konnte ich das Hochhaus der Verwaltung des Boston College, Gasson Hall, sehen. Ich erinnere mich an das intensive Gefühl, daß sich dort ein Ur-Krieg abspielte, dessen Dimensionen nicht auf die „Frage" der akademischen Freiheit reduziert werden konnten. Es war ein archetypischer Kampf zwischen den Mächten und Gewalten, für den dieser „Fall" nur ein sehr offensichtliches Indiz war. In gröberen und unmittelbaren Begriffen ausgedrückt: In diesem Kampf stand „es" auf der einen Seite und ich auf der anderen, und ich war willens, diesen Todeskampf bis zum Ende durchzustehen. Vielleicht hing das Überleben von „es" nicht vom Ausgang dieses Kampfs ab, wohl aber das meine. Die praktisch/persönlich/politische Seite war einfach. Mit dem hinterhältigen Vorwand der „Geheimhaltung" wurde meine Karriere zerstört. Die Verantwortlichen der Universität hatten sich geweigert, öffentlich oder mir privat irgendeinen Grund für meine Entlassung anzugeben, doch das wohlbekannte Phänomen der Anspielungen hinter vorgehaltener Hand würde meine Laufbahn als Universitätslehrerin zunichte machen.

Der Sommer kam, und da in dieser Zeit die aufmüpfigen Studenten abwesend waren, war zu erwarten, daß die Verwaltung sich so verhalten würde, wie es für Universitätsverwaltungen typisch ist. Es würde eine stille Hinrichtung in meiner Abwesenheit geben. So sahen meine Erwartungen aus, als ich im Juni in einem kleinen College in Oregon ankam, um dort im Sommer-Programm zu unterrichten. Dann geschah das absurd Unwahrscheinliche. Am Tag meiner Ankunft kam ein Telegramm vom Präsidenten des

Boston College in Oregon an, das mich – ohne Gratulation – davon in Kenntnis setzte, daß ich befördert worden war und eine Anstellung auf Lebenszeit bekommen hatte.

Es war ein merkwürdiger Sieg. Offenbar hatte das Buch, das die Feindseligkeit hervorgerufen hatte, die zu meiner Entlassung führte, auch die Unterstützung hervorgerufen, die meine Wiederanstellung erzwang. Ich hatte nun die relative Sicherheit einer Professur auf Lebenszeit, die natürlich jederzeit die Möglichkeit von Verfolgung offenließ. Doch etwas war geschehen mit der Bedeutung von „Professor", der Bedeutung von „Universität", der Bedeutung von „Lehren". Die „Professoren" der verschiedenen „Fächer", die über mich und über mein Buch geurteilt hatten, hatten selbst nie Bücher geschrieben noch hatten sie meines gelesen oder verstanden. Während sie meine Lehrtätigkeit negativ beurteilten, lebten sie in Angst vor den Studenten, die mit ihrem „Lehren" nichts anfangen konnten. Ich begann mehr von dem unter Akademikern vorherrschenden „Beta-Bewußtsein" zu verstehen, ein Bewußtsein, das durch ein „Bildungs"-System verkrüppelt war, welches sie unfrei, feige und im radikalen Sinn ungebildet machte. Ich konnte mich auch nicht der Illusion hingeben, daß dieses Phänomen des Seelen-Schrumpfens nur für diese eine oder für kirchennahe Universitäten oder Menschen, die auf diesem Gebiet tätig waren, typisch war. Briefe und Gespräche, besonders mit Frauen, während des Ereignisses und danach machten deutlich, daß dies eine allgemeine Krankheit der „Universitäten" war, als Mikrokosmos, der die patriarchale Welt widerspiegelte. Ich erkannte, daß Boston College keine Ausnahme war. Vielleicht fehlten ihm sogar die raffinierteren Unterdrückungsmechanismen, die in den „großen" Universitäten angewendet wurden; es war da sogar so etwas wie Idealismus, der sich durch die Zerstörung hindurchschlängelte und dazu beitrug, diesen absurden Triumph zu ermöglichen.

Wichtig war die allgemeingültige Qualität dieser persönlichen „Offenbarung". Ich begann mehr von der Tragweite der feministischen Erkenntnis zu verstehen, daß „das Persönliche das Politische ist". Die Verknüpfungen innerhalb der Unterdrückungsstrukturen in einer patriarchalen Gesellschaft und die destruktive Dynamik, die diese Strukturen in ihren Opfern hervorrufen, schälten sich immer mehr heraus. Mit anderen Worten, ich begriff deutlicher, welcher Natur dieses Untier war und welchen Namen der Dämon trug: Patriarchat.

Die Abfolge der Folgen von *The Church and The Second Sex* wurde nun zu einem transformierenden Prozeß. Ich wurde versetzt in eine fortgeschrittenere Klasse in einer neugegründeten unsichtbaren Gegen-Universität, dem Feministischen Universum, deren Studentinnen aus allen Ecken des Planeten anfingen, sich zu entdecken und zu erkennen.[2]

PATRIARCHALE KRIEGSTAKTIKEN
UNTERSCHWELLIGES UNTERMINIEREN

Als ich ans BC zurückkehrte, schob mich eine neue Reihe von Erfahrungen weiter an in meinem Prozeß, die Taktiken des Patriarchats zu durchschauen. Ich war eine beliebte Lehrerin gewesen und hatte überhaupt keinen Grund anzunehmen, daß sich dies geändert hätte. Als ich im September 1969 zu meinen Vorlesungen kam, sah ich mich jedoch nur sehr wenigen Zuhörern gegenüber. Ich war verwirrt, war jedoch zu naiv oder zu wenig paranoid, um nach trüben Erklärungen zu suchen. Ich erkannte immer noch nicht die Komplexität der Intrigen, in denen sich akademische Verfolgung abspielt.

Eine besonders entnervende Erfahrung war, als ich zu meiner ersten Vorlesung in den mir zugewiesenen Hörsaal ging und keinen einzigen Studenten vorfand. Ich stand in einem leeren Raum. Mein Gefühl des Schocks angesichts dieser verrückt-machenden Situation war enorm. Ich fühlte mich völlig be-spukt.[3] Ich wartete einige Minuten, bis zwei oder drei Studenten kamen und verkündeten, daß sich hier ihr Schachclub treffen würde. Als ich dieses Phänomen meinen Kollegen gegenüber erwähnte, war es nicht möglich, eine Erklärung zu bekommen. Ich glaubte, daß ich zur richtigen Zeit in den richtigen Raum gegangen war. War ich verrückt? Die Situation klärte sich auf gespenstische Weise. Zur nächsten Vorlesung waren eine Handvoll Studenten da. Ich fühlte mich sehr merkwürdig, konnte jedoch der Sache nicht auf den Grund gehen. Es schien keine Erklärung zu geben. Ich erinnere mich, daß ich zu jener Zeit ein merkwürdiges Gefühl des Horrors in den Korridoren von Carney Hall, wo ich mein Büro hatte und wo die theologische Abteilung untergebracht war, entwickelte. Etwas für mich nicht Sichtbares geschah.

Eine merkwürdige Begleiterscheinung all dessen war meine ständige und wachsende Popularität als öffentliche Rednerin.[4] Das Gefühl der Unwirklichkeit, das aus dieser bizarren Situation entstanden war, wurde wenige Monate danach zum Teil aufgehoben, als eine Gruppe meiner (männlichen) Studenten zu mir kam und ihre Vorstellungen über das, „was da vor sich ging", um Studenten von meinen Vorlesungen abzuhalten, vortrugen. Sie hatten ihre Informationen zusammengetragen und waren zu dem Schluß gekommen, daß viele Studenten durch einige meiner Kollegen systematisch entmutigt wurden, an meinen Vorlesungen teilzunehmen. Diese jungen Männer nahmen es in die Hand, in Umlauf zu setzen, welcher Qualität meine Vorlesungen

seien, und das Problem löste sich damit teilweise. Doch die „Kollegen"
setzten ihre Bemühungen fort, mich in Mißkredit zu bringen, und
benutzten subtile und weniger subtile Methoden der Mystifikation. So
behaupteten einige bei der Einschreibung gegenüber leicht einzu-
schüchternden Studenten, meine Kurse seien „extrem schwierig", und
anderen gegenüber, meine Kurse seien bereits voll belegt.

Junge Frauen, die in der Lehrerinnen- oder der Schwesternausbildung
eingeschrieben waren, begannen zu versuchen, sich bei meinen Vorlesungen einzuschreiben, und die Rede von „extrem schwierig" war
besonders geeignet, sie fortzuschicken. Aufgrund ihrer Konditionierung
und ihrer Situation als Frauen hatten sie eher weniger Selbstvertrauen
als männliche Studenten. Wenn sie vom Lehrpersonal, das die „Mann-
schaft" für die Beratung vor der Einschreibung stellte, hörten, daß ich
lange und schwierige Literaturlisten vorgab, waren viele entmutigt.
Einige wenige mutige Seelen überwanden diesen Hindernislauf – von
dem ich natürlich noch nichts wußte.

Ich glaube, um diese Zeit (Herbst 1969) begann Der Wiederkehrende
Alptraum. Jahrelang tauchte er in unterschiedlicher Form immer wieder auf. Die klassische Form Des Alptraums war diese:

> Ich habe jene Doktorarbeiten nie beendet. Also gehe ich zurück
> nach Fribourg und versuche, meine alten Professoren zu finden.
> Als ich ankomme, entdecke ich, daß sich die Straßen verändert
> haben. Als ich einen der Professoren endlich finde, sagt er mir, daß
> ein Kapitel oder einige Fußnoten in meiner Dissertation (oder
> meinen Dissertationen) fehlen. Ich verlaufe mich, als ich versuche
> die fehlenden Teile zu finden. Ich wache mit einem Horrorgefühl
> auf.

Im Lauf der Jahre nahm Der Alptraum verschiedene Formen an. In
seiner drastischsten Form ging er etwa so:

> Ich habe noch keinen B.A. Ich bin schon ziemlich alt – fast
> vertrottelt – und besuche Abendkurse, um diesen Titel zu erwer-
> ben. Ich bin in einem großen hörsaalähnlichen Klassenraum, sitze
> weit hinten, schreibe mit, um den Kurs zu bestehen. Ich trage ein
> schäbiges Kleid und fühle mich sehr verwirrt und konfus.

Die Botschaft ist klar. Ich habe nie irgendeinen dieser Titel wirklich
erworben. Eine Frau konnte sie nicht bekommen. Eine Frau konnte
nicht durch die Institution der Höheren Bildung des Patriarchats
legitimiert werden. Dr. Mary Daly gibt es nicht. Ich bin eine Hochstaplerin.

Dieses Selbstbild als Die Hochstaplerin und das sich wiederholende Erlebnis Des Alptraums verfestigte sich in den siebziger Jahren,
teilweise als Folge der unterschwelligen Angriffe meiner sogenannten

Kollegen. Mit der Zeit half mir das gemeinsame Lachen mit FreundInnen, die subtilen spukigen Wirkungen zu exorzieren, doch lag eine massive Arbeit an kreativem Exorzismus vor mir.*

KREATIVER EXORZISMUS UND AUGEN-ÖFFNENDE ERFAHRUNGEN

Als ich mich in meiner Naivität und meinem Idealismus mit den patriarchalen Vordergrund-Betrügereien konfrontiert sah, wurde ich jedenfalls nicht „verrückt" und „bitter" – was sich die verdrehten Trickster als Ergebnis erhofften – sondern ich wurde Wilder, Wütender, Wagemutiger und war mir meiner Erkenntnisse und Intuitionen sicher. Auch entwickelte ich meine Be-Lachenden Fähigkeiten weiter.

1969 lernte ich die afroamerikanische Feministische Dichterin und Bürgerrechtlerin Pauli Murray kennen, die damals an der Brandeis-Universität unterrichtete. Wir wurden gute Freundinnen, teilten akademische und andere Horrorgeschichten und entwickelten eine Be-Lachende Kameraderie. Ich erfuhr sehr viel darüber, wie Rassismus ebenso wie Sexismus die Leben derjenigen, die unter patriarchaler Macht leben, korrodiert. In unserer Freundschaft gab es viele wichtige Momente.

Zu diesen gehörte eine Reise mit Pauli nach Bethesda, Maryland, wo wir an einem von einer Gruppe von Kirchenfrauen organisierten

---

* Diese absurden Träume haben eine trügerische Art von Wahrscheinlichkeit als Folge der Tatsache, daß in den sechziger Jahren das System der Benotung und der Registrierung akademischer Grade an der Univerisät Fribourg buchstäblich mittelalterlich war. Wir StudentInnen hatten kleine *Tabellae* oder Notizbücher, in die die Professoren am Ende jedes Semesters die Noten für Seminare mit ihrer Unterschrift eintrugen. (Die Noten lauteten *optime, valde bene, bene, sufficienter* oder *insufficienter*.) Ich weiß nicht, was geschehen wäre, wenn jemand seine *Tabella* verloren hätten. Nach meiner mündlichen Doktorprüfung in Theologie und in Philosophie wurde die Tatsache, daß ich die Doktorwürde mit Auszeichnung bekommen hatte, in beiden Fällen durch den zuständigen Dekan handschriftlich festgehalten. So wurde die Tatsache, daß ich das Doktorat in Heiliger Theologie *summa cum laude* bestanden hatte, vom Dekan der Theologischen Fakultät per Hand in ein großes Buch eingetragen. Er wollte hinzufügen: „Sie hat den Anti-Modernisten-Eid nicht abgelegt", doch ich schaute ihm über die Schulter und protestierte lauthals dagegen, da ich fürchtete, daß die Information später einmal dazu benutzt werden könnte, meinen Titel ungültig zu machen. So strich er diese Worte aus. Später wurden mir die Urkunden per Post zugeschickt, doch ich fürchtete, wenn ich sie jemals verlor, konnte ich nie beweisen, daß ich jene Grade überhaupt innehatte. Während meiner Reisen und vielen Umzüge habe ich die Rollen mit den Diplomen tatsächlich mehrmals zeitweise verloren. All das trägt irgendwie dazu bei, daß mein Gefühl von Realität bezüglich dieser Grade äußerst fragil ist. Ich sollte noch hinzufügen, daß die Universität Fribourg keine Abschlußzeremonie hatte. Möglicherweise hätte die Tatsache, daß die Urkunden öffentlich überreicht wurden, mir geholfen, den Grad für mich zu festigen.

Seminar teilnahmen, das aus Feministinnen verschiedener Berufe bestand. Ein „Futurist", der sich als dem Umfeld einer von Präsident Nixon ins Leben gerufenen „Denkfabrik" zugehörig vorstellte (und dessen Namen ich vergessen habe), sprach zu der Gruppe. Er sagte uns, daß nach „optimistischsten" Maßstäben der „X-Faktor" in der menschlichen Gesellschaft noch zwanzig Jahre überleben könnte. Mit „X-Faktor" meinte er, wie er sagte, so etwas ähnliches wie das, was allgemein als „freier Wille" und/oder „Geist" bezeichnet wird. Als Grund gab er an, daß es für die Regierungen zunehmend notwendiger werden würde, „Verrückte" unter Kontrolle zu halten, die Millionen von Menschen schaden könnten, beispielsweise dadurch, daß sie das Trinkwasser vergifteten.

Wenn ich mir dieses aus der Perspektive der Vierten Galaxie ansehe, in welcher es offensichtlicher als je zuvor ist, daß die Regierung aus Verrückten besteht und solche unterstützt, löst die Vorstellung, Abweichler seien die eigentlich Gefährlichen, Heiterkeit aus. Die Unheilprophezeiung des „Futuristen" hatte jedoch einen Anklang von Wahrheit und beeindruckte mich so sehr, daß ich die Geschichte in all meinen Vorlesungen erzählte und das nach wie vor tue. Der Punkt dabei war nicht die Zahl der Jahre, ausschlaggebend war vielmehr, daß hier eine negative Prophezeiung und ein negatives Versprechen abgegeben wurden, die Darstellung einer nekrophilen Zielsetzung, die ich Jetzt auch als eine Beschreibung der endgültigen Vordergrund-Zukunft, vorausgesagt von einem Vordergrund-Futuristen, bezeichnen würde.[5]

Eine weitere Reihe augen-öffnender Erfahrungen in dieser Zeit wurde durch die Flut von Briefen ausgelöst, die dem Erscheinen von *The Church and The Second Sex* und der Publizität, die mein „Fall" am Boston College nach sich gezogen hatte, folgten. Einige der Briefe zu dem Buch stützten sich auf Zeitungsartikel und nicht auf die direkte Lektüre des Buches. Besonders diese pflegten ziemlich bizarr zu sein. Speziell ein Brief hat sich in meine Erinnerung gegraben. Er kam von einem Priester, der argumentierte, Frauen könnten deshalb keine Priester sein, weil Gott nicht als Frau die Erde betreten habe. Außerdem, argumentierte dieser Briefschreiber, hätte „Er" nicht als Frau kommen können, weil „Seine" Bestimmung war, am Kreuz zu sterben. Wäre „Er" als eine „Sie" gekommen, hätte das bedeutet, daß ein weibliches Wesen halbnackt am Kreuz gehangen und unreine Gedanken in der Seele der Menschen hervorgerufen hätte (die vermutlich Kruzifixe mit halbnackten weiblichen Jesussen besitzen oder sehen würden). Deshalb, schloß dieser Briefschreiber, sei es offensichtlich, daß Frauen niemals Priester sein könnten, weil Gott so etwas – das heißt, Anlaß zur Sünde geben – niemals tun würde.

Ich habe diesen Brief hier nur grob zusammengefaßt. Der Priester beschrieb ziemlich plastisch die weiblichen Jesusse etc. Natürlich verblüffte mich diese Mitteilung. Ich bin sicher, daß ich fast Tränen gelacht habe. Der wichtigste Effekt war jedoch, daß mir dieser Brief einen Hinweis auf die Natur männlicher Phantasien zur Kreuzigung gab. Wahrscheinlich erkannte ich damals die weitergehenden Implikationen nicht und hielt diesen Burschen – oder versuchte es wenigstens – für ein ziemlich schrulliges Individuum. Doch ich glaube, daß die Botschaft von den Vordergrund-Phantasien mich auf einer unterschwelligen Ebene erreichte. So daß ich ein paar Jahre später bei der Lektüre von Hannah Tillichs Entlarvung ihres Ehemanns Paul Tillich, des berühmten Theologen, der besessen davon war, pornographische Filme mit gekreuzigten Frauen zu sehen, auf ihre verblüffenden Enthüllungen nicht ganz unvorbereitet war.[6]

Natürlich bekam ich auch viele positive und intelligente Briefe. In meinen zu jener Zeit chaotischen Lebensumständen konnte ich jedoch nicht alle beantworten. Während ich an diesem Kapitel schrieb, habe ich zwei riesige wattierte Umschläge vollgestopft mit *The Church and The Second Sex* betreffenden Briefen ausgegraben und entdeckt, daß ich auf den einen „Briefe von Verrückten" geschrieben hatte. Es war überraschend zu entdecken, daß beide Umschläge etwa gleich schwer waren. Ebenso zu Denken gibt die Tatsache, daß, als ich sie eilig auspacken wollte, sie sich auf den Fußboden ergossen und durcheinander gerieten und es mir praktisch unmöglich war, die „nicht-verrückten" von den „verrückten" zu unterscheiden. So stopfte ich sie, so gut ich konnte, wieder in die Umschläge zurück und schrieb weiter.

EINE KRITISCHE ZEIT DES ÜBERGANGS

Herbst 1969 markierte den Beginn drastischer Veränderungen. Ich begann, über die besondere Beschaffenheit meiner Erfahrungen im Boston College hinaus, die generelle Situation von Frauen und aller von den Institutionen des Patriarchats Unterdrückten zu sehen. Dieses Durchschauen geschah jedoch nicht in einem Schritt. Selbst als mein Geist bereits voranstürmte, war etwas in mir, das seine/meine Schritte ein wenig behinderte. In jenem November veröffentlichte ich beispielsweise einen Artikel in *Commonweal*, in dem ich mich von der Position des Priester-Theologen Charles Davis, der die Kirche verlassen hatte, distanzierte. Ich schrieb:

> Natürlich kann es passieren, daß man zu der Entscheidung kommt, die bestehenden Strukturen des Katholizismus seien so entfremdend und dysfunktional, daß die soziale Realität, genannt „die Katholische Kirche", abgelehnt werden muß. Dies scheint bei jemandem

wie Charles Davis der Fall zu sein. Obgleich ich seine Position respektiere und mehr mit dieser Art offener Kritik als mit dem offiziellen Katholizismus sympathisiere, bin ich nicht sicher, daß sie radikal genug ist. Mit diesem Schritt stellt sich das Grundproblem, daß diejenigen, die ihn unternehmen, zu Isolation und Wirkungslosigkeit verdammt scheinen. Ich für mein Teil bin immer noch bereit, auf meine eigene Weise (faul) an einer gegenseitig transformierenden Konfrontation mit meinem Erbe zu arbeiten, wobei ich immer noch naiv genug bin zu glauben, daß ich in gewissem Sinne gewinnen kann.[7]

Dieser Artikel war ein klassisches Beispiel von vorsichtigem Liberalismus. Ihm fehlte die Überzeugung und der Kampfgeist von *The Church and The Second Sex* und meiner späteren Schriften. Er war kaum ein Beispiel für Be-Sprechen. Auch mein Artikel „Das Problem der Hoffnung" 1970 war es nicht, obgleich es ihm gelang, die Luft aus der damals beliebten „Theologie der Hoffnung" herauszulassen. Ich meinte, daß „wir vielleicht geblendet sind von einem Zukunftsgerede, das möglicherweise mit einer Art von ‚Bibliolatrie' gekoppelt sein kann".[8] Hier besteht die tödliche Bloßstellung (Bloßstellung der Leblosigkeit) in dem Gebrauch von modifizierenden Termini und Satzteilen wie „vielleicht", „möglicherweise" und „eine Art von" – ziemlich viele Vorsichtsmaßnahmen für einen kleinen Satz. Der Artikel war auch voll der Pseudo-Oberbegriffe „man", „er" etcetera ad nauseam.

In den Jahren 1969/1970 arbeitete ich außerdem hart am Manuskript eines Buches mit mehreren vorläufigen Titeln. Einer war *Katholizismus: Tod oder Wiedergeburt?* Ein weiterer lautete *Katholizismus: Ende oder Anfang?* Frau könnte sagen, daß dies der Anfang vom Ende meiner Besorgtheit um das Schicksal des Katholizismus war. Das Bezeichnendste daran war wahrscheinlich das Fragezeichen am Ende jeden Titels. Auf jeden Fall verlor ich das Interesse an diesem Projekt. In der Mitte fiel es auseinander, oder frau könnte sagen, es war ein abortiver Versuch. Der Verlag, mit dem ich für dieses Buch einen Vertrag gemacht hatte (Lippincott), teilte meine Gefühle.

Obgleich ich nicht damit weitermachen konnte, litt ich unter dieser Zurückweisung meiner Arbeit. Später wurde mir jedoch klar, daß der Abbruch dieses Manuskripts ein verkappter Segen war. Es wäre sehr peinlich gewesen, wenn das Ding gedruckt worden wäre, besonders da ich ein oder zwei Jahre nach seinem Hinscheiden überhaupt nicht mehr mit seinem Bezugsrahmen übereinstimmte. Ich glaube, ich erkannte einfach, wie ich mit diesem Rahmen geleimt worden war, und wollte aus ihm ausbrechen.

Ein weiteres verwandtes schmerzliches Ereignis war die Tatsache, daß mein Verlag *The Church and The Second Sex* nicht wieder auflegen wollte. Bereits 1970 wurde ich informiert, daß es wahrscheinlich keine dritte Auflage geben würde. Diese Information war herzbrechend, und ich hielt die Situation für zutiefst verkehrt. Es gab unzählige Frauen, die die Information in jenem Buch brauchten.* Ich fühlte mich blockiert und ausgelöscht, doch ich würde keinesfalls aufgeben. Daß ich mich weiter voranbewegen konnte, lag teilweise an meinem Aktivismus. In jener Übergangsperiode 1969/70, als ich mich darauf vorbereitete, die Erste Spiral-Galaxie zu verlassen, suchte ich nach Möglichkeiten politischer Betätigung. In den ersten Jahren nach meiner Rückkehr in die Staaten hatte ich an einigen Veranstaltungen der „Friedensbewegung" teilgenommen, die zur amerikanischen Szene der sechziger Jahre gehörten, und hatte sie unbeschreiblich ermüdend gefunden. Ich hatte stets das Gefühl, daß mir als Frau eigentlich keinerlei Mitspracherecht bei den Dingen, um die es da ging, eingeräumt war. Bei jedem Versuch, in diesen Gruppen mitzuarbeiten, war ich mir entfremdet, ausgeweidet, kastriert vorgekommen. Ich kam zu dem Schluß: Wenn dies „Revolution" war, dann hatte das wenig mit mir zu tun.

Als nächstes ging ich zu den Treffen der National Organization for Women† sowohl in Boston wie in Worcester, Massachusetts. Diese NOW-Versammlungen waren positiver als meine bisherigen Erfahrungen mit politischen Gruppen. 1969 lernte ich bei einer dieser Veranstaltungen in Boston Andrée Collard kennen. Ihre Freundschaft und ihre Ideen wurden in den folgenden Jahren immer wichtiger für mich. Trotz solcher persönlicher Gewinne fehlte mir bei NOW jedoch etwas. Meine Phantasie konnte sich nicht entzünden.

Im Frühjahr 1970 (15. bis 17. Mai) fand in einem Klausurzentrum in Groton, Massachusetts, eine „Nationale Konferenz über die Rolle der Frau in der Theologischen Bildung" statt.[9] Ich organisierte diese Veranstaltung zusammen mit Jan Raymond. Jan studierte Theologie an der Andover Newton Theological School und bereitete sich auf ihren M.A. vor und nahm an meinen Kursen am Boston College teil. Zu den Fachfrauen für diese Konferenz gehörten Frauen aus Fakultäten verschiedener Institutionen: Peggy Way (University of Chicago Divinity School), Nelle Morton (Drew Seminary), Elizabeth Farais (Loyola University, Chicago), Pauli Murray (Brandeis), Marlene Dixon (McGill), Schwester Marie Augusta Neal (Emmanuel College) und Arlene Swidler (Redakteurin des *Journal of Ecumenical Studies*). Auch nahmen eine Reihe von Studentinnen an Theologischen Schulen im Raum Boston teil.

---

* Es war tatsächlich 1971 vergriffen, doch erschien es in einer neuen Inkarnation mit dem „Autobiographischen Vorwort" und der „Feministischen Nachchristlichen Einleitung" im Jahr 1975. Für die Geschichte dieser Wiedergeburt siehe Kapitel Neun.

† Engl. Abkürzung: NOW, Nationale Organisation für Frauen.

Wir waren nicht gerade eine trübe Gesellschaft. Am ersten Abend unserer Konferenz, als wir im Speisesaal saßen, nahm in einem anderen Teil des Saales eine andere Gruppe ebenfalls ihre Plätze ein. Plötzlich plärrte eine männliche Stimme aus einem Lautsprecher und dankte „unserem himmlischen Vater" für das Essen. Wir konnten alle diese sonore, dröhnende Stimme nicht ertragen. Typischerweise war es Betty Farians, die dies öffentlich machte, indem sie („unpassend") ausrief: „Gott ist *nicht* unser Vater!" Die darauf folgende Stille war umwerfend.

Im Verlauf dieser Konferenz entwarfen wir Vorschläge für Women's Studies† innerhalb des Boston Theological Institute, eines Zusammenschlusses der theologischen Schulen in der Region Boston. Wir entwarfen Grundvorstellungen für ein Forschungszentrum und ein Institut für Frauen, die innerhalb des BTI geschaffen werden sollten.[10] Mit unseren Wünschen griffen wir nach den Sternen. Ich persönlich stellte mir vor, daß Women's Studies die theologische Ausbildung im besonderen und die Universitäten im allgemeinen übernehmen sollten. Mein Optimismus war grenzenlos und – aus der Perspektive der vierten Galaxie – nicht ganz unbegründet. Trotz aller Rückschläge muß fairerweise gesagt werden, daß sich seit 1970 viel verändert hat.

Obgleich ich mich nicht wirklich in den Rahmen von NOW einpassen konnte, hielt ich ihre Rolle im komplexen Mosaik der Frauenbewegung für wichtig. In den Jahren 1969/70 trafen sich sogar für kurze Zeit eine Gruppe meiner Freundinnen und Bekannten als „NOW Religious Task Force" (NOW-Projektgruppe Religion, AdÜ.) in meiner Wohnung in der Commonwealth Avenue. Trotz des seriösen Titels waren diese Treffen häufig eher wilde Zusammenkünfte, die von den unterschiedlichsten Typen besucht wurden, mit dem gemeinsamen Ziel, die patriarchale Religion zu entlarven und zunichte zu machen. Einen Großteil der Zeit wälzten wir uns eigentlich auf dem Fußboden vor Lachen. Zu unseren Mitfrauen gehörte eine junge protestantische Pfarrerin (die ich als „Caroline" in Erinnerung habe), deren üblicher/unüblicher Outfit aus schwarzem Minirock und Hemd bestand, gekrönt von einem Priesterkragen und einem Motorradhelm. Ihre Ankunft wurde stets durch das laute Röhren ihrer Maschine angekündigt. Alles in allem könnte frau sagen, daß sie die Inkarnation des Geistes unserer Gruppe war.

---

† Der Begriff *Women's Studies* wurde inzwischen in *Frauenstudien* eingedeutscht. Diese Eindeutschung überträgt nicht deutlich den wichtigen englischen Genitiv (Studium der Frauen, im Sinn von: Frauen betreiben das aktiv) und kann als Studien *über* Frauen (Frauen als Forschungsgegenstand und nicht als Forschende) ausgelegt werden, was in der Realität häufig geschieht. Ich übernehme daher diesen doppeldeutigen deutschen Ausdruck nicht.

So war 1970 meine Wohnung ein Zentrum des Radikalen Feministischen Aktivismus und intellektuellen Lebens geworden. Hier hatten meine Mutter und ich im ersten Jahr nach unserer Rückkehr aus der Schweiz gelebt, hier war sie im Dezember 1967 gestorben. Ich spürte, daß die Räumlichkeiten von ihrer Aura und ihrer Anwesenheit durchdrungen waren. Bei unseren unzähligen Treffen, Sitzungen, um Ideen zu Spinnen, und funkenschlagenden Gesprächen war sie ständig anwesend. Sie war ganz besonders Anwesend, als ich – vor ihrem Tod – *The Church and The Second Sex* schrieb, und sie blieb weiter Da, während ich weiter schrieb.*

BEDEUTSAME ANWESENHEIT: DIE ANWESENHEIT BEDEUTSAMER ZEIT

Kurz nach dem Tod meiner Mutter ereignete sich ein Phänomen, das eine bleibende Mahnung ihrer Anwesenheit war und immer noch ist. Neben ihrem Bett stand ein kleiner Reisewecker, den ich ihr einige Jahre zuvor geschenkt hatte. An dem Morgen, als sie starb, blieb die Uhr stehen, und zwar zwölf Minuten nach elf. Etwa eine Woche später blieb meine Uhr stehen, während ich schlief, und zwar abends um zwölf Minuten nach elf. Das war, als ich auf meiner Rückkehr vom Begräbnis meiner Mutter in der Heimatstadt ihrer Kindheit, Glens Falls, New York, im Haus von Pat und Joe Greeen in Natick, Massachussetts, übernachtete. Damit fing es an. Seither hat sich in all den Jahren seit Dezember 1967 das 11.12-Phänomen in unterschiedlicher Weise wiederholt.

Ich kann gar nicht anfangen aufzuzählen, wie oft ich ein Zimmer betreten habe oder eine Straße hinuntergegangen bin und eine Uhr genau 11.12 anzeigte. Es passierte in unterschiedlichen Städten und Ländern. Manchmal war ich mit anderen Menschen zusammen und manchmal allein, wenn es passierte. Ein typisches Beispiel war, als ich bei einem Erinnerungsbesuch in Fribourg 1968 aus dem Zug stieg und mich direkt der großen Bahnhofsuhr gegenübersah, deren Zeiger genau 11.12 anzeigten.* Bezeichnend, wenn auch weniger spektakulär sind die unzähligen Male, wenn ich genau zu dieser Zeit auf meine

---

* In jener Wohnung wurden viele Artikel geschrieben, außerdem *Jenseits von Gottvater*, das „Autobiographische Vorwort" und die „Feminist Postchristian Introduction" zu *The Church and The Second Sex* 1975 und *Gyn/Ökologie*. Als ich im Sommer 1979 dort auszog, ließ ich einen Raum intensiven Lebens und Radikaler Feministischer Kreativität zurück.

* Ein besonderes Erlebnis in dieser Richtung hatte ich in den achtziger Jahren, als ich in Leverett, Massachusetts, lebte. Siehe Kapitel Dreizehn.

Uhr schaute oder die Zeitansage anrief. Auch während ich an diesem Buch schreibe, habe ich dieses Phänomen ständig erlebt. Manchmal, wenn ich bis spät in die Nacht hinein gearbeitet hatte, wachte ich am späten Morgen auf und fand die Zeiger der Uhr genau auf 11.12.

Besonders interessant war meine Entdeckung, daß das 11.12-Phänomen ansteckend war/ist. Seit den späten sechziger Jahren bis heute machten meine engsten Freundinnen und Mitarbeiterinnen die gleiche Erfahrung. Es bedeutete/bedeutet etwas Wichtiges, aber was? Jahre –, jahrzehntelang habe ich mich das gefragt und über verschiedene mögliche Erklärungen nachgedacht. Ich dachte an die sich anbietenden Psychologiegeschwafel-Erklärungen wie „Autosuggestion", doch das berührt in keiner Weise die erstaunliche Komplexität des Ereignisses. Frau könnte natürlich sagen, daß diejenigen, die 11.12 erleben, sich selbst programmiert haben, auf 11.12. zu achten, und daher um diese Zeit eine erhöhte Aufmerksamkeitsstufe für Uhren haben. Worauf ich erwidern würde: Auch wenn das alles stimmen sollte, was sagt es? Nichts davon geht dem Ereignis wirklich auf den Grund. Nichts davon beantwortet die Frage: Warum? Was bedeutet es? Ich habe in all den Jahren eine Reihe von „Erklärungen" für das sich wiederholende Phänomen durchdacht. Es bleibt teilweise dunkel und unendlich vielsagend. Es hat viele Ebenen. Es gemahnt, einem Koan vergleichbar, ständig an die Grenzen rein linearen Denkens und ist ein Katalysator für Er-Innerungs-Sprünge und das Erwachen verlorengegangener Sinne.

Es geht eindeutig um Zeit.* Die Synchronizitäten/Syn-Crone-izitäten, die in der Erfahrung von 11.12. involviert sind, können sicher nicht in reduktionistischen Kategorien „erklärt" werden. Und ganz sicher liegt all dies außerhalb der Reichweite der entfremdenden, simplizistischen, hirnverschmutzenden „mystischen" Kategorien der New Age-„Spiritualität". Aus meiner Gegenwärtigen Perspektive kann ich die 11.12-Erfahrung als eine Form der Markierung von Augenblicken in jener Intergalaktischen Bewegung, welche die Strahlkräftige Reise ist, Sehen und Be-Nennen. Das heißt nicht, daß jedes 11.12 ein bestimmender Augenblick war, doch eine Anhäufung davon signalisiert die Anwesenheit einer Bedeutsamen Zeit.*

* Ein Ableger der Gedanken zu diesem „Koan" ist *Appendicular Web Four* im *Wickedary*: „Jumping Off the Doomsday clock: Eleven, Twelve ... Thirteen." (Von der Uhr des Jüngsten Tages herunterspringen: Elf, Zwölf ... Dreizehn.)
* Das 11.12-Phänomen scheint mir mit dem mir seit College-Zeiten als „der kleine Grüne Mann/die kleine Grüne Frau" bekannten Zeitplanungswesen verbunden zu sein. Dieses wiederum ist verbunden mit dem „Traum vom Grün", den ich hatte, als ich an der Catholic University für meinen M.A. in Englisch arbeitete, und der mich mahnte, daß es Zeit sei, mich weiter auf die Reise/Suche zu begeben, eine Philosophin zu sein. Während ich an diesem Buch schrieb, Er-Innerte ich mich daran, daß ich meinen „Traum vom Grün" hatte, nachdem ich die Dichtungen *Gawain und der Grüne Ritter*

Seit meiner frühen Kindheit gab und gibt es Dimensionen, in denen ich die Teilhabe am Sei-en erlebt habe. Doch nach dem Schock über den Tod meiner Mutter wurde mir allmählich Elementale Realität auf noch Andere Weise bewußt. Im Großen und Ganzen sind und waren solche Bewußtwerdungen in Wirklichkeit lediglich Ent-Deckungen vergessener Dimensionen, die durch dicke Schichten von in den Fabriken patriarchaler Zurichtung hergestellten Hirnbandagen zugedeckt waren. Dieses Erwachen geschah jeweils in Augenblicken, in denen die patriarchal auferlegte *amnesia* überwunden wurde – Augenblicke von Anamnesie/Ent-Vergessen.

DIE SUCHE NACH DEN VERLORENEN SINNEN

Meine Trauer über den Tod meiner Mutter und die tiefen Fragen, die dadurch aufgeworfen wurden, trieben mich vorwärts auf eine Suche – Jetzt würde ich es eine Suche nach den Verlorenen Sinnen nennen. Im Januar 1968 besuchte ich mit Pat und Joe Green ein Treffen der Spiritual Frontiers Society (etwa: Gesellschaft für Grenzgebiete des Geistes, AdÜ.) in Natick, Massachusetts, und das führte dazu, daß ich Treffen in den Häusern verschiedener Mitglieder dieser Gesellschaft besuchte. Das war für mich eine neue Erfahrung. Ich hatte nie zuvor in einem Kreis im Dunkeln gesessen, in einer Gruppe, deren Mitglieder Dinge sahen, die für mich unsichtbar waren. Eine sah zum Beispiel einen Leoparden auf dem Fußboden liegen, eine andere sagte etwas über die Schönheit seiner Augen. Jemand „schickte" eine wunderbare chinesische Teekanne zu einem weiteren Teilnehmer, der – atemlos vor Bewunderung – ihr (oder ihm) dankte. Ich starrte unterdessen in die Dunkelheit und sah nichts, war hin- und hergerissen zwischen dem Bedürfnis zu kichern und dem Gefühl eines unbeschreiblichen Defizits. Nach mehreren dieser fruchtlosen Sitzungen ging ich nicht mehr hin.

Obgleich mir diese Erlebnisse damals und auch heute noch komisch erschienen, glaube ich nicht, daß diese Leute „verrückt" waren oder daß sie halluzinierten. Sie waren auf andere Aspekte von Realität „eingestimmt", als ich sie erlebt hatte. Sie waren vernünftig, ernsthaft, intelligent und liebenswürdig, und ich hatte keinen Grund, sie nicht zu respektieren. Ein wichtiges Ergebnis meiner Abenteuer mit „Spiritual Frontiers" war, daß ich durch diese Gruppe von Gladys Custance hörte, einem spiritualistischen Medium, das mit außergewöhnlichen Kräften ausgestattet war.

und *Perle* aus dem 14. Jahrhundert studiert hatte. Es ist interessant, daß *Pearl* aus 101 Strophen besteht, die je 12 Zeilen lang sind. Vgl. Kapitel Zwei.

Vor meinem Bedeutungsschweren Treffen mit jener Frau lernte ich eine Reihe anderer Menschen kennen, von denen es hieß, sie hätten mediale Fähigkeiten, doch irgendwie konnten sie mir nicht vermitteln, was ich glaubte wissen zu müssen. Ein besonders erstaunliches Erlebnis hatte ich im Sommer 1970, als ich eine Einladung zu einer Fünf-Tage-Vortragsreihe an der Chautauqua Institution, New York, annahm. Als ich diesen Ort betrat, war es, als sei ich in eine totale Zeitverschiebung geraten. Das an einem wunderschönen See gelegene Institut war 1874 gegründet worden, und es war in der Tat eine Reise ins neunzehnte Jahrhundert. Der Stolz des Instituts waren seine Sommer-Veranstaltungen, die Vorträge, Symphonie-Konzerte, Opern, Theater, Sommerkurse, religiöse Aktivitäten und Sport miteinander verbanden. Meine Vorträge zum Generalthema „Christen in der Krise" waren von Montag bis Freitag um 16.30 Uhr angesetzt (zu Themen wie „Glaube und Zweifel", „Der Tod Gottes und die Probleme des Mythos" und „Entfremdung und existentieller Mut"). Diese Gespräche, die jeden Tag eine größere Zuhörerschaft anzogen, fanden an einem unwahrscheinlichen Ort statt: die Imitation einer Ruine eines großen griechischen (oder römischen) Tempels.

Da ich viel freie Zeit hatte, unternahm ich kürzere Ausflüge. In Chautauqua hatte ich von der Stadt Lily Dale gehört, die voll von spiritualistischen Medien sein sollte. Vielleicht hatte mich Chautauqua in die Stimmung versetzt, einen solchen Ort aufzusuchen. Auf jeden Fall war der Gedanke an einen Besuch unwiderstehlich, also fuhr ich hin. Die Straßen von Lily Dale waren von Häusern gesäumt, in deren Vorgärten Schilder standen mit der Aufschrift, daß hier ein Medium oder ein Astrologe etc. lebten.

Ich wählte ein Medium – eine Frau von etwa siebzig Jahren, die mir sagte, daß sie Sprechunterricht gebe und in den Sommern nach Lily Dale käme. Ich war erschüttert, als sie mich darauf aufmerksam machte, daß einige der Dinge im Zimmer „apportiert" seien und jederzeit verschwinden könnten. Dutzende kleiner Statuen standen herum, und ich beäugte sie argwöhnisch. Währenddessen lag der Hund des Mediums unter einem Stuhl (entweder unter ihrem oder meinem) und fiel in tiefen Schlaf. Bei dieser Frau hatte ich meine erste „Sitzung", an deren Inhalt ich mich kaum erinnere. Es kam mir nicht besonders zutreffend vor. Die ganze Szene jedoch ist unvergeßlich.

Diese Erfahrung als solche könnte als Sackgasse erscheinen, doch sie hatte wahrscheinlich die Folge, meinen Appetit auf eine befriedigendere Sitzung zu reizen. Ich glaube, es war kein Zufall, daß ich im August jenes Sommers den Plan ausführte, nach Cape Cod zu fahren, um eine Sitzung bei Gladys Custance zu haben. Dieser Moment enthüllte die ganz besondere Qualität von Gladys' Gabe. Es war das erste von vielen Treffen mit dieser und durch diese bemerkenswerte

Frau – Treffen mit Dimensionen und Welten, die ich als Natürlich und Real kennenlernte – kaum zu „glauben".

Ich hielt mit Gladys Custance Verbindung, hatte jedes Jahr einen „Check-in" mit ihr, und in den Jahren vor ihrem Tod am 27. März 1988 wurden wir gute Freundinnen. Jetzt, in der Vierten Spiral-Galaxie, in der ich dieses Buch schreibe, wird mir klar, in welch bedeutsamem Ausmaß sie von unserer ersten Begegnung an mein Leben und Schreiben beeinflußte, und ich erwarte noch größere Spiralende Abenteuer.

IN DEN WIRBEL DER ZWEITEN SPIRAL-GALAXIE HINEINSPRINGEN

Nach jenem Sommer 1970 änderte sich die Qualität meines Schreibens. Sie sprang. Zu Ende jenes Jahres, als ich mich immer mehr in die miteinander verknüpften Kontexte von beginnender Frauenbewegung, mit E-motionaler Energie aufgeladener Freundschaften sowie den mir immer zugänglicher werdenden Bereichen spirituellen Wissens hineinbegeben hatte, entfalteten sich mein Schreiben, mein Lehren und meine öffentlichen Vorträge in Neue Richtungen.

Nachdem ich meine Vorsicht in den Wind geschleudert hatte, wurde ich/meine Selbst dahin geschleudert, den Code des patriarchalen Systems zu knacken und die Verbindungen zwischen den Manifestationen patriarchaler Unterdrückung zu Be-Nennen. Ich war an vielen Fronten aktiv.[11] Trotz der Tatsache, daß meine *pro-choice*-Haltung (für freie Entscheidung der Frau, AdÜ.) in der Abtreibungsfrage den Zorn von „Kollegen" erregte, sprach ich auf Kundgebungen, zum Beispiel auf der von der Massachusetts Organization for the Repeal of Abortion Laws (Organisation für die Aufhebung der Abtreibungsgesetze, AdÜ.) im Oktober 1970 veranstalteten Kundgebung. Ein besonderer Augenblick von Prophezeiung und Versprechen ereignete sich im November, als ich an einem ökologischen Seminar am Northeastern University Warren Center in Ashland, Massachusetts, teilnahm. Durch die einfache Bemerkung, das Patriarchat sei die Ursache für die ökologischen Probleme und die Zerstörung der Umwelt und die Unterdrückung von Frauen hingen zusammen, ließ ich eine Bombe platzen. Dieser Akt des Be-Sprechens rief eine derartige Kontroverse hervor, daß schließlich jemand rief, die Gruppe (die außer mir ausschließlich aus Männern bestand) solle sich teilen – „in jene, die über Ökologie und jene, die über die ‚Frauenbefreiung' reden wollten!" Doch konnte die Gruppe nicht geteilt werden, und die Diskussion öffnete uns die Augen.

Da der radikale Impuls meiner Reisen in der Ersten Spiral-Galaxie mich ohne Rücksicht auf Verluste aus dem christlichen Bezugsrahmen hinaustrug, änderte sich der Brennpunkt meines Interesses und meiner Energien grundlegend. So brachte mich beispielsweise der Artikel, den ich 1969 auf Robin Morgans Bitte hin für ihre Anthologie *Sisterhood Is Powerful* geschrieben hatte, bereits kurz nachdem das Buch 1970 herauskam, ein wenig in Verlegenheit.*

Die sich steigernde Intensität Neuer Augenblicke machte es mir möglich, mich in den Wirbel der Zweiten Spiral Galaxie hineinzubegeben. Ehe ich jedoch zu der Geschichte jener Galaxie komme, will ich mich der Aufgabe philosophischer Reflexion zuwenden – einer Reflexion aus meinem jetzigen Blickwinkel sowohl über die Elementalen Ereignisse als auch über die Vordergrund-Bedingungen der Ersten Spiral-Galaxie. Ich hege die Hoffnung, daß dieser Prozeß, mehr über die Bedeutung jener frühen Augenblicke zu ent-decken, andere Reisende ermutigen kann, Gynenergie zurückzuwinnen, um ihre eigene Strahlkräftige Reise fortzusetzen.

---

* Er wurde immer mehr zu einer Quelle der Peinlichkeit, da die Anthologie ein feministischer „Bestseller" und ich sehr schnell immer radikaler wurde. Emily Culpepper erinnerte sich in einem Gespräch über das Manuskript von *Auswärts reisen*, daß sie 1971 geschwankt hatte, ob sie sich in meine Frauenstudien-Kurse am Boston College einschreiben sollte, weil der Artikel so konservativ war. Sie nahm dann doch an den Kursen teil und war angenehm überrascht (transkontinentales Telefongespräch Oktober 1990).

KAPITEL SECHS

ÜBERLEGUNGEN ZU PHILOSOPHISCHEN THEMEN DER ERSTEN SPIRAL-GALAXIE

Die Gedanken zu den frühen Momenten meiner Reise, wie ich sie in diesem Kapitel darstelle, wurden – nach Vordergrund-Begriffen – Anfang der neunziger Jahre aufgezeichnet. In Anderen, Hintergrund-, Worten: Sie wurden aus dem Blickpunkt der Vierten Spiral-Galaxie geschrieben, der Galaxie der Zeit-Reisen – einer Megagalaxie/Metagalaxie, die aus Momenten Bedeutsamen Er-Innerns besteht.† Auch die vorangegangenen – und die folgenden – Kapitel von *Auswärts reisen* wurden ebenfalls aus der Perspektive der Vierten Galaxie geschrieben. Das heißt, die Erinnerungen aus meinem *Logbuch* sind ebenfalls Phänomene der Vierten Galaxie. Durch Zeit-Reisen kann ich frühe Momente zurückverfolgen wie mit einem Leuchtstift. Wenn ich sie in der Vierten Dimension wieder aufsuche, bekommen sie einen Neuen Sinn und nehmen zusätzliche Bedeutungsebenen an.

DIE KRAFT/DAS WERKZEUG/DAS SCHIFF DER VIERTEN DIMENSION†

Diese Zeit-Reise-Abenteuer wurden aufgrund meiner *Craft* möglich. Das Wort *craft* bedeutet unter anderem Können und Geschicklichkeit. Wilde Frauen bezeichnen unsere Stärke, Kraft, Fertigkeiten und Betätigungen manchmal als *Witchcraft* (Hexenkunst, AdÜ.). Meine besondere *Craft* umfaßt Schreiben und philosophische Theorien Schmieden.

Craft ist etymologisch mit dem Verbum *crave* (sich heftig sehnen) verwandt. Ich habe als Reisende mit meiner *Craft* spiralt und spirale weiter, weil ich mich heftig nach etwas sehne, weil ich ein starkes Verlangen nach etwas habe. Dieses „etwas" ist das freie Entfalten und Ausdehnen meines Sei-ens. Von Wunderlust und Wanderlust angetrieben, *ist* meine Suche die Entfaltung und Mitteilung meines Sei-ens.

Mir ist klar geworden, daß eine meiner wichtigsten und grundlegenden Aufgaben ist, die Verantwortung für meine *Craft* zu übernehmen, denn damit wird das „die-Frau-als-Gefäß"-Motiv, das in der

---

† Unübersetzbares Wortspiel: *Moments of Momentous Re-membering.*

† Engl. *The Craft of the Fourth Dimension.* Zur Mehrfachbedeutung von *Craft* siehe AdÜ. S. 15. Ich werde die deutschen Ausdrücke alternativ je nach Sinn verwenden. Da dies stets nur eine Annäherung an die Mehrfachbedeutung sein kann, lasse ich dort, wo alle Bedeutungen unbedingt mitgedacht werden sollten, das englische Wort stehen.

Stagnation† vorherrscht, überwunden. Unter phallokratischer Herrschaft sind Frauen auf die Rolle von Gefäßen/Behältnissen, die von Männern dirigiert und kontrolliert werden, eingeschränkt.[1] Da diese Rolle die grundlegende niederträchtige Umkehrung des eigentlichen Sei-ens von Reisenden/Spiralenden Frauen ist, werden wir zu Umkehrerinnen jener tödlichen Umkehrung, wenn wir unsere Crafts/Vessels† in die eigene Hand nehmen. In diesem Prozeß werden wir *crafty* (listig, schlau, verschlagen, AdÜ.).

Aus meiner Gegenwärtigen Perspektive Sehe ich, daß in der Vierten Spiral-Galaxie die *Craft* der *Crafty* Reisenden wirklich als *Craft* der Vierten Dimension sich zu Bewegen beginnen kann. Denn hier steht ein persönlicher/politischer/historischer/Elementaler Kontext zur Verfügung, in dem die früheren Augenblicke gesehen werden können. Dieser Kontext enthält Hintergrund-Wissen, das zuvor unterschwellig war und das mit der Zeit bis zu einem gewissen Grade offenkundig geworden, das heißt, deutlich Erkannt worden ist. Solches Wissen wirft Licht auf meinen Orientierungssinn und meine Zielgerichtetheit über die Jahre. So kann ich Jetzt mein Schiff zurücksteuern, um die Augenblicke der Ersten Spiral-Galaxie (und der Zweiten und der Dritten) wieder aufzusuchen und zu Er-Innern. Da ich nun so weit spiralt bin, kann ich jenen früheren Momenten gegenüber auf eine Weise Präsent sein, in der ich „damals" nicht Präsent war. Ich kann diese Momente viel weiter und tiefer erleben, als es mir damals zugänglich war. Dieses Neue Wissen und demzufolge ihr Neues Be-Nennen verstärkt ihre Bedeutung und ihre Triebkraft. So beschleunigt die Perspektive der Vierten Spiral-Galaxie die Wirbelnde Bewegung der Anderen Galaxien. Die beschleunigte Triebkraft ist kumulativ. Das logische/Crone-logische Ergebnis ist eine Art Intergalaktischer Wirbelwind.

Beim Zurückschauen und Wiedererleben der Frühen Momente aus diesem Stadium der Bewegung meiner Craft heraus Ent-Hüllt sich die vorher verborgene Vierte Spiral-Galaxie, die nicht einfach nur „die nächste" ist wie in der Reihenfolge: „1,2,3,4". Die Vierte Spiral-Galaxie ist vielmehr eine Metagalaxie, die in gewisser Weise aus den Anderen besteht, doch auch mehr als deren Summe ist. Sie hat besondere Dimensionen von Selbst-Bewußtsein und Meer-Bewußtsein, denn mein Kurs wird hier/Jetzt in Tiefer Erinnerung zurückverfolgt. Wenn ich als Weberin mit meinem Leuchtstift Netze von Beziehungen heraushole,

---

† Engl. *Stag-nation*, Doppelbedeutung von Stagnation und Stag-Nation: *Stag* ist der männliche Hirsch, auch das Männchen verschiedener anderer Tierarten, auch ein nach der Reife kastriertes männliches Tier und – darauf spielt Mary Daly hier an – in der amerikanischen Umgangssprache ein „unbeweibter" Herr, ein Mann ohne Damenbegleitung (*Stag-party* = Herrengesellschaft; *to stag* = ohne Damenbegleitung gehen). Vgl. *Gyn/Ökologie*, S. 27.

† *Vessel*: Doppelbedeutung von Gefäß/Schiff.

dann bewegt das meine Sicht nach allen Seiten und vorwärts. So verbannen diese Schimmernden, Strahlkräftigen Momente des Er-Innerns durch das Leuchten des Hintergrund-Sei-ens vieles von dem Vordergrund-Smog, der über den früheren Momenten hing, in den Schatten. Die Craft der vierten Dimension „erfüllt" also nicht lediglich meine Momente von Prophezeiung und Versprechen, sondern sie erweckt neue Kräfte der Prophezeiung und erweitert mein Versprechen, denn mein Horizont als Reisende weitet sich aus. Um es Anders auszudrücken: Im Gegensatz zu rückwärtsgewandten „Memoiren" sind meine Erinnerungen wie Galvanisierende Intergalaktische Galopps, die meine Craft wiederaufladen, die sich zu Zeiten wie ein rasendes Streitroß, eine dahinstürmende Mähre und zu anderen Zeiten wie ein Besen anfühlt. Denn dies ist eine Art Zeit/Raum-Reise, die sich einfachen Etikettierungen oder Beschreibungen widersetzt.

MEINE PIRATINKUNST/MEIN PIRATINSCHIFF

Aus der Perspektive Bedeutsamen Er-Innerns erkenne ich, daß meine Craft der Vierten Dimension zugleich meine Piratin-Kunst, mein Piratinschiff ist. Ich bin und war die ganze Zeit hindurch eine Piratin. Ja, ich sehe Jetzt mein ganzes Leben als ein zunehmend kühneres Piratinunternehmen, zu dem gehörte, daß ich Wissensschätze, die den Frauen gestohlen und vor ihnen versteckt worden waren, Rechtmäßig Plünderte und sie auf eine Weise zurück-Schmuggelte, daß sie nun unabhängig von den hirneinbindenden Scheuklappen, in denen sie von den patriarchalen Dieben versteckt und verzerrt wurden, gesehen werden können.

Während der Ersten Spiral-Galaxie habe ich hauptsächlich Schätze geplündert und für Zukünftige Verwendung aufbewahrt. Obgleich ich meinen Lebensunterhalt mit Unterrichten verdiente, in erster Linie, um mich durch die Graduate School(s) zu bringen, war dieses frühe Lehren nicht bewußt subversiv und kann deshalb nicht als Schmuggeln in dem Sinn bezeichnet werden, daß ich Schätze zurückgewonnen hätte, indem ich sie auf Neue Weise Be-Nannte oder ihr verstecktes Befreiungspotential Frauen zugänglich machte. Ich bereitete mich jedoch mit vielen Studienjahren auf diese Crafty Beschäftigung vor. Zwar habe ich bereits in meinen Veröffentlichungen der sechziger Jahre, in den frühen Feministischen Artikeln und in *The Church and the Second Sex* ein bißchen vorbereitend geschmuggelt.* Doch war

---

* Geraldine Moane betonte die Tatsache des Schmuggelns durch Radikale Feministinnen während eines Gesprächs über Piraterie (Gespräche, Newton Centre, Massachusetts, August 1988).

meine vorherrschende Piratische Tätigkeit in der Ersten Spiral-Galaxie Plündern.

Da ich damals den Sinn und Zweck meines Plünderns nicht Bewußt verstand, würde ich jetzt sagen, daß meine Methoden und Absichten sowie ein großer Teil des Inhalts meiner Piratischen Plünderungen, besonders vor Mitte der sechziger Jahre, mir nur unterschwellig bewußt waren. Dennoch waren diese unterschwelligen Motivationen und dieses unterschwellige Wissen stark genug, um mich in meinem Piratinschiff, das sich rasch in Andere Galaxien emporschwang, vorwärtszutragen.

UNTERSCHWELLIGES WISSEN: DIE LEBENSRETTENDE QUELLE

Wenn ich mir Jetzt meine frühen Augenblicke anschaue, sehe ich ein Aufsteigen von Hintergrund-Wissen ins Bewußtsein. Oft – doch nicht immer – geschah ein solches Aufsteigen in Zeiten intensiver Aktivität und im Prozeß des Sprechens oder Schreibens. So schilderte ich beispielsweise meine E-motionalen Einblicke hinter die Vordergrund-Fassaden von Halloween und anderen Feiertagen in meiner Kindheit. Während meiner Studien in Mittelalterlicher Theologie und Philosophie hatte ich, glaube ich, immer ein potentiell explosives Gefühl einer Anderen Realität hinter christlichen Mythen und Symbolen, das beispielsweise mein Interesse an solch scheinbar langweiligen Geschichten wie „die Göttliche Trinität" anregte und wach hielt. Mein Brief über „Prophezeiung und Versprechen", der 1964 in *Commonweal* erschien, war ganz sicher eine Explosion unterschwelligen Wissens.

Häufig waren diese Erkenntnisse von Hintergrund-Wissen – und sie sind es immer noch – wie Vulkanausbrüche. Das liegt daran, daß das ins Bewußtsein explodierende Wissen Schrecklich Tabu ist. Manchmal geschah das allmählicher und subtiler, wie ein Erwachen aus dem Schlaf. Auf jeden Fall war das Wissen da und wartete auf eine Möglichkeit, hervorzubrechen.

Dies hing eng mit meiner Situation als Mitglied einer kognitiven Minderheit, deren andere Mitglieder ich nicht kannte, zusammen. In meiner unmittelbaren Umgebung war ich in der Tat eine kognitive Minderheit von einer Person. Natürlich gab es Andere Frauen mit vergleichbaren Erkenntnissen, jede von ihnen erlebte sich als kognitive Minderheit von einer Person. Jedoch hatte praktisch keine von uns irgendeine Bezeichnung für unsere Identität, und praktisch kannte keine von uns die andere.

In den letzten Jahren habe ich mich häufig in Vorträgen sagen hören, daß eine kognitive Minderheit von einer Person nicht überleben kann. Ich bezog mich dabei auf den Ausspruch des Soziologen Peter Berger, daß „die subjektive Realität der Welt am dünnen Faden des Gesprächs hängt".[2] Häufig hörte ich mich an anderer Stelle der gleichen Vorträge sagen: „Selbst wenn ich die einzige wäre, ich wäre immer noch eine Radikale Feministin." Dies mag ein wenig merkwürdig, ja sogar in sich widersprüchlich klingen. Wenn ich jetzt über das *Logbuch*-Material der Ersten Spiral-Galaxie reflektiere, Er-Innere ich mich jedoch, daß ich mich damals in der Situation befand, „die einzige zu sein" – die einzige jedenfalls, die mir bekannt war –, und daß ich Überlebt habe.

Ich glaube, daß mein Überleben während der Ersten Spiral-Galaxie mit der Tatsache zu tun hatte, daß immer ein Meer unterschwelligen Hintergrund-Wissens existiert hat, das den Frauen unter dem Patriarchat gemeinsam war. So war ich mit meinem Wissen nie ganz allein. Mein Gefühl des Alleinseins lag, glaube ich, an der Tatsache, daß in meinem Fall dieses Wissen bewußter/deutlicher war. Ich wage die Vermutung, daß mein Überleben deshalb möglich war, weil ich zugleich im Besitz des unterschwelligen Wissens über das unterschwellige Wissen in anderen Frauen war. Bei manchen Frauen kam dies als hervorbrechender Ausdruck von Einsicht, als Fragmente von Erkenntnis hoch – nur um von den gleichen Frauen in einem Geschwätz patriarchaler Klischees widerlegt zu werden. Doch sie hatten, genau wie ich, Hinweise. Die Existenz dieses Meers von gemeinsamem unterschwelligem Wissen ist der Grund, daß, als es mir gelang zu Be-Sprechen, einige dies sofort verstanden haben. Es ist auch der Grund, daß ich in den trüben fünfziger Jahren Simone de Beauvoirs *Das andere Geschlecht* sofort verstand und mit unaussprechlicher Dankbarkeit begrüßte. Ein solches Verstehen ist, wie es einige Frauen beschrieben haben, wie ein „Erwachen" zu etwas Vertrautem, oder wie „nach Hause kommen". Denn unter dem Patriarchat ist es der unterschwellige Bereich, in dem die Realität der Frauen Lebt.

DAS UNTERSCHWELLIGE MEER BEFAHREN

Als Crafty Piratin habe ich es gewagt, diesen Großen Bereich von Seele-Geist-Raum, den ich Jetzt „das unterschwellige Meer" nenne, zu befahren.* Dieses enthält tiefes Hintergrund-Wissen, zusammen mit unzähligen Verseuchungen – die von Männern gemachten unter-

---

* Ich hoffe, es ist klar, daß meine Theorie von einem Meer unterschwelligen Wissens in Frauen unter dem Patriarchat nicht mit Jungs „Kollektivem Unbewußten" zu verwechseln ist. Meine Analyse kommt aus meiner Erfahrung und ist in keiner Weise Jungianisch oder von Jung hergeleitet. Die Tatsache, daß Jung an einiges interessante Wissen geriet,

schwelligen und offenen Botschaften, die mittels der Medien und durch andere Kanäle zum Zweck der Seelen/Geist-Manipulation verbreitet werden.

Wenn ich über meine Reisen in der Ersten Spiral-Galaxie reflektiere, Er-Innere ich mich an das Gefühl, von einem Großen Wind angeschoben/getragen worden zu sein. Zum Reisen in jener frühen Zeit gehört das Befahren der Oberfläche des Unterschwelligen Meeres, wobei ich seine Tiefen spürte, während der Inhalt dieser Tiefen mein Bewußtsein nicht erreichte, jedenfalls nicht so, daß er greifbar geworden wäre. Gelegentlich hatte ich bewußte Einblicke, und sie genügten, mich auf Kurs zu halten. Ich spürte durch mein Schiff das Sausen und Wirbeln, das mein Boot gefährlich ins Schwanken brachte. Einiges davon war, glaube ich, Folge E-motionaler und psychischer Empfindungen, die in den Unterwasser-Vulkanen schwelen, direkt unter der Schwelle des bewußten Wahrnehmens, und deren Eruptionen meine Augenblicke von Prophezeiung und Versprechen inspirierten/anfeuerten.

BEZIEHUNGEN HERSTELLEN
IN DER ERSTEN SPIRAL-GALAXIE

Ich komme Jetzt zu der gewaltigen Aufgabe, Verbindungen innerhalb und zwischen den Momenten der Ersten Spiral-Galaxie herzustellen und zwar in dem Licht, das mir Jetzt zugänglich ist. Während ich die ersten fünf Kapitel von *Auswärts reisen* durchforschte, merkte ich, daß gewisse Verbindungsfäden Präsent sind. Ich habe sie, als ich Er-Innerungen aus meinem *Logbuch* niederschrieb, nicht absichtlich dort plaziert. Doch sind sie da, für mich aus der Craft der Vierten Dimension deutlich sichtbar. Manchmal bilden sie phantastisch deutliche Netze. Ich werde jetzt einem besonders wichtigen Netz nachgehen, das dieses Phänomen illustrieren soll.

Ein Orientierungssinn

Das Netz, das ich als „Ein Orientierungssinn" Be-Nennen will, sollte leicht genug aufzufinden sein. Im „Auftakt zur Ersten Spiral-Galaxie"

---

das letztendlich von archaischen Quellen herstammt, macht ihn weder zum Erfinder dieser Ideen noch hat es ihn davon abgehalten, solch altes Wissen mit unterdrückerischen Permutationen zu verschmutzen. Ein ähnlicher Prozeß der Verschmutzung ist in manchem „New Age"-Geschwätz festzustellen. Sowohl Jungianismus als auch „New Age" verführen Frauen in die Grube/Fallstricke des stereotypen ewig-Weiblichen. Ein wichtiger Hinweis darauf, daß es sich hier um gefühlsduseliges Denken handelt, ist der offensichtliche Mangel an Leidenschaft, besonders an Wut, in bezug auf Frauen und Natur – die Hauptziele patriarchaler Nekrophilie.

habe ich von meiner Ursprünglichen Entscheidung, eine Radikale Feministische Philosophin zu werden, berichtet. Aus der Beschreibung der frühen Augenblicke wird klar, daß ich bereits als Heranwachsende Ent-Deckte, daß es mein Anliegen war, Philosophin zu werden. Angesetzt auf dieses Ziel wurde ich durch das Be-Sprechen einer Kleeblüte, die mir ihr Sei-en mitteilte und mir damit ein unbeschreibliches Geschenk machte – eine Intuition, eine unmittelbare Erkenntnis von Sei-en. Dieses Be-Sprechen gab mir eine Art von „Innerem Kompaß".*
Es half mir, meine *Letzte Ursache* ◑† zu verfolgen, das heißt „das Ziel oder den Zweck, die innewohnen und sich ständig entfalten, die als Gut erkannt werden und eine Frau zum Handeln, zum Verwirklichen ihrer Teilnahme am Sei-en anreizen" (*Wickedary*).

Doch ist dieses Netz natürlich viel komplizierter, als es zuerst aussehen mag. Da war zum Beispiel die „nachstoßende" ontologische Erfahrung mit der Hecke, die sagte: „*Fortgesetzte* Existenz." Ich entdekke auch, wie andere Stränge ans Licht kommen. Das Erlebnis mit der Kleeblüte hatte ich ja immerhin als Heranwachsende, doch hatte ich schon Jahre davor einen rudimentären Kompaß. Seit ich etwa zehn Jahre alt war, wußte ich zum Beispiel, daß ich Schriftstellerin werden wollte, ich wußte damals nur nicht, worüber ich schreiben sollte. Vielleicht habe ich mir einfach nur durch die Jahre immer differenziertere Kompasse zugelegt.

Auch gab es da die frühen Elementalen Erlebnisse, zum Beispiel als ich den Eisbrocken im Schnee entdeckte und später das „himmlische Licht" über Wiesen und die Lichtdurchschienene Himmelsröte. Diese erweckten Wanderlust, das heißt, ein starkes und unbezwingbares Verlangen nach elementalem Wissen und Abenteuer. Zusammen mit meinen Erfahrungen von Sexismus und phallokratischem Horror (für die es keine Bezeichnungen gab), und zusammen mit meinen Akten weiblicher Bündnisse (für die es keine Bezeichnungen gab), wie meine Liebe zu Carol, als ich viereinhalb Jahre alt war, und der Gründung der „Polka Dots" auf der High School, gaben mir meine frühen Elementalen Erfahrungen Hinweise für die Schaffung von *Elemental-Feministischer Philosophie* – für die es keine Bezeichnungen gab, bis ich sie Be-Nannte.*

Und da gab es natürlich auch die namenlosen Kräfte, die versuchten, mich von meinem philosophischen Weg abzubringen. Als ich an der Catholic University studierte, wurde ich vor einigen von ihnen

---

* Transkontinentales transzeitliches Telefongespräch mit Emily Culpepper, Juni 1989.
† *Final Cause*: der philosophische Begriff der Letzten Ursache oder des letzten Grundes. „Die letzte Ursache ist die Ursache der Ursachen, weil sie die Ursache für die Kausalität aller anderen Ursachen ist. Scholastisches Axiom." *Jenseits von Gottvater*, S. 201.
* Das geschah, als ich *Reine Lust* spann.

durch meinen „Traum vom Grün" gerettet, der bedeutete: „Verlaß das hier (das Fach Englisch) und geh und studiere Philosophie!"

Das Netz „Ein Orientierungssinn" stellt sich als noch verzwickter heraus, wenn ich über meine Entscheidung/Entscheidungen, *Theologie* zu studieren und zu unterrichten, nachdenke sowie über die Erlebnisse, die damit verbunden waren. Ich fragte mich: Woher kam *dieser* Ruf? Mein Orientierungssinn in der Ersten Spiral-Galaxie war also überhaupt nicht einfach! Dennoch glaube ich, daß über all dem eine Folgerichtigkeit herrscht. Dies wird von dem sich Wiederholenden Brausen des Großen Windes und dem mich Verfolgenden Heulen des Rufes des Wilden angedeutet.

Tatsache ist, daß ich damals konsequent in Richtung des Durchbruchs Segelte. Ich machte die Erfahrung, daß die Reisende, die im Verlauf der Ersten Spiral-Galaxie das Unterschwellige Meer befuhr, noch nicht die Zeit/den Raum von Durchbruch und Er-Innerung erreicht hat. Es wurden weder die inhärenten Beziehungen zwischen Hintergrund/Elementalen Realitäten noch die Verbindungen zwischen Vordergrund-Phänomenen verstanden. So konnte ich beispielsweise nicht bewußt eine Beziehung herstellen zwischen dem Großen Wind, der mich in den frühen Fünfzigern nach St. Mary's trug, und dem Wirbelwind, der in den frühen Sechzigern den Brief mit dem Angebot, ein Buch über Frauen und Kirche zu schreiben, brachte und mich an der richtigen Adresse in Fribourg aufspürte. Noch erkannte ich bewußt, daß die Verstümmelung meiner Kaninchen durch „böse Jungen", als ich ein Kind war, etwas zu tun hatte mit den sexuellen Übergriffen von „schmutzigen alten Männern/Jungen".

Die Reisende in der Ersten Spiral-Galaxie Spürt, daß Zusammenhänge existieren müssen, die ihren Erfahrungen Sinn verleihen, und das treibt sie weiter voran. Ihre Kräfte sind jedoch noch nicht stark genug, um ihr den Durchbruch zu ermöglichen, nämlich diese Zusammenhänge, die nur aus einer Hintergrund-Perspektive kenntlich sind, zu Sehen und zu Be-Nennen.

Dennoch Er-Innere ich mich in der Ersten Spiral-Galaxie an Unterwasser-Explosionen, die so mächtig waren, daß sie mein Bewußtsein berührten. Solche Erschreckenden Eruptionen von Hintergrund-Bewußtsein waren, wie ich bereits sagte, Quellen für meine Augenblicke von Prophezeiung und Versprechen. Sie schoben mein Schiff kräftig an und ermöglichten die Navigation in Richtung der Zweiten Spiral-Galaxie.

Schocks, sowohl die der langsamen, sich steigernden Art als auch die scheinbar plötzlichen, sind hilfreich, um Reisende in Richtung der Schwelle oder des Limen (psych. Reizschwelle des Bewußtseins, AdÜ.) zu steuern – in Richtung jenes Zeit/Raums, wo unterschwelliges Wissen dem Bewußtsein zugänglich wird. Außerdem haben die durch

Schock hervorgerufenen Erkenntnisse etwas Ansteckendes. Die Hoffnung auf Ansteckung wurzelt in der Tatsache, daß Schocks schockierend vermittelt werden können, daß andere Frauen „aufgerüttelt" werden, daß ihr Potential, sich in Richtung der Schwelle/des Limen von Hintergrund-Wissen zu bewegen, geweckt wird. Alle Frauen unter dem Patriarchat wurden in die Rolle einer Selbst-Zensorin gezwungen, und alle sind im Besitz von Tiefem Wissen, daß wir selbst vor unseren Selbst verstecken.

DIE KONTRAPUNKTISCHEN BEWEGUNGEN MEINES SCHIFFS

Im Verlauf meiner Reise haben mir die mit der Ent-Deckung, was Akademia/Akadementia – besonders wenn sie in Verbindung zur Kirche steht – wirklich/unwirklich ist, verbundenen Schocks immens geholfen, mich in einer Direkten, das heißt Spiralenden Linie in Richtung des Limen zu schleudern. Wenn ich darüber nachdenke, wie ich mich der Schwelle näherte, dann Er-Innere ich ein Hochbranden von Ursprünglichen Kräften, Intuitionen, Erinnerungen. Die Bewegung meines Schiffs, als ich die Erste Spiral-Galaxie durchquerte, war von Anfang an wie ein komplizierter, ungewöhnlicher Tanz auf der Oberfläche des Unterschwelligen Meeres. Als die Triebkraft meines Schiffs intensiver wurde, schien mich der Große Musikalische Wind in viele Richtungen zugleich zu Rufen. Dennoch hatte ich inmitten dieser Komplexität niemals das Gefühl, daß ich meinen Fokus oder zentralen Orientierungssinn verloren hätte. Wenn ich mir diese wirbelnde Vielfalt Jetzt anschaue, sehe ich vier unterschiedliche, doch miteinander verbundene kontrapunktische Bewegungen.*

Wenn ich diese scheinbar widersprüchlichen Richtungen meiner Schiffsbewegung Be-Nenne, werde ich versuchen zu zeigen, wie diese vier Kontrapunkte in der Ersten Spiral-Galaxie mit dem Problem des Überwindens von Hindernissen, die mich von meinem Wahren Kurs abhalten wollten, verbunden sind. Wie ich in der *Einleitung* erläuterte, gehörte zu diesen Hindernissen *Aphasie* – die vom Patriarchat auferlegte Unfähigkeit, sowohl Hintergrund-Realität als auch Vodergrund-Phänomene zu Be-Nennen und Unterschiede sowie Zusammenhänge zwischen ihnen zu Er-Innern/Zurückzurufen. *Aphasie* ist eine grundlegende Blockierung für Akte des Be-Sprechens. Ein anderes omnipräsentes Hindernis waren die ständigen patriarchalen Projektionen/ Injektionen von von-Männern-gemachten, unechten Vordergrund-Illusionen und -Ängsten in bezug auf „die Zukunft", die es darauf

---

* Diese kontrapunktischen Bewegungen setzen sich als Thematik in den folgenden Galaxien fort.

anlegten/anlegen, die Sicht und die Bewegung in die Hintergrund-Zukunft zu blockieren.

Trotz dieser Behinderungen Be-Sprach ich und bewegte mich weiter auf Kurs, indem ich Augenblicke der Prophezeiung und des Versprechens erlebte. Dies konnte nicht anders als ein turbulentes und komplexes Abenteuer sein. Der Große Wind schaukelte mein Schiff in viele Richtungen, das hielt mich lebendig, beweglich und wachsam in bezug auf mein Eigentliches Ziel (Final Cause, AdÜ.) meinen Orientierungssinn.

Während dieses ganzen frühen Reisens befand ich mich in einem Ur-Krieg, ich kämpfte, um die dämonischen Angriffe der bisher noch un-Be-Nannten Tödlichen Assimilatoren abzuwehren. Wie ich später verstehen sollte, ist *Assimilation* ☉:

frauenmordende/lebensmordende (gynozide/biozide) *Völlerei*, die sich in Vampirismus/Kannibalismus ausdrückt, sich vom *lebenden* Fleisch, Blut, Geist von Frauen und Anderen ernährt, während Alibismus die Zerstörung der Opfer verschleiert. (*Wickedary*)*

Obgleich mit Krieg verbunden, war die vorherrschende Erfahrung des Spiralens auf die Schwelle zu nicht schrecklich. Sie war Empörend, Gefährlich, Lächerlich, Ekstatisch, Elemental. Es waren übereinstimmende, sich ergänzende, antithetische Kombinationen von Momenten/Bewegungen, die von dem Wilden Wind angeregt waren, der mich über die Grenzen des Vordergrunds hinaus anschob und Rief. Ich werde mich Jetzt der Aufgabe zuwenden, diese antithetischen Bewegungen meines Schiffes in der Ersten Spiral-Galaxie zu beschreiben, so wie ich sie in diesem Augenblick verstehe.

Der Erste Kontrapunkt

Von allem Anfang an fühlte ich mich zur Pracht der Elementalen individuellen Realitäten in der Welt, wie ich sie durch viele Sinne wahrnahm, hingezogen. Der Trompetenbaum, der Fliederbusch und der Rosenstrauch in unserem Garten und die Löwenzahn- und Hahnenfußblüten mit ihrem strahlenden, leuchtenden Gelb versetzten mich in Ekstase. Der warme schimmernde Sand in meinem Sandkasten Rührte meine Seele an. Der Geruch von verbrennenden Blättern und von frischem Schnee brachte berauschende Botschaften. Das Wilde Sausen der Bäume vor einem Gewitter entzündete mein Gehirn/mein Herz.

---

* *Assimilation* ist eine der Todsünden der Väter ☉, sie sind „die Ur-Manifestationen des patriarchalen Bösen, sind inkarniert in Phallo-Institutionen und in denen, die diese Institutionen erfinden, kontrollieren und legitimieren; biozide Blockierungen/Hindernisse für die Anderswelt-Reisen Wilder Frauen". (*Wickedary*)

Die Mondin erzählte mir spezifische und präzise Dinge in einer Sprache, die persönlich und universal zugleich war. Der purpurne Himmel trug mich zu Orten jenseits des Bereichs von Denken und Vorstellung. Die Schönheit der Augen und der Haare meiner Mutter und besonders ihrer Hände war Strahlkräftig für mich. Ihre Stimme singt in meinen Ohren, Jetzt, ein Vierteljahrhundert nach ihrem Tod. Und ich Er-Innere mich, wie wir, als ich noch sehr klein war, miteinander im Gras saßen und mit hölzernen Löffeln Schokoladeneis aßen und glücklich waren, einfach glücklich.

Also hätte ich eigentlich Mythen und Symbole lieben müssen, oder? Und wäre nicht poetisches und mystisches Denken der Mathematik und der Logik weit vorzuziehen gewesen? Doch nein, so einfach war es nicht. Zunächst einmal liebte ich Mathematik und Logik, das waren stets belebende Übungen für mein Gehirn. Zweitens waren die Mythen und Symbole, die mir – beispielsweise in Kinderreimen – verfügbar waren, in der Quintessenz patriarchal, und daher waren sie, trotz einer Pseudoglorifizierung von „Frau" und Natur durch und durch frauenhassend und oft auch naturhassend. Natürlich wußte ich, wegen der mir auferlegten *Aphasie*, diese Situation nicht als „patriarchal" und „misogynistisch" zu Be-Nennen. (Und wenn ich es gewußt hätte, wer hätte auf mich gehört?) Dennoch Spürte ich unterschwellig, daß da eine Verschwörung im Gang war – daß es sich um einen Schmutzigen Trick handelte. Symbolische/poetische Werke setzten Frauen immer herab, während gleichzeitig diese Art von Denken, das oft verbunden war mit etwas, das man abschätzig „weibliche Intuition" nannte, den Frauen zugewiesen wurde. Das ganze abgekartete Spiel war mit „Umkehrungen" beladen, wie ich das später nennen würde. Es war (und ist) im Grunde eine verkappte phallokratische Hirnfickerei.

Im Gegensatz dazu schien abstraktes Denken – von Mathematik und Logik bis zur Aristotelischen Metaphysik – relativ unverseucht. Doch abstrakte Vernunft war nicht genug. Ich wollte alles – die reiche Vorstellungswelt und die rigorose Vernunft, beide sollten sich in der Fülle Intellektuellen Lebens begleiten.

Dieses Verlangen nach/diese Lust an Intellektueller/E-motionaler/ Spirltueller Integrität zeigt sich in meinen Doktorarbeiten, die ich in Fribourg schrieb. Beide verflochten abstraktes, metaphysisches Denken, das in tiefer Intuition verwurzelt ist. Auf sehr unterschiedliche Weise sind beide Arbeiten Beispiele für ein Denken, das auf der Intuition des Sei-ens, die von Begegnungen mit konkreten Elementalen Realitäten herrührt, beruht. Jene Dissertationen stehen für Jahre intensiven geistigen Ringens um eine harmonische Versöhnung zwischen unterschiedlichen Arten von Wissen/Denken. Dieses Ringen stärkte meine Craft, bereitete den Weg für die kühneren, phantasievolleren und kreativeren Arbeiten, die ich in der Zukunft Weben würde.

Crone-Logisch gesprochen gehört zum zweiten kontrapunktischen wirbelnden Tanz die Spannung zwischen meiner Lust, eine Philosophin zu werden, und dem Ruf, eine Theologin zu werden. Die Kleeblüte, die mich in meiner Jugend ihres Be-Sprechens würdigte, hatte nie wirklich geschwiegen. Sie heulte und flüsterte in meinem Inneren Ohr, ein Echo durch die Labyrinthischen Jahre im Verlauf der Zeit: „Ich bin."

In Vordergrund-Begriffen ausgedrückt wurde mein Anliegen, Philosophin zu werden, bei jeder Gelegenheit vereitelt. Das College of Saint Rose, das einzige mir zugängliche College, bot keinen Abschluß in Philosophie. Die Catholic University of America, die einzige mir für ein Aufbaustudium zugängliche Universität, wollte kein Stipendium für Philosophie an jemanden vergeben, der seinen College-Abschluß nicht in Philosophie gemacht hatte. Die Universität von Notre Dame wollte keine Frauen zu ihrem Doktor-Programm in Philosophie zulassen. Obgleich ich gegen diese Bedingungen ankämpfte, indem ich umfangreiche Graduierungskurse in Philosophie belegte und College-Studenten in dem Fach unterrichtete, schien es, als ob Dämonen Tor um Tor meine philosophische Reise blockierten.

Im Gegensatz zu diesem Kampf verlief der Kurs in Richtung Theologie-Studium Merkwürdig reibungslos. Der Große Wind trug mich nach Saint Mary's und nach Fribourg und blies alle Hindernisse aus dem Weg. Als Folge der Tatsache, daß ich so weit ging, den „höchsten der höheren Grade" in Theologie an der Universität von Fribourg zu erwerben, gelang es mir, mich weiter von dem Wind tragen zu lassen und schließlich meinen Doktor in Philosophie zu erwerben.

Doch dies war nur der Anfang dieses komplizierten zweiten Kontrapunkts. Als ich an meiner philosophischen Dissertation saß, erreichte mich von dem Londoner Verleger die Aufforderung, ein Buch über Frauen und Kirche zu schreiben. So sauste mein Schiff auf beiden Seiten der Grenze zwischen diesen beiden „Fächern" umher. Als ich in die Staaten zurückkehren mußte, schickte ich mißmutig Bewerbungen sowohl an philosophische wie an theologische Abteilungen.

Durch die Korrespondenz mit „Vorsitzenden" über diese deprimierenden Möglichkeiten – deprimierend, weil sie bedeuteten, „nach Hause" zurückzukehren – wurde klar, daß Mitte der sechziger Jahre die Theologie der weitaus stürmischere Kurs war. Während die Philosophen in Nabelschau verharrten und unter sich über Irrelevantes grummelten, begannen sich die Theologen für soziale Bewegungen zu interessieren. So wurde mir, obgleich ich Angebote von Abteilungen in beiden Fächern hatte, klar, daß ich eine größere Beweglichkeit hätte, wenn ich meinen Theologenhut aufsetzte. Mit diesem Artikel der

Hutmacherkunst angetan, ging ich zum Boston College, das ich vor allem deshalb ausgewählt hatte, weil ich es vorzog, in Boston zu sein, am Rande des Atlantik, in größtmöglicher Nähe zu Europa.

Als *The Church and The Second Sex* herauskam, wurde das Wetter stürmischer. Mein Schiff befand sich im Zentrum eines Wirbelsturms. Nachdem sich dieser Sturm gelegt hatte (natürlich nur kurz), war es mir möglich, darüber nachzudenken, wie sich mein Schiff in bezug auf Philosophie und Theologie drehte und wendete. Ich entdeckte, daß ich unter der Ägide der Theologie Philosophie lehren konnte – die Art von Philosophie, die ich liebte. Ich sah deutlich, daß Philosophie so, wie sie im allgemeinen gelehrt wurde, dazu neigte, „abstrakt" im negativen Sinn zu sein, das heißt, nicht nur von sozialen und politischen Fragen, sondern auch von tiefer E-motionaler und Psychischer Realität – in einem Wort, von der Lust/dem Verlangen nach Weisheit – abstrahiert/losgelöst. Auch die Theologie blieb hinter den Erwartungen zurück. Ihre Symbole waren, um es gelinde auszudrücken, begrenzt und einengend. Sie behielt ihre nur knapp verschleierte ewige Tendenz, dogmatisch, eng, und frauenverachtend zu sein. Doch war Raum, an ihren Grenzen zu tanzen – zum Zweck intellektueller Kreativität.

Glücklicherweise wurde ich mehr und mehr Des-Illusioniert. Die Erfahrung, ziemlich herumgestoßen worden zu sein, rüttelte meine Sinne wach. Ich spürte, daß meinem Ursprünglichen Anliegen zu folgen und eine Philosophin zu sein, für mich bedeutete, Weit Hinaus zu segeln. Ich war dabei, noch tiefer als zuvor zu verstehen, daß eine Radikale Feministische Philosophin nicht in einem „Fach" befangen sein kann. Sie muß die Gebrochenheit des Ursprünglichen Versprechens der Frauen brechen und dabei Prophetisch werden. Diese Prophetische Dimension, die Be-Sprechen ist, öffnete den Weg für eine in späteren Galaxien stattfindende Stürmische Versöhnung zwischen meiner Lust an der Philosophie und dem Wider-hallenden Rück-Ruf theologischer Fragen und Anliegen.

Der dritte Kontrapunkt

Mit dem ersten und dem zweiten Kontrapunkt ging ein dritter einher. Als Studentin und später als Lehrerin in Colleges und in einem Junior-Jahr-Auslandsprogramm für Frauen hatte ich das Phänomen erlebt, daß Frauen „zusammen" waren, aber nicht wirklich *zusammen*, weder in sich selbst noch unter sich. Sie waren von ihren Selbst und von anderen Frauen abgeschnitten. Diese Institutionen hatten die Funktion der Vordergrund-Simulation einer Realität, die ich später als *Frauen-Raum* erkannte. Ich konnte das damals (das heißt vor 1968) nicht als *Frauen-Raum* Be-Nennen, weil ich dieses überwältigende Phänomen

154

noch nicht erlebt hatte. Was ich erlebte, war das Fehlen einer gewissen gemeinsamen Vitalität. Doch mein Wissen darüber, was da eigentlich fehlte, war immer noch hauptsächlich unterschwellig. Was ich Spürte, war das tragische Phänomen, das ich Jetzt das „gebrochene Versprechen" der Frauen-Colleges nenne. Ich brach aus der Einkerkerung in einen solchen Pseudo-Frauen-Raum aus, indem ich der Fakultät einer koedukativen Universität beitrat. Paradoxerweise war das für mich eine Bewegung auf das Aufbrechen des gebrochenen Versprechens hin.

In jener Zeit stimmte ich mit Simone de Beauvoirs Theorie überein, daß Koedukation befreiender ist als monogeschlechtliche Institutionen. In *The Church and The Second Sex* schrieb ich:

> Die Isolation in monogeschlechtlichen Institutionen schafft unrealistische Vorstellungen sowohl über das andere Geschlecht als auch über das eigene. Im Vakuum der Phantasie, das nicht mit allgemeinen Erfahrungen von persönlichem Kontakt und Dialog versorgt ist, gedeihen die Geschlechter-Stereotypen. Die Besessenheit durch Sex spielt dann eine ausgleichende Rolle.[3]

Diese Zeilen enthalten ein Körnchen Wahrheit, doch meine Naivität in bezug auf Koedukation ist Jetzt äußerst verblüffend für mich. Nachdem ich jahrelang in einer koedukativen Universität unterrichtet und Hunderte von ihnen besucht und dort gesprochen habe, ist mir die überwältignde „Besessenheit durch Sex", die an solchen Orten vorherrscht, nur zu gut bekannt. Doch damals, in den sechziger Jahren, schrieb ich:

> Die Vorteile der Koedukation sind evident. Sie gibt Gelegenheit zum normalen täglichen Umgang auf einer anderen Ebene als der von Verabredungen. Die beiden Geschlechter lernen, miteinander zu arbeiten.[4]

Aber sicher lernen sie das!*

---

* In der „Feminist Postchristian Introduction" (Feministische Nachchristliche Einleitung, AdÜ.) schrieb ich 1975: „Spätere Erfahrung zeigte, das an den sogenannten koedukativen Institutionen, die Feministinnen jetzt im allgemeinen als subedukativ betrachten, ‚Gleichheit' in Wirklichkeit nicht stattfand. Der ‚normale tägliche Umgang' bestand nicht selten aus Vergewaltigung in irgendeiner Form (physisch oder geistig/ seelisch), besonders nach der ‚sexuellen Revolution'. Die Gelegenheiten, bei denen männliche Mitglieder der Universitäts-, Gemeinschaft' mit weiblichen Mitgliedern zusammenarbeiteten, ohne diese auszubeuten, waren nicht häufig genug, um die allgemeine Atmosphäre zu beeinflussen oder den normalen Gang der Geschlechterpolitik zu verändern. Nicht nur, daß die Verwalter und Professoren im großen und ganzen sexistisch waren (wenn auch nicht ‚absichtlich'), auch der Inhalt des Curriculums war hoffnungslos androzentrisch. Heute experimentieren wir mit neuen Formen frauenzentrierter, von Frauen kontrollierter Studien, die es möglich machen, unsere

Ich Ent-Deckte Ende der sechziger Jahre (und natürlich durch die siebziger und achtziger bis in die neunziger Jahre hinein) immer mehr von den Wundern der koedukativen Colleges und Universitäten. Doch diese erschreckenden Entdeckungen löschten meine Ursprüngliche (wenn auch unterschwellige) Erkenntnis über das gebrochene Versprechen der Frauen-Colleges nicht aus. Sie brachten mir die Tatsache zum Bewußtsein, daß in allen Institutionen des Patriarchats Frauen Randerscheinungen sind und daß mehr als eine Form patriarchaler tödlicher/tötender Bildung existiert, deren Fangarme zahlreich/mannigfaltig sind. Um Gertrude Stein zu paraphrasieren:

> Ihr Ursprung und ihre Geschichte patriarchaler Bildung ihr Ursprung und ihre Geschichte patriarchaler Bildung ihr Ursprung und ihre Geschichte...
> Patriarchale Bildung macht keine Fehler...
> Patriarchale Bildung ist das gleiche.[5]

Ende der sechziger Jahre, nachdem die erste Auflage von *The Church and The Second Sex* herausgekommen war, Ent-deckte ich die ekstatische Energie von Frauenraum. Ich näherte mich dem Punkt der Erkenntnis, daß diese Realität „an der Grenze" patriarchaler Universitäten und Colleges geschaffen werden müßte, doch es war noch nicht so weit. Zusammen mit anderen Frauen reiste ich jedoch schnell in unserem gemeinsamen Anliegen zur Formulierung der immer noch unterschwelligen/schlafenden Crafty Frage: Wie können wir uns in Richtung von wieder-aufbrechen der Gebrochenheit der Körper, Geister, Erinnerungen, Seelen von Frauen durch patriarchale Bildungsinstitutionen, besonders die der „höheren Bildung", bewegen, während wir zur gleichen Zeit diese Institutionen Rechtmäßig benutzen?

Die wirbelnde kontrapunktische Bewegung, die mich dahin trug, diese Frage bewußt zu erkennen und die Anfänge konkreter politischer Lösungen zu realisieren, schleuderte mein Piratenschiff – sowie die Schiffe vieler Gleichgesinnter – in Richtung der Zweiten Spiral-Galaxie. Sie schleuderte mich auch zur Erkenntnis der Rechtmäßigkeit Illegitimer Piratischer Handlungen.

Geschichte kennenzulernen und unsere eigenen Gedanken zu denken. Da 1975 A.F. immer noch eine Übergangszeit ist, sind unsere Methoden, die Subedukation zu überleben, natürlicherweise veränderlich und unterschiedlich. Unsere Programme, Kurse und Zentren sind getrennte Räume, die an der Grenze dieser ‚Bildungs'-Institutionen geschaffen wurden. Indem sie ‚auf der Grenze' leben, gewinnen Frauen Energie, jene Ressourcen an diesen Institutionen zu benutzen, die es wert sind, und unsere eigenen Ressourcen zu schaffen." („Feministische Nachchristliche Einleitung zur Ausgabe 1975", *The Church and the Second Sex*, S. 45)

Der Vierte Kontrapunkt

Meine kontrapunktische Bewegung, einerseits die Legitimation (akademische Grade) zu suchen und andererseits die akademische Legitimität in Vordergrund-Begriffen abzulehnen, war unlösbar verbunden mit dem Gespür für das verborgene gebrochene Versprechen, mit der Ablehnung dieses Bruchs und dem Be-Sprechen und Erkennen eines tiefen Versprechens. Das Entfalten dieses Versprechens verlangte, daß ich die Legitimationen suchte und zugleich ihre Vordergrund-Konsequenzen ablehnte, besonders die „Einladung", meine Seele zu verkaufen und in einer Karriere beruflichen Alibismus' assimiliert zu werden. Diese Verweigerung war notwendig, damit weiterhin Augenblicke von Prophezeiung und Versprechen passieren konnten, das heißt, notwendig für mein Be-Sprechen und Ent-Decken einer Hintergrund-Zukunft.

Jahrelang war ich von der Tatsache getrieben worden, daß keiner meiner erworbenen Grade, also die akademischen Legitimationen, auszureichen schien, um mir Freiheit zu bringen. Damals verstand ich unter „Freiheit" die Möglichkeit, das Leben einer Schriftstellerin/Philosophin/Lehrerin zu führen, die nicht durch von mittelmäßigen Institutionen auferlegte Zwänge niedergehalten und ausgesaugt wird. Ich glaubte, daß ich mit dem Erlangen des „höchsten der höheren Grade" dieses Privileg erwerben würde. Ich glaube Jetzt, daß ich auf einer unterschwelligen Ebene mehr suchte, als ich zu jener Zeit artikulieren konnte. Ich glaube, ich suchte eigentlich nicht Freiheit innerhalb von Akademia, sondern Freiheit von Akademia. Aber ich wollte nicht einfach weggehen. Ich wollte *Be-Leave*.†

Auch als ich mehr vom Wesen von Akademia erkannte, wollte ich immer noch in jener Welt sein, jedoch nicht dazugehören – ich wollte noch dort sein, doch ohne Zwänge. Ich wollte, daß Akademia meine wahre Arbeit in der Welt unterstützte. Später sollte ich diesen Lebensstil als „auf der Grenze leben" bezeichnen. In diesem Sinne wollte ich Akademia verlassen, um zu Sei-en, in anderen Worten, ich wollte drinnen und draußen sein. Wenn ich schließlich auch nicht mehr an Akademia/Akadementia glauben konnte, konnte ich innerhalb von Akademia drinnen/draußen sein. Mit Anderen Worten: Ich konnte eine hochqualifizierte Piratin sein.

Um es anders zu formulieren: Ich wollte mein wahres Potential verwirklichen, und Akademia schien die Möglichkeit zu sein, dies zu bewerkstelligen. Da ich weder aus einer reichen Familie noch aus der

---

†   Unübersetzbares Wortspiel mit *believe* (glauben) und *Be/Leave*, was gleich klingt. Das Wort setzt sich zusammen aus *Be* = sein und *Leave* = verlassen, also da sein und zugleich weg sein. Da der Witz des Wortspiels nicht übertragbar ist, habe ich mich für Verständlichkeit entschieden und *Be/Leave* mit „drinnen/draußen" übersetzt.

oberen Mittelklasse kam, mußte ich mir meinen Lebensunterhalt verdienen. Universitäten konnten mir mein täglich Brot oder vielmehr meine täglichen Brote sowie eine kongeniale Umgebung bieten, in der ich meine *eigene* Arbeit tun konnte, oder zumindest glaubte ich das damals. Und indem ich mich darauf vorbereitete, konnte ich studieren und akademische Grade ansammeln, was alles sehr befriedigend war.

Mein Ansammeln von Legitimationen/Graden und mein Kampf darum, auf Lebenszeit angestellt/legitim zu werden, verhalfen mir – schrittweise – zu der Erkenntnis, daß ich nie „legitim" sein würde oder könnte. Mein sich wiederholender Alptraum, daß ich jeden Beweis für meine Fribourger Doktorate verloren hätte, brachte mich dieser Erkenntnis näher. Meine komplexe kontrapunktische Bewegung, mich innerhalb der androkratischen Akademia, speziell am Boston College, um Anstellung auf Lebenszeit zu bemühen und zur gleichen Zeit mich zu weigern, mich bockokratischer† Geisteshaltung und Sprachkontrolle unterzuordnen, war ein komplexes Manöver. Ich übte weiterhin mit meinem Schreiben harte Kritik an der Kirche und ihren Doktrinen, während ich gleichzeitig darum kämpfte, meinen Job zu behalten.

Obgleich *The Church and The Second Sex* kontrovers aufgenommen wurde, lag es für Katholiken, die Rationalität und geistige Freiheit schätzten, im Bereich der Respektabilität. Die vorsintflutliche Reaktion des Boston College auf dieses Buch könnte als Anstoß, mich weiter zu Bewegen, betrachtet werden, doch es wäre ein Fehler, Anerkennung zu äußern, wo sie nicht wirklich verdient ist. Ohne Frage hat sich diese Institution sozusagen bloßgestellt – und es mir damit ermöglicht, hinter die männlichen Schleier zu schauen und einen Blick auf das Geheimnis des Mannes zu erhaschen. Tatsache ist jedoch, daß alle kontrapunktischen Bewegungen der Ersten Spiral-Galaxie sich inhärent in Richtung auf immer mehr Illegitime Handlungen zubewegten.

Mein Überschreiten der Grenzen zwischen intuitiven und rationalen Formen des Wissens und Schreibens und mein Überqueren der sorgfältig skizzierten Grenzen zwischen den „Fächern", besonders zwischen Philosophie und Theologie, waren Kontrapunkte/Kollisionen, die unweigerlich weitere Sprünge der Kühnheit und Kreativität nach sich zogen/verlangten. Mein Ent-Decken des Bruchs des Frauen-Versprechens durch die ganze patriarchale Bildung erhöhte meine Wut und schleuderte damit mein Schiff weiter. Die Fertigkeiten/Kräfte, die ich mir in meinem Kampf um Legitimationen angeeignet hatte, hatten meine Fähigkeit zur Unbegrenzten, Unbegrenzbaren Illegitimität verstärkt und verfeinert. Auf diese Weise wurde mein Kontrapunktisches Auswärtsreisen immer empörender und exotischer, und ich wurde in

† Vgl. *Reine Lust*, S. 38, S. 259.

meiner Karriere als Outlaw, in meiner Craft als Piratin, Bestätigt/
Illegitimiert.*

Als ich mich dem Punkt des Durchbruchs näherte, verging meine
Aphasie sehr schnell. Meine Akte des Be-Sprechens gaben meinem
Schiff Schubkraft. Als meine Momente von Prophezeiung und Versprechen fruchtbarer wurden und weitere Momente schufen, durchschaute
ich die Verführungen des Alibismus als total billige Tricks – ganz und
gar Unverlockend. Mein Schiff krachte durch die Blockaden und
Illusionen der Vordergrund-„Zukunft" und flog geradewegs auf den
Hintergrund los. Die Versuche der (bisher noch un-Be-Nannten) Assi-
milatoren/Dämonen, mein Schiff zu verschlingen, wurden durch seinen Flug zunichte gemacht. Zurückschauend sehe ich sie immer noch
mit vor Staunen aufgerissenen gräßlichen Mäulern, während der Wilde
Wind mich frei- und in Neue Wirbelnde Welten und Worte hinein-
schleudert, das heißt in die Zweite Spiral-Galaxie.

---

* Ich habe die Möglichkeit in Betracht gezogen, daß es im Verlauf der Ersten Spiral-
Galaxie noch weitere kontrapunktische Bewegungen gab. Ein fünfter Kontrapunkt wäre
zum Beispiel zwischen dem Leben als Wissenschaftlerin/Schriftstellerin/Lehrerin/Vortra-
gender und dem einer Aktivistin. Es gab, besonders Mitte der sechziger Jahre, als die
Frauenbewegung aufbrandete, starke Strömungen, die mich in die Welt des politischen
Aktivismus zogen. Ich sehe jedoch Jetzt diese Spannung nicht so sehr als einen
abgegrenzten Kontrapunkt, sondern als ein Thema, das sich durch die größeren
kontrapunktischen Bewegungen hindurchzieht. Bereits in der Ersten Spiral-Galaxie war
meine Richtung eindeutig eher Metapolitisch als lediglich politisch. Das heißt, ich
kämpfte nicht einfach in einem institutionellen Sinn um Macht, sondern vielmehr in
einem ontologisch/metaphysischen Sinn. In seinem Kern hatte mein Aktivismus seine
Wurzeln in meinem Gefühl für Hintergrund-Realität. So wurde meine Arbeit als Wissen-
schaftlerin/Schriftstellerin/Lehrerin/Vortragende immer Aktiver, sie forderte alte patriarchale Vorstellungen in die Schranken und öffnete Neue Türen.

SICH-FALLEN-LASSEN:

Augenblicke des Durchbruchs
und Zurück-Rufens

(1971 – 1974)

PIRATINFAHRTEN IM NEBEL

Wie ich in den „Überlegungen zu Philosophischen Themen der Ersten Spiral-Galaxie" ausgeführt habe, gehörte zu jenem frühen Abschnitt meiner Reise das Befahren der Oberfläche des Unterschwelligen Meeres, wobei ich dessen Tiefen ahnte, mir aber des Inhalts dieser Tiefen nicht voll bewußt war. Ich hatte jedoch hier und da bewußte Wahrnehmungen, und die hielten mich auf Kurs.

Als ich mich durch jene frühen Momente Bewegte, erwärmte die sich verstärkende Triebkraft meines Schiffs die umgebenden Wasser. Tröpfchen jener Meeresgewässer stiegen in die Luft und bildeten einen Nebel, der lebenswichtige unterschwellige Information enthielt. Als mein Schiff in diesen Nebel hineinfuhr, wurde ich mit Botschaften bombardiert, die aus den Unterschwelligen Tiefen aufgestiegen waren: Botschaften, die ich bewußt Sehen/Fühlen/Hören und Be-Nennen konnte. Ich hatte den Limen in die Zweite Spiral-Galaxie – in die Zeit der Momente des Durchbruchs und Zurück-Rufens – überquert.

Ich sehe Jetzt, daß ich, als ich in die Zweite Spiral-Galaxie fuhr, meine Neue Arbeit als Piratin des Nebels aufnahm. Ich Be-Nannte meine Identität damals nicht auf diese Weise, obgleich ich oft von „in Gerechtem Zorn wegreißen, was rechtmäßig Frauen gehört" sprach. Doch Jetzt Er-Innere und Be-Nenne ich meine Identität so.

Natürlich war ich bereits mein ganzes Leben lang eine Piratin gewesen, hatte Schätze von Wissen zusammengetragen, die vor meinem Stamm versteckt worden waren. Es war dieser Ruf zur Piraterie, der mich verlockt hatte, Grad um Grad zu erwerben und schließlich den Atlantik zu überqueren, um eine andere Raum/Zeit, nämlich Europa/das Mittelalter, rechtmäßig zu plündern. Er hatte mich aufgefordert, sieben Jahre später diese Beute über den Ozean zurückzubringen in Vorbereitung für meine noch nicht vorhersehbaren komplizierten Schmuggel-Unternehmungen.

Im Verlauf der Zweiten Spiral-Galaxie Sprang/Spiralte meine Piratin-Karriere in Neue und Kühne Dimensionen. Wie zuvor ließ ich selten eine Gelegenheit aus, die Schiffe der phallokratischen Auslöscher der Frauen* anzugreifen und zu entern, und das, was ich auf der einen

---

* Die Namen einiger dieser Burschen sind in den Fußnoten all meiner Bücher zu finden, die nach den höchsten Anforderungen von Wissenschaftlichkeit aufs genaueste recherchiert sind. Zu ihren Gefäßen/Fahrzeugen gehörten ihre Bücher, die ihre

oder anderen Ebene als Rechtmäßig meinem Stamm zugehörig erkannte, zu ergreifen, zu beschlagnahmen. Jetzt gewann meine Arbeit
als Plünderin und Schmugglerin (zwei entscheidende Aspekte meiner
Piraterie) Andere Bedeutungsebenen.

Zu meinem Plündern in der Zweiten Spiral-Galaxie gehörte, die
unterschwelligen Bedeutungen, die ich in patriarchalen Texten Ent-
Deckte – verkehrte und vergrabene Bedeutungen, die nur im Nebel
sichtbar sind – zu beschlagnahmen und mit ihnen davonzusegeln.
Bewaffnet mit dem Mut, in den Nebel zu Segeln, war ich in der Lage,
diese Bedeutungen zu entdecken und zu fassen zu bekommen. Zu
dieser Arbeit, die Botschaften zu Empfangen, gehörten abenteuerliche
Momente des Durchbruchs.

Dann mußte ich natürlich dieses bis dahin verborgene Material so
zu Frauen zurückschmuggeln, daß es ohne seine patriarchalen
Verzierungen sichtbar werden konnte. So begann ich, altes Material
(alten Stoff) auf Neue Weise zu Be-Nennen/zu Definieren, und machte
damit seine befreiende Botschaft zugänglich. Zum Beispiel definierte
ich „Erbsünde" für Frauen neu als Internalisierung von Schuldzuwei-
sungen, eine Folge der erzwungenen Komplizenschaft mit unserer
eigenen Unterdrückung. So plünderte ich auch die christliche Doktrin
der „Wiederkunft" (Christi, AdÜ.), indem ich dies zur Bedeutung „die
Wiederkunft der Frauen" umwandelte und auf diese Weise Neue und
Archaische Erkenntnis mit Hilfe dieses Symbols einschmuggelte. So
wurden alte Worte zu Neuen Worten, die unsere ausgelöschten Möglichkeiten Zurück-Riefen.

Auf diese Weise konnte mein Be-Sprechen (das Überwinden von
Aphasie) zum Überwinden von *Amnesie* führen, einer weiteren patholo-
gischen, den Frauen unter dem Patriarchat, dem Staat/Zustand der
Auslöschung, auferlegten Verfassung. Meine Piratischen Unternehmungen in der Zweiten Spiral-Galaxie konzentrierten sich also darauf, die
Vordergrund-„Vergangenheit", die „Vergangenheit" der gefälschten
patriarchalen Geschichte, zu durchbrechen und die Hintergrund-Vergangenheit* zu Ent-Decken.

---

unentwickelten Ideen verbreiten, und die Universitäten, Bibliotheken und Berufsverbände
und Fachzeitschriften, die in Händen von tödlichen Genossen sind, die der gleichen
Bruderschaft angehören. Echte Piraterie (Rechtmäßig diese Gefäße plündern), wie ich
sie verstehe und praktiziere, verlangt rigorose und peinlich genaue Wissenschaftlichkeit.
Demnach muß mein Piratenschiff eine superbe, unterschwellig seetüchtige Wissenschaftlichkeit (AdÜ.: unübersetzbares Wortspiel, engl. *Scholar Ship* (statt *scholarship*))
sein.
* Natürlich hätte ich während der Zeit der Zweiten Spiral-Galaxie diese Sprache zum
Be-Nennen des Prozesses nicht verwenden können. Diese Beschreibung enthält Worte,
die in der Dritten und Vierten Spiral-Galaxie Ent-Deckt wurden. Erst Jetzt steht mir die
Sprache zur Verfügung, um so genau wie möglich zu beschreiben, wie ich das, was
damals vor sich ging, verstehe.

Dieses Zurück-Rufen* Vorpatriarchaler/Metapatriarchaler Realität war ein ungeheuerliches Piratisches Abenteuer. Dazu gehörte, Tabus zu brechen, es zu wagen, „altehrwürdige" Glaubensinhalte zu hinterfragen. Ich mußte den *Mut zum Sündigen* ◐ aufbringen, das heißt

den Mut, auf direkteste und kühnste Weise intellektuell zu sein, der tiefen Übereinstimmung zwischen den Strukturen/Prozessen des eigenen Geistes und den Strukturen/Prozessen der Realität zu trauen und sie in Anspruch zu nehmen; der Mut, den eigenen tiefsten Intuitionen zu trauen und nach ihnen zu Handeln. (*Wickedary*)

Je Ursprünglicher Sündhaft/Illegitim mein Be-Sprechen wurde, desto öfter nahm es die Form von Fallen-Lassen an.*

Das Entfalten meiner Karriere als Piratin in der Zweiten Spiral-Galaxie war ein komplexer Prozeß. Doch gaben mir meine Kühnen Erkundungs-Expeditionen in den Nebel die Einsichten und Hinweise, die ich für meine Neue Arbeit brauchte. Im Verlauf dieser Expeditionen mußte ich jedoch die dämonischen Angriffe der damals noch unBe-Nannten Ausmerzer abwehren. *Elimination* ◐/Ausmerzung, wie ich es später verstand und definierte, ist

nekrophiler *Neid* auf biophile Kräfte, der die Auslöschung von belebter/beseelter Materie und Herstellung von Ersatz, Imitationen, Simulationen des Lebens verlangt. (*Wickedary*)*

Es ist vollkommen logisch, daß ich gezwungen werden mußte, mich im Verlauf der Zweiten Spiral-Galaxie mit den üblen Ausmerzern konfrontiert zu sehen. Nachdem ich in der Ersten Spiral-Galaxie bereits die dämonischen Assimilatoren zurückgeschlagen hatte, die versucht hatten, mich zu schlucken, mich in ihre „Zukunft" einzusperren, indem sie angsteinflößende Trugbilder einpflanzten und mich zu einem lebendigen Tod des zaghaften Alibismus zu verführen versuchten, war ich nun frei, die Elementale Erinnerung der Frauen Zurückzurufen – unsere Vergangenheit aufzudecken. Und so mußten die Ausmerzer der Frauengeschichte, die Auslöscher der Tiefen Erinnerung/Metaerinnerung Biophiler Frauen, die Vernichter, die ständig die Geschichte der Leben unserer Vorschwestern und unserer Leben durch Lügen ersetzten, natürlicher/unnatürlicherweise versuchen, mich zusammen

---

* Mit Zurück-Rufen (engl. *Re-Calling* ◐) meine ich: „1: der beharrliche/eindringliche Ruf des Wilden; die wiederkehrende Einladung in die Reiche der Tiefen Erinnerung; 2: Aktives Ent-Vergessen der Teilnahme am Sei-en; Ursprüngliche Kräfte, Intuitionen, Erinnerungen Er-Innern und ihnen Sprache verleihen". (*Wickedary*)
* Zur Definition von Fallen-Lassen (engl. *Be-Falling*) siehe Einleitung.
* *Elimination* ist wie *Assimilation* eine der Todsünden der Väter. Siehe Kapitel Sechs. Siehe *Wickedary*.

mit Schwester-Piratinnen auszurotten. Das heißt, sie mußten versuchen, unser Sei-en und unsere Arbeit zu negieren, da diese ihre Betrügereien transparent machten/machen.

Die Ausmerzer mußten zwangsläufig ihren *Neid* auf die natürlichen Biophilen Kräfte, speziell Kreativität und was sie angsterfüllt als Erfolg erkannten/nichterkannten, ausagieren. Und daher mußten sie auf ihre abgenutzten Strategien der Auslöschung und Umkehrung zurückgreifen. Da jedoch die Tricks dieser Trickster nur im Rahmen ihres eigenen Vordergrunds funktionieren, waren sie von Anfang an zum Scheitern verurteilt. In der Tat dienten sie hauptsächlich dazu, mehr Material für Piratische Untersuchungen und Analysen zu liefern, indem sie nicht nur ihre eigenen Methoden und Unzulänglichkeiten bloßlegten, sondern auch die ihrer Vorgänger (die natürlich die gleichen waren).

So setzte ich meine Piratenfahrten im Nebel fort.

Ein großer Teil meines aktuellen Plünderns und Schmuggelns geschah, wenn ich Artikel und Bücher schrieb. Ich übermittelte meine Schätze von bis dahin unterschwelligem Wissen an Frauen vornehmlich durch diese Schriften, doch auch mittels meiner Vorlesungen in Feministischer Philosophie am Boston College sowie durch Seminare, akademische Vorträge, öffentliche Reden und Workshops im ganzen Land und im Ausland.

Nicht, daß ich irgend etwas von dem, was ich zu sagen hatte, versteckte oder verbrämte. Ganz im Gegenteil: Ich war/bin extrem geradeheraus. Die wahre Natur des Schmuggelns bezieht sich auf die multidimensionale Bedeutung des Materials, das ich nun zu übermitteln begann. Dies war/ist Explosiver Stoff. Die Artikel der frühen siebziger Jahre sowie *Jenseits von Gottvater* und die „Feministische Nachchristliche Einleitung" zu *The Church and The Second Sex* sind mit Zeitbomben geladen. Oder – um die Situation anders und vielleicht genauer zu Be-Nennen – sie sind mit Material geladen, das die Vulkane, die in Frauen schwelen, zum Ausbruch bringen kann – jene Natürlichen Zeitbomben, die die Phallokraten so feige fürchten.

Ich glaube, es ist für Andere Reisende sehr wichtig, zu verstehen, wie dieses Schmuggeln im Einzelnen beschaffen war/ist. Es handelte und handelt sich keineswegs darum, einfach von Männern erdachte Ideen an Frauen weiterzugeben, damit sie auf „Frauenfragen" angewendet werden können. Noch ist es ein Versuch, „feministische Theorie" in irgendein vorgefertigtes patriarchales System zu absorbieren, wie es beispielsweise bei vieler Dutzendware „sozialistisch-feministischer Theorie" der Fall gewesen ist.[1] Ich bin also keine Aristotelische, Heideggersche oder Whiteheadische „Feministische Philosophin", die versucht, zu männlichen Bedingungen als Philosophin akzeptiert zu werden. Aus meiner Sicht wäre dies genau das Gegenteil von Piratischem Schmuggeln. Es wäre aktive Komplizenschaft mit dem patriarchalen

System der Assimilation. Letztlich würde es Selbst-Eliminierung bedeuten. Ich habe die Werke einiger männlicher Denker als Sprungbretter für meine eigenen Gedanken benutzt, doch keiner von ihnen kann Anspruch auf Vaterschaft (oder Gattenschaft) an meiner Arbeit erheben.

Mein Piratisches Plündern/Schmuggeln hatte/hat seine Quelle in Frauen-Identifikation/Selbst-Identifikation. Meine Aufgabe war/ist, die vergrabene Tradition/den vergrabenen Schatz der Frauen zu beschlagnahmen und weiterzugeben, so daß die Suche nach der Weisheit, die von der verdrehten „Weisheit" der Väter überdeckt ist, weitergehen kann. So begann ich in der Zweiten Spiral-Galaxie Hintergrund-Information, die ich im Verlauf meiner E-motionalen/intellektuellen/psychischen/geographischen Reisen gesammelt hatte, zu Schmuggeln, indem ich Material übermittelte, an dessen Dechiffrierung ich arbeitete, um es meiner Selbst und Anderen Frauen zugänglich zu machen.

Ein solches Schmuggeln ist Bewußtsein-Wecken. Indem es Zeitbomben in Frauen zum Explodieren bringt, kann es uns in unsere eigene Bedeutsame Zeit freisetzen. Indem es Unterwasser-Vulkane zum Ausbrechen bringt, setzt es die explosiven Kräfte der Erinnerung und das Feuer der schwelenden Leidenschaft frei. Auf diese Weise wurde zwischen den Deckeln eines unschuldig aussehenden Buches – *Jenseits von Gottvater* – gefährliches Wissen vom Stapel gelassen. Doch wenn ich es mir recht überlege, sieht es vielleicht doch nicht so unschuldig aus, denn bereits der Titel ist aufgeladen, und der Untertitel *Aufbruch zu einer Philosophie der Frauenbefreiung* bricht das Tabu, daß Frauen keine Frauen-identifizierten/Selbst-identifizierten Philosophinnen werden dürfen.

Auf jeden Fall machte das Buch seinen Weg. Es kam in Buchhandlungen und Bibliotheken und auf Literaturlisten, nicht nur für Frauenstudien, sondern auch für Kurse in Religion, Psychologie, Philosophie, Amerikanistik, Soziologie undsoweiter undsoweiter. Es war/ist schließlich peinlich genau wissenschaftlich und aktuell. Es verwendet ein Vokabular, das in einigen Teilen des Buches konventionell erscheinen mag, wenn es nur im Vordergrund-Sinn verstanden wird. Außerdem hatte/hat seine Autorin einen angesehenen Lehrauftrag und war hochqualifiziert – überqualifiziert. Wer konnte ihre Legitimation anzweifeln?

Das Buch ging von Frau zu Frau. Frauen begannen darüber zu diskutieren, danach zu handeln, von ihm aus weiterzuspringen. Frauen machten/machen weiter. Und ich machte/mache weiter. Es liegt in der Natur von Piratinnen, weiterzumachen, denn Piratinnen sind weit draußen. Wir sind Outlaws[2], und unser Orientierungssinn führt logischerweise zu Auswärts reisen.

Besonders führte *Jenseits von Gottvater* logischerweise zum Schreiben der „Feministischen Nachchristlichen Einleitung" zu *The Church and The Second Sex*. Als Aufrechte Piratin hielt ich es für wichtig, offen und ehrlich die neue Ortsbestimmung meiner Reise bekanntzugeben und zu erklären, wie und warum ich dem Anschein nach meine Richtung geändert hatte. Ich sage „dem Anschein nach", denn meine scheinbar andere Richtung war durchaus in Einklang mit der meiner früheren Momente. Genau jene Momente hatten mich logischerweise zu meiner Nachchristlichen Position gebracht. Das ist Spiralen, im Gegensatz zu lediglich linearer Bewegung. Wenn es also einen Positionswechsel gab, befand er sich in Übereinstimmung mit den Spiraligen Gestaltveränderungen der frühen Pfade meines Auswärts-reisens.

Wie die folgenden Kapitel zeigen werden, bezog ich in der Zweiten Spiral-Galaxie meine Energien aus der Tatsache, daß ich immer be-wußter wahrnahm, daß ich als Reisende nicht isoliert war. Nachdem ich realisiert hatte, daß ich Teil eines Kosmischen Bundes von Glei-chen war, frohlockte ich in meinem Wissen, daß das Verb/Sei-en sich auf außerordentliche Weise für vom Wege abgekommene Frauen Entfaltete. Mein Neugefundener Sinn für unsere grenzenlosen Mög-lichkeiten gab mir Auftrieb, und ich segelte vorwärts durch den Nebel, folgte dem Ruf des Wilden, rief mir Reiche Tiefer Erinnerung Zurück. Ich Ent-Vergaß unsere gemeinsame Teilhabe am Sei-en, ließ mich weiter und weiter fallen, während ich zu Neuen Worten für Absolute Weibliche Gefühle und Intuitionen durchbrach – zu diesem gewissen Wissen, das sich-Be-Freundenden und in-Schwesterlichkeit-Zusammen-schließenden Frauen gemeinsam ist.

KAPITEL SIEBEN

DIE ZEIT DER TIGER:
DER EXODUS AUS DER HARVARD MEMORIAL CHURCH
UND ANDERE ABENTEUER

Das Jahr 1971 war vollgepackt mit aufregenden Dingen. Es war ein Sprühendes, ein Umwerfendes Jahr. Es war eine Zeit intensiven Zurück-Rufens.

DURCHBRUCH: „NACH DEM TOD VON GOTTVATER"

Zu Frühlingsbeginn jenes Jahres veröffentlichte ich einen Artikel, der meinen Durchbruch zu einer Neuen Art von Denken markierte. Er hatte den Titel „Nach dem Tod von Gottvater".[1] Der Artikel begann – Merkwürdig genug – mit dem Satz:

> Die Frauenbefreiungsbewegung hat eine Flut von Büchern und Arktikeln hervorgebracht.

Damit habe ich – vielleicht unbewußt – die sich-selbst-erfüllende Prophezeiung und das Versprechen meines 1964 erschienenen Briefes Zurück-Gerufen, in dem ich vorausgesagt hatte, daß eine „überwältigende Menge" von Artikeln und Büchern über die Geschichte des Problems von Frauen und Kirche „kommen werden".[2]

Der Artikel „Nach dem Tod von Gottvater" ging weit darüber hinaus, lediglich die Geschichte des Problems Frauen und Kirche zu skizzieren. Nachdem ich die „Flut" von Büchern und Artikeln, die bisher von der Frauenbewegung produziert worden waren, mit den Worten beschrieben hatte, „sie konzentrieren sich auf die Aufgabe, unser männerorientiertes Erbe aufzudecken und zu kritisieren", fuhr ich fort:

> Soweit es die Ebene kreativer Recherchen betrifft, ist diese Phase der Arbeit beendet. Die Leichen in unserem kulturellen Keller sind zur Besichtigung heraufgeholt worden. Damit will ich nicht sagen, daß es nicht noch unzählige mehr zu entdecken gibt... Was ich meine, ist, daß Phase Eins der kritischen Forschung und Schriften in der Bewegung den Weg für den logischen nächsten Schritt in kreativem Denken bereitet hat. Wir müssen jetzt fragen, wie die Frauenrevolution unsere Gesamtsicht der Realität verändern kann und sollte.[3]

Ich griff dann das Symbolsystem patriarchaler Religion und Gesellschaft an und erklärte, daß Frauen als „Ausgeschlossene", die an den Autoritätsstrukturen nicht teilhatten, gesellschaftliche Veränderungen schaffen können. Einer meiner wesentlichen Punkte war, daß Frauen, indem sie die patriarchalen Infrastrukturen angreifen, die Stützpfeiler unterminieren und herausziehen können, die jenes Symbolsystem gestützt und ihm Plausibilität verliehen haben, das wiederum die gesellschaftlichen Strukturen legitimiert.

Von Heute aus gesehen ist dieser Artikel milde. Er fordert eine „Situation der Diarchie (Doppelherrschaft, AdÜ.), die radikal neu ist", und betrachtet Mary Baker Eddys „Vater-Mutter-Gott" mit gewissem Wohlwollen. (Davon habe ich mich ein Jahr später, als ich *Jenseits von Gottvater* schrieb, abgewendet.) Trotz dieses „diarchalen" Universalismus ist er beträchtlich scharf – er versichert, die Frauenrevolution werde zur „größten einmaligen potentiellen Herausforderung an das Christentum, seine unterdrückerischen Tendenzen abzulegen oder Bankrott zu machen". Nicht lange danach wurde mir klar, daß die unterdrückerischen Tendenzen keine Verirrungen sind, sondern vielmehr der Stoff, aus dem das Christentum gemacht ist, denn seine Symbole sind inhärent unterdrückerisch.

Ein bemerkenswertes Detail zur Geschichte dieses Artikels ist die Tatsache, daß er zum Teil von *The Sacred Canopy*, einer Arbeit des Soziologen Peter Berger, inspiriert war. Naiv schrieb ich diesem angesehenen Akademiker, um ihm mitzuteilen, wie beeindruckt ich von seinem Buch sei und wie es mein Denken beeinflußt habe. Enthusiastisch erläuterte ich, daß ich einige der Gedanken seines Buches übernommen und sie logisch zu Ende verfolgt hätte – und legte ein Exemplar von „Nach dem Tod Gottvaters" bei.

Professor Berger antwortete auf meinen Brief. Er war höchst ungehalten, daß ich mich auf diese Weise von seiner Analyse fortbewegt hatte. Er konnte in der Tat mit der Frauenbefreiung wenig anfangen, als deren Fokus er in erster Linie die Orgasmen von Mittelklassefrauen in den amerikanischen Vororten anzusehen schien. Der berühmte Professor war kürzlich aus Afrika zurückgekommen und hatte dort *wirkliche* Unterdrückung gefunden. Natürlich erwähnte er nicht die besonderen wirklichen Lebensbedingungen der *Frauen* in Afrika. Er schlug vor, ich solle zu einer Unterredung mit ihm nach New York kommen, vermutlich um mir den Kopf zurechtzusetzen. Ich antwortete voller Abscheu und lud ihn ein, mich in meinem Büro in Boston zu besuchen. Das war das Ende unseres kurzen Briefwechsels.

Bergers Reaktion auf meine Arbeit war eine wichtige Erfahrung von Ent-Täuschung. Sie rief Momente des Durchbruchs hervor. Ich erlangte die Einsicht, die ich nie vergessen sollte, daß jemand ein so klares Buch wie *The Sacred Canopy* (das ich noch immer für ein wichtiges

Buch halte, das heißt, nützlich als Sprungbrett) schreiben und sich zugleich weigern konnte, dessen logische Implikationen zu erkennen. Bergers abstrakte Theorie war von Einsichten in Realitäten, wie ich sie jeden Tag meines Lebens erlebte, abgespalten.

Dieser Zwischenfall war eine Quelle der Inspiration. Eine der darin enthaltenen Botschaften war, daß patriarchale Theoretiker ganz genau wußten, was ihre Gesellschaft Frauen antat, während sie sich gleichzeitig diesem Wissen verweigerten. Für mich gehörte dazu ein aggressiver Wille, *nicht* zu wissen.[4] Die Klarheit von Bergers Theorie war so umwerfend, daß es mir unmöglich erschien, daß er nicht sehen konnte, worauf ich hinaus wollte. Und so wurden alle Reste meines naiven Glaubens, daß „das Problem" im Patriarchat der Mangel an Information war und daß rationale Aufklärung/Bildung eine angemessene Lösung seien, davongeblasen. Diese Erfahrung half mir, mich über „Nach dem Tod von Gottvater" hinauszuschleudern. Ich wollte mehr von der Verweigerung, zu sehen, und von der Realität des Mutes zum Sehen begreifen.

JENSEITS VON DISTANZIERTHEIT: „DER MUT ZUM SEHEN"

Einige Monate später erschien mein Artikel „Der Mut zum Sehen".[5] Bereits in „Nach dem Tod von Gottvater" hatte ich geschrieben: „Die treibende offenbarende Kraft, die eine Authentizität religiösen Bewußtseins ermöglicht, ist Mut angesichts von Angst."[6] Die Idee existentiellen Muts war ursprünglich durch Paul Tillichs Buch *Der Mut zum Sein (The Courage to Be)*[7] inspiriert. In „Der Mut zum Sehen" („The Courage to See") setzte ich das jedoch in einen anderen Kontext, nämlich den Kontext des allgegenwärtigen Geschlechtskasten-Systems des Patriarchats, und verwendete es in bezug auf die Bemühung, die grundlegenden/niedrigen Vorstellungen von einer Geschlechterhierarchie in der Theologie und der gängigen Kultur zu durchschauen. Das Konzept des existentiellen Muts wurde auf diese Weise radikal umgeformt. Tillich wurde zur Zielscheibe meiner Kritik, da er zur Distanziertheit von der Realität des Kampfs gegen Unterdrückung in seinen konkreten Manifestationen ermutigt:

> Tillichs Reden von Gott ist „distanziert", und das gilt auch für den Rest seiner systematischen Theologie. Wenn er beispielsweise von Entfremdung spricht und den Mythos des Sündenfalls „bricht", versäumt er es, dabei besonders die bösartige Sicht der Mann-Frau-Beziehung in Betracht zu ziehen, die dieser androzentrische Mythos ganz nebenbei „enthüllt" und verewigt.[8]

Dieser Artikel fordert dazu auf, solches „Übersehen" im religiösen

Bereich und allem anderen Denken und Verhalten zu erkennen. Er gibt zu, daß ein solches Sehen schwierig ist:

> Es ist verständlich, daß die meisten Männer es vorziehen, nicht zu sehen. Sehen heißt, daß sich alles verändert: Man kann nicht mehr zurück. Es ist nicht „vernünftig", zu gut zu sehen. Deshalb ist das Hauptthema des Kampfs um die Frauenbefreiung nicht Vernunft, sondern existentieller Mut.[9]

WIRBELWINDE: SPRECHEN, LEHREN, KNURREN

Frühling und Herbst 1971 waren angefüllt mit intensivem und extensivem politischem Aktivismus. So sprach ich zum Beispiel in jener Zeit des Kampfs gegen unterdrückerische, frauen-tötende Gesetze auf einer Reihe von Kundgebungen und Konferenzen zur Abtreibung, besonders in Boston und New York. Am 23. März sagte ich vor dem Sozial-Ausschuß der gesetzgebenden Körperschaft von Massachusetts aus, als einzige/r Katholik/in, die/der sich öffentlich für die Abschaffung der Anti-Abtreibungs-Gesetze aussprechen wollte. Als ich nach vorn ging und mit meiner Aussage begann, standen die meisten Abgeordneten auf und verließen den Raum. So war das mit den Politikern im katholischen Boston! Ich jedenfalls gab meine Aussage für die anwesenden Frauen ab, und sie applaudierten enthusiastisch.

Ich wurde auch in einen Wirbelwind von Reisen und Abenteuern gezogen, die nicht auf die Abtreibungsfrage beschränkt waren. Ich hielt eine Reihe von Predigten und Vorträgen sowohl vor Kirchengruppen als auch an Universitäten.[10] All diese Vorträge waren – in verschiedenen Abstufungen von Deutlichkeit – Botschaften von „Ade Kirche und alles, was damit zu tun hat".

Im akademischen Jahr 1971/72 begann die Zeit der Tiger. In jenem Jahr hielt ich meine ersten Feministischen Vorlesungen. Im ersten Semester sprach ich über „Die Frauenrevolution und die Theologische Entwicklung" (neben anderen Kursen natürlich). Dem folgte im zweiten Semester „Frauenbefreiung und die Kirche". Dies waren die ersten Kurse in Frauenstudien, die innerhalb des als Boston Theological Institut (BTI) bekannten Zusammenschlusses von theologischen Ausbildungsstätten angeboten wurden. Zu meinen Studentinnen gehörte Jan Raymond, die gerade die Arbeit an ihrer Dissertation im gemeinsamen Doktoranden-Programm von Boston College und der Andover Newton Theological School begann. Es waren auch drei Wilde Frauen von der Harvard Divinity School anwesend – Linda Barufaldi, Emily Culpepper und Jean MacRae. Diese vier Frauen und ich formten eine äußerst lose organisierte, doch eng verbundene Gruppe, der wir unter uns den Namen „die Tiger" gegeben hatten.

Die Hauptaktivitäten der Tiger waren, miteinander Ideen zu spinnen, subversive Ereignisse zu organisieren und es uns generell miteinander gutgehen zu lassen. Einige von uns knurrten häufig, besonders als Grußformel, persönlich oder am Telefon.

DER HARVARD MEMORIAL EXODUS: EIN METAMORPHISCHER MOMENT

Im Herbst 1971 gab es Gelegenheiten für wütend zielgerichtete Aktion. Eine dieser Aktionen hat ihre besondere Bedeutung als Historischer Moment. Sie wurde als Harvard Memorial Church Exodus bekannt. Dieses Ereignis begann irgendwann im Oktober zu brauen, als ich eingeladen wurde, als erste Frau in der dreihundertsechsunddreißigjährigen Geschichte der Memorial Church bei einem Sonntagsgottesdienst zu predigen. Die Einladung stellte mich vor eine schwierige Entscheidung. Einfach annehmen würde bedeuten, daß ich einverstanden war, als Alibi-Frau benutzt zu werden. Eine Absage käme einer versäumten Gelegenheit gleich. Ich versuchte, mir eine kreative Lösung auszudenken.

Die Lösung kam, als sich eine Gruppe von Frauen an der Harvard Divinity School (genauer gesagt, in Linda Barufaldis Zimmer) trafen, um das Problem zu diskutieren. Durch diese Mitstreiterinnen ermutigt, beschloß ich, die Einladung anzunehmen und die Predigt in eine Aktion umzuwandeln. Gemeinsam planten wir das Ereignis, das ein Aufruf zum Verlassen der patriarchalen Religion werden sollte.[11] Der daraus resultierende „Exodus" (am 14. November) wurde zu einem Historischen Moment des Durchbruchs und Zurück-Rufens.

Um die Predigt zu halten, mußte ich während des ersten Teils des Gottesdienstes im Altarraum sitzen. Es war offensichtlich, daß die Priester und der Chor Wind davon bekommen hatten, daß „etwas" passieren würde. Der Pastor hatte die Durchführung des Gottesdienstes an seinen Assistenten delegiert und sich selbst diskret unter die Gemeinde gemischt und sich damit einige Peinlichkeit erspart. Einige der Chormitglieder unterdrückten ein Kichern nervöser Erregtheit. Offensichtlich waren für diese Gelegenheit wohlüberlegt „nichtsexistische" Lieder ausgesucht worden.

Zwei Frauen (Mitstreiterinnen) lasen die Schriftstellen. Liz Rice las aus dem alten Testament (1.Sam. 15,23): „Denn Rebellion ist wie die Sünde der Hexerei." Emily Culpepper, die ihre leuchtend roten „Hexenschuhe" trug, las aus dem „neuen" Testament, besonders aus den Paulinischen Briefen. Ich Er-Innere mich an den Blick vollkommener Befriedigung und Fröhlichkeit auf Emilys Gesicht, als sie aus 1. Tim. 2,11 rezitierte: „Laßt die Frauen in der Stille und in aller Unterwürfigkeit lernen" undsoweiter undsoweiter. Damit war der Weg zur Predigt bereitet.

Als der Augenblick kam, stieg ich feierlich die Stufen in die riesige phallusähnliche Kanzel hinauf. Meine Rede begann mit: „Schwestern und andere geehrte Mitglieder der Gemeinde. Es gibt viele Arten sich zu weigern, ein Problem zu sehen." Ich sprach über die Notwendigkeit für den Mut zum Sehen und zum Handeln, bestätigte, daß „nach außen handeln oder *Praxis* die Einsicht authentisch macht und Situationen schafft, aus denen neues Wissen wachsen kann".

Als die Predigt sich ihrem dramatischen Ende näherte, hoffte ich inbrünstig, daß ich nicht die Demütigung würde erleben müssen, fast allein, nur von sechs oder sieben standhaften Genossinnen begleitet, aus der Kirche zu stolzieren. Doch was auch passieren mochte, ich mußte das durchstehen. So fuhr ich fort:

Wir können nicht wirklich zu der institutionalisierten Religion in ihrer jetzigen Form gehören...
Die Frauenbewegung ist eine Exodus-Gemeinde. Sie hat ihre Basis nicht lediglich in der Verheißung, die unseren Vätern vor Tausenden von Jahren gegeben wurde. Sie hat ihre Quelle vielmehr in der unerfüllten Verheißung der Leben unserer Mütter, deren Geschichte nie niedergeschrieben wurde. Sie hat ihre Quelle in der Verheißung unserer Schwestern, die ihrer Stimme beraubt wurden, und in unserer eigenen Verheißung, unserer latenten Kreativität. Wir können *jetzt* zu unserer Verheißung und unserem Exodus stehen und in eine Zukunft gehen, die unsere *eigene* Zukunft sein wird.
Schwestern – und Brüder, sollten welche unter uns sein:
Unsere Zeit ist gekommen. Wir nehmen uns unseren Platz an der Sonne. Wir lassen die Jahrhunderte von Schweigen und Dunkelheit hinter uns. Laßt uns unseren Glauben an uns selbst und unseren Willen zur Transzendenz bezeugen, indem wir aufstehen und miteinander hinausgehen.[12]

Ich hätte keine Angst vor der Peinlichkeit, fast allein hinauszugehen, haben müssen. Hunderte von Frauen und einige Männer begannen in dem Moment, in dem ich zu sprechen aufhörte, aus der Kirche zu stürmen. Weit davon entfernt, „die Anführerin" einer „Herde" zu sein, wie manche Journalisten es darzustellen beliebten, wurde ich mitten in die Welle hineingerissen. Als es mir gelungen war, von der riesigen Kanzel herabzusteigen, rannte bereits die halbe „Herde" vor mir. So mischte ich mich einfach unter die Menge.

Einige der schönsten und lustigsten Momente passierten hinterher auf den Stufen vor der Kirche. Wir brüllten vor Lachen, als wir hörten, wie das Schlußlied von denen, die bis zur Beendigung des Gottesdienstes dringeblieben waren, gesungen wurde. Es war eine Hymne an den „Heiligen Geist" – zweifellos wegen seiner „inklusiven" Sprache für die Gelegenheit ausgewählt, und sie wurde ausschließlich – oder fast ausschließlich – von Männerstimmen gesungen. Die tiefen Stimmen, die dort drinnen pflichtgemäß das Lied herunterleierten, bildeten einen scharfen Kontrast zu dem Gackern und Jubeln der vorwiegend weiblichen Menge draußen. Mitten in diesem freudigen Chaos bedrängten uns Journalisten mit ihren Fragen. Die Feministische Aktivistin und Publizistin Mary Lou Shields hatte sie auf das Ereignis aufmerksam gemacht, sie gab auch die Fragen weiter. Bald danach eilten wir zu einem uns-selbst-beglückwünschenden Brunch.

Die Exodus-Predigt unterschied sich qualitativ von den Akten des Be-Sprechens in der Ersten Spiral-Galaxie. Es war kein Be-Sprechen innerhalb einer patriarchalen Institution, noch war es der Versuch, eine solche Institution zu reformieren/zu verändern. Vielmehr gehörten hier ein Sehen von Zusammenhängen und ein Radikaler Abschied dazu. Damit war es auch eine Aufforderung zu Akten des Sich-Fallen-lassens.

Als Ereignis war der Exodus eine Manifestation des *Muts zum Verlassen* ●, das heißt:

> Die Tugend, die Frauen befähigt, sich von allen patriarchalen Religionen und anderen hoffnungslosen Institutionen zu lösen; eine Entscheidung, die dem tiefen Wissen um den Kern des Nichtseins, der im Innersten dieser Institutionen sitzt, entspringt. (*Wickedary*)

Für einige von uns, die an jenem Tag hinausgingen, war unser Akt in der Tat ein Abschied von allen patriarchalen Religionen. Linda Barufaldi schrieb:

> Er (der Exodus) hatte zur Folge, daß mein Bewußtsein die schmerzliche Tatsache zuließ, daß die jüdisch-christliche Tradition... ihre Kultur, ihre Lehre und ihre Gemeinde, Männer-orientiert und von Männern beherrscht ist. Es ist nicht die meine.[13]

Nicht alle, die hinausgingen, erlebten den Exodus in dieser Tiefe oder zogen die logischen Konsequenzen. Einige kehrten an den nächsten Sonntagen zur Harvard Memorial Church oder zu anderen Kirchen zurück, vermutlich in der Hoffnung, die Institution „von innen her" zu verändern. Sicher hat nicht jede/r, die/der von dem Ausmarsch hörte oder las, es in dieser Tiefe verstanden. Viele faßten ihn als lediglich „symbolischen" Akt auf. Unter jenen, die ihn auf diese Weise reduzierten, gab es einige, die ihn zum Alibi machen, ihn kooptieren wollten. Jedenfalls schrieb mir ein Pfarrer und fragte an, ob ich in seine Kirche kommen und predigen „und das Gleiche inszenieren" wollte. Offensichtlich sah er das als eine wiederholbare Aufführung. Ich erwiderte empört: „Nein, natürlich nicht; ich habe es wirklich so *gemeint*, als ich sagte, ich ginge hinaus." Das konnte er nicht verstehen.

Wenn ich die später in *Reiner Lust* entwickelte Sprache anwende, würde ich Jetzt den Exodus als Metaphorisches Ereignis beschreiben. Das Wort *Metapher* kommt vom griechischen *meta* und *pherein*, was „tragen" heißt. Als Metaphorisches Ereignis *trug* der Exodus jene, die aus tiefer Überzeugung daran teilnahmen, in Metamorphische Momente/Bewegungen hinein und veränderte damit unser Leben, schleuderte uns über die Gefängniszellen patriarchaler Religion hinaus. Ich meine damit nicht, daß das alles sofort passierte, doch wir waren auf unserem Weg, da ein Moment zum anderen führt.

Wenn es den Patriarchen auch nicht gelang, den Exodus zu kooptieren, so ist es ihnen doch weitgehend gelungen, ihn aus der Geschichte auszulöschen – wenn auch nicht aus der Erinnerung der TeilnehmerInnen. Indem ich dies schreibe, Er-Innere ich mich. Ich Ent-Vergesse öffentlich – und für die Annalen – einen Tiefen Augenblick von Durchbruch und Zurück-Rufen. Indem ich mir dies Zurück-Rufen Zurück-Rufe, nehme ich am Prozeß teil, die Verstümmelung von Frauengeschichte zu überwinden und zu unserer Hintergrund-Vergangenheit durchzustoßen.

WILDE HOFFNUNGEN, FEURIGE FREUNDINNEN, KÜHNE TATEN, SCHLIMME WORTE

1971 war genau die Art Jahr, in dem ein Ereignis wie der Exodus stattfinden konnte. In der Frauenbewegung war der Glaube an die Möglichkeit einer totalen Veränderung der Frauen weitverbreitet. Radikale Feministinnen *sahen* anders *aus*, weil wir anders *waren*. Wir sahen Wild, Wütend und absolut Natürlich aus. Ich war damals (und bin es Jetzt noch) tief bewegt von dem Titelbild der *Notes from the Third Year: Women's Liberation* (Notizen aus dem Dritten Jahr: Frauenbefreiung, AdÜ.) – einer Sammlung von Artikeln Radikaler Feministinnen, die 1971 erschien. Dieses Titelbild ist eine Collage der Gesichter zweier Frauen. Rechts die Fotografie einer vor-Feministischen Frau. Ihre Haare sind sorgfältig gelockt. Ihr Gesicht ist, unter einer Schicht von Makeup, ausdruckslos, tot. Links das Foto einer Frau, deren Bewußtsein befreit worden ist. Ihr Haar ist natürlich und free-style. Ihr Gesicht trägt kein Makeup. Sie platzt vor Energie, und sie lacht.

In dem Moment, als ich den Titel dieser Ausgabe sah, spürte ich, wie mich eine riesige Welle der Hoffnung überkam. Ich glaubte, Die Veränderung habe ein für allemal stattgefunden. Plastikfrauen, dachte ich, gehörten der Vergangenheit an. Bald würde ich keine toten, Roboter-ähnlichen Frauengesichter mehr sehen müssen.

Auf der sichtbaren Ebene war die Hoffnung unrealistisch. Innerhalb weniger Jahre sollte der Fembotismus oder das Fembotertum[14] † mit voller Kraft zurückkehren. Tote/„hergerichtete" Gesichter und Körper, von modischer Kleidung und Makeup geformt, sollten zurückkehren. Doch ich wußte damals und weiß Jetzt, daß meine Hoffnung nicht unbegründet war. Trotz aller Bemühungen von Modeschöpfern und Medienmännern aller Art war die Vorstellungskraft von Millionen von Frauen wachgerüttelt. Auch wenn die Erinnerung auf eine unterschwellige Ebene gesunken ist, sie ist nicht verloren gegangen.

1971 hatte ich in *Notes from the Third Year* einen Artikel mit dem Titel „The Spiritual Dimension of Women's Liberation" (Die spirituelle Dimension der Frauenbefreiung, AdÜ.)[15] veröffentlicht. Mit diesem Artikel gab ich mir Selbst und der Frauenbewegung allgemein bekannt, daß ich mich über die politische Position von *The Church and The Second Sex* hinausbewegt hatte. Er war auch ein Beleg dafür, daß ich die Dimensionen des Artikels „Frauen und die Katholische Kirche", der 1970 in Robin Morgans weitverbreiteter Anthologie *Sisterhood is Powerful* erschienen war, überschritten hatte.

Obgleich die Welt christlicher Theologie und auch nur entfernt mit der Kirche verbundener Dinge rasch aus meinem Interessenbereich entschwand, blieb ich doch an der Grenze jenes Milieus tätig. So bildete sich zum Beispiel im Herbst 1971 auf dem nationalen Treffen der American Academy of Religion in Atlanta ein Frauenausschuß. Ich schlug vor, daß wir auch eine Abteilung (genannt „Arbeitsgruppe") zum Thema Frauen und Religion einrichten sollten. Das bedeutete, daß diese große Berufsorganisation von Theologen und Schriftgelehrten jedes Jahr „offiziell" den Frauen Zeit und Raum abtreten mußte, damit sie ihre Thesen zu Frauenstudien vortragen konnten. Es wurde beschlossen, daß ich die Programm-Verantwortliche für das kommende Jahr sein sollte. So begann ein Forum von Frauen, einen Platz für uns selbst zu schaffen und an der Grenze eines großen von Männern organisierten Kongresses zu Spinnen. Auch war die Bühne für einige faszinierende Aktivitäten der Tiger im kommenden Jahr bereitet.[16]

Ganz besonders wichtig war auch die Tatsache, daß Betty Farians als Executive Director (geschäftsführende Direktorin, AdÜ.) des Women's Institute am Boston Theological Institute für das ganze akademische Jahr nach Boston kam.* Betty stiftete in ihrem Bemühen, Frauen in den verschiedenen theologischen Ausbildungsstätten im Gebiet Boston zu

---

† *Fembot*, Wortschöpfung Mary Dalys, zusammengesetzt aus *feminine* (weiblich) und *robot* (Roboter).

* Im Frühjahr 1971 hatte Jan Raymond dort als „Interim Coordinator" gearbeitet, während sie ein volles Studium absolvierte, um ihren Magister an der Andover Newton Theological School zu beenden.

organisieren und weibliche Fakultätsmitglieder zu ermutigen, Kurse in Frauenstudien anzubieten, einen Wirbel von Aktivitäten an. Sie kämpfte heldenhaft, um beschränkte und frauenfeindliche Dekane und andere Bohrokraten dazu zu bewegen, Frauen zu unterstützen und Lehrpersonal mit Feministischem Bewußtsein anzustellen. Es war eine frustrierende und oft zur Wut treibende Arbeit. Doch Bettys Anwesenheit und Engagement trugen dazu bei, eine Atmosphäre von Kameraderie und Komik zu schaffen, die unsere Revolution in Bewegung zu halten half.

In dieser Zeit besuchte Nelle Morton, die weithin bekannte und geachtete Feministische Theologin von der Drew University, meinen Kurs. Wir saßen im Kreis und sprachen mit Nelle, die verkündete, sie habe es satt, weiter zu versuchen, mit Männern zu arbeiten, über die Situation von Frauen. Die Zeit zum Schaffen von Frauen-Raum war eindeutig überreif. Nelle, die damals etwa siebenundsechzig war und ihr graues Haar in einem attraktiven Pferdeschwanz trug, sprach mit uns in ihrem schleppenden Tennessee-Akzent, und die Szene blieb unvergeßlich.

Ein wichtiger „Ade, Kirche und alles, was damit zu tun hat"-Vortrag, den ich vor einem Pubikum hielt, das bereits herausgegangen oder nie „dort" gewesen war, fand im Dezember 1971 auf der historischen Radikalfeministischen Konferenz über Prostitution in New York statt. Ich stellte dar, wie der Hl. Augustinus und nach ihm Thomas von Aquin widerstrebend die Zweckmäßigkeit der Prostitution bestätigt und damit gerechtfertigt hatten, daß sie Prostituierte mit den Kloaken einer Stadt verglichen. Nach dieser traditionellen Doktrin tragen Prostituierte dazu bei, die Institution der Ehe zu bewahren und Ehefrauen „rein" zu halten. Eine Folge dieses öffentlichen Be-Sprechens war, daß ich zur tieferen Erkenntnis der Tatsache durchbrach, daß in den Augen der Väter und Theologen der Kirche alle Frauen Kloaken sind.

Das Aufbauen solcher Aktionen und Einsichten, verbunden mit Funkenschlagenden Gesprächen mit anderen Feministinnen, speziell den Tigern, trug mich auf einer Welle der Energie ins Jahr 1972. Ein Teil dieser Energie wurde in Organisationsarbeit investiert. In jenem Winter und Frühjahr arbeitete ich zum Beispiel zusammen mit Jan Raymond an dem Projekt, die Referate für die „Frauen-und-Religion"-Gruppe beim Nationalen Kongreß der American Academy of Religion, der im Herbst in Los Angeles stattfinden sollte, anzufordern und auszuwählen. Wir hatten das Gefühl einer Aufgabe von großer Tragweite. Es war ein Erlebnis, Frauen-Raum in – und am Rande von – einer konservativen und unwahrscheinlichen Umgebung zu schaffen.

Am kraftvollsten manifestierte sich diese Flutwelle der Energie in dem, was ich schrieb. Im Februar 1972 erschien mein kontroverser Artikel „Abtreibung und Geschlechtskaste".[17] Ich nahm mich dieser

Frage nicht aus persönlichen/privaten Gründen an. Ich habe nie eine Abtreibung gebraucht. Doch mein Engagement war und ist die Sache der Frauen als Frauen.

In dem Artikel zitierte ich meine unwiderlegbare Lieblingsstatistik, die ich wiederholt bei Podiumsgesprächen und Diskussionen benutzt hatte: „Hundert Prozent der Bischöfe, die sich gegen die Abschaffung der Anti-Abtreibungs-Gesetze stellen, sind Männer, und hundert Prozent der Menschen, die abtreiben, sind Frauen."[18] Ich hielt es für klar und offensichtlich – und empörend –, daß die Männer sich das Recht anmaßten, Frauen in dieser Angelegenheit zu bevormunden. Ich sah, daß es hier im Grunde um Macht über Frauen ging.

Ziel von „Abtreibung und Geschlechtskaste" war, die Abtreibungsfrage in den Kontext des Geschlechtskastensystems zu stellen:

> Da die existierende Tatsache der Geschlechtskaste so erfolgreich durch die Rollenaufteilung der Geschlechter verschleiert worden ist, war es schwierig, die Anti-Abtreibungsgesetze und die ethischen Anti-Abtreibungsargumente innerhalb dieses Kontexts zu sehen. Doch nur wenn wir sie innerhalb der sie umgebenden Gesamtheit patriarchaler Voreingenommenheit sehen, ist es möglich, realistisch zu beurteilen, wie sie in der Gesellschaft funktionieren.[19]

Ich ging auf das Problem der Verschleierung ein und zeigte, wie die Abtreibungsgegner (speziell die katholische Kirche) die Tatsache verheimlichen, daß die Opposition gegen eine Abschaffung der Anti-Abtreibungsgesetze einen Zusammenhang mit misogynistischen Praktiken wie beispielsweise dem Ausschluß der Frauen vom Priesteramt hat. Eine Feministin von heute könnte zwar sagen, daß diese Querverbindung auf der Hand liegt, doch Tatsache ist, daß dies 1972 keineswegs auf der Hand lag und daß es bis heute vielen Frauen nicht klar ist, weil Abtreibung als einzigartig herausgehoben wird:

> Werden... einseitige Argumente, die mit so schwerem Geschütz wie „der *Mord* am ungeborenen *Kind*" auffahren, als unabhängige Gedankengänge betrachtet, die nicht mit der Art von Gesellschaft zu tun haben, in der sie formuliert wurden, dann mögen sie sogar plausibel und triftig erscheinen.[20]

Ich nehme an, die Redakteure von *Commonweal* hatten es nicht leicht, mit den giftsprühenden Reaktionen vieler ihrer Leser auf meinen Artikel umzugehen.[21] Ich war zu weit gegangen und wurde nie wieder aufgefordert, einen Artikel für *Commonweal*, das führende liberale katholische Magazin, zu schreiben. Dies war ein weiteres Zeichen für mich, daß es höchste Zeit wurde, weiterzugehen – und Auswärts zu gehen.

Dennoch entbehrte es nicht der Ironie, daß mein Abschiedsartikel im *Commonweal* die Abtreibung zum Thema hatte. Diese Frage lag nicht im Zentrum meines Interesses. Ich sah das Recht auf Abtreibung kaum als das Letzte Ziel der Feministischen Bewegung oder als ein Ausdruck des Inhalts Feministischen Bewußtseins. Doch weigerte ich mich, dies als nicht in Verbindung mit anderen Fragen stehend zu sehen, und ich Be-Nannte diese Verbindungen.

Angeblich war mein Verbrechen, mich in der Abtreibungsfrage für die freie Entscheidung der Frau auszusprechen. In Wirklichkeit war mein Verbrechen meine Entscheidung, zu Durch-Schauen und zu Be-Nennen, wie das Geschlechtskasten-System funktionierte. Die Ereignisse, die dazu führten, daß ich aus den Reihen der *Commonweal*-AutorInnen verschwand, stellten wichtige Momente von Durchbruch und Zurück-Rufen dar.

Im folgenden Monat (März 1972) war die Ausgabe des *Andover Newton Quarterly* ganz der wichtigen Frage der Frauenbefreiung gewidmet. Diese Ausgabe enthielt Artikel von Nelle Morton, Elizabeth Farians und Jan Raymond sowie von mir. Es gab auch einen Essay eines männlichen Professors über „Jeremia und die Frauenbefreiung" – nicht unbedingt ein Thema von brennendem Interesse für irgendeine mir bekannte Frau. Mein Artikel „The Spiritual Revolution: Women's Liberation as Theological Re-eduction" (Die Spirituelle Revolution: Frauenbefreiung als theologische Umerziehung) enthielt Gedanken, die ich später in *Jenseits von Gottvater* weiterentwickelte.[22] Er enthielt aber auch Ideen und Formulierungen, die ich einige Monate danach, als ich jenes Buch schrieb, verwarf. So sprach ich beispielsweise in dem Artikel über „Schwesterschaft als Kirche"[23], doch mir wurde bald klar, daß ich die Frauenbewegung nicht eine „Kirche" genannt haben wollte.* Mir wurde klar, daß dies ein Widerspruch in sich war. Ein weiterer Ausdruck, den ich später problematisch finden sollte, war „Schwesterschaft der Menschen".[24] In *Jenseits von Gottvater* nenne ich dies einen „bewußten Übergangs"-Ausdruck.

VULKANISCHE TABU-BRÜCHE:
MEINE LESBISCHE IDENTITÄT ZURÜCK-RUFEN

Wenn 1971 ein Funkensprühendes Jahr war, dann war 1972 Vulkanisch. Das Heft *Notes from the Third Year* enthielt ein Intervies von Anne

---

* In *Jenseits von Gottvater* schuf ich die Formulierung „Schwesterschaft als Kosmischer Bund". Nach jenem Durchbruch und Zurück-Rufen konnte ich mich niemals mit dem Ausdruck „Frauenkirche" identifizieren, der in der achtziger Jahren beliebt wurde und der mir ein Rückschritt zu sein schien.

Koedt mit der Überschrift „Eine andere Frau lieben".[25] Es war die Bandabschrift eines Gesprächs mit einer Frau, die über ihre Liebesbeziehung zu einer anderen Frau sprach. So wie Rosemary Lauers Artikel von 1963 mich zum Be-Nennen und Realisieren meiner Prophezeiung und Verheißung als Feministische Schriftstellerin Be-Sprochen und damit meine Kräfte des Be-Sprechens geweckt hatte, Be-Sprach mich dieses Interview in Momente des Durchbruchs und Zurück-Rufens meiner Lesbischen Identität. Als ich es 1972 las, Be-Sprach es mich dazu, mich Fallen-zu-Lassen.

In diesem Interview sagt die (anonyme) Sprecherin:

Ich glaube, es war auch eine Überraschung, zu entdecken, daß du nicht von Gott mit einem Blitzstrahl niedergeworfen wurdest. Daß, wenn du dich erst mal durch diese erste Wand undefinierter Angst hindurchgekämpft hast, die aufgebaut wurde, um jene Tabus zu schützen, sie schnell absterben, und du nun in einem neuen selbstbestimmten Kreis dessen, was natürlich ist, frei handeln kannst. Du bekommst ein neues Gefühl von Mut und Kühnheit dir selbst gegenüber.[26]

Und jene Frau betonte:

... es wurde sehr schnell natürlich – natürlich ist das passende Wort, das ich dafür benutzen möchte. Es war, als ob wir dem, was wir bereits füreinander empfanden, eine neue Dimension hinzufügten. Das ist eine tolle Kombination, dich in deine Freundin zu verlieben.[27]

Meine Freundin und ich lasen diesen Artikel gemeinsam und schritten bald zur Tat. Von diesem Moment an war nichts mehr so, wie es vorher war. Diese Beziehung endete nach einigen Jahren, doch die Transformation war auf Dauer. Ich Er-Innere mich, daß ich aus dem Fenster meines Büros Bäume sah, deren Zweige überlappten, und daß ich eine überwältigend mächtige Intuition hatte, die sich in den Worten ausdrückte: „Die Bäume kamen zusammen." Ich würde dieses Erlebnis Jetzt „eine Intuition Elementaler Integrität" nennen.

Mit dieser Ent-Deckung einer Anderen Dimension meiner Identität wurden enorme Kräfte freigesetzt. Ich hatte bereits einen Blick auf die Verheißung des Zusammenseins von Frauen erhascht und hatte mutig geschrieben und gehandelt. Jetzt konnte ich noch mutiger leben und schaffen – auch wenn ich mich durch verschiedene Formen und Abstufungen von Turbulenzen bewegte.

Warum war mir diese Möglichkeit vorher nicht in den Sinn gekommen? Zweifellos hatte ein Tabu in dieser Richtung bestanden. Als ich das Tabu sexuell gebrochen hatte und mir klar wurde, wie sehr Natürlich/Elemental dies war, begann ich immer deutlicher die riesigen Dimensionen dessen zu verstehen, was ich später als *Schreckliches Tabu* Be-Nennen sollte, was auch ein *Totales Tabu* gegenüber der Ausübung von Berührungsmacht ist.*

Diese Worte wurden natürlich erst sehr viel später Ent-Deckt. Doch in den frühen siebziger Jahren war mir deutlich klar, daß die physischen und die spirituellen Dimensionen des Tabus eng verschlungen sind. Die Totalität meines Tabu-Bruchs machte den Weg frei, Ursprüngliche Integrität Zurück-zu-Rufen – und dieses Wissen in Worten und Aktionen bekanntzugeben, die andere Frauen erreichen sollten. Dieser Prozeß sollte in der Dritten Spiral-Galaxie in vollerem Ausmaß Realisiert werden.

Das *Schreckliche Tabu/Totale Tabu* zu brechen, ist keine einfache Affäre, sozusagen. Ich glaubte damals nicht – noch glaube ich es Jetzt, daß die Tatsache, daß eine Frau eine sexuelle Beziehung zu einer anderen Frau hat, notwendigerweise bedeutet, daß sie das Tabu auf grundlegendste Weise gebrochen hat. Aus meiner Sicht – damals wie heute – gibt es viele Dimensionen von Frauen-Identifikation. Ich werde dazu mehr im Verlauf der Dritten Spiral-Galaxie zu sagen haben. Zunächst jedoch ist es meine Aufgabe, die Momente kurz ehe, während, und nachdem ich *Jenseits von Gottvater* schrieb, zu Er-Innern. Im folgenden Kapitel werde ich in jenen Wirbelwind springen.

---

* Diese Ausdrücke sind in Kapitel Zwei definiert. *Berührungsmacht* ○ bzw. Berührungskräfte sind „Pyrogenetische Kräfte der Kommunikation, verwirklicht von Frauen, die das Schreckliche Tabu brechen und damit aus der berührbaren Kaste ausbrechen". (*Wickedary*) Der Ausdruck *berührbare Kaste* ○ Be-Nennt den „festgelegten Status, der Frauen und der ganzen Natur auferlegt ist; die Verfassung derer, die von Phallokraten dazu verurteilt sind, von denen, die in Besitz eines Penis sind, berührt zu werden – physisch, emotional, intellektuell, spirituell; Verfassung derer, die systematisch – beispielsweise durch Vergewaltigung, Verprügeln, medizinische Experimente und Metzelei – phallischer Gewalt unterworfen sind". (*Wickedary*) Vgl. *Reine Lust*, Kapitel Sechs.

KAPITEL ACHT

DAS SCHREIBEN VON *JENSEITS VON GOTTVATER* – UND *EINIGE* FOLGEN!

Im Vulkanischen Jahr 1972 erreichte meine Kreativität ihren Höhepunkt. Im Juli schloß ich mit Beacon Press einen Vertrag für *Jenseits von Gottvater* ab. Ich hatte ein Sabbatjahr zum Schreiben dieses Werkes beantragt und bekommen. So waren, mit Ausnahme von ein paar Reisewochen, in denen ich meine alten Stätten in Europa besuchte, Sommer und Herbst 1972 der intensiven Arbeit des Schreibens gewidmet.

Ich mußte nicht bei Null anfangen. Die Artikel, die ich 1971 und 1972 geschrieben hatte, waren entscheidende Anfänge. Viele Gedanken daraus – manchmal ganze Abschnitte – fanden ihren Weg in das Manuskript, doch im Verlauf des Schreibens veränderten sich die Gedanken und die Sprache. Sie wurden in diesem Neuen Kontext weiterentwickelt und radikalisiert.

Sogar einige Ideen meines fehlgeschlagenen Buches von 1969/70 (*Catholicism: Death or Rebirth?*) gelangten in dieses Manuskript. Hier jedoch konnten sie Leben gewinnen, und so wurden sie grundlegend transformiert. So hatte ich beispielsweise 1969 ein ganzes Kapitel über „Der Sündenfall: Falsches Bewußtsein" geschrieben, in dem ich versuchte, die Vorstellung von der „Erbsünde" in eine differenzierte Analyse von Entfremdung umzuwandeln, doch es wurde nichts daraus. Im Kontext von *Jenseits von Gottvater* verfaßte ich eine radikale Feministische Analyse des „Sündenfalls", die Kapitel Zwei wurde: „Die Austreibung des Bösen aus Eva. Der Sündenfall in die Freiheit." Der unbeschreibliche Unterschied kam aus der Tatsache, daß zu diesem Kapitel – wie zu allen anderen – Momente um Momente von Durchbruch und Zurück-Rufen gehörten.

BEDEUTSAME UNTERBRECHUNGEN

Beim Verfassen dieses Buches gab es ein paar wichtige Unterbrechungen – die eigentlich keine Unterbrechungen waren, denn sie waren Teil der Reise. Eine war der im September 1972 in Los Angeles stattfindende International Congress of Learned Societies in the Field of Religion (an dem die American Academy of Religion teilnahm). Alle Tigerinnen waren da und gut in Form. Die Titel unserer Referate für die „Arbeitsgruppe Frauen und Religion" enthüllten eine tigerische

Neigung, direkt an die Gurgel zu gehen. Jan Raymonds Referat hieß „Jenseits Männlicher Moral". Jean MacRae sprach über „Abtreibung aus Feministischer Sicht". Linda Barufaldi und Emily Culpepper präsentierten eine Dia/Tonband-Show über Frauenbilder, die sie „Die Büchse der Pandora" nannten. Mein Thema war „Theologie nach dem Tod von Gottvater: Aufruf zur Kastration Sexistischer Religion."[1]

Der umfangreiche Kongreß fand im Century Plaza statt, hauptsächlich auf einem Stockwerk, das „California Level" hieß. Wir wohnten auch in jenem Hotel. Die Aufzüge waren ständig von Theologen überfüllt, viele von ihnen tönten zu so aufregenden Themen wie „Methodologie", „Hermeneutik" und Interpretationen von paulinischen Texten. Einige dieser Männer schienen eine Art grau-grünen Teint zu haben, und mit ihnen in den vollgestopfen Aufzügen zum „California Level" hinunterzugleiten war wie Limbo tanzen oder – vielleicht – in die Hölle zu sinken. Es war natürlich auch sehr komisch.

Wie vorauszusehen gewesen war, hatten die Organisatoren des Kongresses unseren Gesprächen sehr kleine Räume zugewiesen. Mein Vortrag fand in einem winzigen Konferenzzimmer statt, das wie eine bessere Telefonzelle wirkte. Es war überfüllt und viele Frauen konnten nicht mehr hinein. Mir – und uns allen – war vollkommen klar, daß die Größe des Raums exakt widerspiegelte, welche Bedeutung sie Feministischem Denken zumaßen.

Nach ein paar Tagen in dieser Umgebung von Dumpfheit und Wirkungslosigkeit hatte ich das Gefühl, daß ich selbst anfing, grau-grün zu werden. Glücklicherweise hatten wir eine Fluchtmöglichkeit. Freunde der Familie einer der Tigerinnen luden uns für ein paar Tage in ihr Haus ein und gaben uns freie Eintrittskarten zur „Lion Country Safari."* Dort wurden wir als V.I.P.s behandelt und bekamen eine Privataudienz bei „Chester", einem Lustvollen Löwen-Jungen. Chester war zwar weder ein Tiger noch Weiblich, doch er war – trotz der Tragödie seiner Gefangenschaft – eine beeindruckende Große Baby-Katze. Seine riesigen Tatzen kündeten von seiner zukünftigen Größe und Kraft. So Riefen wir uns Zeilen aus William Blakes Gedicht Zurück:

Tiger, Tiger, hell entfacht
In den Waldungen der Nacht,
Welches Gottes Aug und Hand
Mut für dein entsetzlich Gleichmaß fand?†

* Die Zusammenhänge zwischen der Enteignung von Tier-Leben und der Gefangenschaft von Frauen im Patriarchalen Staat/Zustand des In-Besitz-genommen-Seins waren mir – oder uns allen – damals noch nicht so klar, wie sie es später werden sollte.
† Dies ist die autorisierte deutsche Übersetzung des Gedichts, die wir übernehmen müssen. Im Original lautet es: Tyger! Tyger! Burning bright/In the forests of the night/ What Immortal hand or eye/ frame thy fearful Symmetry?

Diese Zeilen wurden natürlich zu einer der Widmungen von *Jenseits von Gottvater*. Sie sagten das Feuer und die Furchteinflößende Symmetrie der Radikal-Feministischen Vision voraus und spiegelten die beginnende Präsenz der Craft der Vierten Dimension wieder.

Die Bedeutung der Teilnahme von uns Radikalen Feministinnen an jenem Kongreß liegt teilweise in der Tatsache, daß es ein Experiment war, „auf der Grenze" einer Patriarchalen Institution/Konsultation etwas zu schaffen. Obgleich diese Erfahrung durchaus beschwingend war, war sie auch der Beginn eines Moments von Durchbruch über falsche Hoffnungen, daß wahres Spinnen in einer solchen Umgebung möglich sei, hinaus. Ich will damit nicht sagen, ich hätte keine Hoffnung gehabt, daß sich dort irgend etwas Positives ereignen könnte, doch meine Hoffnung begann sich zu verlagern. Ich erkannte allmählich, daß die AAR etwas war, von dem ich abspringen mußte. Ich begann zu spüren, daß dies nie ein Ort sein würde, wo – selbst an seinen Grenzen – konsequent Radikales Feministisches Denken entwickelt werden konnte. Doch vielleicht konnte es – von Zeit zu Zeit – Abglänze oder sogar Lichtstrahlen der Realisierung jenes Traums geben.

Eine weitere wichtige „Unterbrechung" meines Schreibens war, daß ich am 28. November 1972 eine der Lentz Lectures an der Harvard Divinity School hielt. Ich verwendete den gleichen bombastischen Titel wie beim AAR-Vortrag, doch meine Gedanken hatten sich in den zweieinhalb dazwischenliegenden Monaten der Arbeit an *Jenseits von Gottvater* weiterbewegt. Ich referierte zum großen Teil aus dem Handgelenk.

Ich sprach in dem berühmten Sperry Room in Andover Hall – demselben Saal, in dem ich Ende der fünfziger Jahre Tillichs Vorträge gehört hatte. Wie ich bereits im Verlauf der Ersten Spiral-Galaxie berichtete, hatte ich mich für die Ideen Tillichs interessiert, jedoch gespürt, wie von seiner Anwesenheit üble Dünste ausgingen. Er hatte ein Charisma von erstaunlicher Kraft, doch ich hatte mich davon eher abgestoßen als angezogen gefühlt. Dennoch waren in den kommenden Jahren – den Sechzigern und frühen Siebzigern – seine Bücher immer hilfreicher für mich geworden. Meine ernste Kritik an ihnen sollte erst einige Jahre später kommen. Der Herbst 1972 war noch eine Zeit der Ambivalenz gegenüber Tillich, dem Patriarchen mit den nützlichen Ideen.

Als ich in jenem November im Sperry Room sprach, stand ich an genau der gleichen Stelle wie Tillich damals, hinter dem Pult an der Stirnseite des Raums. Es kam mir wie ein massiver Exorzismus vor. Ich erinnere mich besonders an den Moment, als ich über „Die Unheiligste Dreieinigkeit: Vergewaltigung, Genozid und Krieg" sprach (Be-Sprach): ein Konzept, das ich entwickelt hatte, als ich das vierte Kapitel von

Jenseits von Gottvater[2] schrieb. Diesen Teil zu schreiben war angsteinflößend gewesen, denn es war ein direkter Angriff auf den unterdrückerischen Symbolismus der christlichen Trinität.[3]

Als ich diesen Vortrag hielt, spielte sich etwas Merkwürdiges ab. Ich trug Jeans und meine Lieblingsstiefel, die ich wegen ihrer besonderen krummen Form meine „Mammy Yokum Boots" nannte. Sie ähnelten der Fußbekleidung einer von mir geliebten Cartoon-Figur, der Mutter von Li'l Abner aus Dogpatch.* Bereits nach wenigen Worten fühlte ich mich gedrängt, mich wiederholt auf meine Zehen zu stellen und mich mit einem lautem Klicken auf diese ungewöhnlichen Absätze zurückfallen zu lassen. Ich hatte weder geplant noch vorausgesehen, daß ich dies tun würde. Ich wußte nur, es lief ab und kam mir absolut richtig vor.

Es waren mehrere Tiger anwesend. Es gab auch einige feindselige Zuhörer. Unter den Tigern war Emily Culpepper, die mir hinterher ihre Zeichnung von dem, was sie Gesehen hatte, zeigte. In ihrer Skizze näherten sich mir aus den Zuhörerreihen scheußliche Kreaturen. Sie wollten mir an die Stiefel. Doch von den Stiefeln gingen irgendwelche Kräfte aus – das heißt, Auren kamen hervor – und katapultierten die teuflischen Kreaturen zurück.

Viele Jahre lang klebte diese Zeichnung an der Wand meiner Wohnung in der Commonwealth Avenue, doch dann ging sie verloren. Die Aussage jedoch ging nie verloren. Dies war ein Moment des Durchbruchs über den Staat/Zustand des In-Besitz-genommen-Seins hinaus in den Hintergrund hinein. Es war der Beginn eines großen Exorzismus und schleuderte mich weiter über die Schwelle, den Limen, weiter hinein in den Nebel.

In Emilys Zeichnung ähnelten die gräßlichen Angreifer unnatürlichen Seeschlangen. Und ich würde Jetzt zu sagen wagen, daß es sich um von Menschen-gemachte unterschwellige Einschlüsse handelte, die in die Psychen einiger der im Raum Anwesenden gesenkt worden waren und den Zugang zum Hintergrund blockierten. Sie waren, so glaube ich, repräsentativ für das Gemisch solcher Einschlüsse, das das Unterschwellige Meer verseucht. In diesem Augenblick der Herausforderung stiegen sie aus den Wassertiefen auf, um mein Schiff daran zu hindern, weiter vorzudringen. Meine Worte Be-Nannten sie und riefen sie damit hervor, und das Klicken meiner Absätze war gewissermaßen ein Zermalmen ihrer Kraft.

Am Schluß meines Vortrags las ich aus Robin Morgans Gedicht „Monster".[4] Mit dieser Bestätigung meiner Positiven Monster-Identität beschwor ich – wie ich es Jetzt sehe – meine Be-Hexenden Kräfte und

---

* Diese farbigen Charaktere wurden von dem berühmten Cartoonisten Al Capp geschaffen.

eine unterschwellige Konfrontation mit den negativen, verseuchten Kräften, die aus dem Nebel des Unterschwelligen Meeres aufsteigen. Es war absolut notwendig, durch solche Geisterhaften Erscheinungen hindurch zu Be-Sprechen, um mich weiter im Nebel vorwärtsbewegen und den Hintergrund Ent-Decken zu können. Dies war wie ein Vorausblick auf noch kühnere Durchbrüche, die kommen sollten. Es war ein charakteristischer und intensiver Moment der Zweiten Spiral-Galaxie.

Eine Art Begleitmoment zur Lentz Lecture ereignete sich im Verlauf eines Besuchs in Nelle Mortons Haus in Madison, New Jersey, als sie an der Drew-Universität lehrte. Eine Freundin von Nelle hatte ein Treffen in ihrem Haus organisiert, um von meinem neuen Material zu hören und darüber zu diskutieren, und ich war an ihrem Feedback interessiert. Die Gastgeberin hatte einen Hund (oder vielleicht war der Hund auch die Geistverwandte einer der Gästinnen). Auf jedenfall Er-Innere ich mich an ein kleines weißes, langhaariges Tier, dessen Geschlecht mir nicht bekannt war, deshalb werde ich es/sie hier „sie" nennen. Auf jeden Fall adoptierte sie mich, und während ich las, hatte sie ihr Kinn auf meinen Stiefel gelegt. Als ich zum Abschnitt mit der „Unheiligsten Dreieinigkeit" kam, zitterte sie einen verblüffenden Moment lang in einer Art Krampf.* Keine wußte, was sie dazu sagen sollte. Ich Höre immer noch die Stimme einer Frau, die völlig unpassend mit ganz hoher Stimme sagte: „Ist das nicht *süß*!" Auf diese Bemerkung folgte ein Moment der Totenstille in dem Raum. ich erinnere mich, daß ich dachte, wie bizarr das Wort „süß" geklungen hatte. Der Moment war schnell worüber, und Lesung und Diskussion wurden ohne weitere Zwischenfälle fortgesetzt. Wenn ich es von der offensichtlichen Normalität all dessen, was folgte, aus beurteile, glaube ich, ist es nicht unfair anzunehmen, daß für die meisten der anwesenden Frauen „der Zwischenfall" einfach zurück in das Unterschwellige Meer rutschte. Schließlich gab es keine Worte dafür, und es gab keinen Kontext, in dem er unterzubringen gewesen wäre.

In solchen Momenten nimmt die Reisende die Hitze/Energie wahr, die ihr Schiff antreibt und den mit Verseuchungen angefüllten Nebel aus dem Meer aufsteigen läßt. Sie muß den Nebel, der sowohl Hintergrund-Wissen als auch Menschen-gemachte Verseuchungen enthält, durchsegeln. Jeder Moment treibt sie weiter in ihre eigene Richtung. Sie lernt sich im und durch den Nebel zu Bewegen. Wenn sie genug Zutrauen gewonnen hat, durch den Nebel hindurch-zu-

---

* In Hexen-Begriffen Er-Innere ich sie als „prophezeienden Spiritus familiaris" – ein Tier, das während oder nach der Durchführung gewisser magischer Zeremonien „zufälli'" erscheint. Natürlich war sie zugleich die „Haus-Geistesverwandte" einer der bei dem Treffen Anwesenden. Vgl. *Wickedary*, S. 50.

Sehen, haben ihre Anstrengungen sie sogar gestärkt und gekräftigt und ihre Energien verstärkt. Sie ent-doppeldenkt ihren Weg aus dem Väter-Land heraus, Bricht zu ihrem Ursprünglichen Wissen durch, Ruft es Zurück. Dies gelingt ihr, wenn sie erkennt, daß die Illusionen, die ihr Denken und das Denken ihrer Umgebung verseuchen, Umkehrungen der tiefen Hintergrund-Realität sind, Umkehrungen, die sich von Elementalen Bildern und Ideen nähren und sie fälschlich imitieren.

Ich glaube, der Vortrag in Harvard und das Gespräch in Madison waren deshalb so mächtige Erlebnisse, weil es sich bei der rein männlichen christlichen Trinität um eine solche Umkehrung handelt. Diese Erlebnisse waren Pyrogenetische Paradigmen meiner späteren Erfahrungen mit der Umkehrung dieser Umkehrung.[5] Ich weiß, daß selbst Jetzt die Bedeutung dieser Ereignisse mir vielleicht nicht total klar ist, denn derartige Neblige Momente haben es an sich, im fortgesetzten Spiralen ihre Bedeutung immer weiter zu Ent-Falten.*

Außerdem sehe ich aus dem Blickpunkt der Vierten Galaxie etwas besonders Verhängnisvolles in der Umkehrung, die die christliche Trinität darstellt, nämlich daß sie die Wahrnehmung der Vierten Dimension blockiert. Der christliche trinitarische Gott ist laut Definition des Dogmas unbeweglich/unveränderlich. Er ist ganz und gar tot; seine Ausströmungen gehen nirgendwohin. Im Gegensatz dazu war die Göttinnen-Symbolik beweglich und komplex, betonte oft wirbelnde, Spinnende Vierheit ebenso wie dynamische Dreifaltigkeit.[6]

In der Vierten Biophilen Dimension geht es um Bewegung und Tiefe. Sie steht für das, was verborgen ist, und zugleich für das, was manifest ist. Es geht um die Strahlkräftige Verwurzelung/den Strahlkräftigen Kontext, die Orientierungssinn und Ent-Falten möglich machen. Wie Virginia Woolf schrieb: „Das war die wirkliche Blume: teils Erde, teils Blume."[7] Und natürlich macht es mir die Vierte Spiral-Galaxie möglich, jene „Ehrfurchteinflößende Symmetrie" des Tigers, der in den „Waldungen der Nacht... hell entfacht" ist, zu Sehen. Und die perfekte Metapher für die Konfiguration von Energien, die die Zeit von *Jenseits von Gottvater* charakterisiert, war: auf dem Sprung sein. In jener Zeit und in jenem Buch entdeckte ich die Bewegende Kraft der Letzten Ursache, die ich jetzt mit der Vierten Dimension assoziiere. Der „Tiger" ist eine Voraussage/ein Vorsymbol der Ehrfurchteinflößenden Zentriertheit und Macht der Bewegung, die mittels der Craft der Vierten Dimension Realisiert wird.

---

* So sollte ich dann in der Dritten Spiral-Galaxie dahin kommen, die christliche Trinität als Annexion und Geschlechtsumwandlung der Dreifachen Göttin zu begreifen und die schwindelerregenden Implikationen dieser Umkehrung zu erkennen. Vater, Sohn und Heiliger Geist wurden dazu benutzt, Greuel wie die Hexenverfolgungen in Europa und die Verwendung von Atomwaffen zu legitimieren. Und Gottvater, Sohn & Co. rechtfertigen mit ihrer Trinität immer noch Vergewaltigung, Völkermord und Krieg.

Im Verlauf der Zweiten Spiral-Galaxie stand ich noch am Anfang meiner Konfrontation mit dem Schwindel der männlichen Mysterien. Es war eine sich schnell bewegende Zeit der beginnenden Durchbrüche. Ich hatte noch keine Chance gehabt, alle – oder die meisten – Implikationen meiner Neuen Entdeckungen zu erkennen. So sah ich meine Selbst beispielsweise noch nicht deutlich als Piratin, obgleich ich mich aktiv diesem Beruf widmete.

Als ich weiter in den Nebel hineinsegelte, wehrte ich die Gedankenpolizei ab, die das Unterschwellige Meer patrouillierte, etwa die Universitäts-Bohrokraten und andere von Akadementia befallene Wichtigtuer. Ich griff „legitime" Behältnisse an, beispielsweise „wissenschaftliche" Werke, die dazu dienten, meinen Stamm zu zerstören. Ich brach in diese Behältnisse/Container ein und schwang meine Labrys, um die Garnierungen abzuhacken, die dazu dienten, wichtige Bedeutungen und Botschaften für Frauen verborgen zu halten. In *Jenseits von Gottvater* beispielsweise hackte ich die falschen Bedeutungen von *Transzendenz, Mut, Offenbarung, Revolution, Schwesterschaft* ab.

Mit vollen Armen trug ich den Stoff weg, den die Patriarchen meinem Stamm gestohlen und umgewandelt/umgekehrt hatten, damit er ihren Zwecken dienen sollte.* Manchmal gehörte zu meinem Plündern, daß ich ihre Umkehrungen wieder umkehrte, etwa den Mythos vom Sündenfall – den Mythos vom weiblichen Bösen, auf den Begriff der Lehre von der Erbsünde gebracht –, indem ich zeigte, daß der Mythos selbst böse ist und den Rahmen für die Sündenbockrolle der Frauen abgibt, indem er den Haß auf Frauen – bei Männern sowie bei Frauen – verewigt. Manchmal bedeutete es, daß ich Ideen wieder aufnahm und sie in einen klärenden Kontext stellte, damit sie eine befreiende Wirkung auf Frauen haben könnten – Ideen wie „die letzte Ursache" und „Bund". Indem ich mit Hilfe meiner Craft durch den Nebel flog, barg ich viel Material.

Ich richtete meine Werkstatt, sozusagen, in einer gemütlichen Höhle ein, von der aus ich einen ausgezeichneten Blick auf das Unterschwellige Meer hatte. Ich fühlte mich dort in den Elementen zu Hause, sortierte mein Material und formte es zu einem Werk meiner eigenen Schöpfung. Von Zeit zu Zeit segelte ich zu kurzen Ausflügen hinaus und kam stets mit neuen Ideen für mein Werk zurück; mit jedem neuen Tag wuchs es und nahm eine klarere Form an. Ich

---

* Später führten mich meine Reisen zu einigen Schatzinseln, wie Kreta und Irland, wo die Räuber versehentlich einige Frauen-Wunder intakt gelassen hatten. Ich sollte diese aus erster Quelle erleben können. Zu dieser frühen Zeit jedoch, obgleich ich diese Inseln bereits im Verlauf der Ersten Spiral-Galaxie besucht hatte, war ich noch nicht soweit, die Anwesenheit solcher Schätze zu erkennen.

erlebte, wie meine Selbst sich immer mehr Er-Innerte/Zurück-Rief –
wie ich immer tiefer begriff, daß Frauen die Kraft des Be-Nennens/Be-
Zeichnens gestohlen worden war. Allmählich wurde mir die Ungeheuerlichkeit klar: in welchem Umfang die Patriarchen die Energie von
Frauen geplündert hatten. Dieses Plündern von Energie war eine
notwendige Voraussetzung dafür, daß sie monströse Verdrehungen
herstellen konnten, und die Verdrehungen wiederum waren dazu
bestimmt, Frauen ihre Energie abzusaugen – indem sie unsere Selbst-
Achtung abbauten und unsere Erinnerungen, unsere Hoffnungen,
unser Vertrauen, unseren Mut abtöteten. Mir wurde klar, daß sie,
indem sie die Vergangenheit der Frauen verzerrten und auslöschten,
unsere Gegenwart und unsere Zukunft verwüstet und gestohlen hatten. Ich arbeitete daran, unsere Realität zurückzufordern.

Tatsächlich – in Vordergrund-Begriffen – war meine Höhle in jener
Zeit meine Wohnung in der Commonwealth Avenue in Brighton (in
der ich ab 1966 dreizehn Jahre lang lebte). Diese war – und sie sollte es
weiterhin sein – der Strudel von an Intensität zunehmender intellektueller und politischer Tätigkeit. Hier suchten mich häufig Gleichgesinn-
te auf, und deren wichtigste waren 1972 natürlich die Tiger.

EINIGE BE-MUSIERENDE MOMENTE

Es gab viele Be-Musierende Momente, wenn die Tiger sich in meiner
Höhle trafen.* Ein schöner Abend im Spätsommer oder Frühherbst
1972 war besonders Bedeutsam. Wir saßen alle in meinem Wohnzimmer (dem *living room*, der in der Tat Lebendiger Raum war – die
Werkstatt, in der ich *Jenseits von Gottvater* schrieb) und diskutierten
heftig. Es ist möglich, daß wir das Thema diskutierten, das ich Ursprünglich und häufig in dem Einzeiler zusammengefaßt hatte: „Wenn
Gott männlich ist, dann ist das Männliche Gott."

Auf jeden Fall hat Linda mich daran erinnert, daß für sie dieser
Abend der Moment der Erkenntnis war, daß sie keine Christin mehr
sein konnte. Es ist möglich, daß niemand diese Feststellung laut
aussprach, doch war es für alle absolut klar. Das heißt nicht, daß es
uns zum ersten Mal klarwurde. Doch unsere verschiedenen Momente
der Erkenntnis kamen nun mit explosiver Kraft zusammen. Unser aller
Augen trafen sich – zehn Augen. Wir saßen eine Zeitlang in völliger
Stille da, während die Sonne unterging und das Zimmer dunkel wurde.
Es war ein Augenblick der „Schnittstelle aller Sphären".[8]

* *Be-Musieren* (engl. *Be-Musing*) bedeutet „eine Muse für die eigene Selbst und für
Andere Musen zu sein, sich weigern, a-müsierenden Skribenten als Muse zu dienen;
große Träume und Phantasien Weiblicher Schöpfungen, Lesbischer Nationen zu Spinnen". (*Wickedary*)

Mit meinem Teleskop der Vierten Galaxie sehe ich solche Augenblicke als unmeßbare gemeinsame Bewegungen, die durch den Nebel des Unterschwelligen Meeres brechen. Das heißt nicht, daß sich alle anwesenden Personen mit der gleichen Geschwindigkeit oder mit gleicher Kraft Bewegten, doch kreuzten wir synchron Limen auf Limen, jede auf ihre individuelle Weise. Wir folgten alle dem Ruf des Wilden, Ent-Vergaßen aktiv unsere Teilhabe am Sei-en. Einzeln und gemeinsam befanden wir uns an der Grenze zu vielen Welten.

Zwar hatte der Harvard Memorial Church Exodus bereits fast ein Jahr davor stattgefunden. Doch war die Hauptbedeutung jenes Ereignisses der Auszug aus den *Institutionen* der patriarchalen Religion gewesen. Dieser Augenblick von 1972 war ein anderes, doch verwandtes Erlebnis. Uns wurde nun – jeder auf ihre Weise – die Tiefe unserer Transformation klar. Wir waren in keinem Sinn Christinnen – nicht einmal „außerinstitutionelle" Christinnen. Dahin führte kein Weg mehr!

In den kommenden Jahren sollten einige Christen versuchen, mich als eine vielleicht postmoderne, säkularisierte, gnostische, New Age/ früh-katholische oder -christliche oder irgendeine andere gerade *en vogue* befindliche verkappte Spielart von „Jenseits-des-Christlichen" Christin zu vereinnahmen. Doch – wie kann ich es klar genug ausdrücken? – ich wurde *Anders* als christlich. Ich hatte noch nicht alle damit zusammenhängenden Implikationen bedacht, doch ich sollte mich weiter in diese Richtung bewegen, wie die folgenden Kapitel und meine folgenden Bücher zeigen.

Natürlich spielten die Tiger viel, auf unsere eigene unbeschreibliche Weise. Manchmal gingen wir nach der Universität und vor unseren Abendveranstaltungen zum Essen. Ein Lieblingsort war „Beacon Restaurant", das es heute nicht mehr gibt. Manchmal brachten wir unser, äh, Maskottchen mit. Das war ein grüner Bohnensack-Frosch namens François, Bewohner meines Apartments in der Commonwealth Avenue. Manchmal, zum Beispiel im „Beacon", bekam François seinen eigenen Platz am Tisch, mit einem kleinen Teller. Wenn jemand dachte, wir seien verrückt, konnten wir sagen: „Stimmt!" Immerhin stellten wir eine kognitive Minorität von fünf – nein, sechs – dar.

Bei den Veranstaltungen des „Women's Institute" des BTI waren die Sitzungen manchmal ermüdend, besonders da einige neue Mitglieder Geschäftsordnungsfans waren. Speziell Linda neigte dazu, in diesen nervtötenden Stunden Kopfweh zu entwickeln. Ich erinnere mich noch lebbhaft, wie sie unter dem grellen Neonlicht eine dunkle Brille trug und, zurückgelehnt, François an ihre Stirn drückte, als Pseudo-Eisbeutel.

Um François entwickelte sich eine ganze Mythologie. Emily versetzte sich in seine „Gefühle" von Einsamkeit und fand eine Gefährtin für ihn – einen „weiblichen" grünen Bohnensack-Frosch mit Namen

Joan, der neben den eingedellten Konservendosen in einem Supermarkt in Cambridge verkauft wurde. Jahrelang ging das so weiter, bis François buchstäblich seine Bohnen verlor und in Vergessenheit geriet.

1972 deckten meine Ausflüge aus meiner Piratinhöhle in die Öffentlichkeit ein ziemlich weites Spektrum ab.[10] Ich beobachtete die Reaktionen dieser unterschiedlichen Hörerschaften sehr genau und nahm das Feedback mit zurück in meine Höhle.

Ein Ausflug war besonders bemerkenswert, weil er so bizarr war. Ich wurde gebeten, auf dem Eighth Annual Law Enforcement Seminar (etwa: Achtes Jährliches Strafvollzugsseminar, AdÜ.) im Statler Hilton Hotel in Boston zu sprechen. Ich bin mir nicht sicher, warum sie mich einluden oder warum ich zusagte, doch ich weiß, daß das Ereignis am 5. Mai 1972 stattfand und daß ich vor einer Gruppe Polizisten sprach. Eine „Laientheologin" zu bitten, hielt man wahrscheinlich für „hip" oder zumindest für eine Demonstration, daß es in ihren Reihen keinen Sexismus gäbe. Soweit ich mich erinnere, wurde ich auch gebeten, das Bittgebet zu sprechen, doch das lehnte ich ab. Emily und Linda begleiteten mich an diesen Polizei-infizierten Ort als seelische amazonische Leibwächterinnen. Sie kamen mit mir aufs Podium und setzten sich zu meiner Rechten und Linken. Linda erinnert sich an dieses Phänomen so: Ihre Absicht war, „das Auditorium mit einem Zauberbann zu belegen und die Aura von Frauen-Kraft auszubreiten, Anwesenheit, die jenseits von Alibismus ist, zu demonstrieren".[11] Natürlich hätte ich es auf jeden Fall gemacht, doch meine „Leibwächterinnen" fügten dem Erlebnis eine andere Dimension hinzu. Ich habe eine fast vollständige Amnesie bezüglich des Inhalts meines Vortrags vor der Polizei[12] und habe Schwierigkeiten zu glauben, daß dieses Ereignis wirklich stattfand, doch dem war so. Es gehörte zu den unwahrscheinlichen Dingen, die sich 1972 ereigneten.

MEINE SEELE UMDREHEN

Die meiste Zeit war ich zu Hause in der Höhle und sortierte meine Beute, prüfte sie, setzte die Mosaiksteine zusammen. Das Unterschwellige Meer bot mir ständig hilfreiche Informationen an. Manchmal kamen die Ideen aus Gesprächen mit Freundinnen, zu Anderer Zeit wurden sie durch das Merkwürdige und synchrone/„zufällige" Erscheinen von Büchern und Artikeln angeregt. Zweifellos wurde durch die Gespräche mit einzelnen oder allen Tigern ein Kontext von Hören und Sprechen gewoben, in dem ein Buch wie *Jenseits von Gottvater* entstehen und gedeihen konnte. Nelle Mortons Präsenz und Einfluß war ebenfalls von unschätzbarem Wert.

Wenn ich mich hinsetzte, um an *Jenseits von Gottvater* zu schreiben, Hörte ich/Be-Sprach ich zu meiner Selbst bestimmte Worte, die ein machtvolles Mantra/Zauberwort darstellten. Diese Worte waren: „Ich muß meine Seele umdrehen." Ich pflegte im Verlauf des Schreibens diese Worte oft in meinem Geist zu Hören/Sagen. Ich weiß, daß dies auf einer Ebene – der klarsten und deutlichsten – bedeutete, daß ich mich mit aller Kraft und aufs entschiedendste von der Beschäftigung mit alltäglichen Verrichtungen abkehren mußte. Ich mußte einer ablenkenden und mich aussaugenden Reihe von Vibrationen den Rücken kehren – das heißt, ich durfte mich nicht in Anspruch nehmen lassen von der Art des Austauschs, der mit einer ganzen Skala von Tätigkeiten verbunden ist, einschließlich Einkaufen, zum Zahnarzt gehen, Zugverbindungen heraussuchen, Briefe beantworten, Bankauszüge kontrollieren, das Auto reparieren lassen, Rechnungen bezahlen etcetera.

Natürlich schaffte ich es, meine Rechnungen zu bezahlen (das war die unterste Grenze), und ich tat auch sonst, was notwendig war, doch ich ließ das nicht überhand nehmen. Ich mußte meine Seele von dem endlosen, das Gehirn eindeckenden Geschwätz freischaufeln, das mit „Listen zu erledigender Dinge" zu tun hat. Wie ich das seelisch erlebte, drückte sich in den Worten aus: „Ich muß Beta vor der Tür halten." Mit „Beta" war all das bezeichnet, was zur Welt der alltäglichen Verrichtungen gehörte. Ich konnte buchstäblich sehen, wie Beta versuchte, sich durch meine Wohnungstür zu drücken, die ob seiner aggressiven Kraft sich nach innen zu wölben schien.

Der erste Teil des Tages gehörte Beta, doch wenn der Nachmittag kam, änderten sich meine Gehirnwellen. Die Tür war fest geschlossen. Wenn sich meine Seele umgedreht hatte, hatte ich einen anderen Bereich betreten. Wenn ich an meiner Schreibmaschine saß, kam die Inspiration. Tatsächlich geschah folgendes: Mein Schiff hatte von der linearen Welt abgelegt. Ich Spiralte. Natürlich drehte sich meine Seele um... und um.

Manchmal klingelte das Telefon und brachte Botschaften von meinen Freundinnen. Oft waren es Emily oder Linda, wobei sich jede mit ihrer unverwechselbaren Version eines Tigerknurrens meldete. Besonders diese beiden befanden sich in der kosmischen Dimension dieser Metapher, und wir knurrten uns gegenseitig in stolzer Begrüßung an, am Telefon, schriftlich und persönlich. Häufig kamen Anrufe von Jan mit wichtigen Hinweisen auf Bücher und Artikel, die ich lesen sollte, und auf bestimmte Passagen, die für das, was ich im Augenblick schrieb, relevant waren. Immer wenn mein Schiff langsamer zu werden schien, brachte sie eine Ladung Treibstoff, und ich sauste wieder davon.

Jans Kommentare zu der Arbeit waren nicht nur wissenschaftlich, sondern zutiefst gedankenreich und scharfsichtig und, typisch für sie, mit grimmigem Humor garniert. Emily, die Visionärin, ließ mich an ihrer Traumwelt teilhaben. In unkonventionellen Gesprächen überquerten wir die Grenzen zwischen Träumen und „Realität". Jan war reservierter, ihre Kommentare waren jedoch voll glitzernder Edelsteine des Durchblicks. Von ihr, zum Beispiel, kam die nachdrückliche Feststellung, daß Frauen, da ihnen der gleichberechtigte Zugang zum gedruckten Wort verwehrt war, immer noch in erster Linie eine mündliche Tradition haben. Dies wurde zum ersten Fußnoten-Kommentar im Vorwort von *Jenseits von Gottvater.* Ich erklärte dort, daß meine Bezugnahmen auf Gespräche an diese Tradition erinnern und zugleich der Versuch sein sollten, mit gutem Beispiel voranzugehen und Frauen wenigstens etwas von der Anerkennung zukommen zu lassen, die ihnen zusteht. Barufaldi (das ist Linda) warf sich mit grenzenlosem Enthusiasmus und hexischen Geistesblitzen in die Gedanken.

Diese Gespräche waren in jeder Beziehung hexisch/Unheimlich. Sie wurden oft mit einem bestimmten scholastischen Axiom eingeleitet, nämlich: „Die letzte Ursache ist die Ursache der Ursachen, weil sie die Ursache für die Kausalität aller anderen Ursachen ist." Diese Worte wurden „einfach so" gesagt. Sie waren ein Mantra der Tiger. Keine Erklärung notwendig. Das Mantra/der Zauberspruch war ein philosophisches Axiom, mit dem ich wiederholt in meinen Vorlesungen um mich warf, teilweise aus Spaß. Und jetzt hatte es eine Neue Bedeutung. Linda hatte es gesagt: „*Wir* sind die letzte Ursache."[13]

Wir waren eine wilde verrückte Gruppe und hielten sozusagen die Welt beim Schwanz. Wir waren ein Phänomen der frühen siebziger Jahre und eines Moments, dessen Bedeutsamkeit auf immer andauern würde. Wir hatten Radikalen Feminismus gefunden und begründet. Wir waren unsere eigenen Vorschwestern – obgleich es natürlich noch tausend andere gegeben hatte. Wir wußten, daß zumindest für uns nichts wieder so sein würde wie vorher. Aus einem Oberflächen/Vordergrund-Blickwinkel heraus lagen wir damit total falsch. Doch aus der Perspektive der Vierten Galaxie besteht die Chance/Wette/Hoffnung, daß wir recht hatten und haben. Wenn die Vision wahr ist, ist Hoffnung real. Wenn der Augenblick Bedeutsam war, dann *ist* seine Triebkraft auch Bedeutsam. In der Vierten Spiral-Galaxie Spiralt die Hoffnung weiter, Hier und Jetzt, durch den Nebel, in Richtung des Strahlkräftigen.

So schrieb ich und schrieb mit Leib und Seele. Ich schrieb wie toll. Ich wußte, daß ich auf der richtigen Spirale war. Und so ergibt es, aus einem Hörwinkel der Vierten Galaxie, einen Sinn, daß ich mich, sogar während ich dieses Kapitel hier schreibe, immer noch in Übereinstimmung mit *Jenseits von Gottvater* befinde. Auch wenn – und besonders weil – es zu einer Anderen Galaxie gehört, verstehe ich es zutiefst.

Wichtig ist, daß ich während der Zeit der Durchbruch-Artikel 1972 (genau wie 1971) und während ich an *Jenseits von Gottvater* arbeitete, häufig nach Onset, Massachusetts fuhr. In Onset, das am Anfang/Onset von Cape Cod liegt, lebte Gladys Custance, das Spiritistische Medium. Sie war (zusammen mit ihrem Mann Kenneth Custance) Co-Pastorin an der Spiritualistischen Kirche der Stadt. Die Leserin wird sich erinnern, daß ich Gladys Custance zum erstenmal 1970 begegnet bin*, und der Einfluß, den sie danach auf mein Leben und meine Arbeit hatte, war enorm. In jenen frühen Tagen war mir das Ausmaß dieser Bedeutung noch nicht ganz klar.

Onset hatte/hat attraktive Seiten, einschließlich eines besonders schönen Strandes. Mich zog es unwiderstehlich zu diesem Ort, mit seinen milden, sanften Schwingungen und dem sehnsuchtsvollen Licht, was besonders die sonnigen Nachmittage am Strand so erholsam machte. Im Gegensatz zu vielen anderen Ausflugsorten am Kap scheint es um die Jahrhundertwende gestorben zu sein. Frau könnte es malerisch und altmodisch nennen. Es war und ist tatsächlich ein Zentrum von enormer Spiritueller Kraft.

Oft fuhr ich allein dorthin, um zu schwimmen und ein paar Stunden am Strand zu verbringen. Gelegentlich fuhr ich mit allen Tigern. Manchmal mit Emily und Linda und manchmal mit Jan. Ich bin auch mit einer Reihe anderer guter FreundInnen dort gewesen. Es scheint, als habe ich meinen FreundInnen ständig die Wunder von Onset vorgestellt.

Anfang der siebziger Jahre war das Wasser noch so weit unverseucht, daß Schwimmen – und dazu Picknicks im Sand – möglich war. Einmal, als alle Tiger draußen waren, marschierten wir in die Damentoilette des Onset Hotels (das heute in Eigentumswohnungen umgewandelt ist), um unsere Badeanzüge anzuziehen. Als wir wieder herauskamen, unsere Kleidung über den Badeanzügen, mußten wir an einer Gruppe trinkender Kerle an der Bar vorbeigehen. (Sie gehörten zu der Sorte, die ich später „Knilche" nennen sollte.) Einer dieser Burschen sagte undeutlich etwas wie: „Na, hattet ihr Spaß auf dem Klo, Mädchen?" Eine lange Sekunde war es totenstill. Dann sagte Emily gedehnt (ihr Südstaatenakzent war in jenen Tagen noch sehr ausgeprägt): „Warum gehst *du* nicht aufs Klo und holst dir einen runter?" Wieder eine Sekunde erschrockener Stille. Dann, gegen ihren Willen, explodierten die Kumpel des Knilchs in rauhem Gelächter *über ihn* und implizit über sich selbst. Ohne anzuhalten, stolzierten wir hochnäsig an ihnen vorbei und zur Tür hinaus.

Diese Art frohen Triumphes war typisch für jene Zeit. Wir waren dabei, Taktiken zu lernen, um mit solchen Angriffen umzugehen. Es ist

---

* Siehe Kapitel Fünf.

bezeichnend, daß das Timing perfekt und unser Sieg vollkommen war. Dies wurde zu einem erinnerungswürdigen Moment der Tiger-Saga – und keineswegs unvereinbar mit den mystischen Hintergrund-Momenten, die mit Onset und anderen Orten verbunden sind. Ein Moment ging in den Anderen über. Die Labrys-ähnliche Verbindung von Exorzismus und Ekstase, ein Hauptthema der Dritten Spiral-Galaxie, war bereits im Entstehen.

Die Frage des Timing war stets wichtig für mich. Wie ich in der Ersten Spiral-Galaxie darlegte, hatte ich seit College-Tagen stets ein Gefühl für Timing, das mit unbewußtem/unterschwelligem Wissen verbunden ist. Ich nannte dieses Gefühl oft „den kleinen grünen Mann in meinem Kopf". Später – auf differenzierteren und komplexeren Ebenen – wurde dieser Zeitnehmer sehr hilfreich bei der komplexen Arbeit, Radikale Feministische Philosophie zu schreiben und zu leben. (Natürlich sehe ich dieses Wesen jetzt als eine kleine grüne Frau – besonders seit sie kompliziertere und subtilere Frauen-identifizierte Aufgaben übernehmen mußte.) Was sie offenbar tut ist, die Dinge so zu arrangieren, daß sich mein Schreiben in Übereinstimmung mit einem weit gespannten Kontext untereinander verbundener Ereignisse befindet.* Wenn es der richtige Zeitpunkt ist, kann das Buch geschrieben werden. *The Church and the Second Sex* beispielsweise erschien genau in jenem Moment, als viele Frauen scharf auf seine Aufwiegelnde Botschaft waren. So wurde auch *Jenseits von Gottvater* geschrieben, als seine Zeit gekommen war. Und dies war, natürlich, die Zeit, um meine Seele umzudrehen.

PIRATERIE, ALCHEMIE, ATHLETIK... SEI-EN

Wie ich bereits sagte, war meine Arbeit als eine Positiv Piratische Plünderin und Schmugglerin von entscheidender Wichtigkeit für die Erschaffung von *Jenseits von Gottvater*. Ich exhumierte Rechtmäßig Ideen aus vielen sehr unterschiedlichen Quellen und versuchte, wie es peinlich genaue Wissenschaftlichkeit verlangt, ihnen allen gerecht zu werden. Ich untersuchte Kostbarkeiten einseitiger Erkenntnis (einseitig, weil sie in den patriarchalen Garnierungen befangen waren) in Schriften von Philosophen, darunter Aristoteles, Nietzsche, Whitehead, und in den Werken von Theologen – besonders von Aquin und Tillich. Ich nahm von den Forschungsergebnissen von Anthropologen wie Bachofen und Briffault – auch hier mit gewissenhaftester wissenschaftlicher Integrität. Ich untersuchte die Theorien so unterschiedlicher

---

* Somit ist ihre Arbeit auch vollkommen verknüpft mit dem, was ich inzwischen „das 11.12-Phänomen" nenne. Siehe Kapitel Fünf.

moderner Denken wie Herbert Marcuse, Peter Berger, Paulo Freire, Thomas Szasz und Jürgen Moltmann. Ich filterte Goldstückchen einseitiger, das heißt patriarchaler Erkenntnis heraus und setzte diese in einen Metapatriarchalen Kontext*, so daß sie eine reichere Bedeutung ausstrahlen konnten. Diese Veränderung des Kontexts verwandelte die alten begrenzten und eingrenzenden Bedeutungen, so daß Neue Bedeutungen Ent-Deckt werden konnten.

Als Autorin von *Jenseits von Gottvater* arbeitete ich also nicht nur als Piratin, sondern auch als Alchemistin. Immer wenn ich von meinen Abenteuern im Nebel des Unterschwelligen Meeres zurückkehrte, machte ich mich in meiner Höhle schnell an die Arbeit und Beschwor meine Alchemistischen Fähigkeiten herauf. Mit diesen Fähigkeiten verwandelte ich die beschädigten, doch teilweise echten Kostbarkeiten von Erkenntnis, die ich bei meinen Hochsee-Abenteuern aufgelesen hatte. Das Geheimnis meiner Alchemistischen Kräfte bestand darin, daß ich eine völlig andere Fassung für diese Edelsteine Ent-Deckte und schuf, nämlich Radikale Feministische Philosophie.

Zu meiner Arbeit in der Höhle gehörte ebenfalls – und gehört natürlich immer noch – Spirituelle/Intellektuelle Athletik. Instinktiv benutzte ich einige Beutestücke, die Rechtmäßig den Frauen gehören, um eine Art Sprungbrett zu bauen, von dem aus ich in die Tiefen des Unterschwelligen Meeres tauchte. Ich kam wieder an die Oberfläche mit Mengen tief vergrabener Edelsteine von Information, die es mir ermöglichten, den Hintergrund der einseitigen und vordergründigen Erkenntnisse zu sehen.

Dennoch beschreibt keiner dieser Aspekte der Arbeit – Piraterie, Alchemie, Athletik – in vollem Umfang die magische Art und Weise, in der *Jenseits von Gottvater* zum Sei-en kam. Genau dieses Wort *sei-en* ist ein Beispiel für komplexe Konvergenz, die in die Entstehung dieses Buches einfloß. Seit dem Moment meiner Intuition von sei-en (was ich damals natürlich *sein* geschrieben hätte) befand ich mich auf meiner umherschweifenden, das heißt Spiralenden philosophischen Suche. Dies hatte mich nicht nur dazu geführt, mein Doktorat in Philosophie zu erwerben, sondern zu etwas darüber hinaus. Ich bewegte mich in die Richtung, meine eigene Philosophie zu schaffen und daran zu partizipieren. Ich wollte keine Jüngerin oder Befürworterin des philosophischen Systems irgendeines Mannes sein, ich wollte das Tabu brechen und Selbst eine Philosophin *sein*. *Jenseits von Gottvater* war eine erste Inkarnation meiner *eigenen* Philosophie von sei-en, und sie war – und entfaltet sich weiter als – eine Elementale Radikale Femini-

---

* Das Wort *Metapatriarchal* ☾ wurde erst später Ent-Deckt, doch es bezeichnet den Kontext, in dem *Jenseits von Gottvater* geschrieben wurde. Es bedeutet „hinter dem und jenseits vom Patriarchat angesiedelt; transzendiert und transformiert den Statischen Zustand". (*Wickedary*)

stische Philosophie. Mein ganzes Leben hatte sich auf diesen Punkt zubewegt.

Es liegt auf der Hand, daß diese Philosophie von sei-en nicht in Isolation, sondern vielmehr in einem Kontext von Partizipation geschaffen wurde. Meine Suche traf sich mit der Suche von Myriaden von Schwester-Gelehrten durch die Zeiten. Zu meinen Kolleginnen/Kollaborateurinnen gehörten/gehören Matilda Joslyn Gage, Jane Ellen Harrison, Mary Wollstonecraft, Simone de Beauvoir, Pauli Murray, Elizabeth Gould Davis. Meine Gefährtinnen bei der Erschaffung von *Jenseits von Gottvater* waren nicht nur diese und unzählige andere Vorschwestern/Piratinnen der Vergangenheit, sondern auch zeitgenössische Hilfstruppen wie Nelle Morton, Betty Farians, Robin Morgan und die Tiger. Alle diese Gefährtinnen arbeiteten mit an unserer gemeinsamen Aufgabe, den Kontext zu Ent-Decken.

Diese schwesterliche Verbundenheit in den frühen siebziger Jahren und die daraus entstehenden Gespräche führten zu einem Konsens, besonders mit Nelle Morton, daß Sei-en ein Verb ist.* Um zu betonen, daß die Letzte Realität in Wirklichkeit ein Verb ist, und zwar ein intransitives Verb, begann ich es mit einem Bindestrich zu schreiben: *Sei-en.**

DIE VERBINDENDE THEMATIK VON *JENSEITS VON GOTTVATER*: DIE FRAUENREVOLUTION ALS ONTOLOGISCHE BEWEGUNG

Der Kern der Philosophie von *Jenseits von Gottvater* ist die Erkenntnis, daß es bei der Frauenrevolution um Teilhabe/Partizipation am Sei-en geht. Das heißt, es ist eine ontologische Bewegung. Als Außenseiterinnen sind Frauen besonders gut ausgestattet, das strukturierte Böse des Patriarchats zu konfrontieren. Frauen sind also, schrieb ich, auf einmalige Weise dazu aufgefordert, Trägerinnen existentiellen Mutes in der Gesellschaft zu sein. In tiefstem Sinn gehört dazu der Durchbruch zur Erkenntnis des existentiellen Konflikts zwischen weiblichem Selbst und patriarchalen Strukturen, die eine verkrüppelnde „Sicherheit"

---

*   Diese Einsicht kam in einem Gespräch mit Nelle, wahrscheinlich 1972, in ihrer Wohnung in Madison, New Jersey.

*   Das Wort *Sei-en* (engl. *Be-ing*) ● bezieht sich auf „das ständig sich entfaltende Verb aller Verben, das intransitiv ist und kein seine Dynamik begrenzendes Objekt hat". Es ist die Letzte Ursache ●, das Gute, das sich selbst dem Selbst vermittelt, es ist das Verb, „von dem, in dem und mit dem alle echten Bewegungen ausgehen". (*Wickedary*) Wenn *sei-en* ● nicht groß geschrieben ist, bezieht es sich auf die „aktuelle Partizipation in der Letzten/Intimen Wirklichkeit – Sei-en, das Verb". (*Wickedary*). In *Jenseits von Gottvater* habe ich noch nicht durchgängig *Sei-en* oder *sei-en* mit Bindestrich geschrieben, wie ich es später tat, um das Verb und die Partizipation im Verb zu Be-Nennen/Be-Zeichnen. (AdÜ.: Erläuterungen zur deutschen Übersetzung von *be-ing* siehe *Gyn/Ökologie*, S. 10.)

geboten haben. Frauen, die nach dieser Erkenntnis handeln, sehen sich der „Angst des Nichtseins"* gegenüber, und diese Konfrontation öffnet die Augen, treibt das Bewußtsein über die Fixierung auf „Dinge, wie sie sind" hinaus. „Der Mut zum sein ist der Schlüssel zur Offenbarungskraft der feministischen Revolution."[14]

Es ist deutlich, daß ich hier Paul Tillichs *Der Mut zum Sein* als Sprungbrett benutzte. Doch während sich seine Analyse auf universalistische, humanistische Kategorien beschränkt, setzt *Jenseits von Gottvater* die Gedanken in den Kontext der sozialen, politischen, ontologischen Realitäten des Lebens von Frauen unter dem Patriarchat.

Die Grundthese von *Jenseits von Gottvater*, nämlich: die Frauenbefreiungsbewegung ist eine ontologische Bewegung, ist die durchgängige, organische, verbindende Thematik von der ersten bis zur letzten Seite, wo ich befürworte, „die große Kette des Seins in Schwesterlichkeit (zu) schmieden…, die sich um das Nicht-sein legen und es zum Schrumpfen zwingen kann". Mehr noch:

> Die Macht der Schwesterlichkeit ist keine Kriegsmacht. Es gibt Konflikte, und es wird sie immer geben, aber die letzte Ursache wirkt nicht durch Konflikte, sondern durch Anziehung. Nicht durch die Anziehung eines großen Magneten, der überall ist, sondern durch die schöpferische Anziehungskraft des Guten, welches das sich selbst mitteilende Sein und das „Verb" ist, aus dem, in dem und mit dem alle wahren Bewegungen sich entfalten.[15]

Es ist wichtig, beim Studium der vielen und unterschiedlichen Durchbruch-Konzepte in *Jenseits von Gottvater* diese verbindende Thematik im Kopf zu behalten. Zu diesen miteinander verknüpften Ideen gehören: offenbarender Mut; die Entfaltung Gottes; Randexistenz; neuer Raum; neue Zeit; Macht des Gegenwärtigseins† und Macht der Abwesenheit; Methodenfetischismus und Methodenmord; die „Erbsünde" der Frauen; Schwesterschaft als Revolution; das Sündenbock-Syndrom; das Große Schweigen (über eine frauen-zentrierte Gesellschaft vor dem Patriarchat); patriarchale Strategien, um die Frauenbewegung aufzuhalten, beispielsweise Umkehrung, Vereinzelung, Verallgemeinerung, Trivialisierung, Spiritualisierung; das Zweite Kommen der Frauen; das Zweite Kommen der Frauen als der Antichrist; Christolatrie; Die Höchst Unheilige Trinität: Vergewaltigung, Genozid und Krieg; Schwesterschaft als Antikirche; Schwesterschaft als kosmischer Bund; die Frauenrevolution als Exodusgemeinde; Ökologie und der kosmische Bund; Gottvater, Sohn & Co.; Yahweh & Söhne; die Frauenbewegung als Letzte Ursache, die Ursache der Ursachen.[16]

---

* Jetzt würde ich „Angst des nicht-sei-ens" schreiben.
† In späteren Übersetzungen: Macht der Anwesenheit.

Ich gehe diese lange, doch parteiische Liste von Schlüsselbegriffen in *Jenseits von Gottvater* durch, um sie in ihrem wahren Kontext, nämlich einem ontologischen, zu zeigen. Sie manifestieren das Entfalten des Sei-ens in der Frauenrevolution und die vom Patriarchat fabrizierten Hindernisse. Sie zeigen das Erblühen der Intuition des seiens, das durch das Be-Sprechen der Kleeblüte vorausgesagt wurde. Sie vermitteln ein wenig vom Glanz der Intuition einer Frau bezüglich ihres sei-ens. Sie illustrieren, was geschehen kann, wenn Frauen durch Akte existentiellen Mutes gemeinsam am Sei-en – dem Verb aller Verben – partizipieren. Das heißt, es kann vielfarbige Bedeutsame Explosionen von Ideen und Bildern geben, die immer mehr Feurige Erkenntnisse nach sich ziehen.

MISSGRIFFE, VERSEHEN, UNTERTREIBUNGEN

Als ich an *Jenseits von Gottvater* arbeitete, passierte es gelegentlich, daß ich das Material, das ich bei meinen piratischen Ausflügen aufgelesen hatte, nicht sorgfältig genug sortierte. Ich behielt ein oder zwei oder mehr Teile, die ich hätte wegwerfen sollen.[17] Ein krasses Beispiel ist mein Gebrauch des unglückseligen Wortes *Androgynie* bei meinem Versuch, frauen-identifizierte Ganzheit/Integrität zu Be-Zeichnen. Ich habe mir große Mühe gegeben, dies in meinen späteren Arbeiten zu widerlegen. An dieser Stelle will ich Er-Innern, woher es kam, und es in seinen Kontext bringen.

Wie ich später in *Reine Lust* dargestellt habe, kam dieses Wort aus einem Gespräch mit einem Kollegen, der das gräßliche Ding per Telefon buchstäblich in mein Ohr Träufelte, als ich mich mit dem Problem herumschlug, ein Wort für Frauen-identifizierte Integrität zu finden.[18] Ich erinnere mich an seinen Hokuspokus über die historische Wichtigkeit des Wortes *Androgynie*, das er sofort mit Integrität gleichsetzte. Einige Jahre nach *Jenseits von Gottvater* erkannte ich, daß der Gebrauch dieses Wortes Unheil bedeutete – daß es über die Vorstellung von „John Wayne und Brigitte Bardot mit Tesafilm zusammengeklebt"[19] hinaus kaum etwas vermitteln konnte.

Wenn ich jetzt das Fiasko von *Androgynie* betrachte, sehe ich es als einen im Sinn männlicher Interessen funktionierenden Mißgriff. Ich übernehme die volle Verantwortung dafür, es zugelassen zu haben, daß dieses Wort auf meinem Trommelfell und dann auf meinen Schreibmaschinentasten zuschlug, seinen Weg in mein Manuskript und schließlich ins gedruckte Buch fand. Tatsache ist, daß das, was als „der Androgynie-Virus" bezeichnet werden könnte, in den frühen siebziger Jahren verbreitet war. Eine Reihe Radikaler Feministinnen benutzten es und ließen es dann voller Schrecken fallen, als uns klar wurde, daß es eher eine Art hermaphroditischen Zustands denn die Integrität des weiblichen sei-ens nahelegte. Das miserable Wort hat es jedoch an sich, klebenzubleiben – wie ein Stück Tesafilm, das von einem Finger auf den anderen rutscht – von einer Frau zur nächsten.

Dann das Wort *Gott*: Ich möchte meine Hartnäckigkeit, diesen Ausdruck – trotz aller damit zusammenhängender Probleme, die ich klar und deutlich analysierte – in positivem Sinn zu verwenden, nicht direkt einen Mißgriff nennen. Ich möchte es eher als eine Art Versehen bezeichnen. Ich wollte „Gott" ohne den „Vater" beibehalten. Unglücklicherweise war es mir nicht klar, daß „der Vater" ein nicht zu entfernendes Anhängsel von „Gott" ist. Natürlich kann dieses Anhängsel unsichtbar gemacht werden. Es kann verleugnet werden. Es kann auf eine unterschwellige Ebene herabsinken. Doch dieses scheinbar zufällige Zubehör klebt beharrlich an „Gott". Göttin weiß, daß ich mit aller Kraft versuchte, dieses Konzept zu kastrieren. So schrieb ich beispielsweise in einem Abschnitt mit dem Titel „Die Entmannung ,Gottes"†:

> Der Göttliche Patriarch kastriert die Frauen, solange ihm gestattet wird, in der menschlichen Vorstellung weiterzuleben. Der Vorgang, in dem der Höchste Phallus entfernt wird, kann kaum eine rein „rationale" Angelegenheit sein. Es handelt sich dabei um das Problem, die kollektive Phantasie so zu verändern, daß dieses Zerrbild menschlichen Strebens nach Transzendenz seine Glaubwürdigkeit verliert.[20]

Ich analysierte alle Phallusien, die sich mit diesem Wort/Konzept verbinden, und schlug Möglichkeiten vor, „über den unzulänglichen Gott hinaus" zu gehen. Es bedurfte nur noch eines kleinen Schrittes, damit ich voll erkennen konnte, daß „Gott" einfach hoffnungslos und unrettbar unzulänglich ist.

Wenn *Jenseits von Gottvater* ahistorisch – das heißt ohne Kenntnis des Klimas der frühen siebziger Jahre – gelesen wird, mag es seltsam erscheinen, daß, obgleich ich „Gott" äußerst differenziert analysierte und dabei klar und deutlich beschrieb, wie sich Bilder (der alte Mann mit dem Bart beispielsweise) in der Vorstellung von Philosophen, die abstrakte Bände über „ihn" als „Geist" schreiben, festgesetzt haben, ich immer noch das Wort *Gott* beibehielt, wenn ich mich auf Sei-en, das Verb, bezog. Zweifellos war mein bereits hochentwickeltes Verständnis für unterschwellige Assoziationen damals noch nicht so klar, wie es später werden sollte.

Merkwürdigerweise übersah (überroch?) ich – obgleich ich versuchte, „den Höchsten Phallus abzuschneiden" – die Unvermeidlichkeit des Geruchs arroganter Macho-Männlichkeit, der vom Wort *Gott* nicht

---

† engl. Original: *Castrating God.*

zu entfernen ist. Ich will damit nicht sagen, daß dies einfach nur ein Versehen war. Nein: Es war ein komplexer akrobatischer Prozeß von Übersehen/Überriechen. Es war ein Überwältigendes Versehen, das durch den tiefen Wunsch, *Gott* zu retten, hervorgerufen wurde. Jedoch hatte dieser Prozeß dann das Gute, daß er den Weg zum Er-Innern und Erfinden einer Neuen Sprache der Transzendenz bereitete. Und er schuf ein ganzes Sortiment von Begriffen für die Analyse des Wortes *Göttin*.

Dieser Prozeß war wahrscheinlich „notwendig" für mich, da ich unbewußt Angst davor hatte, mein wahres Selbst und/oder meine Intuition des Sei-ens, an der ich und alle anderen teilhaben, zu verlieren. Herkömmlich ausgedrückt stand, wenn auch unzulänglich, *Gott* für all dies. Der Griff des Wortes *Gott* war fest: Seine Fangarme hatten sich festgesaugt. Nicht lange danach jedoch, als ich den „qualitativen Sprung" tat und mit „ihm" fertig war, entdeckte ich, daß Sei-en, das Verb, viel lebendiger war und ich mit ihm. Ich hatte Nichts verloren.[21]

Auch das Wort *Homosexualität*, wie ich es in jenem Buch verwendet habe, stellt eine Art Versehen dar. Es ist zwar nicht ein so mystifizierendes Macho-Wort wie *Gott*, doch ist es ein Pseudo-Oberbegriff. Ich benutzte es als umfassenden Begriff, der Lesbianismus „einschließt", und bagatellisierte damit unbeabsichtigt die Einmaligkeit von Lesbianismus – der Ursprünglichen Kraft und Schönheit Frauen-Berührender Frauen. Anders ausgedrückt: So, wie ich das Wort benutzte, stand es für falsche Einbeziehung und war eine Unterbewertung Lesbischer Realität.

Alle drei Worte – *Androgynie, Gott* und *Homosexualität* – sind falsche Einbeziehungen und Unterbewertungen Weiblicher Realität. Alle drei dienen dazu, die Selbste von Frauen zu assimilieren, zu verkleinern und aufzuopfern, und zwar immer um einer Sache willen, die universeller oder größer oder besser sein soll. Alle unterbewerten sowie übersehen Weibliche Stärke, Originalität, kreative Kraft, Stolz. Alle dienen dazu, das sei-en der Frauen in einem phallokratischen System von Sprache, Denken und Verhalten versinken zu lassen.

In *Jenseits von Gottvater* habe ich mich zwar der gröberen Manifestationen des Phallizismus entledigt – und auch vieler subtiler dazu, doch jene speziellen linguistischen Anomalien sind mir durchgerutscht. Bald nachdem das Buch herausgekommen war, und auch später und Jetzt wieder sprang/springt die eigentliche Quelle der Defekte, die diese Begriffe gemeinsam haben, mit erstaunlicher Kraft und Klarheit ins Auge. Wie Virginia Woolf sagen würde (und sagte): „Die Katze ist aus dem Sack, und es ist ein Kater."[22]

Doch glaube ich nicht, daß diese Kater-identifizierten Mängel der Integrität und dem Wert jenes Buches Abbruch tun. Was ich dort sagte und was ich eigentlich sagen wollte, ist verständlich. Ich schrieb in der Sprache, die meiner Psyche zu jenem historischen Zeitpunkt zugänglich war, und das Buch hat, sozusagen, dem Test der Zeit innerhalb des Textes der Zeit standgehalten. Es Ent-Hüllt ein größeres Stück der Spiralenden Spur einer Piratinnen-Reise.

Die mit den Begriffen *Androgynie, Gott* und *Homosexualität* verknüpften Probleme scheinen im Verlauf des Buches hier und da im Stil auf. Da ich hartnäckig versuchte, ein Teil der „Menschheit" zu sein, verwendete ich unablässig das Wort *menschlich*. Angesichts der Tatsache, daß ich in der Einleitung die *Verallgemeinerung* als ein Mittel, das Geschlechtskasten-Problem nicht sehen zu müssen, entlarvt hatte, mag dies seltsam erscheinen. Ich schrieb dort:

> Oft hört man: „Aber geht es denn nicht eigentlich um die Befreiung der *Menschheit?*" Die Schwierigkeit bei diesem Ansatz liegt darin, daß die verwendeten Worte „wahr" sein mögen, aber wenn sie benutzt werden, um einer Auseinandersetzung mit der spezifischen Problematik des Sexismus aus dem Weg zu gehen, dann sind sie zutiefst unwahr.[23]

So mag es problematisch erscheinen, daß ich von „menschlicher Hoffnung", „menschlicher Selbstentfaltung der Frauen", „menschlichem Streben nach Transzendenz", der „Suche des menschlichen Geistes nach Gott", und „grob entmenschlichenden Texte über Frauen" schrieb. Was bedeutet diese offensichtliche Fixierung auf „menschlich"?

Tatsache ist, daß ich das phallische Symbolsystem und die phallische Sprache entlarvte. Ich bezeichnete das damals mit „sexistisch" (ein Wort, das jetzt nicht direkt falsch, doch eher zimperlich klingt). Bezüglich der Einzelheiten und Besonderheiten der weiblichen Unterdrückung und der Frauenbefreiung war ich lobenswert klarsichtig. Mir war jedoch noch nicht vollständig klar, daß das Wort *menschlich* ein Pseudooberbegriff ist, und daher übersah ich sein Potential als Täuschungswerkzeug. Beim Begriff „menschliche Befreiung" hob das Problem des Pseudoober-Pseudoalles für mich sehr deutlich sein häßliches Haupt. Aber in einigen anderen Fällen nicht.

Die Vulkanische Explosion von Erhellender Wut und Augen-öffnender Reiner Lust, die die Momente der Dritten Spiral-Galaxie kennzeichnen, hatte noch nicht ihre volle Intensität erreicht. Es schien immer noch eine gewisse Portion Vorsicht am Platz zu sein. Doch brauten die Pyrogenetischen Kräfte im Hintergrund Geistgewitter bereits zusammen. Mein Fahrzeug bewegte sich mit ständig zunehmender Triebkraft auf einen Wilderen und unnachgiebigeren Radikalismus zu.

Natürlich war *Jenseits von Gottvater* ohne Zweifel sowohl von Wut als auch von Rationalität inspiriert. Seine Sprache der Transzendenz, seine Gedanken zu Integrität und Transformation, seine Symbolzertrümmerung, seine Ontologie und seine politischen und ethischen Analysen antizipierten bereits – ich würde sogar sagen, Prophezeiten – das Wortfeuer von *Gyn/Ökologie* und *Reine Lust.* Doch es bedurfte noch eines weiteren Prozesses. Die Wirkungen, die dieses Buch in der Welt hatte, und meine Reaktionen auf diese Ereignisse stellten Momente dar, die entscheidend für die Spirale des Durchbruchs und Er-Innerns/Zurück-Rufens waren – die Bewegung, die mein Schiff in die Dritte Spiral-Galaxie schleudern sollte.

Ich glaube, daß *Jenseits von Gottvater* und seine Folgen nicht nur für meine weitere Reise wichtig waren/sind, sondern auch dafür, daß Andere ihre eigenen Reisen und meine späteren Bücher besser verstehen konnten. Es ist zwar möglich, diese einzeln zu lesen, doch gilt ebenso, daß ihre Analysen sich logisch aus der Arbeit ergeben, die in jenem Buch geleistet wurde. Über *Jenseits von Gottvater* hinauszugehen bedeutet nicht, es zu ignorieren, sondern die dort entwickelte Philosophie zu verstehen und so das Rüstzeug zu bekommen, darauf aufzubauen. Das Material über „die Göttin" und „Göttinnen" in *Gyn/Ökologie* und *Reine Lust* beispielsweise setzt die Untersuchung und Transformation von „Gottessprache" im vorangegangenen Buch voraus. Und auch die späteren Analysen von Sprache, Mythos, Tugenden, Lastern, Zeit, Raum, Frauenfreundschaft, Separatismus, Ökologie, Alibismus, Kreativität (Spinnen), Transformation (Metamorphose) und viele andere Themen haben das Verständnis des in *Jenseits* von Gottvater gelegten Fundaments zur Voraussetzung.

NACH DEM SCHREIBEN

Im Januar 1973 hatte ich das Buch fertiggeschrieben. Es war noch eine wichtige Entscheidung wegen des Untertitels zu treffen gewesen. Ich hatte mit dem Gedanken gespielt, es *Aufbruch zu einer Theologie der Frauenbefreiung* zu nennen. Die Gründe, die für eine solche Wahl sprachen, lagen auf der Hand. Das Buch beschäftigt sich mit den wichtigsten theologischen Ideen und Symbolen des Christentums und stellt sie auf den Kopf. Doch im Grunde ist es ein philosophisches Werk. Deshalb entschied ich mich für den Untertitel *Aufbruch zu einer Philosophie der Frauenbefreiung,* er wird dem Inhalt und der Richtung von *Jenseits von Gottvater* sowie den inneren Vorstellungen seiner Autorin besser gerecht. Mein Lektor, Ray Bentley, war auch für das Wort Philosophie; er fand, es klänge stärker, und seine Vermutung erwies sich als richtig.

Diese Titelwahl war Bedeutsam für mich. Sie bestätigte meinen

Wahren Kurs, der sich aus den Bereichen des Kirchlichen hinausbewegte in die Spiralende Bewegung einer umfassenden Verbundenheit.

Nachdem das Buch geschrieben war, gab es nicht viel Zeit zum Ausruhen, denn ich hatte für das Frühjahrssemester 1973 (das zweite Semester meines Sabbatjahrs) einen Ruf als „Harry Emmerson Fosdick Professor" am Union Theological Seminary in New York angenommen. Heimlich sah ich mich in dieser Rolle als Verkörperung einer der Lieblingskarikaturen meiner Jugend – „Fearless Fosdick" (Furchtloser Fosdick).

Mit diesem Ruf war ein zweiter Wohnsitz verbunden, denn ich behielt meine Wohnung in der Commonwealth Avenue in Brighton und sauste nur für die erforderliche Zeit zum Union. Meine Vorlesungen waren an zwei aufeinanderfolgenden Tagen, und so blieb ich nur ein oder zwei Nächte pro Woche in New York. Dies kam einer Verschwendung gleich, denn das Seminar hatte mir eine große luxuriöse Wohnung zur Verfügung gestellt, sie wäre ein idealer Ort für Besuche der Tiger und anderer Freundinnen gewesen. Leider war die Wohnung jedoch auf unerklärliche Weise unangenehm. Ich konnte sie einfach nicht ertragen. Sie schien „schlechte Schwingungen" zu haben.

Einige der Tiger hatten das Gefühl, der Ort sei verwünscht. Linda und Emily vollführten einen kraftvollen Exorzismus, doch selbst der brachte es nicht ins Lot. Dazu kam, daß, obgleich am Union eine Art „christlicher Feminismus" existierte, Feministischer Radikalismus dort nicht sehr willkommen war. Der Friedenskämpfer Dan Berrigan war zu jener Zeit dort, und ich erinnere mich noch sehr gut an eine Notiz im Aufzug, in der er sich zur Trivialität studentischer Interessen äußerte, wie beispielsweise Laubharken-Parties und „women's lib".

In jenem Frühjahr hielt ich an einer Reihe von Priesterseminaren und theologischen Schulen im ganzen Land Vorträge. Daß sich dies auf Priesterseminare konzentrierte, lag an der mit dem Fosdick-Lehrstuhl verbundenen Erwartung, daß sein Inhaber reisen und an anderen Institutionen, besonders Priesterseminaren, Vorlesungen halten sollte.[24]

Ich denke, daß es mir bei diesen Visitationen gelang, einige durch meinen Radikalismus zu entfremden. Ein wichtiger Faktor war, daß *Jenseits von Gottvater* immer noch nicht „draußen" war und meine Gastgeber/Sponsoren daher nicht wußten, was auf sie zukam. Einige reagierten sehr, sehr positiv. Die Konservativen lernten ohne Zweifel aus ihrem Fehler, mich eingeladen zu haben, und schworen sich, in Zukunft vorsichtiger zu sein. Ich selbst ließ mich sehr schnell aus dem Seminar-Dunstkreis herausfallen. Meine ontologische Erbsünde als Gefallene Frau trieb mich weit hinaus, und das Wilde Meer rief mich, rief mich immer weiter in den Nebel hinein.

Natürlich habe ich in jenem Semester auch an „regulären" Colleges gelesen.[25] Wenn ich mir die Aufstellung der von mir besuchten Institutionen – religiöse und säkulare – ansehe, schwirrt mir der Kopf. Es scheint, als sei ich ununterbrochen herumgeflogen, während ich darauf wartete, daß sich das Buch beim Verlag materialisierte.

Es materialisierte sich schließlich im späten Frühjahr 1973 in Form von Korrekturfahnen. Besonders erschreckend war der Index. Der wohlmeinende, doch (für dieses Buch) unqualifizierte Index-Ersteller hatte den Ideen nicht ganz gerecht werden können. Ihm (oder ihr) war es gelungen, die Leserin mit Einträgen wie „Abtreibung als Massenmord" irrezuführen. Was tun?

Ich wußte genau, was ich tun mußte. Als ich diese Monstrosität entdeckte, war ich gerade bei Freunden – Helen und John Gray – in ihrem Haus in New Hampshire zu Besuch, auf einer Art Kurzurlaub mit Korrekturlesen. Ich stürzte zum Telefon und berief eine Notstandssitzung der Tiger ein. Ich brach meinen Urlaub ab und eilte nach Hause, um mich mit meinen Hilfstruppen zu treffen. Wir arbeiten einige Tage und Nächte lang fast ohne Unterbrechung in meiner Wohnung, bis der revidierte, dem Konzept des Buches entsprechende Index fertig war. Niemand sonst hätte das tun können.

Fahnenabzüge wurden an potentielle RezensentInnen verteilt. Mary Lou Shields, die als meine Publicity-Agentin arbeitete, war außerordentlich engagiert und unterstützte die Bemühungen des Verlags, indem sie Berge von Fahnen nach New York und anderswohin schleppte und persönlich Exemplare an bekannte Feministinnen verteilte. Bei dieser Gelegenheit lernte ich Adrienne Rich kennen, die in Cambridge lebte und als Gastprofessorin an der Brandeis University las. Sie fand *Jenseits von Gttvater* äußerst interessant und aufregend. Für mich wiederum waren ihre Ansichten und Einsichten gedankenreich und anregend. Adrienne hatte zu jener Zeit ihre eigene Explosion, die sich in ihrer neuen Gedichtsammlung – *Diving into the Wreck* (In das Wrack tauchen) – niederschlug. Die Vision, die sich in jenen Gedichten ausdrückte, beglückte mich, sie schienen mir ein Quantensprung über ihre bisherige Arbeit hinaus zu sein.

Eines der erstaunlichsten Ereignisse jenes Frühjahrs trug sich am letzten Aprilabend – Beltane† – einem der großen Feste der Hexen zu. An jenem Tag fuhren alle Tiger und Robin Hough, ein Freund unseres Stammes, in zwei Autos von Boston nach New York, um Beltane in Robin Morgans Haus zu feiern.

Als wir nach New York rasten, war mit dieser Reise für uns alle ein Gefühl der Magie und der Erwartung verbunden. Wir waren Heidinnen und auf dem Weg, unser eigenes Fest zu feiern. Als wir uns New York näherten, passierte etwas Geheimnisvolles. Während wir den Highway

† Im deutschen Sprachbereich: Walpurgisnacht.

entlangsausten, nahmen die Insassinnen des einen (meines) Autos einen leuchtend grünen Besen war, der auf der Straße lag, jedoch ein bißchen an der Seite, so daß wir ihn nicht überfuhren. Quer über die Straße waren ebenfalls stark leuchtende grüne Bänder, offenbar aus Krepp-Papier, gestreut. Im dichten Verkehr war es unmöglich anzuhalten, so reisten wir weiter und hupten und johlten voll Aufregung und Staunen. Dies war wirklich ein Merkwürdiger „Zwischenfall", durchaus passend für einen Hexischen Tag wie Walpurgis, denn Grün ist die Farbe, die zu diesem Fest gehört, das traditionell die Zeit des „Tragens von Grün" ist.

Während ich diese Beschreibung des Beltane-Trips 1973 schreibe, fällt mir der Große Wind ein. Blies der Wind den Besen genau im passenden Moment dorthin? Hat der Wind einen Sinn für Humor? Die Antwort ist eindeutig ja. Es erinnert mich ebenfalls an meine Rolle als Piratin auf dem Weiten Meer des unterschwelligen Wissens. Stimmt, dies war lediglich ein asphaltierter Highway, und ich reiste mit Gefährtinnen in meiner schönen goldenen 1967er Plymouth Baracuda. Doch was tut's? Hohe See oder High Way, Tatsache ist, daß ich mich auf meinem Wahren Kurs als Piratin befand, und hier – in Form von unerwarteten Schätzen am Wegesrand – wurde diese Tatsache noch einmal bestätigt. Außerdem fühlte sich meine Geliebte Große Baracuda (wegen der ich stadtbekannt war) trotz ihres Fischnamens auf dem Highway durchaus zu Hause.

Im September 1973 kehrte ich in dem Wissen, daß *Jenseits von Gottvater* im November herauskommen würde, zu meinen regulären Vorlesungen ans Boston College zurück. Aufregung lag in der Luft. In jenem akademischen Jahr gab ich Kurse zu Themen wie „Religion und die Unterdrückung der Frauen", „Gottessprache in Moderner Philosophie", und „Frauenbefreiung und Ethik". Sie waren überfüllt, und es hatten sich fast nur Studentinnen eingeschrieben. Ich gab auch andere Kurse, einschließlich „Revolution und der Kampf, menschlich zu sein". In diesem Kurs waren fast nur männliche Studenten. Offenbar waren nicht allzu viele Frauen daran interessiert zu kämpfen, um menschlich zu sein.

Jan Raymond, die bei mir ihre Doktorarbeit schrieb, wurde mir als Assistentin zugeteilt, was einigen Arbeitsdruck von mir nahm, besonders das Lesen und Benoten von schriftlichen Arbeiten. Im zweiten Semester jenes Jahres gab Jan außerdem als Teilzeit-Stipendiatin am BC Kurse in Medizinischer Ethik. Sie war eine Radikale Feministische Schwester und unterrichtete in der gleichen Abteilung, ihre Anwesenheit als Kollegin war ermutigend. Zu ermutigend. Ich hegte große Hoffnungen, daß selbst in dieser Institution der Zusammenschluß Feministische-Studien-unterrichtender Frauen möglich sei. Mir war immer noch nicht in vollem Umfang klar, wie bedrohlich für die priesterlichen und akademischen Patriarchen die vereinte Anwesenheit von zwei Frauen sein mußte, die sich weigerten, sich zu verkaufen und Alibifrauen zu werden, sondern statt dessen den Weg des Feminismus und frauen-identifizierten Zusammenschlusses wählten. Doch die Schilderung der Ereignisse, die schließlich zu dieser Erkenntnis führten, gehört in ein späteres Kapitel.*

Inzwischen sauste ich weiter im Land umher, um Vorträge zu halten. Das Ausmaß und die Vielfalt der besuchten Institutionen erstreckte sich in neue Richtungen, und die Geschwindigkeit nahm zu. Auf einer erstaunlichen Tour als Gastprofessorin im Oktober 1973 sprach ich innerhalb von drei Tagen an sechs Colleges in der Umgebung von Richmond, Virginia. Jeden Nachmittag und jeden Abend hielt ich eine Vorlesung. Es handelte sich um: Randolph-Macon College für Frauen, Sweet Briar College, Mary Baldwin College, Longwood College, Bridgewater College und Madison College. Ein toller Chauffeur fuhr mich von einem Ort zum nächsten.

Als ich nach meiner Rückkehr nach Boston meinen FreundInnen von dieser Erfahrung erzählte, malte einer von ihnen – Robin Hough – ausführlich seinen Eindruck von meinem Chauffeur in Virginia als einer Art himmlischen Kondukteurs aus, der mir half, meine kosmische Botschaft abzuliefern. Er beschrieb anschaulich, wie ich an jedem dieser merkwürdigen Orte aus dem Weltraum herunterkam, meinen Sprengstoff (Jetzt würde ich Zeit-Bomben dazu sagen) entzündete und mit beängstigender Heiterkeit wieder davonsauste.

NACH DEM ERSCHEINEN I:
REZENSIONEN UND REAKTIONEN VON FRAUEN

Jenseits von Gottvater kam im November 1973 heraus. In vielen Zeitungen und Zeitschriften wurde es positiv besprochen. Zu den weitverbreiteten Publikationen, die gute Rezensionen brachten, gehörten *The New York Times Book Review*, *The New York Review of Books*, *The Washington Post Book World*. In der heimatlichen Szene gab es die unvergeßliche Besprechung im *Boston Sunday Globe* (13.1.1974) mit dem Titel „Das Prophetische ‚Nein‘ einer Frau". Brita Stendahl, die zu jener Zeit am Radcliffe Institute las, und ihr Ehemann Krister Stendahl, langjähriger Dekan der Harvard Divinity School, hatten sie gemeinsam verfaßt. Und noch viele weitere Besprechungen.[26] Dennoch sagten mir fast ein Jahr nach dem Erscheinen des Buchs Bekannte in New York, daß es ihnen nur möglich war, an ein Exemplar zu kommen, indem sie den Verlag um ein Besprechungsexemplar baten. Mit anderen Worten: Es gab Vertriebsprobleme.

* Siehe Kapitel Elf.

Doch das Buch konnte nicht aufgehalten werden. Es machte schnell seinen Weg durch die Vereinigten Staaten... und darüber hinaus. Beweise für dieses stille Lauffeuer (das nie gelöscht wurde) waren vor allem äußerst bewegende Briefe, vornehmlich von Frauen. Meine Amazonische Assistentin, die mir half, die ersten Briefe zu beantworten, war Linda, die während des akademischen Jahres 1973/ 74 offiziell meine „Forschungsassistentin" war. Diese „Forschung" machte es Linda möglich, während ihres einen Jahres im „gemeinsamen Doktoranden-Programm" des Boston College und der Andover Newton Theological School ihre Miete zu bezahlen. (Sie ist dann aus dem Programm geflohen, um einer Situation zu entkommen, die ihr wie Gehirntod erschien.) Jedenfalls lasen wir oft voller Staunen die Briefe miteinander.

Nachdem ich meine Ordner mit *Jenseits von Gottvater*-Briefen gesucht und gefunden habe, bin ich – Jetzt – wieder von den Worten dieser Frauen überwältigt. Die Briefe unterscheiden sich grundlegend von jenen, die sich auf das fünf Jahre vorher erschienene *The Church and the Second Sex* bezogen. Sie sind in einer völlig Anderen Dimension geschrieben. Zwar befassen sich einige mit Zustimmung oder Erörterung einzelner „Punkte", doch das ist nicht der allgemeine Tenor.

In den Briefen wiederholen sich einige Gedanken, Themen, die sich nachhaltig in meine Erinnerung eingegraben haben. Ich brauche dafür kein besonders gutes Erinnerungsvermögen, denn viele dieser Themen wurden in den kommenden Jahren von Frauen wiederholt, besonders nach öffentlichen Vorträgen. Ich nenne diese wiederkehrenden Ideen/Gefühle, die Frauen als Reaktion auf *Jenseits von Gottvater* äußerten, „Themen", weil sie nicht auf Abstraktionen oder emotionale Reaktionen festgenagelt werden können. Frau könnte sie „Melodien" nennen. Sie gleichen sich nicht, sind aber zutiefst miteinander verknüpft. Sie verstärken und ergänzen sich gegenseitig. In einer Beziehung – oder in vielen Beziehungen – kann frau sagen, sie stehen miteinander im Einklang, wie Er-Innerungen/Zurück-Rufen des Wilden. Diese Briefe waren – und sind – unaussprechlich ermutigend, eine Verlockung, mich Weiterzubewegen, eine Verstärkung für meinen Mut zum Schreiben. Sie sagten mir auf schöne und differenzierte Weise, daß es viele von uns gibt. Sie sagten: Schreib weiter!

Ich habe einige, aber nicht alle beantwortet. Ich habe es versucht. Doch befand ich mich in einer ständigen Energiekrise – ein Zustand, der bei jedem meiner Bücher das Beantworten von Briefen behindert hat. Mein Leben als Professorin in der bedrückend verrückten Welt von Akadementia und als öffentliche Rednerin, Aktivistin und Wilde Frau braucht Energie. Und auf seine eigene Weise braucht mein Leben als Philosophin/Schreiberin Energie.

Also mußte ich mich entscheiden – damals und Jetzt. Ich habe beschlossen, meine Gynergie in meine Bücher zu stecken, die in gewisser Weise Briefe sind, die ich von meinem Schiff aus an die Frauen meines Stammes aufgebe. In diesen Botschaften von Hoher See habe ich versucht, ihre/unsere/meine Fragen zu beantworten und neue – noch haarsträubendere – zu stellen, während ich mich auf die Reise über *Jenseits von Gottvater* hinaus begab.

Wenn ich mich Jetzt diesen Briefen wieder zuwende, sehe ich einige ihrer Themen aus dem Blickpunkt der Vierten Galaxie. Zum einen erklären die Schreiberinnen auf vielfältige, gedankenreiche und ausdrucksvolle Weise, daß sie auf einer bestimmten Ebene das Ent-Deckten, was sie bereits wußten. Zweifellos kamen die wiederholten Bestätigungen dieser Er-Kenntnis aus dem Unterschwelligen Meer. Eine Frau aus Nebraska schrieb:

Sie haben meinen Kopf umgedreht. Sie haben mich elektrisiert. Mir war – das klingt wie ein Widerspruch –, als würde ich Dinge zum ersten Mal *entdecken* und sie als authentisch *erkennen*, sie als Dinge erkennen, die ich schon so lang selbst gespürt hatte. Was für ein bestärkendes Erlebnis! Im Grunde hatte ich, glaube ich, das Gefühl, daß ich ein größeres Vertrauen in meine eigenen Wahrnehmungen entwickelte, weil sie auch die Ihren waren.

Diese Frau hatte ihre Selbst zweifellos als eine kognitive Minorität von einer erlebt. Doch nun war ihre Zeit gekommen: Sie konnte sich mit anderen zusammentun. Dieses Thema, nämlich daß Frauen die *eigenen* verborgenen Gedanken und Gefühle entdeckten, kehrte in den Briefen immer wieder. Eine schrieb, *Jenseits von Gottvater* zu lesen, sei wie ein Spaziergang durch den Garten ihrer Seele/ihres Geistes gewesen. Eine Frau, die Töpferin war – und vermutlich noch ist –, schrieb:

Alle paar Sätze unterstreiche ich und sage: „Ja. Ja, dies entspricht meiner eigenen Erfahrung."

Eine Frau aus Colorado äußerte:

Ich erinnere mich, daß ich, als ich es zum ersten Mal las, fast glühte. Das alles wußte und fühlte ich in meinem Herzen, konnte es jedoch nie in Worte fassen.

Ein zweites sich wiederholendes Thema war, daß die Briefschreiberinnen nachdrücklich versicherten, sie hätten noch nie vorher solche Briefe geschrieben. Ich glaube ihnen, und ich verstand, warum sie sich getrieben fühlten zu schreiben. Diese Motivation wurzelte in dem, was ich Jetzt eine E-motionale Explosion ihres eigenen unterschwelligen Wissens nennen würde. Sie waren getrieben, dies auszusprechen, zu Be-Sprechen.

Ein drittes Thema war überschwengliche, vulkanische Hoffnung. Eine Frau aus Massachusetts schrieb:

> Mir ist, als ob wir es wirklich schaffen können. Mir ist, als hätten wir wirklich ein *Recht* zu existieren.

Mit diesen Hoffnungen war häufig ein viertes Thema verbunden. Die Sanktionen, die zu erwarten waren, wenn aufgrund dieser Hoffnung gehandelt würde, wurden deutlich beschrieben. Eine Leserin aus Vermont drückte das so aus:

> Als ich Ihr Buch *Jenseits von Gottvater* las, hatte ich aufs neue das Gefühl, daß es für diejenigen unter uns, die nicht mehr authentisch in dieser Gesellschaft funktionieren können, doch noch Hoffnung gibt. Das gilt besonders für die Stellen, an denen Sie mit so viel Glaubwürdigkeit über den Kosmischen Bund sprechen, den wir aus dem Nichts, das jenseits des patriarchalen Raumes liegt, schaffen könnten. Doch wie soll das gehen? Ich habe es so oft und immer ohne Erfolg versucht. Und ich werde der Versuche müde. Die Fallen sind so subtil, das Wagnis, die Dinge auszusprechen, wird so grausam bestraft. Dennoch ist mir völlig klar, wovon Sie sprechen. Und ich weiß, daß diejenigen unter uns, die das „sehen" und die Dringlichkeit dieser Verantwortlichkeit spüren, etwas TUN müssen...
> An diesem Punkt fühle ich mich so isoliert, und ich kenne sehr gut die Gefahren, die dies für meine psychische, emotionale und intellektuelle Gesundheit bedeutet, und natürlich fühle ich mich gedrängt, mich vor... schleichenden, aus Verzweiflung entstehenden Leiden zu schützen.

Ich habe diesen Brief so ausführlich zitiert, weil er 1984 oder 1992 geschrieben sein könnte. Er wurde aber im Frühjahr 1974 verfaßt.

Doch war das Gefühl von Erschöpfung und Isolation in den Briefen nicht vorherrschend. Ein fünftes Thema war die Erfahrung von Energieschüben:

> Ich habe gerade Kapitel zwei beendet und platze vor Energie... Wie wir TRÄUMEN, so werden wir SEIN.

Die Themen freudiger Erregung und Vitalität ziehen sich durch die ganze Korrespondenz. Eine Frau schrieb: „Die Energie fließt breiter und voller." Mir war und ist klar, daß der Energiefluß deshalb erlebt wurde, weil Frauen sich mit ihrem eigenen unterschwelligen E-motionalen Wissen konfrontiert sahen.

Zu einer solchen Erfahrung von Energie/Gynergie gehört ein sechstes Thema, das in einigen Briefen sehr deutlich herauskam – nämlich mit den eigenen psychischen Kräften in Berührung zu kommen. Einige

Frauen schrieben, wie sie das Gefühl hatten, daß sich spirituelle Kräfte entfalteten, und beschrieben Erlebnisse von Hellsehen und Synchronizitäten. Diese Frauen Leben den Ekstatischen Prozeß, die uns eigenen Kräfte zurückzugewinnen. Eine College-Lehrerin in New Jersey drückte das so aus:

> Ich muß Ihnen schreiben, daß ich Ihre Bücher (*The Church and the Second Sex* und *Jenseits von Gottvater*) nicht gelesen habe. Ich habe sie getanzt, gelebt und gefeiert... Sie haben mich gelehrt, daß die Transzendenz oder Fragen, die mit Transzendenz zusammenhängen, nicht der Kirche gehören.

Ich glaube, daß die Schreiberin dies bereits *wußte*. Das Lesen der Bücher hat sie einfach nur Be-Sprochen, jetzt „laut" zu sagen/schreiben, was sie unterschwellig wußte. Sie fühlte sich in ihrem eigenen Wissen bestätigt.

Das letzte – doch sicher nicht unwichtigste – Thema ist Lesbianismus. Lesbische Feministinnen erkannten die Autorin als eine der ihren. Doch nur sehr wenige schalten mich, daß ich noch nicht mein Coming Out gehabt hatte. Ihre Kritik an meinem Abschnitt über „Heterosexualität und Homosexualität: Die zerstörende Zweiteilung" in Kapitel Vier war wohlwollend – und sie war richtig.[27] Dennoch schrieb eine Lesbe:

> Wir ernennen Sie zu unserem Sprachrohr.

Gut so. Weiter so. Und ich habe dies wirklich später Be-Sprochen.

NACH DEM ERSCHEINEN II:
RÜCKSEITEN, RÜCKSCHLAG UND DARÜBER HINAUS

Kurz nachdem *Jenseits von Gottvater* herausgekommen war, ereignete sich im Umkreis des Boston College Merkwürdiges. Eines dieser „Ereignisse" war eine Veröffentlichungsparty an der Andover Newton Theological School, an der die Lehrpersonen und die Leitung des Gemeinsamen Doktoranden-Programms von ANTS und BC teilnahmen.[28] Die AutorInnen, die geehrt werden sollten, waren Professor Roger Hazelton von Andover Newton, der eben ein neues Buch herausgebracht hatte, und ich.

Ich erinnere mich noch lebhaft, daß zwar die Fakultätsmitglieder von Andover Newton höflich und freundlich zu mir waren, dies aber bei meinen männlichen „Kollegen" vom BC durchgängig nicht der Fall war. Einige drehten mir die ganze Zeit den Rücken zu. Wenn ich über dieses Phänomen nachdenke, glaube ich, daß es diesen Kerlen ziemlich schwergefallen sein muß, zu „zirkulieren", während sie mir ihre *derrieres* zeigten. Ich erinnere mich speziell an den großen Hintern cines Burschen, der für seine trickreiche Art bekannt war, und dem es gelang, sich mehrmals am Buffet zu versorgen, was bedeutete, daß er an mir vorbeimußte, den Allerwertesten präzise und hübsch in meine Richtung gedreht. Ich fragte mich, welche Art gesellschaftlicher Zwang (vielleicht Ökumenismus?) diese Jungs zu einer mir zu Ehren veranstalteten Party und zu derart bizarrem Verhalten gebracht haben mochte. Waren sie tödlich beleidigt, daß ich ein weiteres Buch geschrieben hatte und – was das allerschlimmste war – daß es bereits ein Erfolg war?[29]

Natürlich könnte diese Zurschaustellung von Schwanzfedern auch lediglich als ein benebeltes und desorientiertes Paarungsritual von Pfauen-identifizierten Professoren betrachtet werden. Doch jetzt kommt mir eine viel direktere Erklärung in den Sinn. Ich glaube, das Mir-den-Rücken-Kehren war die Ankündigung einer Absicht, sozusagen eine bildliche Vorwegnahme der kommenden Rückschläge.

Der Rückschlag erhob seinen häßlichen Hintern bei einer Sitzung der ranghöheren Fakultätsmitglieder der Theologischen Abteilung, die aus etwa zwölf apostolischen Männern und mir bestand. Diese Gruppe Männer und ich saßen um einen Seminartisch. Einer von ihnen fing an. Er blickte wissend um sich und sagte: „Schauen wir mal. Wir haben niemanden in unserer Abteilung, der in Philosophie arbeitet, nicht wahr?" Da ich die einzige von ihnen war, die einen Doktor der Philosophie* hatte und die seit Jahren dieses Fach unterrichtete und die gerade ein weithin anerkanntes philosophisches Werk veröffentlich hatte, war ich schockiert. Zugleich war mir klar, daß ich in einer klassischen Verlierersituation war. Hätte ich protestiert: „Einen Augenblick, bitte! Von mir ist gerade ein Buch...", würden sie nur mit leerem Blick vor sich hin gestarrt und/oder höhnisch gegrinst haben. (Ich kannte diese Taktik aus Erfahrung.)* Wäre ich an dieser Stelle beleidigt hinausgegangen, hätte ich mich geschlagen gegeben. Ich wußte und sie wußten, daß ich keine Verbündeten in diesem Raum hatte. Da war noch nicht einmal jemand, mit dem ich Augenkontakt hätte aufnehmen und lachen können. Sie formten bei diesem Ritual der Auslöschung ein festes, stures Bündnis. So stand ich es durch und starrte schweigend vor mich hin, im Geist war ich bereits außerhalb des Raums und wartete nur auf den Moment, in dem ich ihn auch physisch verlassen und mich mit meinen Freundinnen aufregen konnte.

Diese Männer konnten nicht wissen, daß sie mir reiches Material zum Analysieren boten. Was ich hier durchmachte, unterschied sich nicht von den Erfahrungen vieler Anderer Frauen, die Stärke und

---

* Meine philosophische Dissertation war selbstverständlich veröffentlicht und in Universitäts- und Priesterseminarbibliotheken in den USA wie auch in Europa aufgenommen worden. Siehe Kapitel Fünf.
* Siehe beispielsweise Kapitel Fünf.

Selbstbewußtsein zeigten – nicht nur in Akademia/Akadementia, sondern auf Vorstandssitzungen aller Art. Was ich durchmachte, war verbunden mit den Erlebnissen von Frauen, die um die Erhaltung ihrer Selbst kämpften, wenn sie von räuberischen Vätern, Zuhältern oder Ehemännern patronisiert, geschlagen und/oder vergewaltigt wurden oder wenn sie von krankmachenden Ärzten, aufgeblasenen Priestern, arroganten Richtern oder schikanösen Chefs unterminiert wurden oder wenn sie einfach ausgelaugt sind von den leerschwätzenden Klonen oder den feixenden Knilchen auf der Straße.

Damals habe ich das wohl nicht bewußt realisiert, doch Jetzt weiß ich es: *Alle* diese Frauen waren damals mit mir in jenem Zimmer und sind noch immer bei mir.

Sie sagten... Sie sagen: „Paß genau auf. Es ist sehr wichtig für dich, daß du dies verstehst. Hilf uns zu verstehen. Analysiere dies. Spuck es aus. Wüte. Weine. Lache. Schaff eine Sprache, um auszudrücken, was das bedeutet. Zeig die Zusammenhänge. Wir waren alle da. An dem Konferenztisch. Am Eßtisch. Wir, die wir so viele Fähigkeiten haben – und ‚unfähig‘ genannt werden. Leg deine Karten auf den Tisch. Du bist nicht allein. Du wirst niemals allein sein. Wir sind bei dir. Auch wenn wir nicht verstehen – oder wenn du nicht verstehst –, wir sind bei dir. Schreib weiter. Bitte hör nicht auf zu schreiben."

Und natürlich schrieb ich weiter. Natürlich schrieb ich.

MEINE „FEMINISTISCHE NACHCHRISTLICHE EINLEITUNG" ZU *THE CHURCH AND THE SECOND SEX*: DAS JAHR DES UMBRUCHS RÜCKT NÄHER†

Im Sommer 1974 schrieb ich mein „Autobiographisches Vorwort zur Ausgabe 1975" und meine „Feministische Nachchristliche Einleitung" zu *The Church and the Second Sex*, das im Winter 1975 als Paperback erscheinen sollte. Das allein war ein Merkwürdiges Erlebnis von Zeit-Reisen, in gewisser Weise ein Vorgeschmack auf meine Gegenwärtige Galaktische Reise.

1970 hatte mich mein Verlag (Harper & Row) davon in Kenntnis gesetzt, daß *The Church and the Second Sex* wahrscheinlich keine dritte Auflage haben würde. Es war vergriffen, und 1972 gingen die Rechte an dem Buch an mich zurück. Das Trauma und der Schmerz über diese Auslöschung meiner Arbeit waren enorm.* Im Januar 1974 schrieb mir dann Leslie Moore, ein Lektor bei Harper Colophon Books (ein Nachdruckunternehmen von Harper & Row), sie seien daran interessiert, das Buch als Paperback herauszubringen.[1]

DIE FRÜHE DALY WIRD GEPLÜNDERT: EIN BE-LACHENDER ULK

Die Entscheidung lag also bei mir, und die Situation stellte mich vor ein interessantes Dilemma. Da ich mich inzwischen weit über die Stufe Feministischer Analyse, wie sie dieses Buch von 1968 darstellt, hinaus-bewegt hatte, wollte ich keine Ideen fortsetzen, mit denen ich jetzt nicht mehr übereinstimmte. Andererseits enthielt mein erstes Feministi-sches Buch wichtige Informationen, die die meisten Frauen nur unter Schwierigkeiten anderswo finden würden, und zugleich war es zu einem wichtigen historischen Dokument geworden, da es ein be-stimmtes Stadium von Denken und Analyse widerspiegelte.

So entschied ich, daß es wieder erscheinen sollte. Ich schrieb im neuen „Autobiographischen Vorwort":

> Da ich in einer früheren Inkarnation Autorin dieses Buches war, bin ich in der einzigartigen Lage, es in einem neuen Licht wieder herauszubringen, seine Geschichte zu erzählen und dann, in der neuen Einleitung, zur eigenen Kritikerin und Rezensentin zu wer-

---

† Engl. *Watershed Year*, wörtlich Wasserscheiden-Jahr.
* Ich habe dies in der Ersten Spiral-Galxie (Kapitel Fünf) beschrieben.

den. Und es wurde der Morgen der Zweiten Daly. Ich sah, daß es eine gute Idee war.[2]

Und Jetzt Sehe ich mehr denn je, daß es eine gute Idee war. Wieder einmal bestätigte sich das so oft in meinem Leben wiederkehrende Thema mit Strahlkräftiger Klarheit: Ich hatte Glück, daß sich alles so entwickelte, sehr viel Glück.

Ich hatte ein enormes Hoch, als ich in jenem Sommer das „Autobiographische Vorwort" und die „Feministische Nachchristliche Einleitung" schrieb. Ich gackerte vor Vergnügen, als ich in die Tasten meiner Schreibmaschine hieb. Sogar die Tippfehler waren inspiriert. In dem oben zitierten Abschnitt wollte ich beispielsweise „Morgen des Zweiten Tages" schreiben. Doch unbewußt tippte ich das richtige Wort.† Es war, so könnte frau sagen, eine Botschaft aus dem Unterschwelligen Meer.* Es war in der Tat eine Zweite Daly, die jetzt schrieb, *The Church and the Second Sex* sei vergleichbar mit „dem Tagebuch einer halbvergessenen Vormutter, deren Wunderlichkeiten in ihrem Kontext verstanden und mit angemessenem Respekt behandelt werden müssen".[3]

Ich sprach von der frühen Daly als „sie" und wunderte mich sehr, wie eine Frau überhaupt Gleichheit in der Kirche haben wollte. *Ich* wußte seit drei oder vier Frauen-Lichtjahren, daß eine Frau, die in der katholischen Kirche, oder in irgendeiner christlichen Kirche, um Gleichheit kämpft, sich in einer grundsätzlich widersprüchlichen Situation befindet. Ich hatte jetzt erkannt, daß das ganze System von Mythen, Symbolen, Glaubensinhalten, Dogmen des Christentums der Idee und der Möglichkeit von Gleichheit widerspricht.

Trotz meines Bemühens, respektvoll und tolerant zu bleiben, war ich von der offensichtlichen Stumpfheit der frühen Daly echt benebelt:

Beim Durchblättern einiger Seiten stellte ich fest, daß die Autorin das pompöse „wir" statt „ich" benutzt und daß sie, wenn sie sich auf Frauen bezieht, von „sie" spricht statt von „wir". Warum sagt sie „wir", wenn sie „ich" meint, und „sie", wenn sie „wir" meint? Und ich schämte mich ein wenig für sie, daß sie den Terminus „Mensch"† wie einen allgemeingültigen Oberbegriff benutzte. Mir ging auf, daß sie die Hoffnung hatte, das Christentum zu reformieren.[4]

---

†   Bibl. „Morgen des Zweiten Tages", engl. „Morning of the Second Day". Versehentlich tippte sie „Morning of the Second Daly".

*   Dem Korrektor bei Harper entging leider die Botschaft, und er veränderte meinen „Tippfehler", d.h. *Daly*, wieder zurück zum biblischen *Day*. Glücklicherweise bemerkte ich beim Korrekturlesen seinen oder ihren Irrtum und änderte es wieder in *Daly*.

†   Engl. *man*, was Mensch und Mann zugleich bedeutet.

Ich bin mit meiner grimmig-humorvollen und ausführlichen Kritik an der frühen Daly in der „Feministischen Nachchristlichen Einleitung" immer noch durchaus einverstanden. Ich stehe auch noch zu meinen als Daly 1975 geäußerten schrulligen Warnungen vor meiner eigenen Kritik an jener altmodischen, halbvergessenen Vormutter. Ich hatte recht, diese Kritik etwas abzumildern, wenn ich beispielsweise schrieb: „Ich glaube, ich sollte fairerweise zugeben, daß ich es an ihrer Stelle nicht besser gemacht hätte."[5] Dennoch stimmt meine Perspektive Jetzt nicht völlig mit jener der Autorin der „Feministischen Nachchristlichen Einleitung" überein. Zu jener Zeit war mein Gefühl der Trennung von der Ersten-Galaxie-Daly, also von „ihr", aktuell. Jetzt glaube ich, daß ich „sie" sogar besser verstehe als ihre Kritikerin der Zweiten Galaxie.

Ich befasse mich deshalb so ausführlich mit dieser Situation, weil ich darauf aufmerksam machen will, wie ich Gegenwärtig die Abenteuer aller in diesem Buch dargestellter Galaxien Er-Innere. Dieses Er-Innern Ent-Hüllt einen Orientierungssinn, der schon immer da war und, während er sich Entfaltete, immer deutlicher wurde. Im Licht/Ton/Geruch dieses Sinnes kann ich im Machtvoll Gegenwärtigen jetzt erkennen, wie ich mit der Reisenden der Ersten und der Zweiten Spiral-Galaxie identisch bin. Mit Anderen Worten: Ich bin sie.

Durch die Macht des Er-Innerns wird mir klar, daß ich mit meiner „Feministischen Nachchristlichen Einleitung" in Wirklichkeit einen Weg gefunden hatte, meine Selbst in die Probleme, Gefahren und Herausforderungen einzuführen, die das Nachchristliche Denken, Schreiben, Fühlen, Sei-en mit sich bringt. Diese Übung war meine eigene individuelle Einführung in Nachchristliche Forschungen. Ich schrieb es ja gerade kurz bevor ich den Sprung in die Dritte Spiral-Galaxie tat. Ich befand mich damals fast am Anfang der nächsten Galaxie.

Natürlich hatte ich das „Nachchristliche" Konzept bereits vorher gehabt, und zwar in meinem Referat „Nachchristliche [sic] Theologie", das ich im November 1973 vor der Jahresversammlung der American Academy of Religion hielt. In jenem Referat, das als „Fußnote" zu *Jenseits von Gottvater* angeboten wurde, war ich sehr direkt:

> Ich plädiere dafür, uns der Möglichkeit zu stellen, daß in der Vorstellung einer „feministischen christlichen Theologin" ein Widerspruch steckt. Ich meine, die Vorstellung „feministische Theologin" impliziert einen evolutionären Bewußtseinsprung über „christlich" hinaus, und das Wort „feministisch" stellt etwas mit dem Bedeutungsgehalt von „Theologin" an...
> Wenn wir aus dem Zirkel christlicher Theologie herausgetreten sind, befinden wir uns in unerforschtem Gebiet.[6]

Jetzt, 1974, mußte ich meine Selbst mittels *Praxis* in diese Art von Sei-en und Schreiben in unerforschtem Gebiet einführen, denn wie gewöhnlich hatte ich keine Rollenvorbilder zur Hand. Durch diese und andere Akte des Be-Sprechens war ich Autodidaktin geworden, mußte mich selbst/meine Selbst lehren. Gewiß, es hatte andere Frauen gegeben, die „die Kirche verlassen" hatten. Simone de Beauvoir war Atheistin geworden und sah in der Religion kaum einen oder gar keinen Wert. Doch für mich bedeutete „Nachchristlich" nicht lediglich „atheistisch". Ich sehnte mich leidenschaftlich nach der Transzendenz, die von Religion und Theologie gefangengehalten und erwürgt wurde, und nach dem Entstehen einer *Feministischen* Philosophie/Theologie. Wie ich in dem 1973er AAR-Referat gesagt hatte:

> Tillich sagte von sich, daß er „auf der Grenze" zwischen Philosophie und Theologie arbeite. Es zeigt sich, daß die Arbeit einer Feministin nicht lediglich an der Grenze *zwischen* diesen (von Männern geschaffenen) geistigen Disziplinen sein sollte, sondern *auf* den Grenzgebieten von beiden, denn sie spricht aus der Erfahrung jener Hälfte der menschlichen Spezies, die in keinem der beiden vertreten gewesen ist.[7]

Zu dieser Arbeit gehört das Risiko, jene Fragen zu stellen, die aus dem Werdensprozeß der Frauen entstehen und die für das männlich-bestimmte theologische und philosophische Establishment Unfragen sind. So hatte ich auch gesagt:

> Für einige von uns war, ist und wird die Frage der Transzendenz so wichtig sein, daß ein „Wechseln des Themas/Subjekts"† bedeutet, die Unfrage zu riskieren, die Theologen nicht ertragen können zu hören. Ich meine wirklich *riskieren*. Nicht nur, weil das für das eigene Überleben (Arbeit, Gesundheit, Brot) gefährlich ist. Ich meine besonders, *riskieren zu scheitern*, scheitern beim Umsetzen unserer eigenen tiefsten, authentischsten Einsichten; Scheitern riskieren bei dem wichtigsten Unternehmen unseres Lebens, nämlich die bestmöglichen Unfragen zu stellen.[8]

Diese Passagen aus einem früheren Referat sind, glaube ich, hilfreich, indem sie einen kleinen Eindruck des/der intellektuellen/spirituellen/E-motionalen Hintergrunds/Quelle meiner „Feministischen Nachchristlichen Einleitung" bieten. Diese war ein Beispiel für eine derartige Arbeit auf der Grenze und für ein derartiges Riskieren.

Ich sagte bereits, daß der Akt des Schreibens ein besonderes Hoch war. Jeder Moment jeden Tages war kostbar, und eifersüchtig hütete ich meine Zeit. Jeden Tag eilte ich glücklich an meine Schreibmaschi-

---

† Engl. *changing the subject*, gängige Bedeutung: das Thema wechseln, hier hat es die (unübersetzbare) Doppelbedeutung: das Subjekt wechseln (nämlich von männlich zu weiblich).

ne, denn ich wußte, meine Muse war bereits dort, sie wartete und war wild darauf, loszulegen. Ich wollte mich nicht ablenken lassen, die Spur meiner Muse nicht verlieren, nicht ent-Musiert werden. Es war eine Zeit-Erfahrung, der ich später den Namen „Gezeiten-Zeit" geben sollte.[9]

Natürlich nahm ich mir „freie Zeit". Doch nur, um wieder zur Richtigen Zeit nach Hause zu rennen. Wenn ich zum Strand stürzte, in der Sonne lag, im Salzwasser schwamm, dann war das voll in Ordnung: Die Stimme der Gezeiten schickte mich an die Schreibmaschine zurück. Zurück zu meiner Arbeit, die eigentlich nichts anderes war als Spiel. Es war ein Be-lachender Ulk.

Ich kicherte schamlos über die frühe Daly, während ich eine äußerst ernsthafte Analyse ihrer Arbeit vornahm. Ich empfand das nicht als Widerspruch. Vielleicht war diese Erfahrung vergleichbar der einer Schlange, die ihre Haut abstreift. Vielleicht war es mit gar nichts vergleichbar. Doch streifte ich tatsächlich eine Menge Vordergrund-Ängste und -Fixierungen ab, die die frühe Daly gequält hatten. Mit anderen Worten: Ich streifte Schichten von Nichtigkeiten ab und erlebte deshalb eine Leichtigkeit des Sei-ens. Ich erlebte einen großen Durchbruch in das schimmernde Licht des Strahlkräftigen. Indem ich dies schrieb, stellte ich meine früheren Vordergrund-Phobien mit der Strahlkraft des Hintergrund-sei-ens in den Schatten. Deshalb machte es *natürlich* Spaß.

War mein Schreiben der „Feministischen Nachchristlichen Einleitung" ein Akt von Piraterie? Ja, ganz gewiß. Nachdem ich schamlos meinen rechtmäßigen Platz als der Welt führende Dalysche Gelehrte und Schülerin eingenommen hatte, Plünderte ich rechtschaffen ihre Arbeit. Ich barg und lobte die Dinge, denen ich zustimmen konnte.

Zusätzlich benutzte ich ihr Buch als Gelegenheit, Ideen zu kritisieren, die – wie ich nun sehen konnte – Frauen zurückhielten. Ich tat dies wohlmeinend:

> Ich meine, daß, wäre ich in der Lage, eine Zeitreise in die Vergangenheit anzutreten und mich sichtbar und hörbar zu machen, Daly diesen Gedanken zugehört und darüber nachgedacht hätte. Doch leider sind Stimmen aus der Zukunft schwerer hörbar als solche aus der Vergangenheit. Hier liegt ihr Buch kompakt und sichtbar vor mir. Ich habe den entschiedenen Vorteil, daß ich sie besser verstehe, als sie mich verstehen könnte.[10]

So machte ich meinen Ausgangspunkt und meinen Sachverstand in dieser Angelegenheit klar. Ich benutzte das Mittel der „Feministischen Nachchristlichen Einleitung", um wichtiges Neues Wissen zu den Frauen zu Schmuggeln. Indem ich Punkt um Punkt meine Differenzen mit der frühen Daly darlegte, schlug ich einen Pfad durch die sieben

Frauen-Lichtjahre, die mich von der Zeit jener „reformistischen" Frau der Vergangenheit trennte. Ich tat dies einfühlsam und versuchte auf diese Weise zu vermitteln, daß ich zwar ein grundsätzliches Verständnis für die Position einer „christlichen Feministin", doch zugleich meine Gründe für die Überzeugung hatte, daß sowohl rigorose Logik wie Erfahrung, wenn sie ehrlich und mutig wahrgenommen werden, unausweichlich dazu führen, diese Position als in sich widersprüchlich abzulehnen. Als Piratin Schmuggelte ich meine Landkarte mit dem Aus-Weg aus den unmöglichen Doppelbindungen des Doppeldenkens, die ich selbst er-fahren hatte, zu den Frauen.

Für den Erfolg dieser Schmuggel-Aktion war es wichtig, daß das Äußere der neuen Ausgabe von *The Church and the Second Sex*, speziell sein Vorblatt und der Umschlag, die richtigen, aussagekräftigen Hinweise vermittelte, die Leserinnen, die für seine Botschaften bereit waren, anziehen würden. Das von Emily entworfene Vorblatt der 1975er Ausgabe enthielt mehrere wichtige Elemente. Da war der Kopf einer Frau mit wehendem Haar, die über die Kirche hinweg und von ihr wegfliegt, die Kirche war als Kirchengebäude mit Kirchturm dargestellt. In den Kopf der Frau war das Frauensymbol mit einer geballten Faust in seinem Kreis eingelagert. Um die Kirche zog sich das männliche Symbol, sein Pfeil zeigte nach oben, und der Kirchturm stand aufrecht innerhalb des Pfeils. Die Zeichnung war/ist visuell sehr machtvoll. Wenn ich sie mir Jetzt ansehe, bewundere ich ihre Klarheit und das völlige Fehlen von Ambivalenz. Sie sagt direkt, daß der Geist/die Geister der Frauen die Kirche verlassen. Eigentlich sagt sie, daß wir bereits Draußen sind und mit gewaltiger Kraft und Geschwindigkeit davonbrausen.

Der Buchumschlag wurde schließlich bemerkenswert gut. Zuerst wollte der Verlag meinem Buch einen Umschlag verleihen, der einen Frauenkopf mit bizarren Umwicklungen zeigte. Der Hintergrund schien ein blaßblauer Himmel zu sein, mit Wolken, die durch Öffnungen in dem Frauenkopf hindurchschienen, womit sie einem lobotomisierten „Luftkopf" glich.* Als ich dies sah, erstarrte ich vor Schreck und alarmierte dann die Tiger. Meine Gefährtinnen und ich kamen zu dem Schluß, daß Umschlaggestaltung und Druck rot und schwarz auf weißem Hintergrund sein sollten. Mary Lowry und ich sahen uns in einem Laden Schrifttypen an und entschieden uns für „Hobo" als die phantasievollste. Diese Schrifttype drückte Originalität und eine gewisse Spukhaftigkeit aus, außerdem hatte sie etwas Komisches. Sie war perfekt. So klebten wir einen Umschlagentwurf zusammen.[11]

Ich flog auf eigene Kosten nach New York, um das Ergebnis

---

* Typischerweise hatte der Künstler vergessen, unter dem Titel „Mit einer neuen Feministischen Nachchristlichen Einleitung der Autorin" hinzuzufügen.

abzuliefern und mich intensiv für seine Annahme einzusetzen. Das war am 19. August 1974. Die Frauen, mit denen ich bei Harper's zu tun hatte, waren sehr angenehm und kooperativ. So war durch unsere gemeinsame Anstrengung und Erfindungsgabe dieser Aspekt der Buchwerdung gelöst.

EINIGE NACHCHRISTLICHE REISEN UND ABENTEUER

Nachdem ich diese Zeit-reisende Zeitbombe geschrieben hatte, war ich wieder zu irdischen Reisen und Abenteuern bereit. Meine Vortragsreisen brachten mir neue Einsichten, besonders im Bereich der Umweltzerstörung.

In *Jenseits von Gottvater* hatte ich einen Abschnitt mit der Überschrift „Erde, Luft, Feuer, Wasser: Ökologie und der Kosmische Bund" geschrieben, in dem ich zu einer Großen Verweigerung der Vergewaltigung aufrief, wozu gehört, „daß wir uns weigern, Erde, Luft, Feuer und Wasser zu vergewaltigen, das heißt ihre Macht zu objektifizieren und zu mißbrauchen".[12] Ich hatte warnend darauf hingewiesen, daß die nukleare Kernreaktion unser Leben und das Leben des Planeten gefährdet, und auf die Gefahr aufmerksam gemacht, daß, wenn wir in der „Spiegel-Gesellschaft" eingesperrt bleiben, „das Leben von diesem Planeten verschwinden *wird*".[13] Diese Einsichten hatte ich aus Büchern/Artikeln, Diskussionen und persönlichen Überlegungen gewonnen. Ende 1974 wurde ich jedoch unmittelbarer mit der Realität, von der ich bisher einen flüchtigen Eindruck hatte, konfrontiert.

Im August sprach ich bei einem Symposium über „Frauen und Umwelt" an der Gonzaga University in Spokane, Washington, in Verbindung mit der Expo '74, die als eine größere Serie von Internationalen Symposien zu Umweltfragen angekündigt war. Dieser informative Kontext stellte eine allgemeine und sanfte Einführung für meinen nächsten Besuch im Staat Washington Anfang Oktober dar.

Am 3. Oktober machte ich mich zu einem Vortrag in Richland/Washington auf. Ich wußte nichts über Richland und hatte keine Ahnung, in was ich da hineinfliegen würde. Das Programm („Gemeinde-Seminar"), zu dem ich beitragen sollte, nannte sich „1974 – 1984, Dekade der Entscheidung". Das war eine Aussage, doch ich konnte unmöglich wissen, worauf sie sich bezog, bis ich in Richland ankam und dort einige Stunden verbracht hatte. Ich flog nach Seattle und nahm dort ein kleineres Zubringerflugzeug (Execuair) nach Richland. Als ich das Flugzeug verließ, fand ich mich im blendenden Sonnenschein des frühen Nachmittags und blickte weit über Grasfelder, die sich im Winde wiegten. Doch dann stellte ich fest, daß die schönen Felder eingezäunt waren – mit Stacheldraht, soweit ich mich erinnere –

und daß an diesem Zaun uniformierte Männer standen und Warnzeichen angebracht waren. Ich verstand nicht, warum ich nicht in dieses einladende goldene Land hineinwandern konnte. Ich wußte noch nicht, daß dort Millionen Gallonen radioaktiver Abfall deponiert waren.

Als ich zu meinem Hotel gefahren wurde und in den nachfolgenden Stunden, erreichten mich nach und nach merkwürdige Bruchstücke von Information. Ich erfuhr beispielsweise, daß die Leute von Richland stolz auf die riesigen Früchte und Gemüse waren, die in diesem Gebiet gezogen wurden und deren Wachstum durch das wundervoll warme Wasser aus dem nahegelegenen Reaktor gefördert wurde. Es zeigte sich auch, daß fast jeder in Richland gegen die Nuclear Regulatory Commission (etwa: Kommission für Vollzugsbestimmungen zur Anwendung von Kernenergie, AdÜ.) war.

Ich erinnere mich, wie ich in einem Auditorium saß und darauf wartete, meinen Vortrag zu halten. Vor mir sprach ein buddhistischer Mönch – endlos, wie es schien – über Blumenarrangements. Ich weiß noch, wie ich im Schock vor mich hinstarrte und mich fragte, was ich hier tat und wie ich dies hinter mich bringen sollte. Natürlich zog ich es durch und sprach über *Jenseits von Gottvater*.

Später nahmen mich die beiden Frauen, die die Veranstaltung organisiert hatten, in eine Bar mit; es wurde ein unvergeßlicher Abend. Eine Frau mittleren Alters mit einer Perücke spielte auf einem Harmonium (oder Klavier, ich weiß es nicht mehr genau) Musik aus den vierziger Jahren, und dazu tanzten Paare in totaler Benommenheit. Die steifen Bewegungen und leeren Gesichter der Paare erinnerten mich an tanzende Leichen.

Während ich mir das voll Horror ansah, beschrieben mir meine Begleiterinnen das Leben und die Mentalität der Einwohner dieser Stadt. Dies ist das Gebiet der Hanford Reservation, die „Heimat" von Kernreaktoren und der berüchtigten großen hoch-radioaktiven Abfalldeponie, auf die die Bewohner von Richland sehr stolz waren. Für diese Leute war die Zeit stehengeblieben, sie sonnten sich in der Rolle, die sie in der Kernenergieforschung spielten, die zur Herstellung der Atombombe in den vierziger Jahren geführt hatte. Das Football-Team an der High School nannte sich „Die Atombomber" und trug Sweatshirts mit der Pilzwolke als Emblem. Meine Begleiterinnen erzählten mir auch, daß hier Männer und Frauen fast getrennt lebten. Die Ehemänner verließen jeden Tag das Haus, um zu ihrer Atomforschung auf höchster Geheimhaltungsstufe zu gehen, und mußten alles, was sie wußten, vor ihren Frauen verbergen. Diese gingen zum größten Teil zu Psychiatern. (Ich war mir sicher, daß auch einige Frauen an dieser Forschung beteiligt waren, doch erinnere ich mich nicht, daß dieses Thema angesprochen wurde.)

Die Stadt war unglaublich pathologisch pro-Kernenergie, und die Frauen, die mich eingeladen hatten, versuchten eine Möglichkeit zu finden, mit ihren Kindern dort wegzukommen. Natürlich hatten sie mich eingeladen, um Bewußtsein zu wecken. Nachdem mein eigenes Bewußtsein an jenem ungewöhnlichen Tag und Abend beträchtlich geweckt/geschockt worden war, hielt ich meinen zweiten Vortrag am kommenden Morgen zum Thema „Die Frauenrevolution und die Zukunft". Dann flog ich fort und nahm eine auf immer veränderte Wahrnehmungsfähigkeit mit mir.

Jetzt erkenne ich die Frauen, die dieses „Gemeinde-Seminar" organisierten, als Piratinnen, die die dafür zur Verfügung stehenden Mittel plünderten, um mich einschmuggeln zu können. Ich wiederum Schmuggelte so viele Informationen nach Richland, wie ich konnte, und ich Plünderte jenen Ort für die wahre Information höchster Geheimhaltungsstufe, nämlich die immer noch weitgehend verborgen gehaltene Tatsache des schleichenden Wahnsinns des Nuklearismus, und die Schmuggelte ich wiederum zu Frauen.*

Jahrelang haben meine StudentInnen die Geschichte von Richland und seinen toten Menschen gehört. Wir diskutierten seine Bedeutung als etwas Größeres und Versteckteres als Richland selbst. Dieser Bericht wurde Teil meines Schatzkastens voll wahrer Abenteuergeschichten, wozu auch die Geschichte von meinem Treffen mit dem „Futuristen" 1969 in Washington, D.C., gehört, der „optimistisch" das Ende des X-Faktors (freier Wille) innerhalb der nächsten zwanzig Jahre voraussagte.

In jenem Herbst gab es noch andere interessante Vortragsreisen, die ich als amazonische Eskapaden ansah.[14] Außerdem kam *Jenseits von Gottvater* als Paperback heraus, wodurch es mehr Frauen zugänglich wurde und eine größere Chance hatte, als Lehrmaterial benutzt zu werden. Trotz dieser ablenkenden Ereignisse lag eine Schwere in der Luft.

---

* Viele Jahre später – genau am 23. Mai 1988 –, als ich in Portland/Oregon war, um an der Portland State University zu sprechen, traf ich bei einem improvisierten Abendessen eine Frau, die in Richland aufgewachsen und dort auf die High School gegangen war. Es war für mich aufregend, sie kennenzulernen, besonders, weil sie alles bestätigte, was ich 1974 erfahren hatte, und noch mehr. Sie bestätigte, daß bei Hanford sowohl Frauen wie Männer in der Forschung beschäftigt seien, und erzählte mir von Menschen dort, die Krebs hatten, jedoch vehement abstritten, daß dies irgend etwas mit ihrer Arbeit und/ oder dem Ort zu tun hatte. Sie beschrieb ihren High School-Klassenring, der als Eingravierung das Pilzwolkensymbol trug. Diese Frau war etwa Dreißig, sie war so bald wie möglich aus Richland geflohen, nachdem sie die High School beendet hatte. Unser Treffen war für mich eine Merkwürdige Begegnung, die mir half, meine Eindrücke jener Horror-Szenerie zu erinnern.

INZWISCHEN AN DER „HEIMAT"-FRONT

Im September 1974, nachdem ich mein „Autobiographisches Vorwort" und die „Feministische Nachchristliche Einleitung" an den Verlag geschickt hatte, war ich zu meinen Vorlesungen am Boston College zurückgekehrt. Meine Vorlesungen in „Feministischer Ethik" verlangten intensive Studien und Analyse philosophischer Texte.

Da mir klar war, daß meine Beförderung in den Rang einer Vollprofessorin† – mit der entsprechenden Gehaltsanhebung – in meinem Fall, gelinde gesagt, überfällig war, erkundigte ich mich beim Vorsitzenden der Abteilung, Robert Daly S.J. (nicht verwandt) und erfuhr, daß Vollprofessoren bereits ihre eigenen Kandidaten aufgestellt hätten. Man sagte mir jedoch, ich könne, da ich außerordentliche Professorin mit Anstellung auf Lebenszeit war, in eigener Initiative einen Antrag stellen. Die Vollprofessoren der Abteilung würden meinen Antrag „objektiv" behandeln. Ihre objektive Entscheidung würde dann an den gleichermaßen objektiven Beförderungsausschuß des Colleges für Künste und Wissenschaften weitergegeben. Die Professoren der Abteilung, die keine Vollprofessur hatten, würden konsultiert werden, konnten jedoch keine Stimme abgeben.

Die ganze Atmosphäre um meine Beförderungsbewerbung war trübe. Die Tatsache, daß ich mich selbst aufstellen mußte und nicht „gebeten" oder „empfohlen" wurde (der vernebelnde Jargon, mit dem die „Voll"professoren ihren „objektiven" Auswahlmodus zu beschreiben pflegten), war kein gutes Zeichen. Doch ich wußte, es war an der Zeit, mich zu stellen. Ich hatte zwei größere Bücher und viele Artikel veröffentlicht, hatte mehr Zeit und Energie als notwendig der Arbeit in Ausschüssen gewidmet und hatte mit großem Erfolg unterrichtet. Also bewarb ich mich in jenem Oktober.

Zu den Dokumenten, die ich einreichen mußte, gehörte natürlich mein Lebenslauf, Exemplare meiner Veröffentlichungen und Kopien von Studenten-Bewertungen. Ich hatte über die Jahre Hunderte Bewertungen angesammelt, und sie waren in der Mehrzahl – sowohl von Studentinnen wie von Studenten – äußerst positiv. Seit ich 1971 begonnen hatte, Radikale Feministische Kurse anzubieten, hatten sich

---

† Mary Daly war *associate professor*, was etwa dem (veralteten) Rang einer außerordentlichen Professorin entsprechen würde. Sie bewirbt sich um den *full professor*, was in etwa dem vergleichbar wäre, was an den deutschen Universitäten früher „ordentlicher Professor" hieß. (Die heute übliche Einteilung nach Gehaltsstufen C2, C3, C4 trifft es aber noch viel weniger.) Daher habe ich mich für die Eindeutschung „Vollprofessorin"bzw. „Vollprofessur" entschieden. Das könnte zwar zu dem Mißverständnis führen, daß sie vorher nicht „voll" angestellt war, das stimmt natürlich nicht, sie hatte bereits als *associate professor tenure*, das heißt Anstellung auf Lebenszeit. Trotzdem scheint mir in Marys Fall das Wort „Vollprofessur" angemessener als die „ordentliche Professur".

immer mehr Studentinnen eingeschrieben. Nachdem ich aus meinem Sabbatjahr und meinem Unterricht bei Union zurückgekehrt war, das heißt zu Herbstbeginn 1973, war die Mehrzahl der HörerInnen Frauen, und im Frühjahr 1974 war dann mein „Studentenbestand" vorwiegend weiblich. Angesichts des Schwerpunkts meines Interesses und der allgemeinen Vitalität der Frauenbewegung war dies nur natürlich.

Es gehörte zu den Aufgaben des Vorsitzenden der theologischen Abteilung, den Kandidaten bei der Zusammenstellung ihres Dossiers behilflich zu sein. Mein Vorsitzender gab mir zu verstehen, daß die theologische Abteilung Kurse in Feministischen Studien für belanglos hielt. Er forderte mich auf, Studentenkritiken aus dem Jahre 1970 vorzulegen, da dies das letzte Jahr war, in dem in meinen Kursen männliche Studenten überwogen. Er ließ mich wissen, daß Bewertungen von Student*innen* für die Abteilung weniger Glaubwürdigkeit hinsichtlich meiner Qualifikation als Lehrende haben würden.[15]

Also legte ich Kritiken männlicher Studenten aus den Jahren 1969 und 1970 vor, die mir eindeutig den Rang einer erstklassigen Professorin, bezogen auf die ganze Universität, zuwiesen. Ich legte auch Kritiken von Frauen und Männern bis einschließlich 1974 vor.[16] Obgleich niemand unter meinen FreundInnen und mir wohlgesonnenen Kollegen glaubte, daß mir die Vollprofessur verweigert werden konnte, spürte ich, daß die Atmosphäre unheilschwanger war. Ich konzentrierte mich auf wichtige Dinge. Ich schrieb und lehrte und reiste und lebte sehr intensiv, während ich darauf wartete, daß die Patriarchen ihre Entscheidung bekanntgeben würden, was im Januar 1975 zu erwarten war.

Dieses Herbstsemester war auch für Jan eine Zeit der Ungewißheit. Sie lehrte weiterhin – auf Teilzeitbasis – am BC sehr erfolgreich Medizinische Ethik. Inzwischen hatte die Abteilung für das kommende akademische Jahr (1975/1976) eine volle Stelle für exakt das Gebiet ausgeschrieben, auf dem sie lehrte. Sie bewarb sich, und der Vorsitzende der Abteilung riet ihr, es sei für ihre Kandidatur günstig, wenn sie ein „Glaubensbekenntnis" ablegen würde, da Fakultätsmitglieder angeblich gefragt hatten, was ihre Glaubensposition sei. Man versicherte ihr, dies diene nur dazu, eine Antwort bereit zu haben, für den Fall, daß jemand fragen sollte. So schrieb Jan ein wortreiches und ehrliches Bekenntnis und wußte nicht, daß dies als Teil ihres Dossiers herumgereicht und dem Gesamtausschuß, der über ihre Kandidatur entscheiden sollte, vorgelegt werden würde.[17] Sie arbeitete weiter hart und wartete auf die Entscheidung der Abteilung über ihre Bewerbung, die im Januar bekanntgegeben werden würde.

DIE ZEITBOMBE TICKT

Inzwischen tickte meine Zeitbombe, die Ausgabe 1975 von *The Church and the Second Sex*, beim Verleger auf dem Weg zum Erscheinen im Januar 1975. Das „Autobiographische Vorwort" enthielt neben anderen Abenteuern die Geschichte, wie ich im Boston College gefeuert und wieder eingestellt worden war, und die ins-Schwarze-zielende „Feministische Nachchristliche Einleitung" war explosives Material.

Ich hatte nicht daran gedacht, die Dinge so zu *timen*, daß die Beförderungsentscheidung am Boston College vor dem Erscheinen der neuen Ausgabe liegen würde. Mir ging es darum, das Buch sobald wie möglich herauszubringen, da ich begierig war, es gedruckt zu sehen. Meine Korrespondenz mit meinem Lektor bei Harper Colophon zeigt, daß ich versuchte die Produktion zu beschleunigen, damit das Buch bereits im November oder frühen Dezember erscheinen konnte. Ich hatte mich stets – im Fernsehen, Radio und in Zeitungsinterviews – öffentlich zu meinen Ansichten zu jedem Thema, das ich aktuell und wichtig fand, geäußert, einschließlich meiner eigenen Geschichte mit dem Boston College. Mir war vollkommen klar, daß es mich nicht retten würde, wenn ich meine Ansichten zurückhielte – und ich wollte sowieso nicht „gerettet" werden.

Ich hatte auch intensiv Korrektur gelesen, um den Redaktionsschluß der Zeitschrift *Ms.* für die Dezember-Nummer 1974 zu schaffen, in der Auszüge aus *Jenseits von Gottvater* und dem neuen „Autobiographischen Vorwort" erscheinen sollten. Im November war *Ms.* an den Zeitungs-ständen, und Tausende von LeserInnen konnten, wenn sie die erste Seite der Auszüge aufschlugen, wissen, daß *The Church and the Second Sex* eine „Feministische Nachchristliche Einleitung" enthielt. Ich verbarg nichts. Diese Ausgabe von *Ms.* war historisch wichtig. Ich weiß nicht, inwieweit den Redakteurinnen klar war, was sie taten, doch sie machten tatsächlich den Unterschied zwischen „christlichem Feminismus" und Nachchristlichem Feminismus sehr deutlich, da sie als Titelgeschichte jener Ausgabe einen Artikel von Malcolm Boyd mit der Überschrift „Wer hat Angst vor Frauen-Priestern?" brachten. Boyds Artikel war aus Anlaß der Ordination von elf Frauen in der Episkopal-Kirche geschrieben.[18]

Nachchristliche Feministinnen waren und sind ganz sicher nicht daran interessiert, „ordinierte Priester" zu werden. Die meisten von uns waren und sind ebenfalls nicht daran interessiert, Priesterinnen zu sein, wenn ich auch glaube, daß keine von uns etwas dagegen hat, „heidnisch" genannt zu werden.*

---

* Nach dem *American Heritage*-Lexikon kommt *pagan* (dtsch. *Heide, Heidin, heidnisch*) vom Spätlateinischen *paganus*, was „Zivilist" (d.h. kein „Soldat Christi") und vom

Die frühe Daly hatte für die Ordination von Frauen zum katholischen Priesteramt gekämpft, weil sie zwischen der Verweigerung dieser Möglichkeit und all den anderen von der Kirche verübten Ungerechtigkeiten eine tiefe Verbindung sah. Diese Verbindung hat sie natürlich völlig richtig wahrgenommen. Dennoch hatte ich seit Beginn der siebziger Jahre die Vorstellung einer Frauenordination in der katholischen Kirche als einen absurden Widerspruch angesehen und hatte dies häufig öffentlich mit der Vorstellung verglichen, daß ein schwarzer Mensch ein Amt beim Ku Klux Klan haben möchte.* Das Wiederauferstehen dieser Idee und die Tatsache, daß sie von *Ms.* im Dezember 1974 zum Titelthema erhoben wurde, verschaffte mir das schockierende Erlebnis von Zeit-Verwerfung. Für mich war dies eine wunderlich-altmodische Wiederholung einer Idee, deren Zeit gewesen und vorüber war, einer Idee, die durch eingebaute Alterung gekennzeichnet/beeinträchtigt war.

Ich glaube, ich Spürte hier eines von vielen Signalen der beginnenden Zeit der Zeit-Verwerfung. Die Vordergrund-Väter versuchten die Frauen wieder zurückzuziehen, uns an unsere Spinnräder zu verführen, gerade als wir wild darauf waren, loszugehen, und bereit, auf den Hacken kehrtzumachen, weg vom Todesmarsch der patriarchalen Institutionen.† Wir näherten uns dem Jahr des Umbruchs.

Lateinischen *paganus*, was „Landbewohner" bedeutet. Nach dem *Wickedary* bedeutet *pagan* (heidnisch) „eine Hintergrund-Bewohnerin: heidnische, völlig häretische Hexe". Laut *Skeat's Concise Etymological Dictionary of the English Language* bedeutet *paganus* 1. ein Dorfbewohner, 2. ein Heide, weil die ländliche Bevölkerung am längsten unbekehrt blieb. (AdÜ. hierzu: 1. *häretisch*, engl. *heretical*, wird von Mary Daly *Heretical* geschrieben, ein unübersetzbares Wortspiel; 2. zum deutschen Wort „Heide" (entspricht dem englischen *heathen*) sagt Friedrich Kluge, *Etymologisches Wörterbuch der Deutschen Sprache*: „Die christliche Bedeutung ist überall gleich und offenbar von Rom zu allen Germanen gelangt: eine Lehnübersetzung ist das lat. *pagani*, in der Bedeutung ‚Heiden' seit 368 bezeugt, wäre von vorwulfilanischen Glaubensboten zu den Goten gebracht, von der angelsächsischen Mission nach Oberdeutschland und dem Norden getragen. Das Grundwort germ. *haiþa*, idg. *koito* ‚Lager' ist... (s. Heirat) auf *-t* gebildet, wie Heim auf *-m*, geheuer auf *-r*." Die Übersetzerin erlaubt sich diesen etymologischen Ausflug, da vielleicht interessierte Frauen darüber spekulieren möchten, wie die sprachliche Wandlung von „Lager" bzw. „liegen" zu einem nichtchristlichen Menschen passiert sein könnte...)

* Da die episkopalische/anglikanische Kirche den Anspruch erhebt, Teil der katholischen Kirche zu sein, und da sie das gleiche Frauen-auslöschende Symbol-System benutzt, steckt für mich diese Frauenordination im gleichen Schlamm der Widersprüche. Wenn zum Beispiel eine Frau im Namen „des Vaters, des Sohnes und des heiligen Geistes" den Segen erteilt, verkündet sie in Wirklichkeit, daß „Gott" männlich ist, und legitimiert damit das patriarchale Gesellschaftssystem, in dem das Männliche „Gott" ist.

† Unübersetzbares Wortspiel: to *seduce us into spinning our wheels... (when we were ready) to Spin on our heels.*

Im Sommer und Herbst 1974 mehrten sich die Zeichen, daß 1975 ein Jahr des Umbruchs werden würde. Nicht nur kamen drohende Signale aus dem Vordergrund, sondern auch aufregende Winke aus jenem Wilden Bereich, den ich später Hintergrund nennen sollte. Ich weiß Jetzt, daß einerseits die kreativen Quellen aufwallten und andererseits Gegenkräfte dicht vorm Ausbruch standen. Ich spürte das auch damals, doch wahrscheinlich war die Ahnung bevorstehender Veränderungen vor allem unterschwellig.

In meiner unmittelbaren Umgebung bildete sich eine neue Gruppe von Gefährtinnen. Mir war die Bedeutung der Präsenz/Präsenzen dieser Frauen noch nicht voll klar. Was hier entstand, war zweifellos ein Hintergrund-Phänomen – Neue Energien liefen aufeinander zu. Die Tiger waren immer noch da und bestens in Form. Sie wurden nicht etwa abgelegt/ersetzt, es war einfach so, daß sich eine weitere Konvergenz ereignete. Anders ausgedrückt: Ein neuer, doch komplementärer Geleitzug von Gefährtinnen war im Kommen.

Die meisten dieser Frauen waren Studentinnen meiner Vorlesungen, wozu „Philosophische Grundlagen einer Revolutionären Ethik", aber auch „Feministische Ethik" gehörte. Ich kannte sie noch nicht sehr gut, doch ihre Intelligenz, Kreativität und Frauen-Identifikation waren evident. Sie waren sehr verschieden, doch teilten sie alle das gleiche, aufregende Gefühl – die Beschwingtheit und Hoffnung, die für die Frauenbewegung jener Tage kennzeichnend war. Genau wie die Tiger wußten diese Frauen, daß sie sich in ein kreatives Abenteuer begaben, daß sie an einem besonderen Augenblick der Geschichte teilhatten. Wir teilten diese Vision und diese Leidenschaft in dem unwahrscheinlichen Kontext von Boston College. Zu diesen Frauen gehörten Fran Chelland, Eileen Berrett, Denise Connors, Pat McMahon, Jane Caputi, Linda Franklin und Peggy Holland. Das Anschwellen der Gynergie befand sich bei diesen Genossinnen erst im Anfangsstadium, doch unsere Momente des Druchbruchs schleuderten uns mit halsbrecherischer Geschwindigkeit Häxenwärts.

Zur gleichen Zeit, als diese erstaunliche Bewegung in meiner unmittelbaren Umgebung an Schwungkraft gewann, ereignete sich/ trans-spiralte der wirbelnde Tanz von frauen-identifiziertem Wissen/ Sei-en synchron in weit entfernten Teilen der Welt. So ging beispielsweise im Dezember 1974 eine junge Amerikanerin namens Anne Dellenbaugh, die in Japan studierte, ins Amerikazentrum in Kyoto und stieß dort auf die Ausgabe von *Ms.*, die den Auszug aus *Jenseits von Gottvater* enthielt. Das Zentrum besorgte daraufhin das Buch. Anne, die sich gerade mit dem Gedanken trug, buddhistische Mönchin zu werden, las das Buch gleich, nachdem es eingetroffen war, und verließ

Japan fast umgehend, um ans Boston College zu gehen und bei mir zu studieren. Wie sie mir einige Jahre später erzählte, „erwischte" sie das Buch sofort ganz tief im Bauch.[19] Obgleich ich nicht behaupten kann, daß ich „wußte", daß eine Frau namens Anne Dellenbaugh *Beyond God the Father* verschlang, wußte ich doch, daß sich in einer/m Neuen Zeit/Raum große Dinge ereigneten.

Alles um mich herum passierte faktisch so schnell, daß sehr wenig Zeit für Reflexion blieb. Das öde Knirschen der Räder oppressiver akademischer bohrokratischer Verfahrensweisen war zermürbend. Verfassen und Produktion meiner Nachchristlichen Arbeit verlangte, wie ich beschrieben habe, aktive Verausgabung von Energie. Die Hochs von Freundschaft, Lehren und Reisen erforderten ebenfalls enorme Energiemengen – und gaben sie gleichermaßen zurück.

Ein vielversprechendes Ereignis am Horizont war das Zweite Internationale Symposium zu Glaubensfragen, gesponsort von der Giovanni-Agnelli-Stiftung und Seiner Eminenz Kardinal König, Erzbischof von Wien. Das Symposium sollte vom 8. – 11. Januar 1975 in Wien stattfinden. Man hatte mich um ein Referat gebeten, und ich hatte die Einladung freudig angenommen. Das bedeutete ein aufregendes intellektuelles Abenteuer und eine freie Reise zu meinem geliebten Kontinent Europa. Die Liste der Teilnehmenden zeigte, daß alle Theologen oder Soziologen waren und, natürlich, in der Mehrzahl männlich.

Glücklicherweise würde ich mich nicht im Kreise fader Akademiker isoliert fühlen müssen. Meine FreundInnen Robin und Emily, die das genaue Gegenteil von Fadheit waren, planten zufällig gerade eine Europa-Reise für diese Winterferien. Das war eine wunderbare „Zufälligkeit"/Konvergenz. Für uns drei lag es auf der Hand, daß sie an dem Symposium teilnehmen würden. Um dies möglich zu machen, legte ich meinen Vortrag auf den Tag nach ihrer Ankunft und bat um ein Doppelzimmer. Da das Symposium die Unterkunft für die Teilnehmer und ihre Ehepartner bezahlte, schrieb ich: „Da ich keine Ehefrau aufweisen kann, nehme ich an, daß Sie für mich ein Einzelzimmer vorgesehen haben. Da meine beiden Bekannten jedoch nicht reich sind, wäre es hilfreich, wenn sie ein Zimmer mit mir teilen könnten." Meiner Bitte wurde stattgegeben.

Robin und Emily würden also dabeisein, wenn ich in dieser fremden Umgebung mein Referat hielt, wir würden uns tolle Tage in Wien machen und dann zu anderen interessanten Orten weiterziehen. Es war klar, daß die Reise nach Wien ein *Ereignis* werden würde – etwas, worauf wir uns freuen und woran wir uns später Er-Innern konnten.

Im November schrieb ich an den Organisator des Symposiums, Professor Rocco Caporale, und wies sehr deutlich auf die Tatsache hin, daß „mein Bezugsrahmen Radikal Feministisch und Nachchristlich, nicht mehr katholisch" sei, damit ich nicht unter „falschen Voraussetzungen" eingeladen sein würde. Ende jenes Monats schickte ich ihm das Referat mit dem Titel „Radikaler Feminismus: Der qualitative Sprung über die patriarchale Religion hinaus". Professor Caporale schrieb mir im Dezember, bestätigte den Empfang und sagte, daß ihm mein Denkansatz gefiele, er mich jedoch zugleich vorsorglich darauf hinweisen wolle, daß ich mich auf „eine gute Portion Kontroverse gefaßt machen" solle, das sei „nur zu begrüßen".

Die Vorbereitung jenes Referats im Herbst 1974 hatte in der Tat einen „Qualitativen Sprung" mit sich gebracht, der mich weit über meine „Feministische Nachchristliche Einleitung" hinaustrug, die im Januar in den Buchhandlungen sein würde.* Während des Schreibens sprang mein „Qualitativer-Sprung"-Referat sogar über sich selbst hinaus. Ich hatte ihm zunächst den milden Titel „Die Sünden der Väter" gegeben, doch dann kam ich dahin, es seinem wahren Inhalt entsprechend zu Be-Nennen.

Zum Schreiben jenes Referats gehörte also eine Flutwelle von Kreativität, die mich dem wahrhaftig Neuen Jahr 1975 entgegenschleuderte. Die Vordergrundkonflikte jener Zeit waren, glaube ich, irgendwie mit der Kreativen Welle verbunden, und sie lieferten den Treibstoff für meine Sprünge in Richtung der Dritten Spiral-Galaxie. Die glühende Zielgerichtetheit, mit der mein Verstehen des patriarchalen Übels wuchs, zusammen mit den sich steigernden Flammen meiner Wut, erweckte Natürlich weitere Momente des Durchbruchs. Doch sie wirbelten meine Craft auch in den Strudel einer Anderen Galaxie, die aus Qualitativ Unterschiedlichen Momenten bestand – Momenten des Spinnens. In dieser Dritten Galaxie sollte ich machtvolle Formen des Exorzismus von *Apraxie* lernen – der patriarchal eingepflanzten Unfähigkeit zu handeln* – und über die Vordergrund-„Gegenwart" hinaus in die Hintergrund-Gegenwart Spinnen.

Doch gehört die Geschichte der Dritten Spiral-Galaxie in spätere Kapitel. Hier ist es jetzt wichtig, die philosophischen Themen der Zweiten Spiral-Galaxie zu überdenken. Diese Überlegungen, die den Stoff für Kapitel Zehn bilden, sind wichtige Vorbereitungen, um den Großen Sprung, der noch bevorstand, zu Er-Innern.

---

*   Das Wort „darüber hinaus" (engl. *beyond*) bedeutet in diesem Kontext keinerlei Unstimmigkeit mit der „Feministischen Nachchristlichen Einleitung". Es bedeutet lediglich, daß sich meine Gedanken in neuen Richtungen weiterbewegt hatten. Insofern hat das Wort (*beyond*) hier eine ganz andere Bedeutung als in *Jenseits von Gottvater* (*Beyond God the Father*).

*   Siehe Einleitung.

KAPITEL ZEHN

ÜBERLEGUNGEN ZU PHILOSOPHISCHEN THEMEN DER ZWEITEN SPIRAL-GALAXIE

Wenn ich über meine Momente des Durchbruchs und des Er-Innerns zurückdenke, bin ich erstaunt, wie intensiv jene Zeit war. Nach Vordergrund-Zeit gerechnet umfaßte die Zweite Spiral-Galaxie lediglich vier Jahre. Doch in dieser kurzen Spanne der Piraterie im Nebel machte ich Bedeutsame Entdeckungen. Ich sah immer deutlicher, wie die patriarchale Theorie von der gesellschaftlichen Realität, die sie zu beschreiben versucht, abgespalten ist. Ich erkannte den Grund für diese Abspaltung der Theorie von der Realität, nämlich böse Absicht. Die Theoretiker wollten einfach die Realitäten von Unterdrückung nicht wahrnehmen, ganz besonders nicht die der Unterdrückung von Frauen. Indem ich auf diese Diskrepanzen Hinwies und die Lücken ausfüllte, brach ich ein entscheidendes akademisches Tabu und gab mich implizit als Gesetzlose, als Piratin zu erkennen.[1]

Charakteristisch für diese Galaxie war der Zusammenschluß von Frauen in Schwesterlichkeit, den ich ontologisch als den „Kosmischen Bund" erlebte. Ein weltweites Netzwerk war im Entstehen, und dies stellte einen Kontext von Erkennen und Liebe dar, der mich ermutigte, mein Schiff in den Nebel zu steuern und weiterhin die Realitäten, die sich mir in den Weg stellten, zu Be-Nennen/Ins Gedächtnis zu Rufen.

DILEMMATA UND DURCHBRÜCHE

Oft wurden wichtige Akte des Durchbruchs dadurch hervorgerufen, daß sich Dilemmata ereigneten. Als ich die Hohe See befuhr, erlebte ich diese Dilemmata als Situationen, die sich „ergaben" und mich augenscheinlich zwangen, zwischen zwei widerlichen Alternativen zu entscheiden, die wie tückische, von-Männern-hergestellte Mahlströme waren, die mein Schiff von seinem Wahren Kurs abbringen und verschlingen sollten. Ich war herausgefordert, irgendwie zwischen, unter oder über diesen Mahlströme zu Segeln oder um sie herum, und dazu die Dilemmata in Anlässe Spiralender Kreativität zu verwandeln.

Zwei Beispiele für solche Dilemmata im Verlauf der Zweiten Spiral-Galaxie sehe ich Jetzt als besonders typisch. Eines war die Einladung im Herbst 1971, in der Harvard Memorial Church zu predigen. Das zweite war 1974 die Absicht von Harper & Row, eine Paperback-Ausgabe von *The Church and the Second Sex* herauszubringen.

In beiden Fällen war ich mit zwei Alternativen konfrontiert, von denen ich keine akzeptieren konnte. Jedesmal hätte die erste Alternative – einfach zuzusagen – bedeutet, daß ich die Rolle der Alibifrau angenommen und damit eine Institution legitimiert hätte, die ich inzwischen als schädlich für Frauen erkannt und Be-Nannt hatte, nämlich das Christentum. In dieser Hinsicht wäre die Genehmigung zur Wiederauflage meines frühen katholischen Buches vergleichbar mit der Annahme der „Ehre", die erste Frau zu sein, die beim Sonntagsgottesdienst in der Harvard Memorial Church predigen durfte. Zweifelsohne hätte in beiden Fällen die „Zusage" bedeutet, daß ich bei einem großen Betrug mitgemacht hätte: Ich hätte zugelassen, daß meine Radikale Selbst assimiliert würde.

Die zweite naheliegende Alternative wäre in beiden Fällen gewesen, die „Gelegenheiten" rundheraus abzulehnen. Das hätte jedoch bedeutet, daß ich dafür mit Auslöschung/Vernichtung/Zum-Schweigen-Bringen meiner Selbst hätte bezahlen müssen.

Es mag so aussehen, als hätte ich beide Angebote mit gutem Gewissen und ohne Kompromiß akzeptieren können, indem ich einige Kritik einfließen ließ. Es mag den Anschein haben, als hätte ich eine Predigt halten können, die das Christentum gemäßigt oder gar schneidend kritisierte, und eine „überarbeitete" Auflage von *The Church and the Second Sex* herausbringen können. Ich habe über diese Möglichkeiten eine Weile nachgedacht. Mir wurde jedoch sehr bald klar, daß eine lediglich „kritische" Predigt immer noch in die Kategorie von „Predigt" gehören würde und daß eine lediglich „überarbeitete" Auflage von *The Church and the Second Sex* immer noch „mehr vom Gleichen" sein würde, wozu noch die unendlich mühselige Arbeit des Verbesserns und Verfeinerns kam.

In beiden Fällen war ich herausgefordert, eine kreative Lösung zu finden. Also hielt ich in Harvard die „Exodus"-Predigt, die in Wirklichkeit eine Anti-Predigt war, nämlich ein Weckruf, diese ganze Szene zu *verlassen* – die Kirche mit ihren Predigten und Alibipredigerinnen. Es ging darum, diese „Ehre" auf den Kopf zu stellen. „Aufnimmerwiedersehen dem Alibismus!" war im wesentlichen meine Aussage. Und so sagten Hunderte Frauen und einige Männer Nein, Nein zur Assimilation und zur Auslöschung des Feminismus – indem sie aus der Kirche stürmten, lächelnd und stolz auf unsere Selbst. Damit hatte ich eine Transzendente Dritte Möglichkeit gefunden – die Möglichkeit, das Dilemma zu überwinden, indem ich ihm ins Auge sah und mich direkt stellte, die Schleier der Mystifikation zerriß und die Dinge beim Namen nannte.

Auch meine Entscheidung, das „Autobiographische Vorwort zur Ausgabe 1975" und die „Feministische Nachchristliche Einleitung" zu schreiben und diese der unveränderten Urfassung von *The Church and the Second Sex* voranzustellen, war – in noch verfeinerter Form – eine Transzendente Dritte Möglichkeit. Auf diese Weise Segelte ich durch die Doppelgefahr von Alibismus/Assimilation und Selbst-Aus-löschung/Vernichtung in etwas völlig Neues hinein. Denn Jetzt konnte die Leserin (und kann sie immer noch) in einem kompakten Band das Buch der frühen Daly und die radikale Kritik vor sich haben – ein greifbares Protokoll Intergalaktischen Reisens.

So kam es, daß aus diesen paradigmatischen Lösungen für patriarchal produzierte Dilemmata Metamorphische Ereignisse wurden. Sie heil-ten einiges von der Zerstückelung, die durch solche Dilemmata her-vorgerufen wird, und sie antizipierten und bereiteten den Weg für meinen Sprung in die Dritte Spiral-Galaxie, die Galaxie des Spinnens.

Diese „Antizipation" ist vielleicht nicht allzu überraschend, denn bestimmte Momente der Ersten Spiral-Galaxie waren bereits kurze Ahnungen von der Zweiten. Meine frühe Intuition des sei-ens und meine Fribourger Dissertationen beispielsweise enthielten das Verspre-chen der ontologischen Entfaltung der Philosophie der Frauenbefreiung in *Jenseits von Gottvater*. Und „Prophezeiung und Versprechen, daß diese Bücher kommen werden" in meinem *Commonweal*-Brief von 1963 antizipierten die spätere Produktivität. Außerdem waren meine glücklichen Sprünge jener frühen Zeit, wie etwa der Sprung über den Atlantik nach Fribourg, die Vorwegnahme *in figura* eines Dauerthemas.

Aus der Perspektive der Vierten Galaxie Sehe ich, daß sich in all diesem Springen ein Orientierungssinn Entfaltete. Ich sehe auch, daß diese Art der Fort-Bewegung immer zugleich von Verzweiflung und Erfindungsgabe inspiriert war, obgleich in der Zeit der Zweiten Galaxie ich etwas weniger Verzweiflungsgefühle und eine intensivere Erfin-dungsgabe hatte. Dies hatte natürlich etwas mit der Tatsache zu tun, daß meine kühnen Unternehmungen erfolgreich waren. Und es ist ganz und gar der Anwesenheit von Schwesterlichkeit zu verdanken, denn die Frauenbewegung befand sich damals in vollem Schwung.

DER MUT WEITERZUSEGELN
ODER: KONTRAPUNKTISCHE BEWEGUNGEN, FORTSETZUNG

Die erwähnten Dilemmata waren sowohl politisch und ethisch/meta-ethisch als auch intellektuell. Ich mußte lernen, mein Schiff geschickt zu steuern, um sie zu lösen und zu transzendieren, und das bedeutete, aktiv am Entfalten Neuen Sei-ens teilzuhaben.

Ich betrachte Jetzt diese spezifischen Momente, in denen ich den Dilemmata ins Gesicht sah und sie transzendierte, als Manifestationen der kontrapunktischen Bewegung, die für den größten Teil meines Reisens charakteristisch war. Die Leserin wird sich erinnern, daß ich in meinen „Überlegungen zu Philosophischen Themen der Ersten Spiral-Galaxie" vier Kontrapunkte Ent-Deckte. Dieser vierfache Kontrapunkt setzte sich in die Zweite Spiral-Galaxie hinein fort, wo/als meine Craft hartnäckig darauf bestand, Transzendente Optionen zu finden.

Beim ersten Kontrapunkt ging es um die Spannung und die Suche nach Harmonie zwischen meiner Liebe zum abstrakten Denken und meiner Haßliebe für symbolische Ausdrucksformen. In den frühen Jahren hatte ich mich in meinen Dissertationen bemüht, den offensichtlichen Konflikt zwischen diesen Formen des Wissens/Denkens/Sprechens dadurch zu lösen, daß ich mich für tief in Intuition verwurzelte Rationalität aussprach. In *The Church and the Second Sex* hatte ich den albernen Symbolismus des „Ewig Weiblichen" angegriffen. Im Verlauf der Ersten Spiral-Galaxie hatte ich jedoch noch nicht das gesamte ätzende Symbolsystem des Christentums aufs Korn genommen.

Ich befaßte mich mit diesem System in der Zweiten Spiral-Galaxie, in meinen Artikeln von 1971/72 und besonders in *Jenseits von Gottvater*. Ich benutzte meine Kunst philosophischer und theologischer Argumentation und bewegte mich im Herrschaftsgebiet des Feindes, das ich nur zu gut kannte. Ich wendete theoretische Analyse an, um patriarchale Strategien – Umkehrung, Auslöschung, Trivialisierung, Spiritualisierung, Verallgemeinerung, Vereinzelung – zu konfrontieren.

Eine der wichtigsten Leistungen jenes Buches und anderer Werke der Zweiten Spiral-Galaxie war, glaube ich, meine frühe Synthese von abstraktem Folgern und Metaphorischem Ausdruck.[3] Diese Synthese wird in einer Fülle von Ideen deutlich, wie beispielsweise Neue Zeit – Neuer Raum, die „Erbsünde" der Frauen, prophetische Dimensionen im Bild von Maria, existentieller Mut und Umwertung, Schwesterschaft als Kosmischer Bund, die Letzte Ursache als Ursache der Ursachen.

Dieses Neue Be-Nennen/ins-Gedächtnis-Rufen war möglich, weil ich beschlossen hatte, den männlichen Methodenfetischismus zu überwinden und mir das Recht zurückzunehmen, Namen zu geben. Da ich beschlossen hatte, den Weg des Radikalen Feminismus bis zu Ende zu gehen, waren die Tore für Gewaltige Kontrapunktische Kreativität weit geöffnet. Als Piratin hatte ich die Ketten dogmatischer Hirneinschnürung zerbrochen und war bereit, durch den von Unterschwelligem angefüllten Nebel zu Segeln und die Mythen der Herren zu zerschlagen. Mein Schiff tanzte durch den Nebel in überschwenglicher Ausübung polymorphischer, polyphonischer, polymetrischer, polyrhythmischer Piraterie. Ich Plünderte und Schmuggelte wie eine frevelnde Gesetzlose und Ent-Deckte Andere Gesetze, die Gesetze meiner eigenen Muse. Ich wurde frei zur Arbeit in Metapatriarchaler Kreation.

Die zweite kontrapunktische Bewegung – zwischen Philosophie und Theologie – blieb weiter ein Thema. Ich hatte mich viele Jahre darüber gewundert, wie mein Wunsch, Philosophie zu studieren, bei jedem Schritt vereitelt zu werden schien. Dazu kam, daß der Große Wind darauf bestanden hatte, mein Schiff in die theologische Richtung zu blasen. Ich hatte versucht, das Dilemma dadurch zu lösen, daß ich in beiden „Fächern" meinen Doktor machte, beide Arbeiten bedurften sich gegenseitig zur Ergänzung, für sich genommen waren sie einseitig und unbefriedigend. Und mir wurde schließlich durch Erfahrung klar, daß eine ohne die andere deshalb unvollständig war/ist, weil intuitive/ rationale Weisheit absolut Natürlich und gleichzeitig durchscheinend Transzendent ist. Angesichts dieser Einsicht war es nur konsequent, daß *Jenseits von Gottvater* den Untertitel „Aufbruch zu einer *Philosophie* der Frauenbefreiung" hat. Eben das Zerschlagen der Symbole von Gottvater und seinen Genossen macht die *Auswärts*-Reise zu einer *Philosophie* der Frauenbefreiung möglich. Ein solches theologisches Symbol-Zerschlagen walzt nämlich die Hindernisse für echtes und freies philosophisches Denken nieder. Außerdem öffnet es den Weg zur Ent-Deckung der Schatz-Truhe von Symbolen und Mythen, die von den theologischen Dieben gestohlen und umgedreht wurden.

Als ich anfing, zu diesen Schätzen durchzubrechen, war ich in der Lage, sie zu untersuchen, mit ihnen zu spielen. Als ich sie aus ihren Gehäusen der patriarchalen theologischen Systeme herausriß, began- nen sie zu funkeln und entzündeten in mir den Funken, meine eigenen Metatheologischen Metaphern zu erdenken. Diese Metaphern trugen mein Schiff, so daß ich mir wie eine Möwe vorkam, die sich vom Großen Wind tragen läßt, der mich rief und mich über das leuchtende Unterschwellige Meer trug.

Als ich mich auf Neue Grenzen in Theologie *und* Philosophie zubewegte, begann das Licht des Wissens durch den Nebel zu brechen und machte es möglich, komplexe Beziehungen zu Sehen und zu Be- nennen, das heißt auf die Dritte Spiral-Galaxie zuzuSpringen.

Bei der dritten kontrapunktischen Bewegung ging es mir seit meinen College-Tagen um das Problem „Frauen zusammen, aber nicht wirklich zusammen". Es ging um den Kampf, die Gebrochenheit des versteckten, in Vordergrund-Situationen von Frauen-Raum „gebroche- nen Versprechens" zu brechen – Raum, den Frauen für eigene Zwecke beanspruchen, wie etwa gemeinsam eigene Ideen entwickeln, Strate- gien entwerfen, planen, schaffen.* Mitte der sechziger Jahre hatte dies zu meiner Entscheidung geführt, lieber in einer koedukativen Univer- sität als in einem Frauen-College zu unterrichten. Letzteres würde, dachte ich, unausweichlich ein Ghetto sein. Damit hatte ich unschuldig die Gelegenheit ergriffen, den Horror der „Koedukation" aus erster Hand zu erleben. Der Kontrapunkt zu dieser Entscheidung war mein immer intensivieres Engagement in der Feministischen Bewegung.

* Eine vollständige Definition von *Frauen-Raum* findet sich in Kapitel Fünf. Vgl. *Wickedary*.

Als ich mich weiter in die Zweite Spiral-Galaxie hineinbewegte, war ich dabei, auf eine dynamische und riskante Lösung dieser problematischen Situation hinzuarbeiten. Meine Lösung war, daß ich Frauenstudien „auf der Grenze" patriarchaler koedukativer Institutionen schuf. So gingen die „Tiger" aus meinen Abschluß-Kursen am Boston College hervor, wozu Frauen gehörten, die an anderen koedukativen Institutionen wie Boston University, Brandeis, Harvard Divinity School und Andover Newton Theological School studierten. Dazu begannen viele weitere Frauen aus dem Raum Boston aus meinem Angebot von Kursen in Feministischer Philosophie und Ethik Nutzen zu ziehen. Diese waren der Angelpunkt für intellektuelle und politische Aktivitäten, die die weitere Umgebung beeinflußten.

Die vierte kontrapunktische Bewegung umfaßt eine wachsende Spannung zwischen dem Streben nach akademischer Legitimation – von akademischen Graden zur Anstellung auf Lebenszeit und Beförderungen – und der Weigerung, mein Reden und Schreiben um solcher „Belohnungen" willen zu zensieren. Während sich in der Ersten Spiral-Galaxie meine akademischen Unternehmungen immer noch in den Grenzen „loyaler Abweichung" bewegten, konnte ich zu Zeiten der Zweiten Spiral-Galaxie nicht länger innerhalb dieser Grenzen bleiben. Um genauer zu sein: Ich mußte meine Seelen- und Geistbandagen der katholisch/christlichen Mythen, Symbole und Dogmen abwerfen.

Dies implizierte nicht die Entscheidung, Akademia oder im besonderen die Institution, an der ich ein Fakultätsmitglied auf Lebenszeit war, zu verlassen (im landläufigen Sinn). Die beiden widerlichen Alternativen – einerseits Assimiliation zum Alibismus, andererseits Selbstvernichtung – waren darauf angelegt, mein Schiff von seinem Kurs abzubringen. Meine einzige Hoffnung lag in der Ent-Deckung einer Transzendenten Dritten Möglichkeit, die mich über dieses Dilemma hinwegtragen würde. Ich Ent-Deckte die Möglichkeit des Lebens auf der Grenze. Dazu gehörte, einen Raum zu schaffen, in dem Frauen unsere eigenen Räume, Besen und Spinnräder finden und nach unseren eigenen Entwürfen und Vorstellungen Spinnen und Weben könnten. Dies war mein Konzept von Frauenstudien.

Trotz meines Triumphs am Boston College 1969 hatte ich aus nachfolgenden Erfahrungen gelernt, daß Reformismus keinen Sinn hat. So war ich in der Zeit der Zweiten Spiral-Galaxie E-motional frei, mich von dogmatisch legitimierten Positionen fort und in meine Nachchristliche und zunehmend Radikalere Identität hineinzubewegen. Als mir klarwurde, daß ich für „ein bißchen Feminismus" genau so bestraft werden würde, wie wenn ich den Weg zu Ende ging, entschied ich mich für Letzteres. Ich tat dies auf die denkbar peinlichst genaue wissenschaftliche Weise. Statt die Regeln wissenschaftlicher Methodologie zu brechen, transformierte ich sie.

Ich überwand jedoch den Methodenfetischismus, indem ich „Nicht-Fragen stellte und... Nicht-Tatsachen entdeckte, mitteilte und analysierte".[5] Das heißt, ich stellte Frauen-Fragen – „Fragen, die noch nie gestellt wurden" – und bot „Ideen (an), die nicht in vorgefertigte Schubladen und Schablonen passen".[6] So begann meine Kreativität ihren vollen Spielraum zu gewinnen. Das Ergebnis war, daß ich in den Artikeln von 1971 und 1972, in *Jenseits von Gottvater* und in der „Feministischen Nachchristlichen Einleitung" eine neue Form der Synthese von Legitimität und Illegitimität erreicht hatte. Aus dogmatischer/ theologischer Sicht war ich weit abgewichen, doch befand ich mich innerhalb des Bereichs rigoroser Vernunft/Logik. So war die Zweite Spiral-Galaxie eine Zeit Neuer Ebenen von Entschiedenheit.

Indem ich solche „Nicht-Fragen" (Fragen der Frauen) stellte und „Nicht-Tatsachen entdeckte, mitteilte und analysierte" (die Realitäten des Lebens von Frauen), arbeitete ich aktiv daran, nicht nur die patriarchal auferlegte *Aphasie* zu überwinden, sondern auch die *Amnesie*. Mein Schiff segelte an der phallokratischen Vergangenheit der Väter vorbei in die Hintergrund-Vergangenheit, und das machte es mir möglich, mir mehr und mehr ins Gedächtnis zurückzurufen.

Auf diese Weise kamen die Dinge zusammen – Erinnerungen, Bilder, Ideen. Ich begann, eine Ganzheit/Verbundenheit/Integrität zu entdecken, die lobenswert Illegitim war. Von diesem Neuen Wissen gestärkt, erlebte ich die Macht der Anwesenheit/Gegenwärtigkeit* und bereitete mich darauf vor, in die Hintergrund-Gegenwart zu Segeln. Die dämonischen Auslöscher der Geschichte der Frauen, der Erinnerung der Frauen, der Vergangenheit der Frauen, verblaßten in ihre von ihnen selbst gefälschte Vergangenheit, dem Reich des Nichts. Als meine Momente des Durchbruchs durch die albernen Fassaden dieser arglistigen Falschspieler hindurchbrachen, Rief ich meine Wahren Gefährtinnen zurück. Sie kamen mit ihren Schiffen/Crafts, um die *e-racer* auszulöschen.* Zusammen sausten und wirbelten wir durch den Nebel, beschworen Stürme herauf, brauten Geistgewitter zusammen, starteten davon und hinein in Licht/Ton/Berührung unserer Wahren Anwesenheit. Wir begannen, Zone und Klang der Magischen/Musikalischen Dritten Spiral-Galaxie zu Ent-Decken, den Zeit/Raum der Momente des Spinnens.

---

* Engl. *Power of Presence* ◐ bedeutet „Fluß heilender Energie, den Frauen erleben, die im Neuen Zeit/Raum füreinander Anwesend sind; die Kraft/Macht Frauen-identifizierter Frauen, die nach außen ausstrahlt und Andere anzieht". (*Wickedary*)
* Ein *e-racer* ○ ist „ein Hacker, der versucht, Frauen von unseren Elementalen Wurzeln abzuschneiden und die Rasse/das Rasen der Frauen anzuhalten und zu zerstören". (*Wickedary*) (AdÜ: Ausführliche deutsche Erklärung zur Doppelbedeutung von *Race of Women*, nämlich Rasse/Rennen siehe *Reine Lust*, S. XI.)

BE-HEXEN:

Momente des Spinnens

(1975 – 1987)

DURCH DEN NEBEL SPINNEN UND WEBEN

In der Dritten Spiral-Galaxie setzte ich meine Arbeit als Piratin, die durch den Nebel des Unterschwelligen Meeres segelt, fort und legte mich weiterhin mit dem wuchtigen Symbol-System patriarchaler Religion an. In den Arbeiten dieser Galaxie ging ich jedoch weit über den Rahmen von *Jenseits von Gottvater* und meiner „Feministischen Nachchristlichen Einleitung" hinaus. Meine Analyse beschränkte sich nicht mehr auf das Christentum oder die „jüdisch-christliche" Tradition, sondern erstreckte sich nun auf die Allgegenwärtigkeit patriarchaler Mythen und Symbole auf diesem Planeten und die Greuel, die damit sanktioniert wurden. Hinzukam, daß sich meine Synthese von abstraktem Argumentieren und Metaphorischem Ausdruck in diesen Arbeiten mit dem Hervorwuchern Neuer Worte explosiv entfaltete. Dazu stand seit meiner Entscheidung, den Weg des Radikalen Feminismus „bis zu Ende" zu gehen, das Tor weit offen für Ent-Wirren† und Spinnen, mit anderen Worten, für Exorzismus und Ekstase. Durch das Zerschlagen von Symbolen legte ich die Sperren für kreatives Denken nieder und wurde immer wilder zielgerichtet.

VERBINDUNGEN SPINNEN, SPRINGEN, BE-HEXEN

Bereits 1975 bedrohten die dämonischen Handlanger der Zerstückelung* ernsthaft die Neu Zurück-Gerufene Integrität von Feministinnen und unserem sich ausdehnenden Netzwerk. Mittels der Gedanken-stoppenden/Handlungen-stoppenden Machenschaften ihrer Medien, ihrer Bildungseinrichtungen, ihrer Religionen, ihrer Politik bewirkten sie bei vielen Frauen *Apraxie*, das heißt, die Unfähigkeit, als Radikale Feministinnen zu Handeln. Mir wurde klar, wie unumgänglich wichtig

---

† Engl. *A-mazing*, Doppelbedeutung. Gängig: *amazing* = erstaunlich, verblüffend. *A-mazing*: die *maze*, den Irrgarten der Väter, die patriarchalen Umkehrungen ent-wirrren. Ausführlich siehe *Gyn/Ökologie*, S. 22, S.422.

* Engl. *fragmentation* ◐, Zerstückelung, eine der hervorragenden Manifestationen phallokratischen Übels (der Todsünden der Väter), ist „patriarchal erzwungene Trägheit, die Frauen und andere Lebewesen versklavt, sie von ihren Ursprünglichen Fähigkeiten zu Handeln, ihr Potential zu verwirklichen und ihre Letzte Ursache zu erspähen, abschneidet; das Verkrüppeln und Einschränken von Elementalem Wachstum, Elementaler Bewegung und Kreativität durch vorgeschriebene Dienstbarkeit in Form von erzwungener Passivität und/oder endloser Geschäftigkeit". (*Wickedary*)

es war, die von-Männern-gemachten Illusionen über die Vordergrund-Gegenwart zu überwinden und unsere Aktive Gegenwärtigkeit, die im Hintergrund wurzelt, zu realisieren. Es war an der Zeit zu *Spinnen* ☾, was heißt:

1: Gyn/Ökologische Schöpfung; den verlorenen Verbindungsfaden innerhalb des Kosmos Ent-Decken und dabei diesen Faden wieder reparieren; die Fäden des Lebens auf der Achse des sei-ens der Spinnerinnen wirbeln und zwirbeln 2: schnell auf dem Absatz kehrtmachen; sich gegen den Uhrzeigersinn bewegen; vom Todesmarsch des Patriarchats weg in alle Richtungen wirbeln. (*Wickedary*)

Gemeinsam mit anderen Spinnenden Reisenden Ent-Deckte ich mehr über unser Verbundensein miteinander und mit dem Kosmos. Dies befähigte uns, für unsere Selbste und füreinander immer stärker Präsent zu sein. Unsere gemeinsame Präsenz in der Gegenwart entfachte Weibliches Feuer/Gynergie.

Die Hitze des Feuers ließ mehr Nebeltröpfchen über dem Unterschwelligen Meer aufsteigen, und das Strahlkräftige Licht des Feuers leuchtete durch den Nebel. Dieses wurde immer heller, je Aktiver ich in meiner Tätigkeit/Kunst wurde, Kunstvoll Spann sowie Knotete und Entknotete und das Schwindelgefühl der Schöpferkraft erlebte.

In diesem sengenden Seherinnen-Licht erkannte und Be-Nannte ich verborgene Muster. Und dieser Prozeß des Sehens und Be-Nennens von Verbindungen zwischen scheinbar ganz unterschiedlichen Phänomenen erzeugte noch mehr Hitze und Licht, ermöglichte die zunehmende Triebkraft und Komplexität meiner Momente des Spinnens.

Es war nicht so, daß ein solch Strahlkräftiges Licht jemals völlig abwesend gewesen wäre. In früheren Momenten war es in Ansätzen, manchmal sogar hell leuchtend, dagewesen. In der Dritten Spiral-Galaxie gewann es jedoch intensivere Kraft und Zielgerichtetheit. Es war natürlich noch nicht „ganz da", noch ist es Jetzt, während ich diesen Bericht aus der Vierten Galaxie schreibe, völlig verwirklicht. Jedoch machten Feurige Hitze und Licht jener Zeit Neue Qualitative Sprünge möglich, die mich schließlich in den Strudel der Vierten Spiral-Galaxie tragen sollten.

Diese Sprünge waren transformativ/transmutativ. Mein ganzes sei-en, mein Schreib-Prozeß eingeschlossen, wurde in der Dritten Spiral-Galaxie zum überraschenden Abenteuer/Erlebnis von *Be-Hexen* ○, das heißt:

springen/hüpfen/fliegen, angeregt durch die Lust auf Metamorphose; Makromutative Momente/Bewegungen des sei-ens. (*Wickedary*)

Meine Be-Hexenden Kräfte wurden Aufgeladen/Inspiriert durch die

Tatsache, daß sich Radikale Feministinnen an das Ent-Wirrende Unternehmen gemacht hatten, unser Leben zu verändern. Mitte der siebziger Jahre lag eine Neue und Entschlossene Kühnheit in der Luft. Ich würde Jetzt sagen, daß viele begannen, Pyrogenetische Tugenden zu erlangen, Tugenden, welche die Feuer Gynergetischer Aktion nährten.

PYROGENETISCHE TUGENDEN*

Die Tugend der Wut

Als Piratin der Dritten Galaxie wurde ich durch Gerechte Wut angetrieben. Es wurde mir klar, daß Frauen-identifizierte Wut nicht lediglich ein Gefühl und daß sie nicht negativ ist. Diese Wut in Sachen Frauen ist nicht lediglich Ärger.[1] Sie ist eine Leidenschaft und eine Hexische Tugend, die, wenn sie freigesetzt wird, es uns Furien ermöglicht, unsere Selbste vom Zustand der Trennung abzutrennen, Feuer zu speien und in die Freiheit zu fliegen. Wie ich in *Reine Lust* schrieb:

> Wenn sie in die spiralende Bewegung des Zu-Neigens hineingezogen wird, beginnt eine Frau, sich mit dem Sei-en in ihrer Selbst – das heißt, dem sich ihrer Mitte zubewegenden Sei-en – zu be-freunden. Die Intensität ihrer Sehnsucht bündelt ihre Energie, die nun nicht mehr zersplittert, nicht mehr blockiert ist. Dieses Bündeln ihrer verstreuten Energie ermöglicht das Freisetzen von Wut. Die Metamorphosierende Weise Frau wird von ihrer Wut getragen. Die ist ihr Besen, ihre feuerspeiende, geflügelte Stute. Sie ist ihre spiralende Wendeltreppe, die sie dorthin führt, wo sie ihrer Art begegnet und die bewußtseinseinschnürenden Bandagen ablegen kann.
> Wut ist kein „Zustand", nicht etwas, über das wir hinwegkommen könnten. Wut ist eine verwandelnde, konzentrierende Kraft. Wie ein Pferd, das in einer hellen Mondnacht mit fliegender Mähne über die Felder rast, galoppiert die Wut auf den donnernden Hufen entfesselter Leidenschaft. Das Donnern der Hufe erweckt transzendente E-motion. Wie die tosenden Meereswellen ihre Rhythmen in

---

* Wenn ich über *Pyrogenetische Tugenden* schreibe, benutze ich als Sprungbrett das klassische philosophische Konzept von Tugend als gute Handlungsweise, die durch wiederholte Handlungen erworben wird. (AdÜ.: Engl. *operative habit*, abgeleitet von lat. *habitus operationes*, in der offiziellen deutschen Aquin-Übersetzung als *Tätigkeitsgehaben* übersetzt, ich sage hier der Verständlichkeit halber *Handlungsweise*. Vgl. auch *Reine Lust*, S. 272.) Radikale Feministische Piratische Pyrogenetische Tugenden transzendieren patriarchales „gut" und „böse", kehren die inhärenten Umkehrungen phallischer Moral wieder um. Demnach sind die Hexische offenbarende Handlungsweisen, die wir dadurch erwerben, daß wir wiederholt Ent-Wirrende Amazonische Handlungen begehen (engl. *A-mazing Amazonian Acts*).

jedes Geschöpf hineinschicken und damit Wahrnehmungen unserer gemeinsamen Herkunft und Wege gebären, so bringt auch die Wut die Sinne wieder zum Blühen und Gedeihen.[2]

Daß die Sinne lebendig werden und sich schärfen, ist eine entscheidende Voraussetzung dafür, daß versteckte Verbindungen Gesehen und Be-Nannt/Be-Zeichnet werden können. Als ich in die Dritte Spiral-Galaxie hineinsegelte, war ich von erhellender Wut angetrieben; sie weckte meine Fähigkeit, unterschwellige Muster patriarchaler Greuel zu entdecken. Als ich diese Muster Be-Zeichnete, lagen sie immer offener vor mir, und die Beweise waren absolut zwingend.[3]

Von der augen-öffnenden Kraft Pyrogenetischer Wut aufgeweckt, plünderte ich Informationen über weltweiten phallokratischen Gynozid und schmuggelte sie zu Frauen zurück. Dies war ein quälender Prozeß des Exorzismus, doch trieb er auch mein Schiff herum und voran in Richtung Ekstase. Virginia Woolf beschreibt dieses Phänomen so:

... und dadurch, daß ich das tue, eliminiere ich vielleicht den Schmerz, und es erfüllt mich mit großer Freude, die getrennten Teile zusammenzufügen. Das ist wahrscheinlich die größte Freude, die ich kenne.[4]

Ekstase jedoch entstand/entsteht nicht dadurch, daß „die getrennten Teile" patriarchaler Greuel „zusammengefügt" werden und uns dann lediglich die Luft wegbleibt angesichts des unaussprechlichen Horrors. Ein solches Wissen war/ist vielmehr zwingend und austreibend. Wenn eine Frau sich dem Horror wirklich stellt, ist sie moralisch gezwungen zu Handeln (die *Apraxie* überwinden) und zu beginnen, sich zu verändern/zu Be-Hexen. Sie gewinnt die Kraft, den ihr eingepflanzten dämonischen Selbst-Zensor auszutreiben, der ihr Spinnen blockiert hat. Sie wagt es, Be-hexend zu werden.

Die Tugend des Muts

Meine steigende Wut spornte mich zu größeren Akten des Muts an. Ich begriff nun, daß jeder Akt pyrogenetischen Muts zu weiteren kühnen Taten führt. Ich Ent-Deckte die Tatsache, daß Spiralender Mut viele Neue und Hexische Formen annimmt.

Ehe ich in diese Galaxie hinein Piratete, wußte ich bereits, daß Mut im Kern ontologisch ist, daß es der Mut zum Sein ist, zum Sein durch den patriarchalen Staat/Zustand der Negation hindurch und darüber hinaus, teilhabend am Ent-Falten des Sei-ens, immer auf der Reise. Ich wußte, daß Ontologischer Mut Offenbarungscharakter hat, daß er den Mut zum Sehen impliziert.

In der Dritten Spiral-Galaxie waren meine Plünder- und Schmuggel-Unternehmungen in der Tat offenbarend, sie brachten mich dazu, durch persönliche Erfahrung zu lernen, daß ein solcher Mut echt skandalös ist, daß er eine Frau in eine Wahrhaftig Revoltierende/ Abstoßende Häxe† verwandelt, die sich nicht davon abhalten läßt, die herrschenden Umkehrungen wieder umzukehren und dabei immer Anstößiger, immer Geschmackloser wird.

Daß ich eine Anstößige, Geschmacklose, Häxische Piratin war, befeuerte mich, den Mut zu gewinnen, die windstillen Zonen der Stag-Nation zu verlassen und mit soviel Beute, wie mein Schiff nur fassen konnte, davonzusegeln. Ich versuchte in meiner Selbst und in Anderen den Mut zu nähren, Wild zu Leben, das heißt, die Zugehörigkeit zum Staat/Zustand der lebendigen Toten zu verweigern, aus den Schablonen der *archetypischen Totenzeit* (*a.d.*)† ●* auszubrechen, Sprung auf Sprung Lebendigen Glaubens zu tun, und Glühend Biophil zu werden.

Der Mut zum Sündigen/Spinnen

Beim Weiterspinnen sah ich nun immer mehr der vorher verborgenen Verbindungen zwischen den einzelnen Mutigen Akten. Ich erkannte, daß der stärkste Verbindungsfaden zwischen ihnen der Mut zum Sündigen war/ist.

Mir geht es hier nicht um die kleinliche Art zu sündigen, die verboten ist und zu der daher die „größeren Religionen" der Phallokratie hinterhältig anstiften. Ich spreche über Sündigen im großen Stil. Für eine Frau auf diesem patriarchal beherrschten Planeten bedeutet zu sein bereits Sündigen, und zu Sündigen bedeutet sein. In Großem Stil Sündigen heißt, jenes Verb sein, das ihr sich auf die eigene Mitte zubewegendes Selbst ist.

In der Dritten Spiral-Galaxie war ich Sündspiriert, weiter und weiter HinauszuSegeln auf meiner Suche als Gesetzlose, als Schreckliche Tabu-brechende Radikale Feministische Philosophin/Piratin. Ich entdeckte, daß der Mut zu Sündigen auch der Mut zum Spinnen ist. Meine Sündspiration war Spinnspiration, und so spann ich in jener Zeit drei Hexische Bücher: *Gyn/Ökologie*, *Reine Lust* und das *Wickedary*. Ich wurde immer Metapatriarchal Metaphorischer.

Mein Streben war darauf gerichtet, Zerstückelung in all ihren Formen zu überwinden. Nachdem ich in *Gyn/Ökologie* Verbindungsfäden wiederhergestellt und neu gesponnen hatte, bewegte ich mich weiter zur Schaffung Elemental Feministischer Philosophie, welches

---

† Engl. *Positively Revolting Hag. Revolting* hat die Doppelbedeutung von revoltierend/ abstoßend; zur Erläuterung von Häxe siehe Vorwort zur deutschen Übersetzung in *Gyn/ Ökologie*.

† Engl. *archetypical deadtime* (a.d.)

* siehe *Wickedary*..

die Arbeit von *Reine Lust* ist. Meine Craft wandte sich dann der Aufgabe zu, Zerstückelung durch das Weben Wilder Worte zu bekämpfen.

Dementsprechend ist das *Wickedary* sowohl eine Zusammenfassung als auch eine Fortsetzung der Bewegung dieser Galaxie. Es wurde immer deutlicher, daß meine Craft/Kunst als Radikale Feministische Philosophin auch Hexenkunst ist.

Weitere/Andere Piratische Tugenden

Im Licht dieses Be-Hexenden Sündigens/Spinnens blieb mir kaum etwas anderes übrig, als die Notwendigkeit zu sehen, mir weitere/ Andere Tugenden zuzulegen.[5] Ich habe hier drei zur näheren Betrachtung herausgegriffen.

Erstens wurde mir die Wichtigkeit der Tugend der Nemesis klar. Bei meinen Piratischen Erkundungen in dieser Galaxie erkannte ich, daß unter dem Patriarchat „Gerechtigkeit" nicht möglich ist. Was wir brauchen, ist Nemesis, eine Tugend jenseits von „Gerechtigkeit", die durch Inspirierte Akte Gerechter Wut zu erringen ist. Sie ist Teilhabe an den Kräften der Göttin Nemesis, und sie hebt auf Elementale Weise das patriarchale Gleichgewicht des Terrors aus den Angeln.

Nachdem ich die Fassaden von „Gerechtigkeit" durchschaut hatte, war ich frei, die Tugend des Abscheus zu entwickeln und tiefstem Ekel Ausdruck zu geben angesichts der Konglomerate von Hinz und Kunz – und ihrer Handlangerinnen –, die auf Teufel komm raus alles Leben zerstören wollen.

Hand in Hand mit dem Abscheu kam die Tugend des Laut-heraus-Lachens. Dieses Lustvolle Betragen brüllend-Be-Lachender Frauen bringt das heuchlerische Spiegelkabinett der Patriarchen zum Bersten und entschärft ihre Macht, Andere zu täuschen. Das gemeinsame Gackern der Crones bricht faktisch das von-Männern-gemachte Universum auf, und die Gackerinnen können durch diesen Riß in die Weiten des Wilden schlüpfen.

Und während mein Schiff durch diesen Riß sauste und wirbelte, verkündete ich, daß Laut-heraus-Lachen die Tugend von Hirnrissigen Crones ist, die Nichts zu verlieren haben. „Wir sind die Nichts-Verlierer", rief ich.

Und als jede das Gegacker der Anderen hörte, erschienen Haufen von Gefährtinnen, und unsere Crafts drehten sich miteinander, als wir auf dem offenen Meer tanzten. In solchen Momenten des Spinnens erkannten wir, daß die „Extremen" das wirklich bewegende Zentrum der Frauenbewegung sind, es sind jene, die sich dafür entschieden haben, stets auf den Grenzen zu Überleben/Gedeihen, ohne jeden Kompromiß.

Durch solches Spinnen „aufgeladen", hatte ich oft Momente einer Ahnung, daß sich – vielleicht – etwas noch Momentoseres† ereignen könnte. Dies waren natürlich Vorahnungen der Vierten Spiral-Galaxie, doch das konnte ich noch nicht wissen. Ich war ja noch in der wirbelnden Bewegung der Dritten Galaktischen Gegenwart befangen. Die Geschichte jener Zeit muß Jetzt erzählt werden.

† Mary Daly macht häufig das Wortspiel mit *moments* = Momente und *momentous* = bedeutsam, folgenschwer, von großer Tragweite. Ich habe bereits in *Reine Lust* dafür das (im Deutschen nicht existierende) Wort „momentos" verwendet und meine es ab hier, wo Mary Dalys Sprache sich stärker den Wortspielen zuzuwenden beginnt, der Leserin zumuten zu können.

KAPITEL ELF

DER QUALITATIVE SPRUNG
ÜBER DIE PATRIARCHALE RELIGION HINAUS

Der Januar 1975 kündete die Ankunft des Jahres des Umbruchs an, das Jahr, in dem meine Welt auf die denkbarst Revoltierende/Abstoßende Weise aufbrach. Dieses Jahr leitete meinen Eintritt in die Dritte Spiral-Galaxie ein. Es war eine überwältigende Zeit, geprägt von der Konvergenz vieler Ereignisse, die mich in völlig Neue Dimensionen des Denkens, Lebens, Liebens, Schreibens und sei-ens hineinbewegten.

Jene Zeit war echt Vulkanisch. Die Turbulenz von Winken aus dem Hintergrund und Neuer Kreativität, die aus dem Unterschwelligen Meer hervorbrach, und – auf einer ganz anderen Ebene – das Mahlen der akademischen bohrokratischen Mühlen schleuderten mein Schiff weiter in Momente des Spinnens hinein.

DAS SYNCHRONISTISCHE SYMPOSION IN WIEN

In der zweiten Woche jenes Januars begab ich mich auf ein bizarres Abenteuer, das, wie sich herausstellen sollte, eine angemessene Initiation in die Dritte Spiral-Galaxie war. Wie bereits berichtet, war ich eingeladen worden, auf dem „Zweiten Internationalen Symposion" zu Glaubensfragen, das in Wien stattfinden sollte und unter der Schirmherrschaft von Kardinal König, Wien, und der Agnelli-Stiftung stand, ein Referat zu halten.[1] Die meisten Teilnehmer des Symposions waren weltbekannte männliche Theologen und Religionssoziologen, die interessiert waren, zeitgenössische religiöse Bewegungen, an denen sie nicht teilhatten, „objektiv zu betrachten". Aus meiner Perspektive waren ihre Referate größtenteils prosaisch, pedantisch – in einem Wort: staubtrocken.

Da die Situation nicht widersinniger hätte sein können, beschloß ich mich dieser Widersinnigkeit anzupassen, indem ich meine üblichen Cordhosen und Stiefel anzog. Dazu trug ich ein furchterregendes Tiger-T-Shirt, das ich dem Thema meines Vortrags „Radikaler Feminismus: Der Qualitative Sprung über Patriarchale Religion hinaus"* angemessen hielt.

---

* Die Originalfassung dieses Vortrags wurde auf italienisch als „Femminismo radicale: al di là della religione patriarchale" in *Vecchi E Nuovi Dei, a cara di Rocco Caporale* (Turin 1976), S.357 ff., veröffentlicht. Eine gekürzte Version, die lediglich den Titel „The Qualitative Leap Beyond Patriarchal Religion" trug, wurde in *Quest: A Feminist Quarterly*, Band 1, No.4 (Frühjahr 1975), S.20 ff., veröffentlicht. Die *Quest*-Version wurde in der Folge in einer Reihe von Anthologien nachgedruckt.

Unter den Zuhörern war auch Kardinal König. Daß seine Eminenz erschienen war, inspirierte mich auf gewisse perverse Weise, mich so wild wie möglich zu gebärden. In aller Schärfe – oder vielleicht nur einfach Offenheit – stürzte ich mich in meine Schnellfeuer-Darstellung Radikaler Feministischer Ideen.

Später hatte ich das Vergnügen eines denkwürdigen Austauschs mit seiner Eminenz in seinem luxuriösen Palast, wo ein Empfang für die Teilnehmer des Symposions stattfand. Ich wollte das bis ins einzelne erleben und reihte mich deshalb in die Begrüßungsschlange ein. Während wir uns die Hand schüttelten und dabei für die Fotografen lächelten, rief König aus: „So, Sie lehren also am Jesuiten-College in Boston!" Ich strahlte ihn an und erwiderte: „Ja, und sie würden mich gern loswerden, aber das können sie nicht." Mit betörendem Lächeln in die Kameras schnauzte seine Eminenz zurück: „Da bin ich nicht so sicher!"

Das Ambiente des Empfangs war erstaunlich. Unter den Kunstwerken stach ganz besonders ein Gemälde der Kreuzigung hervor, das von den Nazis aufgeschlitzt worden war. Schwarzgekleidete weibliche Bedienstete eilten mit Tabletts mit Erfrischungen zwischen den Gästen umher.

Glücklicherweise hatten Emily Culpepper und Robin Hough es geschafft, innerhalb ihres Winterurlaubs nicht nur das Symposion als meine Gäste zu besuchen, sondern mich auch zum Empfang des Kardinals zu begleiten. Robin war mein inoffizieller Fotograf – da der Kardinal einen offiziellen dabei hatte –, um dieses Ereignis für mich persönlich festzuhalten. Ich reihte mich sogar zweimal in die Begrüßungsschlange ein und lächelte zweimal, damit diese umwerfenden Fotos gemacht werden konnten. Dazu übertraf Robin sich selbst, indem er fotografisch dokumentierte, wie Emily und ich in verschiedenen eindrucksvollen Posen Zigarren rauchten. Diese wurden zusammen mit dem Champagner von den duldenden weiblichen Bediensteten bei den anwesenden Männern herumgereicht. Wir konnten es uns nicht verkneifen, uns zu bedienen.[2]

EINE ANALYSE MEINES WIENER VORTRAGS/
DES ARTIKELS IN *QUEST*

Obgleich „Radikaler Feminismus: Der Qualitative Sprung über die Patriarchale Religion hinaus" eigentlich im Herbst 1974 geschrieben worden war, konvergierten sein Elan, sein Inhalt und sein Zweck (Vortrag auf dem Symposion 1975) so, daß es mich in diese Galaxie trug. Dies war wirklich bereits ein Phänomen der Dritten Galaxie.

Es ist wichtig, daß der Original-Vortrag, der in voller Länge nur auf italienisch publiziert worden ist, damit begann, zwei „merkwürdige Dilemmata" vorzustellen und dann meine Lösung für beide lieferte. Die Dilemmata ergaben sich aus meiner Annahme – die sich über jede Erwartung hinaus als schauerlich richtig erwies –, daß die meisten Symposion-Teilnehmer aufgeblasen patriarchal und abgrundtief vorsätzlich unwissend hinsichtlich der eigentlichen Bedeutung der Frauenbewegung sein würden.*

Ich erläuterte das erste Dilemma folgendermaßen:

Erstens möchte ich hier nicht einfach Ideen wiederholen, über die ich bereits anderswo geschrieben habe. Doch hat dieser Vortrag einen Hintergrund oder Bezugsrahmen oder Kontext… einen Kontext, den ich ausführlich in einer Reihe von Artikeln und in zwei Büchern dargestellt habe.[3]

Mit anderen Worten: Ich wollte mich nicht damit langweilen, zugunsten einer auserwählten Männergruppe wieder mit dem kleinen Einmaleins anzufangen.

Das zweite Dilemma beschrieb ich folgendermaßen:

Feministische Theorie entsteht in einer bestimmten Umgebung, nämlich dem unterstützenden *Hören* einer kognitiven Minderheit von Frauen, die unsere Situation als Außer-Umweltige† in einem von-Männern-regierten System erkennen und *deren Wahrnehmung der Wirklichkeit anders ist als die gängige Realitätswahrnehmung.* Wir sind in erster Linie daran interessiert, untereinander zu sprechen, denn nur hier finden wir authentische Kommunikation. Andere können unsere Arbeiten lesen und kommentieren, doch echtes *Hören* ist etwas anderes. Meine Anwesenheit hier ist ein für mich fragwürdiges und problematisches Experiment: Es ist im echten Sinn ein Widerspruch. Doch kann, wie Whitehead feststellte, ein Widerspruch eine Herausforderung sein. Ob die Herausforderung die Mühe wert ist, wird sich zeigen.[4]

Nachdem ich diese Kollegen auf dem Symposion solchermaßen wenig schmeichelhaft, doch wahrheitsgemäß angesprochen und auf den ihnen meines Erachtens zukommenden Platz verwiesen hatte, fuhr ich

---

* Besonders die angelsächsischen Teilnehmer schienen keinerlei Gefühle zu haben. Ihre leeren Blicke gaben mir den Eindruck, ich sei einfach nur ein unbesetzter Stuhl. Einige italienische Teilnehmer dagegen waren sehr angeregt durch meine Ideen. Ihre Reaktionen waren äußerst positiv. Wenn mich mein Gedächtnis nicht täuscht, waren sie es, die ein Fernsehinterview mit mir arrangierten. Wie ich die Situation erinnere, wurden die Fragen auf italienisch gestellt, was ich nicht verstand, doch ich gab trotzdem einige Antworten, ehe ich mich so schnell wie möglich davonmachte.

† Engl. *extraenvironmentals*, Wortschöpfung M.D. im Anklang an *extraterrestrials* (E.T.) = Außerirdische; bedeutet also soviel wie „sich außerhalb der gängigen Umwelt befindend".

fort, die vorher benannten Dilemmata zu lösen, indem ich ein dreiund-
zwanzig Thesen umfassendes Prolegomenon vorlegte. Diese Thesen
oder Prämissen faßten die bisherige Entwicklung meiner Theorie
zusammen und stellten einen verkürzten Kontext dar, in dem die
vorgestellten Neuen Ideen verstanden werden konnten.*

Es ist interessant, Jetzt zu erkennen, daß meine Lösung des aus dem
Sprechen vor einer solchen Gruppe sich ergebenden Dilemmas einem
Muster folgte, das ich bereits in der Zweiten Spiral-Galaxie hergestellt
hatte. Das heißt, ich Ent-Deckte wieder eine Transzendente Dritte
Möglichkeit und Spiralte an der Doppelgefahr von Alibismus/Assimila-
tion und Selbst-Auslöschung/Vernichtung vorbei.[5] Ich konnte die
Einladung nach Wien nicht annehmen, um dort nur „akzeptierbare"
akadementische Abstraktionen herunterzuleiern. Noch konnte ich es
ertragen, diese Gelegenheit abzulehnen. Also akzeptierte ich es als
einen Ruf, einen Akt der trotzigen Herausforderung zu begehen. Ich
ging dorthin als anstoßerregende, Geschmacklose Tigerin, wild knur-
rend und Radikale Feministische Ideen herausbrüllend. Insofern war
es, glaube ich, phantastisch passend, daß dieser Übergangs-Artikel/
Vortrag dann zu meinem ersten/einführenden Qualitativen Sprung in
die Dritte Spiral-Galaxie wurde.

In der Tat ist der ganze Text von meiner Lust für Transzendente
Dritte Möglichkeiten gekennzeichnet, er war wie eine Serie akrobatischer
Sprünge nach solchen Möglichkeiten. Ich sage „Sprünge *nach*", denn
ich war noch nicht ganz in der Lage, die Kühnen und Hexischen Wort-
Sprünge zu tun, die später möglich wurden. Jedoch sprang ich hoch
und in die richtige Richtung. Dieser Text war eine belebende Übung.
Es war eine Art initiierender Probe vor den bevorstehenden Arbeiten
der Dritten Galaxie.

---

* Es ist, glaube ich, von historischen Interesse, daß ein Redakteur, der den „Qualitativen
Sprung" in seine Anthologie von 1990 aufnahm und glaubte, dies sei ursprünglich für
Quest: A Feminist Quarterly geschrieben worden, die Feststellung traf: „Weil Daly
keinen Widerspruch von ihrer Zuhörerschaft erwartete (da sie ja für die bereits
Bekehrten predigte), wendet sie keine rhetorische Strategie an, die speziell darauf aus
ist, die Ansichten der Menschen zu verändern." Vgl. *A World of Ideas: Essential Readings
for College Writers, ed. by Lee A. Jacobus, Third Edition* (Boston 1990) S. 608. Da ich
diesen Text ursprünglich geschrieben hatte, um ihn den Nichtbekehrten zu präsentie-
ren, ist dieses Mißverständnis voller Ironie. Außerdem habe ich ganz sicher nicht
„gepredigt". Doch die Wahrnehmung, daß meine Strategie „nicht speziell darauf aus
(war), die Ansichten von Menschen zu verändern", ist richtig. Vielmehr war ich als
Piratin dabei, mein mir rechtmäßig zukommendes Erbe zu Plündern und den Weg zu
bereiten, es zu Frauen zurückzuSchmuggeln. Die Tatsache, daß meine erste Zuhörerschaft für dieses Material patriarchal war, ist irrelevant, denn ich versuchte ja nicht sie zu
überzeugen. Natürlich sprach ich zu meinen beiden FreundInnen und zu meiner Selbst
und vielleicht zu dem, was an Kapazität an Zuhören in irgendeinem der Anwesenden
vorhanden war. Hauptsächlich Be-Sprach ich jedoch in den Äther, was heißt Wahrsagen,
voraussagen, ins sei-en sprechen.

Die Kritik, die ich in meinem Wiener Text/*Quest*-Artikel an dem häufig in *Jenseits von Gottvater* verwendeten Wort *Androgynie* übte, ist ein Beispiel für diese Hohen Sprünge.[6] Ich hatte erkannt, daß das Wort *Androgynie* ein fehlgeschlagener Versuch war, die Ahnung und beginnende Erfahrung einer die Geschlechter-Stereotypen – das gesellschaftlich aufgezwungene „ewig Weibliche" und „ewig Männliche" – transzendierenden Ganzheit von Frauen in einem Wort zu fassen, und wollte nun den Schaden wiedergutmachen.*

Ich erläuterte, daß ich bei meinen Vorträgen quer durch die USA manchmal den Eindruck gehabt hätte, daß die Menschen, wenn sie diesen Terminus hörten, sich vage „zwei verdrehte Hälften eines Menschen zusammengeklebt" vorstellten.[7] Für mich spiegelte sich dieses Bild auch in den Aktivitäten einer Frau, die in einem Beruf zu männlichen Bedingungen (zum Beispiel eine hochrangige Vorstandsfrau) erfolgreich und zugleich eine Musterhausfrau ist. Ich schrieb damals:

> Genau besehen versäumt es die so beschriebene Hausfrau, entweder die „männlichen" oder die „weiblichen" Rollen/Welten radikal zu kritisieren. Sie teilt einfach nur ihre Persönlichkeit in Kästchen ein, um innerhalb beider Welten zu funktionieren, statt das inhärent Unterdrückerische von Institutionen wie das Großunternehmertum und die Kleinfamilie zu erkennen/abzulehnen/zu transzendieren.[8]

Ich fuhr fort:

> Wenn uns die politische Anwendung von Sprache bewußt wird, dann wird uns auch klar, daß der Ausdruck *Androgynie* für genau den gleichen mystifizierenden Umgang geeignet ist, wie ihn der Ausdruck *Menschheitsbefreiung* erfahren hat. Das heißt, er kann leicht dazu verwendet werden, die Aufmerksamkeit von der Tatsache abzulenken, daß Frauen und Männer zu diesem historischen Zeitpunkt nicht einfach „zusammenkommen und es in Ordnung bringen" und zugleich die profunden Unterschiede in der Sozialisation und der Stellung innerhalb des Geschlechtskasten-Systems ignorieren können. Sowohl *Androgynie* wie *Menschheitsbefreiung* dienen häufig dazu, falsche Transzendenz zu fördern und – wenn auch unbeabsichtigt – zu verschleiern, worum es bei der Unterdrückung von Frauen wirklich geht.[9]

Nachdem ich gezeigt hatte, daß jenes Wort das Bild eines „feminisierten" Mannes vermittelt – eine Tatsache, die durch die häufige und eifrige

---

* In Kapitel Acht dieses Buches habe ich aus dem Blickpunkt der Vierten Galaxie kritisiert, wie ich in *Jenseits von Gottvater* Worte wie *Androgynie, Gott, Homosexualität* und *menschlich* verwendet habe. An dieser Stelle jedoch berichte ich von meinem Denkprozeß, wie er sich in der Kritik dieser Termini in dem 1975er Artikel ausdrückt.

Beteuerung christlicher Theologen, es gäbe da kein Problem, da „Jesus androgyn" sei, belegt wird –, wies ich darauf hin, daß es nicht weiterhilft, wenn alte Symbole ein neues Gewand bekommen. Beim Radikalen Feminismus geht es nicht darum, „die Frau im Mann zu befreien".10 Es geht um die Befreiung der Frauen, die alle unter einem unterdrückerischen patriarchalen System leben.

Es geht beim Radikalen Feminismus auch nicht darum, „den Mann in der Frau zu befreien". Ich hatte den Gebrauch des Wortes *Androgynie* als einen erfolglosen Versuch beschrieben, eine Transzendente Dritte Möglichkeit zu der Doppelgefahr von „männlichen" oder „weiblichen" Geschlechterrollen zu finden – erfolglos deshalb, weil es beide miteinander verband und uns das Schlimmste beider Welten ließ, oder vielmehr das Schlimmste einer Welt, nämlich des Patriarchats. Also experimentierte ich als Ersatz kurz mit dem Wort *Gynandrie*, das wenigstens die weibliche „Hälfte" voranstellt. Mir wurde jedoch schnell klar, daß auch dies nicht dazu beitrug, „die generelle inhärente Abhängigkeit des Wortes von Stereotypen aufzulösen", und daß es „auf einer Ebene eine Fortsetzung von Stereotypen" fördert. Daher entschied ich, daß beide Ausdrücke tatsächlich Übergangsworte sind oder, genauer, „selbst-liquidierende" Worte, bei denen man den „eingebauten, geplanten Alterungsprozeß" sehen sollte.11

Es ist bezeichnend, daß ich in diesem Text/Artikel nicht zur Erfindung von Worten schritt, die den Bereich von „lediglich Übergangs..." oder „selbst-liquidierend" überschreiten – zumindest nicht für ein Konzept von Frauen-identifizierter Ganzheit. Als Grund dafür erkenne ich Jetzt, daß der ganze Artikel an sich ein Übergang ist, der in die Metapatriarchale/n Welt/Wirbel/Worte von *Gyn/Ökologie*, *Reine Lust* und *Wickedary* führt. In einem Abschnitt mit der Überschrift: „Gesucht: ‚Gott' oder ‚Die Göttin'?" sprach ich mich mit zwingenden Argumenten für die Abschaffung des ersteren zugunsten der letzteren aus. Jedoch spiralte ich noch nicht voran zu der reichen Schöpfung Anderer Worte, um die Realität der Selbst-transzendierenden Immanenz zu Be-Nennen. Außerdem lehnte ich zwar die Idee weiblicher christlicher Priester ab und zog heidnische Priesterinnen vor, doch war ich noch nicht so weit, Hexische Worte zum Be-Nennen der mit der Vorstellung von „Priesterinnen" verbundenen Realitäten zu Weben. In diesem Abschnitt nahm ich mich unerledigter Dinge aus der Zweiten Spiral-Galaxie an und bereitete damit die Bühne für die Anderswelt-Reise, die zu Beginn des Artikels Be-Nannt worden war.

Die Große Explosion der Neuen Worte der Dritten Galaxie begann erst mit dem Spinnen von *Gyn/Ökologie*. In diesem frühen Text sprach ich mich jedoch bereits für „den qualitativen Sprung zur Selbst-akzeptablen Abweichung als exzentrische Denkerin, Alles-Hinterfragerin, Verrückte und Hexe"12 aus. Ich schrieb:

Und ich meine Hexe. Die Ketzerin, die die Idole des Patriarchats ablehnt, ist die blasphemische Schöpferin ihrer eigenen Gedanken. Sie findet ihr Leben und hat nicht vor, es zu verlieren. In jeder Frau, die überhaupt engagiert und kühn genug ist, eine philosophisch/spirituell suchende Feministin zu werden, schwelt eine Hexe, die in diesen Tagen auszurufen scheint: „Entzünde mein Feuer!" Der qualitative Sprung, das Licht jener Flammen spiritueller Vorstellungskraft und denkerischer Phantasie kann ein neues Morgenrot sein.[13]

Wenn ich jetzt im „Qualitativen Sprung über Patriarchale Religion hinaus" lese, bin ich überrascht, wie viele der Grundthemen von *Gyn/Ökologie* dort bereits vorhanden sind. Die folgende Auswahl soll zeigen, in welchem Ausmaß der „Qualitative Sprung"-Artikel in sich bereits ein Sprung in die Anderswelt von *Gyn/Ökologie* war.

Erstens sagte ich, daß Radikaler Feminismus der Werdensprozeß von Frauen sei und sehr viel von einer „Reise in die Anderswelt" hätte. Zweitens führte ich das Thema der Todsünden der Väter als dämonische Manifestationen des internalisierten Gottvaters ein und erklärte, daß zu der Anderswelt-Reise Begegnungen mit diesen Dämonen und deren Exorzismus gehörten. Drittens Be-Nannte ich Exorzismus und Ekstase als zwei Aspekte der gleichen Reise. Viertens präsentierte ich die Idee der amazonischen Expeditionen in von Männern-beherrschte Gebiete mit dem Ziel, sie rechtmäßig zu plündern und dabei zu vermeiden, in die Schablone der zweimal-geborenen Athene gepreßt zu werden – die Vatertochter, die Mutantin, die den Zwecken der Herren dient.[14] Fünftens schilderte ich patriarchale Prozessionen in der Tradition von Virginia Woolfs *Drei Guineen*[15] und lokalisierte ihr Vorbild in den Prozessionen der christlichen, ausschließlich männlich bestimmten Dreifaltigkeit.

„Der Qualitative Sprung"-Text war also nicht nur wegen der Umstände seiner ursprünglichen Präsentation auf dem Wiener Symposion, sondern auch seinem Inhalt nach ein komplexer Moment des Spinnens. Er war ein einführendes Dritte-Galaxie-Phänomen, zu dem viele Akte von Be-Hexen gehörten. Er schuf viel Strahlkräftiges Licht und machte es damit meinem Schiff möglich, weiter in die Gegenwart hineinzu-Spinnen und -Spiralen, durch die Neu erhellten Nebel des Unterschwelligen Meeres.

DIE NARRETEI DER VÄTER:
DIE VERWEIGERUNG DER VOLLPROFESSUR

Im Winter und Frühjahr 1975 wurde ich weiterhin von wirbelnden Energien herumgeschleudert.[16] Es wäre eine ziemliche Untertreibung zu sagen, daß viel Aufregung in der Luft lag. Auf der beschwingenden Seite lag meine Erwartung, daß meine Zeit-Bombe, die Neue Ausgabe von *The Church and the Second Sex*, in die Atmosphäre freigesetzt würde. Auf der niederziehenden Seite lag die von mir erwartete Entscheidung des Boston College hinsichtlich meines Antrags, in den Rang einer Vollprofessorin befördert zu werden.[17]

Gemessen an den herrschenden Maßstäben von Akademia/Akadementia war dies durchaus der gegebene Zeitpunkt, die Vollprofessur zu beantragen. Meine Qualifikation war untadelig.* Die Entscheidung der Universität fiel unglaublicherweise negativ aus. Meine StudentInnen und viele andere Menschen, die mich unterstützten, verlangten eine Erklärung, woraufhin der Abteilungsvorsitzende den InterviewerInnen von *The Heights*, der Studentenzeitung des Boston College, „erklärte": „Sie hat keinen bedeutenden Beitrag auf ihrem Gebiet geleistet. Was vorweisbare Leistungen anbetrifft, so schien sich Marys Sache auf *dieses Buch [Beyond God the Father]* zu stützen, und das ist kein ausgesprochen akademisches Werk."[18]

Bezeichnenderweise wurde Jan Raymond sogar das Vorstellungsgespräch für ein Lehramt in Ethik am Boston College verweigert. Als ReporterInnen von *The Heights* den Vorsitzenden fragten, ob Raymonds Verbindung zu Daly der eigentliche Grund für die Verweigerung eines solchen Gesprächs war, soll er gesagt haben: „Ja, insofern als sie die meisten Themen aus einer feministischen Grundeinstellung heraus behandelt." Laut gleichem Artikel „fuhr P. (Robert) Daly fort, das Gleichgewicht der Abteilung sei gestört, wenn zwei Leute die Dinge aus einer feministischen anti-christlichen Perspektive betrachten würden".[19] (Zu diesem Zeitpunkt umfaßte die theologische Fakultät mehr als dreißig Mitglieder.)

Am 14. Februar 1975 fand ein Treffen zwischen P. Thomas O'Malley, dem Dekan des Colleges für Künste und Wissenschaften, dem Anwalt der Universität, meinem Anwalt und mir statt. Der Universitäts-Anwalt Philip Burley gab zu, daß die Studenten-Berichte „günstig" seien und daß der einzige negative Bericht aus der theologischen Abteilung kam.[20] Man sagte mir, ich solle mich an die Abteilung wenden, um ihre Gründe zu erfahren.

---

* Ich hatte (außer meinen Dissertationen) zwei größere Bücher, *The Church and the Second Sex* und *Jenseits von Gottvater, Sohn & Co. – Aufbruch zu einer Philosophie der Frauenbefreiung*, geschrieben. Im Herbst 1974 wurde das letztere bereits in Universitäten und Priesterseminaren im ganzen Land benutzt, Auszüge waren in mehreren Publikationen erschienen. Außerdem hatte ich Beiträge zu mehr als zehn Büchern verfaßt und mehr als zwanzig Artikel in Fachzeitschriften und Feministischen Zeitschriften veröffentlicht, beträchtliche Arbeit in Komitees geleistet, mehr als siebzig öffentliche Vorträge gehalten und vor wissenschaftlichen Gesellschaften gesprochen. Mein Name stand in etwa einem Dutzend *Who's Who*-Nachschlagewerken. Außerdem hatte ich sieben akademische Grade erworben, darunter drei Doktortitel.

Also gab es ein Folgetreffen (24. Februar 1975) zwischen einem der rangältesten Theologie-Professoren (P. Richard McBrien), Burling, meinem Anwalt und mir. P. McBrien erklärte, daß die Abteilung meine Arbeiten, besonders *Jenseits von Gottvater*, für nicht genügend wissenschaftlich hielt. Außerdem betrachteten sie sie als „Populärtheologie, die keine Beförderung rechtfertigt". P. McBrien verglich meine Publikationen mit denen von P. Andrew Greeley, dem wegen seiner populärwissenschaftlichen Bücher die Beförderung an der Universität von Chicago verweigert worden war. Burling verglich dann meinen Fall mit dem von Erich Segal, dessen Roman *Love Story* nicht als ein wissenschaftliches Werk anerkannt wurde, das ihn zur Beförderung an der Klassischen Abteilung in Yale berechtigt hätte. An diesem Punkt beendete ich angewidert das Gespräch.[21]

„SCHWESTERN, WIR STEHEN HIER AUF BLUTIGEM JESUITENBODEN"

Eine Gruppe von Studentinnen des Boston College und Feministinnen verschiedener anderer Universitäten organisierten einen Protest gegen die absurde Verweigerung meiner Beförderung. Wir inszenierten ein Tolles Ereignis, das eine Art Meta-Reaktion war, nicht nur auf meine Situation, sondern auf die Formen der Unterdrückung aller Feministinnen im „höheren Bildungswesen". Dieses Ereignis war ein „Forum zur Situation von Frauen im Höheren Bildungswesen", es fand am 27.2.1975 im Roberts Center, einer großen Turnhalle des Boston College, statt. Etwa 800 Frauen drängten sich in der Halle.

Das Programm begann mit einer Vorführung in Selbstverteidigung, dann folgte eine szenische Darstellung, in der Studentinnen mit leidenschaftlichem Engagement „Zitate der Vormütter" lasen. Als Vormütter verkleidet, saßen Linda Barufaldi (Gertrude Stein), Emily Culpepper (Elisabeth Oakes Smith) und Carol Adams (Susan B. Anthony) zusammen und plauderten miteinander auf der Bühne, während das Publikum lauschte.

Robin Morgan moderierte das Forum und begrüßte die Anwesenden mit dem Schlachtruf: „Schwestern, wir stehen hier auf blutigem Jesuitenboden!" Nachdem sie ein den in Akademia um ihre Freiheit kämpfenden Frauen gewidmetes Gedicht – für diese Gelegenheit geschrieben – vorgetragen hatte, stellte sie Linda Franklin vor, eine Studentin des Boston College, die einen Artikel aus *The Heights* verlas, in dem mein Fall geschildert wurde. Außer mir sprachen Christiane Joust (Tufts University), Lila Karp (SUNY in New Paltz), Marcia Libermann (University of Connecticut), Nelle Morton (Drew University), Denise Connors (Boston College), Jan Raymond (Boston College) und Adrienne Rich.

Diese Reden waren ein wuchtiger, eindrucksvoller Beweis für die Tatsache, daß Feministinnen aus Akademia ausgetrieben wurden.[24] Doch war die Atmosphäre keineswegs verbissen. Das sonst langweilige Ambiente der Turnhalle war mit etwa vierzig großen Porträts von Vormüttern verwandelt worden. Die Boston College-Studentin Pat McMahon hatte sie geschaffen, die wunderbaren Darstellungen waren auf Bettücher gemalt. Das Ambiente wurde auch durch das Ereignis selbst verwandelt, es wurde ein Zeit/Raum von wirbelnder, sengender Gynergie.[25]

Das, was bei diesem Forum ans Licht kam, zusammen mit dem, was Boston College mir antat: die Herabsetzung von *Jenseits von Gottvater*, der Versuch, dieses Werk sowie meine gesamte Arbeit – ja, mein ganzes sei-en – auszulöschen, löste enorme Explosionen in meiner Psyche aus. Sie entfesselten meine Kräfte und schleuderten mich weiter voran auf meiner Intergalaktischen Reise.

Das warf mich in immer größere Freiheit. Ich hatte in *Jenseits von Gottvater* super-wissenschaftlich gearbeitet, dennoch war dieses Buch von den zynischen und betrügerischen Vätern der Umkehrung als „unwissenschaftlich" bezeichnet worden. Damit war ich nun zur Möglichkeit qualitativ Anderer wagemutiger Taten befreit. Keineswegs würde ich *weniger* wissenschaftlich werden, vielmehr war ich nun frei, noch wissenschaftlicher zu sein – und kreativ weiter in den Hintergrund hineinzuspringen.

Dazu kam, daß die wahren Horrorgeschichten von der Austreibung Radikaler Feministinnen aus Akademia meine gerechte Wut anfachte, die eine Kreative Wut war/ist. Es wurde mir damals endgültig klar, daß meine Wissenschaftlichkeit und Originalität nie innerhalb des „Systems" anerkannt werden und der Lohn meiner Arbeit und meine Befriedigung ganz woanders liegen würden, in erster Linie in der Arbeit selbst und darin, was diese Arbeit für andere Frauen bedeutete.

DIE VORDERGRUND- UND HINTERGRUND-KONTEXTE IM JAHR DES UMBRUCHS

Der größere Kontext im Vordergrund in diesem Jahr des Umbruchs war, daß die Medien den Feminismus für erledigt erklärten. Typisch dafür war eine Titelstory in *Harper's Magazin* – „Requiem für die Frauenbewegung". Das dazugehörige Titelbild stellte eine trauernde Frau dar, als Witwe gekleidet. Was die Botschaft vermitteln sollte, war offensichtlich.*

---

* Während der achtziger und bis in die neunziger Jahre hinein haben die Medienherren immer wieder diesen langweiligen Refrain angestimmt – und dafür häufig die Stimme einer „nichtextremistischen, ausgewogenen" Frau benutzt – beispielsweise in *Time*.

Es gab jedoch zugleich einen Kontext im Tiefen Hintergrund: Trotz Anzeichen von Regression bewegte sich die Bewegung, spiralte weiter und weiter. Immer mehr Frauen „kamen zu Bewußtsein", das heißt, sie erwachten aus dem patriarchalen Zustand des Todesschlafes und weckten sich gegenseitig auf. Dazu kam ein weitverbreitetes Bedürfnis, eine profunde Lust, über die patriarchalen Einschnürungen von Seele/Geist/Gefühl, die uns immer noch zurückhielten, hinauszuspringen. Die Frauenbewegung war keineswegs tot. Sie hatte sich, bis zum gewissen Grade, in den Untergrund begeben/war untergetaucht, doch/ und sie war, bis heute, voller Erwartungen und Hoffnungen lebendig.

Obgleich die Medien und andere patriarchale Institutionen uns ausradierten, existierte 1975 bereits ein beträchtlicher Fundus an Feministischem Schrifttum, an Kunst, Musik, Filmen und Organisationen aller Art. Und trotz der weitverbreiteten Säuberung der Universitäten von Radikalen Feministinnen existierten Frauenstudien und expandierten, und einigen wenigen Radikalen Feministinnen gelang es, am Rande von Akademia und Frauenstudien zu überleben. Hinzu kam ein großes Frauennetzwerk, das rasch immer internationaler/globaler wurde. Es hatte sich damals noch nicht im bequemen Status von „Women's Communities"† verfestigt, auch war der Radikale Impuls noch nicht durch die massiv passivierenden Auswirkungen des therapeutischen Establishments oder der Göttinnenspiritualität im New-Age-Stil abgestumpft.*

In den Frauen von 1975 war auch der Traum einer „Feministischen Universität" lebendig. Eine Manifestation dieser Idee war Sagaris, eine Feministische Sommerschule in Lyndonville, Vermont (wo ich bei der ersten Veranstaltung Kurse abhielt). Zweifellos ist dieses Experiment in vieler Hinsicht „gescheitert", doch selbst als unzulängliche Inkarnation eines Traums schuf es eine Erinnerung an die Zukunft – eine Hoffnung, daß Etwas Anderes sein könnte.

Angesichts dieser Geschichte und dieses Kontextes war mein Weg für die bevorstehenden expansiven Expeditionen und Unternehmungen von Exorzismus und Ekstase bereitet. Obgleich ich noch nicht deutlich wissen konnte, daß sich *Gyn/Ökologie*, *Reine Lust* und das *Wickedary* Entfalten würden, Spürte ich, daß etwas enorm Aufregendes bevorstand.

---

† Mit „Women's Communities" benutzt Mary Daly einen Ausdruck, dem sie einen negativen Akzent gibt, was aber nur bei sehr intimer Kenntnis der US-amerikanischen Frauenszene zu verstehen ist; was sie meint, ist nach ihrer Auskunft: eine Frauenbewegung, die sich „zur Ruhe gesetzt hat", statisch wurde, deren Schwerpunkt auf Beziehungen der Frauen untereinander liegt und die sich vom Aktivismus abgewandt hat.
* Dieser radikale Impuls ist bis heute nicht zerstört. Viele Furien und Harpyien sind damit beschäftigt, seine Flammen anzufachen, so daß sich weiterhin immer größere Entflammungen/Feuersbrünste Selbst-entzünden werden. Schon allein das Spiralen dieses Buches ist der Beweis dafür, daß die Reise weitergeht.

KAPITEL ZWÖLF

DAS SPINNEN VON *GYN/ÖKOLOGIE*:
MEIN DONNERSCHLAG DER RACHE

Wenn ich mir *Gyn/Ökologie* mit den Augen der Vierten Galaxie Wieder-Ansehe, dann überrascht mich seine absolute Zeitlosigkeit. Da *Gyn/Ökologie* in der Dritten Spiral-Galaxie geschrieben wurde, die – auf Vordergrund-Ebene – mit dem Zeitalter der Zerstückelung korrespondierte, ist es nur angemessen, daß ich in dem Buch die Betonung auf Spinnen Legte, Spinnen als Ent-Decken der verlorenen Fäden der Verbundenheit im Kosmos. Es ist für Reisende der Vierten Galaxie phantastisch passend, diese Momente des Spinnens zu Er-Innern/ Wieder-Zusammenzusetzen, während wir die in den neunziger Jahren (von mir als Zeitalter der Verstümmelung Be-Nannt) vorherrschenden Vordergrundbedingungen eskalierender Zerstückelung konfrontieren/ bekämpfen.

Außerdem ist es Jetzt – wenn wir Spinnerinnen voller Entsetzen die sich steigernde Gewalttätigkeit faschistischer Vordergrund-Todesmärsche beobachten – hilfreich, unsere Identität als wirbelnde Derwische zu Er-Innern, die sich von diesen nekrophilen patriarchalen Prozessionen hinweg Drehen/Spinnen.

Es ist Jetzt ebenfalls an der Zeit zu Er-Innern, daß *Spin* auch „aushalten, überdauern" bedeutet. Denn die Situation der neunziger Jahre bedarf Aktiver Durchhaltekraft/ruft sie hervor. Spinnerinnen wenden „die Taktik des den-rechten-Augenblick-Abwartens" an, und tun dies mit „geduldiger Wachsamkeit... die aus Innerer Bewegung kommt".[1] Mehr denn je sind wir dazu herausgefordert, im Inneren Wirbel zu Leben, Triebkraft anzusammeln, um Fäden gynergetischer Kommunikation hervorzustoßen.

Mit anderen Worten: *Gyn/Ökologie* enthält lebenswichtige Hinweise, wie die *Apraxie* zu überwinden ist, wie in der Hintergrund-Gegenwart zu Leben/Handeln ist, um die Vordergrund-Gegenwart zu bestehen. Sie weisen den Weg zum Strahlkräftigen Jetzt, das heißt, zu immer mehr Momenten Momentosen Er-Innerns.

WIE *GYN/ÖKOLOGIE* ENTSTAND

Als ich im Sommer 1975 für dieses Buch zu recherchieren, das heißt zu Suchen begann, gehörte dazu, daß ich viel las und mir zu allen möglichen Themen Notizen auf einfachen großen weißen Schreibblöcken machte und diese in Aktendeckeln nach Themen ordnete. Ziemlich von Anfang an war klar, daß das Grundthema dieses Buches das Seelendrama oder die Reise in die Anderswelt sein würde, wozu Begegnungen mit den Dämonen gehören, die die Personifikation der Todsünden sind und auf dieser Reise einen Durchgang nach dem anderen blockieren. Der Unterschied zwischen der klassischen patriarchalen Beschreibung einer „Reise in die andere Welt" und meiner ist ganz einfach: In *Gyn/Ökologie* sind die Dämonen, die die Wege der Reisenden Spinnerinnen blockieren, Manifestationen/Inkarnationen des Patriarchats als solchem.[2] Als ent-wirrende Amazonen erledigen wir sie mit unseren Labryssen und bewegen uns immer tiefer in die Anderswelt, die – da wir Anders *sind* – unsere Heimat ist.

Meine Aktendeckel mit Notizen schwollen auf phantastische Weise an. Nach wenigen Wochen oder Monaten – das weiß ich nicht mehr so genau – begann ich dann mit dem Schreiben. Ziemlich zu Beginn dieses Schreibprozesses kam der Moment des Titels dieses Buches. Scheinbar aus dem Nichts sprang er in mein Hirn. Der Klang des Wortes war mir sofort klar, nur die Schreibweise nicht. Es mußte entweder *Gyn-Ökologie* oder *Gyn/Ökologie*† sein. Sehr schnell wurde mir klar, daß der Schrägstrich das Richtige war und nicht der Bindestrich. Ich wollte die von Männern-kontrollierte/Frauen-kontrollierende „Wissenschaft" der Gynäkologie damit geißeln.† Auch ließ sich der Schrägstrich visuell zu einer Labrys verlängern: Diese Möglichkeit wurde dann auf dem Umschlagbild des Buchs (im englischen Original, AdÜ.) verwirklicht.

Schließlich hatte ich eine Feldkiste randvoll mit Aktendeckeln und hatte außerdem bereits mehrere Kapitel fertig. Diese waren in der Reihenfolge der sieben Todsünden angeordnet, mit den neuen Namen, die ich ihnen gegeben hatte. Die Titel der ursprünglichen Kapitel waren: Kap. 1: „Fliegende Fötusse, Prozessionen von der Gebärmutter bis zum Grabe"; Kap. 2: „Die Spiele der Väter: Prostitution und die jüngeren Wissenschaften"; Kap. 3: „Ein Besen für mich allein: Dem Staat/Zustand des Besetztseins/In-Besitz-genommen-seins entfliehen"; Kap. 4: „Aggression: Das Regime des Terrors"; Kap. 5: „Obsession: Gebrochene Herzen, Purpurne Herzen (bezieht sich auf den amerikanischen Kriegsorden *Purple Heart*, AdÜ.), Heilige Herzen".

Als ich die Mitte des ursprünglichen Kapitels 5 erreicht hatte, wurde mir klar, daß ich mir eine enorme Aufgabe vorgenommen hatte. Ich war erst beim ersten Entwurf, hatte gerade an der fünften der acht Todsünden der Väter zu arbeiten begonnen und hatte schon mehrere

† Engl. *Gyn/Ecology*, die Doppelbedeutung von Gynäkologie und -Ökologie geht in der deutschen Übersetzung leider verloren.
† Unübersetzbares Wortspiel: *slash* – der Schrägstrich, *to slash* – geißeln, kritisieren, zerfetzen.

hundert Seiten gefüllt. Mir wurde klar, daß ich für dieses Buch eine *lange* Zeit benötigen würde. Ich sah diese Länge nicht nur deshalb voraus, weil ich weiterhin riesige Mengen von Material sammelte, sondern besonders weil ich mehr und mehr Neue Eruptionen Spinnender Kreativität erlebte.

Ich kann diese Explosionen von Kreativität, die *Gyn/Ökologie* hervorbrachten, nur verstehen, wenn ich sie im Kontext meiner Lesbischen Lebens-Zeit sehe, die 1975 eine neue Dimension angenommen hatte. Mein Erleben ekstatischer Verbundenheit mit Denise – von Anfang an komplex und turbulent – ermöglichte es mir, *Gyn/Ökologie* so zu spinnen, daß es sich auf eine Weise blühend entfaltete, wie es die Bücher davor nicht getan hatten. Ich hätte sicher auch ohne eine solche Strahlkräftige Verbindung in jener Zeit ein Buch geschrieben, doch bin ich sicher, daß es nicht so lebendig und wagemutig ausgefallen wäre wie *Gyn/Ökologie*, als es sich zu seiner eigenen Seins-Gestalt entfaltete. Mein Schreiben floß und sprühte in der reichen, ekstatischen, kraftvollen Aura (O-Zone) jener Verbundenheit, tief hinein in die Häxen-Zeit der Nacht und des frühen Morgens. In der Zeit vor Sonnenaufgang eröffnete sich mir die Landschaft/Meerschaft/Himmelschaft dieses Buches, wenn mich das Sprühen und Spinnen dieser Gefährtin, die zur Gezeiten-Zeit erschien, in die richtigen Worte hineinhörte.

Torweg um Torweg meiner Vorstellungskraft wurde aufgesprengt, als ich durch die labyrinthischen Wege meines Geistes/meiner Seele raste und dabei den Mythen und realen Greueln des Göttinnen-Mordes auf diesem ganzen Planeten ins Gesicht sah und sie Be-Nannte – und die Irrgärten der Herren Ent-Wirrte, um Gynozentrische Ekstase zu Ent-Decken und zu feiern.

So entfaltete sich *Gyn/Ökologie* immer weiter und weiter. Ich zog die Möglichkeit in Betracht, daß es ein Werk von neun Bänden werden würde. Ich meine dies nicht als Witz oder als Übertreibung; ich glaubte das damals wirklich. Dann dachte ich an drei Bände, von denen *Gyn/Ökologie* der erste sein sollte. Ich stellte mir in etwa vor, daß dieses Buch sich vor allem mit den ersten drei Todsünden auf meiner Liste der Todsünden der Väter befassen sollte, das waren Prozessionen, Professionen, Possessionen (Betrug, Stolz und Geiz). Der zweite Band sollte von den beiden folgenden Sünden handeln, nämlich Aggression und Obsession (Wut und Lust).[3] Der dritte Band, so dachte ich damals, würde von der Begegnung mit Assimilation, Eliminierung und Fragmentierung/Zerstückelung (patriarchale Völlerei, Neid und Müßiggang) handeln.[4] Mir war nicht klar, daß allein das Schreiben von *Gyn/Ökologie* drei Jahre dauern würde.

Im Mai 1975 hatte ich mich um ein Rockefeller-Stipendium für Geisteswissenschaften beworben, und im März 1976 bekam ich dann eine recht beträchtliche Summe von dieser Stiftung. Da ich mir unbezahlten Urlaub von meiner Lehrtätigkeit beim Boston College genommen hatte, war dies Stipendium buchstäblich lebensrettend. Ich konnte mir die Zeit nehmen, dieses umfangreiche Werk zu schreiben, und konnte die notwendigen Hilfskräfte für Recherchenarbeit bezahlen.

Als ich *Gyn/Ökologie* umzuschreiben, also mit der zweiten Fassung begann, geschah etwas Merkwürdiges, oder besser: mehreres Merkwürdige. Zum einen wandelte sich die ganze Gestalt des Buchs radikal. Der gesamte Prozeß des Schreibens wurde zu einer verblüffenden Erfahrung von *Gestalt/Form-Wandel* ○ (engl. *Shape-Shifting* AdÜ.). Dieses Wort wurde – wie ich meine, sehr präzise – folgendermaßen definiert:

> transzendente Transformation von Symbol-Gestalten/-Formen, Ideen-Gestalten, Beziehungs-Gestalten, Gefühls-Gestalten, Wort-Gestalten, Handlungs-Gestalten; Mondweise Metamorphose. (*Wickedary*)

Hinzu kam, daß sich während dieses Gestalt-Wandel-Prozesses das Schreiben immer mehr verdichtete. Manchmal wurden ganze Seiten zu einem Absatz oder vielleicht nur einem Satz. Das Feuer und der Fokus waren intensiv und brannten offenbar unnötige Worte weg, zwangen mich, Neue Worte zu erfinden.

Häufig entstanden Neue Worte als Ergebnis von Suchaktionen durch das Lexikon, wozu die Entdeckung von Etymologien, Definitionen und Synonymen gehörte, was dann wiederum zu weiteren Wort-Suchaktionen und Ent-Deckungen führte.[5]

Damit veränderten sich natürlich auch die Kapitel, änderte sich die Gliederung, änderte ich mich selbst. Manchmal brach ich in Beschwörungen, Lieder, alliterative Lyrik aus. Das beschreibe ich in der ursprünglichen Einleitung zu *Gyn/Ökologie*:

> In solchen Augenblicke scheinen die Worte ein eigenes Leben zu gewinnen. Es ist, als ob sie die Grenzen des üblichen Gebrauchs brechen wollen, als ob sie das Schweigen durchbrechen wollen, das über ihre Hintergründe verhängt ist. Sie werden greifbar, mächtig, es ist, als ob sie es satt hätten, daß ich *sie* „benutzen" darf, und auf eine Umkehrung der Rollen drängen.[6]

Dieser Prozeß hatte nichts von einem künstlichen Vorgang. Ich setzte mich also nicht etwa hin und überlegte mir, daß diese Arbeit einen „anderen Stil" verlangen würde, und versuchte dann, ihn zu schaffen. Vielmehr riskierte ich es einfach, in den Prozeß gynozentrischen Schreibens hineinzuspringen, was bedeutete, daß das Werk sich im wahrsten Sinne selbst erschuf.

Teil des merkwürdigen Phänomens dieses Schreibens war sein Timing. Meine Muse oder Musen erschienen stets erst am Abend und blieben dann so lange, bis ich vor Müdigkeit fast zusammenbrach. Da die Inspiration in den nachmitternächtlichen Stunden zuzunehmen pflegte, kämpfte ich gegen die Versuchung, aufzuhören, wenn der Spinnprozeß gerade erst begann.

Ich war nicht in „Trance", als ich *Gyn/Ökologie* schrieb, doch befand ich mich in einem besonderen Zustand kreativer Bewußtheit. Diese gewann, während ich an dem Buch schrieb, immer mehr Schwungkraft bis zum Crescendo am Schluß des zehnten Kapitels in den Abschnitten „Die Zer-Sammlung des Exorzismus" und „Die Feier der Ekstase". Die Eingebung zu diesen letzten Seiten kam buchstäblich über mich, als ich unter der Dusche stand, wonach ich sofort an meine Schreibmaschine stürzte und die Worte in unheimlichem Fluß niederschrieb.

Dieser „besondere Zustand kreativer Bewußtheit" entsprang teilweise dem Willen, alle mir phallokratisch aufgezwungenen Ängste zu überwinden und mich auf der Reise Gynozentrischer Schöpfungskraft weiterzuBewegen. Ungezählte Ängste peinigten mich. Zunächst einmal fürchtete ich, daß niemand ein solch exotisches Buch drucken würde, und dann, daß, sollte es einen Verleger finden, es nur grauenhafte Kritiken oder tödliches Schweigen ernten würde. Mich verfolgte der Gedanke, daß sie mich für „von der Rolle" halten würden, wegen des Unerhörten Stils und der rücksichtslosen Ent-Schleierung patriarchaler Greuel. Ich hatte Angst, daß verständnislose Lektoren den Stil „aufgemotzt" finden würden.[7] Natürlich erwartete ich das Schlimmste.[8]

Ich hatte jedoch ein Netzwerk von Freundinnen, und so konnte ich mir nicht – jedenfalls nie sehr lange – vorstellen, daß ich eine kognitive Minderheit in Gestalt einer Person sei. Dazu kam, daß ich, nachdem ich einiges von dem neuen Material geschrieben hatte, damit zu experimentieren begann, indem ich es in meinen öffentlichen Vorträgen an Colleges im ganzen Land vorstellte. Die Ergebnisse waren positiv und ermutigend und spornten mich an, immer mehr zur Positiv Revoltierenden Häxe zu werden.[9] Es tauchten viele in Beziehung zu *Hag* (Häxe) stehende Worte auf, dazu Namen wie *Crone* (Weise Alte), *Spinster* (Spinnerin), *Harpyie, Furie* und andere neue Worte. Sie waren integraler Bestandteil meines Schreibprozesses, und wenn ich sie vor Frauen laut aussprach, vollzog ich Akte des Be-Sprechens. Ich sprach diese Worte zum sei-en. Und war nicht allein bei diesem Prozeß. Wilde Frauen hörten mich zum Be-Sprechen, und zusammen schmiedeten wir eine Meta-Sprache, die sowohl das Schweigen als auch das Geräusch phallokratischen Gequassels durchbrechen konnte.

Zu meinen politischen/persönlichen Akten des Be-Sprechens gehörte, daß ich es mir seit 1977 zur Gewohnheit gemacht hatte, bei öffentlichen Vorträgen meine Lesbische Identität bekanntzumachen. Obgleich meinen FreundInnen dies seit Jahren bekannt war und andere es aus dem, was ich geschrieben hatte, und auch aus meiner Art, mich zu geben und zu sei-en, sehr leicht entnehmen konnten, gab es immer noch viele, die es aus nur ihnen zugänglichen Gründen vorzogen, das nicht zur Kenntnis zu nehmen. Deshalb machte ich es mir bei gewissen Gelegenheiten zur Regel, sehr deutlich zu werden, beispielsweise indem ich das Wort vom Rednerpult aus laut buchstabierte: L-e-s-b-i-s-c-h.

Ich kann nicht sagen, daß mir persönlich mein öffentliches Comingout als Lesbe als mein radikalster und gefährlichster Akt des Be-Sprechens vorkam. Bereits damals, in den siebziger Jahren, wußte ich, daß dem Wort *lesbisch* für sich genommen, wenn es lediglich zur Beschreibung „sexueller Neigungen" oder eines persönlichen Lebensstils benutzt wird, die tiefste, radikalste Kraft fehlt. So umgab ich es mit Neuen Worten, um die Realität von Lesben/Feministinnen, die in Gezeiten-Zeit Leben, die Metapatriarchal/Metapolitisch Agieren, aufzufüllen und auszuweiten.[10] Dieser Ruf aus dem Kosmos, stets aufs neue die Elementalen/Berührungs-Kräfte von Frauen zu Be-Nennen, forderte mich zu immer kühneren Akten des Be-Sprechens auf.[11]

Irgendwann während dieser Reise des Schreibens von *Gyn/Ökologie*, besonders, wenn ich bis tief in die Nacht hinein arbeitete, kam eine Art Formel zu mir, die als *Mantra* bezeichnet werden könnte, oder vielleicht genauer als Selbst-bestätigender Zauberspruch einer Hexe. Die Worte lauteten nach meiner Erinnerung: „Ganz gleich, was mir hinterher (oder als Folge) passiert, ich WERDE dieses Buch schreiben." Dieser Spruch trug mich durch die dunklen Nächte meiner Seelen-Reise und voran zu weiteren Strahlkräftigen Abenteuern.

Ein vergleichbares Phänomen war einige Jahre zuvor beim Prozeß des Schreibens von *Jenseits von Gottvater* passiert. Damals lautete das Mantra/der Zauber einfach: „Ich muß meine Seele umkehren."[12] Beim Schreiben von *Gyn/Ökologie* mußte ich natürlich immer noch die ständigen Attacken von Beta in die Schranken weisen. Doch hatte ich damals meine Seele bereits umgekehrt. Das heißt, ich setzte die metapatriarchale Reise fort, die in der Zeit von *Jenseits von Gottvater* begonnen hatte. Jetzt war die Aufgabe eine intensiviertere Umkehr. Es handelte sich um die Aufgabe, Verbindungen/Beziehungen auf solche Weise zu Weben, daß ich tatsächlich die Integrität meines eigenen sei-ens und Wissens spann, eine schwindelerregende Reise, die in unbekannte Gefilde führte.

BE-LACHENDE UND BE-MUSIERENDE MOMENTE

Zu meiner schwindelerregenden Reise in unbekannte Gefilde gehörten nicht nur kosmische Abenteuer, sondern auch komische Episoden, die ich Be-Lachend mit meinen Reisebegleiterinnen/Gefährtinnen teilte. Meine Erinnerung daran scheint mehr zufällig, das heißt, nicht chronologisch, sondern Crone-logisch.

Peggy Holland, eine meiner einfallsreichen Forschungsassistentinnen, hat sich eine typische Episode aus der Zeit, als ich an *Gyn/Ökologie* schrieb, ins Gedächtnis Zurück-Gerufen. Wir kamen von einer unserer häufigen Fahrten nach Cambridge zurück, wo wir ein schnelles Abendessen im „Turtle Café" zu uns genommen und bei „Gnomon Copy" am Harvard Square wie wild Manuskriptseiten fotokopiert hatten. Als wir ins Auto sprangen, um schnell wieder in meine Wohnung an der Commonwealth Avenue zurückzukehren und weiterarbeiten zu können, befand ich mich im verwirrten Zustand einer Intergalaktischen Raumfahrerin, die sich bemüht, mit irdischen Vordergrund-Realitäten fertigzuwerden. Ich ließ den Wagen an, sauste bis zum ersten Stop-Schild und hielt abrupt an. Peggy, auf dem Beifahrersitz, wartete darauf, daß ich weiterfahren würde, denn es waren keine anderen Autos in Sicht. Als sie mich schließlich fragte, was los sei, erklärte ich ihr geduldig, ich wartete darauf, daß das Schild „Go" sagen würde. Peggy brach in einen Schwall unbezähmbaren Lachens aus. Verblüfft wechselte ich mit meinem Fuß von der Bremse aufs Gaspedal, und los ging's. Wir lachten den halben Weg nach Hause.

Wenn dies der LeserIn einfach „albern" (engl. *silly*, AdÜ.) vorkommt, möchte ich ihr/ihm versichern, daß es das wirklich war/ist. Mit dem Adjektiv *silly* (das vom Mittelenglischen *sely, silly* in der Bedeutung „glücklich, selig" abstammt) meine ich:

Glücklich, Selig, Anmutig – besonders auf kicherndes Gegacker von Gänsen und Klatschbasen angewendet. (*Wickedary*)

Diesen Zustand von Albernheit verstand und teilte meine Lektorin Charlotte Cecil Raymond, die sich – mit einer Spur von Nostalgie – an das „Hochgefühl" jener Zeit erinnert.[15] Charlottes Büro im zweiten Stock von Beacon Press war ein Ort gemeinsamer harter Arbeit, besonders als das Buch in das Stadium von Druckfahnen und Seitenkorrekturabzügen eintrat. Ich erschien stets mit einer großen Tüte „Trail mix" (einer Art „Studentenfutter", AdÜ.), und wir tranken Unmengen von Beacons scheußlichem Kaffee.

An einem erinnerungswürdigen Tag machte Charlotte lange Überstunden, und ihre zweijährige Tochter Alyssa krähte und watschelte im Büro umher, während wir mit den Fahnen kämpften. Ich verließ in unregelmäßigen Abständen das Büro, um an der Kaffeemaschine im Erdgeschoß Nachschub zu holen. Charlotte fiel eine Spur (*trail*) von Nüssen und getrockneten Früchten auf dem Fußboden auf. Neugierig folgte sie der Spur, die aus der Tür hinaus, den Flur entlang, die Treppe hinunter bis zur Kaffeemaschine führte. Ich begegnete ihr, als ich wieder die Treppe heraufkam. Es folgten explosive Lachanfälle. Trotz oder vielleicht gerade wegen derartiger Zwischenfälle gelang es uns, in diesem Büro gute Arbeit zu verrichten und Geistgewitter zu Brauen. Es war Charlottes Idee, *Gyn/Ökologie* den „Index Neuer Wörter" – eine Art embryonales *Wickedary* – beizugeben. Sie war es auch, die vorschlug, daß ich auf dem Schutzumschlag des Buches als „Revoltierende/Abstoßende Häxe" (*Revolting Hag*, AdÜ.) bezeichnet würde. Da dies ein Ausdruck war, den ich im Buch erklärt und stolz in Anspruch genommen hatte, war ich abstoßenderweise der Meinung, daß dies eine angemessene Bezeichnung für meine Selbst sei.[16]

In den Momenten, die ich mit Emily an *Gyn/Ökologie* arbeitete, gab es unendlich viele fröhliche Erlebnisse. Manchmal wälzten wir uns buchstäblich am Boden, krümmten uns vor Lachen. Nach einiger Überlegung kamen wir jetzt überein, daß der wichtigste Bestandteil dieser wonnevollen kreativen Fröhlichkeit ein Gefühl von Freiheit war.[17] Wir brachen das Tabu, das gegen das Durchschauen der frommen Aufgeblasenheit, mit der androkratische Absurdität verschleiert wird, errichtet ist. So beschlossen wir beispielsweise, als wir einen kurzen Hinweis auf Papst Paul den Sechsten (engl. *pope paul the sixth*) diskutierten, daß wir ihn als „*sixth (sic, sick)*" bezeichnen sollten.†
Dieser „Titel" rief spaßige Assoziationen hervor.[18] Manchmal allerdings bestand die Versuchung, fast jedes Wort mit dem Zusatz „sic" oder „sick" zu versehen.[19]

Zwar stehen nicht alle Wortspiele, die in den Gesprächen mit diesen Gefährtinnen und mit meiner Selbst auftauchten, in dem Buch, aber doch eine ganze Menge. Ich wußte, daß dieses fröhliche Tabu-Brechen seinen Preis haben würde, doch ich hatte ja als meinen Zauberspruch/mein Mantra für diese Arbeit gewählt: „Ganz gleich, was mir hinterher passiert, ich WERDE dieses Buch schreiben." Und zu *„diesem Buch"* gehörte zwangsläufig die Unverschämtheit, die von religiös verordneten Ehrfurchtsträgern auferlegten Hirneinbindungen zu zerstören und sie mittels der Signale Revoltierender/Abstoßender Unehrerbietigkeit zu untergraben.

Viele Be-Musierende Momente ereigneten sich, als ich mit Jane Caputi an dem Buch arbeitete. Sehr bald im Werdens-Prozeß von *Gyn/ Ökologie* wurden wir nach „Wortjagden" durch das Lexikon süchtig. Einer von uns fiel ein Wort auf, und dann pflegte – durch irgendeine magische/elektrische Verbindung – ein Wort zum anderen zu führen. Wir konnten unsere Erregung fast nicht im Zaum halten, als wir die Seiten der verschiedenen Lexika, die sich in meiner Wohnung türmten,

---

† Alliteration mit *sic* = auch im Deutschen übliche Anwendung des lat. Wortes im Sinn von: So, so, hört hört! und *sick* = krank. Der Leserin erschließt sich unmittelbar, welche Alliterationen aus dem deutschen Titel zu gewinnen wären...

durchplünderten. Wir entdeckten beispielsweise, daß die Worte *faszinieren* und *faschistisch* etymologisch verwandt sind. Beide stammen aus der gleichen indogermanischen Wurzel. Während wir über die Tatsache nachdachten, daß phallische faschistische *fashion* (Mode)-Schöpfer Frauen zwingen, „faszinierend" zu erscheinen, überlegten wir uns, wie sie dies tun, indem sie nämlich *fashion* (Mode) aufzwingen, damit Frauen für ihre Zwecke *fashionable* (modern/modisch, im übertragenen Sinn auch „formbar") werden. Als wir das Wort *fashion* im *Webster's* nachsahen, fanden wir als ein Synonym für dieses Wort *rage* (Wut). Weiter auf dieser heißen Spur sahen wir bei *rage* nach und fanden als vierte Definition „eine mit intensivem Eifer verfolgte Laune/Marotte" (*fad*). Als wir darüber nachdachten, wie Frauen in solchen „intensiven Eifer" hineindüpiert werden, verspürten wir beide *rage* (Wut) im Sinn von „heftigem und unbändigem Ärger". Diese Muster-entdeckende Jagd/Praxis war stimulierend, wir knackten immer mehr an von-Männern-hergestellter Pseudo-Realität, folgten einer Wortspur nach der anderen und Be-Lachten das alles fröhlich.

Auf andere Weise erlebte ich Be-Lachende Gyn/Ökologische Momente mit Andrée Collard. 1975 oder 1976 bekam sie eine neue Geistverwandte aus der Familie der Hunde, eine wunderschöne belgische Schäferhündin, die voll Spinnender Energie war. Als ich einmal bei Andrée in ihrem Haus in Wellesley, Massachusetts, zu Besuch war, grübelte sie gerade darüber nach, was wohl der passendste Name für diese ekstatische, erratische Kreatur sein könne. In unserem Gespräch über einige Ideen, die sich bezüglich *Gyn/Ökologie* zusammenbrauten, kam ich auf das Thema Spinnen, und diese kluge Hündin gab, um uns herumtanzend, ihre Zustimmung zu verstehen. Nachdem wir eine Weile weiterdiskutiert hatten, begriffen wir schließlich, was sie uns sagen wollte. Wir kamen zu dem Schluß, daß der angemessenste Name für diese graziöse junge Hündin „Spinnerin" sei. Und so wurde sie genannt.

In den kommenden Jahren – Andrée war nach Lincoln, Massachusetts, gezogen – entwickelten Spinnerin und ich die Gewohnheit, auf der Couch zu sitzen und uns auszutauschen. Wir „sangen" miteinander. Ich begann mit der, wie mir schien, romantischen Gestaltung eines imitierten Hundejaulens, und Spinnerin stimmte fast sofort ein. Ich fand, daß wir in wunderbarem Einklang waren. Für Andrée war es vielleicht nervend, doch Spinnerin und meine Selbst waren Selig. Es war eine Manifestation von Inter-Spezies-Kommunikation, die zum Hintergrund von *Gyn/Ökologie* gehörte und in der Dritten Spiral-Galaxie immer stärker wurde.

Die ganze Aura der Schöpfung von *Gyn/Ökologie* war von Inter-Spezies-Kommunikation durchdrungen. Bei der ersten Veranstaltung von „Sagaris", der Feministischen Sommer-Schule, nahmen einige meiner Freundinnen teil, und ich war eine der Lehrenden.[20] Ich wohnte in einem nahegelegenen Gasthaus in Burke Mountain und wurde dort von den wilden Liebesbezeugungen einer erstaunlichen Dackeline namens „Hot Dog" überschüttet. Diese Wunderhündin warf sich buchstäblich immer wieder gegen meine Tür und drückte so ihren leidenschaftlichen Wunsch aus, hereingelassen zu werden. Sie erreichte das natürlich immer, und wenn die Tür geöffnet wurde, raste sie in ekstatischen Kreisen herum. Die Botschaft von Hot Dog – eindeutig, direkt und absolut unvergeßlich – war: „Niemals aufgeben!"

Bei einem Besuch in Onset im Sommer 1976 oder 1977 wanderte ich mit Denise – angeregt Ideen Spinnend – auf einem an dem schönen Strand entlangführenden Weg. Als wir an eine Wegkreuzung kamen, schleppte sich ein seltsames kleines Tier schwerfällig über die Straße. Es erinnerte an eine Schildkröte, doch waren seine Beine zu lang. Eigentlich sah es wie eine Schildkröte auf Stelzen aus. Als wir uns ihm näherten, stürzte eine Frau aus ihrem Haus, nahm das Tier hoch und brachte es auf dem Sand beim Wasser in Sicherheit. Ich fragte: „Was ist das?" Und sie schrie zurück: „Ein Einsiedlerkrebs!" Zu Hause suchte ich Informationen über Einsiedlerkrebse zusammen und erfuhr, daß sie die Angewohnheit haben, in die verlassenen Gehäuse anderer Tiere („Gastropoden") zu ziehen, in denen sie leben und sich mit ihnen weiterbewegen, während sie wachsen und nach größeren passenden Gehäusen Ausschau halten. Ich beschloß damals, daß Einsiedlerkrebse ein wunderbares Rollenvorbild für Spinnerinnen abgäben, um zu lernen, „auf der Straße zu Hause zu sein".

Diese Begegnung mit dem Einsiedlerkrebs war ein gewöhnliches/außergewöhnliches Beispiel, wie frau auf eine wahrsagende Geistverwandte trifft. Diese erscheinen oft „zufällig". Nach Margaret Murray geschehen solche Erscheinungen/Treffen besonders, nachdem gewisse magische Zeremonien durchgeführt wurden.[21] Ich sehe keinen Grund, warum Spinnende Gespräche auf einem Strandspaziergang keine „magischen Zeremonien" sein sollten. Der Einsiedlerkrebs erschien genau in dem Augenblick, als ich mehr über das auf-der-Straße-zuhause-sein und über die Überlebenstechniken für diese Lebensweise „wahrsagen" mußte. So konnte ich in *Gyn/Ökologie* schreiben:

> Diese Fähigkeit, alles, was gerade vorhanden ist, als Schutz und als Beförderungsmittel zu benutzen, ist für die Spinnenden Reisenden wichtig. Da der „Gastropode", dessen verlassene Hülle die Reisende sich ausborgt, sein Gefährt nicht länger benötigt, können wir diese Verhaltensweise als weises ökologisches Verhalten des Einsiedlerkrebses ansehen, durchaus dazu angetan, Gyn/Ökologinnen zu interessieren.[22]

Der Lebensstil des Einsiedlerkrebses war, wie ich wahr-sagte, ein

„amphibisches/multibisches sei-en". Auf uns Reisende angewendet
heißt das, wir haben „die Beweglichkeit, die aus der Integrität der
Selbst kommt und die es möglich macht, sich in den gefährlichen
Grenzbereichen patriarchaler Institutionen zu bewegen."[23]

Ein lustiges und erinnerungwürdiges Beispiel für Inter-Spezies-
Kommunikation ereignete sich, als Denise und ich im Sommer 1976
durch die Schweiz reisten. Wir nahmen eine Bergbahn in das Alpengebiet
der Jungfrau, stiegen in Wengen aus und zur Kleinen Scheidegg
hinauf. Noch weiter oben waren wir plötzlich von Kühen umringt,
deren melodische Glocken uns in eine Art Märchenland trugen.

Doch dann gewann eine Kuh, die sich abseits der anderen hielt,
durch ihr seltsames Betragen unsere Aufmerksamkeit. Unter ihresglei-
chen schien sie eine Einzelgängerin zu sein, doch fühlte sie sich
außerordentlich zu uns hingezogen. Da ihre Nase fürchterlich tropfte,
liehen wir ihr das große Handtuch, das wir als Sitzunterlage mitge-
bracht hatten, als Taschentuch, um ihr ihr Problem zu erleichtern. Wir
konnten das Handtuch nicht mehr benutzen, doch behielten wir es als
ein Souvenir, es hieß einfach „das Kuh-Handtuch".

Als die ungewöhnliche Kuh unserer Gesellschaft müde wurde,
wanderte sie weiter die Alm hinauf und suchte die Gesellschaft eines
einsamen Künstlers, der sich mit seiner Staffelei und Leinwand sehr
auffällig an der Kante eines hohen Bergrückens plaziert hatte. Dieser
Bursche schwang feurig seinen Pinsel und trug, sozusagen als Krö-
nung des Ganzen, ein Künstlerbarett. Das aufdringliche Rindvieh
stellte sich direkt hinter ihn und schaute ihm über die Schulter. Sie
schien großes Interesse an seinen künstlerischen Bemühungen zu
haben.

Da wir wußten, was es mit der Nase dieser Kuh auf sich hatte,
überraschte es uns nicht, als der angeberische Maler seinen Arm
herumschwang und sie zu vertreiben versuchte. Das ausdauernde Tier
war von dieser beleidigenden Geste keineswegs entmutigt, es trat nur
einen Schritt zurück und ging dann immer wieder vor, um über seine
Schulter zu schauen. Der Maler schien bei seinen Bemühungen, sie
fortzuscheuchen, fast hysterisch zu werden. Zweifellos hatte er das
Gefühl, daß sein Image durch die Belästigung dieser beharrlichen
Kreatur beschädigt würde. Wir saßen im Berggras und krümmten uns
vor Lachen.

Ich erkenne natürlich jetzt die komische Kuh der Kleinen Scheidegg
als eine große Wahrsagende Geistverwandte, deren Mission es war,
die Tugend des Laut-heraus-Lachens darzustellen und zu vermitteln.
Wenn ich diese Zeilen schreibe, kann ich sie mir sogar noch vorstellen,
wie sie über meine Schulter auf das Blatt schaut, und ich möchte ein
Handtuch schwingen und – mit ihr – Laut Herauslachen, besonders
über die absurde Idee, Tiere hätten keinen Sinn für Humor.

Auf der gleichen Europareise waren Denise und ich in Kreta und besuchten den Palast von Knossos. Die berühmten restaurierten Wandmalereien der Blauen Delphine in Knossos sind in vieler Hinsicht machtvolle Hilfen zum Spinnen: Sie bieten Hinweise auf den verlorengegangenen Faden der Verbundenheit im Kosmos, speziell zwischen Frauen, Tieren und den Elementen. Sie liefern auch Inspiration zum Hinwegspinnen vom patriarchalen nekrophilen System, das solche Verbindungen leugnet und Frauen und Natur zerstört. Außerdem wecken die Delphine den Mut zum Spinnen im Sinn von „aushalten, sich ausdehnen". Denn dies sind Malereien aus alter Zeit. Sie sind Botschaften der Hoffnung, die aus der Vergangenheit auf uns zugeschwommen kommen. Die Delphine sind Bewohner des Unterschwelligen Meeres, sie tragen gute Kunde in die Zukunft und die Gegenwart, sie Be-Sprechen Gezeiten-Zeit. Sie rufen Erinnerungen an die Zukunft hervor.

Auch die Minoischen Schlangengöttinnen im Museum von Heraklion waren ein Hinweis auf die Rolle, die Tiere in Frauen-zentrierten Gesellschaften wie Kreta spielten, besonders die kleineren Statuetten, deren Hände sich windende Schlangen umspannen/fassen. Unauslöschlich eindrucksvoll war/ist auch das Fresko des Stierspringens, das vom Ostflügel des Palastes von Knossos ins Museum von Heraklion überführt worden ist. Der Stier ist in wilder Angriffsposition, während die drei Akrobaten, zwei davon Frauen, mit erstaunlicher Geschmeidigkeit über seine Hörner auf seinen Rücken und auf den Boden springen. Die exzeptionelle akrobatische Gewandtheit der StierspringerInnen ist eine Inspiration für spielerisch-sportliche Springerinnen, die eine neue Athletik entwickeln, in Gyn/Ökologischer Kommunikation miteinander wirbeln und quirlen, so daß wir den Staat/Zustand der Stagnation aushalten/überleben können.

Die minoischen Tiere und Frauen der Hintergrundvergangenheit wurden in diesen Darstellungen Gegenwärtig. Sie sind mir auch Jetzt, während ich dies niederschreibe, Gegenwärtig. Ihre Botschaften/Bedeutungen gelangten in den Inhalt/Stil von *Gyn/Ökologie*. Von besonderer Bedeutung für diese Schmuggel-Operation war/ist die Labrys, die heilige Doppelaxt aus alter Zeit, die in meiner Phantasie lebendig wurde, nachdem ich die vielen Labrysse im Museum von Heraklion gesehen hatte.[24] Die Labrys, die eine entscheidende Metapher nicht nur in *Gyn/Ökologie*, sondern in allen Werken der Dritten Spiral-Galaxie ist, hat zu vielen Neuen Worten inspiriert.[25]

Der Schutzumschlag der ersten gebundenen Ausgabe von *Gyn/Ökologie* Verkündete den kretischen Einfluß. Die Labrys, die der Schrägstrich im Titel ist, wurde nach einer kleinen Souvenir-Labrys gezeichnet, die ich in Kreta erworben hatte und immer an meinem Schlüsselbund trug. Die Delphine auf der Rückseite des Umschlags stammen von einer Postkartenreproduktion des Freskos in Knossos. Die Labrys blieb stets auf den amerikanischen Ausgaben, und die Delphine, die vorübergehend von der Paperback-Ausgabe verschwunden waren, erschienen glücklicherweise wieder auf der Ausgabe von 1990, die meine „Neue Intergalaktische Einleitung" enthält. Für mich ist dies ein gutes Omen für die neunziger Jahre.

Nicht nur Wahrsagende Geistverwandte, sondern auch Haustier-Geistverwandte spielten eine wichtige Rolle im sich Ent-Faltenden Leben von *Gyn/Ökologie*. Ich spreche hier von zwei umwerfenden Katzentieren, von deren katzatonischem Einfluß und katzegorischem Imperativ diese Arbeit inspiriert wurde.* Ihre Geschichte geht folgendermaßen:

Am Labor Day 1975 bekam eine Katze in Quincy, Massachusetts, eine große Schar Junge. Die „Eigentümer" dieser Katzenfamilie suchten gute Plätze für die vielversprechende und schöne Nachkommenschaft. Zu ihren Bekannten gehörte Denise, die inspiriert wurde, zwei kleine Kätzchen auszusuchen, die „kleine Geist-Schwestern" sein würden. Die eine war wunderschön gefleckt, die andere hinreißend getigert. Die letztere wurde als „Zwerg des Wurfes" vorgestellt, ihre „Eigentümer" bezeichneten sie als „typisches Mädchen", weil sie viel schrie. Die Erstaunlichen Qualitäten der Gefleckten waren sofort offensichtlich. Sie wurde die Geistverwandte von Denise, die auch den verborgeneren Genius der Getigerten Ent-Deckte. Das Versprechen einer brillanten Zukunft der Getigerten zeigte sich in ihren bemerkenswerten grauen Pfoten. Sie wurde meine Geistverwandte.

Monatelang konnten wir keine passenden Namen für die beiden finden, da sich ihre Charaktere noch nicht voll entwickelt hatten. So nannten wir sie einfach „Schecke" und „Tiger". Nach einiger Zeit wurde jedoch deutlich, daß „Tiger" eine natürliche Athletin und Apportiererin war. Sie liebte grüne Bohnen und machte eine Art komplizierte dreifache Pirouette, um die Bohnen zu fangen, die ihr zugeworfen wurden. „Schecke" andererseits war eine scharfe Beobachterin, besonders ihrer Schwester. Ihre schönen, durchdringenden Augen verfolgten aus majestätischer Distanz jede Bewegung ihrer sportlichen Schwester. So wurde schließlich klar, daß der wahre Name von „Tiger", der Aktivistin, Wild Cat war, und der wahre Name von „Schecke", der Seherin, Wild Eyes.

Die Tatsache ihrer fundamentalen, doch komplementären Unterschiede im Temperament bedeutet jedoch nicht, daß diese Schwestern

---

* *katzatonisch* (engl. Cat/atonic) ○ bedeutet „heilende Beschwingtheit, die durch die Gesellschaft im glücklichen Augenblick erscheinender Katzentiere (engl. *Felicitous Felines*) hervorgerufen wird". (*Wickedary*). Katzegorischer Imperativ (engl. *Cat/egorical Imperative*) ○ bedeutet „der Ruf des Wilden, der Aufruf der Hexischen, vermittelt durch eine kätzische Geistverwandte". (*Wickedary*)

nichts Gemeinsames verband. Das zeigte sich bereits im Kätzchenalter auf vielerlei Weise. So liebten sie beide das gleiche Fernsehprogramm: „Wild Kingdom". Sie pflegten diese Show zu „sehen", indem sie zusammen auf dem Fernseher kauerten, die Vibrationen spürten und dem Brüllen, Quietschen, Heulen, Zwitschern etcetera der Hauptdarsteller lauschten.

Die Gesellschaft dieser begabten und liebenden Schwestern brachte viel Inspiration, als ich an *Gyn/Ökologie* schrieb. Sie gemahnten/ gemahnen ständig an das Wunder der Katzen und all der Anderen Tiere, die diesen Planeten mit Wilden Frauen teilen. Sie Riefen/Rufen die Gegenwart des Hintergrunds zurück, der Ort, an dem alle Tiere Leben. Wild Cat und Wild Eyes trugen dazu bei, *Gyn/Ökologie* Wild zu machen.[26]

GYN/ÖKOLOGIE UND DER RUF DES WILDEN

In *Gyn/Ökologie* wurde mein Spinnen Wilder und Wilder. Ich spann immer mehr Neue Worte, Neue Metaphern. Ich Ent-Deckte meine wahre Identität als Häxe und wurde von dem zu meinem Besen, meiner Nachtmähre gewordenen Wilden Wind immer weiter in den Hintergrund getragen. Ich entschlüsselte Umkehrungen, fand die Archaischen Ursprünge von Mythen und Symbolen, die gestohlen und verdreht worden waren, um den Zwecken der Herren zu dienen. Ich betrachtete alles neu und webte dabei neue Fäden der Verbundenheit.

Während dieses Prozesses folgte ich wütend/zügig dem *Ruf des Wilden ☽*, welcher bedeutet:

1: die wiederkehrende Einladung, aus dem Zustand der Versklavtheit herauszuspringen, 2: die Elementalen Töne des Anders-seins, die Sehnsüchte erwecken und Frauen dazu aufrufen, sich auf Reisen von Exorzismus und Ekstase zu begeben.

Es war mein Bestreben auf dieser wirbelnden Reise, Hintergrund-Gewebe Archaischer Bedeutungen nachzuweben und wiederherzustellen. Auch Be-Nannte ich Verbindungen zwischen Vordergrund-Phänomenen – Verbindungen, die im Staat/Zustand der Trennung/ Zerstückelung und des Abgeschnittenseins von den dämonischen Täuschungen verdeckt worden waren. Ich schrieb, um die Greuel aufzudecken, die in globalem Maßstab an Frauen unter dem Patriarchat verübt wurden, und um die Beziehungen aufzuzeigen, die diesen Göttin-mordenden Scheußlichkeiten zugrundelagen. Zu diesem Zweck Ent-Deckte ich das Sado-Ritual-Syndrom.*

---

* In der Zeit seit dem Erscheinen von *Gyn/Ökologie* haben die Akteure des patriarchalen Bösen Frauen und Natur mit immer bösartigeren Angriffen heimgesucht. Ihre Fangarme

Um Informationen über weltweite Greuel Plündern und Zurückschmuggeln zu können, mußte ich patriarchale Quellen studieren. Das war ein quälender Prozeß. Ich mußte mir das schreckliche Material ansehen – das häufig Fotografien der verstümmelten Frauen enthielt, besonders in den Fällen von Füße-Einbinden und Genitalverstümmelung, es immer wieder lesen, darüber schreiben, die ersten Entwürfe wieder umschreiben, immer wieder Korrektur lesen. Die Greuel brannten sich in mein Gehirn ein, doch dies zu wissen war notwendig und mußte weitergegeben werden.

Als ich die Verbindungen entdeckte, begann ich noch Wilder zu Spinnen, und meine Reise wurde immer schwindelerregender. Ich wurde von der Weißglut sich aufstauender Wut angefeuert, die mein Piratenschiff herumwirbelte und in das Ekstatische sei-en der Dritten Passage von *Gyn/Ökologie* vorantrieb, zum Spuken, Sprühen und Spinnen.

Meine Momente/Bewegungen des Spinnens wurden immer Strahlkräftiger, je weiter ich durch die Nebel des Unterirdischen Meeres segelte. Im Strahlkräftigen Licht sah ich verblüffende und komplexe Verbindungen, und als Folge dieser Akte des Sehens wurde das Licht

sind gewachsen und haben sich vervielfacht. Ich stellte fest, daß die sieben Punkte des Sado-Ritual-Syndroms (auf den Seiten 153-155 von *Gyn/Ökologie* dargestellt und die ganze Zweite Passage hindurch angewendet) sich weiterhin sehr gut als analytisches Werkzeug eignen, um die eskalierenden Schrecknisse der Sadogesellschaft zu demaskieren und die Verbindungen zwischen ihnen aufzuzeigen.

Die entscheidenden Komponenten des Sado-Ritual-Syndroms sind: 1. Besessensein mit der Vorstellung von Reinheit; 2. die totale Auslöschung von Verantwortlichkeit; 3. eine Tendenz, „anzustecken" und sich auszubreiten; 4. Frauen werden als Sündenböcke und Alibi-Folterknechte verwendet; 5. zwanghafte Ordnungsliebe, besessener Wiederholungszwang und Fixierung auf kleinste Details, die die Aufmerksamkeit von den Schrecknissen ablenken; 6. Konditionierung des Gewissens, so daß Verhalten, das zu anderen Zeiten und an anderen Orten nicht akzeptabel wäre, nun anerkannt und sogar normativ wird; 7. Legitimierung des Rituals durch die Rituale patriarchaler Wissenschaft.

Um einige laufende „Entwicklungen" aufzulisten: Eine pornographische Zehn-Milliarden-Dollar-Industrie hat sich entwickelt und breitet sich weiter aus; ihre Darstellungen von Folter, Mord und Zerstückelung von Frauen und Mädchen sind überall und „inspirieren" immer mehr Vergewaltiger und Sex-Mörder, diese Bilder nachzuahmen. Das Schlagen von Frauen und Inzest sind erschreckend weitverbreitet. Die Realität dieser Schrecknisse hat es immer gegeben, doch haben in den vergangenen Jahren nicht nur die Informationen darüber zugenommen, sondern auch die „Praktiken" selbst. Der internationale Frauenhandel zeigt einen erschreckenden Aufwärtstrend. Die ersten und häufigsten Opfer dieser Scheußlichkeit sowie auch aller anderen Verbrechen sind farbige Frauen. Die Nachfrage nach Kinderprostitution ist enorm, besonders in der Umgebung von Militärstützpunkten und als „Touristenattraktion". Die neuen Reproduktionstechnologien haben sich in erschreckendem Umfang entwickelt und nehmen Formen an, die Frauen auf untermenschliche „Gegenstände" der Forschung reduzieren. Die Folter von Tieren in Laboratorien und im Agrargeschäft spottet jeder Beschreibung. Und die Lebens-Mörder sind weiterhin dabei, die Erde und ihre BewohnerInnen zu töten. 1991 bezeugte der „Golfkrieg" die Eskalation patriarchaler Nekrophilie.

stärker. Mit anderen Worten: Es gab eine Spiralende Weiterentwicklung/ Intensivierung des Leuchtens. Eine solche komplexe Weiterentwicklung war eine Form von worten/sei-en, die für *Gyn/Ökologie* charakteristisch war. Damit komme ich zu dem Thema der Metamuster-webenden Bewegung jenes Buches.

DAS DURCHGÄNGIGE THEMA VON *GYN/ÖKOLOGIE*: DIE METAPATRIARCHALE REISE VON EXORZISMUS UND EKSTASE – METAMUSTER-WEBEN

So wie die Grundthese von *Jenseits von Gottvater* – daß die Bewegung zur Frauenbefreiung eine ontologische Bewegung ist – das organische, vereinende Thema der diversen Gedanken jenes Buches ist, so ist das Leitmotiv von *Gyn/Ökologie* – daß die Frauenbewegung eine Metapatriarchale Reise von Exorzismus und Ekstase ist – die organische, vereinende Quelle des Muster-Herausfindens, das für dieses Buch charakteristisch ist. Das Muster-Herausfinden von *Gyn/Ökologie* ist in Wirklichkeit *Metamuster-weben* ○, das heißt:

> der Prozeß, paternale Muster des Denkens, Sprechens, Handelns zu durchbrechen; den Weg durch die von-Männern-geschaffenen Irrgärten und aus ihnen heraus zu Weben; Metapatriarchale, Erratische Bewegung (*Wickedary*).

Zu den verbindenden und verbundenen analytischen Themen, in denen sich die Metamuster-webende Bewegung von *Gyn/Ökologie* realisiert, gehören: die acht Todsünden der Väter; der tödliche Betrug mit Hilfe von Mythen und Sprache; Nekrophilie als entscheidende Botschaft des Patriarchats und dessen *modus operandi*; das Sado-Ritual-Syndrom: die Göttin wird wieder und wieder ermordet und verstümmelt; Spuken; Sprühen/Funkenschlagen; das Feuer der Frauen-Freundschaft; Spinnen.

Zu den Verbindungsfäden in *Gyn/Ökologie* gehören auch labryshafte, doppelschneidige Wortpaare, die die Reisende des Buches in Andere Dimensionen tragen. Diese Worte haben die Funktion von *Metapatriarchalen Metaphern* ○, das heißt:

> Worte, die dazu dienen, Metapatriarchale Transformationen zu Be-Nennen und die entsprechenden Veränderungen hervorzurufen; die Sprache/Transportmittel transzendenten Spiralens; Worte, die die Reisenden in die Wilden Dimensionen des sich auf die Mitte des Anderen zubewegenden Bewußtseins tragen, indem sie an Bildern rütteln, Erinnerungen wachrufen, Widersprüche betonen, unbewußte herkömmliche Vorstellungen kippen, Gynästhetisches

Gespür für Verbindungen hervorrufen, Merkwürdige Ideen Brauen (*Wickedary*).

Die folgenden Wortpaare illustrieren die Labryshaften Dimensionen Metapatriarchaler Metaphern:

Vordergrund – Hintergrund
Exorzismus – Ekstase
Nekrophilie – Biophilie
zahm – wild
von Männern-gemachter Irrgarten – der Labyrinthische Durchgang
Gynozid – Gynozentrisches sei-en
Chronologie – Crone-ologie
ausschließlich männlich bestimmte Trinität – Dreifache Göttin
Folterkreuz – Baum des Lebens
fliegende Fötusse – Spiralende Spinnerinnen
übernatürlich – über alle Maßen natürlich
selbstbezogen – uns auf die Mitte unserer Selbst zubewegen (engl.
self-centered – Self-centering)
Forschung – Suche (engl. *re-search – Search*)
Patriarchat – Anderswelt
Besetztsein – Ent-Besetztsein
Spuken (patriarchal) *– Zurückspuken/Be-Geistern*
totaler Alibismus – Amazonische Frauenverbundenheit
Neusprech (Orwell) *– Neue Worte*
Femboter – das Be-Geisternde Selbst: Häxe, Spinnerin, Weise Alte
etc.
Entschöpfung – Schöpfung

Manchmal zeigen sich Verbindungsfäden in ganzen „Stämmen" von Neuen Worten. Da sind beispielsweise die Worte des *Häxen*-Stammes, wie *Häxisch, Häxokratie, Häx-ographin, Häx-ographie, Häx-ologie.* Dann gibt es Worte des *Crone*-Stammes, dazu gehören *Crone-logisch, Crone-ographie, Crone-ologie, Crone-Kraft, Crone-Zeit, Vor-Crone.* Zu den *Gyn*-Worten gehören nicht nur *Gyn/Ökologie* und *Gynozid*, sondern auch *Gynästhesie, Gynergie, gynozentrisch, Gynographie* und *gynomorphisch.*

In *Gyn/Ökologie* bewegte sich meine Craft Springend/Spiralend noch weiter als meine vorangegangenen Arbeiten auf die Versöhnung der verschiedenen Formen von Wissen/Be-Nennen zu. Diese Arbeit ist eine echte Nachfahrin von *Jenseits von Gottvater*. Daher fährt sie in die Dritte Spiral-Galaxie hinein. Sie hat eine größere/wildere Reichweite. Sie ist wütender/zügiger/heftiger zielgerichtet. Sie ist eine Tat Kühnen Wagemuts. Ihre Folgerungen toben, und ihre Metaphern sind Makro-mutierend. Ihre Form/Bewegung ist Gestalt-wandelnd. *Gyn/Ökologie* schlägt alle Vorsicht in den Wind.

Gyn/ökologisches Metamuster-weben ist massiv und Metamorphisch, es versucht nichts Geringeres, als gezähmte Frauen in Wilde Hexen zu verwandeln. Dafür müssen seine tobenden Folgerungen rigoros/kraftvoll sein. Der Umfang dieser Aufgabe duldet keine Hingabe an Irrationalität. Sie verlangt vielmehr Rationalität über alle Maßen. Indem es aus den Grenzen vorangegangener Diskurse ausbricht, greift *Gyn/Ökologie* nach den Sternen.

Da *Gyn/Ökologie* eine Reise von Exorzismus und Ekstase war/ist, sind seine Wirkungen nach wie vor unvorhersehbar. In den folgenden Abschnitten werde ich einige der Folgen dieses Akts des Behexens darstellen.

DAS ERSCHEINEN VON *GYN/ÖKOLOGIE*: DIE KUNST DES ENT-WIRRENS ERLANGEN

Jenseits von Gottvater hatte die Welt auf Zehenspitzen betreten, hatte allmählich LeserInnen gewonnen und in der Stille stetig an Schwungkraft zugenommen. *Gyn/Ökologie* hingegen krachte wie ein lang erwarteter, ersehnter Donnerschlag. Blitze – also atmosphärische Elektrizität – entluden sich, begleitet von grollendem Donner. Dieses Buch wurde deshalb lange erwartet und ersehnt, weil die Atmosphäre elektrisierende Kräfte enthielt. Als es – im Dezember 1978 – in den Buchhandlungen auftauchte, herrschte unter Frauen ein weitverbreitetes Wissen, daß es an der Zeit war, Verbindungen zu Spinnen, welche in ungezählten Blitzstrahlen Schrecklicher Erkenntnis sichtbar wurden. Viele waren bereit, die explosiven Töne zu hören, die solchen elektrischen Entladungen Natürlich folgen. Ja, viele hatten intensiv gelauscht und Ausschau gehalten in der Hoffnung, daß das Gewitter bald kommen würde. Die vielen Rezensionen von *Gyn/Ökologie* halfen den elektrisierten Sucherinnen, das Buch zu finden.[28]

Das Hintergrundklima war also damals Elektrisch. Frauen, die zu fast allem bereit waren, verspürten eine erhöhte Kapazität für Strahlkraft. Wir waren bereit zum Brauen Elementaler Geistgewitter, zu meteorischen Manifestationen Gyn/Ökologischer Erkenntnis, Leidenschaft und Frauen-Verbundenheit.[29]

Inzwischen segelte mein Schiff an der Vordergrund-Front auf rauher See. Als Begleitung zu den Manifestationen von Hintergrund-Licht und Feuer kamen dumme phallokratische Vorführungen von Pseudolicht und Pseudohitze. Obgleich derartige pubertäre „Feuerwerke" die Aufmerksamkeit der Reisenden lediglich als Vordergrund-Phänomene in Anspruch nehmen sollten, müssen sie doch untersucht und analysiert werden, um die Kunst des *Ent-Wirrens* ◐ (engl. *A-mazing*) zu erlangen, was bedeutet:

entscheidender Prozeß auf der Reise der Selbstwerdung von Frauen: durch die von Männern entworfenen Irrgärten (engl. *mazes*) des Staates/Zustandes der Verkehrung brechen, in den freien Raum springen (*Wickedary*).

Mit *Irrgarten* (engl. *maze*) ◑ meine ich

von-Männern-gemachte Spuren/Fallen, die nirgendwohin führen und den wahren Labyrinthischen Pfad, der in die Wilde Wirklichkeit, den Hintergrund, führt, tarnen/verstecken. (*Wickedary*)

An diesem Punkt ist es also wichtig, die Amazonen-Kunst zu praktizieren und die Vordergrund-Spuren/Fallen zu untersuchen, mit denen *Gyn/Ökologie* und die Fortsetzung Gyn/Ökologischen Reisens blokkiert werden sollten.

INVASION:
DER KAMPF UM MEINEM UNTERRICHTSRAUM†

Noch ehe *Gyn/Ökologie* überhaupt herausgekommen war, hatten es sich Vordergrund-Fixer-Master† angelegen sein lassen, diesen Prozeß zu stoppen. Da ich, um dieses Buch zu schreiben, unbezahlten Urlaub genommen hatte, war ich auf andere Einkünfte angewiesen. Mein Stipendium der Rockefeller-Stiftung für das akademische Jahr 1976/77 war außerordentlich hilfreich. Leider konnte es mir jedoch nicht durch das erste Urlaubsjahr (1975/76) helfen. Um zu überleben, war ich also fast völlig auf Vortragseinladungen angewiesen. Und diese Einkunftsmöglichkeit wurde absichtlich blockiert.

Ein Mitglied der theologischen Abteilung, dem mein früheres Büro zugewiesen worden war, pflegte Gespräche für mich, die über meine alte Nebenstelle kamen, abzublocken. Viele dieser Anrufe waren Vortragseinladungen von Colleges aus dem ganzen Land. Er erzählte den AnruferInnen entweder, daß mein privater Telefonanschluß aufgehoben oder daß ich weggezogen sei; er machte sogar Andeutungen, daß meine lange Abwesenheit vom Boston College therapeutische Gründe hätte. Außerdem entmutigte er die Anrufenden, zu versuchen, mich schriftlich zu erreichen, da ich nur selten vorbeikäme, um meine Post zu holen. Das war natürlich alles gelogen, doch paßte das Ganze zu den krummen Taktiken, die die theologische Abteilung seit Jahren angewendet hatte, um StudentInnen davon abzuhalten, meine Kurse zu belegen.[30]

---

† Engl. *A CLASSROOM OF MY OWN*, in Anlehnung an Virginia Woolf, *A Room of Ones Own*.
† Zur Erklärung vgl. *Reine Lust*, S. 36, 37.

Ich erfuhr von diesen Interventionen, als eine Professorin vom Dartmouth College mich zu Hause anrief und schilderte, was ihr bei ihrem Versuch, mich im Boston College zu erreichen, passiert war. Sie deutete an, daß jemand nicht sehr subtil durchblicken ließ, ich hätte einen Zusammenbruch gehabt. Ich bat also eine Freundin, von meiner Wohnung aus meine frühere Nebenstelle anzurufen und so zu tun, als wolle sie mich zu einem Vortrag an einer nahegelegenen Universität einladen. Ich hörte am zweiten Apparat im Nebenzimmer mit. Das Erlebnis, meine eigene Realität auf groteske Weise verzerrt/verkehrt zu hören, war schockierend. Schockierend war auch die Reaktion meines „Kollegen", als ich das Gespräch unterbrach, ihn mit Namen anredete und fragte, was er sich eigentlich dabei denke. Ohne die kleinste Verzögerung antwortete dieser rechtschaffene Professor der katholischen Theologie ganz ungezwungen: „Aber Mary, ich wollte dir doch nur helfen!" Ich setzte dieser „Hilfe" ein Ende, und die Vortragseinladungen flossen wieder. So konnte ich überleben und *Gyn/Ökologie* schreiben.

Als ich im September 1978 ans College zurückkam, war das Buch beim Verlag fast fertig, um in die Welt losgelassen/ausgeliefert zu werden. Ich konnte direkt hören, wie es in freudiger Erwartung sein Gebiß krachen ließ. Für einen naiven oder unsensiblen Beobachter schienen die Dinge am Boston College relativ friedlich zu sein. Ich Spürte, daß dies ein trügerischer „Friede" war. Alle vorangegangenen Angriffe waren auf die Veröffentlichung eines neuen Buches gefolgt, obgleich die College-Leitung typischerweise diese Bücher nie als Grund für ihre Angriffe nannte. So wäre es also bestimmt kein Zufall, wenn eine dritte Welle von Feindseligkeit und Verfolgung auf das Erscheinen von *Gyn/Ökologie* folgen würde. Ich war inzwischen mit Lehren, Reisen, Vorträgehalten und, natürlich, Leben vollauf beschäftigt. Ende November erschienen die ersten Rezensionen, im Dezember war das Buch „draußen". Es war wunderschön.

Am 23. Januar 1979 begann der häßliche Angriff. Drei „Besucher" – P. Frank Paris, ein Maryknoll†-Missions-Priester, Marsha Fowler und Sharon Webb – erschienen in meiner Vorlesung über Feministische Ethik. Dies war nicht die erste Vorlesungswoche†, und die Besucher waren nicht offiziell eingeschrieben. Ihr höhnisch grinsendes Verhalten irritierte die StudentInnen. Sie merkten, daß die Besucher stören wollten und verlangten, daß diese die Vorlesung verlassen sollten. Ich bat P. Paris und seine Begleiterinnen, die Wünsche der StudentInnen zu respektieren. Daraufhin taten sie, als hätten sie beschlossen, nicht

† Amerikanischer Priesterorden für Auslandsmission.
† In der Interessierte uneingeschrieben hereinriechen können, um sich dann zu entscheiden.

an dem Kurs teilzunehmen, und gingen. Wie ich später erfuhr, gingen sie Wirklichkeit direkt zum Vorsitzenden der theologischen Abteilung (Pfr. Robert Daly S.J., der zufällig um halb sechs noch in seinem Büro war), und dieser hatte, ohne die Situation zu überprüfen oder mit mir zu sprechen, die Besucher sogleich aufgefordert, eine offizielle Beschwerde einzureichen, wofür er ihnen seine eigene Schreibmaschine zur Verfügung stellte. Er meinte auch, sie könnten möglicherweise klagen.[31]

Am nächsten Morgen empfing ich zu Hause einen Eilbrief vom Vorsitzenden Daly, dem die drei Beschwerdebriefe der Besucher beigelegt war. Diese verblüffenden Briefe beschuldigten mich und die StudentInnen unter anderem, wir hätten die Besucher verbal angegriffen und mit körperlichem Angriff gedroht.[32]

Am 29. Januar forderte mich der Dekan der Graduate School (Donald White) auf, innerhalb von vierundzwanzig Stunden Entschuldigungsbriefe an P. Paris und Marsha Fowler[33] zu schicken und außerdem eine schriftliche Erklärung abzugeben, daß ich die „Politik (der Universität) der Nicht-Diskriminierung aufgrund von Geschlecht oder Ideologie"* unterstütze. Man sagte mir, ich würde einen Verweis erhalten, der in meine Personalakte aufgenommen werden würde, und wenn ich der Aufforderung des Dekans nicht nachkäme, würde ich ohne Bezüge suspendiert.[34]

Am 30. Januar wurde mein Kurs Feministische Ethik wieder von P. Paris besucht, der – immer noch nicht eingeschrieben – von seiner verbliebenen Komplizin und von P. Robert Daly begleitet war. Ich kommentierte das in einer Erklärung in *The Heights*:

> Dies war ein schwerwiegender Eingriff in meine Rechte als Fakultätsmitglied. Ein Vorsitzender macht keine Visitationen... Es war einschüchternd und entwürdigend, daß er erschien, um angeblich diese Besucher zu unterstützen, die sich nie eingeschrieben hatten.[35]

Paris und seine verbliebene Unterstützerin nahmen, immer noch uneingeschrieben, an einer weiteren Unterrichtssitzung (am 6. Februar) teil und behaupteten anschließend, sie seien von mir und den HörerInnen „verbal angegriffen und belästigt worden".[36] Die Universitätsleitung nahm diese Behauptungen zum Anlaß, Beobachter in all meine Vorlesungen zu schicken. Das begann am 12. Februar.[37] Ich brach die erste überwachte Vorlesung kurz nach Beginn ab, da ich Zeit brauchte, um meine Strategie auszuarbeiten.

---

* Ich habe mich nie geweigert, *bona fide* eingeschriebene, qualifizierte männliche Studenten zu unterrichten, noch habe ich je irgendeine/n StudentIn aus ideologischen Gründen nicht zugelassen.

Beim zweiten Kurs dieses Tages – zufälligerweise mit dem Thema „Mystische Muster des Patriarchats" – war ich bereit. Diesmal war der Beobachter P. Daly selbst. Ich hatte die StudentInnen instruiert, sich im Kreis zu setzen. So war der Vorsitzende gezwungen, sich ebenfalls in diese Runde zu begeben, er hatte große, starke Frauen an jeder Seite, während ich über den Hexenwahn in Westeuropa zur Zeit der sogenannten „Renaissance" sprach. Ich erwähnte die Rolle der Jesuiten bei jenen Greueln gegen Frauen und zitierte dann aus den Briefen von P. Daly und seinen Mit-Bürokraten in Boston College als Beleg für die noch anhaltende Hexenverfolgung. Ich zitierte ebenfalls aus den Briefen der Besucher und aus meinen eigenen Briefen an die Universität. Danach baten StudentInnen P. Daly, dazu Stellung zu nehmen, und fragten ihn nach dem Grund seiner Anwesenheit. Er antwortete, daß er hier keine „wesentlichen Dinge" diskutieren, sondern lediglich sagen könne, er tue nur seine Pflicht, da ihn die Leitung der Universität beauftragt hätte. Ich hatte *The Heights* über das bevorstehende Ereignis informiert, also waren Studentenreporter anwesend. Zwei junge Männer notierten mit großen Augen eifrig und enthusiastisch, was in dieser ungewöhnlichen Vorlesung geschah.

Als nächstes bestellte ich Journalisten und Fotografen der örtlichen Zeitungen. Meine „Kollegen", die sich für die Universität als Beobachter zur Verfügung gestellt hatten, waren in der Klemme. Offensichtlich wollte keiner von ihnen gern sein Bild in der Zeitung sehen. Anscheinend war selbst ihnen klar, daß ein derartig skandalöses Eindringen kaum günstig beurteilt werden würde. So verschwanden sie nach zwei oder drei überwachten Vorlesungen. Ihr Verschwinden wurde zweifellos dadurch beschleunigt, daß ich sie vor den HörerInnen ansprach und ihre Anwesenheit als „extreme Belästigung" bezeichnete, wonach StudentInnen ihnen ebenfalls, vor anwesender Presse, Fragen stellten.

Am 23. Februar bekam ich einen Brief vom Präsidenten des Boston College, Monan, in dem er mir mitteilte, die Überwachung meiner Vorlesungen sei beendet.* Es habe „Beschwerden" gegen mich gegeben, polterte der Brief weiter, die „ernst genug seien, um die Erfüllung vertraglicher Verpflichtungen zu verletzen". In einem Interview mit *The Heights* deutete ich an, daß mein kürzlich erschienenes Buch *Gyn/Ökologie* wahrscheinlich die Aktionen der Universität gegen mich hervorgerufen hätte. Ich faßte die Situation so zusammen:

Die Leitung des Boston College hat weder den Mut noch den Geist

---

* Zu dieser Zeit hatte Frank Paris, der – entgegen seiner Behauptung – noch nicht einmal an der Harvard Divinity School eingeschrieben war und daher auch nicht die Spur einer Berechtigung hatte, in meiner Vorlesung zu sein, seine Mission als Spitzel beendet und war zu seinem Lehramt auf den Philippinen zurückgekehrt. Man sagte mir, er läse Messen für mich. Sein weiblicher Beistand verschwand ebenfalls von der Bildfläche.

noch das Wissen, meine Ideen zu widerlegen. Deshalb müssen sie auf Lüge und kleinliche Schikanen zurückgreifen.[38]

Am 12. März wurde in *The Heights* ein von allen eingeschriebenen TeilnehmerInnen meines Kurses Feministische Ethik unterzeichneter Brief veröffentlicht – Überschrift: „Dalys Kurs spricht sich gegen die Universität aus." Ein Zitat aus diesem Dokument:

> Während der ganzen Untersuchung von Professor Dalys Kursen hat Boston College NIEMALS die Meinung der StudentInnen von *Feminist Ethics II* eingeholt. Statt dessen haben sie nur und ausschließlich die Anschuldigungen von drei Besuchern dieses Kurses gehört... Die Überwachung eines auf Lebenszeit angestellten Fakultätsmitglieds war undenkbar, ehe die Universität begann, alle Vorlesungen von Professor Mary Daly zu überwachen...[39]

Der Brief endete mit lobenden Bemerkungen über die Vorlesungen und über meine international bekannte Arbeit.

Die Saga war jedoch noch nicht zuende. Am 14. März fand nochmals ein Treffen zwischen mir und Universitätsbeamten statt, bei dem mir ein erniedrigendes und absurdes Dokument zur Unterschrift vorgelegt wurde. Diese Erklärung, derzufolge ich einer Reihe von ekelhaften Bedingungen „zustimmte", unter anderem, daß „während der Einschreibzeit Universitätsangehörige bei ihren Kursen als Beobachter anwesend sein werden", unterschrieb ich natürlich nicht.[40]

Statt dessen feuerte ich einen Brief zurück, in dem ich Folgendes feststellte: Aus Gewissensgründen könnte ich nicht etwas unterschreiben, das meiner Beurteilung nach nicht den Tatsachen entspricht; ich würde weiterhin qualifizierte Studenten zu meinen Kursen zulassen; ich erwartete von der Leitung des Boston College, daß sie meinen Status und meine Glaubwürdigkeit als auf Lebenszeit angestelltes Fakultätsmitglied und mein mit diesem Status verbundenes Recht auf akademische Freiheit würdigten und veranlassen würden, daß die StudentInnen ausreichend mit korrekten Informationen über mein Vorlesungsangebot versorgt würden.[41]

Das war das Ende dieser Runde.*

---

* Nein, nicht ganz. Als letzten Schachzug vor Beendigung des Frühjahrssemesters 1979 hielt Boston College die jährliche Ergänzung zu meinem Vertrag, in der meine Gehaltserhöhung für das akademische Jahr 1979/80 aufgeführt sein würde, zurück. (Die Universität verschickte die Benachrichtigungen über Gehaltserhöhungen an alle an der Universität verbleibenden Lehrpersonen jeweils am 28. Februar jeden Jahres. Nach den Statuten der Universität müssen diese bis zum 15. März unterzeichnet und zurückgegeben sein.) Ich tätigte eine Reihe von Telefonanrufen an die Universitätsverwaltung und bekam auf meine Fragen nach dem Verbleib meiner Gehaltserhöhungsbenachrichtigung keine Antworten. Als es mir schließlich gelang, den Vorsitzenden Daly zu erreichen (5. April 1979), teilte ich ihm mit, daß ich das Verhalten der Universität „als ernste Ver-

Gab ich mich nach solchen pubertären Verfolgungsmaßnahmen geschlagen? Die Antwort ist Nein. Wiederum hatte Boston College den Zweck eines Laboratoriums und Mikrokosmos erfüllt, wodurch ich nicht nur die banalen Mechanismen phallokratischen Übels, sondern auch die Möglichkeiten der Überwindung/Transzendenz noch tiefer erfassen konnte.

Derartige Machenschaften sollen zweifellos ihre Opfer – die „Aufmüpfigen", besonders Feministinnen – einschüchtern, entnerven, beugen und krankmachen. Und ohne Zweifel kosteten die geschilderten Ereignisse Kräfte – meine und die aller betroffenen Frauen. Der Triumph bestand darin, diese Erschöpfung in Frauen-identifizierte Energie umzuwandeln – aus androkratischen Eseleien unser Feuer zu gewinnen.

Ich persönlich gewann mein Feuer – setzte die Pyrogenese fort –, indem ich mittels Schreiben, Vorträge Halten und Unterrichten weiterhin Be-Sprach – durch die Greuel und den Staat/Zustand der Greuel hindurch und über sie hinaus. Mein bedeutenderer Akt des Be-Sprechens – als direkte Antwort auf das 1979er Sado-Ritual – geschah im Kontext einer von einer als *„Ad hoc* Hagographer" bekannten Gruppe von Feministinnen organisierten Sprühenden Veranstaltung. Diese Kundgebung unter dem Motto „Wir sind fertig mit Eurer Bildung"[42] fand am 8. April 1979 im Morse-Auditorium an der Boston University statt.

Laut einer damaligen größeren Feministischen Zeitung nahmen fast tausend Frauen an dieser Unterstützungsdemonstration teil; es gab nur Stehplätze, und die Frauen kamen aus so entlegenen Gegenden wie Nebraska.[43] Außer mir sprachen unter anderem Jan Raymond, Adrienne Rich und Andrée Collard. Moderatorin war Emily Culpepper. Es gab ein umwerfendes musikalisches Programm mit Willy Tyson und Susan Abod. Das gedruckte Programm formulierte die Intention der Kundgebung:

> Die Väter vom Boston College wollen die Stimme des Radikalen Feminismus zum Schweigen bringen. Sie würden gern den Geist

letzung von Rechten" betrachtete (*The Heights*, 9. April 1979, S. 17). Obgleich ich schließlich – mit wochenlanger Verspätung – die Benachrichtigung bekam, war es klar, daß diese Verzögerung eine Strafmaßnahme war. Zweifellos hatte das Hinausschieben bis zum Semesterende auch den Zweck, Boston College davor zu schützen, daß sie wegen der minimalen Anhebung, die sie mir nach der Veröffentlichung eines weiteren größeren Werkes zuerkannten, in der Öffentlichkeit schlecht dastehen würden. Diese angsteinflößende Verschleppungstaktik war ein Omen dafür, wie in den achtziger Jahren finanzieller Druck ausgeübt werden würde. Siehe besonders Kapitel Dreizehn, Vierzehn und Neunzehn.

von Frauen mit den Lügen patriarchaler Bildung einbinden. Mary Daly besteht darauf, diese Lügen zu Be-Nennen, und ermutigt Frauen, gegen die Gehirneinbinder zu kämpfen.

Entsprechend lasen neun Frauen (Studentinnen) zu Beginn der Veranstaltung im Chor einen „Aufruf an Häxen, Harpyien, Crones und Furien". Dann gaben die Frauen einzeln kurze historische Berichte von Greueln, die im Zeitalter des Patriarchats gegen Frauen verübt wurden, einschließlich der Hexenverbrennungen während der sogenannten „Renaissance" und kürzlich verübter Morde und Vergewaltigungen im Gebiet von Boston. Sie verkündeten: „Wir wollen die Verbindungen herstellen."

Jan Raymond, die damals am Hampshire College in Amherst, Massachusetts, lehrte, agierte als Crone-ologin des Abends. Sie bezeichnete meine „zehn Jahre Schikane" am Boston College als den „erstaunlichen Rekord einer Überlebenden" und teilte sie in „drei Schikane-Wellen" ein. Sie trug ihre lange Rede „Mary Daly: Vollständige Crone-ologie" mit Flair und teilweise kostümiert vor. Zitierte sie Jesuiten und andere Priester des Boston College, dann legte sie sich einen Priesterkragen um, zitierte sie Dekane und Anwälte, die keine Kleriker waren, dann zog sie eine „eindrucksvolle" Tabakpfeife hervor, die sie fachkundig rauchte.[44]

Adrienne Rich sprach von der abmildernden Rationalisierung, mit der Wissenschaftler Frauenhaß und Frauenfolter behandeln. Sie bezeichnete sich als Freiheitsliebende Frau und be-nannte die Tatsache, daß „unser Kampf, wenn er radikal verstanden und radikal verfolgt wird, der Kampf gegen planetarische Auslöschung ist".

Ehe sie die nächste Sprecherin einführte, wies Emily Culpepper auf den weiten Umfang des Feministischen Netzwerks hin und zeigte auf das Transparent, das hinter dem Podium hing und die Aufschrift trug:

Enteignet BC! Zerstückelt Akademia! Die Spinsters von Nebraska unterstützen Mary Daly!

Die Menge stimmte stürmisch zu, als sie hinzufügte:

Möge Boston College erzittern!

Andrée Collard, die an der Brandeis University lehrte, sprach über die profunde Verbundenheit von Frauen mit Natur und Tieren. Sie zeigte, wie eng das Bedürfnis der Patriarchen, die Natur zu beherrschen und zu dominieren, und die Art, wie sie Frauen behandeln, zusammenhängen. Sie wies darauf hin, daß eine Frau, sobald sie die Immoralität patriarchaler Werte verkündet, gefährlich wird. Sie ist keine ihrer intellektuellen Geklonten mehr.

Als ich drankam, war der Abend bereits fortgeschritten, doch unsere Energien steigerten sich noch. Ich sprach vom Feuer frauenidentifizierter Energie. Ich zitierte Virginia Woolfs *Drei Guineen* und schlug vor, „die alten Heucheleien in Brand zu stecken".[45] Ich sprach von den Schikanen, denen Häxen in Akademia und anderswo ausgesetzt sind, und verkündete, wie notwendig es sei, unsere Schätze zurückzuholen und dabei die Fallen des Alibismus zu vermeiden. Ich sprach mich dafür aus, die Flammen unserer Wut zu nähren, und schloß mit einer Lesung aus „Die Zer-Sammlung des Exorzismus" aus *Gyn/Ökologie*. Diese Lesung wurde durch Über-Natürliche Geräuscheffekte des Chors begleitet.

Die 1979er Kundgebung – die viele von uns einfach als „Das Ereignis" bezeichneten – sprühte vor Frauen-Brillanz und gemeinsamer Hoffnung. Als dann Willy Tyson und Susan Abod „The Witching Hours" spielten und sangen – und die Zuhörerinnen einfielen –, war das Auditorium kein gewöhnlicher Ort mehr.[46]

Es war zu Frauen-Raum und -Zeit geworden. Die Vibrationen im Raum schimmerten vor Strahlkräftigem Licht aus Frauen-Feuer – das Feuer der Auren/O-Zonen von Frauen, die einander mit Gynergie entzündet hatten. Jene/r Raum/Zeit Strahlte, strömend von Geräuschen und Farben aller Schattierungen. Jener Raum für Uns Allein flammte und bebte in unserem kosmischen Zusammenklang.

Diese Konvergenz war also die Hintergrund-Schlußfolgerung aus der von den Vätern angezettelten Vordergrund-Verfolgung. Wichtiger noch: Es war ein Hintergrund-Anfang von Neuen Ausbrüchen Gynergetischen Spinnens. Ich bin sicher, daß keine Frau, die bei jenem Ereignis anwesend war, es vergessen hat. Wenn vielleicht auch manche in vorübergehender *Amnesie* dämmern, so hatten wir gemeinsam eine Erinnerung geschaffen, die weiterhin in Gezeiten-Zeit Vibrieren und die gute Kunde vermitteln würde, daß Weitere/Andere Ereignisse sich ereignen könnten. Etwas Anderes würde weiterhin sein können.[47] Und das Wissen von Verwandlung, das jede an diesem Abend Anwesende Frau mit sich trug, würde ihre Umgebung sanft beeinflussen. Der Effekt der sich kräuselnden Wasserlinien würde seinen Weg in das Leben vieler nehmen, und die Strömung würde tief und weit in das Unterschwellige Meer hinausgetragen.

DER RADIKALE FEMINISTISCHE PROZESS GEHT WEITER: *GYN/ÖKOLOGIE* ALS VERBUM

In der ursprünglichen Einleitung zu *Gyn/Ökologie* schrieb ich:

> Dieses Buch schreiben, heißt am feministischen Prozeß teilhaben. Das ist problematisch. Denn ist nicht ein Buch seiner Definition

nach ein „Ding", eine Objektivierung/Verdinglichung von denken/ vorstellen/sprechen? Hier habe ich ein Buch in meinen Händen: festgelegt, eine festgefügte Sache... Es ist – wenigstens teilweise – ihre [der Autorin] Vergangenheit. Das Dilemma der lebendige Worte schöpfenden Schreiberin ist echt, doch ein großer Teil des Problems liegt auch darin, wie Bücher wahrgenommen werden. Wenn sie als Heilige Texte aufgefaßt/benutzt/idolisiert werden (wie die Bibel oder die Schriften des Vorsitzenden Mao), dann sind die Götzenanbeter in einem Karussell gefangen, das sich zwar dreht, aber sich nicht weiter bewegt.[48]

Anders ausgedrückt: Ich habe *Gyn/Ökologie* stets als Teil einer Bewegung gesehen, einschließlich meiner eigenen Reise, die seit jenem Schreiben weitergegangen ist und weitergeht, denn ich bin kein Substantiv, sondern ein Verb, kein Dingwort, sondern ein Tätigkeitswort. Als ich das Buch freisetzte, damit es in der Welt *sein* könne, war dies für mich kein ein für allemal vollendetes Werk. Für einige Frauen würde es ein aufrüttelnder Schock sein können, für andere eine Informationsquelle oder ein Sprungbrett, von dem aus sie in eigene ent-wirrende Forschungen, Worte, Metaphern springen könnten.

Vor allem war mir in aller Schärfe klar, daß ich nicht alles getan oder geschrieben hatte. Ich hatte das letzte Wort nicht gesagt. (Wie hätte ich sonst je wieder schreiben können?) Ich hatte vielmehr dieses Buch, diesen Donnervogel freigesetzt in der Hoffnung, daß sein Ruf Gehört werden würde. Ich hoffte, daß es sich zusammen mit den Arbeiten anderer Frauen, die aus anderen Bereichen des Hintergrundes kamen und kommen würden, emporschwingen würde. Ich erwartete begierig eine verschwenderische Fülle neuer Schöpfungskraft, die, wie ich glaubte, von Frauen aller Rassen, Kulturen, Klassen ausgehen könnte – von Frauen überall auf diesem Planeten, die aus unserem unterschiedlichen und lebenswichtigen Erbe heraus sprechen/-Be-Sprechen würden.

Aus meiner Perspektive der Vierten Galaxie sehe ich, daß dies auch geschah und weiterhin geschieht, denn unsere Zeit ist gekommen. Besonders bewegend ist für mich die Arbeit der Frauen in Irland, jener Schatzinsel, die ich als *den* Ursprungsquell meines Hintergrunds erkenne, die Heimat meiner Ahninnen. Besonders Gynergisierend auf globaler Ebene ist die neue Fülle an Schöpfungskraft farbiger Frauen.

Explosionen von Vielfalt gehen jedoch nicht ohne Konflikte ab. Eine der Reaktionen auf *Gyn/Ökologie* war ein persönlicher Brief von Audre Lorde, der mich im Mai 1979 erreichte. Aus schwerwiegenden und komplexen persönlichen Gründen konnte ich diesen sehr umfangreichen Brief nicht sofort beantworten. Als jedoch Lorde in jenem Sommer zu einer Gedicht-Lesung nach Boston kam, war es mir wichtig, zu dieser Lesung zu gehen und kurz mit ihr zu sprechen. Ich sagte ihr, daß ich gern mit ihr persönlich über ihren Brief sprechen würde, damit wir ausreichend Gelegenheit hätten, uns im Dialog gegenseitig zu verstehen, und schlug Möglichkeiten für ein solches Treffen vor. Wir trafen uns dann anläßlich der Simone de Beauvoir-Konferenz am 29. September 1979 in New York. Bei diesem etwa einstündigen Treffen sprachen wir über mein Buch und ihre Reaktion. Ich stellte meine Position klar und deutlich dar, das dachte ich zumindest. Zum Beispiel wies ich angesichts von Audre Lordes Einwand, ich hätte keine schwarzen Göttinnen genannt, darauf hin, daß *Gyn/Ökologie* kein Kompendium über Göttinnen ist. Im Mittelpunkt stehen vielmehr in erster Linie jene Mythen und Symbole, die direkte Quellen für den christlichen Mythos waren. Offenbar war Lorde damit nicht zufrieden, obgleich sie das damals nicht zum Ausdruck brachte. Später publizierte sie dann ihren ursprünglich persönlichen Brief an mich in leicht abgeänderten Fassungen als „Offener Brief" in verschiedenen Anthologien.

Ich bin nach wie vor der Meinung, daß diese Art von öffentlicher Reaktion kein fruchtbarer Weg ist. Für mich ist *Gyn/Ökologie* als solches ein „offenes Buch". Ich bedaure jeden Schmerz, den unbeabsichtigte Auslassungen bei anderen, besonders bei farbigen Frauen, wie auch bei mir hervorgerufen haben. *Gyn/Ökologie* war für mich ein Akt Biophiler Verbundenheit mit Frauen aller Rassen und Klassen, die unter all den unterschiedlichen Unterdrückungen des Patriarchats leben. Es sollte selbstverständlich sein, daß Frauen, die ein echtes Interesse daran haben, dieses Buch zu verstehen und darüber zu reden, es ihm schuldig sind, nicht nur die Äußerungen von KritikerInnen zu lesen, sondern auch das Buch selbst, und darüber *nachzudenken.**

GYN/ÖKOLOGIE UND WUT

Gyn/Ökologie kann als ein Donnerschlag von Wut angesehen/gehört werden, den ich gegen die Patriarchen, die unablässig Frauen und unsere Schwester, die Erde, massakrieren, in die Welt geschleudert

---

* Nicht wenige ProfessorInnen in Akadementia haben diesen Text („Offener Brief") als Pflichtlektüre für die StudentInnen festgesetzt für Kurse, in denen *Gyn/Ökologie* selbst keine Pflichtlektüre war, höchstens ein paar Seiten dieses Buches. Diese Art Auslese ist unverantwortlich. Sie versetzt die StudentInnen – oft innerhalb des Rahmens von „Women's Studies" – in einen Zustand selbstgerechter Ignoranz. In meinen Augen ist dies das schlechteste Beispiel für Pseudowissenschaftlichkeit. Es ist, selbst wenn es in „guter Absicht" geschieht, entzweiend, zerstörerisch. Es dient, zumindest unterschwellig, für die ProfessorInnen als Selbstschutz-Erklärung zu ihrer Unanfechtbarkeit und politischen Korrektheit. Es kann im einzelnen als eine Manifestation des Sieben-Punkte-Sado-Ritual-Syndroms analysiert werden, wie in *Gyn/Ökologie* (S. 153-155) beschrieben.

habe. Ich schrieb es in einer Zeit der Großen Wut, als Frauen sich in Wilder Bewegung befanden, von ihrer Kreativen Wut Sündspiriert. Wut kann aber auch verdrängt werden. Als Reaktion auf die absolut gerechtfertigte Wut farbiger Frauen über den Rassismus ziehen sich manche Frauen in Passivität, Feindseligkeit und Schuldgefühle zurück und verlagern ihre Energie oft darauf, andere Frauen zu Sündenböcken zu machen. Diesen geht dann möglicherweise die Energie verloren, sie verlieren die Fähigkeit, zielgerichtet wütend zu sein. Gewinner bei diesem Spiel sind natürlich die Patriarchen, die es, nebenbei gesagt, auch erfunden haben. Nachdem sie den Frauen Selbst-Haß und horizontale Gewalt eingepflanzt haben, überlassen sie uns unseren eigenen Möglichkeiten, mit denen wir unsere Selbst zerstören können, statt uns in einem ehrlichen und überlegten Kampf gegen Rassismus und Frauenhaß zu engagieren. *Gyn/Ökologie* ist ein Donnernder Aufruf, sich zu weigern, weiterhin von dem Gynergisierenden Fokus unserer Wut abgelenkt zu werden. Es ist höchste Zeit, daß *Gyn/Ökologische* Wut immer und immer wieder Ent-Deckt wird, denn die Wut kann zum Mut zum Weiter-Spiralen inspirieren, womit der Prozeß des Radikalen Feminismus weitergeht.

BRIEFE: DIE WOGE BIOPHILER VERBUNDENHEIT

Die ganze Zeit während der Schrecken akademischer Hexenverfolgung erreichten mich Briefe, die sich auf *Gyn/Ökologie* bezogen. Sie waren Balsam für meine Seele. Viele von ihnen zu lesen war und ist immer noch wie eine fast unendliche Vielfalt köstlicher Weine zu kosten. Sie regenerierten meinen Geist.

Die Briefe übermittelten viele komplexe Dinge. Zusammengefaßt verströmten sie Liebe und Dankbarkeit und vermittelten mir, daß die lange Mühe nicht umsonst war. Sie gaben mir etwas zurück – erneuerte Hoffnung, Kraft, erneuerten Mut. Sie brandeten voller Botschaften Biophiler Verbundenheit aus dem Unterschwelligen Meer auf.

Die Auswahl von *Gyn/Ökologie* betreffenden Briefen, die ich nachgelesen habe, reicht von Dezember 1979 bis August 1991, denn natürlich haben Frauen dieses Buch (wie meine anderen Bücher) über die Jahre hinweg Ent-Deckt. Da mein Ablage-„System" sehr unzulänglich war, ist diese Auswahl ganz zufällig. (Ich habe einfach in die Mappen gegriffen, eine Handvoll herausgezogen und wieder gelesen.) Doch habe ich den Eindruck, daß sie etwas von der Breite der Gefühle und Gedanken vermitteln können, die für die Gesamtheit der Briefe charakteristisch ist. Fast alle sind sehr persönlich und zugleich analytisch. Sie sind persönlich analytisch. Sie sind von Frauen geschrieben, die in die Beziehung zu ihrem Innersten hineingeschockt wurden.

Ich Ent-Deckte in diesen Briefen eine schwer zu Be-Nennende Kombination von E-Motionen, von Rhythmen und Tönen, von Licht und Farben, die darauf schließen läßt, daß für diese Frauen das Strahlkräftige Licht des Hintergrunds durch den Nebel leuchtet. Wegen dieser subtilen Komplexität will ich nicht versuchen, die Briefe nach Themen zu ordnen – obgleich sich durchaus Themen zeigen.* Ich will vielmehr einige dieser Sendschreiben so anschauen, als seien sie Kostbarkeiten, die ich im Unterschwelligen Meer gefunden habe. Dann kann ich vielleicht ein paar Verbindungsfäden Spinnen.

Ich will mit einem Brief vom 29. Dezember 1978 beginnen:

> Es ist eine Wohltat, Dinge gedruckt zu sehen, die ich bisher nur in meinem Kopf hatte. Ich fühle mich auch eher herausgefordert als deprimiert – und bin sicher, daß ich diesen Gemütszustand mit vielen meiner Schwestern teile.

Hier ist die Erkenntnis vorhandenen Wissens gekoppelt mit dem Willen, die *Apraxie* zu überwinden. Und dieser Frau war auch – sehr wichtig – klar, *wie* sie handeln mußte. Sie schrieb: „Ich versuche meinen Zorn richtig zu plazieren." Dem folgen Strahlkräftige Worte:

> Ich wünsche Dir alle Hoffnung, die ich geben kann, und das Gefühl von Glück, das Dich zu weiteren Horizonten tragen wird.

Wie ich bereits sagte, sind die Reaktionen von Frauen auf *Gyn/Ökologie* durch eine große Bandbreite sehr intensiver E-Motionen gekennzeichnet. Eine Frau aus Washington, D.C., beschrieb 1979 das „ganze Erlebnis" des Lesens als „zutiefst aufrüttelnd". Einige Zeilen weiter sagt sie: „Die Wiedergewinnung von Sprache fasziniert mich." Und dann: „Ich mußte grinsen und vor lauter Vergnügen auf den Tisch hauen." Viele beziehen sich fast ausschließlich auf positive E-Motionen, Spiralen und Energieschübe. In einem undatierten Brief aus Burlington, Vermont, sagt die Schreiberin, daß *Gyn/Ökologie* zu lesen wie eine vierhundert Seiten lange Liebesaffäre war und ihr das Gefühl gab, „high" zu sein. Eine Frau aus San Francisco schrieb 1979:

> Die Lektüre half mir, ein fast tödliches Erdbeben zu überstehen*...
> Mein Lieblingsabschnitt ist „Die Zer-Sammlung des Exorzismus".

---

* Einige der Themen in einer beträchtlichen Zahl von Briefen entsprechen den Hauptthemen der *Jenseits von Gottvater*-Briefe, und zwar: 1. Die Schreiberinnen entdeckten, was sie bereits (unterschwellig) wußten; 2. sie hatten nie zuvor derartige Briefe an AutorInnen geschrieben; 3. Überschwang, vulkanische Hoffnung; 4. das Wissen, daß entsprechend dieser Hoffnung Handeln Sanktionen nach sich ziehen würde; 5. das Erlebnis von Energieschüben; 6. das Erlebnis, mit den eigenen seelischen/medialen Kräften in Berührung zu kommen; 7. Bejahung der Lesbischen Identität. S. Kapitel Acht.
* Das Wort Erdbeben ist hier als Metapher gemeint, in dem in *Gyn/Ökologie* verwendeten Sinn (S. 428-431).

Das ist jetzt meine Gutenachtgeschichte/mein Gebet/mein Zauber-spruch/es ruft meine Träume herbei.

Häufig wird Erschrecken ausgedrückt. Eine Frau aus Colorado Springs beschreibt 1979 ihre Reaktion auf die „blutrünstigen Einzelheiten" der Zweiten Passage:

Deine Detailliertheit bewirkte bei mir, daß meine Abwehr und mein Rassismus weggeätzt wurden. Wie so viele der „Fachleute" hatte auch ich Afrikaner und Chinesen für „exotisch" (oder irgendso etwas) gehalten, das hatte mich blind gemacht. Wie Du das behandelt hast – Schritt für Schritt –, ließ mir keine Möglichkeit zum Verstecken, und ich danke Dir für diese Einzelheiten (obgleich mir schlecht war, ich weinte und schließlich das Buch für ein, zwei Tage beiseite legen mußte, um den Abschnitt über die afrikanische Genitalverstümmelung zu überleben). Ich werde die Welt nie wieder wie vorher sehen. In meiner Sicht von Schwesterlichkeit habe ich mich Lichtjahre voranbewegt.

Diese Frau beschrieb auch, wie sie den logischen Weg von Wissen zum Handeln (*Apraxie* überwinden) erlebte, als sie nämlich einer Gruppe Kirchenfrauen ihr Verständnis einer sexistischen Predigt erklärte, die alle gerade erlitten hatten, zu der die meisten jedoch ihre Kritik nicht artikulieren konnten*:

Ich konnte seiner Predigt nicht zuhören... Danach kamen einige Frauen zu mir mit einem wilden Ausdruck in den Augen – sie konnten nicht sagen, warum, aber sie waren wütend. Ich sagte ihnen, was meiner Meinung nach passiert war (und griff auf das zurück, was ich aus *Gyn/Ökologie* gelernt hatte), und Augen und Geist klapperten und klickten so, daß der Raum wie... mit Elektrizität angefüllt schien.

Eine Psychiaterin aus Oregon (Brief ohne Datum) beschrieb ihren „Schockzustand" nach den Enthüllungen der Zweiten Passage und wie sie „zwischen sich übergeben und den Feind in Stücke reißen" hing. Sie fügte hinzu: „Man kann leicht darin gefangen bleiben, statt hinweg-zuspinnen."

Viele Briefe sagen, ein Haupthindernis für das „Hinwegspinnen" sei die Angst. Eine Frau aus Rochester, New York, beschrieb 1980 das Problem aus ihrer Sicht:

---

* Die Predigt war mit einer „Karikatur" eingeleitet worden, in der Priscilla Pig zu einem Lama geht, um die Wahrheit über ihre Realität zu erfahren. Der Lama soll ihr die Wahrheit ihrer Existenz enthüllen. Dazu die Schreiberin: „Das letzte Bild zeigt Priscilla, die ihn von unten verzückt anstarrt und sagt: ,Sag mir, Großer Meister, was ist meine Wahrheit?' Er antwortet: ,Denk an Schweineschnitzel.'"

Für mich ist *Gyn/Ökologie* ein kraftvolles und gefährliches Buch. Ich kann nicht anders, als es zu studieren, doch ich habe Angst davor. Angst, weil ich sehr dicht an der Grenze lebe, der Begrenzung durch Ehe, Kinder (2 und 6 Jahre alt), Job (Hilfslehrerin in Englisch an einer Gemeindeschule), FreundInnen (die praktizierende Katholiken und männerorientiert sind). Ich habe eine Verantwortung gegenüber den Menschen, die mich lieben. Ich habe Angst, daß, wenn ich mich in die Lust des Spinnens hineinbegebe, alle und alles in meiner Umgebung zusammenbrechen werden durch das, was sie als destruktive feministische Energie ansehen werden... Bitte, wenn Sie einen Weg wissen, zu Sein, ohne allein zu sein, ohne das Zuhause, die Familie, die FreundInnen, den Job etc. aufzugeben, dann sagen Sie ihn mir.

Andere Briefe enthalten Hinweise auf die Antwort. So lese ich in einem Brief von einer Frau aus Amherst, Massachusetts, 1979:

Die Anlage des Buches machte es mir möglich, während ich es las, zu reisen, und jetzt, wo ich es beendet habe, kann ich rückwärts weitermachen. Ich habe zuviel gelesen, um dahin zurückzukehren, wo ich vorher war; ich habe angefangen, auf meine Mitte zuzuspiralen und dabei den Raum um mich mit hineinzunehmen... Die (Frauen-identifizierten) Gefühle haben sich in mir eingenistet. Und mit jedem Tag, in dem ich mehr von meiner Sozialisation abstoße, gewinne ich mehr inneren und äußeren Frieden. Es ist eine schwierige Reise, besonders allein, ohne viel emotionale Unterstützung, doch... ich baue langsam meinen Webstuhl zusammen, auf dem ich mein Gewebe weben werde.

Meine freudige Erregung bei der Lektüre solcher Briefe ist teilweise auf die erstaunliche Tatsache zurückzuführen, daß die Schreiberinnen aufeinander zu antworten scheinen, rückwärts und vorwärts durch die Zeiten. Dieses Phänomen ist möglich, weil alle am gleichen Hintergrund teilhaben. Sie alle befahren das Unterschwellige Meer.

Aus vielen Briefe spricht das Gefühl psychischer/medialer Verbundenheit. Eine Frau aus British Columbia beispielsweise drückt 1986 ihre Wahrnehmung Anderer Dimensionen so aus:

Gyn/Ökologie war das erste Buch (von Ihnen), das ich gelesen habe, und ich kam rein zufällig darauf, es war fast wie ein geplanter Zufall, wenn man das so nennen kann. Viele Dinge, die Sie schreiben, hatte ich bereits in mir gespürt, war aber nicht in der Lage, sie miteinander zu verbinden.*

---

* Diese Worte Rufen einen weiteren Brief von Mitte der achtziger Jahre zurück, in dem stand: „Es [*Gyn/Ökologie*] ist, als ob ich mein Denken/meine Reise schwarz auf weiß vor mir sehe."

Ohne Zweifel besteht eine Verbindung zwischen dem Erwachen zu bereits vorher gewußter/gefühlter Erfahrung und der Wahrnehmung eines „geplanten Zufalls", das heißt Synchronizität – oder Syn-Crone-izitäten. Bricht bei einer Frau die Wahrnehmung des Hintergrunds auf, dann wird ihr klar, daß sie nicht in einer Welt von bloßen „Zufällen" lebt. Sie beginnt, aus dem Zustand der Zerstückelung auszubrechen; sie beginnt Verbindungen zu Sehen und zu Be-Nennen. Das heißt, sie beginnt zu Spinnen. Ich bin mir heute des Hintergrund-Wissens von Frauen und unserer Teilhabe an Ebbe und Flut des Unterschwelligen Meeres durch die Zeiten sicherer denn je, und will deshalb Jetzt voranspiralen zu einem Juwel von Brief, den ich kürzlich von einer Frau aus Milwaukee erhielt, die *Gyn/Ökologie* zum ersten Mal 1990 las:

> Als ich anfing, *Gyn/Ökologie* zu lesen, war es, als risse der Horizont auf. Ich sah nun gewisse vage, nebulöse Gefühle (deren Ursprung ich nicht kannte), die mich seit meiner Kindheit mal mehr, mal weniger verfolgt hatten, in einem neuen Licht... Du könntest vielleicht sagen, daß ich ein weiblicher Mensch war, der noch keine totale Gehirnwäsche bekommen hatte.

Besonders interessant an diesem Brief ist die Verbindung von Bildern und Erkenntnissen. Die „nebulösen" Gefühle ihrer Kindheit sind für mich genau der Nebel des Unterschwelligen Meeres. Die Tatsache, daß sie sie nun in einem „neuen Licht" sieht, ist charakteristisch für die Erfahrung der Dritten Spiral-Galaxie, zu der *Gyn/Ökologie* gehört.

Sie sagt weiter, daß sie die männlichen Stimmen, mit denen die Bilder in „Natur"-Filmen im Fernsehen unterlegt sind, nicht leiden kann, und schreibt:

> Schon als junger Mensch war mir auf einer Ebene bewußt (was ich erst als Erwachsene ausdrücken konnte), daß Männer die Natur nicht als eine von ihrer männlichen Denkstruktur getrennte Realität sehen können, daß sie, wo immer sie auch hinschauten, nur sich selbst sahen.

Ich erfaßte sofort den leierigen, langweiligen Ton, den sie beschrieb, und ihre frühe unterschwellige Einsicht.

Es war ermutigend, diese Sätze in Verbindung mit folgender Feststellung im gleichen Brief zu sehen:

> *Gyn/Ökologie* hat mich sehr bewegt. Wenn ich hier innehalte, um den Ausdruck „hat mich bewegt" zu überdenken, dann wird mir klar, daß es sinnvoll wäre, genauer zu beschreiben, von wo *her* und zu welcher neuen Position *hin*!

Offenbar entdeckte die Schreiberin, während sie den Brief schrieb, daß sie nicht lediglich von „Gefühlen" sprach, sondern von Reisen. Sie überwand die *Apraxie* und bewegte sich auf einen „Riß im Horizont" zu. Daß diese Worte von einer Frau geschrieben wurden, die *Gyn/Ökologie* Anfang der neunziger Jahre entdeckte, war für mich ein Strahlkräftiges Omen. Ein weiterer Brief, etwa um die gleiche Zeit (November 1989) geschrieben, kam von einer Zwanzigjährigen, die sich als sehr arm bezeichnete. Sie beginnt ihren Brief mit:

> Vor elf Monaten las ich *Gyn/Ökologie*, und zum ersten Mal seit meiner Kindheit fand ich das Leben aufregend und wollte leben.

Dieses bekommt besondere Bedeutung, wenn es in Zusammenhang mit einer weiteren Feststellung in diesem Brief Gehört wird:

> Deine Worte flossen in mein Herz, und sie waren nichts Neues für mich – mir war das schon immer zutiefst bewußt.

Damit sagte mir diese junge Frau, daß *Gyn/Ökologie* ihre Fähigkeit, ihr tiefsitzendes Biophiles Wissen zu Er-Innern, ausgelöst hatte, ein Wissen, das – wie ich es ausdrücken würde – unter die Oberfläche des Unterschwelligen Meeres gesunken war. Sie bezeichnete die „Ungeheuerlichkeit der Veränderung" in ihr als „erstaunlich" und fuhr fort:

> Ich hatte immer zuviel Selbsthaß, um meine Meinung zu sagen, um meine Meinungen aufzuschreiben, damit andere sie sehen könnten, doch plötzlich war das alles nicht mehr schwierig. Denn Du existierst und siehst genau das, was ich sehe!

Obgleich die Schreiberin das Wort *Licht* nicht benutzt, würde ich das von ihr beschriebene Erlebnis Strahlkräftig nennen. Es war ihr möglich geworden, ihre Verbindung zur Realität zu Sehen und zu Be-Nennen, weil eine andere sie ebenfalls Sieht und Be-Nennt. Sie war zum Be-Sprechen Be-Sprochen worden. Sie ist keine kognitive Minderheit von einer mehr, oder, besser gesagt, sie weiß, daß sie mit ihrem Wissen nicht allein ist.

Als ich – im August 1991 – diesen Abschnitt schrieb, erreichte mich ein bemerkenswerter Brief zu *Gyn/Ökologie* und *Reine Lust* aus London. Die Schreiberin hatte *Gyn/Ökologie* um 1982 herum gelesen und hatte kurz nach der Lektüre „alles in die vier Winde geworfen und angefangen, ausgedehnte Reisen zu unternehmen". Sie fuhr fort: „Nun sind fast zehn Jahre vergangen, und ich habe die meiste Zeit in einem Zelt an einem Fluß, dem Rio Colorado, in Mittelamerika gelebt".[*]

Sie schrieb über ihr völliges Alleinsein: „Manchmal habe ich Angst, doch das ist gar nichts verglichen mit dem Sprudeln in mir und dem Gefühl ,ich bin zu Hause'." Nach Schilderung einiger ihrer erstaunlichen physischen und psychischen Reisen und Abenteuer fuhr sie fort:

---

[*] Sie plant, ein neues Zelt zu erwerben und zurückzugehen: „Ich gehe also ,nach Hause' und bleibe diesmal."

Nachdem ich es [*Gyn/Ökologie*] gelesen hatte, wirbelte ich jahrelang herum – die Wut war etwas Vulkanisches – und meine „Gemälde" waren voller Vulkane und Engel und Meerjungfrauen.

Sie setzte das Wort „Gemälde" in Anführungsstriche, weil sie sie „nur als Botschaften" betrachtet, „also nenne ich sie ‚Schmetterlingsflügel'". Sie begann „vor etwa zwei Jahren" mit dem Malen. „Ich habe sie alle verschenkt. Es sind wahrscheinlich über zweihundert Bilder."

Der Schmetterlingsflügel, der diesem Brief beilag, eine wunderschöne Aquarell-Botschaft, kam in einem wichtigen Moment, als ich an diesem Kapitel schrieb, und hängt Jetzt an der Wand über meinem Bücherregal. Er spricht von dem Kreativitätsschub, der kommt, wenn eine Frau tapfer und frei ist. Sein Titel ist „Das Wasser des Lebens".

Ohne Zweifel gibt es Verbindungsfäden zwischen diesen Briefen. Dazu gehört: Bereits vorhandenes unterschwelliges Wissen wird sichtbar; *Apraxie* wird aktiv überwunden; ein Gefühl der Veränderung/ Metamorphose; Biophilie; eine Lust nach Biophiler Verbundenheit; Realisierung, daß frau nicht allein ist; psychisches/mediales Gefühl von Serendipität†/Syn-Crone-izität; Verbindungen Spinnen; Angst überwinden; Realisierung des Allein-sei-ens/Zuhause-sei-ens; Vulkanische Wut; Kreativitätsschub; Strahlkräftige Reise.

Die Briefe sind also da und Be-Sprechen mich zum weiter-Bewegen/weiter-Segeln, geben mir den Mut zum Schreiben ein. Sie waren – und sind weiterhin – überwältigend Positiv, sie bestätigen meine Realität als eine Positiv Revoltierende/Abstoßende Häxe. Sie branden vom Unterschwelligen Meer auf und Rufen die Kräfte Biophiler Verbundenheit Zurück. Zusammengenommen spiegeln sie den Cronelogischen Kontext*, die Gynergetische Realität, die den Zaubersprüch/ das Mantra stützt, die mich durch das Spinnen von *Gyn/Ökologie* und mein Überleben der Folgen trugen: „Ganz gleich, was mir hinterher passiert (und passierte) – ich WERDE dieses Buch schreiben (und SCHRIEB es auch)!"

Ich höffe, daß *Gyn/Ökologie* in ihrem Reichtum wie in ihrer Unvollständigkeit weiter eine Labrys sein wird, die es Frauen ermöglicht, aus unseren Fehlern und unseren Erfolgen zu lernen und unsere Leben – Jetzt – so weit hinauszuwerfen, wie wir gehen können.

---

† Engl. *serendipity*, das Wort stammt aus dem persischen Märchen „Die drei Prinzen von Serendip" und bedeutet: die Gabe, wertvolle oder angenehme Dinge zu finden, nach denen man/frau gesucht hat.

* Dieser Crone-logische, Leben-erhaltende Kontext hat sich ebenfalls – und ganz besonders – in unzähligen Gesprächen mit Frauen überall in den Vereinigten Staaten und in vielen anderen Ländern hergestellt. Manche dieser Frauen sind persönliche Freundinnen. Andere habe ich in Verbindung mit meiner Arbeit als Lehrerin und öffentliche Rednerin kennengelernt. Die weiterbestehende Anwesenheit dieses Nixenden Netzwerks von Näxen ermutigt mich ständig weiterzuSpinnen.

KAPITEL DREIZEHN

GANZ GROSS SPINNEN:
DIE EXPLOSION/EXPANSION VON *REINE LUST*

Reine Lust entsprang dem reichen Vulkanischen Boden Elementaler Leidenschaft für Leben. Sie wurde befeuert von den Auren vieler Frauen und Anderer Wilder Lebewesen. Sie war aufgeladen von der Entschlossenheit, die *bores* (Langweiler/Bohrer), *botchers/butchers*, (Pfuscher/Stümper/Metzger), *jocks* (Böcke), *plug-uglies* (Schläger), *rippers* (Schlitzer) und andere *snools* (Knilche)†[1], die das von mir *Sadogesellschaft*[2] Be-Nannte Ödland beherrschen und weiterbestehen lassen, zu bezwingen.

Intergalaktisch gesprochen Spiralte *Reine Lust* aus dem Momentum der Schubkraft der Momente von *Gyn/Ökologie* heraus und setzte damit den Weg der Dritten Spiral-Galaxie fort. Ich war dabei zu lernen, in Extremem Sinn „auf der Grenze" zu leben, und sah klarer denn je, daß ich Nichts zu verlieren hatte. Ich hatte die Tugend des Abscheus gegenüber der Phallokratie und ihren Regeln und Beherrschern weiter entwickelt. Ich hatte Vertrauen in meine Eindeutig† Sonderbare Perspektive gewonnen und geschworen, daß ich es weiterhin und immer wagen würde, Wild zu Spinnen.

Als ich *Reine Lust* Spann, setzte ich den Exorzismus der Dämonen fort, die ich erstmals in *Gyn/Ökologie* eingeführt hatte und die die Personifikationen der Todsünden der Väter sind. Waren die in *Gyn/Ökologie* vor allem konfrontierten Todsünden die *Prozessionen*, *Professionen* und *Possessionen* (androkratischer Betrug, Stolz und Geiz), kommen nun in *Reine Lust* die dämonischen Angriffe, die bloßgestellt und durchkreuzt werden müssen, hauptsächlich aus der *Aggression* und *Obsession* (bösartige männliche Gewalt und phallische Wollust). Diese Dämonen paradieren in einer Reihe hinter den Todgenossen†, die in dem früheren Buch bekämpft und besiegt wurden und die natürlich immer wieder und wieder mit Er-Neuter Kraft besiegt werden müssen.

† Entsprechend der Übersetzung von *Reine Lust* (S.35/36) haben wir diese Auswahl aus einer dort wesentlich längeren Liste von Schimpfnamen ebenfalls in Englisch gelassen, die deutschen Wörter in Klammern können nur Annäherungen sein.
† Engl. *Positively*, ein Wort das M.D. wegen seiner (im Deutschen nicht herstellbaren) Doppelbedeutung von Positiv und Eindeutig (und weiterer Bedeutungen) häufig in Zusammensetzungen benutzt, z.B. *Positively Revolting Hag*, hier *Positively Peculiar Perspective*.
† Engl. *deadfellows*, unübersetzbares Wortspiel zu *bedfellow* = Bettgenosse, Schlafgenosse.

Im Vorwort zu *Reine Lust* schrieb ich:

Im Verlaufe der Reise nehmen die wütenden Kämpfer unter diesen entsetzlichen Belästigern an Zahl und Geister-Kraft zu. Indem wir uns vorwärts, aufwärts und hinab bewegen, treten wir nun in Neue Sphären-Reiche ein.[3]

Das explosive Werden von *Reine Lust* war auf einer Ebene ein Kampf gegen die durch phallische Lust angetriebenen Aggressoren/Besessenen – eine Lust, die gewalttätig und selbstbezogen ist, die alles Leben einebnen, Geist/Materie zerstückeln, die Auslöschung vorantreiben will. Schon zu Beginn dieses Prozesses wurde mir klar, daß das Wort *Zorn* (das in die traditionelle Aufzählung der sieben Todsünden gehört) keine präzise Bezeichnung für eine Todsünde der Väter ist, die ich inzwischen für unfähig zu Tiefer Vulkanischer Wut hielt. Im Gegensatz zu dieser ist die phallische Aggression eine Manifestation der tödlichen Unleidenschaft/„Objektivität", die im Patriarchat vorherrscht. Zusammen mit ihrer Zwillingssünde, der Besessenheit (Wolllust), stellt sie eine Leben-hassende Geilheit/Lust dar, die vergewaltigt und tötet. Diese Lust ist *rein* in dem Sinne, daß sie sich durch pure Bösartigkeit auszeichnet. Sie ist in dem Sinne *rein*, als sie ontologisch böse ist mit dem Endzweck, das weibliche Sei-en zu bremsen/zu brechen.[4]

Zur gleichen Zeit, als ich die so verstandene *reine Lust* als letztendlich böse begriff, wurde mir klar, daß dieser Ausdruck eine Labrys sein kann. Denn die Hintergrund-Bedeutung von *Reiner Lust* ist eine völlig andere als der Vordergrund-Begriff:

Reine Lust bezeichnet also vor allem die Hochstimmung, Hoffnung und kosmische Übereinstimmung/Harmonie jener Frauen, die wir die Flucht gewählt haben, die wir dem tiefsten Drang unserer Herzen gefolgt und aus dem Zustand der Gefangenschaft ausgebrochen sind, Wanderlüstern und Wunderlüstern mit den Elementen, verbunden mit den Auren von Tieren und Pflanzen, uns in planetarischer Gemeinsamkeit mit den fernsten Sternen bewegend.[5]

Der Kampf, den die Labrys in diesem Titel bezeichnet, ist also einer zwischen Realität und Unrealität, zwischen dem natürlich Wilden, was sei-en ist, und den von Menschen hergestellten Erfindungen/Fälschungen, die sein Wesen zerstückeln, ihm eine Kunstseele geben.

Meine Beteiligung an diesem Kampf bestand und besteht nicht lediglich darin, daß ich mich an die Schreibmaschine setze und gleichmütig Seiten heruntertippe. Meine Teilnahme an diesem Krieg war stets physisch/intellektuell/E-motional/spirituell. Sie fand auf einer zellularen Basis statt. Lebensblut wurde vergossen. Es war Riskant, Ekstatisch, Lustvoll. Akte von Reiner Lust waren notwendig. Wie meine

Teilnahme an diesem Kampf der Mächte und Gewalten von langer Hand vorbereitet wurde, ist auf den vorangehenden Seiten von Auswärts reisen beschrieben. Im folgenden Abschnitt werde ich weiteres über Timing und Kontext berichten.

GYN/ÖKOLOGISCHES SPIRALEN
IN DIE MOMENTE VON *REINE LUST* HINEIN

Meine Wirbelwind-Vortragstour durch die Vereinigten Staaten in Sachen *Gyn/Ökologie* kreiste im akademischen Jahr 1979/1980 weiter. Ich fuhr und flog nach Norden, Osten, Süden und Westen, ging auf Colleges und Universitäten, Frauenbuchläden, Restaurants und Kaffeehäusern nieder. Ich war jenseits jeden Jet-Lags. Ich flog in Spiralen.[6]
    Inzwischen lief an der „Heimatfront" alles in den alten Geleisen. Wie immer hatte ich sehr begabte, anregende StudentInnen, von denen viele von anderen Universitäten im Raum Boston kamen. Oft hatte ich in meinen Kursen das Gefühl, ich flöge, und meine Flugbegleiter waren meine StudentInnen. Neben anderen Büchern benutzte ich *Jenseits von Gottvater* und *Gyn/Ökologie* als Unterrichtstexte. Wir stießen in neue Dimensionen Feministischer Ethik vor, Ent-Deckten mystische Muster des Patriarchats und beschäftigten uns mit der Feministischen Analyse philosophischer und theologischer Texte. Die Diskussionen waren Spinnend und wurden oft lange nach Unterrichtsende in nahegelegenen Restaurants fortgesetzt. Das Jahr sauste ohne besondere Einmischung von seiten der Leitung des Boston College dahin, obgleich mir ständig die Möglichkeit häßlicher „Vorfälle" bewußt war.
    Außerdem gab es unzählige Sprühende Gespräche in dem Haus, das ich in jenem Jahr mit Denise in Newtonville, Massachusetts, gemietet hatte – es lag sehr praktisch zwischen Boston College und Brandeis University, wo Denise sich auf ihre Doktorarbeit in Soziologie vorbereitete. Das Haus war ein Zentrum für viele Treffen, Gespräche und intellektuelle Aktivitäten. Tief in meiner Seele braute sich etwas zusammen, und das war *Reine Lust*. Dieses Buch mußte sich ganz Natürlich aus der Aura von *Gyn/Ökologie* heraus entladen.
    Als ich am 12. Mai 1980 nach Seattle flog, um an der University of Washington zu sprechen, kurvte das Flugzeug dankenswerterweise direkt am Vulkan Mount Saint Helens vorbei; sie rülpste große Wolken weißen Rauches hervor, warnender Hinweis auf ihren bevorstehenden Ausbruch.* Ich spürte eine tiefe Verwandtschaft zwischen ihrem und meinem Bedürfnis zu explodieren. Frau könnte sagen, daß mein Tref-

---

* Der große Ausbruch des Vulkans war am 18. Mai.

fen mit diesem Vulkan wie die Begegnung mit einer Geistverwandten war.[7] Und warum eigentlich sollte ein Berg – besonders ein Vulkan kurz vor dem Ausbruck – kein/e Geistverwandte/r sein? Unsere Begegnung mag „zufällig" erscheinen. Dennoch glaube ich, daß sie nicht zufälligerweise auf gewisse magische Zeremonien folgte, wie Spinnen, Gespräche mit Frauen und wundervolle Kurse und Diskussionen mit StudentInnen und Treffen mit Frauen im ganzen Land, die Vortragssäle, Empfangszimmer, Eßzimmer und Bars mit der Funkensprühenden Kommunikation von Auren erfüllten.

Mount Saint Helens redete zu mir von den Elementalen Biophilen Kräften der Erde und der Frauen und daß sie völlig andere sind als die zerstörerischen von Männern-gemachten nuklearen, chemischen und politischen Pseudokräfte. Jener Vulkan sagte zu mir: „Komm, Explodier mit mir! Unsere Zeit kommt heran."

Kurz danach – ich hatte an verschiedenen Orten der Westküste (Seattle, Sacramento, Stanford, Oakland und San Francisco) gesprochen – befand ich mich am 15. Mai zum letzten Vortrag dieser Reise an der University of California in Berkeley. Ich glaube, ich hatte das Gefühl, daß dieses überhaupt mein letzter Vortrag über *Gyn/Ökologie* in diesem Lande war, Punktum.[8] Das akademische Jahr war zuende, und ich bewegte mich auf Etwas Anderes zu, auf ein Neues Buch, auf die Fortsetzung der Dritten Spiral-Galaxie.

Dies war etwas ganz anderes als meine 1970er Erfahrung, als ich über *The Church and the Second Sex* sprach und merkte, daß

> das „Ich", das vor den freundlichen ZuhörerInnen stand und die wohlvertrauten Sätze herausstieß, sich bereits von den Worten getrennt hatte, sich bereits in neuer Zeit/neuem Raum bewegte. Oft hörte ich die alten Worte, als ob sie eine Fremde spräche – eine Besucherin aus der Vergangenheit.[9]

1980 machte ich nicht die gleiche Erfahrung, denn ich hatte mich von den Worten von *Gyn/Ökologie* nicht getrennt, ich war im Gegenteil mehr verbunden mit ihnen denn je – so tief verbunden, daß ich dazu getrieben war, ihre Implikationen weiter auszudehnen, den Folgeband hervorzuSpinnen, dessen Wurzeln bereits in *Gyn/Ökologie* angelegt waren. Ich wurde nicht – wie es 1970 nach der Veröffentlichung von *The Church and the Second Sex* der Fall gewesen war – in eine Andere Galaxie geschleudert. Ich bewegte mich vielmehr zu weiteren Momenten innerhalb der Dritten Spiral-Galaxie vorwärts – zu weiteren Momenten des Spinnens.

Und so Spürte ich, daß der Vortrag in Berkeley nicht nur ein Höhepunkt, sondern auch ein Anfang war. Bezeichnenderweise war der Hörsaal, in dem ich sprach, in einem Gebäude der Naturwissenschaften. Da ich wußte, daß – ebenso wie in anderen „Bildungs"-

Institutionen – dort Tierexperimente, das heißt Tierfolter, durchgeführt wurden, hatte ich die Eingebung, den Vortrag Andrée Collard zu widmen, die damals für ihr Buch *Rape of the Wild*[10] recherchierte und leidenschaftlich engagiert war, die patriarchale Zerstörung der Natur, und vor allem der Tiere aufzudecken. Ich machte auch eine Reihe Bemerkungen darüber, was im Namen der „Wissenschaft" hier und anderswo getan wurde.

So wurde dort die Gyn/Ökologische Verbindung, die Elementale Verbindung zwischen Radikalem Feminismus und Ökologie explosiv hergestellt. Sicherlich geschah das nicht zum ersten Mal, doch war dies eine besondere Zeit/ein besonderer Augenblick, der sich in meiner Psyche mit meiner Begegnung mit Mount Saint Helens verband.* Die Zuhörerinnen waren Wild und enthusiastisch, doch da das Gebäude geschlossen wurde und hinterher kein Empfang vorgesehen war, liefen die Frauen schnell auseinander. Ich erinnere das Merkwürdige Gefühl, allein auf der Bühne zu stehen und zu denken/zu spüren: „So, und das war's dann!"

Dieser spezielle Vortrag wurde von der von HörerInnen getragenen Radiostation KPFA in San Francisco auf Band aufgenommen und auf HörerInnen-Bitten hin durch die Jahre immer wieder ausgestrahlt. Mitte der achtziger Jahre diente dieses Band eine Zeitlang als Dankgeschenk für Leute, die der Station Geld gespendet hatten. Die Tatsache, daß dieser Vortrag aufgezeichnet worden und über einen so langen Zeitraum hinweg zu hören war, scheint mir etwa so „zufällig" wie meine Begegnung mit dem kurz vor dem Ausbruch stehenden Vulkan.

Als die Welt sich in die achtziger Jahre hineinbewegte, Beginn der Ära Reagan und eine Dekade zunehmenden Konservatismus' und steigender Dekadenz, hatten wir – die Frauen, die Katzen, Andere Elementale Lebewesen – zu kämpfen, um unseren Platz gegen die schlechten Schwingungen der politischen und gesellschaftlichen Umgebung zu behaupten, gegen die sich zusammenbrauenden Stürme hinterhältigen Rückpralls und gegen die Verwirrung und den fehlplazierten Zorn, die unseren Psychen von einem Sado-Gesellschaftssystem eingepflanzt wurden. Wir Spürten, daß die Welt kälter wurde, feindlicher, Leben-hassender und Frauen-hassender.

Inmitten dieser vorherrschenden Atmosphäre von Bösartigkeit und Feindseligkeit hörte meine Kreativität nicht auf, sie intensivierte sich vielmehr. Ich Spürte, daß aus einer Gesellschaft, die in ihrem Kern verrottete, Angriffe gegen Radikale Feministinnen kommen würden.

---

* Ich hatte diese Verbindung seit Anfang der siebziger Jahre hergestellt, und sie ist in *Jenseits von Gottvater* Anwesend, doch die Unermeßlichkeit ihrer Implikationen wurde deutlicher.

Die Herausforderung bestand darin, noch Wütender Zielgerichtet, noch Wilder und Wagemutiger zu werden. Unsere Schwester, die Erde, war in tödlicher Gefahr. Es war Zeit, in meiner Selbst Elementale Kräfte zu sammeln.

So nahm *Reine Lust* in meinem Kopf Gestalt an, und ihre Feuer wurden durch die wirbelnden Auren von Gesprächen mit Reisegefährtinnen/Freundinnen angefacht.* In Tiefen Hintergrund-Dimensionen fanden elementale Vulkanausbrüche von Kreativität statt, als sich die ersten Ideen zu jenem Buch Ent-Falteten. Auf Vordergrund-Ebene mußte ich den Horror von patriarchal hergestellten Implosionen mitansehen – mußte sehen, wie bei vielen Frauen die Zuversicht/der Mut, weiterzumachen, zerschellten angesichts einer Umgebung, die eine stetig wachsende Antipathie nicht nur gegenüber dem Feminismus, sondern gegenüber allem Natürlichen Leben zeigte.

Die glorreichen Zeiten der sechziger und siebziger Jahre waren vorbei. Das bedeutete, daß noch mehr Mut heraufbeschworen, der Schmerz über Verlassenwerden, Verrat und Akte horizontaler Gewalt überwunden und die Momente des Spinnens gehegt und gepflegt werden mußten. Die Herausforderung bestand – und besteht immer noch – darin, „die Kraft/Energie, den Feuereifer und das heftige Verlangen, mit denen sich Wilde Frauen auf ihre Reisen weit über den Staat der Geilheit hinausschwingen"[11] zu Er-Innern. Für mich war und ist die Herausforderung – wie ich es Jetzt sehe – auf der Strahlkräftigen Reise, die *Auswärts reisen* ist, weiterzuSpiralen.

Zu jener Zeit lautete die Aufgabe, *Reine Lust: Elementale Feministische Philosophie* zu kreieren. Die Geschichte jenes Buches muß Jetzt erzählt werden.

DIE ANFÄNGE VON *REINE LUST*

Den ganzen Sommer 1980 arbeitete ich daran, Informationen zu sammeln und die philosophische Analyse zu beginnen, die die rohen Anfänge von *Reine Lust* bildeten. Barbara Hope und Anne Dellenbaugh,

---

* Ein hervorstechendes Beispiel solcher Gespräche mit Reisegefährtinnen war eine vom Canadian Council of Arts im Stanley House in New-Richmond, Brunswick, veranstaltete Tagung über „Erinnerung und Schreiben". Sie fand vom 17. bis 24. August 1980 statt. Unter anderen nahmen die Schriftstellerinnen Gail Scott, Yolande Villemaire, France Theoret, Louky Bersianik, Nicole Brossard und Marisa Zavalloni teil. Alle hielten äußerst anregende Referate, es herrschte eine Atmosphäre von Radikaler Feministischer Intellektualität vom Feinsten. Ich hatte Marisa und Nicole bereits im März 1979 kurz nach dem Erscheinen von *Gyn/Ökologie* in Montreal kennengelernt, und wir sind uns seither an den verschiedensten Orten, in New York, London, Oslo, Dublin, Boston und Montreal begegnet. Sie sind hochgeschätzte Freundinnen und Gefährtinnen.

beide in Abschlußsemestern an der Harvard Divinity School, arbeiteten mit mir als Forschungs-, das heißt, Such-Assistentinnen. Ihre Hilfe war unbezahlbar, wir häuften in zwei unvergeßlichen Milchkästen (die jetzt dem Zweck von *Auswärts reisen* dienen) Unmassen von Material an. Eine dieser Kisten – ich glaube, die grüne – enthielt Mappen mit Zeitungsausschnitten. In der anderen, cremefarbenen, waren Mappen mit Notizen, die sich auf diese Ausschnitte bezogen. Wir hatten enorme Mengen Informationen über Vulkane und eine spezielle Mappe für Mount Saint Helens. Wir hatten „Vordergrund-Mappen" über Nuklearismus und Kernexplosionen – eine Miniaturausgabe von Gegensatz zu Vulkanausbrüchen. Wir leisteten sehr viel Vorarbeit an der obszön auswuchernden tödlichen Megamaschine, die ich als „die Sadogesellschaft" zu bezeichnen begonnen hatte.

Diese erste Arbeit geschah im Haus in Newtonville, wo die Pelzigen Geistverwandten Wild Cat und Wild Eyes die glücklichen Herrscherinnen waren. Sie hatten Haus und Garten in Besitz genommen und zu ihrem Universum gemacht. Überall auf dem Wohnzimmerfußboden und der überdachten Veranda lagen Bücher verstreut. Besonders eindrucksvoll war die Sammlung von Bibliotheksbüchern über Vulkane. Die herumwirbelnde Energie war *mehr* als eindrucksvoll.

Eine besonders verblüffende Manifestation von wirbelnder Geistverwandten-Energie ereignete sich eines Abend, als Anne Dellenbaugh und ich im Wohnzimmer saßen und uns laut Texte vorlasen, die sich auf die Lehre von den Engeln in den Schriften von Johannes Scotus Erigena und Thomas von Aquin sowie bestimmter arabischer Philosophen wie Averroes und Avicenna bezogen.* Als wir von den Engeln sprachen, jenen majestätischen und kraftvoll erleuchteten und erleuchtenden reinen Geistern, die traditionell als Vermittler zwischen „Mensch" und „Gott" angesehen werden, war der Raum mit Anwesenheit/Anwesenheiten aufgeladen. Plötzlich kamen die beiden Pelzigen Geistverwandten ins Zimmer gestürzt und sprangen aufs Klavier, das direkt vor uns stand. Sie nahmen sofort einander gegenüber auf der äußersten rechten und linken Seite der Klavierabdeckung Königinnen-Stellung ein – das heißt, sie saßen aufrecht.

Ich hatte noch nie so etwas gesehen. Die Katzen hatten noch nie solche Positionen eingenommen. Sie sahen aus wie ein Paar Sphinxe, die aus einer völlig Anderen Dimension eingeflogen waren – Heraufbeschworen durch das Lesen der Worte über die Engel.

---

* Die Idee der Engel, die hier gemeint ist, hat überhaupt nichts mit den törichten cherubimischen Bildern, die gewöhnlich in der allgemeinen Vorstellung herrschen, zu tun. Sie hat auch kaum etwas mit der biblischen Beschreibung von „Engeln" gemein. Aquin sieht Engel als Wesen von großer Macht/Kraft und überlegener Intelligenz. Die gängigen Vorstellungen sind total im Vordergrund verankerte Umkehrungen dieser Hintergrund-Wesen.

Es war unmöglich, diese Katzentier-Schwestern jemals wieder auf gewöhnliche Weise wahrzunehmen. Sie hatten mich einen kurzen Blick in den Hintergrund erhaschen lassen, der durch ihre majestätische Anwesenheit hindurchschimmerte. Es war ein Moment, Elementale Geister/Tiere/Engelhafte Wesen – alles auf einmal – zu Sehen.

Ich kann mich nicht Er-Innern, was Anne und ich direkt nach diesem kurzen Zwischenfall sagten oder taten, doch weiß ich, daß Wild Cat und Wild Eyes danach wieder zu ihren gewohnten Possen zurückkehrten. Beide liebten es, in der Sommerhitze auf dem Rücken zu schlafen, die Vorderpfoten in der Luft, eindeutig im Zustand tiefster Entspannung und im Gefühl völliger Geborgenheit. Wild Cat apportierte grüne Bohnen, und Wild Eyes sah, wie immer, zu. Sie waren köstliche „kleine Engel", hockten mal hier, mal da, spielten wild und aßen gierig. Sie konnten es sich leisten, sich zu entspannen, nachdem sie klargestellt hatten, daß Engel und Tiere miteinAnder kommunizieren. Das war eine Unvergeßliche Botschaft, die ihren Weg in *Reine Lust* finden sollte.

Um intensiv an *Reine Lust* arbeiten zu können, ließ ich mich für das akademische Jahr 1980/81 beurlauben. In jenem Herbst zogen wir in ein kleines Sommerhaus – allgemein als „die Hütte" bezeichnet – mit einem kleinen Stück Land am North Leverett Road in Leverett, Massachusetts, etwa achtzig Meilen von Boston. Denise und ich hatten dieses absolut mit Schwingungen aufgeladene Anwesen im September 1979 gemeinsam als „Schlupfwinkel" gekauft.[12] Es bestand aus einem verwinkelten, leicht baufälligen Haus im Kolonialstil, das im neunzehnten Jahrhundert erbaut war, und zwei freistehenden Gebäuden – der „Hütte" und dem „Loft"† – außerdem einer Scheune und einem ziemlich großen Garten an der Rückseite. Die Umgebung war ganz besonders schön... und Wild.

Ich pflegte oft auf einen der angrenzenden Hügel zu steigen, um mit einer Freundin zu plaudern. Diese war eine bemerkenswerte junge Kuh, die sich Frei und Wild gebärdete. Ich Erspürte, daß sie Catherine hieß. Zu Catherines bemerkenswertesten Eigenschaften gehörten die Intelligenz und Mitteilsamkeit ihrer Augen. Sie war eindeutig von Natur aus kein domestiziertes Tier. Ich drängte sie oft, dem Ruf des Wilden zu folgen. „Sei Frei, Catherine!" sagte ich, und dann rieb sie ihre Schnauze an meiner Hand und sprang auf ihrer Weide herum.

Zu den Elemental inspirierenden Attraktionen dieses Rahmens gehörte eine Pferdekoppel auf der anderen Straßenseite und eine weitere nur wenige hundert Meter entfernt. Manchmal brachen die Pferde nachts aus und donnerten die Straße herunter. Besonders eine

---

† Lt. Auskunft von Mary Daly wurde der Ausdruck „Loft" nur verwendet, um die beiden Hütten zu unterscheiden. Daher übernehme ich „Loft".

weiße Stute frönte dieser Neigung, und einige Male sah ich, wie sie sich im Mondlicht auf ihre Hinterbeine stellte und in der Ekstase ihrer Freiheit und Wildheit wieherte. Hinter der Pferdekoppel auf der anderen Straßenseite begann/beginnt ein sehr großer Hügel („Jackson Hill") – fast ein kleiner Berg – von unglaublicher Schönheit, besonders im Herbst.

Atemberaubend war auch die Sumpflandschaft, die das Anwesen umgab. Sie trug die schönsten, vielfältigsten Farben und beherbergte viele Lebewesen, Vögel, Frösche und Kaninchen, die ihr „Coming out" nach Sonnenuntergang hatten.

Das Gelände dieses „Besitzes" selbst war verblüffend.* Es lag auf einem kleinen Hügel. Zwischen dem Haus mit angrenzendem „Loft" und der Hütte weiter hinten stand ein wunderschöner junger Obstbaum. Weit hinter der Hütte und dem Garten stand ein großer Ahornbaum, der eigentlich aus zwei Bäumen bestand, die zusammen aufgewachsen waren und, wie Siamesische Zwillinge, nun ein Ganzes bildeten. Der ganze Ort, besonders oben auf dem Hügel bei dem großen Ahornbaum/den großen Ahornbäumen, war sehr windig. Wenn ich unter diesem Baum stand, sah ich öfter, wie seine Blätter Wild wirbelten und spiralten.

Und dann der ergreifende Himmel. Die Sonnenuntergänge waren mehr als atemberaubend. Am Bemerkenswertesten jedoch war der Nachthimmel. In klaren Nächten waren der Mond und Myriaden von Sternen mehr als sichtbar. Ich sage „mehr als sichtbar", denn Mond und Sterne waren auch greifbar. Es war unmöglich, keine Verbindung zu ihnen zu spüren – nicht von ihnen Berührt/Beeinflußt zu werden. Sie bewegten die Schwingungen. Sie Regten/Feuerten Gefühle, Bilder, Worte an. Oft schossen Sternschnuppen vorüber, und auch sie brachten Botschaften.

Die Musik der Sterne und die Musik der Unmengen von Vögeln und Fröschen waren miteinander verbunden. Dies war ein Ort der Verbindungen. Obgleich ich das 1979, als wir es kauften, nicht wissen konnte, sollte er der Ort werden, an dem ich *Reine Lust* Spinnen würde.

DER TORNADO

Die Wildheit dieser Gegend kann voller Empfunden werden, wenn frau die Geschichte von Dem Tornado kennt. Ich meine jenen Wirbel-

---

* Je öfter ich hier zur Beschreibung dieses Ortes immer wieder das Wort „Besitz" schreibe, desto absurder kommt mir das vor. Nach *Webster's* ist Besitz „etwas, das besessen werden kann oder Eigentum ist". Es wurde immer klarer, daß weder ich noch irgend jemand sonst dieses Gelände „besitzen" konnte. Es war kein Eigentum.

wind, der am 3. Oktober 1979 riesigen Schaden anrichtete – nicht ganz einen Monat, nachdem der Kaufvertrag unterschrieben war, und fast ein Jahr, ehe ich in die Hütte zog, um an *Reine Lust* zu arbeiten.*

Der Tornado traf die Scheune des benachbarten Bauern und schleuderte große Holzbalken direkt auf das alte pfirsichfarbene Haus. Sie zerschlugen die Fenster, beschädigten das Dach und rissen Drähte herunter.[13] Außerdem hatte dieses Wirbelwunder die Hütte aus ihrem Felsfundament gerissen, sie stand gefährlich auf der Kippe. Der Große Ahornbaum auf dem Hügel, der aus zwei zusammengewachsenen Bäumen bestanden hatte, war in der Mitte gespalten. Die eine Hälfte, oder ein Zwilling, stand noch, die andere Hälfte war zur Erde gestürzt. Bei dem jungen Obstbaum war der Obere Teil seines Stammes (fast die Hälfte) abgerissen, der untere Teil stand noch.

In zwei, drei Monaten waren die Hütte wieder auf ihr Fundament gestellt und die Schäden am Haupthaus repariert. Es war traurig, die gefällte Hälfte des Ahornbaums/der Ahornbäume auf dem Boden liegen zu sehen, wo sie darauf wartete, daß unser Nachbar, der Bauer, sie zerhacken und abtransportieren würde.

Als ich im September 1980 in die Hütte zog, war die überlebende Hälfte des Ahornbaums/der Ahornbäume in ihrem Heilungsprozeß gut

---

* Am 16. Oktober 1991 telefonierte ich mit drei Einwohnerinnen aus Leverett. Ich wollte das genaue Datum von Dem Tornado bestätigt haben und fragte sie nach ihren Erlebnissen mit diesem Wind. Zuerst rief ich im Rathaus von Leverett an und erreichte durch einen glücklichen Zufall Jane Davis, die sich lebhaft an das Ereignis erinnerte. Sie unterrichtete im Herbst 1979 Botanik an der Universität von Massachusetts in Amherst und hatte am Tag nach Dem Tornado mit ihrem Kurs eine Exkursion unternommen, um seine Folgen zu sehen. Unter anderem waren sie auf meinem Land gewesen. Gemeinsam konnten wir das Datum auf Ende September/Anfang Oktober jenes Jahres eingrenzen. Als ich sie nach ihrem Eindruck von Dem Tornado befragte, sagte sie: „Es war *Merkwürdig*!" Sie meinte damit unter anderem die Art, wie er „herumsprang" und völlig zufällig mal hier, mal da zuschlug. Sie empfahl mir, mich an Annette Gibavic zu wenden, die historische Forschungen machte und gerade wenige Minuten zuvor im Rathaus gewesen war. Ich rief Annette Gibavic an und erfuhr, daß sie gerade am Abend zuvor einen Artikel gefunden hatte, in dem Der Tornado ausführlich beschrieben wurde. Er war am 16. Oktober 1979 im *Amherst Morning Record*, S. 5, erschienen, Autorin war Georgene Bramlage, Annette Gibavic las mir aus diesem Artikel vor. Der klärte nicht nur das Datum – den 3. Oktober –, sondern vermittelte auch anschauliche Einzelheiten über das Verhalten Des Tornados. Sie benutzte das Wort „erratisch" (ziellos, unstet, AdÜ.). Das war für mich sehr interessant, denn ich hatte im Vorwort zu *Reine Lust* geschrieben: „In erster Linie... ist es [*Reine Lust*] ein Werk über feministische Erratik." (S. 3) Das läßt mich Jetzt fragen, ob vielleicht Der Tornado jene Worte in meine Aura blies. Auf jeden Fall rief ich als nächstes Georgene Bramlage an, um deren Haus in Cave Hill Road Der Tornado gekreist war und dabei Hunderte von Fichten gefällt und „grüne Luft" (fliegende Fichtennadeln) verursacht hatte. Als ich sie bat, jenen Wind zu beschreiben, schwieg sie einen Augenblick und sagte dann: „Unwirklich. Es war ein Wizard-of-Oz-Erlebnis!" Aus ihrem Ton sowie aus der Art, wie die anderen Frauen darüber sprachen, Erspürte ich, daß dieses Erlebnis für sie tatsächlich Über-Natürlich war.

vorangekommen, wilder Wein rankte sich auf ihrer zersplitterten Seite. Natürlich war es jetzt ein verwachsener, krummer Baum, wie eine Illustration für ein Märchen oder einen Schauerroman. Der junge Obstbaum streckte einen starken Ast in die Höhe, genau in der Linie, die der alte Stamm gebildet hatte, so daß es wie der Anfang zu einem Stamm-Ersatz aussah.* In dieser Elementalen Umgebung setzte ich die Suche für meine Elementale Feministische Philosophie fort und begann sie zu Spinnen.

ICH ENT-DECKE ELEMENTALE FEMINISTISCHE PHILOSOPHIE

Der Untertitel von *Reine Lust, Elementale Feministische Philosophie* †, sagt genau, was ich ausdrücken wollte. Viele Bedeutungen des Wortes *Elemental* trafen zusammen, um „eine Form philosophischen Sei-ens/ Denkens (zu vermitteln), das zusammen mit metapatriarchalem Bewußtsein entsteht – einem Bewußtsein, das sich in Harmonie mit dem Wilden in der Natur und im Selbst befindet".[14]

Die Quelle der Kraft dieser Philosophie liegt darin, daß Frauen aus den gezähmten/gelenkten Modellen des Denkens/Fühlens der Phallokratie ausbrechen. Es ist die Kraft der Vernunft, die in Instinkt, Intuition und Leidenschaft wurzelt.[15]

Zu den Bedeutungen von *Elemental*, die zusammenkommen, um diese Kraft zu vermitteln, gehört die „veraltete" Definition „materiell, physikalisch". Weitere Definitionen sind „fundamental, grundlegend, irdisch" (*Webster's*). Außerdem wurde das Substantiv *Elemental* † vom Philosophen und Alchemisten Paracelsus (und anderen) verwendet, um die Erdgeister (Gnome), Wassergeister (Undinen oder Nymphen), Feuergeister (Salamander) und Luftgeister (Sylphen) zu bezeichnen.

---

* Als ich in Vorbereitung dieses Kapitels 1990 jenen Ort noch einmal besuchte, machte es mich froh zu sehen, daß der Ahornbaum nicht mehr wie ein mythischer verkrüppelter Baum aussah, sondern vielmehr ganz aufrecht, vollbelaubt und stark dastand. Und der kräftige gerade Ast des Obstbaums war so groß geworden, daß auf den ersten Blick nicht erkennbar war, daß der Stamm abrupt auf halbem Weg zwischen Erde und Krone endete.

† Engl. *Elemental Feminist Philosophy*, für die deutsche Übersetzung wählten wir 1986 „Elemental-feministische Philosophie". Ich habe mich hier jedoch für „Elementale Feministische..." entschieden, in Übereinstimmung mit Radikale Feministische... (statt Radikalfeministische...).

† *Elemental* in der englischen Übersetzung natürlich. Im deutschen Original des Paracelsus sind es die Elementargeister.

Der Ausdruck *the Elements* ○ (die englische Übersetzung des griechischen Wortes *stoicheia*)† bedeutet:

1: die gesprochenen Buchstaben des Alphabets; die ursprüngliche Rasse der Wörter, ihre kosmischen Töne, Bedeutungen, Rhythmen und Verbindungen; 2: Feuer, Luft, Erde, Wasser, die die tiefen Bereiche der Realität darstellen, mit denen alle Lebewesen Natürlich und Wild verbunden sind; 3: der größere Kosmos, einschließlich Sonne, Mond, Planeten und Sternen; der weite Kontext, in dem die Ursprünglichen Kräfte von Hexen und allen Wilden Wesen zu verstehen sind; 4. Elementargeister/Engel/Dämonen. (*Wickedary*)[16]

Das Ineinanderfließen all dieser Bedeutungen weist auf die wesensmäßige Einheit und Intelligenz von Seele/Materie hin. Das ist ein Hinweis auf die Unermeßlichkeit des Hintergrunds, an der wir teilhaben, und auf die Notwendigkeit von Durchhaltekraft auf seiten der Wilden Frauen, die wir unsere Integrität durch das Spinnen und Weben zerrissener Verbindungen wieder einfordern.

Natürlich waren für meine Ent-Deckung von Elementaler Feministischer Philosophie mehr als Studien und Diskussionen im herkömmlichen Sinne nötig. Ich mußte riskieren, Wildere Momente des Auswärts reisens zu durchleben. Der Tornado von 1979 hatte mir das gesagt. Meine „zufällige" Begegnung mit Mount Saint Helens kurz vor ihrem Ausbruch war eine weitere deutliche Botschaft. Außerdem „passierte es zufällig", daß ich durch Lebensumstände gezwungen war, im Herbst 1980 ganz auf das Grundstück an der North Leverett Road zu ziehen. So wurde ich in eine Wilde Umgebung geschleudert, in der es mir möglich sein sollte, in engerer und reicherer Verbundenheit mit den Elementen zu leben als zuvor.

Ich Erkenne Jetzt, daß mein Umzug nach Leverett in keinem Widerspruch zu früheren Spiralenden Sprüngen meiner Auswärtsreise stand. In gewisser Weise ist er vergleichbar mit meinem Aufbruch zum Theologiestudium am St. Mary's College in Notre Dame in den frühen fünfziger Jahren, als ich das mächtige Gefühl hatte, von einem Großen Wind getragen zu sein.[17] Er ist ebenfalls vergleichbar mit meiner Atlantiküberquerung 1959, um an der Universität von Fribourg in der Schweiz zu studieren.[18] Auch damals war der Große Wind mein Wahres Fortbewegungsmittel. Der gleiche Wind blies mir in den sechziger Jahren die Einladung eines britischen Verlags zu, ein Buch über Frauen und Kirche zu schreiben, nachdem sie in jener Stadt bei

---

† Im Deutschen ist *Element* „im 13. Jh. entlehnt aus lat. *elementum*, ,Grundstoff'. Diese und die anderen philos. Bedeutungen des lat. Wortes beruhen auf Lehnübersetzungen des gr. *stoicheia*..." (Friedrich Kluge, *Etymologisches Wörterbuch der deutschen Sprache*). Die *Wickedary*-Erläuterungen enthalten jeweils am Anfang die vier Bedeutungen von *stoicheia*. Ausführlich dazu *Reine Lust*, S. 20/21.

etwa elf falschen Adressen „herumgeflogen" war.[19] Er brachte mich 1966 zurück nach Boston, als die Umstände mich zwangen, Fribourg zu verlassen und in die Vereinigten Staaten zurückzukehren.[20] Er wirbelte weiter durch das Ende der sechziger und durch die siebziger Jahre, als ich schrieb, lehrte, kämpfte, lachte, das Leben einer Radikalen Feministin lebte.

Zwischen all diesen Wirbelnden, Windigen Metamuster-webenden Bewegungen bestehen Verbindungsfäden. Stets war da Suche und ein Element von Dringlichkeit. Alle diese auf-dem-Wind-reitenden Bewegungen trieben mich voran, und zugleich folgte ich voll Begierde und Ungeduld dem Ruf des Wilden, der ein überwältigender, inständiger und vor allem fordernder Ruf war.

Merkwürdigerweise brachte ich 1979 und 1980 Den Tornado nicht mit dem Großen Wind in Verbindung. Vielleicht lag das daran, weil sein Verhalten – zumindest oberflächlich gesehen – ganz anders als das des Großen Windes war, der mich manchmal wie eine Möwe trug und zugleich mein Schiff antrieb, um das Unterschwellige Meer zu befahren. Im Gegensatz zu diesem gutartigen, kraftspendenden Wind kam Der Tornado als gewalttätige, zerstörerische Kraft daher.

Wenn ich Jetzt, in der Vierten Galaktischen Zeit, Den Tornado Er-Innere, erkenne ich seinen *konstruktiven* Aspekt. Er brachte tatsächlich etwas/einiges mit sich, wie der Wind, der mir in den sechziger Jahren den Brief des Verlags zutrug. Er brachte Elementale Botschaften und Warnungen. Insoweit ich in der Lage war, diese Wahrzunehmen, gab Der Tornado meinem Schiff Kraft für die Wirbelnden Momente der Ent-Deckung Elementaler Feministischer Philosophie.

Diese Botschaften waren Metaphorisch, trugen mich über die Pseudowelt des Vordergrunds. Sie kamen aus der Tiefe des Unterschwelligen Meeres, das durch diesen Wilden Wind aufgewühlt war, und sie gingen mir tief in die Seele hinein.

Sie stiegen mit dem Nebel auf, als ich *Reine Lust* schrieb, und während ich sie dechiffrierte, intensivierte sich das Strahlkräftige Licht der Dritten Spiral-Galaxie.

Viele dieser dechiffrierten Botschaften sind in *Reine Lust* festgehalten. Sie alle sagen, wie wichtig es ist, Elementale Realität zu Ent-Decken und mitzuteilen und den gewaltigen Unterschied zwischen dieser Realität und phantastischer Pseudorealität zu beleuchten. Charakteristisch für diese Pseudorealität sind Künstlichkeit und das Fehlen von Tiefe, Aura und Verbundenheit mit lebendigem Sei-en und eine abgeleitete und parasitäre Beziehung zu Elementaler Realität.[21]

Es ist nicht immer leicht, die Unterschiede zwischen Elementaler Realität und phantastischer Welt, mit anderen Worten: zwischen dem Hintergrund und dem Vordergrund, zu erkennen und mitzuteilen. Das liegt teilweise daran, daß sich die phantomische Welt immer weiter ausbreitet; sie besteht aus abgeleiteten Imitationen der Elementalen Welt, die lediglich Phantome sind.†*

Zwar scheint es leicht, Plastikblumen von natürlichen Blumen oder auch einen Satelliten am Himmel von einem richtigen Stern zu unterscheiden, doch gibt es heimtückischere Fälle. So könnte frau zum Beispiel einige Schwierigkeiten haben, echte Leidenschaft/E-motion von Plastikleidenschaft zu unterscheiden. Eine Frau könnte zunächst auch Schwierigkeiten haben, echte Spinnende Gespräche, die von kosmischen Tönen, Bedeutungen, Rhythmen und Verbindungen widerhallen, und akadementisches Geschwätz auseinanderzuhalten. Manchmal sind die Unterschiede unverkennbar, manchmal hingegen sind sie verschwommen.

Dem eigenen Urteil, den eigenen tiefen Unterscheidungskräften zu vertrauen lernen und dieses Wissen mitzuteilen und danach zu Handeln ist eine wesentliche Aufgabe der Elementalen Feministischen Philosophin. Der Prozeß, *Reine Lust* zu schreiben, hieß, sich dieser Aufgabe zu widmen. Er bestand aus Momenten der Begegnung mit und des Be-zeichnens von Elementaler Realität und des Abstreifens und Austreibens von Phantomen. Dies waren Strahlkräftige Momente von den-Vordergrund-mit-der-Strahlkraft-des-Hintergrund-sei-ens-in-den-Schatten-stellen. Damit komme ich auf das Thema zurück, in welcher Umgebung diese Momente stattfanden.

LEVERETT IM HERBST 1980
I. WIRBELNDE KONTINUITÄT

North Leverett Road bot jene Art von pulsierender Elementaler Umgebung, in der meine frühen Intuitionen des sei-ens Wild Realisiert

---

† Mary Daly stellt hier dem Wort *Elemental* das Wort *elementaries* gegenüber. Dieses Wort *elementaries* entnahm sie als angeblich paracelsischen Terminus einer amerikanischen Arbeit über Paracelsus. Da er in den paracelsischen Originaltexten so nicht zu finden ist (*elementar* im Gegensatz zu *elemental*), haben wir uns in der Übersetzung von *Reine Lust* für den Ausdruck *Phantom/phantomisch* entschieden, der das hier gemeinte Phänomen annähernd beschreibt. Ausführliche Erklärung zu diesem Problem siehe *Reine Lust*, S.174/175.

* *elementaries* ○ (Phantome) sind „Simulationen und geplanter Ersatz für das Elementale, das Wilde; Fälschungen, die sich zwischen uns und unsere Erfahrung von den Elementen schieben und die weithin nicht wahrgenommen werden, weil sie so allgegenwärtig sind; Inkarnationen des phallischen Mythos, die den Vordergrund darstellen; von Männern/Menschen gemachte Phänomene, denen Tiefe, Strahlkraft, Resonanz, harmonische Verbundenheit mit lebendigem sei-en fehlt. *Beispiele* a: die giftigen Gase und radioaktiven Emissionen der Phallotechnologie; b: die Übertragungen/Mitteilungen der volkstümlichen Medien und die Gelehrsamkeit der Spezialgebiete; c: herkömmliche Anschauungen, ausgesprochene oder unausgesprochene; d: Einkaufszentren; e: Plastik." (*Wickedary*)

werden konnten. Zu Beginn von *Auswärts reisen* habe ich den Moment in meiner Jugend beschrieben, als eine bestimmte Kleeblüte mir eine Intuition von sei-en gab, mich auf meine Suche/meinen Weg rief, Philosophin zu werden. Ich habe ebenfalls von dem dazugehörigen Moment/Erlebnis einige Jahre später in Saint Mary's, Notre Dame, erzählt. Diesmal war die Sprecherin eine Hecke auf dem Campus, die Sagte „Fortgesetzte Existenz". Die Hecke Ent-Faltete einfach nur – oder machte deutlicher – ein Wissen, das das Be-Sprechen der Kleeblüte enthielt. Insofern beide Erfahrungen unterschiedlich und getrennt waren, könnte ich versucht sein zu sagen, daß, während die erste Begegnung mich aufgefordert hatte, Philosophin zu werden, das Be-Sprechen der Hecke mich weiter auf meinen theologischen Kurs schubste/rief. Als Zeit-Reisende der Vierten Galaxie weiß ich jedoch, daß beides letztendlich der gleiche Ruf war. Ich hatte in vielen Momenten und in jedem meiner Bücher mannigfaltig darauf reagiert. Doch mit dem Weben meiner *Elementalen Feministischen Philosophie* war ich noch umfassender herausgefordert, ein Gewebe aus miteinander verflochtenen Fäden zu schaffen und damit die Neue/Archaische Integrität zu verkünden, für die jene Intuitionen/Lockrufe standen.

Diese frühen Begegnungen waren schockierend, direkt und zugleich sanft.[22] Beide waren durch und durch Elemental, doch die Umgebung, in der sie sich ereigneten – Schenectady, New York, und Saint Mary's, Notre Dame – war nicht Wild. Damit will ich nicht sagen, daß keine Wildheit vorhanden war. Es gab an grasbewachsenen Stellen ein unglaublich Elementales Grün, doch das war eher verborgen und daher in seinen Äußerungen überraschend.

Verglichen damit waren die Elementalen Begegnungen von Leverett weniger sanft, und die Umgebung war in der Tat Wild. Wenn ich über den weniger sanften Charakter der Erlebnisse in Leverett nachdenke, dann wird mir wieder klar, daß Der Tornado die Szene bestimmt hatte. Für mich wirkte Der Tornado im tiefsten Sinn wie alle Metapatriarchalen Metaphern. Das heißt, indem er Metamorphose Be-Zeichnete/Signalisierte, rief er Metapatriarchale Transformation hervor. Gewiß war Der Tornado kein „Wort" im herkömmlichen Sinne. Doch in einem Elementalen Sinn war er ein Wort. Wie Andere Worte war er ein Ausdruck des Elements Luft. Wie Worte übermittelte/übermittelt er Bedeutungen; er hatte eine Aura; er Be-Nannte/Be-Zeichnet eine Zeit und einen Zustand.

Das Wort *Tornado* ist etymologisch verwandt mit dem spanischen *tornar*, was „drehen, umdrehen" bedeutet und vom lateinischen *tornare*, „auf der Drehbank drehen", abstammt. Es wird definiert als „ein heftiger zerstörerischer Wirbelwind, begleitet von einer trichterförmigen Wolke, der sich auf einer schmalen Route häufig viele Meilen über Land bewegt, kommt in vielen Teilen der Welt vor... und ist begleitet von einem so rapiden Luftdruck-Abfall, daß häufig Holzkonstruktionen durch die in ihnen enthaltene Luft hochgehoben werden und zerbersten" (*Webster's*). In der Tat, Der Tornado, der die Konstruktionen und Bäume in Leverett traf, verhielt sich/Be-Sprach auf diese Weise.

Als heftiger zerstörerischer Wirbelwind Be-Zeichnete er die Vordergrundbedingungen jener Zeit. Er Be-Nannte eine Zeit, in der „die Welt aufbrach".[23] Als kraftvoller konstruktiver Wirbelwind Spiralte er zurück und nahm Fäden aus der Ersten und Zweiten Spiral-Galaxie meiner Reise auf und trug sie – und mich – weiter Hinaus.

Von besonderer Bedeutung war die Tatsache, daß diese Metapatriarchale Metapher den Faden der Intuition von sei-en wieder aufgriff. Sie Be-Sprach davon, um *Gyn/Ökologie* herum und dahinter zu wirbeln und den ontologisch/philosophischen Akzent meiner früheren Werke wiederaufzunehmen. Intuitiv begann ich zu verstehen, daß der Weg von meinen Doktorarbeiten über *The Church and the Second Sex* über *Jenseits von Gottvater* über *Gyn/Ökologie* zu *Reine Lust* kein simples Voranschreiten war. Ich „kapierte", daß *Reine Lust* eine philosophische Fortsetzung von *Jenseits von Gottvater* sein würde. Ich Hörte das Windgeheul: „Geh zum sei-en zurück."

Diese „Botschaft" war keine Negation der Tatsache, daß *Gyn/Ökologie* eine philosophische Arbeit ist, noch negierte sie die Wahrheit, daß *Reine Lust* seine Wurzeln ebenfalls in *Gyn/Ökologie* hat. Sie wies vielmehr darauf hin, daß diese Arbeit von einer Neuen Komplexität und Kühnheit geprägt sein würde. Ich Erspürte, daß sie einmalig und stark werden könnte, wie der doppelte Ahornbaum auf dem Hügel, der, selbst nach Dem Tornado, tief in der Erde seine beiden Wurzeln behielt.

LEVERETT IM HERBST 1980
II. NEUE FREMDHEIT

Der Tornado als Metapher kündete große Schocks und große Chancen an. Er war ein Vorbote Elementarer Begegnungen, ein Hinweis auf die Notwendigkeit, immer noch Wagemutiger zu werden. Er sagte Neue Momente des Spinnens voraus. Er ließ das Erwachen Anderer Sinne und Anderer Wortbedeutungen† ahnen, Sinne, die noch schliefen. In dieser Zeit/an diesem Ort nach Dem Tornado wurde das Leben weniger vertraut, wurde Fremder. Einiges von dieser Fremdheit/Merkwürdigkeit erlebte ich bei Begegnungen mit Tieren, wozu viel Belachen und viele Syn-Crone-izitäten gehörten.

Eine Geschichte, die diese Merkwürdigkeiten illustriert, war der

---

† Engl.: *Other Senses and Other Senses of Words...*

Zusammenbruch meines Autos – ein alter brauner Ford Pinto – in der Ausfahrt des Leverett-Hauses. Das Ding „starb" einfach – vorübergehend – an dieser Stelle. Vier Frauen – Barbara Hope, Eleanor Mullaley, Anne Dellenbaugh und ich – rackerten sich ab, es anzuschieben, doch es steckte im Matsch fest. Eine von uns schaute über die Straße zur Pferdekoppel und machte uns auf einen faszinierenden Anblick aufmerksam. Seine vier Pferde-Bewohner hatten sich hinter dem Drahtzaun aufgereiht und beobachteten uns aufmerksam. Als wir uns umwandten und ihnen zuschauten, wieherten sie und trabten kreisförmig um die Ecken der Koppel, um sich dann wieder uns gegenüber aufzustellen und uns zu beobachten. Sie wiederholten dieses Verhalten, und uns wurde die Botschaft klar. Es war unmöglich, nicht zu glauben, daß sie Be-Lachten – und zwar über uns. Sie waren eindeutig die Zuschauer, die unserer lächerlichen Vorführung zusahen und wiehernd lachten. Wir sahen uns plötzlich aus einer anderen Perspektive, nämlich der ihren. Da rackerten wir uns ab, ein künstliches Pferd anzuschieben, damit es uns tragen konnte – Schwächlinge, die wir waren, noch nicht einmal richtig traben konnten wir, geschweige denn galoppieren. Als sie noch einmal im kurzem Galopp die Koppel umrundet hatten und sich wieder aufstellten, waren *wir* es, die vor Lachen wieherten. Ich glaube nicht, daß wir an jenem Tag noch weitere Anstrengungen unternahmen, den phantomischen „Pinto" zu bewegen, aber ich hatte eine Portion *Horse Sense* (wörtl.: Pferdeverstand, entspricht dem „gesunden Menschenverstand", AdÜ.) erlangt. Später schrieb ich im *Wickedary*:

> Der *Horse Sense* von Näxen/Häxen ist nichts anderes als die Schlaue Fähigkeit, die Engelhaften/Elementalen Botschaften, die uns aus allen Richtungen erreichen, zu Sehen, Hören, Berühren, Schmecken und Erschnüffeln. In diesem Sinne ist *Horse Sense* ein Wichtiges Navigatorisches Hilfsmittel.[24]

Außerdem:

> *Horse Sense* hilft Näxen/Häxen bei der Jagd nach jenen Verlorenen Sinnen, die notwendige Hilfsmittel auf der Metapatriarchalen Reise sind.[25]

In einem Tiefen Sinne war die Arbeit des Schreibens an *Reine Lust* genau dies – eine Jagd nach den Verlorenen Sinnen –, und Leverett war ein glückliches Jagdrevier. Ich beschloß, daß, um gründlich jagen/ Suchen zu können, die Nerverinnen/Näxen (Zankteufel mit *Horse Sense*) die *Tugend des Nervens* brauchen, das heißt:

> die Häxische Gewohnheit, der von der Sadogesellschaft, dem Staat der Vergeßlichkeit, geforderten psychischen Betäubtheit zu widerstehen und sie zu bekämpfen. (*Wickedary*)

Dies bedeutete wirklich achtgeben – Riechen, Schmecken, Sehen, Hören, Berühren – und die Transzendenten Sinne, deren Namen versteckt wurden, Er-Innern.

Und deshalb machte ich ständig neue Entdeckungen, und dieses Ent-Decken war intensiv mit dem Prozeß des Schreibens verbunden. Eines Nachmittags beispielsweise, als ich mit Eleanor draußen im Gras saß und Ideen Spann, bemerkten wir ein Merkwürdiges grünes Insekt, das mit ausgestreckten Vorderbeinen an der Seite der Scheune hing, als ob es betete. Eleanor hielt es für eine Gottesanbeterin (engl. *praying mantis*). Das regte mich dazu an, in die Hütte zu laufen und das Wort *mantis* nachzusehen. Von da ging ich weiter zu *mantic*, was als Adjektiv benutzt bedeutet, „die Fähigkeit zum Wahrsagen haben oder sich auf die Fähigkeit beziehen: PROPHETISCH" (*Webster's*). Dies war der Anstoß dafür, die Beziehung des Wahrsagens zur Elementalen Welt zu Ent-Decken, als ich nämlich auf Wörter wie *Geomantie, Aeromantie, Hydromantie* und *Pyromantie* stieß – Wörter, die jeweils Wahrsagen mittels von Erde, Luft, Wasser und Feuer empfangener Zeichen bedeuten.

So brachten mich diese Worte in Berührung mit Anderen Dimensionen der Elemente – so wie die Elemente mich mit den Worten verbanden. Ich erlebte hier zum ersten Mal Andere Dimensionen. Ich hatte sie in der frühen Kindheit und stärker als Heranwachsende erlebt, als sie sich direkt und sanft, rein und durchdringend zeigten. Ich hatte, beispielsweise, das Gefühl des direkten Kontaktes mit dem Mond gehabt. Es gab auch Momente, in denen ich den „himmlischen Glanz" über den Hügeln und Wiesen sah. Besonders bewegend war die Dimension des purpurnen Abendhimmels. Anders als gewöhnliches Purpur; nachdem ich es einmal in meiner Jugend kurz gesehen, habe ich mir geschworen, es nie zu vergessen.[26] Natürlich vergaß ich es doch über lange Zeiträume hinweg, wenn ich „in der Watte des Tagesablaufs"[27] untergegangen war. Ich vergaß auch – und sollte erst später wieder Er-Innern – Felder, die sowohl das Erlebnis von *déjà vu* hervorriefen als auch einen kurzen Blick voraus, auf Ekstatisches Laufen auf gewundenen Pfaden durch hohes Gras und um Grasbüschel herum auf einer nicht näher beschriebenen, doch fröhlichen Suche.[28]

Zu meinem Ent-Decken Verlorener Sinne, einschließlich des Sinnes Tiefer Erinnerung, gehörte es also, auf Wegen in die Elementale Realität zu Tauchen und zu Schweben, die mir nicht ganz unvertraut, aber dennoch Merkwürdig waren, weil sie durch die „Watte" hindurchschnitten. Ich bin ganz sicher, daß ich 1980 nicht bewußt all die vergleichbaren, doch unterschiedlichen elementalen Erlebnisse meiner Kindheit und Jugend Er-Innerte. Doch ich Weiß Jetzt, daß jene Momente des Spinnens in Leverett mich wieder mit den frühen Erlebnissen verbanden. Diese waren wie „parallele" Momente auf den Spiralenden

Pfaden meiner Auswärtsreise. So wurden die Momente, wenn ich die Mondin und die Sterne des Nachthimmels von Leverett Berührte, durch den Moment der transzendenten Sicht des Purpurhimmels über Schenectady gesteigert. Die Felder von Leverett, die ich durchwanderte, korrespondierten in etwa mit dem Erlebnis der mystischen Felder meiner Kindheitsunternehmungen. Ich Rief die Elemente Zurück/Er-Innerte sie und Webte neue und alte Verbindungen zu ihnen. Ich Forderte Elementales sei-en Zurück.

LEVERETT IM HERBST 1980
III. DIE BIENENKORB-STRUKTUR UND „BA"

Einige der Ereignisse, die sich in jenem Zeit/Raum ereigneten, waren komplexer als andere. Äußerst komplexer Natur waren die „Bienen-korb"-Gebilde.

In jenem Herbst schickte mir eine Nachbarin einen Ausschnitt aus einer örtlichen Zeitung über „Bienenkorb"-Gebilde, die in Leverett gefunden worden waren (und die als „Gräber" bezeichnet wurden). Jemand hatte darüber einen Vortrag vor der Deerfield Historical Society gehalten. Mit einiger Detektivarbeit stöberte ich diesen Mann auf und traf mich mit ihm. Er führte mich zu den drei Bienenkorb-Gebilden, die ziemlich dicht beieinander lagen/liegen.

Sie waren alle unter die Erde gebaut. Der Eingang war jeweils hinter einer großen Felsplatte verborgen. Die Wände im Inneren bestanden aus raffiniert und genau zusammengefügten Steinen.

Als ich hineingeklettert war, hatte ich das Gefühl, in einem Bienen-korb zu sitzen und in den Himmel hinauszuschauen. Sie schienen mir keinesfalls grab-ähnlich zu sein, sondern eher Verstecke oder kleine Wohnstätten.[29]

Die drei Gebilde waren verschieden groß, und ich erlebte sie unterschiedlich. Das größte konnte fünf Frauen unterbringen, in das mittlere „paßten" drei und in das dritte nur eine. Ich hatte den Eindruck, daß das kleinste eine ziemlich starke Energiequelle war, während das größte Gebilde am schwächsten war. Vielleicht lag das daran, daß die große Höhle bereits von vielen Leuten „entdeckt" und zu unterschiedlichen Zwecken benutzt worden war.

Ich besuchte die drei „Bienenkörbe" mit Frauen aus einer Studien-gruppe, die sich im Frühling 1980 aus meinen Kursen herausgebildet hatte und ihre Arbeit viele Monate lang fortsetzte.* Wir führten unab-lässig intensiv Spinnende Gespräche, häufig ging es um das Weben

---

* Das waren Anne Dellenbaugh, Barbara Hope, Eleanor Mullaley, Kathy Miriam und Mary Schultz.

von *Reine Lust*. Bei einem unserer ersten Besuche an diesen Merkwürdigen Orten waren einige von uns inspiriert, „Om" zu singen, während wir im Inneren saßen.

In der Nacht nach dem ersten „Om"-Gesang schlief ich allein in der Hütte und wachte von einem merkwürdigen Ton vor meinem Fenster auf. Es tönte „Ba". Der Buchstabe „a" klang wie das „a" in „apple". Es klang nicht direkt menschlich, doch es klang auch nicht wie ein Schaf. Es war ein schafsähnlicher Ton, doch anders – erschreckender und aggressiver. Außerdem gab es in der Gegend keine Schafe. Obgleich ich total „ausgeflippt" war, schlief ich wieder ein.

Am nächsten Tag – ich hatte den Zwischenfall halb vergessen – sah ich in J.C. Coopers *An Illustrated Encyclopedia of Traditional Symbols* den „Bienenkorb" nach. Mein Blick fiel auf eine Illustration auf der gegenüberliegenden Buchseite: ein Vogel, der über einer ägyptischen Mumie schwebt. Die Unterschrift lautete:

Auf einem ägyptischen Papyrus aus dem 13. Jahrhundert v.Chr. schwebt Ba, der Seelenvogel, über einer Mumie, ehe er seinen Flug in das Leben nach dem Tode beginnt.[30]

Total verblüfft von diesem „Zufall" (die Illustration hatte nichts mit „Bienenkorb" zu tun, sondern gehörte zum Eintrag „Vögel"), setzte ich mich mit den Frauen in Verbindung, mit denen ich am Tag zuvor „Om" gesungen hatte. Wieder gingen wir in das Bienenkorb-Gebilde und sangen „Om". Dann schlug ich vor, „Ba" zu singen. Das taten wir, und zu unserem Erstaunen hörten wir danach Bienensummen, obgleich keine Bienen zu sehen waren. Wir wiederholten das mit Variationen den ganzen Herbst lang, besonders im mittleren Bienenkorb. Was das alles jedoch bedeuten sollte, blieb im Dunkeln.

Erst Jahre später (1987) las ich in *American Heritage* (Anhang über Indogermanische Wurzeln), daß die Wurzel *bhā²* „sprechen" bedeutet. *Bhā²* ist die Wurzel des lateinischen *fari*, sprechen. Das Partizip Perfekt dieses Wortes ist die Wurzel des englischen Wortes *fate* (Schicksal, Schicksalsgöttin, AdÜ.).[31] So hatte ich, ehe ich wußte, daß *bha* (Ba) „sprechen" heißt, die Intuition, diesen Ton mit meinen Freundinnen im Bienenkorb in Leverett zu singen. Ich hatte jedoch in Coopers *Illustrated Encyclopedia* unter „Bienenkorb" nachgelesen:

Redegewandtheit; „honigsüße Worte", eine geregelte Gemeinschaft... In Griechenland wurde der Bienenkorb häufig als Form für ein Grab benutzt, ein Hinweis auf Unsterblichkeit.[32]

Ich glaube nicht, daß ich diese Information bewußt verwendete, als ich meinem Instinkt folgte und im „Bienenkorb" „Ba" sang. Unbestreitbar stand jedoch diese Serie von Zwischenfällen in Beziehung zu dem Prozeß, eine Elementale Feministische Philosphie zu schreiben. Diese

Ereignisse – so wie ich sie begriff – „sagten", daß *Reine Lust* an der Arbeit der *Fates* (Schicksalsgöttinnen, Parzen AdÜ.), die *Stamina*, den Lebensfaden, spinnen, teilhatte.[33] Sie inspirieren zum Be-Sprechen. Sie inspirierten zu *Reiner Lust*.

LEVERETT IM HERBST 1980
IV. NOCH MEHR ZAUBER

Ein bevorzugter Elementaler Ort war Rattlesnake Gutter Road, der vom North Leverett Road abzweigt und sich hoch hinauf windet, so daß sich zu seiner Rechten eine tiefe Schlucht dahinzieht, voll von Bäumen, Felssteinen und großen natürlichen Höhlen. Auf der linken Seite des Weges steigt der Boden an, und riesige Bäume haben schon seit so langer Zeit ihre Wurzeln um moosbedeckte Felsen geschlungen, daß sich der Boden nun als halb Wurzeln, halb Felssteine zeigt – alles mit dem glänzenden, weichen tiefgrünen Moos bedeckt, das die Gnome so gern als Kissen verwenden.

Dieses Versteck war stets eine Zuflucht, doch speziell an einem regnerischen und nebligen Tag enthüllte es sich als Anderswelt, erweckte *Elementale Erinnerung* ○, das heißt die

> Fähigkeit, mit der Wissen, Emotionen und Erlebnisse jenseits der künstlich hergestellten phantomischen „Erinnerungen" des Vordergrunds Er-Innert werden; Tiefe Er-Innerung, die in dem ursprünglichen Erlebnis der Elemente gründet; Er-Innerung an Archaische Zeit, wo/wenn das Alltägliche voller Bedeutung ist, die Bäume und Tiere sprechen und Crones unsere Verbindungen mit dem Mond und den Sternen *kennen*. (*Wickedary*)

Außerdem war (und ist) Rattlesnake Gutter Road ein Schlupfwinkel für *Elementargeister* ○, das heißt für

> Geister/Engel/Dämonen, die die wesensmäßige Intelligenz von Geist/Materie darstellen; Intelligenzen, die die Sterne beseelen, die Prozesse von Erde, Luft, Feuer, Wasser beleben, die die Töne, welche Elemente von Worten sind, begeisten und Worte mit Erde, Luft, Feuer, Wasser und mit Sonne, Mond, Planeten und Sternen verbinden. (*Wickedary*)

Angesichts der Tatsache, daß hier Er-Innerung wach wurde und Geister lebten, verlockte mich dieser Ort weiter in meinen Bemühungen, an dem kosmischen Zusammenklang von *Elemental Sounding* ○ teilzuhaben, dem „Sprechen aller Elementalen Lebewesen im Chor von sei-en" (*Wickedary*). So Be-Sprach ich viele Worte von *Reine Lust* in dieser pulsierenden, vibrierenden Atmosphäre der Verbundenheit.

Öfter, wenn ich durch Rattlesnake Gutter Road wanderte, hinunter in die Höhlen und hinauf zu den Bäumen kletterte, begannen Neue Worte in meinem Bewußtsein zu Ertönen. Als ich dort mit Barbara Erkundungen unternahm, mischten sich in unsere Gespräche ganz natürlich *Gnom*-Worte. Wir nannten sogar unsere Studiengruppe unter uns die „Gnom-Gruppe", und unsere Gespräche wurden Gnomischer, das heißt, Erdischer.

Zur gleichen Zeit kamen von den Sternen ergreifende Botschaften Strahlkräftiger Verbindung. Von der Hütte aus sah ich die voll ausgebreitete Milchstraße und Sternschnuppen, die sich durch die Himmel schleuderten. In dieser Atmosphäre wurden Worte wie Sternenjagd und Sternen-Lust geboren.

Auch fanden magische Begegnungen mit Büchern statt. Häufig besuchte ich mit Barbara ziemlich esoterische Buchläden in der Umgebung von Leverett, vor allem „Sophia" in Amherst und „Beyond Words Bookstore" in Northampton. Ich Ent-Deckte und kaufte spirituelle und mystische Bücher, die für die Ausweitung und die Artikulation meines Elementalen Bewußtseins äußerst hilfreich waren. Unter diesen waren Bücher des Alchemisten/Philosophen Paracelsus, von Madame Blavatsky und Jane Roberts. Ich erwarb und verschlang ebenfalls mehrere Bücher über Auren. Ich stürzte mich auf Arbeiten über die Gnosis. In anderen Läden suchte ich nach Büchern über Sterne, Sternennebel, Quasare. Ich schnappte mir Bücher von Schriftstellerinnen wie Alice Walker und Ökologinnen wie Rachel Carson. Mit dieser Beute – ordentlich gekauft natürlich, nicht „weggerissen" – flüchtete ich zurück in meine Hütte/Höhle. Die Bücher dienten als Navigationshilfen für mein Schiff, als ich mit den Sternen, den Vögeln und den Frauen segelte und lernte, Elementale Töne zu Hören und zu Sprechen.

Bald kam auch meine Pelzige Geistverwandte Wild Cat nach Leverett. Sie war total begeistert vom Land und vor allem von der Hütte, der archetypischen Hexischen krummen Hütte unter dem krummen Baum. Dort, in *ihrem* Haus, stieg sie am liebsten auf die Dachbalken, benahm sich wie ein Dschungeltier. Wenn sie verschwunden war, suchte ich immer zuerst dort Oben nach ihr. Sie versuchte zu ihrem Lebensunterhalt beizusteuern, indem sie Mäuse fing, doch dank ihrer großzügigen Natur pflegte sie mir die „Reste" als Geschenke zu bringen. Ich versuchte diese Gaben höflich abzulehnen, doch hatten wir da ein „Kommunikationsproblem". Da weder Wild Cat noch mir daran lag oder liegt, „Fragen" durch einen Gang zum Therapeuten zu lösen, beschlossen wir, die ganze Geschichte auszuklammern. Nie sagte sie mir, daß sie sich durch meine kalte Ablehnung „abgewertet" gefühlt hätte, und ich verlangte nicht von ihr, daß sie sich hinsetzen und mit ihren „Gefühlen umgehen" sollte. Wir baten keine/n Dritte/n, unser „Problem" mit uns „aufzuarbeiten", und freuten uns weiter gegenseitig unserer Anwesenheit, wobei wir selig unwissend bezüglich unserer „zwischenpersonellen Dynamik" blieben. Wild Cat hat nie an einem „Zwölf-Schritte-Programm" gegen ihre Mäusesucht teilgenommen. Außerdem ist weder sie noch bin ich der Meinung, daß unsere Mütter für diesen „Block" in unserer „Beziehung" verantwortlich sind. Wir haben einfach keine Meinung zu unserer „Beziehungskiste".

ANSTRENGENDE ÜBERGÄNGE:
WINTER, FRÜHJAHR UND SOMMER 1981

Im Winter wurde es sehr kalt in der Hütte, trotz eines (defekten) elektrischen Heizsystems. Da ich kein Eskimo bin, zog ich wieder nach Newtonville. Die Gnom-Gruppe konnte sich dort einige Male treffen. Ich hatte jedoch Sehnsucht nach der Elementalen Verbindung, und so fuhr ich in jenem Winter und Frühling immer mal wieder zur Hütte.

Auf einer meiner Winterfahrten zum North Leverett Road – mit Wild Cat als Mitfahrerin – kam mein Pinto an einer verlassenen Stelle der Route 2 nahe der Ausfahrt nach Lunenburg auf der vereisten Straße wild ins Schleudern. In jener Gegend waren die beiden Fahrbahnen durch Zementmauern unterteilt, doch an der Stelle, an der wir ins Schleudern kamen, gab es „zufällig" keine tödlichen Trennmauern, sondern vielmehr ein breites schneebedecktes Grasstück. So kam das Auto von der Straße ab und rutschte ein ganzes Stück durch den Schnee. Wieder einmal hatte ich sehr viel Glück gehabt.

Ich ließ Wild Cat im Auto, ging hinüber zur Straße, hielt einen Wagen an und bat den Fahrer, die Polizei zu benachrichtigen. Nach einer Weile erschien ein Polizist, und ich mußte mit ihm zur Polizeistation fahren, um einen Abschleppwagen zu bestellen. Als ich mit diesem Fahrzeug zurückkehrte, fand ich Wild Cat sicher im Auto, aber natürlich war ihr sehr kalt. Als wir wieder auf der Straße waren, schneite es ziemlich stark, und es war dunkel. Die Fahrt schien endlos.

Irgendwo in der bergigen, gespenstischen Gegend bei der Stadt Athol sprach Wild Cat. Es war das erste Mal, daß ich Realisierte, daß sie sprechen konnte. Natürlich hatte sie seit ihrer Kindheit mit mir auf vielfältige Weise „gesprochen"/kommuniziert. Diesmal war es jedoch ein menschliches Wort. Sie sagte einfach nur ein Wort, mit fragenden und unendlich flehendem Ausdruck gesprochen. Es lautete, sehr verständlich und mit leicht kätzischem Akzent: „Where?" (Wo?) Natürlich versuchte ich sie mit Kraulen, Streicheln und beruhigenden Worten den ganzen beängstigenden Weg nach Hause zu trösten.

In jenem Frühling und Sommer 1981 lebte ich in Newtonville. Obgleich ich gute Freundinnen hatte, war es eine Trockenzeit. Meine Seele war im Ödland. Es gab jedoch ein paar helle Flecken. Dazu gehörte der zehntägige Besuch von Erika Wisselinck, die *Gyn/Ökologie* ins Deutsche übersetzte. Es war unsere erste Begegnung. Sie kam Ende Juni und flog Anfang Juli wieder ab. Ihre Reise von ihrem Zuhause in Straßlach nach Boston hatte sie über Kalifornien geführt, wo sie Nelle Morton besucht hatte.† Erika hatte die Übersetzung fast fertig. Es war eine monumentale Aufgabe, nicht nur wegen der Länge und der intensiven Kompaktheit des Buches, sondern auch, weil es für die englischen Wortspiele keine genauen Entsprechungen im Deutschen (oder irgendeiner anderen Sprache) gibt. Erikas kreatives Genie ließ sie vergleichbare, doch nicht immer identische Wortspiele im Deutschen finden. So entzündete *Gyn/Ökologie* ihre eigenständige Arbeit.

Erika beendete die Übersetzung des letzten Kapitels von *Gyn/ Ökologie* im Haus in Newtonville. Außerdem begann sie ein eigenes ungewöhnliches Buch mit dem Arbeitstitel *Anna, einige Tage im Leben einer alten Frau* zu schreiben. Dies ist ihre eigenwillige Version der Legende von der Mutter der Maria und ihrer Beziehung zu ihrer Tochter und (weniger wichtig) zu ihrem merkwürdigen Enkel.[35] Bei diesem Besuch begann eine Freundschaft, die sich als beständig erwies. Wir sprachen über jene Genia aus dem 12. Jahrhundert, Hildegard von Bingen. Erikas Bemerkungen entzündeten mein Interesse so stark, daß ich in den Keller stieg und einen staubigen Band der *Catholic Encyclopedia* hervorzerrte, der Seltsamerweise sehr nützliche Hinweise und Hintergrundinformationen über das Leben und die Arbeit dieser begnadeten Frau enthielt, zu der ich eine elektrisierende Verbundenheit spürte.

Erika und ich fuhren nach Onset, wobei wir unterwegs die Eskalation der Umweltzerstörung bemerkten. Wir machten auch eine wichtige „Geschäftsreise" nach Amherst, wo wir uns mit Beate Riesterer zusammensetzten, einer deutschen Wissenschaftlerin und College-Professorin, die seit April einen Teil von Erikas Übersetzung gelesen und kommentiert hatte. Aus meiner Sicht war die Szene in Beates Apartment sehr komisch. Mir machte es Spaß, zu sehen und zu hören, wie zwei deutsche Häxen über bestimmte Übersetzungsdetails diskutierten und gackerten. Ich hatte das Gefühl, daß wir eine Hexenkonspiration waren, die einen Gyn/Ökologischen Topf Hexischer Suppe brauten und umrührten, damit Frauen in Deutschland ihn aufschlabbern und weitere Coven Revoltierender Häxen bilden könnten.

Zu den anderen hellen Flecken in jenem Sommer gehörte die ständige und dauerhafte Freundschaft mehrerer Frauen, die untereinander sehr verschieden waren, doch sehr Real in ihrer Anwesenheit.

---

† Da es hier um die Übersetzerin selbst geht: Ich kam in die USA als Delegierte zu einem Weltkongreß für KommunalpolitikerInnen (ich war Abgeordnete im Kreisparlament München-Land), der in Columbus, Ohio, stattfand. Ich benutzte die Gelegenheit, meine Wahlmutter Nelle Morton und Mary Daly zu besuchen.

Zu diesen gehörten Pat Green, Fran Chelland, Clare Hall, Ann Cobb. Besonders hell wurde es, als Emily nach zwei Jahren Aufenthalt in Kalifornien nach Cambridge zurückkehrte. Doch meine Seele war immer noch ausgetrocknet, sie machte eine unendlich scheinende Reise durch Ödland durch.

DIE REISE NACH AUSTRALIEN:
FLUCHT IM RECHTEN AUGENBLICK UND MASSIVER EXORZISMUS

Am 28. Juli 1981 ging ich auf eine Reise nach Australien. Ich flog nach Kalifornien, um meine gute Freundin Nelle Morton in Claremont zu besuchen. Am nächsten Tag fuhr mich eine Frau zum Flughafen, die in Claremont ihren akademischen Abschluß gemacht hatte und in meinen Kursen in Boston gewesen war. Ich hatte schon gemerkt, daß sie ein bißchen „weggetreten" und sonderbar gleichgültig wirkte. Auf dem Weg zum Flughafen schilderte sie mir, wie sie sehr feindselig von mir geträumt hatte. In ihrem Traum waren sie und ich verheiratet. Sie wollte und bekam die Scheidung, weil ich keine Leidenschaft, kein Feuer und auch nicht sehr viel Intellektualität hatte. Am Schluß dieser unerfreulichen Erzählung sagte sie zu mir, daß sich Frauen von meinem Geist, meiner Intellektualität, von der Tatsache, daß ich Philosophin bin, bedroht fühlten, während dies bei Romanschreiberinnen oder Dichterinnen wie Adrienne (Rich) nicht der Fall sei. Sie verkündete, dieser Traum (in dem ich Letztlich zu Brei reduziert wurde) habe sie von ihrer Angst vor mir befreit.

Dieses Gespräch half mir, mir noch mehr als zuvor des Totalen Tabus gegenüber Frauen-identifizierten/Selbst-identifizierten Philosophinnen bewußt zu werden – ein Tabu, zu dem schreckliche Sanktionen gehören. Diese werden nicht nur von den Männern-an-der-Macht, sondern auch von ihren (sich ihres Status weitgehend nicht bewußten) Handlangerinnen, die als Alibi-Folterknechte fungieren, verhängt. Mir wurde klar, daß dieses Tabu viel tiefer ist als das gegen Frauen, die Theologinnen werden. Dies liegt zum Teil daran, daß zum herkömmlichen Verständnis von Theologie die Unterwerfung unter eine Autorität gehört – der Bibel und/oder einer religiösen Institution. Ein/e PhilosophIn hingegen sucht autonom Weisheit, erforscht und Be-Nennt frei Realität. Unter dem Patriarchat ist *genau dieses* – mehr als alles andere – den Frauen verboten. Dieses Tabu ist in die Psychen von Frauen eingepflanzt, so daß sie Zensoren ihrer selbst und anderer Frauen werden. Die Näx-Gnostische Philosophin, die dieses Tabu bricht, wird unausweichlich zur Zielscheibe von „Schwestern"/Zensorinnen, die ihre Begeisterung, ihre Freiheit und ihre glühend zielgerichtete Bewußtheit fürchten und beneiden.

Mit der Last dieser Denkanstöße und schreckenerregender Ideen und Bilder bestieg ich das Flugzeug nach Sydney. Am Tag, ehe ich Boston verließ, hatte ich das Gefühl, daß ich gerade noch zur rechten Zeit entkam. Die schlimmen Zeiten der frühen achtziger Jahre hatten bei Radikalen Feministinnen ihren Tribut gefordert. Ich erinnere mich an ein Gespräch mit Robin Morgan, in dessen Verlauf wir fast flüsternd darüber sprachen, *wie* schlimm es – physisch und psychisch – um Frauen stand. Es war keine Erklärung notwendig. Es war einfach ein überall vorherrschender Zustand. Es lag „in der Luft". Ebenso wie die Angst vor dem nuklearen Holocaust, die in jener Zeit unser Denken bestimmte.

In Sydney wohnte ich in den nebeneinanderliegenden Wohnungen von Suzanne Bellamy und Janet Ramsay. Diese Frauen waren keine Fremden für mich. Suzanne hatte 1975 einen Briefwechsel mit mir begonnen, nachdem sie *Jenseits von Gottvater* gelesen und in einem Kurs an der Universität, an der sie lehrte, vor sechshundert StudentInnen Vorlesungen dazu gehalten hatte. Beide Frauen hatten während ihres US-Besuches im Januar 1980 im Newtonville-Haus gewohnt und meine Kurse in „Feministischer Ethik" besucht, teilweise als psychische Leibwächter gegen die Möglichkeit des Eindringens anderer „Besucher" – die Beobachter, deren erneute Beauftragung die Leitung implizit angedroht hatte.[36]

Die passenden Adjektive, um zu beschreiben, wie ich Australien erlebte, wären schwer zu finden. Suzanne und Janet und ihre drei Katzen – Cinnamon, Bianca und Sylvia – waren sehr großzügig und freundlich; ich fand bei ihnen eine Atmosphäre, in der ich mich von meinem vielschichtigen Jetlag erholen konnte. Ich er-Innere Tagesausflüge, besonders zu den Blue Mountains. In einem Wildpark erlebte ich Koalas bei einem Mahl von Eukalyptus-Blättern und hatte eine erstaunliche Begegnung mit einem Emu. Er war sehr groß und befand sich auf seinem Abendspaziergang auf einem Weg, von dem ich egoistischerweise geglaubt hatte, er sei für Menschen reserviert. Ich hatte ihn nicht gesehen und stieß fast mit ihm zusammen. Er reagierte mit einem lauten, unnachahmlichen „Gronk!" und rannte mich fast über den Haufen. Er erinnerte mich an einen europäischen Professor, der hochmütig sinnend, das Abendbrot verdauend, dahinstolziert. Wir machten auch eine Wanderung in „den Busch". Zum ersten Mal hörte ich das laute Lachen der Rieseneisvögel. Das Be-Lachen dieser Seltsamen Australischen Vögel war überraschend und ansteckend.

Als nächstes ging es mit Alice und Janet nach Mittelaustralien. Am Sonntag, 9. August, flogen wir nach Alice Springs, und am Montag fuhren wir dreihundertfünfzig Kilometer auf einer roten Sandstraße nach Ayers Rock. Nachdem wir ein Stück an ihm entlanggewandert waren, fuhren wir zu unserem Hauptziel, den Olgas. Sie sind eine

Ansammlung von achtundzwanzig runden Hügeln von Trümmergestein, durch tiefe Täler voneinander getrennt. Als ich auf die Olgas hinauf und in ihnen herumkletterte und durch das Tal der Winde wanderte, wurde ich immer mehr in meinem Eindruck bestärkt, ich befände mich nicht nur auf einem anderen Kontinent auf der anderen Seite des Erdballs, sondern auf einem anderen Planeten. Ich hatte noch nie so etwas wie diese Landschaft/Steinschaft gesehen. Es gab Unmengen Wilder Papageien in phantastischen Farben, und hier und da begegnete mir ein Känguruh. Wir kehrten nach Alice Springs zurück, übernachteten unterwegs in einer Ranch. Am Freitag fuhren wir zum King's Canyon, und auf unserem Weg zurück nach Alice Springs machten wir einen Umweg über zwei Millionen Jahre alte Meteorit-Krater. Die Fahrt zu den Kratern bei Sonnenuntergang war unbeschreiblich – eine Welt von rot, orange und violett. Wir sahen die Krater im Mondlicht. Es war der 14. August – der Vorabend von Lammas –, einem der vier Großen Feste der Hexen. Es war ein unglaublich unheimlicher Ort – eine unirdische, Mars-ähnliche Szenerie.

Am Samstag besuchten wir Simpson's Gap und Stanley Chasm. Die Dürre der Canyons, Klüfte und Schluchten verschlimmerten meinen Durst, buchstäblich, auf vielen Ebenen. Überall suchte ich eifrig nach Wasser. Als ich dann schließlich welches in einem ausgetrockneten Flußbett fand, war ich von Erleichterung überwältigt, ich hatte das Gefühl gehabt, daß meine Seele stürbe.

Immer waren es die Tiere, die mir Signale Biophiler Ermutigung sandten. Außer den liebreizenden großen Känguruhs, der erstaunlichen Vielfalt merkwürdiger Eidechsen und atemberaubender Papageien gab es Dingos (Wildhunde), Wallabies (kleine Känguruh-Art), die sich in den Felsen versteckten (doch zu sehen waren), herabstoßende Milane, die bei einem Campingplatz Brot auffingen, das in die Luft geworfen wurde, und Kamele (die keine australischen Tiere sind, aber trotzdem *dort* waren). Diese tierischen FreundInnen inspirierten mich.

Am Sonntag beschloß ich, meine Reserven zu verpulvern, und nahm ein Flugzeug von Alice nach Cairns in Nordwest-Australien, um das Great Barrier Reef anzuschauen. Ich kam ins tropische Australien. Obgleich es August und daher Winter war, war es unglaublich heiß. Ich sah die erstaunlichen Korallen und schwamm im Ozean. Ich unternahm einen nächtlichen Bustrip in die Berge, und dort erlebte ich, nach der langen Trockenzeit meiner Seelenreise, das Wunder, wieder in Berührung mit den Kräften der Elemente zu sein. Ich war nachts während der Rückfahrt im Bus eingeschlafen und wachte auf, weil mich etwas berührt hatte. Dieses Etwas war der Mond, der durch das Fenster schien. Er schien mir auf die Schulter zu tippen. Aufgeschreckt sah ich hinaus und entdeckte in der Ferne ein Feuer an einem Berghang. So erlebte ich die Anfänge eines neuen Erkennens Elementaler

Verbundenheit. Ich bereitete mich tief in meiner Seele darauf vor, mit der Schöpfung von *Reine Lust* fortzufahren.

Ehe ich mich dem widmen konnte, mußte ich jedoch in der letzten Augustwoche auf einer Konferenz in Sydney sprechen. Sie fand im Auditorium des Gebäudes der Lehrer-Vereinigung statt. Hunderte Frauen waren gekommen – viele von weit her. Die meisten kamen in guter Absicht. Doch die wenigen Frauen, die mit der Absicht, zu stören und zu unterbrechen, angereist waren, wirkten verheerend. Sie wollten eine „Show", und ich war Freiwild. Einige standen auf und unterbrachen mich lauthals. Eine rief: „Yankee go home!" Da ich nicht unbedingt eine fahnenschwingende Patriotin bin, war ich erstaunt. Eine andere stand auf und schluchzte in Scheinhysterie. „Du sprichst nicht zu *mir*, Mary!" jammerte sie. In der darauf folgenden Tirade verkündete sie, daß „Hausfrauen" mich nicht verstehen könnten.

Ich antwortete nach jeder Unterbrechung und stand meine Frau. Ich erklärte beispielsweise, daß die Bemerkung über „Hausfrauen" für die Frauen, die in jene Kategorie „eingeordnet" werden konnten, beleidigend sei und daß viele sogenannte Hausfrauen meine Kurse und öffentlichen Vorträge besucht und meine Bücher gelesen hätten. Außerdem beschrieb ich die äußerst positive und intelligente Reaktion jener Frauen auf meine Arbeit. Es war klar, daß die Gruppe der lärmenden Störerinnen nicht gewonnen hatte. Ich fand es jedoch merkwürdig, daß die meisten anderen Frauen nicht eingriffen. Ich beendete meinen Vortrag und verließ das Auditorium. Es war klar, daß in dieser Atmosphäre keine weiteren Gespräche stattfinden konnten.

Eine große Anzahl Frauen fand sich später an diesem Abend in Suzannes Haus ein, wo wir die *richtige* Konferenz abhielten. Diese Frauen waren intelligente, sensible Feministinnen.[*] Wir sprachen über viele Themen, einschließlich der Gegenströmung gegen Radikalen Feminismus, wie er sich im Auditorium an jenem Abend gezeigt hatte. In den nächsten Tagen trafen Blumensträuße und Sympathie- und Entschuldigungskarten für mich ein. Das waren freundliche Gesten, doch ich empfand diese „Begräbnis"-Szene als etwas komisch und auch unheimlich.

Auf jeden Fall war ich alles andere als tot. Ich begann zu begreifen, daß meine Australien-Reise nicht nur die Funktion einer Flucht im rechten Augenblick und des Durchschreitens psychischen Ödlands hatte, sondern auch die eines massiven Exorzismus der dämonischen Mächte, die Radikale Feministinnen angreifen. Außerdem wußte ich,

---

[*] Ich habe in Australien viele anregende Häxen/Näxen getroffen – bei Wanderungen im Busch, bei Picknicks und Parties und anläßlich von Radio- und Zeitungsinterviews. Die merkwürdigen Ereignisse bei der Konferenz in Sydney können als Zeichen einer negativen Unterströmung in Australien zu jener Zeit angesehen werden. Auf jeden Fall war der Radikale Feminismus in Australien – und ist es Jetzt – eine lebendige Realität.

daß ich nun bereit war, mit *Reine Lust* weiterzuSpiralen. Mein Rückweg nach den USA führte über Neuseeland, und ich sah mich kurz in
diesem wunderschönen Land um. Ich konnte jedoch nicht lange
bleiben, denn es war Zeit für Bewegung. Mein Wille zum Spinnen war
aufgeladen/wieder aufgeladen. Ich kehrte nach Newtonville zurück
und bereitete meinen endgültigen Umzug zurück nach North Leverett
Road und seiner Elementalen Umgebung vor.

LEVERETT IM HERBST 1981

Im September begann ich mit dem Packen und Vorbereiten, und im
Oktober zog ich in das als „Loft" bezeichnete Gebäude. Anders als die
Hütte, jenes kompakte kleine Hexenhaus, war der Loft ein einziger
großer Raum. Seine Fenster gingen nach allen Seiten: eines auf das von
Kaninchen bewohnte vielfarbige Sumpfland, ein anderes auf den
Hügel. Vor dem Fenster direkt gegenüber jenem, das auf das Sumpfland
schaute, stand ein großer, außergewöhnlich kommunikativer Baum,
dessen Schönheit sich mir zu allen Jahreszeiten zeigte. Der Loft hatte
eine sehr leistungsfähige Gasheizung, und das Gefühl von Freiräumigkeit
ließ meine Aura sich ausdehnen.

Ich benutzte außerdem das kleine Apartment im Haupthaus. Ich
brauchte es, um meine Möbel und Übernachtungs- und Wochenendgäste
unterzubringen. Nicht weniger wichtig war die Tatsache, daß es ein
Badezimmer hatte, was dem Loft fehlte. Der Loft hatte einen Herd und
ein Becken mit fließendem Wasser, doch im Gegensatz zur Hütte
keine Dusche und – kein Örtchen. Sonst war er außerordentlich
gemütlich. Er war zu jener Zeit *der* Ort zum Schreiben. Die Schwingungen waren genau richtig, um in großem Stil zu Spinnen.

Kurz danach zog Fran Chelland in die Hütte. Sie half mir bei meiner
Korrespondenz und hatte andere Arbeit, wozu ihre Kompositionen
und Artikel für den *Greenfield Recorder* gehörten. Ihre Anwesenheit
war ein Be-Hexendes Geschenk.

Die Wildheit des Ortes brandete durch meine Seele. Anfang November hatte ich große Durchbrüche beim Schreiben. Joann Alfs, die
für mich die örtlichen Büchereien durchforschte, leistete unbezahlbare
Arbeit, indem sie wichtige Quellen zum Gnostizismus fand. Besonders
wichtig waren die Werke, die sie selbst besaß und mir auslieh,
besonders *The Interpreter's Bible*[37], ein zwölfbändiges Werk mit Seltsam nützlichen Exegesen, und *The Interpreter's Dictionary of the
Bible*[38], vier Bände, die für meine Zwecke entscheidendes Material
enthielten. Diese Werke dienten mir als Sprungbretter für meine Arbeit
über Elemente, Elementargeister, Mächte und Gewalten, Engel der
Elemente.[39]

Eine wichtige „Unterbrechung" war eine Reise nach Kalifornien, wo ich am 6. November einen Vortrag an der School of Theology in Claremont halten sollte. Ich sprach über eine Reihe von Gedanken aus dem Ersten Reich von *Reine Lust*, wie Sadogesellschaft, das Sadospirituelle Syndrom, die Bedeutung von *Reine Lust*, das Rasen/die Rasse der Frauen, das Arche-Bild/die Ur-Hexe, Elementargeister, Reisegefährten. Den Frauen von Claremont gefiel mein Material. Erfreulicherweise war Nelle Morton da. Ich besuchte sie in ihrem Haus, wo sie meinen „Neuen Stoff" mit großem Verständnis las. Alles, was ich in Claremont erlebte, ermutigte mich, mit diesem Buch herum- und voranzuSpringen. In gehobener Stimmung kehrte ich nach Leverett zurück.

Ein Merkwürdiges Ereignis trug sich bald nach meiner Rückkehr zu. Es geschah am Freitag, 13. November, bei Steiger's, einem Kaufhaus in der Hanover Square Shopping Mall an der Route 9, außerhalb von Amherst. Als ich an jenem Abend in das Kaufhaus ging, wanderte ich zufällig durch die Uhrenabteilung. Zu meiner äußersten Verblüffung standen bei *neun* Uhren die Zeiger genau auf 11.12 – meine Hexen-Zeit.[40] Als ich dieses schwindelerregende Ereignis Emily erzählte, verstand die natürlich meine Überraschung, denn wir hatten lange Gespräche über das 11.12-Phänomen gehabt – eine Erfahrung, die sie und andere Freundinnen mit mir teilten. Wir mutmaßten, daß diese übertriebene Version von Erfahrung – *neun* Uhren – als eine komische/kosmische Betonung „der Botschaft" gesehen weerden könnte. Mir schien es, als ob die Uhren im Chor riefen: „Kapierst du nicht? Beeil dich! Es ist Zeit! Tu deine Arbeit!"*

Und das tat ich. Ich sprang mit meinem Schreiben und Lehren weiter voran.

WINTER, FRÜHLING, SOMMER 1982

La Crosse, Wisconsin, und die Inquisition

Am 25. Februar 1982 sprach ich an der Universität von Wisconsin in La Crosse. Nach der Reaktion der ZuhörerInnen und auf dem folgenden Empfang sowie laut den Briefen, die mich hinterher erreichten, war das Ereignis ein großer Erfolg. Ein paar Leute unter den Zuhörern schienen mir ein wenig gruselig zu sein, doch damals dachte ich mir nichts weiter dabei. Es handelte sich um einen besonders aufgeblasen wirkenden Priester, der am Ende der Halle lauerte, und eine Gruppe

---

* Jetzt, in der Vierten Spiral-Galaxie, wird mir klar, daß diese Botschaft ein Echo der Worte meiner Mutter war, die sie in meiner Kindheit und Jugend oft wiederholt hatte: „Geh und tu deine eigene Arbeit, Liebling!" Siehe Kapitel Eins.

grimmig dreinschauender Frauen. Als ich auf meinem Weg zum Empfang den Gang im Auditorium hinunterschritt, gab mir eine von ihnen mit lauter Stimme die deprimierende „Information" bekannt, daß ich auf dem „Totenbett eine Bekehrung" zurück zum Katholizismus erleben werde. Die anderen nickten wissend ihre Zustimmung, blanken Haß in den Augen.

Während des Empfangs kam eine Reporterin von *La Crosse Tribune* zu mir, um mich zu „interviewen". Sie hatte nur eine Frage: „Sind Sie lesbisch?" Ich antwortete: „Ja, und was hat das mit meinem Vortrag zu tun?" Sie drehte sich um und ging. Offensichtlich war dies in La Crosse ein heißes Thema.

Zurück in Leverett Spann ich weiter im Loft. Anfang April bekam ich einen sonderbaren Brief, datiert 29. März 1982, von J. Donald Monan, S.J., Präsident des Boston College, der mich davon in Kenntnis setzte, daß „viele Leute" sich wegen meines Vortrags in La Crosse an das BC gewandt hätten. Da ich in jenem Jahr unbezahlten Urlaub genommen hatte, um schreiben zu können, war ich überrascht, von dieser Seite etwas zu hören, und speziell verblüfft darüber, daß diese Nachricht meinen Vortrag in La Crosse betraf. Folgte mir Torquemada durchs ganze Land?*

Präsident Monan hatte eine Kopie eines Artikels aus *La Crosse Tribune* beigelegt sowie eine Kopie seiner Antwort auf einen Brief, den ihm ein Rev. Bernard McGarty, „Direktor für Kommunikation" der Diözese von La Crosse geschrieben hatte. Präsident Monan schrieb an P. McGarty, daß „einige der Dr. Daly zugeschriebenen Zitate voll den Tatbestand der ‚Blasphemie' erfüllen". Er informierte diesen Menschen, daß er „ständig zu klären (versuche), ob solche Aussagen, auf öffentlichem Universitätsgelände gemacht, eine Verletzung der vertraglichen Verpflichtungen darstellte, die sie immer noch gegenüber dieser Universität hat".

Nach einigen Tagen bekam ich einen „nachstoßenden" Brief, diesmal von William B. Neenan, S.J., damals Dekan des Colleges der Künste und Wissenschaften, der von mir eine schriftliche Stellungnahme „verlangte, die bestätigen oder verneinen sollte, daß die Ihnen als Zitate zugeschriebenen Bemerkungen zutreffen". Ich sollte ihm diese Stellungnahme bis zum 23. April zukommen lassen.

Das war also die Inquisition – genau was ich brauchte, um während meines Schreibens an *Reine Lust* meine Seelenruhe zu bewahren. Ich fragte mich: Wie konnte frau darauf reagieren? Natürlich wurde ich gleich aktiv, rief zuerst die für das Symposion Verantwortliche in La Crosse an, die mir sagte, daß „negative Reaktionen" auf meinen Vortrag fast ausschließlich auf die unverantwortliche und verzerrende

* Torquemada war bekanntlich der spanische Großinquisitor im fünfzehnten Jahrhundert.

Berichterstattung der *La Crosse Tribune* zurückzuführen seien. Sie hatte eine Reihe von Briefen bekommen, in denen der Ausschuß des Symposions beglückwünscht wurde, daß sie mich nach La Crosse eingeladen hätten, und sie bot an, mir diese zu schicken. Außerdem war sie bereit, HörerInnen meines Vortrags über diese „Situation" zu informieren und sie zu bitten, Briefe an Präsident Mohan und Dekan Neenan mit Kopie an mich zu schreiben, in denen sie ihre Reaktion auf meinen Vortrag schilderten.

Am 21. April schrieb ich an Dekan Neenan und erklärte ihm, daß der Artikel in *La Crosse Tribune* eine völlige Verzerrung meines Vortrags darstellte. Ich legte Kopien von Briefen von Männern und Frauen bei, die mir aus La Crosse zugegangen waren, sowie Briefe von Fakultätsmitgliedern anderer Colleges und Universitäten, wo ich kürzlich gesprochen und im wesentlichen das gleiche Material vorgestellt hatte wie in La Crosse.

Die Briefe, die direkt an Präsident Monan und Dekan Neenan gingen, waren vorurteilsfrei und aufschlußreich. Viele versuchten meine Stellung in der Welt als Philosophin, Theologin und Vortragende zu beleuchten. Viele machten auch klar, daß der Sturm in dem La-Crosse-Wasserglas fast ausschließlich von Leuten angefacht worden war, die den Vortrag nicht gehört hatten und die „von den Kanzeln" aufgefordert worden waren, ihre (uninformierten, auf den absurden Artikel gestützten) Meinungen als Leserbriefe an *La Crosse Tribune* zu schreiben. Ein Geschichtsprofessor schrieb: „Dies war die beste intellektuelle Aufrüttelung, die die Universität in den fünfzehn Jahren, die ich hier bin, gehabt hat." Viele beteuerten der Leitung des BC, daß der Artikel in *La Crosse Tribune* eine grobe Verzerrung darstellte. Manche versuchten an den Ruf der Jesuiten für „Fairness" und „Offenheit für Ideen" (!) zu appellieren. Andere versuchten geduldig zu erklären, welch vorsintflutliche, engstirnige Haltungen in der Gegend von La Crosse, Wisconsin, vorherrschen.*

Weitere Briefe von Dean Neenan sowie Strafmaßnahmen der Uni-

---

* Drei Jahre später gab es einen klaren Beweis für die Realität dieser „Haltungen" in jener Gegend. Am 7. Februar 1985 verübte ein sehr kirchentreuer Katholik aus La Crosse einen dreifachen Mord. Seine Opfer waren: Rev. John Rossiter, Pfarrer an der St. Patrick's-Kirche in Onalaska (zehn Meilen von La Crosse entfernt), Ferdinand Roth sr., ein Laienprediger an der Kirche, und der Mesner William Hammes. Der Mörder, Brian Stanley, schoß den Priester direkt nach der Messe mit einem Gewehr in den Hinterkopf und erschoß die beiden anderen kurz danach. Der Grund für die Morde: Stanley hatte sich darüber „geärgert", daß Rossiter zwei Mädchen erlaubt hatte, während der Messe aus der Bibel zu vorzulesen. (*La Crosse Tribune*, 8. Februar 1985) Bei einem Gespräch mit einer Frau, die zu jener Gemeinde in Onalaska gehörte und den getöteten Priester gekannt hatte, erfuhr ich einige Einzelheiten inklusive der Tatsache, daß sie die Flecken seines versprizten Blutes an der Decke der Kirche gesehen hatte. (Telefongespräch mit Mary Brieske, 21. September 1991.)

versität bewiesen, daß die vorsintflutlichen Haltungen sich nicht auf La Crosse beschränkten. Auf meinen Antwortbrief und die vielen Unterstützungsbriefe hin schrieb mir Neenan am 14. Mai 1983 zum zweiten Mal. Er reagierte überhaupt nicht auf all diese Beweise. Er wiederholte die inquisitorische Forderung: „Ich wiederhole mein Ersuchen um eine schriftliche Stellungnahme, in der Sie bestätigen oder verneinen, daß die Ihnen als Zitate zugeschriebenen Bemerkungen zutreffen."

Da ich keine Zeit für die sinnlose und aufwendige Arbeit hatte, Punkt für Punkt Aussagen zu widerlegen, die mir in einem bösartigen Stück Sensationsjournalismus untergeschoben worden waren, machte ich mir nicht die Mühe zu antworten. Ich hatte wichtige Arbeit zu tun, vor allem mein Schreiben und öffentliche Vorträge.[43]

Die Leitung des BC zeigte natürlich keine Achtung vor mir oder vor den vielen hochqualifizierten Menschen, die ihr meinetwegen geschrieben hatten. Außerdem benutzten sie die übliche unterdrückerische Strategie des Angstmachens. Wie wir alle wissen, kann das die Kreativität blockieren. Indem ich nicht nachgab und weiter schrieb und öffentliche Vorträge hielt, lernte ich immer mehr über den Krieg der Mächte und Gewalten, eines der Hauptthemen meiner Analyse in *Reine Lust*.†

Am 16. September 1982 schickte mir Dekan Neenan einen weiteren Brief nach Leverett, wo ich das dritte Jahr jenes unbezahlten Urlaubs mit dem Spinnen von *Reine Lust* zubrachte. Er tönte: „Aus der Tatsache, daß Sie nicht direkt auf das Ersuchen reagiert haben, schließe ich, daß Sie keine Einwände gegen die Ihnen zugeschriebenen Äußerungen in jener Ausgabe der *La Crosse Tribune* haben." Der Brief erging sich weiter in meinen „vertraglichen Verpflichtungen", die so gedreht wurden, daß sie die Verpflichtung zur Selbstzensur enthielten oder vielmehr dazu, mich des mir zugeschriebenen „spöttischen und absichtlich provoktiven Tons jener Bemerkungen" zu enthalten. So konnte ich wieder einmal über das Ausmaß patriarchaler Täuschung und den Kampf der Mächte und Gewalten nachdenken.

Ich reagierte nicht. Am wichtigsten, ich Spann und Spiralte weiter.*

---

† Vgl. zu diesen Begriffen *Reine Lust*, S.224-231.
* Der letzte Brief von Dekan Neenan war vom 5. August 1983. In dieser Nachricht kam er auf „unsere" Korrespondenz in den vergangenen sechzehn Monaten zurück und setzte seinem Rückblick die Krone auf mit der Feststellung: „Als Zeichen der ernsten Absichten der Universität in dieser Hinsicht wird Ihnen für das akademische Jahr 1983/ 84 keine Gehaltserhöhung zugesprochen." Ich war zu intensiv mit meiner Arbeit an Reine Lust und anderen Dingen beschäftigt, als daß ich der nicht stattgefundenen Gehaltserhöhung für das kommende Jahr, in dem ich den Unterricht wieder aufnehmen würde, viel Aufmerksamkeit geschenkt hätte. Boston College wiederholte diese Querfeldeinjagd in einem anderen Kontext 1985. Vgl. Kapitel Vierzehn.

Obgleich es Nerven kostete, trug Die Inquisition zur Entwicklung vieler meiner Ideen in *Reine Lust* bei. Dazu gehörten: das Sadospiritual-Syndrom, Frauen als berührbare Kaste, Akadementia, Bohrokratie, Abwesenheit von Anwesenheit, Phantome. Wenn ich sage, daß diese nervenzehrende Intervention zur Entwicklung von Ideen „beitrug", dann meine ich damit, daß *Ich* als Betroffene Aktiv aus dieser Erfahrung *mehr* Wissen über den Vordergrund der Väter und die phantomische Welt herauspreßte. Es war nicht so, daß ich lediglich passiv reagierte. Ich kämpfte vielmehr, um die *Apraxie* zu überwinden, die solche vordergründigen, phantomischen Machenschaften bewirken sollen. So wurde ich *Aktiver* als vorher, nutzte meine erwachenden Sinne, um die tödlichen phallokratischen Spiele zu verstehen und zu Be-Zeichnen, Plünderte und Schmuggelte aus dieser Erfahrung gewonnene Information, Schliff eine noch Schärfere Analyse der Androkratie.

Der „Beitrag" der Patriarchen zu meiner Arbeit ist in keiner Weise vergleichbar mit den Gaben der Elementarwelt und ihren Bewohnern. Im Falle der Patriarchen war/bin ich die wahre Handelnde, die das mir vorliegende Material nach der Anweisung meiner Craft/der Richtung meines Schiffes formt. Die phantomischen Inquisitoren haben nur Nichts anzubieten. Sie schufen lediglich eine weitere Gelegenheit für meine Craft/mein Schiff, im Prozeß des Durchschauens und Bloßstellens ihrer Nichtigkeit an Geschwindigkeit und Geist-Kraft zuzunehmen.

Im Gegensatz zu den Einmischern hatten die Bewohner der Elementarwelt Aktiv teil an der Schöpfung von *Reine Lust.* Sie taten dies nicht in dem Sinn, daß ich über sie verfügt hätte, sondern einfach nur durch die Tatsache, daß sie ihre Selbst waren/sind und aktiv schöpferisch/sei-end. Durch ihr sei-en gaben sie; sie Begeisteten mich.

So rief zum Beispiel der Winterschnee am North Leverett Road meine Kindheitserinnerungen an Elementalen Schnee wieder wach. Er machte sich zuzeiten recht heftig bemerkbar. Eines Tages im Spätwinter oder frühen Frühling saß ich dick eingemummt in der Sonne auf der vorderen Veranda des Hauses, als irgend etwas passierte. Ich *hörte* es nicht direkt. Irgendwie fühlte ich mich jedoch veranlaßt, aufzustehen und herumzugehen. Ich ging ins Haus und sah einen ungewöhnlich großen Fleck blauen Himmels vor dem hinteren Fenster. Ich ging zur Hintertür und entdeckte, daß dort, wo die große Scheune gestanden hatte, nur noch ein zusammengestürzter Haufen war. Die Scheune war unter dem Gewicht des nassen Schnees zusammengebrochen. Ein Elementaler Akt von Gestaltwandel war passiert, so daß sich die Landschaft/Himmelschaft verändert hatte. Der Blick aus dem Fenster zeigte nun mehr Himmel, weniger Scheune – oder vielmehr gar keine Scheune. Die schöne alte, doch schlecht gebaute geliebte Scheune war wie ein „Kartenhaus" gewesen. Ich war traurig, mußte aber zugleich sehen, daß dies Elemental komisch war. Meine Traurigkeit wurde stark gemildert, als die Versicherung eine ziemlich großzügige Summe für die zusammengefallene Scheune zahlte. Ich brauchte das Geld, und der Schnee war sozusagen damit rübergekommen.

Auch Wild Cat war, indem sie einfach sie Selbst war, sehr lehrreich. Ich hatte die Hexische Angewohnheit, auf dem Tisch im Loft, an dem ich tippte, eine Kerze brennen zu haben. Wild Cat sprang oft auf diesen Tisch, besonders wenn sie ihren Weg zum aufgeschlagenen großen Lexikon nahm, das einen Platz auf einer Ablage neben dem Tisch hatte. Sie pflegte dann lange Zeit auf jenem offenen Wälzer zu sitzen – zweifellos um ihn anzuwärmen, damit er mir die richtigen Worte zeigte. Ich meinte, daß dies behende Tier auf sich Selbst aufpassen würde, so machte ich mir wegen der Kerze keine Gedanken. Eines Tages versengte sie sich unvorsichtigerweise ihren Schwanz. Vom Geruch verbrannten Fells aufgeschreckt, sah ich sie vom Tisch springen und zum anderen Ende des Lofts jagen, in den durch einen Vorhang abgetrennten Teil, wo ihr Katzenklo stand. Ich sprang auf und rannte hinter ihr her, zog den Vorhang ihres Boudoirs beiseite und sah, wie sie sich in ihrer Katzenstreu wälzte. „Aha", dachte ich, „sie weiß, wie man ein Feuer löscht." Das hatte ihr niemand beigebracht, ich am allerwenigsten. Als ich sie – und meine Selbst – tröstete, bewunderte ich ihre Absolute Fähigkeit, mit Feuer umzugehen. Danach kamen mir viele *Pyro*-Worte in den Sinn, da ich mit der Gesellschaft einer Pyrognostischen/Pyrosophischen Katze gesegnet war.

In jenem Winter, Frühling und Sommer 1982 Spiralte ich aus dem Ersten Reich von *Reine Lust*, den *Archesphären* * hinaus und in das Zweite Reich, die *Pyrosphären* * hinein. Die Forschungen mit Anna und Barbara 1980/81 und die Arbeit mit Joann im Herbst 1981 hatten enorm zu der komplexen Entwicklung der Ideen in den *Archesphären* beigetragen. Gespräche mit Eleanor Mullalley, Kathy Miriam und Mary Schultz hatten ebenfalls viele neue Gedanken hervorgebracht. Die Frauen der Gnom-Gruppe hatten den Gesprächsfaden bis weit in das Jahr 1981 aufrechterhalten, bis die Gruppe sich allmählich auflöste. Gespräche mit Andrée Collard, besonders über Tiere und Natur, waren immer fruchtbar. Und natürlich waren vom ersten Anfang des Buches an die Gespräche mit Denise Zündend/Pyromantisch.

* *Archesphären* ○ bedeutet „das Reich der wahren Anfänge, wo gewitzte Weibsen entfremdende Archetypen zusammenschrumpfen lassen, Archaische Ursprünge dem Vergessen entreißen und die Archimage, die Urhexe in unserer Selbst entdecken". (*Wickedary*)
* *Pyrosphären* ○ sind „Spiralende Zonen glutflüssiger Leidenschaft, die den Durchgang zwischen der Oberfläche Elementalen weiblichen sei-ens und dem inneren Kessel/Kern ermöglichen und Brauweiber mit E-motionaler Energie versehen". (*Wickedary*)

Äußerst wichtig für das weitere Spiralen in die Pyrosphären hinein war die Tatsache, daß Emily, die in Cambridge lebte, ab 1982 an Wochenenden nach Leverett kam, um mit mir als Forscherin und „Ideen-Korrekturleserin" zu arbeiten. Ich gehörte zu Emilys Dissertationsausschuß an der Harvard Divinity School, und so pflegten wir uns manchmal abwechselnd unsere Arbeiten vorzulesen und zu kommentieren.[43]

Meine Erfahrung als langjährige Radikale Feministin hatte mich mit reichen Informationsquellen hinsichtlich der Pyrosphären versorgt, in denen es vor allem darum geht, Leidenschaften, Tugenden und Laster zu untersuchen und zu Be-Zeichnen, wie sie von Frauen erlebt werden, die große Transformationen im Bewußtsein, im Sprechen und Handeln durchmachen. Zusätzlich zu diesen Erfahrungen hatte ich meine Schatzkiste Archaischen Wissens und intellektuellen Trainings aus der Zeit in Fribourg. Man hatte mich meisterhaft gelehrt, Analyse nach der Methode der aristotelisch-thomistischen Ethik zu betreiben. In den achtziger Jahren war ich soweit, die Umkehrungen jener Tradition Hexisch umzukehren, indem ich Vulkanische Tugenden/ Laster – Biophiles Bündnis, Entrückter/Verzückter Glaube, Hüpfende Hoffnung, Nemesis, Klugheit der Prüden, Reine Lust, Pyrosophische Mäßigkeit, Scharfsinn gewitzter Weiber – Be-Nannte.

Meine Radikale Erfahrung und Rigorose Ausbildung machten es mir ebenfalls möglich, Unterschiede zwischen Elementaler Leidenschaft/E-motion und den unter dem Regiment der Phallokratie tief eingewurzelten Pseudoleidenschaften zu treffen.

Ich konnte dieses Be-Zeichnen in meiner Elementalen Umgebung vornehmen, wo ich frei war, mit und in der Hintergrund-Realität zu kommunizieren. Hier konnte ich immer noch tiefer den Unterschied zwischen *monotoner Zeit*, das heißt der *Zeit der öden Ordnung* und der *Gezeiten-Zeit, der flutenden Zeit* ○† erfahren. Die erstere ist

beväterte Zeit; Maßeinheiten/Einteilungen, die die Lebenszeiten/ Lebensadern von Frauen zu hübschen Häppchen zerhacken; verstümmelte Zeit, chirurgisch zusammengenäht, um Gezeiten-Zeit nachzuäffen und zu ersetzen; öde Zeit, die unter der Tyrannei von monotonen Dämonen verbracht wird. (*Wickedary*)

Im Gegensatz dazu ist *Gezeiten-Zeit*

Elementale Zeit, jenseits des monotonen Ratterns der Ticker im Klonreich; Wilde Zeit; eine Zeit, die die von Männern fein säuberlich durchdatierte Welt nicht begreifen kann; Zeit hexischer Inspiration/Hexischen Genies. (*Wickedary*)

† Engl. *tidy time* und *Tidal Time*, wozu es in *Reine Lust* mehrere Übertragungen ins Deutsche gibt, vgl. dort ab S. 366.

Am North Leverett Road flog ich mit Fluten der Gezeiten-Zeit, deren Windströmungen mich weit hinaustrugen.

FLIEGENDE ÜBERGÄNGE:
HERBST 1982, WINTER, FRÜHLING, SOMMER 1983

Den ganzen Herbst 1982 und die ersten drei Jahreszeiten von 1983 Lebte und Spann ich in meinem Wilden Reich. Die primäre/wichtigste Arbeit meines dortigen Lebens war die Fertigstellung von *Reine Lust*. Ich flog schnell durch die *Pyrosphären* und in das Dritte Reich, welches die *Metamorphosphären* ○ sind, was heißt:

> Reich der makromutationalen Transformationen, wo stolze Spröde die Zustände der Gnade/Grazie (Er-Sehnen, Zu-Neigen, Ver-Zaubern) erforschen, wo Webweiber Stamina als Selbstzweck erkennen, wo Drachinnen in unserem Element sind und wo Musen Be-Sinnen, Entwerfen, Kreieren. (*Wickedary*)

Die Hütte blieb weiterhin ein Ort der Veränderungen. Im September beschloß Fran – trotz ihrer Liebe zu diesem hexischen Ort und zum Leben auf dem Lande –, daß es Zeit für sie sei, sich wieder in der Gegend um Boston anzusiedeln. Danach stand die Hütte eine Weile leer. Sie schien auf die richtige Bewohnerin zu warten. Diese Neue Hütten-Bewohnerin war Nancy Kelly, begleitet von ihrer Bernhardiner-hündin Zelda und ihrer Siamkatze, die sich manchmal dazu herabließ, auf den Namen Stella zu hören. Nancy begann zu der Zeit ihre Doktorarbeit im Fach Englisch an der University of Massachusetts, Amherst.

Anfang September 1982 war Denise in das große Haus gezogen, wo sie ein wunderschönes Studio hatte. Sie unterrichtete am Fitchburg State College und begann ihre Doktorarbeit im Fach Soziologie an der Brandeis University zu schreiben. Wild Eyes, ihre Geistverwandte, genoß das Landleben ebenso wie gelegentliche Kräche mit ihrer Schwester Wild Cat. Bei unseren regelmäßigen Abendspaziergängen auf dem North Leverett Road kommunizierten Denise und ich mit den Sternen und teilten uns Spinnende Ideen mit. Oft sausten wir, wenn sie vom Unterricht heimkam, mit dem Auto zum Essen in verschiedene preiswerte Restaurants in der Umgebung. Dies war einer ständigen Ernährung durch „Hausfrauenkost" vorzuziehen.

Im Oktober 1982 verließ ich diesen Stützpunkt für kurze Zeit, um außerhalb der USA Vorträge zu halten. Zunächst sprach ich am 2. Oktober an der Universität von Toronto. Kurz danach unternahm ich eine tolle Reise nach Europa. Die deutsche Ausgabe von *Gyn/Ökologie* war 1981 herausgekommen, und damit hatte sich ein wachsendes

Interesse an meiner Arbeit aufgebaut. Die Anfänge der „European Connection" waren Gewebt, und dieses Gewebe der Verbundenheit mit Frauen in Europa nahm weiterhin an Umfang und Komplexität zu.

Ich spirale in die Neue „European Connection" hinein.

Obgleich ich keine Vortragseinladung in die Schweiz hatte, flog ich Mitte Oktober direkt von Boston nach Zürich und sprang dort auf einen Zug nach meinem geliebten Fribourg. Nach einer Übernachtung mit Ekstatischen Er-Innerungen an mein dortiges Leben flog ich weiter nach Graz, Österreich, wo ich meine Freundin Erika Wisselinck und zwei weitere deutsche Frauen, Susanne Kahn-Ackermann, damals meine Lektorin beim Verlag *Frauenoffensive*, und die Feministische Theoretikerin Heide Göttner-Abendroth, traf.

Dieses Zusammentreffen war ein Hexen-Komplott. Ich war (ebenso wie Heide Göttner-Abendroth) als Rednerin zu einem Ereignis mit dem für mich exotischen Titel „Steirische Akademie 1982" eingeladen worden. Es wurde veranstaltet vom Kulturreferat der Steiermärkischen Landesregierung und sollte an der Universität Graz stattfinden. Ich hatte sogleich an Erika geschrieben und vorgeschlagen, daß wir die Gelegenheit zu einem Besuch nutzen sollten, da die Steirische Akademie mein Flugticket bezahlte. Erika schlug sich als meine Übersetzerin in Graz vor. Sie und Susanne arrangierten Vorträge über *Gyn/Ökologie* in München und Köln und eine öffentliche Vorlesung an der Universität von Nijmegen in den Niederlanden.

Zwei Dinge in jener Zeit in Österreich erinnere ich besonders lebhaft. Zum einen, wie ich vor einer ziemlich großen Zuhörerschaft stehe und versuche, von meinen mit Neuen Worten gefüllten Notizen zu sprechen, und ab und an zu Erika hinüberschiele, die in ihrer Simultanübersetzungskabine schwitzt. Ich sah, daß die ZuhörerInnen, einige mit Kopfhörern ausgestattet, andere es auf Englisch zu ertragen versuchend, finsterer als finster dreinblickten. Trotz einer, wie ich meinte, ziemlich witzigen Darstellung und Erikas ausgezeichneter Übersetzung schienen einige dieser AkademikerInnen nicht ganz die Kurve zu bekommen.

Zum anderen erinnere ich mich, wie ich mit meinen Freundinnen, die von meinem bevorstehenden Geburtstag wußten, durch die Grazer Altstadt ging. Als wir vor einem Antiquitätenladen standen, sah ich im Fenster eine unglaubliche alte Bronzeschlange. Aus dem Augenwinkel konnte ich sehen, daß auch Susanne ein Auge darauf geworfen hatte. Ich tat so, als hätte ich nichts bemerkt, als sie sich miteinander verständigten und in den Laden gingen, um die Schlange zu kaufen. Später, als ich sie geschenkt bekam, zog ich eine große Überraschungsschau ab – dachte ich wenigstens. Auf jeden Fall rollt sich die

„Überraschungs"-Schlange hier vor mir zusammen, Jetzt, wo ich an diesem Kapitel spinne.

Ich fuhr mit Erika, Susanne und Heide mit dem Zug zurück nach München. Es gab großes Gelächter auf meine Kosten, weil ich schwere Wanderstiefel anhatte. Doch Susanne hatte mir ja geschrieben, daß wir „die Berge und Weinkeller der Umgebung" (von Graz) besuchen wollten. Ich wollte darauf vorbereitet sein. Wie sich herausstellte, sahen wir die umgebenden Berge nur vom Zugfenster aus, aber das war trotzdem wunderschön, und unsere gemeinsamen Gespräche waren belebend und, so könnte frau sagen, voller beschwipster Ideen, auch wenn wir nur Kaffee tranken.

In München. wohnte ich bei Erika und sprach mit vielen Frauen, einschließlich Interviewerinnen der Feministischen Zeitschrift *Courage*, die in Berlin erschien. Nach meinem Vortrag fuhren Erika und ich nach Köln, wo wir in der Wohnung von Ginster Votteler untergebracht waren, die alles organisiert hatte. Ginster arbeitete in einem wunderbaren Feministischen Buchladen, den wir besuchten. Unser Frühstück auf ihrer Dachterrasse mit einer Gruppe von Frauen war ein phantastisches Erlebnis. Unvergeßlich auch die Autofahrt mit Ginster nach Holland, wo wir mystische Landschaft entdeckten. An der Universität Nijmegen freute ich mich, Professorin Tina Halkes† zu begegnen und eine enthusiastische ZuhörerInnenschaft zu erleben. Dies war besonders wichtig für mich, da vieles von dem Material, das ich dort vorstellte, aus meinem in Arbeit befindlichen Werk *Reine Lust* war. Der Besuch in Nijmegen war also ein passender Höhepunkt der ganzen Reise, die eine inspirierende Wiederbegegnung mit Europa gewesen war und eine Quelle hochgespannter Hoffnungen und reicher Erinnerungen, die ich in meinem Schiff zur Vollendung von *Reine Lust* mit mir zurücktrug.

Das Spinnen von Metamorphosphären

Im Winter und Frühjahr 1982/1983 sprach ich an einigen Universitäten in USA und Kanada[44], doch eigentlich war ich voller Intensität auf das Spinnen der *Metamorphosphären* konzentriert. In monotonen Zeitbegriffen gemessen sollte ich im September 1983 wieder mit dem Unterrichten beginnen, also mußte das Manuskript bis zu diesem Monat beendet und beim Verlag sein. In Worten der Gezeiten-Zeit Be-Sprochen Webte ich diese Arbeit sehr schnell, in Harmonie mit *Elementalen Rhythmen* ○, nämlich

1: Rhythmen, die das unendliche Zusammenspiel von Einheit und Verschiedenheit offenbaren, das für Elementale Phänomene wie

---

† Erste Inhaberin eines Lehrstuhls für Feministische Theologie in Europa.

Gezeiten, Jahreszeiten, Mondphasen charakteristisch ist: GEZEI-TEN-RHYTHMEN; 2: Kadenzen und Vibrationen im Wortgeflecht der Webweiber, die in Kosmischem Zusammenklang Be-Sprochen werden. (*Wickedary*)

Emilys häufigere Besuche in Leverett zu dieser Gezeiten-Zeit korrespondierten mit den sich beschleunigenden Rhythmen dieser Wortgeflechte. Wir schufteten, wie immer, unermüdlich und Be-Lachend, und ihre Kommentare waren, wie gewöhnlich, sehr gewitzt.

Denises Geist und Findigkeit halfen mir, *Metamorphosphären* zu Realisieren. Sie war es, die Ernest G. Schachtels Buch *Metamorphosis* entdeckte, das wichtige Gedanken enthält, speziell bezüglich Erinnerung und außenzentrierte (allozentrische) Wahrnehmung, und mir als Sprungbrett für meine Analyse im Dritten Reich diente.[45] Außerdem war sie es, die das Wort *Metamorphosphären* erdachte.

Gift im Haus:
Wir überleben ein Phantomisches Greuel

Im Frühjahr 1983 flog ich wirklich mit *Reine Lust* dahin. Dann kam ekelhafterweise eine öde Welle von Menschen/Männern-hergestellter Zerstörung/Unterbrechung. Sie nahm auf schreckliche Weise Gestalt an. Uns wurde allmählich und unwiderlegbar klar, daß sich in den Wänden des geliebten alten Hauses am North Leverett Road Gift versteckt hielt. Die Vorbesitzer hatten diese Wände mit einer Urea-Formaldehyd-Schaum-Isolierung (UFFI) gefüllt. Was das bedeutete, wurde uns immer erschreckender klar, je mehr die Medien ihre Aufmerksamkeit den Berichten von Hauseigentümern bezüglich der durch UFFI hervorgerufenen Gesundheitsschäden widmeten. Das bei dieser Isolierung austretende Formaldehydgas war dafür bekannt, daß es Krankheiten der Atemwege und der Haut (z.B. Ausschläge), Nasenbluten, Magenbeschwerden, Müdigkeit, Gedächtnisverlust hervorrief. Betroffene berichteten, daß das Gas ihre Familien, ihre Gäste und ihre Haustiere krankmachte und daß eine Reihe Haustiere gestorben war.

Wir hatten es jedoch nicht nötig, über die Symptome zu *lesen*. Denises Augen brannten verheerend, wenn sie längere Zeit (einige Stunden) in dem Haus verbrachte. Einmal schwoll ihr Gesicht schrecklich an. Die Vorbesitzer waren praktischerweise verschwunden, ohne eine Adresse oder Telefonnummer zu hinterlassen. Ich entdeckte jedoch in einem Ordner mit Dokumenten über Armaturen und Produkte im Haus und in den anderen Gebäuden, daß das Haupthaus mit „Insulspray", hergestellt von Borden Chemical, einer Tochtergesellschaft von Borden, Inc., isoliert worden war.

Das Haus wurde, Zimmer um Zimmer, von örtlichen „Umweltfachleuten" getestet. Der Anteil des giftigen Gases war hoch, lag jedoch knapp unter der Grenze, von der ab der Staat Massachusetts die Entfernung des Stoffes finanziell unterstützt hätte. Laut der Berechnung der „Fachleute" würden die Kosten für die Sanierung astronomisch sein. Diese „Option" war also nicht drin.

Im Verlauf des Sommers wurde es allmählich absolut klar, daß es für das Haus keine Hoffnung gab und daß es sehr schwer zu verkaufen sein würde, selbst mit großem Verlust. Ein Aspekt dieses Horrors war, daß, je länger eine dort wohnte, desto überempfindlicher sie auf kleine Mengen von Formaldehyd anderswo/überall reagieren würde... Und es war/ist fast überall: in Textilien, Farben, Tabak, Furnieren, Babyshampoos etcetera ad nauseam. Unter diesen gräßlichen Umständen benutzte Denise die Hütte als ihren Arbeitsraum und ich den Loft, und ich verbrachte so wenig Zeit wie möglich im Haus.

Trotz dieser phantomischen Unterbrechung schrieb ich weiter, den Sommer über und bis in den September hinein, wo ich wieder nach Boston ziehen mußte – zumindest für einige Tage in der Woche –, um meine Arbeit am Boston College wiederaufzunehmen. Obgleich ich mir ein solches „Lern-Erlebnis" nie freiwillig ausgesucht hätte, verstärkte die Notwendigkeit, durch/gegen dieses giftige Eindringen zu Leben, meine Erkenntnis, daß die Phantome dadurch, daß sie überall sind, weithin unsichtbar sind. Diese Begegnung förderte meine Analyse der Phantome als negativer Gegensatz von *Reine Lust*, nämlich als *reines Gelüst* ○, das heißt:

die tödliche Leidenschaftslosigkeit, die im Patriarchat herrscht; die lebensverachtende Geilheit, die die Gegenstände ihrer Begierde/ Aggression vergewaltigt und tötet; der gewalttätige, hemmungslose Trieb, alles Leben niederzuschlagen, Geist/Materie zu verstümmeln, Vernichtung anzustreben; ontologisch böses Laster mit dem Ziel, das weibliche sei-en zu bremsen, zu brechen, das natürliche Wissen und Wollen und jene tiefe Zielsetzung, die die Philosophen *Letzten Grund* genannt haben, auszulöschen. (*Wickedary*)

Wir – die Frauen, die Katzen – überlebten jenes phantomische Greuel in der Elementalen Umwelt von North Leverett Road. Für mich vertiefte dieses Überleben mein empirisches Wissen um das Sado-Ritual-Syndrom, das in *Gyn/Ökologie* als strukturelle Grundlage für die Zweite Passage dient, und um das Sadospiritual-Syndrom, das in *Reine Lust* das verbindende Thema des Ersten Reiches ist.

Besonders überraschend und tröstlich ist für mich Jetzt die Tatsache, daß mit meinem Durchleben jener Zeit des Greuels mein Er-Sehnen, Zu-Neigen und Ver-Zaubern intensiviert wurde. Mit Anderen Worten: Meine Lust an Ekstase war ungebremst/ungebrochen. Mit diesem Erlebnis wuchs vielmehr meine Lust, weiter in die Elementale Welt hineinzuReisen. Meine Be-Lachenden Kräfte wurden gestärkt.

Und das Unkapitel Dreizehn von *Reine Lust*, das ein Kat(z)egorischer Anhang ist, geschrieben von und für Katzen und ihre Freundinnen, wurde im September 1983 im Loft gesponnen. Es ist ein Akt der Anklage, des Verkündens, des Ankündigens. Es ist eine Proklamation, daß, obgleich die Floppokratie/Foolokratie† zu blühen scheint, die Elementale Welt immer noch gewinnen kann und Letztendlich Gewinnen Wird.

DAS VERBINDENDE THEMA VON *REINE LUST*: ELEMENTALE ONTOLOGIE REALISIEREN – MEINE GRÜNE PHILOSOPHIE

Ein Kardinalthema von *Reine Lust* ist Realisieren. Die Leserin erinnert sich zweifellos daran, daß nach *Webster's* Lexikon das Verbum *realize* (realisieren) bedeutet

> etwas real machen... zur konkreten Existenz bringen: VOLLBRIN-GEN (Aufgabe), ERREICHEN (Zweck)... von der Möglichkeit zur Wirklichkeit bringen: AKTUALISIEREN... etwas klar als real wahr-nehmen: sich einer Sache voll bewußt sein.

Diesen Definitionen ist im *Wickedary* „Das Intergalaktische Gütezeichen der Webweiber" zugesprochen worden. Daher Rufe ich sie hier als Positiv Hexische Definitionen Zurück und schreibe *Realisieren* groß. Wie Denise feststellte: Realisieren heißt mit wahren Augen sehen.† *Real Eyes* ○ bedeutet nach dem *Wickedary* „die Authentische, Elemen-tale, Wilde Fähigkeit zu Realisieren". Wenn wir die Fähigkeit des Sehens Realisieren, können wir *Apraxie* überwinden und elementale Kraft Aktualisieren.

Weiter vorn in diesem Kapitel, als ich über Den Tornado schrieb, erläuterte ich, daß – als Metapatriarchale Metapher – jener Wirbelnde Wind/jenes Wirbelnde Wort davon Be-Sprach, um *Gyn/Ökologie* – die direkte Vorgängerin von *Reine Lust* – herum und dahinter zu Spiralen und den ontologischen/philosophischen Akzent meiner früheren Wer-ke (besonders *Jenseits von Gottvater*) wieder aufzunehmen. Zum Rea-lisieren von *Reine Lust* gehört, daß ich diese ontologischen Fäden mit *Gyn/Ökologischen* Erkenntnissen zusammenwebte. Infolgedessen ist *Reine Lust* von Neuen und Kühnen Taten des Dechiffrierens und Metamusterwebens bestimmt.

In diesem Mythischen/Metaphorischen/Realen Szenario Be-Sprach der Ahornbaum, der vom Tornado in zwei Teile gespalten worden

---

† Von *fool* = der Dummkopf
† Engl. *To Realize is to see with Real Eyes*. Unübersetzbare Alliteration.

war, doch seine Zwillingswurzeln in der Erde behielt, von der Doppel-Verwurzelung von *Reine Lust.* Einige Folgen dieses Doppel-Verwurzeltseins werden klar, wenn wir kurz einige der aus *Jenseits von Gottvater* und *Gyn/Ökologie* stammenden zentralen Themen betrachten.

Im Kern der Philosophie von *Jenseits von Gottvater* liegt das verbindende Thema, daß die Frauenrevolution eine ontologische Bewegung ist.[48] In *Reine Lust* wird dieses Thema dort weiterverfolgt, wo das Buch sich intensiv auf die Teilnahme am Sei-en und die Notwendigkeit, der Letzten Ursache zu folgen, konzentriert. Zu den Gedanken/Begriffen in dieser Arbeit, in denen sich Kontinuität zu den früheren philosophischen Arbeiten zeigt, gehören: die Zentralität des *Ur-Bildes/*der *Urhexe* (eine Metapher, die die Analyse von Maria als Symbol in *Jenseits von Gottvater* weiterführt; die Ursünde; die Macht des Be-Nennens/Be-Zeichnens wieder einfordern; Anwesenheit von Anwesenheit und Abwesenheit von Anwesenheit; Umkehrung als Grundlage patriarchaler Strategie; die Zentralität Ontologischen Mutes; Frauen als berührbare Kaste unter dem Patriarchat und die Berührungsmacht von Realisieren (als Fortsetzung der Analyse des „Geschlechtskastensystems" im früheren Buch).

Daß *Reine Lust* in *Gyn/Ökologie* verwurzelt ist, wird sofort erkennbar, denn es setzt den Leitgedanken von *Gyn/Ökologie* – daß die Bewegung der Frauen eine Metapatriarchale Reise des Exorzismus und der Ekstase ist – fort.

Reine Lust spinnt am Thema der Todsünden der Väter weiter. Und die Arbeit des Metamusterwebens sowie das Hervorbringen einer verschwenderischen Fülle Metapatriarchaler Metaphern, besonders wo sie in labryshaften Paaren erscheinen, wird fortgesetzt.

In der Tradition von *Gyn/Ökologie* gibt es Neue Stämme von Neuen Worten. Zum *Lust*-Stamm beispielsweise gehört *Lebens-Lust, Reine Lust, Wanderlust, Wunderlust.* Die Worte des *Katzen*-Stammes enthalten unter anderem *Kat(z)alysator, kat(z)astrophal, kat(z)atonisch, kat(z)egorischer Imperativ, Kat(z)egorie.* Die vielen *Meta*-Worte, *Pyro*-Worte und *Sado*-Worte geben nur eine Andeutung der wuchernden Vermehrung von Wort-Stämmen in *Reine Lust.*

Die Sprößlinge aus dem Doppelsatz der Wurzeln von *Reine Lust* können nicht einfach in zwei Kategorien eingeteilt werden, etwa „Aus *Jenseits von Gottvater* hergeleitete (und entwickelte) Ideen" und „Aus *Gyn/Ökologie* explodierende Ideen". In Wirklichkeit sind diese Ideen durch und durch und unauflöslich miteinander verflochten. Die Themen/Fäden von „Teilhabe am Sei-en" und „mithilfe von Metapatriarchalen Metaphern Metamuster weben" verbinden sich zu einer völlig neuen Einheit, die *Reine Lust* ist.

Dieses Neusein zeigt sich deutlich im Entstehen von Be-Worten in diesem Buch. Wenn ich *Be-* als Vorsilbe benutze und es mit Worten wie *Sehnen, Freunden, Hexen* † verbunden habe, Realisiere ich etwas von der Elementalen Besonderheit von Sei-en und von ontologischem Denken. Ich bringe Elementale Ontologie zur konkreten Existenz.† Ich sehe den Reichtum des Sei-ens mit Wahren Augen und Be-nenne dies in die Welt. Ich Be-Spreche. Eine Kettenreaktion, eine wuchernde Vermehrung ist dann unvermeidlich. Be-Denkenden, Be-Sinnenden Frauen bieten sich neue *Be*-Worte an.*

Die Verbindung/Fusion des ehedem abstrakten und elitären Vokabulars der Ontologie mit den konkreten und oft Wilden Worten, die aufbranden, um die vielen Möglichkeiten Elementalen Lebens auszudrücken, bricht altehrwürdige Tabus und führt zu Spannungen. Oft regt es Frauen zum Be-Lachen und Sich-Fallen-lassen an. Dies ist Pyro-Ontologie, Pyrosophie. Deren Ziel ist *Pyrogenese* ○, das heißt

> das Gebären/Entflammen weiblichen Feuers; das Entzünden Radikalen Feministischen Bewußtseins. (*Wickedary*)

Und so wird die Teilhabe am Sei-en in *Reine Lust* Lebendig. Dessen Elementales Potential wird Realisiert. Die *Be*-Worte illustrieren diese Lebendigkeit, denn sie sind Manifestationen eines Denkens, das abstrakt und konkret *zugleich* ist, Intellektuell und E-motional.

In einem Gespräch in der Vierten Galaxie sagte mir Jane Caputi, daß sie, als sie meine Formulierung „Elementale Philosophie" zum ersten Mal las, dachte, dies müsse den Dummköpfen, die patriarchale Philosophie predigen, als Widerspruch in sich erscheinen. Dieser Ausdruck ist deshalb so schön, weil er in nur zwei Worten den Dualismus zwischen „Materie" und „Philosophie" auflöst.[49] Der volle Untertitel von *Reine Lust – Elementale Feministische Philosophie –* bricht natürlich noch einen weiteren Dualismus.* Dieser besteht in der Spaltung zwischen „Feminismus" – wie dieser gewöhnlich (miß)verstanden wird – und Philosophie und der auferlegten Trennung zwi-

---

† In der deutschen Übersetzung von *Reine Lust* ist das englische *Be-* nicht immer die deutsche Vorsilbe „Be-" (weil es ja im Englischen sowieso und unübertragbar *sein* bedeutet), sondern hat auch andere Vorsilben-Formen angenommen, so z.B. Er-Sehnen (*Be-Longing*), Zu-Neigen (*Be-Friending*), Ver-Hexen (*Be-Witching*).

† Dadurch, daß die Sein-Kombination im Deutschen nicht geht – oder nur äußerst plump, schwerfällig und unverständlich möglich wäre (*I am Be-Laughing* beispielsweise müßte etwa „ich bin Lachend-Sein" heißen), fehlt im Deutschen dann leider dieser ontologische Aspekt (Ontologie = die Lehre vom Sein).

* Eine solche Wucherung findet natürlich im *Wickedary* statt. Siehe Kapitel Vierzehn.

* In den frühen Stadien des Entfaltens von *Reine Lust* hatte ich mit diesem Untertitel gerungen. Ich hatte lange Debatten mit meiner Selbst geführt, ob es *Ontologische Feministische Philosophie* oder *Elementale Feministische Philosophie* heißen solle. Die Argumente für die erste Option liegen auf der Hand. Soweit ich mich an Gespräche mit meinen Gefährtinnen zu jener Zeit erinnere, war es Anne Dellenbaugh, die sich stark für das Wort *Elemental* einsetzte. Dieses ist natürlich das Elemental zutreffende Wort.

schen Frauen und Philosophie. Je mehr die volle Bedeutung und die Implikationen *Elementaler Feministischer Philosophie* in *Reine Lust* zu Fleisch wurden, fielen andere Dualismen wie beispielsweise zwischen Theologie und Philosophie, Dichtung und Philosophie, Mystizismus und Ontologie in sich zusammen.

Speziell in *Reine Lust* habe ich jenen Moment von Prophezeiung und Verheißung Realisiert, der einige Dekaden davor sich ereignete, als ich an der Catholic University studierte und den Traum vom Grün erlebte. Ich hatte die Botschaft dieses Traums so verstanden: „Tu das, wozu du geboren wurdest. Konzentriere dich auf die Philosophie!"[50]

Ich habe damals nicht versucht zu analysieren, warum ein Traum, der einzig aus einer Vision von Grün bestand, notwendigerweise bedeuten sollte: „Konzentriere dich auf Philosophie!" Doch das war die Bedeutung, die er für mich beim Erwachen hatte, und diese Bedeutung erschien absolut klar ... und Natürlich. Ich habe damals die Verbindung zwischen Grün und Philosophie nicht deutlich verstanden, noch hätte mir dies niemand erklären können, wenn ich darüber gesprochen hätte. Aber ich wußte damals unausgesprochen, daß *meine* Philosophie Grün sein würde.

Aus meiner Sicht und Erinnerung der Vierten Galaxie Sehe ich, daß mich mein Moment von Prophezeiung und Verheißung, der sich noch früher ereignete – nämlich die Begegnung mit der Kleeblüte, die sagte: „Ich bin" –, auch auf meine Zukünftige Realisierung meiner eigenen Grünen Philosophie hinwies.[51] Als ich mit Anfang Zwanzig meine existentielle Begegnung mit der Hecke hatte, die „Fortgesetzte Existenz" Sagte, war das ebenfalls ein Ruf ins Grün.[52] Diese *Elementalen* Realitäten hatten *ontologische* Botschaften vermittelt. Sie hatten den Zusammenbruch alberner/knilchiger Dichotomien Be-Sprochen, so wie die unnatürliche Abspaltung der Ontologie von der Elementalen Welt. Sie hatten die Integrität des Hintergrunds Zurück-Gerufen.

Wagemutige Ekstase

Um in den Prozeß der Elementalen Feministischen Philosophie weiter hineinzuSpiralen, mußte ich mich noch Tiefer in den Hintergrund Bewegen. Dies geschah in den Momenten, in denen ich *Reine Lust* Spann.[53] Das bedeutete, daß der Kampf der Mächte und Gewalten intensiver und die Unterschiede zwischen der Vordergrund/phantomischen Welt und den Hintergrund/Elementalen Reichen deutlicher werden würden. Meine Labrys würde – und wurde – viel schärfer.

Zu meinem Ent-Decken Elementaler Feministischer Philosophie war eine Neue und Qualitativ Andere Art von Kühnheit/Wagemut notwendig. Ich mußte mich nicht nur den patriarchalen Übeln der Patriarchen, sondern auch der patriarchalen Korrosion der Körper,

Seelen, des Denkens von Frauen in noch größerem Umfang stellen. Natürlich hatte ich bereits in *Jenseits von Gottvater* deutlich über weiblichen Selbsthaß und horizontale Gewalt, über Alibismus und das Sündenbock-Syndrom geschrieben. Ich hatte diese Themen in *Gyn/Ökologie* weiter ausgeführt, indem ich meine Analyse von Frauen als Alibi-Folterknechte und als „Bemalte Vögel" erarbeitete. Doch in der Zeit von *Reine Lust* war ich gezwungen, immer noch mehr von diesem Übel zu erleben und zu Be-Zeichnen.

Die Andere Seite dieses intensivierten Mutes, den notwendigen Exorzismus auszudrücken/auszuführen, war die gesteigerte Kühnheit, Ekstase auszudrücken. Vor allem dieses war die Herausforderung von *Reine Lust*: Momente der Ekstase zu Spinnen und zu Leben. Denn in der Phallokratie, der Sadogesellschaft, ist Ekstase ein Tabu. Indem ich es Wagte, dieses Tabu zu brechen, wurde ich offen für Andere Vibrationen, die direkt in das Gefüge von *Reine Lust* eingegangen sind.

Wagemutige Ekstase hat ihre Folgen. Beim Weben dieses Werkes traf ich auf Andere Reisegefährtinnen, einschließlich Elementargeister, und ich Wagte es, diese den Leserinnen, die in das Rennen der Wilden Frauen eintraten, vorzustellen. Ich Ent-Deckte Formen des Lebens im Hintergrund und versuchte, diese in Worte zu fassen. Dabei wurden von mir Ausrüstungsgegenstände gesammelt und vorausgeahnt – Bilder, Ideen, Neue Worte –, die dazu dienen konnten, die Schiffe/Künste Anderer Reisender zu stärken.

HIN UND ZURÜCK NACH BOSTON

Im September 1983, nachdem ich das Manuskript von *Reine Lust* beim Verlag abgeliefert hatte, kehrte ich nach meinem langen unbezahlten Urlaub ans Boston College zurück. Da ich plante, jede Woche einige Tage in Boston zu verbringen und zu den Wochenenden nach Leverett zurückzukehren, mietete ich ein Zimmer in einem Haus am Crystal Lake. Die Umgebung war wunderschön und die Lage günstig, doch lag das Zimmer über einer Garage, und mit fortschreitendem Herbst stellte es sich als sehr kalt heraus. Ich kochte auf einer Elektroplatte, was mich an meine Studentinnentage in Fribourg erinnerte.

Ich hatte jedoch keine Zeit, über die Ironie meiner Situation nachzudenken, denn es gab soviel zu tun. Zuerst kam die vom Verlag redigierte Fassung meines Manuskripts zu meiner Durchsicht, und kurz danach trafen die Druckfahnen zum Korrekturlesen ein. Emily war eine heldenhafte Helferin bei dieser Arbeit. Manchmal fuhren wir hinaus zum Loft in Leverett, manchmal arbeiteten wir in jenem kalten Zimmer. Ich werde nie vergessen, wie Emily in meinem Schaukelstuhl saß, in eine Wolldecke gehüllt, und wir nach Druckfehlern suchten.

Dann der Unterricht. Ich schwelgte in Vorlesungen aus *Reine Lust*, das natürlich noch nicht erschienen war. In diesen Kursen, in denen die StudentInnen „die Worte" zu hören bekamen, ehe sie im Druck erschienen, herrschte eine Stimmung von großer Gespanntheit.* In den Geschichten einiger dieser Frauen gab es Syn-Crone-izitäten. Ein erstaunliches Beispiel war die Geschichte, wie Suzanne Melendy aus Eureka, Kalifornien, „zufällig" in meinen Kurs geriet. 1981 hatte Suzanne *Gyn/Ökologie* auf Merkwürdige Weise entdeckt. Sie hatte in der Gemeindebibliothek von Eureka nach einem Buch über Feministische Theorie gesucht. Wie sie mir erzählte, griff sie hoch hinauf ins Regal nach einem anderen Buch, als – zu ihrem Erschrecken – ihr ein dicker Band mit dem Titel *Gyn/Ökologie* auf den Kopf krachte. Da sie zu klein war, um ihn oben wieder einzuordnen, fügte sie ihn ihrem Bücherstapel hinzu und nahm ihn mit nach Hause.

Als sie mir dieses Erlebnis in der Vierten Galaxie erzählte[54], sagte sie, sie hätte eine Weile gewartet, ehe sie mit *Gyn/Ökologie* anfing. Als sie endlich dazu kam, verstand sie es als „offene Einladung", den Kontinent zu überqueren und bei mir am Boston College zu studieren. Daß sie diese „Einladung" annahm, bezeichnete sie als „die naheliegendste und natürlichste Sache".

Und so kam es, daß diese junge Frau, die praktisch kein Geld hatte, dreitausend Meilen durch die USA nach Boston reiste, nur um zu erfahren, daß ich in jenem Jahr keine Kurse gab, sondern in West-Massachusetts an einem neuen Buch saß. Sie schrieb sich dennoch mit Hilfe von Studien-Darlehen und einem Stipendium für Hörgelder ein und lebte von schlechtbezahlten Jobs. Als ich zurückkam, war sie in meinen Kursen, und die folgenden Ereignisse bewiesen, wie recht sie mit ihrem serendipitalen Erlebnis und der Annahme der „Einladung" von *Gyn/Ökologie* hatte.

Da meine Arbeit in Boston, zusammen mit den Vortragsreisen, zeitaufwendiger war, als ich angenommen hatte, wurde die Frage, wer sich um den „Besitz" in Leverett kümmerte, ernst, besonders angesichts des bevorstehenden Winters. Ich besprach dies mit Nancy Kelly, die im Mai 1983 aus der Hütte ausgezogen war, und sie war bereit, im Oktober wieder einzuziehen, natürlich begleitet von ihrer Hündin Zelda und ihrer Katze Stella. Während dieser Übergangszeit wurde Nancy zu einer Art Verwalterin.

Inzwischen verbrachte ich meine freie Zeit mit Emily beim Korrekturlesen. Im Dezember wurde Emily zu einem tragischen Ereignis nach Hause, nach Macon, Georgia, gerufen. Ihre Mutter Helen, mit

---

* In dieser Zeit drangen keine unerwünschten von der Leitung geschickten „Besucher" in meine Kurse ein, doch die ins Auge springende Realität der „Null-Gehaltserhöhung", die mir von Boston College als Vergeltung für meinen Vortrag in La Crosse „zugesprochen" worden war, zeigte sich jeden Monat auf dem Gehaltsstreifen.

der Emily immer sehr eng verbunden war, lag im Sterben. Die Arbeit an dem Buch mußte jedoch beendet werden. So war meine Freundin Sandra Stanley bereit, für zwei Wochen aus Minnesota zu kommen und mir zu helfen.

Es blieb nun nur noch die fast unüberwindliche Aufgabe, den Index zu erstellen. Dies leisteten zwischen Januar und März 1984 die serendipitale Suzanne und Ann Marie Palmisciano, eine dichterisch begabte junge Frau, die ebenfalls meine Kurse besuchte.[55] Sie arbeiteten in meinem Büro, schlugen dort buchstäblich ihr Lager auf, und ich brachte ihnen Essen aus einem nahegelegenen Gourmet-Straßenverkauf. Eines Nachts, als beide auf dem Futon auf meinem Fußboden schliefen, betrat ein Campus-Wachmann, der Licht gesehen hatte, mit Hilfe des Generalschlüssels das Büro. Ann Marie, aus tiefem Schlaf geschreckt, griff sich das Manuskript, knallte es drohend dem verdutzten Wachmann vor die Füße und rief: „Sehen Sie nicht, daß wir an einem Manuskript arbeiten?" Er verschwand schleunigst.

Inzwischen gab es Kurse, Kurse, Kurse* und meine übliche Runde öffentlicher Vorträge.[56] *Reine Lust* sollte nicht vor Juni 1984 herauskommen – nicht gerade ein besonders guter Monat für das Erscheinen von Büchern. Doch ich hatte keine Zeit, mir darüber Gedanken zu machen, denn ich mußte nach England und Irland fliegen.

VERBINDUNGEN IN ENGLAND UND IRLAND WEBEN

Anfang Juni 1984 flog ich nach London, um an der First International Feminist Bookfair teilzunehmen. Die Atmosphäre war mit der Interaktion von Energien/Auren von Feministinnen aus der ganzen Welt aufgeladen. Mich freute besonders, daß ich meine Freundinnen Marisa Zavalloni und Nicole Brossard aus Montreal, Erika Wisselinck aus Deutschland und die brillante französische Autorin Michell Causse wiedersehen

---

* In jenem Semester nahm Professorin Sharon Welch, die damals Theologie und Frauen-Studien an der Harvard Divinity School lehrte, an meinem Kurs über Feministische Ethik teil, in dem ich über *Reine Lust* sprach. Ihre Anwesenheit war anregend, und ihre Kommentare waren hilfreich für die Studentinnen. Zu anderen besonderen Frauen, die zu der Zeit an diesem Kurs teilnahmen, gehörten Krystyna Colburn und Mary Ellen McCarthy, die beide extra deswegen aus Bridgeport, Connecticut, herübergefahren kamen, zusammen mit Frauen vom Bloodroot Restaurant und Buchladen in Bridgeport: Betsey Beaven, Noel Furie, Selma Miriam und Meg Profetto. Es war sehr anregend, diese Frauen im Kurs zu haben, und erfreulich, gelegentlich nach den Vorlesungen mit ihnen essen zu gehen. Professorin Lorin Getz, damals Direktorin des Boston Theological Institute, nahm an einem anderen Fortgeschrittenen-Kurs „Feministische Kritik theologischer und philosophischer Texte" teil. Es war enorm ermutigend, Kolleginnen dieses Kalibers in meinen Kursen zu wissen – ein Wink, daß „Sisterhood" immer noch lebendig war und gedieh.

konnte. Diese Gruppe Gefährtinnen verharrte bis in die frühen Morgenstunden in meinem Zimmer im Hotel President und versuchte alle Probleme, die Frauen auf einem patriarchalen Planeten haben, zu lösen und auf-zu-lösen.

Kurz nach meiner Ankunft stellte ich fest, daß mein Programmbeitrag ein öffentliches „Gespräch" mit der Autorin eines kurzen Buches sein sollte, das vorgab, Radikalen Feminismus zu „analysieren", ihn in Wirklichkeit jedoch angriff und dessen Hauptangriffsziel *Gyn/ Ökologie* war.[57] Dies sollte im Institute of Contemporary Arts Theatre stattfinden. Das „Gespräch" war vom Verlag jener Autorin arrangiert worden, um ihr neues Buch, das in den Schaufenstern aller Buchhandlungen von London stand, zu verkaufen. Da *Gyn/Ökologie* 1978 (in England 1979) herausgekommen und *Reine Lust* soeben in den Vereinigten Staaten erschienen war, hatte ich mich darauf eingestellt, neues Material aus meinem jüngsten Buch vorzustellen. Ich hatte bestimmt kein Interesse daran, über ein früher erschienenes Werk zu diskutieren, nur um die Verkaufszahlen eines feindseligen Buchs, geschrieben von einer Frau, von der ich noch nie gehört hatte, zu steigern.

Der Kampf um einen „Vortragsraum für mich allein" dauerte zwei Tage und brachte halb-schlaflose Nächte. Verfechterinnen der anti-Radikal-Feministischen Richtung und Frauen, die mir gern dieses langweilige „Gespräch" aufgedrängt hätten, donnerten an die Tür meines Hotelzimmers, um den Plan durchzusetzen. Ich lehnte ab, und das Ergebnis war, daß ich im ICA Theatre einen Vortrag hielt, der *Reine Lust* behandelte, während die andere Autorin ihre eigene Veranstaltung in einem anderen Raum abhielt.

Das Erlebnis, vor Frauen aus vielen Ländern über meinen neuesten Stoff zu sprechen, war beschwingend und bewegend, doch der Prozeß, um diesen Raum kämpfen zu müssen, hatte sehr viel Kraft gekostet. Dieser Kampf zeigte die wachsende Feindseligkeit und den Widerstand gegen Radikalen Feminismus, der sich auf der Ebene von Vordergrund/monotoner Zeit abspielte, „simultan" mit dem Wieder-Aufbranden aus dem Hintergrund von Er-Sehnen, Zu-Neigen und Ver-Zaubern. Diese Dünung bewegte und bewegt sich weiter – im Reich der Gezeiten-Zeit. Die Ekstatische Begegnung mit den Frauen, die sich entschieden, zu meinem Vortrag im ICA Theatre zu kommen, wurde durch den Exorzismus der dämonischen „divide-et-impera"(teile-und-herrsche)-Situation möglich – das Hindernis, das ich hatte überwinden müssen. Das Erlebnis war eine Manifestation des Kampfes von Mächten und Gewalten, den ich in *Reine Lust* beschreibe – ein Kampf, der in den achtziger Jahren und bis in die neunziger hinein wütete. Was mir das Londoner Ereignis mitgab – und was ich immer wieder erfahren sollte –, ist die Absolute Wichtigkeit, weiterhin die Vordergrund-Dämonen auszutreiben und Hintergrund-Bewußtsein, Erinnerungen,

Bilder Zurück-zu-Rufen, die in diesen Dekaden der Dekadenz unter die Oberfläche des Unterschwelligen Meeres zurückgedrängt worden sind. Die Herausforderung besteht darin, weiterhin kontinuierlich die Elementalen Kräfte von Frauen zu *Realisieren*.

An jenem Abend flog ich weiter nach Dublin, wo mich Frauen abholten, die Radikale Feministinnen/Gefährtinnen waren. Obgleich wir uns nie zuvor gesehen hatten, fühlte ich mich ihnen sogleich eng verwandt – Bande, die Archaisch und dauerhaft waren. Ich spürte dies besonders bei Joni Crone und Aileen Ryan, mit denen ich im Kontext des Radikalen Feminismus in Irland wieder und wieder zusammentreffen sollte. Dies war der eigentliche Anfang meiner Neuen Irish Connection.

Am nächsten Abend sprach ich in der Liberty Hall, was ich als große Ehre empfand. Joni Crone und Ailbhe Smyth leiteten die Konferenz. Nell McCafferty, bekannte Journalistin und Hexisch witzig, führte mich ein. Die Zuhörerinnen waren Wild und turbulent und durchaus herausfordernd. Seit jener Zeit hatte ich den Eindruck, daß Irland von Radikalen Feministinnen und Lesben brodelte. Dieser Eindruck war nicht ganz falsch.

Ich hatte mich bereits bei früheren Besuchen in Irland verliebt, doch dies war Etwas Anderes. Dieser erste Vortrag in Dublin war eine gute Einführung, obgleich ich wegen der extremen Erschöpfung nach dem Kampf, in London meinen eigenen Raum zu bekommen, noch immer etwas mitgenommen war. So war ich nicht in der Lage, mich schnell auf die unmittelbaren Bedürfnisse des Publikums einzustimmen, das heißt, diese Neue Situation so zu Erspüren und mich anzupassen, wie ich das normalerweise getan hätte. Nach einigen Tagen des Zusammenseins mit den irischen Frauen fühlte ich mich jedoch mehr und mehr zu Hause.

Ich wohnte im Buswell's Hotel, wo ich mich – aus mancherlei Gründen – sehr wohl fühlte. Wenn ich dies Jetzt schreibe, läßt mich der Gedanke ans Buswell's immer noch lächeln. Dort mit meinen irischen Freundinnen bei Tee und Sandwiches zu sitzen, war ein glückliches Erlebnis.

Mein nächster Vortrag war in Belfast. Mary O'Callahan fuhr mich hin, sie war mit den Problemen des Grenzübertritts nach Nord-Irland vertraut. Sie gab mich an Siobhan Molloy weiter, eine der Organisatorinnen der Feministischen Buchwoche in Belfast. Gespräche mit diesen und anderen Frauen über die Bedingungen, unter denen Frauen in diesem vom Krieg gebeutelten Gebiet lebten, öffneten mir die Augen und das Herz. Die Frauen, die nach Alter, Gesellschaftsklasse, Lebensstil und Ansichten über Feminismus völlig unterschiedlich waren, schienen mir zumindest ein entscheidendes Merkmal gemeinsam zu haben, für das ich immens dankbar war: Sie waren Absolut echt. Das heißt, sie waren ihre Selbst – Ganz Da. Sie waren Real. Mit ihnen konnte es nie irgendwelches belangloses, akadementisches, jargonbeladenes Geschwätz geben. Ihre Leben waren/sind zu Real, sie lassen keinen Raum für diese Art dekadenter Verwöhntheit. Als ich meinen Vortrag beendet hatte, stand – nach typisch irischem Brauch – eine Frau auf und sang ein Lied für mich. Es war eine von ihr verfaßte Ballade über ihre Liebe, die im Krieg getötet worden war.

Ich kehrte am Freitag, 15. Juni, mit dem Zug nach Dublin zurück. In diesem Zug lief ein merkwürdiges Spiel ab. Ich war von den Iren fasziniert, und obgleich ich versuchte, sie nicht anzustarren, schaute ich doch immer wieder zu einigen Leuten hin. Alle erinnerten mich an jemanden aus meiner Verwandtschaft in Glenn Falls. Alle schienen ihre Augen züchtig niedergeschlagen zu haben. Ich spürte, daß sie sich meiner Anwesenheit und meines Dranges, sie anzuglotzen, bewußt waren, doch keine/r von ihnen ließ zu, daß ich merkte, daß sie mir auf die Schliche gekommen waren. Dies war exakt das Gegenteil dessen, was ich in den Jahren, die ich mit Schweizer Zügen fuhr, erlebte. Dort starrten mich die Leute so unverschämt und unverwandt an, daß ich mich zu fragen begann, ob die Knöpfe meiner Bluse offen oder meine Hörner zu sehen seien. Jedenfalls fuhr der Zug in Dublin ein, ehe es mir gelungen war, dieses Rätsel des Augenkontakts zu lösen.

Ich war froh, als ich Joni am Bahnhof sah und ins Buswell's Hotel zurückkehrte. An jenem Abend gab eine Gruppe mit Namen „The Spinsters" – eine ziemlich wilde Bande von Frauen, die regelmäßig Diskussionsveranstaltungen und Feiern veranstalteten und mich in Liberty Hall lauthals unterstützt hatten – eine Party für mich. Es war als Angelegenheit für wenige geplant, doch kamen eine Unmenge Nichteingeladene, und so konnte vor lauter Frauen keine Stecknadel zu Boden fallen. Wein und andere Getränke flossen reichlich. Ich erinnere mich an einige Geigerinnen, die spielten und sangen, an viele angeregte Gespräche und an einige Frauen, die den irischen Jig vorführten und mich zum Mittanzen bewegen wollten. Es war ein angenehm chaotischer Abend.

Am nächsten Tag nahmen Joni und ich den Zug nach Cork, wo ich einen Vortragstermin hatte. Wir waren die ganze Zeit in intensive Gespräche vertieft. Irgendwann warf jemand einen Stein an das Zugfenster direkt vor uns. Das Glas hatte Sprünge, fiel aber nicht heraus. Ich hatte halb erwartet, so etwas auf meiner Rückfahrt von Belfast zu erleben, doch ich war echt verblüfft, daß es in der Irischen Republik passierte.

In Cork wohnten wir bei jungen Lesbischen Feministinnen, die beschlossen hatten, diese Stadt zum Ausgangspunkt ihrer Arbeit als Lehrerinnen und Aktivistinnen zu machen. Wie alle irischen Frauen, die ich kennenlernte, waren sie ausnehmend gastfreundlich.

Ich aß mit einer Gruppe von Frauen in einem Restaurant über dem Cork Quay Coop, einem Alternativ-Laden. Dann gingen wir zum Ivernia Theatre, wo ich sprechen sollte. Ich erinnere mich an die hölzernen Treppenstufen, die Hunderte von Jahren alt und von Tausenden Fußtritten abgenutzt zu sein schienen. Ich schien in diesen Fußstapfen zu gehen. Die Frau, die mich einführte, benutzte die Gelegenheit, um mir öffentlich die wahren Lebensbedingungen der Frauen in Cork unter der schändlichen Unterdrückung durch die katholische Kirche zu schildern. Ich konnte sehen, daß sie nervös war und daß es enormen Mut erforderte, so wortreich Zeugnis abzulegen.

Ich begann mit der Bemerkung, daß ich wisse, sie hätten die sogenannten „Irisch-Amerikaner" satt, die – wie der lächerliche Ronald Reagan – „ihre Wurzeln einforderten". (Kurz zuvor hatte Ronald seine anmaßende, von politischem Opportunismus gesteuerte Reise nach Irland unternommen, und im ganzen Land hatte man über das Auffinden seiner „Wurzeln" gespottet und dagegen protestiert.) Ich benannte dann weiter meine eigene Irisch-amerikanische Identität (auf beiden Seiten meiner Familie) und fügte hinzu: „In meinem Fall ist es zufällig die Wahrheit." Damit hatte ich einen Lacher, und ich spürte eine Harmonie, die aus dem Hintergrund kam.

Wie in Belfast war ich verblüfft über die Bandbreite an Alter, Lebensumständen und Vorstellungen dieser Frauen und dankbar für ihre gesegnete Gabe der Echtheit/Realität. Ich erinnere mich, daß ich ihnen die Geschichte von meinem Kampf, angesichts der Schikanen der Jesuiten am Boston College zu überleben, erzählte. Diese Frauen in Cork brauchten keine Erklärung. Aus ihrer Erfahrung mit dem Überleben unter dem Regiment der frauenhassenden katholischen Hierarchie in Irland verstanden sie mich sehr gut. Eine Frau fragte, warum ich am Boston College bliebe. Ich antwortete nicht mit Einzelheiten über das Kumpelsystem der akademischen Männerkartelle oder über die heimlichen schwarzen Listen oder die Austreibung Radikaler Feministinnen aus Akademia. Meine Antwort kam vielmehr aus etwas sehr Tiefem und Altem in mir – aus den Tiefen in mir, die durch die Tiefen in ihnen erschlossen worden waren. Ich gab die wahrste Antwort, die ich kannte, mit dem einfachen Satz: „Ich will meinen Platz behaupten."

Diese Worte überraschten und verblüfften mich selbst. Ich erinnere mich nicht, sie je zuvor gebraucht zu haben. Wenn ich sie Jetzt, in der Zeit der Vierten Galaxie, Er-Innere, dann Höre ich ihre mythische Ursprüngliche Wahrheit. Die Frauen von Cork hatten mich in dieses Be-Sprechen Gehört, und sie applaudierten laut zu diesen Worten. Der Applaus galt, glaube ich, nicht einfach nur mir, sondern kam aus einem tiefen Hintergrund-Verständnis und einer Anerkennung von etwas, das uns gemeinsam war/ist.

Dieses Etwas ist unser Ursprüngliches, Vor-Keltisches, Vorpatriar-
chales Erbe, das nicht verloren, sondern im Unterschwelligen Meer
verborgen ist. Auf einer Ebene war uns allen in jenem Raum jene
Verborgene Realität bewußt. Uns war ebenfalls bewußt, daß der
Vordergrund der Väter lediglich ein Faksimile jener Realität ist. Ob es
sich bei den hier angesprochenen „Vätern" um die katholische Hierarchie
in Irland oder um irisch-amerikanische Jesuiten handelte, sie waren/
sind definierbar als „Vordergrund-irisch", wie ich es nennen würde. Sie
haben mit ihrem Verhalten bewiesen, daß sie zu der männerzentrierten
und eindimensionalen Arena gehören, in der Fälschungen, Ojektifizie-
rungen† und Entfremdung stattfinden. Dieses ist durch eine abgeleitete
und parasitäre Beziehung zur Elementalen Realität gekennzeichnet.*

Wenn ich Jetzt, in der Vierten Galaxie, diesen entscheidenden
Moment Er-Innere, weiß ich, daß meine Antwort/Feststellung – „ich
will meinen Platz behaupten" – in den Anderen Frauen wie auch in
meiner Selbst eine tiefe Saite anschlug. Wenn ich mich Jetzt an dieses
Ereignis erinnere, dann Höre/Sehe ich, daß ich meine Antwort auf eine
sehr tiefe Frage „laut heraus" Realisierte. Diese Frage hat mit der
Bedeutung von „auf der Grenze Leben" zu tun. Über ein Jahrzehnt vor
meinem Besuch in Cork hatte ich über das Leben auf der Grenze
geschrieben.[58]

Da der Hintergrund unermeßlich und der Vordergrund seiner
„Natur" – oder besser Pseudonatur – nach ausgedehnt ist, muß das
Leben auf der Grenze näher definiert werden, das heißt, *wo* frau sich
entschließt, ihren Platz zu behaupten. Diese Entscheidung, wenn sie in
stolz/prüder Klugheit† getroffen wird, wird unter anderem in Betracht
ziehen: Wo kann ich am effektivsten Wirken? Wo habe ich die beste
Möglichkeit, den Hintergrund zu verGegenwärtigen?

In Cork, in jener E-motionalen Aura Tiefer Verbundenheit mit den
Anwesenden Frauen, war es mir möglich, eine sehr genaue Beziehung
zum Sinn der Frage „Warum bleiben Sie am Boston College?" herzustellen. Ich konnte darauf im Kontext meiner Radikalen Feministischen

† Engl. *objectification* wurde von mir in M.D.s vorangegangenen Büchern mit diesem
im Deutschen nicht gebräuchlichen Wort übersetzt, das zeigen soll, daß hier mehr als
bloße „Objektivierung", Vergegenständlichung, stattfindet, sondern daß es sich um die
patriarchale Praxis handelt, das „andere" zum Objekt zu machen, was gleichzeitig
Abwertung und darüber verfügen impliziert, ein aggressiv-zielgerichteter Vorgang.
* Es spielt keine Rolle, ob irgendeine der Anderen Frauen bei jenem Treffen in Cork
sich in meinen Worten wie *Hintergrund, Vordergrund* oder *phantomisch* ausgedrückt
hätte. Ich spreche hier von einem tiefen Wissen/Realisieren, das von jeder Frau mit
anderen Worten ausgedrückt werden kann. Ich drücke hier mit meinen Worten ein
Bewußtsein aus, das nicht in bestimmte Worte gefaßt werden kann, obgleich Worte der
Hörenden helfen können, das Bewußtsein wahrzunehmen.
† Engl. *Prudishly prudent*, zu den mit der Tugend der Klugheit (engl. *prudence*, lat.
prudentia) zusammenhängenden Worten vgl. *Reine Lust*, S. 333-346.

Philosophie antworten. Was ich – einfach und verdichtet – ausdrückte, war, daß ich beschlossen hatte, dort zu Kämpfen/Handeln (meinen Platz zu behaupten), wo genau sich die Grenze zwischen Hintergrund und Vordergrund zeigt, wo die dämonischen patriarchalen Verzerrungen des Archaischen Erbes der Frauen für mich am sichtbarsten und zugänglichsten sind, wo meine Craft am effektivsten am Exorzismus arbeiten kann – an der Umkehrung der Umkehrungen, die das Potential für das Realisieren von Ekstase abstumpfen.*

Während meines Aufenthalts in Cork ging ich mit Joni Crone und mehreren anderen Frauen zum Old Head of Insale. Die Frauen zeigten mir eine Mauer, die von den Iren während der großen Hungersnot errichtet worden war. Sie wurden von den Engländern praktisch gezwungen, für wenige Pennies pro Tag sinnlose Sklavenarbeit zu tun, damit sie nicht verhungerten.[59] Es scheint, daß die Engländer fürchteten, die verhungernden Leute könnten faul werden. Die Mauer war sehr solide gebaut... und sie führte nirgendwohin, da sie keinen Zweck erfüllte. Ich erinnere mich, daß eine der Frauen die Mauer Berührte und über die gute Handwerksarbeit sprach. Ich Berührte die Mauer auch.

In der albernen Angst, wie eine sentimentale Irisch-Amerikanerin zu wirken, schlug ich mich in die Felder, um die Tränen zu verbergen, die mir übers Gesicht rannen. Ich wollte mich hinlegen und die Erde umarmen, statt dessen blickte ich hinaus aufs Meer. Später schauten Joni und ich ins Wasser hinunter und beobachteten die Spiralen im Meer.

Auf dem Rückweg von Cork nach London, wo ich noch einen letzten Vortrag halten sollte, ehe ich nach Amerika „heim"kehrte, ließ ich im Flugzeug meinen Tränen freien Lauf. Ich weinte lange, überwältigt vom Schmerz über mein Volk und entsetzt, daß ich Irland verließ, am liebsten hätte ich das Flugzeug zur Umkehr gezwungen.

In London versuchte ich, mein Essen mit einer irischen Pfundnote zu bezahlen. Da die Iren britische Währung annehmen, ging ich davon aus, daß es hier genauso sein würde. Die Person, der ich die Note gab, wies sie verächtlich zurück und knurrte: „Das Zeug nehmen wir nicht an." Ich gab meiner Wut und meinem Entsetzen über diese ignorante und arrogante Haltung deutlich Ausdruck. Ich glaube, ich sagte etwas

---

* Als ich in der Vierten Galaxie mit Joni über die Reise nach Cork sprach, fragte ich sie nach der Reaktion der Frauen auf meine Antwort „ich will meinen Platz behaupten". Sie erwiderte sofort, daß meine Erklärung mit dem Thema vieler irischer Mythen übereinstimmte. Als ich sie fragte, wie sie das meine, sagte sie: „Wenn man den Acker bestellt hat, dann hat man Substanz und Geist hineingegeben. Es (die Erklärung) hat etwas mit Integrität zu tun. Es ist etwas in dir, das dorthin gehört, das du nicht aufgeben kannst." Sie wies auf den irischen Film *The Field* hin, der, trotz einiger Schwächen, genau dies ausdrückt. (Transatlantisches Telefongespräch, 15. Oktober 1991)

wie: „Wer glauben Sie, wer Sie sind? Ihr verrottetes englisches Empire wird Ihnen nicht mehr lange gehören!" Wie ich es auch immer ausgedrückt habe, Worte konnten nicht stark genug sein, um auszudrücken, was ich empfand. Als ich in mein Hotelzimmer kam, warf ich mich aufs Bett und machte das Licht aus. Merkwürdigerweise erschienen vor meinen geschlossenen Augen wunderschöne mit Wilden Blumen angefüllte Felder. Es waren sich ständig verändernde, fast Greifbare Anblicke, jeder Strahlkräftiger als der vorangegangene. Diese Ekstatische Feldreise dauerte eine ganze Weile. Dann kam der Schmerz. Es war ein Unbeschreiblicher Schmerz über mein Volk – in diesem Moment nicht über das Volk der Frauen allgemein, sondern speziell über die Frauen von Irland, über meine dortigen Vorschwestern und über meine eigene Selbst. Ich dachte daran, was die englischen und die christlichen Hierarchien ihnen/uns angetan hatten. Dann Wehklagte ich Laut, tief aus meinem Innern. Mir war es gleich, wer mich hörte. Ich Wehklagte, so lange ich mußte, wollte.

Am nächsten Abend, Sonntag, 17. Juni, sprach ich in Conway Hall in London. Ros de Lanerolle, damals Leiterin des Verlags The Women's Press, führte mich ein. Ros war sehr liebenswürdig und trug mir zu Ehren einen irisch-grünen Schal. Da die Internationale Feministische Buchmesse vorbei war, bestand die Zuhörerinnenschaft aus englischen Feministinnen. Sie waren warm und freundlich, und dies war im Ganzen genommen ein Happy End für eine Reise, von der ich Jetzt weiß, daß sie Ekstatischer Anfang war, speziell meiner irischen Abenteuer und Erforschungen.

BRIEFE: WOGEN, DIE AUS DEM
UNTERSCHWELLIGEN MEER HOCHBRANDEN

Kurz nachdem ich im Juni 1984 nach Boston zurückgekehrt war, kamen die Briefe zum gerade erschienenen Buch *Reine Lust*. Als ich Jetzt viele dieser Briefe aus der Zeit von 1984 bis 1988 nochmals gelesen habe, fand ich Crone-logisch verbundene Themen und Fäden. Die meisten oder alle der Themen aus den Briefen zu *Jenseits von Gottvater* und *Gyn/Ökologie* finden sich hier wieder. Doch klingt eine andere Stimmung durch. In den *Reine Lust*-Briefen gibt es deutliche Zeichen dafür, daß die Frauen in der Mitte der schrecklichen achtziger Jahre schrieben und daß sie Überlebende waren/sind.

Ein diesen Briefen gemeinsames Thema ist das Gefühl schrecklicher Isolation, verbunden mit der Sehnsucht nach Verbundenheit. Das „Aroma" dieser Erfahrung vermittelte eine abenteuerliche Reisende:

Danke, daß es Sie dort draußen gibt, daß Sie einen greifbaren Beweis geliefert haben, daß wir existieren. Selbst in den Staaten – ich lebe jetzt in San Francisco – bin ich – wenn ich mich außerhalb des Kreises meiner Freundinnen bewege – überwältigt, wie absolut isoliert ich bin.

Diese Frau war vorher vier Monate lang durch Nepal und Indien gereist. Als sie die schreckliche Unterdrückung der Frauen dort sah, fragte sie sich, was ich wohl dazu sagen würde. „Auf diese Weise erinnere ich mich daran, daß ich nicht allein bin." Und sie fuhr fort:

Vor einigen Monaten tauschte ich mein Exemplar *Gyn/Ökologie* gegen das *Reine Lust*-Exemplar einer Freundin – wir begegneten uns in Kathmandu. Es war ein Vergnügen, es zu lesen und wieder zu lesen, während ich mich dort durch das Gedränge der Männer bewegte. Die Frauen sind meist sehr still und werden durch ihre Ehemänner und ihre Schleier gesichtslos gehalten. In den Bergen Indiens... traf ich eine australische Frau mit einem Exemplar *Reine Lust*. Wir sind überall! Doch oft liegt zuviel Abstand zwischen uns... *Reine Lust* dabeizuhaben ist wie mit einer Freundin zu reisen.

In diesen wenigen Sätzen vermittelt diese Frau mehrere der für die *Reine Lust*-Briefe charakteristischen Themen. Da ist der Mut der Überlebenden/Reisenden, die weitermacht, wenn sie Allein ist. Da ist das Wunder serendipitaler Syn-Crone-izitäten. Da ist das schwindelerregende Wissen, die schwindelerregende Bestätigung, daß „wir überall sind". Dies ist Hintergrund-Erkenntnis, die gleichzeitig mit dem Wissen um Vordergrund-Isolation lebt. Ein wesentliches Thema ist außerdem die Bedeutung Radikaler Feministischer Bücher als Reisegefährtinnen/ Freundinnen. Dies verbindet sich natürlich mit ihrer Funktion als „greifbarer Beweis, daß wir existieren".

Diese Themen Weben ihren Weg durch weitere Briefe. Eine Frau aus Sydney/Australien beschrieb ihr Erlebnis von Serendipität/Syn-Crone-izität mit *Reine Lust*:

Es fiel mir in einer Buchhandlung buchstäblich in die Hände, gerade als ich die Hoffnung aufgegeben hatte, je wieder etwas Originelles, Echtes zu lesen. Sie haben mich stolz darauf gemacht, eine umheimliche elementale Frau zu sein... Ihr Buch war eine Heimkehr.

Eine Frau aus Charlesbourg, Quebec, beschreibt ihr Erlebnis von Syn-Crone-izität anders:

Es war elementales Wissen, oder es waren meine „Geleiter" (wie ich sie nenne), das/die mich dazu brachte/n, das Buch zu diesem Zeitpunkt meines Lebens zu lesen.

Diese Frau gab ebenfalls einer Elementalen Verbundenheit Ausdruck:

Sie haben durch Ihr Buch eine Beziehung mit mir aufgenommen, und das Bedürfnis, zu reagieren, war wie ein Vulkan in mir.

Das Thema *Reine Lust* als Reisebegleiterin wurde auf verschiedene Weise ausgedrückt. Eine Frau aus Seeley's Bay, Ontario, Kanada:

Dank, daß Sie mich mit *Reine Lust* befeuert haben. Ich lese Teile daraus immer und immer wieder und habe es immer griffbereit.

Aus Brisbane, Australien, schrieb 1988 eine Frau, die *Reine Lust* drei Jahre zuvor gelesen hatte:

Ich bin immer wieder aufs neue überwältigt von seiner Wahrheit und machtvollen Einsicht, und es ist für mich stets eine Gefährtin und eine Bestätigung der Reise.

Häufig sind die Briefe ein Gewebe widerstreitender Gefühle. Aus Isleboro, Maine, schrieb eine Frau:

Ich bin wütend, daß ich so aufgeweckt wurde, und möchte gern wieder einschlafen, doch ich bin durch das, was Sie gesagt haben, intellektuell süchtig geworden, süchtig durch das, was es für mich bedeutet, schwarz auf weiß in makelloser Wissenschaftlichkeit den Beweis für meine eigene dreißig-und-einige Jahre alte Erkenntnis/ Intuition/Realität in Buchform hier vor mir zu haben.

Ihre eigene Erfahrung wiederzufinden hat hier eindeutig den Vorrang vor „wieder einschlafen".

Eine ähnliche Auseinandersetzung findet sich in einem Brief aus Bridgeport, Connecticut:

Mein ganzes Leben lang hatte ich mich bemüht, zahm zu bleiben. Ich setzte all meine Energie dafür ein, mein Leben „innerhalb der Grenzen" zu halten... Als ich *Reine Lust* zum ersten Mal las, habe ich wohl nur ein Zehntel verstanden, aber ich konnte nicht aufhören, immer wieder darin zu lesen. Ich wollte vor allem die Musik hören. Wenn ich es laut las, hätte ich fast dazu tanzen können. Und dann begann ich zu lesen. Alles, was ich in die Finger bekommen konnte, und zu denken... Sie haben mir geholfen, meinen Geist und meine Stimme zu finden.

In manchen Briefen wird vor allem Freude ausgedrückt. Eine Botanikerin aus Athens, Ohio:

Ich habe mich durch *Gyn/Ökologie* geweint, doch durch *Reine Lust* habe ich mich hauptsächlich gelacht, in reinstem Entzücken... Doch es ist wirklich ein sehr radikales Konzept, fröhlich zu leben und sich im Verhalten auf Vorstellungen zu stützen, die entstehen, wenn man seinem Geist und seinen Sinnen vertraut. Die meisten Leute, mit denen ich täglich zu tun habe, scheinen mich lieber zu mögen, wenn ich deprimiert bin. Ich bin jetzt noch unangepaßter als je zuvor.

Eine Leserin aus Oneonta, New York, sagte:

Die Freude zu spüren, bestimmt Ihre Arbeit – das hat Echtes Gewicht.

Eine bekannte siebzigjährige Lesbische Feministin aus Montreal schrieb:

Als ich *Reine Lust* las, spürte ich, wie sich jede meiner alternden Zellen mit vitaler Energie und reiner Freude füllte... Ich explodierte wirklich vor Lachen, als ich es las.

Eine Frau, deren Adresse ich nicht finden kann, schrieb:

Ihre Sprache öffnet eine neue Sicht und bringt mich oft zum Kichern, da sie so vieles so klar macht.

Eine Lesbische Komödiantin, die die Dinge leichtnimmt, kicherte:

Reine Lust ist eines der komischsten Bücher, die ich je gelesen habe, und ich danke Ihnen für all das neue Material.

Einige der Briefe berichten von Erfahrungen von Metamorphose. Eine Frau aus Los Batos, Kalifornien, schrieb einfach:

Reine Lust hat mich ungeheuer verändert und bestärkt. Zu wissen, daß es Sie irgendwo gibt, hat mir in meiner Lebenssituation immer wieder Rückhalt gegeben.

Und eine Frau aus Belleair, Florida:

Mary, meine Welt ist auf den Kopf/richtig gestellt worden... Ich werde nie wieder der Mensch sein, der ich war, ehe ich *Reine Lust* gelesen hatte.

Der Horror der Erfahrungen von Frauen in dieser Zeit ist ein quälender Refrain. Manchmal wird das allgemein ausgedrückt, wie in einem Brief aus San Francisco:

Die bloße Tatsache, daß Ihre Worte mir Auftrieb geben, zeigt, daß ich in diesen unglaublich schrecklichen Zeiten ständig Auftrieb brauche, und so habe ich vor, *Reine Lust* als Gegengift zu benutzen, damit ich mich nicht mies fühle. Ich werde jeden Tag einige Seiten lesen, als eine Art „Schuß" für meine erlahmenden Geister.

In anderen Briefen wird der Horror in sehr genauen und persönlichen

Begriffen beschrieben, wie beispielsweise in einem Brief von einer kleinen Insel vor der schottischen Küste:

> Ihr Buch hat mich von Schuld- und Angstgefühlen befreit, an denen ich zehn Jahre lang litt. Ein Mann hatte mich sexuell angegriffen, und alle, einschließlich eines Psychologen, behandelten mich, als sei das alles meine Schuld... Nachdem ich Ihr Buch gelesen habe, ist mir klar, daß dies alles Teil des patriarchalen Plans ist, und ich habe meine frühere Selbstachtung wiedergewonnen. Ich bin fast wieder glücklich und hoffe, daß ich mit der Zeit wieder zu meinem lustvollen, schlauen Selbst finde.

Eine Veterinärin im Südwesten BeNannte ebenfalls die Greuel sehr genau:

> Ich las mich mit *Reine Lust* in den Schlaf. Um drei Uhr morgens fuhr ich aus dem Schlaf hoch... Nachdem ich mich drei lange Jahre mit Selbstmordgedanken herumgeschlagen hatte, *kannte* ich endlich die Gründe für meine Gefühle von Scham und Selbstverachtung und wußte, warum es so lange gedauert hatte, diesem Schamgefühl auf den Grund zu gehen. Ich bin von meinen Eltern und der verdammten Kirche und Gesellschaft so konditioniert worden, die Männer als Götter und mich selbst als Dreck anzusehen, daß meine selbstmörderische Scham der Tatsache entsprang, daß ich *stark* genug gewesen war, die Absichten dieser vier Schläger zu durchkreuzen und nie körperlich vergewaltigt oder auf irgendeine Weise verletzt worden bin. Ich hatte sie vielmehr alle auf die eine oder andere Weise auf ihren Platz verwiesen. Wie konnte ich es *wagen*, diesen armen Lieblingen einen Strich durch die Rechnung zu machen? Wie konnte ich es *wagen*, sie nicht mit mir tun zu lassen, was sie wollten! Wer in Gottesteufelsnamen glaube ich, wer ich bin? Ich habe mich wirklich selbst gehaßt, weil ich stark war – es ist unglaublich! Wie tief diese Erziehung zur Unterwerfung geht! Und schließlich – „nichts" ist passiert.

Ein Therapeut sagte dieser Frau, die Männer sollten ihr leid tun, und ihre holistischen Freunde meinten, das sei eben ihr „Karma", und dies sei ihr widerfahren, damit sie etwas daraus „lernen" könnte. Ein anderer Berater sagte ihr, sie habe etwas an sich, das zu solchen Vorfällen „auffordere".

> Doch jetzt habe ich *Reine Lust* und weiß von den Mänaden, die sich geweigert hätten, untätig zuzusehen, wie ich das von mir erwartete alte edle Opfer dargebracht hätte.

Doch nicht allen Leserinnen gelang es, aus ihrer Lage in jener Zeit als Siegerin hervorzugehen. In einem Brief aus Montreal steht:

Als ich im vergangenen Jahr *Reine Lust* zu lesen begann, provozierte und stimulierte es mich. Es bestätigte meine Erfahrungen. Doch ich hatte niemanden, mit dem ich das hätte teilen können. Ich las das Buch nicht zuende. Ich mußte für einige Wochen ins psychiatrische Krankenhaus. Danach war mir nicht mehr danach, irgend etwas zu lesen.

Ich habe solche Briefe mit großer Trauer gelesen. Ich habe den eben zitierten Brief mit einem anderen aus Clarksville, Georgia, verglichen. Diese Frau brachte *Reine Lust* nach Hause zu ihrer Zimmergenossin (Liebe), mit der sie seit sechzehn Jahren verbunden war, und sie lasen es gemeinsam. Sie schrieb, dies habe ihr „Leben gerettet – das gegenwärtige, das vergangene und das zukünftige". Natürlich ist der Unterschied – zwischen Verzweiflung und und Überschwenglichkeit – nicht allein dem Umstand zuzuschreiben, daß die eine Frau isoliert war und die andere eine verständnisvolle Gefährtin hatte. Doch Tatsache bleibt, daß das Problem der Isolation häufig die Quelle für Kraftlosigkeit ist.

Die Briefe einiger Frauen ließen erkennen, daß die Schreiberinnen mit einem besonderen Funken begabt sind. Eine Englischprofessorin aus New York schrieb:

Ich gehöre zu dem Typ, der sich intellektuell begeistern kann, und Ihr Buch hat mich in die Mitte meines Gehirns getroffen und mir eines der höchsten intellektuellen Hochs verschafft, seit ich mit Achtzehn im College Nietzsche las.

Und eine junge Frau aus Seattle, Washington:

Jede Seite hat mich dermaßen elektrisiert, daß ich Ihnen diesen Brief schreiben muß... Gestern abend las ich Ihre Darstellung, was über den Unterschied zwischen weiblichen und männlichen Gehirnen „gesagt wird". Das hatte ich schon öfter gehört, und ich wurde immer WÜTEND und STOLZ. Diese Kombination hat gewöhnlich die Leute, die dabei waren, schockiert und abgestoßen.

Diese junge Frau fuhr fort, etwas über sich selbst zu erzählen:

Ich schmecke und fühle in Farben. Ich sehe und spüre Musik. Ich höre Strukturen. Ich spüre Dinge dreidimensional, die „in Wirklichkeit" zweidimensional sind. Ich habe nicht weiter darüber nachgedacht, bis ich mit Vierzehn las, daß das „Vermischen" von Sinnen MEDIZINISCH als STÖRUNG betrachtet wird... Ich dachte, gut, vielleicht bin ich eine geborene Künstlerin; doch fühlte ich mich auch sehr ALLEIN.

Eine Frau aus Kalifornien beschrieb ihre Elektrische Verbindung mit *Reine Lust*:

Im vergangenen Jahr, als ich dabei war, in einem langen und schmerzhaften Verfahren eine Klage wegen sexueller Belästigung gegen einen Sehr Berühmten Gastprofessor durchzubringen, hatte ich ein erstaunliches Erlebnis... Ich hatte gerade *Reine Lust* gekauft und darin herumgeschmökert. Eines Nachts sagte im Schlaf eine tiefe und kräftige weibliche Stimme zu mir: „H... ist Reine Lust"*, und ich wachte auf. Ich dachte, ich sollte wohl dieses Buch richtig durchlesen, und das tat ich dann auch. Es ist für mich zu einer entscheidenden Kraftquelle in meinem Kampf, die Klage durchzuziehen, geworden.

Der belästigende Gastprofessor wurde tatsächlich ausgeladen. Und *Apraxie* wurde überwunden.

Die Herausforderung, vor die mich diese Briefe immer wieder stellen, ist das Wagnis, alles zu riskieren, um die Elektrische Verbindung und die Fähigkeit zu Elementalem Alleinsein zu Entzünden – das ist die Fähigkeit, in Kontakt mit dem Hintergrund zu Leben. Isolation ist ein Vordergrund-Phänomen. In diesen sich verschlechternden vordergründigen Zeiten wird deutlicher denn je, daß ich/wir einfach Nichts zu verlieren habe/n.

DIE REZENSIONEN VON *REINE LUST* RE-ZENSIEREN

Reine Lust bekam Positiv Revoltierende Rezensionen. In *The New York Times Book Review* (22. Juli 1984) schrieb Demaris Wehr:

> Dies ist eine ungewöhnliche Arbeit, die von ihren Lesern ungewöhnliche geistige und intellektuelle Anstrengung fordert. Es ist die Anstrengung wert.

Diese Worte wiederzulesen war Balsam auf meine Seele. So wie der Rest dieser umwerfenden Rezension und vieler anderer Rezensionen. Marilyn Frye hatte in *The Women's Review of Books* (August 1984) einen Artikel mit der Überschrift „Berühmte Lust-Worte". Sie schloß mit einer Beschreibung des „ungeheuren verschwenderischen Überflusses neuer Metaphern, die wir zu Vorstellungen von uns selbst verarbeiten können, und die erneute Ermutigung durch Dalys phantastische Vitalität und Erfindungsgabe". Kicher, kicher.

Mein Enthusiasmus für diese Vierte-Galaxie-Durchsicht von *Reine Lust* Rezensionen nahm zu, als ich weitere Proben herauszog. Frohlockend las ich Carlyn Moultons Rezension in der kanadischen Feministischen Zeitschrift *Broadside* (November/Dezember 1984). Es war ein wahrer Ausbruch:

---

* Die Traumstimme sprach sie mit ihrem Vornamen an.

Daly außer Kontrolle? Nein. Dies ist eine lustvolle Daly, es gelüstet sie, den weiblichen Chor zu einem Gesang opernhafter Ausschweifung zu dirigieren... Vorsingen entfällt. Alle Gespenstinnen sind willkommen. Vorführungen täglich. Genießt es.

Im *Boston Sunday Globe* (10. Juni 1984) bedauerte Mark Silk: *„Reine Lust* hat nicht den provokativen Biß von *Gyn/Ökologie."* „Wollte er noch mehr?!" fragte ich mich und wetzte im Geist meine Zähne.

Im *Philadelphia Inquirer* (19. April 1984) hatte E. Ann Matter bereits ein hübsches Gegenmittel gegen solche vorhersehbaren öligen Kommentare parat:

Einige werden zweifellos dieses Buch nicht zu würdigen wissen oder verstehen. Doch viele unterschiedliche Leser werden *Reine Lust* emotional herausfordernd, paradox, köstlich respektlos und voller Durchblick finden.

„Welch durchblickende Rezension!" rief ich unbescheiden aus, als ich diese lobenden Bemerkungen wieder las.

In *Cross Currents* (Frühjahr 1985) gab Mary Jo Weaver dem Buch eine positive und interessante Rezension (mit dem Titel „Daly, Daly Sing to Mary"), doch blieb sie dabei, mich eine „Katholikin" und eine „Nachfolgerin Elias" zu nennen. „Zum Teufel!" dachte ich, als ich es damals las, und „Zum Teufel!" war mein Kommentar, als ich es wieder las. Mary (Mab) Maher erklärte in ihrer Rezension in *Women & Therapy* (Sommer 1985), *Reine Lust* sei „sehr wichtig für den Therapieprozeß von Frauen". Hmmm.

ALA Booklist rief in der Vorausbesprechung (1. Mai 1984) aus:

Dies ist ein wichtiges, poetisches und grundlegendes Buch, das in feministischen Kreisen viel diskutiert werden wird und seinen Platz in allen Bibliotheksregalen hat.

„Donnerwetter!" rief ich im Geiste wieder aus und versuchte überschlägig die Bibliotheksregale der Welt zu berechnen – dabei zog ich ab: mormonische Bibliotheksregale, vatikanische Bibliotheksregale und und und...

Ich wurde aus diesen unproduktiven Gedankengängen gerissen, als mein Blick auf die Besprechung von Johanne H. Stuckley im in Toronto erscheinenden *Globe and Mail* fiel (11. August 1984). Sie schrieb:

Reine Lust ist reine Mary Daly. Wer *Gyn/Ökologie* und *Jenseits von Gottvater* gelesen hat, wird dieses „Schwesterwerk" mögen. Und, worauf Daly in ihrem Vorwort hinweist, da „die Reise von Exorzismus und Ekstase nicht linear, sondern spiralfrömig verläuft, können neue Reisende an jedem Punkt zusteigen". *Reine Lust* ist vielleicht nicht die einfachste Einführung in Mary Daly und ihre Reise, doch bestimmt ist es eine aufregende (engl. *exciting*, AdÜ.).

Da haben wir ein erfreuliches Wort – *exciting*. Nach Webster's kommt das Verbum *excite* vom lateinischen *ex* plus *citare*, was „in Bewegung setzen, aufrufen, ermuntern" heißt. Nachdem ich die Besprechung von *Reine Lust* wiedergelesen habe, bin ich in Bewegung gesetzt, aufgerufen, ermuntert worden, weiter in großem Stil zu Spinnen, was in großem Stil Sündigen impliziert. Dies bringt mich zum Thema des *Lustigen Wickedary.*†

---

† Im Original „The Merry Merry Wickedary", eine um des Sprachrhythmus willen erdachte Formulierung, die ins Deutsche mit gleichen rhythmischen Effekt nicht übertragbar ist. Daher „lustig" im Anklang an „Die Lustigen Weiber von Windsor" (*The Merry Wives of Windsor*).

KAPITEL VIERZEHN

IN GROSSEM STIL SÜNDIGEN:
DAS LUSTIGE *WICKEDARY*

Als ich *Reine Lust* halb fertig Gesponnen hatte, begann ich die Präsenz einer Neuen Wesenheit zu entdecken – ein Neues Lexikon, um genau zu sein. Zwar waren die Standard-Lexika äußerst hilfreich – und sie sind es weiterhin – doch es war Zeit für Etwas Anderes. Ich konnte einfach all die Worte, die ich brauchte, nicht in den alten Standardwälzern finden. Etwas Startete in meiner Psyche. Das Sprungbrett war *Webster's Third New International Dictionary of the English Language*. Ihm entsprang *Websters' First New Intergalactic Wickedary of the English Language*.*†

Das *Wickedary* hatte sich tatsächlich in die Wortschöpfungen aller Kapitel von *Reine Lust* eingeschlichen (außer Unkapitel Dreizehn). Mit Anderen Worten, es war bereits in diesen Wortschöpfungen inkarniert. In der Zeit, als ich an jenem Buch spann, dachte ich an das *Wickedary* als eine noch zu erdichtende Wesenheit. Wenn ich jedoch Jetzt diese Zeit Er-Innere, dann wird mir klar, daß das Buch sich bereits in meiner Psyche zusammenbraute. Es wuchs auch bereits auf den Seiten von *Jenseits von Gottvater, Gyn/Ökologie* und besonders *Reine Lust* – wo und wann immer ein Neues Wort auftauchte. Ich Realisierte dies erst, als das Spinnen von *Reine Lust* beendet war.

Spinnen ist eine gesteigerte Manifestation von sei-en, und das ist im Grunde Sündigen.* So war ich, lange ehe das *Wickedary* seinen vollen

---

* *Webster* ○: „[(kommt vom altenglischen *webbestre*, Weberin – *Webster's*). ‚Ein Weber... als Beruf einer Frau' – O.E.D.]: eine Frau, deren Tätigkeit Weben ist, speziell eine Weberin von Worten und Wort-Geweben/Netzen". (*Wickedary*) *Wickedary* ○ bedeutet: „Verruchtes/Hexisches Lexikon; Lexikon für Verruchte/Hexische Frauen; Metamysteriöses Wort-Netz, gesponnen von Webweibern; Reiseführer für den Intergalaktischen Galopp Näx-Gnostischer Reisender; Buch von Leitworten für Widerspenstige, Grenzgängerische Wanderinnen." (*Wickedary*)

† Die deutsche Übersetzung dieses Lexikons würde lauten: *Der Webweiber Erstes Intergalaktisches Hexikon der Englischen Sprache*. Der Witz besteht unter anderem in der Gleichsetzung von *Webster*, Name des Erfinders/Autors des berühmten englischen Lexikons, mit *webster* in oben angeführter Bedeutung, was in *Reine Lust* mit *Webweiber* übersetzt wurde. Vgl. *Reine Lust*, S. 8 Fußnote und S. 23. Das Wort *wicked*, von dem *Wickedary* abgeleitet ist, bedeutet böse, gottlos, schlecht, sündhaft, verrucht; *wicked* stammt aus der Wurzel *wicce*, der altenglischen Form von *witch* = Hexe. Deshalb im Deutschen *Hexikon*.

* Nach dem *American Heritage*-Lexikon kommt das Wort *sin* (Sünde) aus der indogermanischen Wurzel *es-*, was „sein" bedeutet.

Auftritt hatte, bereits Hoffnungslos/Hoffnungsvoll auf meinem Weg, Hexisch (*Wicked* ○) zu werden, das heißt

jenseits des patriarchalen „gut" und „böse"; gekennzeichnet durch Echte Integrität; Echt Sündhaft; aktiv an dem Entfalten des Sei-ens als etwas Gutem teilhaben. (*Wickedary*)

Das *Wickedary* sollte jedoch eine besondere Hexigkeit an sich haben. Es hatte von den Lügen des Landes der Väter total die Nase voll. Inzwischen, 1984, war es klar, daß alle anderen Frauen ebenfalls die Nase voll hatten. Die Horror der Sadogesellschaft waren unglaublich bombastisch geworden. Es war an der Zeit, uns allen eine Möglichkeit zu eröffnen, die Tugend der Abscheu an den Tag zu legen und die reine Freude des Laut-Heraus-Lachens – Hexisch – zu teilen.

ANFÄNGE

Es war mir klar, daß ich für die Realisierung des vollentwickelten *Wickedary* die Hilfe einer Anderen Hexographin brauchen würde. Als ich im März 1984 in Albuquerque, New Mexico, war, um an der University of New Mexico zu sprechen, bereiste ich die Gegend mit Jane Caputi, die dort lehrte/lehrt. Bei einem Ausflug in die Jemez Mountains machte ich Jane den Vorschlag, mit mir im Komplott† am *Wickedary* zu arbeiten. Sie schlug ein.

Einige Tage später, während ihrer Frühjahrspause, kam Jane nach Boston. In dieser Woche sprachen wir unablässig über das *Wickedary*. Einmal fuhren wir zum Bloodroot Restaurant und Buchladen in Bridgeport, Connecticut, beides wird vom Bloodroot-Kollektiv betrieben, einer Gruppe Radikaler Feministinnen.[1] In einem Gespräch mit Selma Miriam, Betsey Beaven und Noel Furie hörte ich von der Arbeit der Radikalen Feministischen Künstlerin Sudie Rakusin, deren Bilder bei Bloodroot ausgestellt waren. Als ich Sudies Arbeiten gesehen hatte, beschloß ich sie zu bitten, Illustrationen für das *Wickedary* zu machen. Sie war einverstanden, und die Resultate bereichern das Buch auf Be-Hexende Weise. Die umwerfendsten sind *Websters' Intergalactic Seal of Approval* †, *Grimalkin* (umgangssprachlich alte Kätzin, im *Wickedary*:

---

† Engl. *in Cahoots* (steht auch auf dem Titel des *Wickedary*) bedeutet, so wie Mary Daly es hier anwendet, „unter einer Decke stecken" (z.B. engl. umgangssprachlich *to be in cahoots with the devil*).

† *Seal* bedeutet einmal Siegel, auch im Sinn von Garantie, Stempel, insofern bedeutet der Ausdruck etwa Gütezeichen, Qualitätsstempel, offizielle Zulassung (*approval* = u.a. Genehmigung). Zum anderen ist *seal* der Seehund, und für das *Wickedary* hat Sudie Rakusin einen auf den Hinterflossen aufrecht stehenden Seehund gezeichnet, der in die Vorderflossen klatscht (*approval* heißt auch Beifall) und dabei lacht.

alte Weise Kätzin, Ehrenname für eine großzügige, kraftvolle Alte Frau), *Creating a Glamour* und *Norn Releasing the Doomsday Wolf.* Jede Zeichnung ist einmalig beziehungsreich und Be-Musierend Biophil. Im Juni 1984 zog ich aus meinem bescheidenen Zimmer in eine nahegelegene kleine Wohnung am Crystal Lake. Im Juli segelte ich in die ersten Momente des *Wickedary.* Es war von Anfang an klar, daß dies ein Metapatriarchales Lexikon oder *Metalexikon* werden sollte, später im *Wickedary* definiert/verfeinert zur Bedeutung „Hexikon, das die Elementalen Wortnetze, die in patriarchalen Lexika und anderen Quellen verborgen sind, heraustratscht". Mein Schiff tanzte auf dem Unterschwelligen Meer, mehr als bereit, loszurasen.

Anfang Juli kam Jane nach Boston, so daß wir den Sommer zur Arbeit an der Planung dieses enormen Projekts nutzen konnten. Wir waren beide zu jener Zeit sehr sensibilisiert auf Synchronizitäten/Syn-Crone-izitäten, die Situation in meiner Wohnung mit ihrem „*Wickeda-ry*-Zimmer" Sündspirierte diese Sensibilität. Das Haus lag direkt am Crystal Lake, das große *Wickedary*-Fenster ging nach Westen auf den See. Die prächtigen Sonnenuntergänge und der Anblick des Monds über dem See Entzündete die Funken Elementaler Beziehungen.

Jeden Morgen ging Jane den etwa eine Meile langen Weg von ihrer Unterkunft zu mir, und wir stürzten uns in die Hexische Arbeit. Zum Arbeiten im Komplott gehörten oft Ideen-Spinnende Sitzungen im Gras am Seeufer, wo wir uns Notizen machten und zu Erspüren versuchten, in welcher Reihenfolge dieses Metalexikon angelegt sein sollte. Häufige Schwimmpausen halfen uns, der Vordergrund-Welt zu entkommen. Zweifellos sandten uns Nixen, Meerjungfrauen, Sirenen und Undinen wichtige Botschaften, und diese wurden aufgenommen, zumindest unterschwellig.

Mehr als einmal, wenn wir im Grünen Gras saßen, sprach ich mit Jane über das „11.12 Phänomen".[2] Einmal sagte ich, daß dies etwas mit dem *Wickedary* zu tun hätte, und Jane reagierte, indem sie zählte „elf, zwölf... dreizehn". Wir erkannten, daß, während zwölf die patriarchale Zeit repräsentiert, *Dreizehn* eindeutig für eine Andere Zeit steht, die „außerhalb der Uhren" ist.[3]

Jane hatte in ihren Unterlagen Exemplare des *Bulletin of Atomic Scientists,* wo seit 1947 die „Endzeit-Uhr" abgebildet wird. Sie stellt den Grad nuklearer Gefährdung dar, wie die Redakteure ihn sehen. In diesem Symbol steht „Mitternacht" für die Stunde des nuklearen Holocaust.[4] Für uns stand die „Endzeit-Uhr" für die nekrophilen Mittel und Ziele der Phallokratie.

Eines Abends im Juli 1984 machten wir einen Spaziergang um den Crystal Lake und sprachen über *Dreizehn* und verwandte Themen, wie zum Beispiel die Frage, wie die Endzeit-Uhr anzuhalten wäre. Ein Strahlkräftiger Vollmond schien aufs Wasser, und ich hatte einen plötzlichen Geistesblitz. Der Ausdruck „Gesicht, das eine Uhr anhalten könnte" floß durch mein Bewußtsein. Ich sagte zu Jane: „Vielleicht ist das Gesicht des Mondes das Gesicht, das die Endzeit-Uhr anhalten könnte!" Dies drückte mein zwingendes intuitives Wissen aus, daß nur Elementale Kräfte diesen Planeten vor der Zerstörung durch die Vordergrund-Fixmaster retten können.

Von Anfang an war also klar, daß die Inspiration für das *Wickedary* Elemental war. Es war/ist eine Manifestation von *Biophilie* ☽, was heißt:

die Ursprüngliche Lust am Leben, die der Kern aller Elementaler E-motionen ist; Reine Lust, die die Nemesis des Patriarchats, des nekrophilen Staates/Zustands ist. (*Wickedary*)

Ziel und Sinn des *Wickedary* war, die Worte aus den Käfigen und Gefängnissen der patriarchalen Muster zu befreien. Worte und Frauen hatten lange genug patriarchalen Sätzen/Zwecken gedient. Ein Hexikon war längst überfällig.

DAS SCHEMA DES *WICKEDARY*

Das Ziel für diesen Sommer war, die Planung/das Exposé fertigzu-bekommen. Das *American Heritage*-Lexikon war äußerst hilfreich mit Hinweisen. Der erste der einleitenden Artikel in jenem Lexikon – „Eine kurze Geschichte der englischen Sprache" – diente als Katalysator einfach deshalb, weil er auf die Bedeutung eines Essays zur Geschich-te des *Wickedary* hinwies.

Es war jedoch natürlich sofort klar, daß die Entfaltungs-Geschichte *dieses* Werks, das verborgene Wortnetze in herkömmlichen Lexika Ent-Decken würde, indem es sich in den Archaischen Hintergrund dieser Worte bewegte, keine „Geschichte" in einem Vordergrund-Sinn sein würde. Das Wort *mystery* (Geheimnis) bot sich als Ersatz für *history* (Geschichte) an. *Mystery* ist jedoch auch ein problematisches Vordergrund-Wort.* Dies war nicht von Anfang an klar, so daß der

---

* Wie ich im *Einleitenden Netz Eins* (des *Wickedary*, AdÜ.) schrieb: „Nach *Webster's* kommt das Wort *mystery* vom griechischen *myein*, was ‚in religiöse Riten initiieren' bedeutet und zugleich ‚schließen (in bezug auf Augen und Lippen gebraucht'). Mögli-cherweise, so heißt es, sei es mit dem lateinischen *mutus* verwandt, was ‚stumm' (engl. *mute*) heißt. Diese etymologischen Hinweise können Webweiber eine ganze Strecke in den komplexen Prozeß vom Aufräufeln des Geheimnisses des Wortes mystery hin-einführen... Warum, so könnten wir fragen, soll zur Initiation der Befehl gehören, Augen und Lippen zu schließen? Dem Wort *mystery* haftet ein Miasma von Mystifikation und Trübung an. Wenn wir uns dieses Wort genau ansehen und mit Wahren Augen sehen, dann begreifen wir, wie es im patriarchalen Kontext funktioniert... um Elementale Reisende abzublocken. *Webster's* bedient uns mit mehreren Definitionen von *mystery*,

ursprüngliche Titel des ersten Essays „*The Wickedary: Its History/Mystery*" lautete.*

Weitere Titel der Artikel in *American Heritage* brachten Schwingungen zu den scharf eingestellten Inneren Ohren. Dazu gehörten „Grammatik und Bedeutung", „Orthographie und Aussprache des Englischen" und „Leitfaden durch das Lexikon". In unseren Geistesgewittern „starteten" Neue Ideen für einleitende Essays zum *Wickedary*, angeregt von diesen äußerlich langweiligen, doch unterschwellig anregenden Überschriften.*

Einer der einleitenden Artikel in *American Heritage* war/ist tatsächlich sehr sündspirierend. Es ist „gute Anwendung, schlechte Anwendung und Anwendung" von Morris Bishop. Er schreibt:

Die Worte einer lebenden Sprache sind wie Lebewesen: Sie sind lebendig. Jedes Wort hat einen körperlichen Charakter, ein Aussehen und eine Persönlichkeit, eine Ahnenreihe, eine Lebens- und Todeserwartung, eine Hoffnung auf ein Nachleben... Es gibt magische Worte, Zaubersprüche, die Tore und Safes öffnen, Geister herbeirufen, der Welt ein Ende setzen. Was sind magische Zaubersprüche anderes als magisches Buchstabieren?[5]

Genau! Und es war/ist die Natur des *Wickedary*, absolut LEBENDIG zu sein. Daher mußte/muß seine Form eine lebende Form sein. Es konnte nicht einfach nur eine statische Struktur haben.

Das Exposé stellte zunächst einige Gedanken aus den einführenden Essays vor, beschrieb dann kurz das Kernstück der Arbeit/den Hauptteil, in dem die Worte, ihre Definitionen und Etymologien

eine immer unappetitlicher als die andere. So lesen wir zum Beispiel, es bedeute ‚eine von Gott enthüllte religiöse Wahrheit, die der Mensch nicht nur durch den Verstand begreifen kann und die, einmal enthüllt, nicht völlig verstanden werden kann'... Es ist Crone-logisch darauf hinzuweisen, ein möglicher Grund dafür, daß eine angeblich von Gott enthüllte ‚religiöse Wahrheit' weiterhin unverständlich bleibt, könne einfach darin liegen, daß sie keinen Sinn ergibt." (*Wickedary*, S. 5-6)

* Später wurde es dann zum *Einleitenden Netz Eins*: The Wickedary: Its History/ Metamystery." Metamystery (Metageheimnis) wurde definiert als „Tiefen/Oberflächen, die durch *mysteries/misteries* des Mannes versteckt sind; Wunder Wilder Realität, die hinter/jenseits der Fassaden der Väter sind; eine sich ständig Entfaltende Realität, von der Seherinnen einen Blick erhaschen und die Be-Sprecherinnen verkünden: die Strahlende Integrität des Sei-ens". (*Wickedary*)

* Als ich später zum Schreiben der entsprechenden Artikel kam, nannten wir sie *Einleitende Netze* (*Preliminary Webs*). Sie haben die Titel: „*Spelling* (Orthographie): *The Casting of Spells*" (mit dem Zauberbann belegen, unübersetzbares Wortspiel, AdÜ.); „Grammatik: Unser Hexischer Hexenhammer"; „Aussprache: Anprangern, Verkünden, Ankündigen" (engl. *Pronounciation: Denouncing, Pronouncing, Announcing*); „Leitfäden durch das *Wickedary*". In diesen Wickedary-Leitfäden kamen alle Elemente und vor allem viele Tiere vor. Diese erschienen und Be-Sprachen während des Webens dieses Werkes.

erläutert werden sollten. Es schloß mit kurzen Abrissen der vier Ergänzungen.* Damit war das Fundament für das Weben der Einführenden und der Ergänzenden Netze gelegt, die enorme Arbeit, den Kern zusammenzustellen, lag noch vor uns. Frohlockend und zufrieden lieferten wir das Exposé bei der Typistin ab.* Die Arbeit des Sommers war getan, und Jane kehrte nach Albuquerque zurück, um ihren Unterricht wieder aufzunehmen. Unsere nächste Sitzungsperiode sollte in der Winterpause stattfinden. In der Zwischenzeit unterrichtete ich wieder und hielt öffentliche Vorträge.[6] Meine StudentInnen waren „high" durch das Spinnen von Ideen aus *Gyn/Ökologie, Reine Lust* und Anderen Büchern. Ich auch, obgleich mein Pferde-Selbst am Zaumzeug zerrte, weil es mit dem *Wickedary* weitermachen wollte.

DER WEIHNACHTSDURCHBRUCH

Jane kam Mitte Dezember und blieb drei Wochen. Wir mußten jetzt Neue Worte sammeln und ordnen, die im Hauptteil des *Wickedary* definiert werden sollten. Wir machten als Erstes Listen von den „Indexen Neuer Worte" in *Gyn/Ökologie* und – wesentlich umfangreicher – in *Reine Lust*. Wir nahmen auch Worte aus *Jenseits von Gottvater* und *The Church and the Second Sex* auf. Während dieses Prozesses fielen uns einige neue Neue Worte ein, die auch auf die Liste kamen.

Wir arbeiteten enorm hart und lachten ebenso. Bald wurden die Listen so unhandlich, daß wir zu sieben mal zwölf Zentimeter großen Karteikarten übergingen, um andere Neue Worte hinzufügen zu können. Zunächst standen auf den Karten einfach nur die Worte und ihre Definitionen. Die Wort-Definitionen waren keine einfache Angelegenheit. Obgleich die meisten bereits in meinen vier vorangegangenen Büchern vorkamen, waren viele nicht genau definiert worden. In vielen Fällen ergab sich ihre Bedeutung aus dem Kontext. In anderen Fällen war ihre Bedeutung ausführlich und auf anschauliche Weise dargestellt.

* Diese wurden dann zu *Ergänzenden Netzen*. Später schrieb ich dazu im Vorwort: „Hier habe ich vier Bewußt Phantasierende (*Deliberate Delirious*) Essays gewoben... Diese Phantasierenden Essays oder Fröhlichen Netze (*Wanton Webs,* vgl. *Reine Lust,* S. 24) sind wesentlicher Bestandteil des Gewebes von *Wickedary.* Doch anders als die Einleitenden Netze... haben diese Webereien in gar keiner Hinsicht etwas mit der Form normaler patriarchaler Lexika zu tun. Sie Entspinnen sich einfach auf Biologische Weise vom Kern her." (Wickedary, S. xix)
* Als die Typistin des Exposés, Mary Lawrence, ihre Arbeit beendet hatte, hatte das Dokument insgesamt dreizehn und eine halbe Seite. Durchaus passend numerierte sie die letzte Seite mit 13 1/2. Diese Frau hatte eindeutig den Geist dieser Unternehmung erfaßt.

Im Verlauf der Arbeit wurde deutlich, daß schockierende Beispiele die Definitionen bereichern würden. Doch dazu wäre ziemlich viel zusätzliche Sucharbeit nötig. An diesem Punkt sorgten die Nornen für eine Lösung. „Zufällig" besuchte uns am Neujahrsabend Diana Beguine, eine hochbegabte Sucherin. Als sie uns verließ, nahm sie Listen Hexischer Worte mit sich und die Aufgabe, gemeine passende Beispiele zu finden.*

Während dieser Weihnachts„ferien" erreichten wir also einen enormen Durchbruch. Der Kern des *Wickedary* war geknackt, hatte die Grundidee seiner Form Ent-Hüllt. Am Horizont winkte das Abenteuer, die drei Hauptstämme Hexischer Worte zu Ent-Decken, die schließlich zu drei großen untereinander verbundenen Wort-Netzen innerhalb des Kerns verwoben wurden. Im Hinterhalt lagen weitere schwierige Aufgaben – die wir jetzt noch nicht voll umrissen hatten –, beispielsweise die Metaetymologien einiger Worte zu finden, ein System von Querverweisen zu entwickeln und einen Satz von Symbolen zu schaffen, die angeben sollten, in welcher meiner Arbeiten das *Wickedary*-Wort zuerst auftauchte. All dies war zu gewaltig, als daß es hätte in vollem Umfang vorausgesehen werden können, nicht einmal von unerschrockenen Hexographinnen.

Trotz all unserer Unerschrockenheit war unsere Arbeit zur Unterbrechung verdammt, denn Jane und ich mußten zum Frühjahrssemester 1985 in unsere Unterrichtsräume zurückkehren. Wie sich herausstellen sollte, war dieses Semester ereignisreich und enthüllend.

KNILCHTUM ÜBERLEBEN, FRÜHJAHRSSEMESTER 1985

Der Aufmerksamkeit Radikaler Feministinnen entging nicht, daß wir uns im Winter und Frühjahr 1985 genau in der Mitte jener Dekade des Schreckens befanden. Vielleicht versuchten wir uns manchmal mit Zahlen/Daten zu trösten. Immerhin hatten wir 1984 überlebt, das gefürchtete symbolische Jahr von George Orwells dystopischem Roman. Vielleicht würde es nun besser werden... Oder nicht? Stand uns das *wahre* 1984 noch bevor? Das lähmende Wissen, daß „das Volk" Ronald Reagan für eine zweite Legislaturperiode gewählt hatte, konnten wir schwer verleugnen, doch es hatte auch etwas Komisches an sich. Konnte es noch schlimmer kommen? Als ich im Fernsehen das Gesicht von George Bush sah, dachte ich: Ja. Doch weder meine

---

* Diana brachte schließlich viele Beispiele, die Jane und ich unseren Listen hinzufügten. Später ordneten wir sie in die Kategorien „Schlaue Kommentare" von Häxen und Näxen und „Kikeriki-alberne Kommentare" (*cockaludicrous*) prominenter Knilche ein. Die restlichen wurden weiterhin „Beispiele" genannt.

Freundinnen noch ich konnten ahnen, was uns die Vordergrundwelt der neunziger Jahre bringen würde. Dieses grauenhafte Vorauswissen blieb uns erspart.

Der unmittelbare Vordergrund-Kontext war ein Mikrokosmos der Mitte der achtziger Jahre vorherrschenden Horror-Show. Im Frühjahrssemester 1985 nahm die Leitung des Boston College die inquisitorische Querfeldeinjagd wieder auf. Nachdem ich im Dezember 1984 in Chicago auf der Jahresversammlung der American Academy of Religion gesprochen hatte, erschien am 28. Dezember im *St. Louis Post Dispatch* ein Artikel, in dem angeblich über meinen Vortrag berichtet wurde. Ende Februar 1985 bekam ich einen Brief von Dekan Neenan, der wieder einmal nach meinen Fersen schnappte. Seinem Brief lag eine Kopie jenes Artikels bei. Dekan Neenan „verlangte" von mir „eine schriftliche Stellungnahme, in der entweder bestätigt oder verneint wird, daß die Ihnen in dem Artikel zugeschriebenen Zitate so gefallen sind". Er verlangte eine Antwort bis zum 18. März. Ich erwiderte am 17. März, der Artikel sei „im wesentlichen unzutreffend, weil er Sätze aus dem Zusammenhang reißt und Inhalt und Geist meines Vortrags nicht begriffen hat". Sieben Wochen lang hatte ich Ruhe, doch das war noch nicht das Ende dieser Hexenjagd.

Am 12. April erreichte mich ein weiteres Sendschreiben von Dekan Neenan, in dem er sein „Ersuchen" wiederholte und bis 1. Mai eine Antwort verlangte. Ich erwiderte am 1. Mai:

Mein Vortrag vor dem Jahrestreffen der American Academy of Religion war direkt meinem Buch *Reine Lust: Elementale Feministische Philosophie* entnommen. Der Artikel im *St. Louis Post Dispatch* ist eine kaum wiederzuerkennende Paraphrase meines Vortrags. Wenn Sie eine genaue Version dessen, was ich sagte, wünschen, kann ich Sie nur auf mein Buch als vollständige Quelle des Textes verweisen.

Dekan Neenan hatte offenbar die Spur verloren, er erwiderte nicht.

Meine Studentinnen waren erstaunlich. Sie zeigten die Überlebensfähigkeiten, die Radikale Feministinnen in solchen Zeiten brauchen. Sie waren zäh, einfallsreich, mutig, humorvoll und hatten einfach die Nase voll. Sie waren bereit, Risiken einzugehen, und taten das auch. Sie wußten, wie kostbar der Raum war, den meine Vorlesungen darstellten, und waren bereit, dafür zu kämpfen. Kürzlich fragte ich eine der Studentinnen, Lizzie Gelles, die in ihrem ersten Studienjahr an meinen Kursen teilnahm: „Warum war die Teilnahme an jenen Kursen für Sie wichtig?" Ihre Antwort: „Ich wußte, daß ich nicht allein war."*

---

* Als ich 1991 Lizzies Antwort höre, hatte ich noch das Echo der Worte der Frauen, die mir anläßlich *Reine Lust* geschrieben hatten, im Ohr. Ich verstehe jetzt, gründlicher als je zuvor, die Tiefen, aus denen solche Reaktionen kamen.

Ich hatte vor, mich für das kommende akademische Jahr (1985/1986) beurlauben zu lassen, um ganztags am *Wickedary* arbeiten zu können. Ich war mir zutiefst der Notwendigkeit bewußt, daß Radikale Feministische Frauenstudien für Fortgeschrittene weiterhin in meiner Abwesenheit angeboten wurden, nicht nur für die Frauen am Boston College, sondern auch für Studentinnen an den örtlichen Colleges und an anderen Institutionen, die zum Boston Theological Institute gehörten. Meine Studentinnen teilten dieses Bewußtsein und beschlossen, eine Petition aufzusetzen und zu verteilen, die dem Exekutiv-Komitee der theologischen Abteilung am Boston College vorgelegt werden sollte. Sie verlangten, daß Dr. Emily Culpepper vorübergehend angestellt werden sollte, um während meiner Abwesenheit Vorlesungen zu halten.*

Alle StudentInnen, die die Petition verteilten, sammelten Unterschriften, von Anfang März bis Ende April. Besonders Lizzie arbeitete zwei Monate lang Tag und Nacht emsig und führte ein Tagebuch über ihre Erlebnisse. Schließlich hatte die Petition über tausend Unterschriften, davon über siebenhundert vom Boston College. Der Rest kam von StudentInnen anderer Colleges und Universitäten im Einzugsbereich, einschließlich Mitgliedsinstitutionen des Boston Theological Institute, die an der Möglichkeit der Doppeleinschreibung interessiert waren.

Als Reaktion auf diese enorme Nachfrage empfahl der Curriculum-Ausschuß der theologischen Abteilung dem Exekutiv-Komitee, Dr. Culpepper für einen (1) Kurs im Frühjahrssemester des kommenden Jahres anzustellen. Die StudentInnen reagierten, indem sie dem Exekutiv-Komitee ein Memorandum schickten.*

Nach scheinbar endlosem Warten, nach Ausflüchten und Auseinan-

---

* In der Petition steht unter anderem:
Wir, die Unterzeichneten, ersuchen hiermit die Theologische Abteilung des Boston College, ernsthaft in Erwägung zu ziehen, Dr. Emily Culpepper während der Abwesenheit von Professor Mary Daly anzustellen...
Unserer Meinung nach hat Dr. Emily Culpepper beste Voraussetzungen, um am Boston College zu lehren. Sie hat auf ihrem Fachgebiet viele Artikel geschrieben. Ihren theologischen Doktor (Th.D.) hat sie an der Harvard Divinity School gemacht. Sie hat Lehrerfahrung auf dem Gebiet der Feministischen Theologie und ist zur Zeit Gastvorlesende und Forschungs-Lehrbeauftragte in Frauenstudien und Religion an der Harvard Divinity School.
Wir halten es für wichtig, daß in einer Institution der Höheren Bildung wie dem Boston College der hohe akademische Standard in Feministischer Theologie und Philosophie aufrechterhalten bleibt. Wenn dieser Lern- und Wachstumsprozeß erfolgreich sein soll, dann ist es unabdingbar, daß wir Studierenden die besten und fähigsten Professoren bekommen, damit wir weiterhin Feministische Theorie über die Einführungsebene hinaus studieren können...
Wir ersuchen Boston College, uns diese Möglichkeit zu geben.
* In dem Memorandum steht unter anderem: „Wir begrüßen die Unterstützung des Curriculum-Ausschusses. Unsere akademischen Bedürfnisse sind damit jedoch nicht

dersetzungen wurde den StudentInnen glatt abgelehnt, Emily Culpepper überhaupt anzustellen, und sie bekamen eigentlich keine Begründung, warum man ihrer bescheidenen und höflichen Bitte nicht nachkam. Wieder einmal stellten die Bohrokraten ihre Angst vor und ihren Haß auf Radikale Feministinnen und „Feministische Theorie über die Einführungsebene hinaus" zur Schau.

Während sich dies alles abspielte, lehrte ich so Spinnend und Wütend wie möglich weiter. Ich sprach in vielen Colleges und Frauen-Räumen in den Vereinigten Staaten und Kanada.[7] Ich schwebte in großer Höhe mit der Aussicht, mit dem *Wickedary* zurück-, rundherum- und voranzuSpiralen.

Zu Semesterende gab es eine Party für die höheren Semester, die in meinen Fortgeschrittenen-Seminaren gewesen waren. Sie fand im Aufenthaltsraum für Fakultätsangehörige der ANTS (Andover Newton Theological School) statt. Wie alle meine „Kurs-Parties" war dies nicht nur ein Freizeitvergnügen – obgleich sich alle toll amüsierten –, sondern es war auch Metapolitisch. Es ging um Spinnen und um *Überleben* ☉, das heißt

> der Prozeß der Webweiber, die jenseits, über, durch die ständige Hexenverfolgung des Patriarchats und darum herum leben; Metaleben, sei-en. (*Wickedary*)

All diese Parties waren für Radikal Feministisches Überleben entscheidend gewesen, doch diese war es ganz besonders. Denn damals, im Mai 1985, waren sich Frauen in aller Schärfe der Notwendigkeit bewußt, die Fäden der Verbundenheit zu Spinnen, die die Väter ständig zu zerreißen versuchten. Die Studentinnen hatten gerade erlebt, wie ihr bescheidener Antrag, in meiner Abwesenheit Emily Culpepper als Teilzeit-Lehrbeauftragte anzustellen, felsenhart abgelehnt worden war. Sie *Brauchten* die klare Analyse und die starke persönliche Präsenz, die Emily hätte einbringen können, an einem Ort und in einer Zeit, denen es so an Feministischem Bewußtsein mangelte. Sie dachten zynisch über den wahren Wert ihrer teuren Ausbildung nach.

Es ging darum, wie wir uns *nicht* geschlagen geben konnten. Wir – die Studentinnen, Emily und ich – dachten gemeinsam über dieses Problem nach. Ich schlug vor, daß wir eine Feministische Vortragsreihe planen sollten – nicht notwendigerweise auf dem Campus des Boston

abgedeckt. Unserer Meinung nach ist es nicht unzumutbar, wenn Dr. Culpepper zwei (2) Kurse gibt, einen im Herbst und einen im Frühjahr. Uns sind mehrere Institutionen bekannt, die bereit wären, sich an den Kosten für eine Teilzeit-Professorin zu beteiligen. So könnte Boston College es sich leisten, daß Professor Culpepper in beiden Semestern Kurse gibt. Wir bitten Sie dringend, diese Angelegenheit sobald wie möglich in Erwägung zu ziehen."

College, doch im Einzugsgebiet Boston –, in der sich Radikale Feministische Wissenschaftlerinnen und Aktivistinnen äußern sollten, die eine anhaltende Diskussion entzünden und dazu beitragen könnten, daß, trotz wachsender Leerräume an den Universitäten, der Lehr-/Lernprozeß weiterging.

Emily und ich schlugen als Namen für die Planungsgruppe und die Vortragsserie das Akronym WITCH (Hexe) vor. Alle stimmten Wild zu. Es gab einige Diskussion darüber, wofür diese fünf Buchstaben in diesem Fall stehen sollten.* Nach fröhlichen Zurufen und Vorschlägen entschieden wir uns schließlich für „Wild Independent Thinking Crones and Hags". Als diese Formulierung endlich gefunden war, ging ein hörbares „Ahhhh" der Befriedigung durch den Raum. Wenn ich dies Jetzt schreibe, kann ich mit einiger Befriedigung feststellen, daß es WITCH in Boston immer noch gibt.

DIE WORT-NETZE DES HAUPTTEILS SPINNEN

Im Juni 1985 kam Jane aus Albuquerque in ihrem leicht angeschlagenen Auto, das mit ihren Sachen voll beladen war. Dieses Fahrzeug, das so aussah, als hätte es nur knapp den Parkplatz vor meiner Wohnung erreicht, war mit einer farbenfrohen Sammlung von Aufklebern geschmückt. Diese haben sicher nicht nur mich interessiert, sondern auch meine konservativen und neugierigen Nachbarn.

Jane war für das Herbstsemester beurlaubt worden, und so planten wir, den Sommer, Herbst und Winter bis zu ihrer Abreise im Januar durchzuarbeiten. Es stellte sich heraus, daß der Stapel komplizierter Karteikarten wuchs und wuchs. Eine Schachtel nach der anderen wurde voll. Im August 1985 war klar, daß Jane versuchen sollte, das ganze akademische Jahr über zu bleiben. Sie erhielt eine Verlängerung ihres Urlaubs, und damit war die Voraussetzung für ein Jahr ununterbrochener Arbeit am Hauptteil des *Wickedary* geschaffen.

Der Sommer 1985 war besonders intensiv. Selbst die Woche „Ferien", die Jane, Nancy Kelly und ich in Onset auf Cape Cod verbrachten, fand nicht ohne Lexika und die allgegenwärtigen Karteikarten, auf denen die Worte des Hauptteils „buchstabiert" und definiert wurden,

---

* WITCH ist von vielen Radikalen Feministischen Gruppen als Akronym verwendet worden. 1969 beispielsweise benutzten die Coven in New York WITCH für „Women's International Terrorist Conspiracy from Hell". Aus dieser Gruppe Aktivistinnen stammt der berühmte Satz: „Du bist eine Hexe, wenn du dreimal laut sagst, ‚ich bin eine Hexe' und darüber nachdenkst. Du bist eine Hexe, wenn du weiblich, ungezähmt, wütend, fröhlich und unsterblich bist." Siehe „WITCH" in *Sisterhood Is Powerful: An Anthology of Writings from the Women's Movement*, hrsg. von Robin Morgan (New York 1970, S. 538-553).

statt. Alles war aufs *Wickedary* bezogen. Alles brachte Botschaften, die für das Weben wichtig waren.

Doch die besonderen Syn-Crone-istischen Elementalen Verbindungen stellten wir nach unserer Rückkehr zum Crystal Lake und seiner Umgebung her. Hier wurde uns die Bedeutung von Tieren als Geleitern zum/durch das *Wickedary* klar. Ich will dies an einigen Merkwürdigen Beispielen beschreiben.

TIERGELEITER I: WILD CAT

An erster Stelle unter den Tier-Geleitern des *Wickedary* steht meine Häusliche Geist-Verwandte Frau Wild Cat – formlos einfach als Wild Cat bekannt. Wild Cat ist eine *Furry* (eine Bepelzte), das heißt „Kätzische Freundin einer Furie: Purry (eine Schnurrende) (*Wickedary*)".†
Außerdem ist sie eine *Glamour Puss* und eine *Magnifi-cat*. In der ernsthaftesten Bedeutung ist sie eine *Grimalkin*, das heißt, eine Weise Alte Kätzin.

Während der Tage, Monate, Jahre des Webens am *Wickedary* war Wild Cat meine ständige Begleiterin, wie sie es bereits beim Spinnen von *Gyn/Ökologie* und besonders von *Reine Lust* gewesen war. Sie nahm gewissenhaft ihre Aufgabe wahr, auf Lexika zu sitzen und Kat(z)alytische Inspiration zu verströmen. Sie teilte ihren Kat(z)egorischen Imperativ mit.

Ein besonders Merkwürdiges Ereignis illustriert Wild Cats Rolle als Herbeiruferin der Hexischen. Am Freitag, den 13. September 1985, um ungefähr viertel nach zwölf stellte ich fest, daß Wild Cat nicht in der Wohnung war. Sie war verschwunden! Da ich alle ihre Verstecke kannte, suchte ich dort, doch ohne Erfolg. Ich wußte, sie war nicht hinausgegangen, und so kehrte ich auf der Suche nach ihr das Unterste zuoberst. Ich suchte fast drei Stunden, dann fiel ich in einen unruhigen Schlaf. Etwa um halb sechs wachte ich auf und hörte ganz schwach ihre Stimme. Es war ein gedämpftes Miauen, das aus den Wänden zu kommen schien. Ich folgte dem mitleiderregenden Ton und kam schließlich zu dem großen Schreibtisch im Gästezimmer neben dem *Wickedary*-Zimmer. Ich öffnete die tiefe, fest verschlossene linke Schublade, und da fand ich Wild Cat, zusammengekauert hinter vielen Aktenordnern. Als ich ihr heraushalf – sie miaute und beschimpfte mich –, fühlte ich mich natürlich sehr erleichtert. Dennoch war ich schockiert. Wie war sie bloß dort hineingekommen? Ich konnte

---

† Dieses Beispiel zeigt in seiner Einfachheit am besten, warum das Wickedary nicht ins Deutsche zu übertragen ist. Diese Definition lebt von Melodie und Gleichklang von *Furry – Fury – Purry*.

mich nicht erinnern, die Schublade am Abend zuvor geöffnet oder geschlossen zu haben, und niemand sonst hatte das Zimmer betreten. Die Frage blieb ungeklärt.

Doch fühlte ich mich natürlich genötigt, über die Bedeutung von Freitag, dem 13., nachzudenken. Barbara Walker schreibt in ihrem Lexikon *Das geheime Wissen der Frauen* unter „Freitag":

> Der Tag der Göttin Freya, der wie alles, was mit weiblicher Göttlichkeit zusammenhing, von christlichen Mönchen als unglückbringend bezeichnet wurde. Ein Freitag am 13. Tag des Monats galt als besonderer Unglückstag, weil der heilige Tag der Göttin mit ihrer heiligen Zahl zusammenfiel; diese leitete sich von den dreizehn Monaten des heidnischen Mondjahres her.[9]

Freya, die Große Göttin Nordeuropas, ist die Herrin der Katzen. Außerdem soll sie auf einem von Katzen gezogenen Wagen durch die Himmel gefahren sein.[10] Obgleich Wild Cats „Botschaft" an jenem Freitag, dem dreizehnten, nicht einfach zu entschlüsseln ist, ist mir klar, daß sie zumindest auf eine Bedeutung der Zahl Dreizehn und auf die Weibliche und Kätzische Teilhabe an Anderen Dimensionen hinweisen wollte.

Ich vermute, daß sie auch die Bedeutung ihres eigenen Namens, *Wild Cat* ○, verkünden wollte, welcher bedeutet:

> 1: Eine Wilde, Temperamentvolle oder Koboldhafte Katze, bes. eine, die sich in riskanten oder unsicheren Unternehmungen engagiert; eine Radikale Katze; 2: eine Frau, die die Qualität einer Radikalen Katze hat; 3: Mitglied eines weltweiten Wilden Stammes von Hexen und deren Geistverwandten. (*Wickedary*)

Durch solch Hexisches und Heimliches/Unheimliches Verhalten gab Wild Cat bekannt, daß sie die höchste Qualifikation besaß, als Geleiterin für Webweiber zu fungieren, die lernen wollten, wie frau *Pixilated* ○ † wird:

> 1: in höchstem Maße kreativ; sich weit von den Fächern der Pedanten und Schulmänner entfernen... 2. Von den Feen berührt: *Pixy-led* (Kobold-geleitet). (*Wickedary*)

Wild Cat hat mir geholfen zu Er-Innern, wie wichtig es ist, sich weit vom Vordergrund zu entfernen, den Bann der Zwölf zu brechen, Dreizehn zu verkünden. Sie hat meine Aufmerksamkeit auf die *Dreizehnte Stunde* gelenkt. Diese ist:

> die Andere Stunde, jenseits der Richtung auf Untergang; Zeit, von

---

† *pixilated* = amerik. umgangssprachlich „verdreht", leicht verrückt, auch „blau". (betrunken); Mary Daly leitet es hier im positiven Sinn von *pixy* = Fee, Elfe, Kobold her.

der Endzeituhr des Endzeitzentrums herunterzuspringen; die Stunde der Hoffnung: Zeit jenseits der Parameter patriarchaler Vorhersagbarkeit; die Be-Hexende Stunde. (*Wickedary*)

Da Wild Cat auch während der Reise des Niederschreibens von *Auswärts reisen* meine kat(z)egorische Begleiterin war/ist, hat sie gleichen Anteil an den Kapiteln dieses Buches. Natürlich schwankte ihr Interesse. Während ich am vorangegangen Kapitel schrieb, saß sie gelegentlich auf einem Exemplar *Reine Lust* und sah mich mit unbeschreiblicher Intensität an. Denn immerhin ist *Reine Lust* ja *ihr* Buch. Und Jetzt, da ich das Kapitel über das *Wickedary* schreibe, sitzt sie manchmal auf den frisch getippten Seiten. Vielleicht ist dies ja ihr Intergalaktischer Gütesitz (*Seat of Approval*).*

TIERGELEITER II: WAHRSAGENDE GEISTVERWANDTE

Ich will an wenigen Beispielen zeigen, auf welche Weise Wilde Tiergeleiter „zufällig" vor, nach und während *Wickedary*-Arbeitssitzungen auftraten. Das hexische Werk an sich war eine Art Serie „magischer Zeremonien" – magisch genug, um „zufällig passende" Begegnungen mit Elementalen Kreaturen, die Wahrsagende Geistverwandte waren, Heraufzubeschwören.[11]

Ende Juli 1985, nachdem ich Realisiert hatte, daß das *Wickedary* eine komplexe Komposition von Netzen werden würde, passierte eine Traube solcher „passender Zufälle". Als ich erkannte, daß ich mehr über Spinnen und wie sie ihre Netze weben wissen mußte, rief ich Andrée Collard an, die, wie ich wußte, eine wichtige Informationsquelle sein würde. Andrée erzählte ausführlich von ihrer Beobachtung von kugelnetz-webenden Spinnen, deren Farbe orange-gelb ist. Direkt nach diesem Gespräch gingen Jane und ich zu meinem Auto und entdeckten eine orange-gelbe Spinne, die ein Netz zwischen meinem

---

* Doch hat sich inzwischen ihr Interesse verlagert. Wild Cat hat mich häufig (perverserweise, wie es mir manchmal schien) im *Auswärts reisen*-Zimmer allein gelassen. Sie saß an der Tür mit dem Rücken zu mir, was eindeutig bedeutete, daß sie raus (Out) wollte. Ich mußte mich eine Zeitlang bemühen, dies nicht persönlich zu nehmen. Und Jetzt, endlich, erreicht mich die Botschaft. Ich muß zu meiner Schande gestehen, daß es lange dauerte, bis ich begriff, daß Wild Cat eine *Auswärts reisen*-Katze geworden war. Die vielen Stunden, die sie sich allein draußen im Flur auf der anderen Seite der Tür aufhält, sind Beweise für die Tatsache, daß sie so etwas wie eine Kätzische Vierte-Galaxie-Perspektive entwickelt. Sie ist eine *far-out*-Geistverwandte, die mir einen Kurs in der Kunst, *Catty* zu sein, anbietet, das heißt „Selbst-sicher, unabhängig, unverwüstlich; die Wilden, Behexenden und Hexischen Eigenschaften einer Katze haben". (*Wickedary*). (Im „normalen" Sprachgebrauch heißt *catty* katzenhaft im Sinn von falsch, boshaft, gehässig [sic!], AdÜ. Für Intergalaktische Reisende ist es natürlich sehr wichtig, die Tugend der *Cattiness* zu lernen.)

Auto und dem nächsten Baum auf dem Parkplatz wob. In Aussehen und Verhalten entsprach sie Andrées Beschreibung. Aus irgendeinem Grund gab ich ihr den Namen „Sara".

Da Sara auf diese magische Weise erschienen war, brachte ich es nicht über mich, sie zu stören, und benutzte daher mein Auto nicht. Am nächsten Tag war ihr Netz noch kunstvoller ausgearbeitet, und mein Dilemma blieb ungelöst. Schließlich lösten Emily und ich die Situation, indem wir Sara und ihre komplexe Schöpfung vorsichtig vom Auto zum Baum umziehen ließen. Nun konnte ich wieder fahren. Damit war die Geschichte jedoch noch nicht zuende. Ein paar Tage später waren einige andere „Saras" dabei, in meinem Auto über dem Rücksitz ein Netz zu weben. Ich erinnere mich nicht, wie lange sie dort blieben. Ende August jedoch passierte der Clou der Sara-Saga. Als ich in mein Auto stieg, fand ich zu meiner Verblüffung eine Angehörige des Sara-Stammes, die – genau in der Position eines Glücksbringers – von meinem Rückspiegel herabschaukelte.

Eine Andere Momentose „zufällige" Begegnung fand Anfang August 1985 statt. Jane und ich waren auf die Post gegangen. Jane sprach von ihrem Wunsch, große Vögel zu sehen. Als wir zum Crystal Lake zurückkamen, war es neblig geworden, und das Gras schien *sehr* Grün. Und dort am Wasser war eine erstaunliche Schar von Wildgänsen, die gerade angekommen waren und ihren Nachmittagsimbiß einnahmen. Besonders eindrucksvoll waren ihre langen sehnigen Hälse, die sich in alle Richtungen zu winden schienen. Als wir näherkamen, stürzten sie sich ins Wasser. Sie schwammen eine kurze Strecke. Dann gaben sie sich ein Signal mit den Flügeln und flogen davon, eine erstaunliche Darstellung von Vogel-Macht/Kraft. Dies inspirierte einige Ideen über Wort-Macht/Kraft, wie sie im *Wickedary* dargestellt werden sollte.†

Zunächst einmal sollten die *Wickedary*-Worte zusammen fliegen wie eine Vogelkette (engl. *skein*). In Webster's ist eine Definition von *skein* „eine Schar wildes Geflügel (wie Gänse oder Enten) im Flug".*
Wie ich im Vorwort schrieb:

> Die Labyrinthische Anlage des *Wickedary* ist organisch und zweckmäßig, sie kann mit einer Schar Wilden Geflügels im Flug verglichen werden.[12]

Außerdem:

> Webweiber Hören/Kennen Worte wie Vögel – oft im Fluge, manchmal auf der Erde, auf Bäumen oder im Wasser ausruhend (wie eine

---

† unübersetzbares Wortspiel: *Bird-Power* und *Word-Power*.
* Passenderweise bedeutet *skein* auch „eine lose zusammengerollte Länge von Garn oder Faden". (*Webster's*)

Schar Gänse). Folglich ist dies ein Buch der Augurie. Ein Augur ist ein Wahrsager, „der die Zukunft aus dem Flug und den Schreien der Worte/ Vögel voraussagt" (Walter W. Skeat, *A Concise Etymological Dictionary of the English Language*). Der Flug und die Schreie der Worte/Vögel halfen uns, den Weg durch die labyrinthischen Wege, die die wahren Pfade der Metapatriarchalen Reise von Exorzismus und Ekstase sind, vorauszusehen.[13]

Weiterhin:

> Bei unserem Weben folgen wir den Flügen der Worte, die Botschaften tragen, die hüpfen, fliegen, sich hoch hinaufschwingen und singen. Worte haben Schwingen wie Vögel... Das *Wickedary* ist ein Nachschlagewerk für solche Botschaften.[14]

Eine weitere wichtige Begegnung mit Wahrsagenden Geistverwandten war Janes „Bienen-Begegnung" im Herbst 1985. Ständig flogen Bienen in die Wohnung, in der sie lebte. Sie konnte diese Invasion nicht stoppen, so entstand die Idee, daß sie Botschafterinnen waren. Jane kam zu dem Schluß, daß dies „Spelling Bees" (buchstabierende, Rechtschreibungsbienen, AdÜ.) seien, und so gesellten sie sich der Gruppe von Geleiterinnen zum *Wickedary* zu. Als ich am *Einleitenden Netz Zwei* webte, das „*Spelling: The Casting of Spells*" heißt, summten sie sich in den Text hinein. Es wurde buchstäblich unmöglich, *be-Spelling* zu schreiben, ohne dabei *Bee-Spelling* mitzuhören.

Einige Begegnungen waren weniger bedeutungsvoll, doch erinnerungswürdig. So hüpfte beispielsweise im Juli 1985 eine Kröte auf die Steinstufen an meinem Hauseingang gleich neben dem See. Als ich näherkam, stellte sie sich eine Zeitlang tot. Ich hatte gelesen, daß die Hexen in Europa im Mittelalter ihren Kröten-Geistverwandten Milch gaben, also bot ich dieser Besucherin eine Untertasse mit Milch an, doch sie war nicht interessiert. Trotzdem war die Besucherin interessant und inspirierte den Ausdruck *Toadal Time* (Krötenzeit, Abänderung von *Tidal Time*, AdÜ.), was bedeutet:

> die Zeit der Kröte; Krötisch erlebte Zeit; Zeit Krötischer Begegnungen: Abendzeit (engl. *eventide*); Hüpfende Zeit, außerhalb der gezählten Zeit der Uhrokratie. (*Wickedary*)

DURCH DEN HAUPTTEIL SPINNEN/EILEN:
EIN BE-HEXENDES OMEN

Den ganzen Herbst 1985 und Winter, Frühjahr und Sommer 1986 hatten Jane und ich mit dem Spinnen der Wort-Netze für den Hauptteil des *Wickedary* zu tun. Jane mußte im Juli oder August nach Albuquerque

zurück, die Hauptarbeit an diesem Teil mußte bis dahin beendet sein.*
So beschränkte ich die Zahl meiner „Ausflüge" auf ein Minimum.[15]
Marge Roberson, die Typistin des *Wickedary*, arbeitete heroisch an
der scheinbar nicht zu bewältigenden Aufgabe, den komplexen Inhalt
der Karteikarten auf ordentlich getippte Seiten zu übertragen. Diese
Karteikarten enthielten die Worte des Hauptteils, ihre Definitionen,
Etymologien und Andere Hexische Information, wovon vieles von der
Wilden Häxe Diana Beguine Ausgeforscht worden war. Am 16. Juni
1986 brachten Jane und ich diese Seiten, zusammen mit meiner ersten
Fassung der meisten Essays/Netze, zu einem Copyshop in Brookline.
Dann ereignete sich etwas typisch Hexisch Sonderbares. Als die
Fotokopien fertig waren, gingen wir in ein Restaurant („Veronique"),
um mit Drinks und etwas Süßem das Ereignis zu feiern. Als die
Kellnerin die Rechnung brachte, betrug sie genau 13,13 Dollar. Außerdem hatte sie noch „#13" – die Nummer unseres Tisches – auf dieses
eindrucksvolle Dokument geschrieben. Unter johlendem Gelächter
stolzierten wir aus dem gediegenen Restaurant. Dies war wirklich ein
Be-Hexendes Omen, das dem *Wickedary* eine Faszinierende Zukunft
voraussagte.

Es war auch ein Kulminationspunkt. Bald danach mußte Jane
abreisen, und ich begab mich auf eine Vortragsreise nach Norwegen
und Deutschland. Nach meiner Rückkehr würde ich die Arbeit am
Wickedary wieder aufnehmen.

NORWEGEN UND DEUTSCHLAND – NACH TSCHERNOBYL

Am 22. Juni 1986 flog ich nach Europa. Meine Vortragstour, zu der
Oslo und verschiedene wichtige Zentren in Westdeutschland gehörten, war seit mehreren Monaten geplant, und ich hatte mich voll
Enthusiasmus darauf gefreut. Dann passierte Ende April ein schrecklicher „Unfall" – die Kernschmelze des Reaktors in Tschernobyl.

Die Medien in Amerika waren natürlich in ihrer Berichterstattung
über die Folgen des Unglücks alles andere als offen. In Deutschland
jedoch waren die Nachrichten verläßlicher – besser als in vielen ande-

---

* Als das *Wickedary* seine endgültige Form gewonnen hatte, bestand es aus: *Die Erste
Phase:* Einleitende Netze; *Die Zweite Phase:* Der Kern/das Herzstück des *Wickedary*; *Die
Dritte Phase:* Anhängende Netze. *Die Zweite Phase* besteht aus drei Wort-Netzen. *Wort-
Netz Eins* des Hauptteils besteht aus Elementalen philosophischen Worten und Sätzen
und Anderen Schlüsselworten. *Wort-Netz Zwei* besteht aus Worten, die die BewohnerInnen
des Hintergrunds, ihre Aktivitäten und Merkmale beschreiben. Im *Wort-Netz Drei* sehen
die Reisenden die BewohnerInnen des Vordergrunds aus der Perspektive des Hintergrunds. Diese Worte beschreiben die Merkmale, Verhaltensweisen und Produkte der
Vordergrund-Typen und ihrer Handlangerinnen.

ren europäischen Ländern. Im Mai und Anfang Juni erfuhr ich von meinen deutschen Freundinnen Einzelheiten über den radioaktiven Niederschlag im Lande. Es gab Berichte, daß München genauso verseucht sei wie Kiew. Viele Frauen fasteten praktisch oder versuchten von importierten Nahrungsmitteln und/oder Nahrungsmitteln, die vor der Kernschmelze hergestellt und gelagert worden waren, zu leben. Ich dachte kurz daran, abzusagen. Als ich dies Erika gegenüber erwähnte, sagte sie einfach: „Es wäre sehr entmutigend für die Frauen, wenn du nicht kommst. Sie werden denken, wenn Mary Daly nicht herkommen will, dann muß es wirklich schlimm sein." Ich dachte eine Weile darüber nach und beschlo, zu fahren. „Tu es, Daly", war mein fester Rat von meiner Selbst an mich. Ich bewaffnete mich mit einer großen Schachtel dunkelgrünen, scheußlich-schmeckenden Pulvers, das angeblich die Folgen der Strahlung abwehren sollte. Ich traf mich mit Erika am 23. Juni in Frankfurt, und wir flogen zusammen nach Oslo, wo ich am folgenden Tag auf der Internationalen Feministischen Buchmesse sprechen sollte. Es gab einige Verwirrung wegen der Vortragsräume, und so besetzte eine Gruppe von uns einen großen Hörsaal, in dem ich sprechen konnte. In meinem Vortrag sprach ich in einer Art Doppel-Vorstellung über *Reine Lust* und *Wickedary*.

Ich aß allein in der Cafeteria des Studentenhotels, in dem wir untergebracht waren. Nachdem man mir gesagt hatte, ich solle frisches Gemüse, Milch, Eier, Käse, Butter, Fleisch und frisches Obst meiden, war ich ratlos. Ich bestellte mir Nudeln und starrte dann voller Schrecken auf meinen Teller. Nachdem ich etwas davon gegessen hatte, machte ich einen Spaziergang. Es war ein besonders schöner Mittsommer-Abend, und so ging ich zu einem nahegelegenen See. Um zehn Uhr abends schien immer noch die Sonne, und einige Leute schwammen oder lagen im Gras. Zu jener Zeit dachte ich, daß sie inmitten dieser Schönheit von Gedanken an das Verhängnis bedrängt waren. Später stellte ich jedoch fest, daß die Nachrichten über die Folgen von Tschernobyl in Norwegen stärker unterdrückt wurden als in Deutschland, es ist also möglich, daß die Leute am See sich nicht mit Gedanken an dieses schreckliche Ereignis beschäftigten.

Viele der skandinavischen Frauen auf der Buchmesse waren jedoch überwältigt von dem Ereignis. Eine Frau schenkte mir ein wunderbar geschnitztes norwegisches Salatbesteck mit dem Kommentar, sie würde es nicht länger benutzen können, da das Gemüse verseucht sei. Einige überlegten, wie viele Jahre ihnen noch blieben und was sie in dieser Zeit noch erreichen wollten. All dies war auf merkwürdige Weise vermischt mit Spinnenden Gesprächen und optimistischen Plänen für die Zukunft.

Nach Beendigung der Buchmesse flogen Erika und ich nach Hannover. Dort holte uns Helga Edelmann-Klittich ab und fuhr uns nach

Bielefeld. Dort sollte am 27./28. Juni eine Konferenz stattfinden, die von den Frauen, die an der Universität Bielefeld interdisziplinäre Frauenstudien lehrten, organisiert worden war. Sie fand in einem bequemen neuen Studienhaus statt. Frauen von vielen anderen deutschen Universitäten nahmen an der Konferenz teil. Ich sprach über verschiedene Themen aus *Reine Lust*.[16] An diesem Wochenende fand das Thema des Alibismus großes Interesse, mit vielen Bezügen zu den *Bemalten Vögeln*. Die Vorstellung von „Bemalten Vögeln: Der Totale Alibismus" stammt natürlich aus dem Kapitel „Spuken" in *Gyn/Ökologie*, das bis 1986 in Deutschland Feuer gefangen und sich verbreitet hatte.

Obgleich ich einige Dinge sowohl auf deutsch wie auf englisch sagte, war Erikas Übersetzung für den schwierigen Text dringend notwendig. Wir arbeiteten so, daß ich ein paar Sätze sagte und Erika sie dann übersetzte. Manchmal waren es längere Absätze, manchmal kürzere. Es war einfach Gefühlssache.

In Bielefeld erfuhr ich immer mehr über die nukleare Verseuchung in Deutschland. Erika und ich waren bei Helga und ihrem Mann zum Essen eingeladen. Es war ausgezeichnet und bestand aus Delikatessen, die in der Zeit vor Tschernobyl eingefroren und eingelagert worden waren. Natürlich drehte sich unser Gespräch um die jüngste und noch anhaltende Katastrophe. Obgleich in Deutschland Gemüse, Obst, Milch usw. getestet werden mußten, war es fast unmöglich, die Resultate zu entschlüsseln. Es hatte sich ein Vokabular der Strahlenmessung ergeben, das für die meisten Leute praktisch bedeutungslos war. So wurde zum Beispiel im Radio bekanntgegeben, daß der auf dem Viktualienmarkt in München verkaufte Broccoli an diesem Tage soundsoviel *Bequerel* enthielt. Niemand wußte genau, was das bedeutete, doch es klang schlecht, und das genügte als Warnung. Helga erzählte uns, daß die Verseuchung in der Gegend um Bielefeld (und anderswo) so unterschiedlich war, daß beispielsweise Erdbeeren auf der einen Straßenseite „sauber" waren, während sie auf der gegenüberliegenden Seite schwer verseucht waren. In vielen Gebieten war der Boden so verseucht, daß es lebensgefährlich war, darauf zu sitzen oder zu gehen. Die Kuhweiden waren radioaktiv. Besonders die Mütter befanden sich in Panik, wie sie ihre Kinder schützen könnten.

Die Zeit in Bielefeld war jedoch nicht nur Trübsinn und Endzeitstimmung. Dort lernte ich Lilly Friedberg kennen, eine echt Sprühende und Spinnende Amerikanerin, die nach Deutschland gegangen war, um dort zu leben, zu studieren und zu arbeiten, und die offensichtlich nicht die Absicht hatte, bald – wenn überhaupt – das Land zu verlassen. Wir sollten immer wieder aufeinander treffen, in Deutschland, Irland, der Schweiz und Italien. Lilly war eindeutig der Rasse/ dem Rennen Wilder Frauen/Hexen beigetreten.

Beschwert von dem Wissen um Tschernobyl, doch gleichzeitig

begierig, unsere Tour fortzusetzen, fuhren Erika und ich als nächstes nach Hamburg, wo ich in einer großen alten Fabrik (*Kampnagelfabrik*) sprach. Diese Veranstaltung – nur für Frauen – war vom Feministischen Buchladen in Hamburg organisiert worden, und Frauen kamen busweise aus einer Reihe anderer Städte. Zweifellos war die Frauenbewegung in Deutschland am Kochen. In jenem Vortrag benutzte ich zum ersten Mal die sieben Punkte des Sado-Ritual-Syndroms aus *Gyn/Ökologie*, um die Greuel von Tschernobyl zu analysieren. Es paßte mit erstaunlicher Genauigkeit. Die Frauen konnten nicht umhin, die Verbindung zwischen Umwelt-Greuel und Verstümmelung und Massaker an Frauen zu sehen. Das Publikum war laut und Wild, und die Begegnungen waren außerordentlich kraftvoll.

In Hamburg wohnten Erika und ich bei zwei strammen jungen Frauen – Feministinnen, die die Veranstaltung organisiert hatten –, die auf dem Tisch eine Vielzahl von Käsesorten aufhäuften. Ich verstand dieses Phänomen nicht, bis mir Erika später erklärte, daß diese Frauen sechs Wochen praktisch gehungert hatten und nun den Entschluß gefaßt hatten, „jetzt zu leben" und das Risiko einzugehen. Der Gedanke, daß es so weit gekommen war, war schrecklich. Trotz dieses Schreckens diskutierten wir über viele Dinge. Es war deutlich, daß die deutsche Feministische Bewegung große Vitalität besaß.

Am 2. Juli fuhren wir weiter nach Frankfurt, wo ich an der Universität sprechen sollte. Dies war von Frankfurter Frauen in Zusammenarbeit mit den Universitäten Marburg, Gießen und Mainz organisiert worden. Wieder war die ZuhörerInnenschaft riesig. Es war ein gemischtes Publikum – hauptsächlich Frauen und einige Männer. Inzwischen – obgleich Erika und ich unsere Technik, abwechselnd auf englisch und deutsch zu sprechen, perfektioniert hatten – war ich begierig, mehr Dinge auf deutsch zu sagen. So warf ich ein paar Worte, Ausdrücke und Sätze auf deutsch ein. Manchmal begannen meine Sätze auf englisch und endeten auf deutsch. Einige Frauen sagten mir hinterher, es sei ein seltsames Erlebnis gewesen, einen Vortrag halb auf englisch und halb auf deutsch zu hören, doch es hätte eigentlich ganz natürlich geklungen. Wie in Hamburg wendete ich das Sado-Ritual-Syndrom auf die Greuel von Tschernobyl an. Ich beendete den Vortrag mit einer aufrüttelnden Auswahl aus einem Entwurf des Letzten Anhängenden Netzes des *Wickedary*, das heißt „Von der Endzeit-Uhr herunterspringen: Elf, Zwölf... Dreizehn". Dann rief ich, wie ich es immer tat, die Große Urhexe in jeder Frau an, die Heult:

Flieg mit meinen Winden
Ströme mit meinen Wassern
Umarme meine Erde
Entzünde mein Feuer!

Da Deutschland das Land in Westeuropa war, in dem die Hexenverfolgung am grausamsten und gewalttätigsten gewesen war, spürte ich eine besondere Be-Hexende Kraft, als ich diese Worte dort, auf jener Erde, äußerte/Heulte. Die Frauen hörten diese Kraft auch.* Unsere letzte Station war Stuttgart. Wir fuhren mit dem Zug dorthin. Inzwischen kamen Erika und ich uns mehr und mehr wie ein Wanderzirkus vor. Warum nicht immer so weitermachen...? Der Vortrag in Stuttgart war vom Frauenzentrum SARAH organisiert worden. Frauen kamen mit Bussen aus der Umgebung, und ziemlich viele kamen aus der Schweiz. Mein Vortrag ging gut. Besonders erinnerungswürdig war für mich jedoch die Zeit, die einige von uns nach dem Vortrag miteinander verbrachten. Wir gingen durch die Straßen und suchten ein Lokal, wo es nicht zu laut war, und mußten uns schließlich doch in einer lärmenden Kneipe niederlassen. Dennoch hatte unsere Gruppe – zu der Erika, Gerda Gallup, eine kraftvolle Bildhauerin, und Doris Gunn, eine Feministische Aktivistin aus der Schweiz, gehörten – Spinnende Gespräche und schien eine beständige Präsenz zu teilen.

ZURÜCK ZU GROSSEN ÜBERGÄNGEN

Im Flugzeug zurück in die USA (am 5. Juli) hatte ich Gelegenheit, eine deutsche Zeitung (*Frankfurter Allgemeine Zeitung*) und eine amerikanische (*The International Herald Tribune*) zu vergleichen. Während in der deutschen Zeitung Artikel über die Folgen von Tschernobyl standen, fand ich nichts dergleichen in der amerikanischen, die mit Geschwätz über die Freiheitsstatue und den Vierten Juli angefüllt war. Ich dachte mit Abscheu über die systematische Verdummung der Amerikaner durch die Medien nach.

Paradoxerweise war der Ausflug nach Europa beschwingend gewesen. Die Internationale Buchmesse in Oslo war anregend gewesen, doch besonders die deutschen Frauen gaben meiner Hoffnung Auftrieb. Ihre Vitalität, Kreativität, Intellektualität, Mut und Entschlossenheit waren inspirierend. Während zu jener Zeit in den Vereinigten Staaten der Radikale Feminismus eine Flaute zu haben schien, waren in Deutschland viele Frauen in Bewegung.

Als ich „zu Hause" ankam, konnte ich nicht aufhören, begeistert

---

* Nach diesem Vortrag bat mich eine Gruppe Feministischer Theologinnen, vor einem kleinen Seminar an der Universität zu sprechen. Auch das war eine positive Erfahrung. Ich wurde gefragt, ob ich mir denken könnte, ein Semester in Frankfurt zu lehren. Ich schlug vor, daß sie versuchen sollten, das zu erreichen – und wußte natürlich, daß das, was Frauen wollen und brauchen, gewöhnlich nicht das ist, was sie an patriarchalen Universitäten bekommen werden.

von den Frauen in Deutschland zu sprechen, denn während hier Desillusionierung und *Apraxie* einzusetzen begannen, waren sie *da*, lebendig, aktiv und stark. Ich hatte die Hoffnungs-volle Einsicht gewonnen, daß, wenn der Radikale Feminismus in einer Gegend „down" zu sein schien, er irgendwo anders sich Wütend Erheben konnte. Als Reisende/Piratin wußte ich sehr gut, wie ich meine Craft/ Kunst benutzen konnte, um Botschaften über diese unterschiedlichen Bedingungen an die Gefährtinnen zu bringen, indem ich ihnen meine Beobachtung der sich wandelnden Gezeiten im Unterschwelligen Meer mitteilte. So brachte ich die erstaunlichen Berichte über meine Erlebnisse in Deutschland zu ent-Mutigten Gefährtinnen in Amerika. Ich begab mich wieder an die angenehme Arbeit, die letzten Entwürfe für die Einleitenden und die Anhängenden Netze des *Wickedary* zu schreiben. Dies war ein Be-Musierendes Erlebnis von hoher Beschwingtheit und Hüpfender Hoffnung.

Gleichzeitig geschah etwas zutiefst Tragisches. Andrée, seit vielen Jahren meine gute Freundin, war sehr krank. Ich fuhr häufig nach Norwell, Massachusetts, wo sie mit Joyce Contrucci lebte. Manchmal nahm ich Nancy Kelly oder andere Freundinnen mit, häufig fuhr ich allein. Das Gefühl von Hilflosigkeit war überwältigend. Andrée starb zur Herbst-Tag-und-Nachtgleiche, am 21. September 1986.

Die Trauer war nicht so überwältigend, daß sie mich sehr lange vom Schreiben abgehalten hätte. Andrée, die das Leben und die Kreativität liebte, hätte das verabscheut, und ich auch. So schrieb ich weiter ein Gewitter herauf. Das *Wickedary* ist ein Biophiles Werk. Es ist eine Bestätigung, daß Elementales Leben weitergeht.*

Im Herbst 1986 erfuhr ich ebenfalls, daß mein guter Freund Bill Wilson, der im La-Salle-College-Auslandsprogramm in Fribourg Mitte der sechziger Jahre mein Student gewesen war und mit dem ich in Verbindung blieb, nachdem wir beide in die Staaten zurückgekehrt waren, in New York an Aids gestorben war. Ein ganz besonders sensibler und das Leben-liebender Mensch war uns zu früh und zu Unrecht genommen worden.

In jenem Herbst und den Winter und das Frühjahr 1987 hindurch arbeitete Emily mit mir, gab gewitzte Kommentare und Kritik. Wir gingen noch einmal sorgfältig das Manuskript durch, schrieben einige Definitionen und Essays um und verfeinerten sie, ehe das Ganze zum Verlag ging. Sie half mir auch bei der mühsamen Arbeit des Korrekturlesens.

Für sie war das ein schlimmer Lebensabschnitt, denn sie suchte einen Lehrauftrag in einer Welt, die Radikalen Feministinnen gegen-

---

* Deshalb erhielt es die Widmung: Zur Meta-Erinnerung an Andrée Collard/die das Wilde wirklich liebte/und/an die Myriaden/Hüpfender Hoffender Frauen/und anderer Lebewesen/die weiterhin weitermachen.

über immer feindseliger wurde. Höchste Qualifikation, einschließlich eines Doktorgrades von Harvard, ausgezeichnete Veröffentlichungen und mehr als erfolgreiche Lehrerfahrung waren nicht genug.[17] Wir gewannen beide die traurige Gewißheit, daß sie die Gegend von Boston, vermutlich die Ostküste überhaupt, verlassen mußte, um einen annehmbaren Job zu bekommen. Dies war eine deutliche Manifestation der Diaspora, in die Radikale Feministische Freundinnen gezwungen wurden. Wir mußten dahin gehen – oder dort bleiben –, wo wir überleben konnten. Dies trug zu unserem wachsenden Gefühl von Isolation bei.

Im März 1987 starb meine Freundin Josephine Yancey, die ich Ende der sechziger Jahre durch unsere gemeinsame Freundin Pauli Murray kennengelernt hatte, an einer Krankheit, die man als „Umwelt-Rassismus" bezeichnen könnte. Weitere schlimme Nachrichten erreichten mich zu jener Zeit. Ich erfuhr, daß Nelle Morton nicht mehr lange zu leben hatte. Da ich zugesagt hatte, im Juli in Irland zu sprechen, meinte ich, daß es wichtig sei, Nelle noch vor dieser Reise zu besuchen. So nahm ich die Einladung zu einem Vortrag an der California State University in Fresno am 11. Mai an, womit die Reisekosten für einen Besuch bei Nelle Morton in Claremont gedeckt waren.[18] Ich konnte ein paar Tage mit Nelle verbringen. Wie immer sprühte sie vor Intelligenz und Witz, und wir hatten Schlaue Gespräche zu vielen Themen. Die Tatsache, daß dies unser letztes Zusammensein sein könnte, wurde nicht offen ausgesprochen, doch war es uns beiden klar. Ich kehrte voll tiefem Kummer nach Hause zurück.*

So hatte der Herbst 1986 und Frühling und Sommer 1987 viel Trauriges gebracht. Nichtsdestotrotz schwang sich das *Wickedary* empor und stieß wieder herab wie eine Beflügelte Arbeit von Wort-Magie. Es ist Jetzt an der Zeit, die Wirkungsweise dieser Wort-Magie zu untersuchen.

---

* Nelle starb am 14. Juli 1987. Ich war sehr glücklich, daß ich sie im Mai noch einmal gesehen hatte. Am 12. September fand am Scripps College in Claremont eine Erinnerungsfeier statt. Alle TeilnehmerInnen waren gebeten worden, zum Gedenken an Nelle eine Erinnerung an sie vorzutragen. Ich konnte nicht dort sein, da ich an diesem Tag einen Vortrag vor dem Illinois NOW Congress (Joint State Conference of Iowa and Illinois) zugesagt hatte. Ich übermittelte jedoch meine „Erinnerung" telefonisch an Emily, die sie dann der Gruppe vortrug. Ich erinnerte mich an Nelle, wie sie auf dem „Forum on Women in Higher Education" im Boston College 1975 „ihre Stimme erhob" (siehe Kapitel Elf). Nelle hatte einige der wirtschaftlichen Schwierigkeiten beschrieben, die sie erlitten hatte, weil sie viele Jahre lang nicht so energisch für sich/ihre Selbst gesprochen hatte, wie sie das für andere zu tun pflegte. Sie rief aus: „Ich bin nicht gekommen, um hier für Mary Daly zu sprechen, sondern um, endlich, für mich selbst zu sprechen." Sie forderte alle Frauen mit Nachdruck auf, für sich selbst zu sprechen. Ihre Wut und ihre Botschaft waren sehr kraftvoll gewesen.

DAS VERBINDENDE THEMA DES *WICKEDARY:*
FÄDEN SPINNEN, NETZE WEBEN –
DEN HINTERGRUND GEGENWÄRTIG MACHEN

Wenn ich Jetzt, aus dem Blickpunkt der Vierten Galaxie, das „verbindende Thema" des *Wickedary* zu finden versuche, sehe ich, daß ich nicht lange zu suchen brauche. Das *Wickedary* ist ein Netz-Werk, das aus Netzen und Netzen von Netzen besteht. Jeder Faden eines jeden Netzes ist ein *Pixy-Pfad*, das heißt

> 1: ein Pfad in den Hintergrund, wo die Reisenden verWildern und für immer fürs Patriarchat verloren sind; 2: ein Weg, der zwischen der linken und der rechten Hemisphäre des Gehirns hindurchführt; Pfad, der von der Landkarte weg und in die Dritte Hemisphäre hineinführt. (*Wickedary*)

Mit *Dritte Hemisphäre* meine ich

> eine Zone, die von Gegenläufig-Weisen Crones, die über den Kompaß hinaus und von der Landkarte herunter Spinnen, Ent-Deckt und erforscht wird; nicht kartographierte Zone: Feen-Raum. (*Wickedary*)

Als ich kürzlich Geraldine Moane fragte, welchen Unterschied sie zwischen dem *Wickedary* und meinen Anderen Büchern der Dritten Galaxie empfinde, antwortete sie:

> Es bringt dich [die Leserin] in unmittelbare Berührung mit dem Hintergrund. Wenn du im linearen Denken festsitzt, kannst du das Buch irgendwo aufschlagen, und es passiert eine kognitive Verschiebung, ein Gestaltwandel. Bei dieser Struktur kannst du überall einen Faden ergreifen und einfach loshüpfen. Das liegt daran, daß die Kraft das ganze Buch durchdringt.[20]

Ger meinte auch, daß das *Wickedary* in hohem Maße ein Buch sei, das Frauen *benutzen* können. Es *treibt* uns ohne große Schwierigkeiten in den Hintergrund voran. Es durchmißt den Vordergrund-Kontext schneller als seine Vorgängerinnen.

> Bei den anderen Büchern hast du das Gefühl, daß du durch den Vordergrund in den Hintergrund gehst, doch im *Wickedary* bist du bereits dort.[21]

Eine Folge des „Bereits-dort-seins".*

---

* Das heißt nicht, daß Wickedarianerinnen oder Leserinnen sich ständig und immer „völlig" im Hintergrund befinden. Es heißt, daß es hier Zugänge zu einer Anderen Wahrnehmung gibt, die die Folge vorangegangener Arbeiten sind. Das Strahlkräftige Licht ist intensiver geworden; Pixy-Pfade werden sichtbarer.

Ganz gleich wo [in dem Buch] du dich befindest, du hast ein Gefühl des Ganzen... Auf diese Weise kannst du mehr Verbindungen herstellen.[22]

Crone-logisch wurde das *Wickedary* nach *Gyn/Ökologie* und *Reine Lust* gesponnen. Es kann den Hintergrund besonders unmittelbar Vergegenwärtigen, weil meine Craft, während sie sich durch Buch um Buch bewegte, Hindernisse durchbrochen und Triebkraft gewonnen hatte. Das *Wickedary* ist auf einmalige Weise beispiellos, weil seine Quelle zum größten Teil mein vorangegangenes Werk ist. Insofern ist es ein angemessener Kulminationspunkt der Dritten Spiral-Galaxie. Wenn das *Wickedary* den Vordergrund entlarvt, tut es das aus einer Strahlkräftigen Hintergrund-Perspektive. Natürlich tun das auch meine Anderen Bücher, indem sie den Vordergrund aus einer Hintergrundperspektive analysieren (und damit entlarven). Es ist unmöglich, den Vordergrund aus einer Vordergrundperspektive zu entlarven! Doch zu der Zeit, als ich dieses dritte Werk der Dritten Galaxie Spann, war das Fundament bereits gelegt. Daher hat das *Wickedary* eine Blitz-artige Qualität. Es zuckt umher und erleuchtet die Szene mal hier, mal da.

Das *Wort-Netz Drei* des Hauptteils, das die Bewohner des Vordergrunds und ihre Tätigkeiten, Eigenschaften und Produkte beschreibt, ist ein Beispiel für diese Blitz-artige Tendenz. Bei zahlreichen Gelegenheiten bin ich vor Hunderten von Frauen durch das *Wickedary* gehüpft, habe die Seiten durchblättert und wahllos Absätze und Definitionen vorgelesen. Die Ausschnitte aus den Einleitenden und den anhängenden Netzen wurden verständnisvoll Gehört. Ebenfalls die Elementalen philosophischen Worte aus *Wort-Netz Eins* und die Worte in *Wort-Netz Zwei*, die die Bewohner des Hintergrunds beschreiben. Diese Absätze und Worte haben stets großes Lachen erzeugt. Doch die Worte und Definitionen aus *Wort-Netz Drei*, schnell gelesen, haben stets mit erstaunlicher Heiterkeit die von-Männerngemachten *Geistbandagen* ◑ geknackt. Diese sind:

Schichten von verkrüppelnden patriarchalen Denkmustern, die mit den Fußbandagen zu vergleichen sind, welche Millionen chinesischer Frauen über tausend Jahre lang verstümmelt haben; die den Herren-Gehirnen entsprungenen Mythen und Ideologien, die den Geist mumifizieren und das Hirn verderben. (*Wickedary*)

Mit Anderen Worten: Diese Worte brechen das Schreckliche Tabu. Sie Berühren Frauen, Lösen Erkenntnisblitze aus, setzen Kräfte des laut-Heraus-Lachens frei. Die Bewohner des Vordergrundes – darunter die *bores, blobbers, botchers, butchers, cockalorums, dicks, flappers, fundamentalists, plug-uglies, snools* – und ihre Produkte, wie beispielsweise *Akadementia, Floppokratie, Psych-ologie* und *Forschung* ziehen vor den Augen der Zuhörerinnen vorbei†, und Augenöffnende Kräfte erwachen. Da Sehen zugleich Lachen bedeutet, folgt gewöhnlich donnerndes Gegacker.

Aus dem *Wickedary* Be-Sprechen beschwört kosmischen Donner und Blitz herauf, wenn gackernde Frauen das von-Männern-geordnete† Universum knacken und sich ins Wilde absetzen. In solchen Momenten bewegen sich Frauen weit auf das Unterschwellige Meer hinaus. Manche, von der Angst vor den Vordergrund-Fixern überwältigt, treten vielleicht wieder den Rückzug an, doch ist eine Erinnerung geschaffen worden und diese kann nicht völlig ausgelöscht werden. Sie kann in die Tiefe des Meeres hinabsinken, doch da ist immer die Möglichkeit, daß sie Zurück-Gerufen und Er-innert wird.

Für die Leserin des *Wickedary* vermittelt das physische/visuelle Layout des Buches eine ganzheitliche Sicht. Die Netze mit ihren untereinander verwobenen Pixy-Pfaden – beispielsweise Wege, die durch die Querverweise von Worten geschaffen werden – weisen auf *Feen-Raum* ○* hin, das heißt

> von Fey-Frauen†, die über die Stag-Nation hinausSpiralen, Ent-Deckter Raum; Raum, in dem sich Nornen-Frauen treffen und mit Feen plaudern/tratschen. (*Wickedary*)

Um diese Definition zu verstehen, ist es hilfreich zu Er-Innern, daß das Verb *gossip* (plaudern, tratschen) bedeutet:

> die Elementale Weibliche Macht des Be-Nennens/Be-Zeichnens ausüben, besonders in Gegenwart anderer Klatschbasen... die Geheimnisse der Elemente, die Weisheit der Sterne zu erahnen und weiterzugeben. (*Wickedary*)

Es besteht also eine Verbindung zwischen einem Qualitativ Anderen Raum und der Steigerung der reziproken Kräfte des Be-zeichnens und Hörens. Wenn wir Feen-Raum betreten, erwacht unser *Labyrinthischer Sinn* ☾, das heißt, „die Fähigkeit, den Unterschied zwischen Wahren, Elementalen Worten und lediglich phantomischen Termini zu Hören" (*Wickedary*). Leserinnen, die sich wirklich in die Welt des *Wickedary* hineinbegeben, sind also Hörerinnen und Sprecherinnen. Denn schließlich sind Worte Töne – und nicht einfach nur Kritzeleien auf Papier.

---

† Die Ausdrücke wurden hier englisch übernommen, da ihre Übersetzung nur äußerst unzulänglich möglich ist. (Versuche zur Übersetzung siehe *Reine Lust*, S. 35).
† Engl. *male-ordered*, unübersetzbares Wortspiel mit *mail-ordered* = nach dem Versandhauskatalog bestellt.
* Dieser Eindruck wird sehr verstärkt durch die dreißig umwerfenden Illustrationen von Sudie Rakusin, deren Hintergrund-Figuren aus den Seiten hervorSpringen und die Hexischen Phantasien der Leserin wecken.
† Erklärung zu diesem Wort vgl. *Reine Lust*, S. 389-391.

Werden Elementale Töne in den Äther entlassen, transformieren sich Vibrationen. Diese Veränderung der Vibrationen schärft den Orientierungssinn der Reisenden, wenn wir uns weiter aus dem Vordergrund hinweg, jenseits des Kompaß und weg von der Landkarte Bewegen. Sie stärkt auch unser Gefühl für Gezeiten-Zeit, entläßt uns aus den Kalendern und den Uhren der ordentlich von Männern-durch-datierten Welt.

Das *Wickedary* lädt also dazu ein, von Netz zu Netz und von einer nicht-kartographierten Zone zur anderen zu hüpfen. Aus dem Gefühl Räumlicher Ganzheit, das von den Netzen dieses Werks vermittelt wird, entsteht die Sehnsucht nach Zeit-Ganzheit. Wie Nancy Kelly meinte: „Das ‚Jenseits‘, welches die Dritte Hemisphäre ist, schickt uns ‚Jenseits des Jenseits‘."[23] Anders gesagt, es treibt die Leserin voran, hinein in das, was die *Vierte Hemisphäre* genannt werden könnte, nämlich *Feen-Zeit* ○:

Zeit, die nicht von den Uhren der Vater-Zeit ist; Zeit, die die Intensität von Erlebnissen mißt und daher ausgedehnt oder ver-dichtet sein kann; Zeit, die sich gegen den Uhrzeigersinn bewegt und denjenigen, die Fragen gegen den Uhrzeigersinn stellen, zugänglich ist.† Zeit, die durch die Zahl Dreizehn symbolisiert ist. (*Wickedary*)

Angemessenerweise brachte mich das *Anhängende Netz Vier*, mit dem das *Wickedary* endet, in dieser Zone der Zeit-Reise. Crone-logisch war meine Craft bereit, sich in die Vierte Spiral-Galaxie hineinzubegeben.

Da ich im *Wickedary* Elementale Töne Beschworen habe, eröffnete dieses Werk außerdem Natürlich den Weg zu einer noch größeren Gemeinschaft mit den Elementen im Sinn eines größeren Kosmos, zu dem Sonne, Mond, Planeten und Sterne gehörten. Weiterhin brachte es mich in Berührung mit dem weiten Kontext, in dem die Urkräfte von Hexen und allen Wilden Wesen zu verstehen sind. Nachdem ich eine Verbindung zwischen dem Spinnen von Wort-Netzen und dem Intergalaktischen Zeit-Reisen hergestellt hatte, Beschwor ich mittels des *Wickedary* eine Absprung-Basis für die Spiralenden Momente von *Auswärts reisen.*

REAKTIONEN AUF DAS *WICKEDARY*: BRIEFE

Lachende Frauen schickten Briefe an meine Craft ab und bestätigten meinen Glauben an die „Mondsüchtigen Grenzgängerinnen". Einer der ersten kam von einer Frau aus Boston und kicherte:

† Unübersetzbares Wortspiel: „Time that moves Counterclockwise and is accessible to those, who ask Counterclock Whys."

Ich habe neulich das *Wickedary* gekauft, zu lesen angefangen und bin am nächsten Tag noch mal in die Buchhandlung gegangen und habe vier weitere Exemplare zum Verschenken gekauft, und ich habe immer noch nicht aufgehört zu lachen. Als eine der Verrückten Crones hinter, dem blöden Vordergrund bin ich besonders empfänglich dafür... Es ist sehr erleichternd, sich klarzumachen, daß da eine beträchtliche Gruppe existiert, die auch lacht. Ich dachte, ich sei die einzige.

Bei anderen war der Ton ernster. Eine Frau, die sich als „sechzigjährige Überleberin des dummen Zustand/Staates der Stagnation" bezeichnete, schrieb aus Berkely, Kalifornien:

Ich genoß jedes Wort. Dank Ihrer, Jane Caputi et al. ist der Hintergrund noch klarer zum Vorschein gekommen und bestätigt, was ich bereits instinktiv weiß... Obgleich es mir gelungen ist, mich geistig von ihrer verrückten Welt zu distanzieren, versuche ich immer noch, mich fast zu Tode physisch zu distanzieren. Bisher ohne Erfolg. Doch ich versuche weiter.

Manche Briefe waren eine Reaktion auf ein bestimmtes Wort oder bestimmte Worte. Eine Leserin, die mit „in Spinsterhood" unterzeichnete, schrieb von „aufschlußreichen Worten und Gedanken, die Spinsters betreffen":

Ich war überrascht und erregt, daß ich Worte für meine Empfindungen fand. Jahrelang habe ich stümperhaft und linkisch versucht, meine Lebensweise mit einem kurzen Wort zu erklären, und Sie haben es getan...

Eine Folkloristin aus Berkeley, Kalifornien, hatte eine allgemeinere Sicht:

Ich habe [das *Wickedary*] mit mir herumgetragen und immer wieder hineingeschnuppert, um mir zu bestätigen: Ja, so bin ich, und dies ist meine Weltsicht, selbst wenn ich von Menschen umgeben bin, die alle die Lügen geschluckt haben.

Wieder erscheint das Thema, daß sich eine in ihrem Gefühl, eine kognitive Minorität zu sein, bestätigt sieht. Häufig wird der Erfahrung Ausdruck gegeben, daß Frauen sich in ihrem Realitäts-Gefühl bestätigt und bestärkt fühlen, wenn sie der Staat/Zustand der Täuschungen überwältigt hat. Eine Frau aus Los Angeles:

Noch einmal Dank für Ihre wundervolle Respektlosigkeit. Das ist das einzige, das uns (einigermaßen) bei Verstand halten kann.

Diese Frau legte ein von ihr verfaßtes Märchen bei, eine „gute Hexe/

schlechte Hexe Saga".* Aus Cambridge, Massachusetts, kam ein an „Mary, Jane und Sudie" adressierter Brief:

> Ich danke Euch für die Freude, die ich erlebte, als ich die reinen Worte, Wurzel-Worte, Zweig- und Stamm-Worte las, die in diesem Jahr der Präsidentschaftskandidaten [1988] noch nicht bis zur Bedeutungslosigkeit verbraucht sind.

Im Gegensatz zu diesem Ausdruck der Freude fand sich in einigen Briefen ein Anklang von Traurigkeit. Freude und Kummer zugleich finden in einem Brief aus Columbus, Ohio, Ausdruck:

> Ihre Crone-logischen Hits ent-hüllen den Wahnwitz, in dem wir alle schwimmen/ertrinken. Ihn wirklich zu zerstreuen, verlangt jedoch eine Massenanstrengung... Ihre Worte bringen Tränen der Freude und des Kummers hervor, denn sie richten meine Erinnerung auf die Schmerzen und die Ekstasen meiner eigenen Reise und lassen mich fragen, wie ich auch nur einen weiteren Tag in dieser fabrizierten Hölle überleben kann... Ihr Buch trug mich dorthin, wohin ich noch nicht gehen wollte, und so war ich nicht – noch konnte ich es sein – darauf vorbereitet, daß sich, in meinem augenblicklichen Zustand von „nimm's leicht, laß dir Zeit, mach einfach nur deine Arbeit..." die Kraft Ihres Buches mit der meinen verbinden würde. Die Dinge so klar zu sehen, macht mich fast unerträglich traurig, und manchmal hatte ich das Gefühl, ich könnte (und würde) nie aufhören zu weinen.

Frauen schrieben von medialen Ereignissen. Eine Leserin aus Mashpee, Massachusetts, beschrieb ihr Erlebnis:

> Ich verbrachte zwei volle Tage mit dem Buch, schrieb überall hinein und fühlte mich großartig. In der vergangenen Nacht erfaßte mich dieser ungeheure Ausbruch von Energie, und plötzlich befand ich mich in dieser Großen Starken Hexe, doch Sah sie auch zugleich, wie sie auf einer großen Welle über den Himmel ritt, die Beine in Meditationshaltung eingeschlagen, das schwarze Gewand und der schwarze Hut flatterten hinter ihr her... Nachdem ich jetzt das *Wickedary* gelesen habe, ist mir klar, daß das, was mich all die Jahre wirklich schmerzhaft geplagt hat, Ihr Selbst/meine Selbst war, die unter Tonnen von Knilchscheiß begraben lagen und mich jedesmal mit gemeinen Vibrationen nervten, wenn ich versuchte, nach herrschenden Maßstäben eine gute kleine Frau zu sein.

---

* Viele Frauen, die auf das *Wickedary* und meine Anderen Bücher reagierten, haben eigene kreative Arbeiten beigelegt, wozu Gedichte, Geschichten, Zeichnungen, Tonbänder und Berichte über politische Aktionen gehörten.

Das *Wickedary* wurde von einer Frau aus Frederictown, New Brunswick, als Traum-auslösend beschrieben:

Ich lese es abends, ehe ich ins Bett gehe, und habe die tollsten Träume!

Eine Radikale Feministin, die in New South Wales, Australien, lebt, beschreibt hinreißend ihre Begegnung mit dem *Wickedary*:

Der Humor und die Respektlosigkeit sind explosiv. Ich kann nicht aufhören, darin herumzuspringen. Als das Paket ankam... war das erste Wort, das ich „zufällig" aufschlug, *blob*.† Jetzt bin ich dazu verdammt, immer mitten in wirklich ernsten Situationen plötzlich an Blob Hope [ein Beispiel unter dem Wort *blobular*] zu denken... Es... hat damit die gleiche Macht/Kraft wie die „ernsten" Worte.

Wenn ich diese Briefe Jetzt lese, während die Vordergrund-Welt der neunziger Jahre immer noch obszöner wird, gibt es mir Mut, daß ich hier den Beweis in Händen halte, daß es rund um diesen Planeten Netze Hexischer Frauen gibt, die Be-Lachen, Überleben, Spinnen, Allein Sei-end sind, sich freuen, weinen, Be-Hexen, in die Vierte Spiral-Galaxie hineinLeben.

REAKTIONEN AUF DAS *WICKEDARY*: REZENSIONEN

Viele Rezensionen des *Wickedary* waren fröhlich, witzig und Hexisch. Julia Penelopes geistsprühender Artikel in *The Women's Review of Books* (Dezember 1987) mit dem Titel „Erratisch, Ekstatisch, Exzentrisch" war selbst eine Exzentrische Analyse. Eine Reihe Überschriften zeigten ebenfalls die Freude am Hexischen. Die Besprechung von Debra Schultz in *Belles Lettres* (März/April 1988) trägt den Titel „Ein Gegengift für Akadementia". Ann Marie Palmiscianos Be-Musierende Rezension in *Sojourner* (April 1988) ist überschrieben „Das Wickedary: ein Be-Hexendes Buch". Carol Lansbury schrieb eine ausgelassene Besprechung für *The New York Times Book Review* (17. Januar 1988) mit der „unheimlichen" Überschrift „Was für Knilche diese Sterblichen doch sind". Dieser Artikel, dem eine „*Wickedary*-Leseprobe" bei-gegeben und der mit Karikaturen illustriert war, über die ich Stunden, Tage, Wochen kicherte, begann mit folgenden offenen Worten:

Krakeelend, lärmend, amüsant und sich überschlagend liefert Mary Dalys *Wickedary* ein gutes Gegengift gegen die im vergangenen

---

† „Gängige" Bedeutung: Tropfen, Klümpchen, Klecks, bei Mary Daly im *Wickedary* die Produkte moderner Architektur und außerdem, aus *Reine Lust* übernommen, „ein Klumpen im Inneren Raum: Plastikleidenschaft".

Monat stattgefundene Geburtstagsfeier für einen männlichen Erlöser, der von einem männlichen Gott ausgeschickt wurde, um die Welt aus Sünde und Tod zu retten. In blasphemischer Absicht hat Mary Daly – im Komplott mit Jane Caputi – ein Lexikon zusammengestellt, ein weibliches Gegenstück zu dem Handbuch für Hexenjäger aus dem 15. Jahrhundert, dem „Malleus Maleficarum" (Hexenhammer, AdÜ.). Das *Wickedary* hätte diese fröhliche Märtyrerin zweifellos auf den Scheiterhaufen geschickt, hätte sie in Salem oder in Calvins Genf gelebt. Wenn sie nicht bereits für ihre vorangegangen Bücher verbrannt worden wäre...

Wenn ich Jetzt diese Worte lese, bin ich etwas nüchterner. Im Vordergrund Anfang der neunziger Jahre ist dies das Amerika von Bush und David Duke.† Die Technologie und die Techniken der heutigen Hexenverfolgung sind ausgefeilter als die, die Calvin und den Autoren des Hexenhammers zur Verfügung standen. Und – falls die Leserin sich fragen sollte – Nein, ich will Jetzt nicht aufhören.

Es gab viele weitere Rezensionen, meist äußerst positive. 1988 wurde es von *The New York Times Book Review* unter den „Bemerkenswerten Büchern des Jahres" aufgeführt.

Ohne falsche Scham finde ich eine solche Reaktion Sylph-befriedigend (Wortspiel mit *self* = selbst, AdÜ.)

REAKTIONEN AUF DAS *WICKEDARY*: HUMBUG DER SPUKER

Ich war erfreut zu hören, daß das *Wickedary* „bemerkenswert" war/ist. Außerdem würde ich gern glauben, daß Noah Webster diese Freude teilt, und eine Reihe von „Vorfällen" haben diesen Glauben bekräftigt. Erstens: Eines Tages – wahrscheinlich 1986 oder 1987 – schlug ich das große *Webster's Third New International Dictionary of the English Language* auf und las auf der Seite gegenüber von Noahs Bild, daß er am 16. Oktober 1758 geboren wurde. Da ich ebenfalls am 16. Oktober Geburtstag habe, dachte ich: Hmmmm?!

Diese Tatsache allein geht natürlich nicht notwendigerweise über den Bereich des reinen Zufalls hinaus – oder doch? Auf jeden Fall trug sich folgendes zu: Anfang 1987, einige Monate vor Erscheinen des *Wickedary* besuchte ich eine Bekannte in West Hartford, Connecticut, ein Ort, der mir völlig unbekannt war. Als ich ihr Haus suchte, verfuhr ich mich hoffnungslos und fand mich schließlich in einer Straße wieder, an der ein Schild darauf hinwies, daß ich mich Noah Websters Geburtshaus näherte. Das war etwas verblüffend, denn ich hatte nicht gewußt, daß Noah in West Hartford geboren war. Ich fuhr jedoch

---

† Erzkonservativer amerikanischer Politiker.

weiter und kam mir wie in einem Irrgarten vor. Wieder kam ich zu einem Schild, das auf Noah Websters Geburtshaus hinwies. Ich beschloß dorthinzufahren und sah das alte Haus, doch es schien nicht für Besucher geöffnet zu sein. So ließ ich es und wendete mich meinem eigentlichen Besuchszweck zu.

Auf dem Nachhauseweg dachte ich darüber nach, was die Entdekkung von Noah Websters Geburtsort möglicherweise bedeuten könnte. Ich fühlte mich ein wenig bespukt, da mein Verlag mich kürzlich gebeten hatte (wie Verlage es so an sich haben), ihm bekannte Persönlichkeiten zu nennen, die werbewirksame kurze Sätze (engl. „blurbs") für den Buchumschlag schreiben könnten. Ich kam zu dem Schluß, daß weder Tote noch erfundene Personen von dieser Liste ausgeschlossen sein sollten. Ich sah keinen Grund, derartige Persönlichkeiten auszuschließen. Dies war schließlich das *Wickedary*! Zu meiner Liste der Leute, denen ich passende Passagen unterschieben wollte, gehörten Mr. Webster, John Bartlett, Papst Innocenz VIII., Professor Yessir, Hinz und Kunz, Frau Malaprop und Eva.

Als ich über all dies im Auto nachdachte, mußte ich meiner Selbst zugeben, daß die Aussage, die ich Webster zugedacht hatte, von diesem sensiblen Menschen als beleidigend empfunden werden konnte. So fiel meine ursprüngliche Formulierung, von der ich keine Notizen und keine klare Erinnerung habe, meiner Zensur zum Opfer.*

Nach einigem sorgfältigen Nachdenken kam mir die passende und richtige Aussage, die lautete:

> Dies Lexikon geht über meinen Verstand! Nicht in meinen wildesten Träumen hätte ich dieses Buch voraussehen können.
>
> *Mr.Webster*

Als ich zu Hause ankam, schrieb ich dies nieder und las es mir mit einem Gefühl großer Erleichterung vor.* Ich dachte über die Möglich-

---

* Hätte ich solche Unterlagen, würde ich sie nicht veröffentlichen.

* Keine meiner übrigen Aussagen, die ich Verstorbenen oder erfundenen Personen in den Mund legte, hat mir solche Angst gemacht. Ich hätte einigen Widerstand von John Bartlett, dem Autor von *Familiar Quotations* erwarten können, dem ich folgenden Kommentrar unterschob: „Erstaunlich... Bildend... eine Offenbarung! Die meisten Zitate in diesem Werk sind mir nicht bekannt." Dieser Verfasser tat jedoch nichts (jedenfalls habe ich nichts bemerkt), das mich noch einmal zum Überlegen gezwungen hätte. Auch hörte ich keinen Pieps von Papst Innocenz VIII., der bemerkte: „Blasphemisch... Gefährlich... Ein Hexenwerk! Dieses Buch ist eine Bedrohung für unsere männlichen Glieder überall." Es ist möglich, daß er mit seinem Kommentar einverstanden ist. Auch Hinz und Kunz (Anwälte von Gottvater, Sohn & Co.), die das Buch als „einen empörenden Angriff auf die Interessen unserer Klienten" beschrieben, drohten nicht mit rechtlichen Schritten. Möglicherweise, weil auch sie mit ihrem Kommentar einverstanden sind. Doch vermutlich liegt das an ihrer wackligen Position als reine Geschöpfe meiner Phantasie.

keit (Tatsache?) nach, daß Noah sich sehr angestrengt hatte, seine Meinung durchzusetzen. Gerade Jetzt, während ich dies niederschreibe, habe ich mir die Seite gegenüber der Titelseite von *Webster's* angesehen und sehr sorgfältig die dort abgedruckten Zitate dieses gelehrten Herrn gelesen. Das erste lautet:

> Eine lebende Sprache muß mit den Fortschritten im Wissen und der Zunahme an Ideen Schritt halten.
>
> *Noah Webster*, ein Brief an John Pickering, 1817

In der Tat.

Es gab weitere Spukende/Verrückte Zwischenfälle in der Zeit vor und nach dem Erscheinen des *Wickedary*. Diese ereigneten sich auf meinen abenteuerlichen Reisen im Sommer und Herbst 1987, auf denen ich überall Hexische Worte Be-Sprach. Besonders ereignisreich waren die Reisen nach und durch Irland im Juli 1981.* Desgleichen viele Reisen in den Vereinigten Staaten im Herbst.[25]

Ein Ereignis, bei dem ich von einem Spuk „verkohlt" wurde†, verdient besondere Erwähnung. Es spielte sich unter unwahrscheinlichen Voraussetzungen an einem unmöglichen Ort und zu einem bezeichnenden Zeitpunkt ab: bei einer Konferenz auf dem Jahrestreffen der American Academy of Religion in einem Hotel in Downtown-Boston am Sonntag, 6. Dezember 1987, zwischen elf und zwölf Uhr vormittags.[26] Diese Konferenz, die zur „Abteilung Frauen und Religion" gehörte[27], hatte „Feministische Sprache" zum Thema. Sie wurde von Emily Culpepper geleitet, und ich Be-Sprach aus dem *Wickedary*.

Es gab keinerlei Tageslicht oder frische Luft. Der vollbesetzte Raum hatte keine Fenster und einen Überfluß an blendendem künstlichem Licht.* Ich spürte die Kollision zwischen dem unnatürlichen elektrischen Licht und den Elektrischen Kräften der Be-Hexenden, Hexischen

---

* Obgleich ich die Momente von Juli bis Dezember 1987 als Zeit der Dritten Galaxie erlebte, die sich um das „Coming Out" des *Wickedary* drehte, war jenes irische Abenteuer ein Angelpunkt des Übergangs in die Vierte Spiral-Galaxie. Dies kann nicht sehr überraschen, denn Spiralen haben – im Gegensatz zu geraden Linien – eine Tendenz, sich zu überlappen. Die Zeit des Eintritts war wirklich eine Traube von Momenten. Längst vor jener Reise hatte ich begonnen, an *Auswärts reisen* zu schreiben. Im Frühling jenes Jahres hatte ich angefangen, seine Form zu Ent-Decken und das erste Kapitel zu schreiben. Als ich im Juli in Dublin sprach, Wob ich bereits einiges *Auswärts reisen*-Material in jenes Be-Sprechen. Da ich an jenem Grünen Ort so Strahlkräftige Erlebnisse hatte, finde ich es passender, über diese Irland-Reise in der Vierten Spiral-Galaxie zu schreiben und nicht in diesem Kapitel.

† Engl. *Spoofing by a Spook*.

* Der Raum (wie das ganze Hotel) war nach *Wickedary*-Terminologie ein „blob", das heißt „ein gewöhnliches, scheußliches Produkt moderner Architektur – eine fensterlose, luftlose, leblose Struktur, in der sich die intellektuelle und moralische Verkommenheit seiner Konstrukteure und Besitzer spiegelt".

Worte. Ich Erspürte den Gegensatz zwischen der abgestandenen Luft und dem Wilden Wind, der durch die Worte blies. Die Atmosphäre war mit Konflikt Aufgeladen. Das Strahlkräftige Licht versuchte durchzubrechen.

Ich hatte bereits einige Minuten gesprochen, als ich die Notwendigkeit, die Elementalen Kräfte von Frauen und Worten freizusetzen, erwähnte. Ich beschloß, aus einem BBC-Tonband von Virginia Woolf aus den dreißiger Jahren zum Thema „Worte" zu zitieren. Ich wollte versuchen, ihren Upper-Class-Akzent zu imitieren, so wie ich ihn auf dem Band gehört hatte. Ich sagte etwa: „Ich will nun die Vor-Crone Woolf mit ihrem britischen Akzent zitieren", und dann kam meine Wiedergabe ihrer Worte in, wie ich meinte, stark britisch gefärbtem Akzent: „Worte leben nicht in Lexika. Sie leben im Geist."

Ich hörte abrupt auf, denn genau in jenem Sekundenbruchteil gingen alle Lichter über den Zuhörerinnen aus. Alle hielten vor Erstaunen die Luft an. Das Licht über dem Rednerpult blieb an. Der Zuhörerinnenteil lag im Dunkeln, während ich sozusagen im Rampenlicht stand. Es war, als ob irgend jemand (Vor-Crone-Woolf?) mir für meine Rolle als Imitatorin und Clownin Bühnenbeleuchtung gegeben hätte. So reagierte ich auf ihre Anwesenheit und ihren Scherz, indem ich sehr laut sagte: „Danke, Virginia." Nach einer kurzen Pause gingen die Lichter wieder an.

Nach dem Vortrag gab es Spekulationen darüber, wie „es" passiert war. Einige fragten mich, ob ich das geplant hätte. Das hatte ich nicht. Ich wußte nicht einmal, wo die Lichtschalter waren. Andere meinten, daß vielleicht jemand im entscheidenden Moment zufällig dagegengestoßen habe. Das bezweifelte ich. Und was wäre, wenn? Wie könnte das auf den Sekundenbruchteil genaue Timing erklärt werden? Welche Gründe gibt es für den „Zufall"? Außerdem konnte niemand sonst es geplant haben, denn niemand konnte wissen, was ich sagen würde, und es geschah alles sehr schnell.

Aus Dalyschem Blickwinkel – und, ich *wage* es zu sagen, auch aus einer Woolfschen Perspektive – gehen solche Spekulationen an der Sache vorbei. Entweder ist der Scherz der Spukerin Woolf passiert oder nicht. Du kannst es dir aussuchen. Bei einigen Anwesenden ist der Vorfall zweifellos in die unteren Regionen des Unterschwelligen Meeres abgesunken. Für Andere war er ein Blitzstrahl, ein Donnerhall und ein Schwall frischer Luft, der uns voran ermutigte. Für mich war es eine Hexische Bestätigung der durch das *Wickedary* hergestellten Elektrischen Verbindungen. Es war ein Sündspirierender Schock, ein Witziger Anstoß. Es war eines der Ereignisse, die meine Craft voranschleuderten. Es war genau in die Zeit der Vierten Spiral-Galaxie eingestimmt.

KAPITEL FÜNFZEHN

ÜBERLEGUNGEN ZU PHILOSOPHISCHEN THEMEN DER DRITTEN SPIRAL-GALAXIE

Wenn ich Jetzt über die Spinnenden Momente, die meine Reise durch die Dritte Spiral-Galaxie charakterisieren/darstellen, nachdenke, dann erkenne ich, daß sie mich immer tiefer in die Hintergrund-Gegenwart schleuderten. Zu jedem Moment gehörten Akte von Exorzismus der *Apraxie*. Je aktiver ich wurde – besonders im Bereich intellektueller Kreativität –, desto Be-Hexender wurden meine Momente der Dritten Spiral-Galaxie.

Meine Craft sprang, hüpfte und flog durch die drei Metamorphischen Bücher dieser Galaxie und gewann Triebkraft und Komplexität, als sie sich weiter und weiter in das Strahlkräftige Licht hineinbewegte, das in, auf und über dem Unterschwelligen Meer schimmert. Wenn ich die Arbeiten jener Zeit an meinem geistigen Auge vorüberziehen lasse, dann sehe ich, wie sie untereinander verbunden und in den Momenten und Arbeiten der vorangegangenen Galaxien verwurzelt sind. Ich werde sie mir Jetzt in Verbindung mit den vier kontrapunktischen Bewegungen Zurück-Rufen, die für die Luftsprünge und Kapriolen meiner Craft charakteristisch sind, und zwar so, wie diese Kontrapunkte im Prozeß Neuer Kreativer Entschlossenheit, die in der Dritten Spiral-Galaxie intensiviert ist, wieder auftauchen.

Ich Erkenne Jetzt, daß die Bewegung meiner Craft in dieser Galaxie phantastische Meisterstücke von Spinnen und Weben involvierte, als ich voller Wut gegen die Übergriffe der dämonischen Kräfte der Zerstückelung ankämpfte. Ich wirbelte um die vom Endzeittum gestellten tödlichen Dilemmata herum und an ihnen vorbei, Sprang in jedem Fall auf das Finden/Schaffen einer Transzendenten Dritten Möglichkeit zu. Zu diesem Prozeß gehörten Momente um Momente Schrecklichen Tabu-Brechens, als ich unermüdlich Fäden der Verbundenheit Spann und Wieder Spann und damit die Weibliche Elementale Integrität zurückforderte und wieder beim Namen nannte.

DER ERSTE KONTRAPUNKT

Die Leserin erinnert sich, daß in jeder der vorangegangenen Galaxien die erste kontrapunktische Bewegung meiner Craft sich um meine Liebe zum abstrakten Denken und meine Haßliebe für symbolische/ poetische/mystische Formen des Erkennens und Be-Nennens drehte.

In der Ersten Spiral-Galaxie hatte ich mich in meinen theologischen und philosophischen Dissertationen bemüht, diesen Konflikt zu lösen, indem ich mich, sorgfältig ausgearbeitet, für logische Beweisführung aussprach, die in tiefer Intuition verwurzelt ist. In der Zweiten Spiral-Galaxie, in *Jenseits von Gottvater*, kam ich zu einer frühen Synthese von abstraktem Argumentieren und symbolischem Denken und Ausdruck.[1] In der Dritten Spiral-Galaxie sprang meine Craft Lichtjahre über meine vorangegangene Synthese hinaus. Die alte hirneinbindende, die Sprache verschlagende Dichotomie ließ mich endlich los, als meine Craft weitersegelte und mittels Metamuster-Weben[2] die Transzendente Dritte Möglichkeit entdeckte: die Metapatriarchale Metapher.

Bei meiner Reise durch die Erste Passage von *Gyn/Ökologie* mußte ich patriarchale Mythen und Sprache exorzieren, da diese als Hirnbandagen dienen, die Frauen im Staat/Zustand des Besitz-seins festhalten. Dies erreichte ich vor allem, indem ich Muster entdeckte, was zu dem Prozeß von Metamuster-weben wurde. Das heißt, ich durchbrach die paternalen Muster von Denken, Sprechen, Handeln und begann zu Spinnen.

Beim Spinnen der Ersten Passage entdeckte ich, daß eben jener Prozeß, die Muster von frauenhassender Sprache und frauenhassenden Mythen des Patriarchats zu entdecken, implizierte, daß ich die Irrgärten jener Muster durchbrach, den Weg in den Hintergrund Webte und seine Reichtümer entdeckte. Das setzte Unmengen von Energie frei, die in Form von neuen/Archaischen Worten explodierte.[3] Diese Worte dienten als Metapatriarchale Metaphern. Indem sie Metapatriarchale Transformation Be-Nannten, führten sie diese Veränderung herbei. Indem sie an Bildern rüttelten, Erinnerungen aufscheuchten, Widersprüche betonten und unbewußte traditionelle Denkmuster kippten, trugen sie mich in Wilde Dimensionen.

Wenn ich mir Jetzt diese Neuen/Archaischen Metaphern ansehe, dann ist klar, daß viele von ihnen in Labrys-ähnlichen, doppelschneidigen Paaren „erschienen". Zentrale Beispiele sind: Vordergrund – Hintergrund; Nekrophilie – Biophilie; übernatürlich – über alle Maßen Natürlich; Forschung – Suche. Indem ich die Vordergrundworte durchschaute, brachte ich die Hintergrund-Worte ans Licht.[4]

Auf ähnliche Weise wurden die Archaischen frauenzentrierten Mythen und Symbole Zurück-Gerufen, als ich die Mythen patriarchaler Religion durchschaute. So konnte ich beispielsweise die rein männliche Trinität als tödliche Umkehrung der Dreifachen Göttin demaskieren. Dies ist natürlich eine symbolische Geschlechtsumwandlung, mit der die nekrophile patriarchale Inbesitznahme spiritueller Wahrnehmung/Bewußtheit legitimiert werden sollte. Auch konnte ich nun das Folterkreuz des Christentums als Umkehrung des Lebensbaums Sehen und Be-Nennen, eine Umkehrung, mit der sinnloses, von Menschen/Männern hergestelltes Leiden und die Zerstörung des Lebens auf diesem Planeten legitimiert und fortgesetzt wird.

Indem ich den Weg in den Hintergrund Spann/Webte, schuf ich also in der Ersten Passage von *Gyn/Ökologie* einen Neuen Kontext, in dem Super-Aktives Erkennen, Be-Nennen und Handeln stattfinden konnte. Der Akt des Metamuster-Webens selbst diente dazu, *Apraxie* zu überwinden. Die Explosion von Metapatriarchalen Metaphern – wie Spinster, Häxe, Harpyie, Furie – war begleitet von der unmittelbaren Botschaft/Herausforderung, anders in der Welt zu Handeln. Ich konnte zum Beispiel nicht sagen, „Ich bin eine Positiv Revoltierende/ Abstoßende Häxe", ohne zu versuchen, diesem herausfordernden Wortausbruch gerecht zu werden. Natürlich war die Tatsache, daß ich das überhaupt sagen konnte, ein Indikator dafür, daß ich bereits begonnen hatte, *Anders* zu Handeln, nämlich „auf Hexische Weise, in Abweichender Richtung". (*Wickedary*)

Die gesteigerte Energie, die in diesem Neuen Kontext entstand, gab mir die Kraft, weiter zu Spinnen und Verbindungen zwischen scheinbar unterschiedlichen Phänomenen zu schaffen. Ich konnte nun das alte patriarchale Tabu gegen Verbindungen-herstellen brechen. Dies machte den Weg für weiteres Muster-entdecken frei. Und so schoß meine Craft in der Zweiten Passage von *Gyn/Ökologie* voran zu einer weiteren Manifestation von Metamuster-webender Bewegung, die wiederum die Verbindung zwischen abstrakter Analyse und Mythischen Denkformen demonstrierte. Ich überwand die akademische Dichotomie zwischen „irrelevantem" patriarchalem Mythos einerseits und der Analyse von tatsächlicher Vergewaltigung, Verstümmelung und Massaker an Frauen andererseits. Die vielen Greuel, die auf diesem Planeten an Frauen verübt werden, sind untereinander verbunden – das zeigte ich, indem ich das Sieben-Punkte-Sado-Ritual-Syndrom Ent-Deckte und anwendete – und werden durch patriarchale Mythen vom Göttinnen-Mord überall auf diesem Planeten legitimiert. Wie ich in den Vorbemerkungen zu jener Passage schrieb:

Auf den folgenden Seiten werde ich eine Reihe barbarischer Rituale, alte und moderne, analysieren, um die ganz reale existentielle Bedeutung des Göttinnen-Mordes für das konkrete Leben von Frauen aufzudecken. Ich werde fünf spezifische, als rechtens anerkannte Rituale, die Frauen massakrieren, beleuchten: das indische Sati, chinesisches Fußeinbinden, afrikanische Genitalverstümmelung bei Frauen, europäische Hexenverbrennungen, amerikanische Gynäkologie. Im Verlauf der Untersuchung werde ich allen gemeinsame Grundmuster herausschälen, die das Sado-Ritual-Syndrom darstellen... Es gibt Variationen zum Thema Unterdrückung, doch die Unterdrückung an sich ist ein Weltweites Phänomen.[5]

Mit dem Be-Nennen von Verbindungen zwischen gynoziden Greuel und phallischem Mythos werden Frauen spirituell Berührt, die Geistbandagen werden heruntergerissen und Augen-öffnende Kräfte freigesetzt. Mit dem Be-Nennen der Verbindungen von Phänomenen, die scheinbar nichts miteinander zu tun haben, werden Frauen befähigt, *unsere* Verbindung miteinander zu Realisieren und die Schreckliche Totalität weiblicher Verbundenheit zu erleben. Damit brach ich das Totale Tabu.* Folglich eröffnet der in der Zweiten Passage von *Gyn/Ökologie* durchgeführte Exorzismus die Möglichkeit von Ekstase, die sich im Spuken, Sprühen/Funkenschlagen und Spinnen der Dritten Passage manifestiert.

Da unter phallischer Herrschaft sowohl Exorzismus als auch Ekstase für Frauen verboten sind, war das Tabu-Brechen aller drei Passagen von *Gyn/Ökologie* ganz und gar exzentrisch, elektrisch, erratisch und extrem.

In *Reine Lust* Realisierte ich in noch vollerem Umfang die Lösung des ersten Kontrapunktes meiner Auswärtsreise. Indem ich die ontologischen/philosophischen Fäden meiner früheren Arbeiten aufnahm und sie mit den Gyn/Ökologischen Metamustern zusammenwob, bewegte sich diese Arbeit in eine komplexere, verfeinerte und Wildere Synthese von abstrakten und poetischen/Metaphorischen Formen des Be-Nennens. Das Wort *Be-Witching* (Be-Hexend), das für *Reine Lust* charakteristisch ist, illustriert dieses Phänomen der Wilden Synthese.

Da sich *Reine Lust* weiter auf den Spiralenden Pfaden von Metamuster-Weben voranbewegt, ist der Ausstoß an metapatriarchalen Metaphern reicher als in *Gyn/Ökologie*. Gleichzeitig Realisiert das Werk die Elementale Spezifität von sei-en.[6] Auch aktualisiert es vollständiger als die vorangegangenen Werke das Versprechen meiner frühen Intuition von sei-en, die aus Elementalen Realitäten stammten.[7]

In *Reine Lust* Sprang ich also auf noch nie dagewesenen Wegen auf eine Aussöhnung zwischen fälschlicherweise dichotomisierten Arten von erkennen und benennen zu.

DER ZWEITE KONTRAPUNKT

Beim Spinnen von *Reine Lust* kam ich zu einer weiteren kreativen Lösung der zweiten kontrapunktischen Bewegung/des kontrapunktischen Tanzes, die sich zwischen meiner Suche/Lust, Philosophin zu werden, und dem Ruf, Theologin zu werden, abspielten. Als ich an *Reine Lust* schrieb, Realisierte ich meinen tiefsten Wunsch: eine Philo-

---

* Zur Definition von *Totales Tabu* siehe Kapitel Zwei.

sophin zu *sein*. Während der Untertitel von *Jenseits von Gottvater* noch *Aufbruch zu einer Philosophie der Frauenbefreiung* lautet, IST *Reine Lust Elementale Feministische Philosophie*.

Natürlich hatte ich mich schon viel früher dafür entschieden, eine Philosophin zu sein. In meiner Jugend und während aller Momente des Auswärtsreisens folgte ich stets diesem Ruf. Doch vor der Zeit von *Reine Lust* hatte ich noch nicht voll die Implikationen dieser Entscheidung Realisiert. Ich mußte sehr weit auf dem Unterschwelligen Meer reisen, ehe ich die tiefste Bedeutung meiner Suche verstehen konnte, nämlich *meine eigene Art Philosophin* zu sein, das heißt, die Ent-Deckerin von *Elementaler Feministischer Philosophie*. Zum Labyrinthischen Pfad dieser Suche gehörten scheinbare Abschweifungen, so wurde ich zum Beispiel zum Erlangen eines M.A. in Englisch abgelenkt, statt überhaupt nicht auf die Graduate School zu gehen[8], und dann noch zum Erwerb von zwei Doktoraten in Theologie – eine weitere Serie scheinbar merkwürdiger (wirklich Merkwürdiger) Umwege.[9] Doch versorgte mich dieses komplexe Reisen mit notwendigem Material, aus dem ich meine *eigene* Philosophie schaffen konnte.

Mit dieser Schöpfung mußte ich das Totale Tabu auf mehr als eine Weise brechen. Ich mußte nicht nur den Dualismus zwischen abstraktem und mystisch/poetischem Denken überwinden – was ich durch Metamuster-weben erreichte –, sondern auch den Dualismus zwischen Theologie und Philosophie transzendieren. Ich habe nicht einfach dem letzteren den Vorzug vor dem ersteren gegeben; ich habe beide in meine Elementale Feministische Philosophie hineingenommen. Indem ich den Gedanken einer übernatürlichen Ordnung und Autorität, die angeblich die Natur übersteigt, ablehnte, habe ich mich für meine Suche nach autonomem Wissen entschieden.[10] Das heißt, ich entschied mich, eine Philosophie zu Spinnen, die in Berührung mit den Dimensionen des *über alle Maßen Natürlichen* ○ ist, was bedeutet:

> Natur Ent-Falten oder das, was Natur Ent-Faltet, betreffend (eine Elementale Ordnung, die die Geschichte von innen her lenkt und Frauen und alle Biophilen Lebewesen durch die Sinne in Berührung mit der wahren Welt hält...); AUFS HÖCHSTE NATÜRLICH, VOLLKOMMEN NATÜRLICH. (*Wickedary*)

Folglich stellt *Reine Lust* eine Transzendente Dritte Möglichkeit dar, die für mich die dumme/knilchige Dichotomie zwischen Theologie und Philosophie überwindet. Als Piratin forderte ich das Recht, mir „die Schatz-Truhe von Symbolen und Mythen, die von den theologischen Dieben gestohlen und umgedreht wurden"[11], zurückzuschnappen. Zu meiner Craft/Kunst als Über-Natürliche Philosophin gehört, diese Umkehrungen wieder umzudrehen und die Ergebnisse dieses Prozesses als Metatheologische Metaphern einzufordern.

Was ich, im Verlauf der Ersten Spiral-Galaxie in meinem Kampf um die Freiheit und die finanzielle Unterstützung, (patriarchale) Philosophie zu studieren, erlebte, gab Hinweise darauf, daß einige merkwürdige und irrationale Barrieren für das Erwerben eines Doktorats in diesem „Fach" bestanden. Ich begriff damals noch nicht, daß ich bereits an das Tabu gegen Frauen als Philosophinnen stieß. Ich konnte noch nicht wissen, daß diese Blockaden als Sperren vor etwas Weitem und Tiefem fungierten, nämlich so, daß ich schließlich meine eigene Grüne Philosophie schaffen könnte.

Mit anderen Worten: Da war „etwas" am Werke, das mich stoppte, ehe ich überhaupt mein Anliegen, eine frauen-identifizierte Philosophin zu werden, beginnen konnte. Durch die Gnade der Nornen folgte ich den vorhandenen Nebengeleisen (Pixy-Pfaden) und hörte weiter auf den Ruf des Wilden. Mir blieb die Falle erspart, zu früh in eine erfolgreiche erstickende Karriere als patriarchale Alibi-Philosophin, eingesperrt in eine tödliche Abteilung in dem „Fach", absorbiert zu werden.

Ich glaube, daß das „etwas", das mich zu blockieren versuchte, bereits damals das Totale Tabu gegen die Spirituellen Berührungskräfte von Frauen war. Denn bereits damals besaß ich natürlich die unglaubliche Frechheit, nach den Sternen zu greifen. Wie ich in Kapitel Dreizehn beschrieben habe, begann ich Anfang der achtziger Jahre einige Hinweise auf dieses Tabu zu bekommen und wie es dazu dient, auch nur den Schimmer einer Idee, daß es eine frauen-identifizierte/natur-identifizierte Philosophie und Philosophin geben könnte, zu blockieren. Die Frau, die mich auf meinem Weg nach Australien im Sommer 1981 in Kalifornien zum Flughafen fuhr, sprach von ihrem feindseligen Traum und wie sie sich vor mir als Philosophin fürchtete – eine Angst, von der sie glaubte, daß sie sie mit anderen Frauen teile.[12] Ich hielt das für überraschend und sogar absurd, da mir niemals der Gedanke gekommen war, ich könnte auf andere Frauen bedrohlich wirken. Als ich jedoch länger darüber nachdachte, wurde mir klar, daß ich ihre Botschaft ernst nehmen sollte.

Es ist nicht nur so, daß Lyrik für Frauen nicht verboten ist, wie jene Bekannte gemeint hatte, sondern genauso stand sogar die Theologie, besonders in den letzten zwei Dekaden, den Frauen offen.* Mir wurde klar, daß das Tabu gegen Frauen, die Selbst-identifizierte Philosophinnen werden wollten, noch tiefer und hinterhältiger ist als die Verbote gegen Theologinnen.* Ich glaube, dies hängt mit der Tatsache zusam-

---

* Dem lagen natürlich teilweise finanzielle Überlegungen zugrunde. Die theologischen Ausbildungsstätten waren in den vergangenen Jahren in großem Ausmaß auf den umfangreichen Anteil an Studentinnen angewiesen.
* Natürlich sind Frauen zu den Graduate Schools für Philosophie zugelassen und dürfen das Thema auch lehren, wenn sie als autonome Denkerinnen nicht zu bedroh-

men, daß die theologische Tradition die Unterwerfung unter eine Autorität, z.B. die Bibel oder eine religiöse Institution, verlangt. Philosophie hingegen ist autonome Suche nach Weisheit, die die Realität frei erforscht und Be-Nennt.

Reine Lust bricht auf vielen Ebenen Tabus. Indem ich Theologie in die von mir geschaffene Elementale Feministische Philosophie hineingenommen habe, habe ich direkt die Autorität des männlichen Gottes in all seinen Verkleidungen herausgefordert. Indem ich das abstrakte und sogar scheinbar elitäre Vokabular der Ontologie mit Wilden, Elementalen Worten verbunden habe, habe ich Tabus gegen angemessenes linguistisches Verhalten gebrochen. Doch am schlimmsten ist: Indem ich meine eigene Grüne Philosophie – welche die mit dem Tabu belegte frauen-identifizierte/Natur-identifizierte Philosophie ist – schuf, sprach ich eine Große Verweigerung der patriarchal vorgeschriebenen Selbst-Lobotomie für und von Frauen aus. Ich war besser/schlimmer als exzentrisch und extrem: Ich beging die Todsünde, meinem Anliegen, Philosophin zu sein, zu folgen.

DER DRITTE KONTRAPUNKT

In den vorangegangenen Galaxien kreiste die dritte kontrapunktische Bewegung um die verhaßte Entscheidung zwischen dem ghettoisierten Pseudo-Frauen-Raum an Frauencolleges (wo Frauen „zusammen" waren/sind, aber doch nicht wirklich zusammen) und dem scheinbar nicht ghettoisierten Nicht-Frauen-Raum koedukativer Universitäten (wo Frauen stärker als unter dem System der Geschlechtertrennung Belästigungen und Demütigungen ausgesetzt sind). Nachdem ich die Öde des ersteren erlebt hatte, wählte ich unwissend den letzteren. Am Ende der Zweiten Spiral-Galaxie hatte ich mit einer riskanten Lösung dieses Kontrapunkts begonnen, indem ich Frauen-Raum „auf der Grenze" einer patriarchalen koedukativen Institution schuf. Meine Studentinnen waren brillant. Die Kurse sprühten. *Wirkliches* Lehren und Lernen fand statt.

In *Reine Lust* entwickelte ich meine philosophische Analyse der Dritten Galaxie, die als theoretischer Unterbau und als Legitimation für die Kreative Lösung – nämlich Frauenraum auf der Grenze patriarchaler Institutionen – diente. Eine grundlegende Prämisse dieser Analyse ist

---

lich sind. Das Vorhandensein einiger weiblicher Aristoteliker, Platoniker, Heideggerianer, Kantianer, Whiteheadianer etc. mag ein Zeichen dafür sein, daß einige (wenige) weibliche Wesen männliches Denken adäquat übermitteln können. Dies war jedoch seit jeher die Rolle von weiblichen Lehrpersonen in patriarchalen Institutionen. Weibliche Sprachrohre können sogar dazu dienen, die Botschaft von der Überlegenheit des männlichen Intellekts zu verstärken.

die Tatsache, daß das Patriarchat ein Staat/Zustand der Trennung ist. Wie ich in *Reine Lust* ausführte, besteht im Kern patriarchalen Bewußtseins eine Störung, die durch phallokratische Mythen, Ideologien und Institutionen hervorgerufen wird. Diese Störung impliziert einen Zustand der Abkoppelung von Biophiler Zielbewußtheit, was sich in Greueln wie der weltweiten Vergewaltigung und Massakrierung von Frauen und der Dritten Welt und in der Zerstörung des gesamten Planeten ausdrückt.[13]

Diese Störung, die ich *phallischen Separatismus* genannt habe, trennt die Frauen von unseren Selbst, von unseren Kräften des Erkennens und Be-Nennens und voneinander. Um mit unseren Selbst und miteinander kommunizieren zu können, haben es viele von uns für notwendig befunden, uns auf Radikale Weise vom phallischen Staat/Zustand der Trennung zu trennen. Anders gesagt: Unter den herrschenden Zuständen sind einige Formen der Separation notwendig, damit wir unsere Integrität und unsere autonomen Kräfte der Kommunikation wiedererlangen können. So schrieb ich in *Reine Lust*:

> Typisch für Frauen, die in den phallischen Staat/Zustand der Trennung eingesperrt sind, ist daher ihre Unfähigkeit zu erkennen, durch wen die Selbst-blockierende Trennung eigentlich verursacht wird. Die Strategie der Umkehrung macht sie zu Opfern. Ebenso wie in einer Frauen-hassenden Gesellschaft das Etikett „Männer-Hasserin" den Zweck erfüllt, das Denken zu stoppen, so werden Frauen im Staat der Trennung durch die Anwendung des negativ besetzten Etiketts „Separatistin" am Zu-Neigen gehindert.[14]

Ich benutzte das Wort *Separatismus* als eine Labrys:

> Einerseits steht das Wort für phallischen Separatismus, der unsere Lebenslust, unsere Sehnsucht nach ontologischer Kommunikation hemmt und blockiert. Andererseits wird damit die Ent-scheidung von Frauen Be-Zeichnet, aus dem künstlichen Kontext des phallischen Separatismus auszubrechen, um unsere radikale Verbundenheit im biophilen Sei-en zu bekräftigen und zu leben.

Der Gebrauch dieser Labrys versetzte mich nun in die Lage, die notwendige philosophische Begründung für Frauenstudien als Ort für Frauen-Raum an patriarchalen Universitäten beizubringen. Ich schrieb in *Reine Lust*:

> Die Geschichte des Kampfes der Frauen, verschiedene Formen von „Frauen-Freiraum" herzustellen und aufrechtzuerhalten, ist ein lebendiger Beweis für die Tatsache, daß Männer dies als einen entscheidenen Punkt im Krieg um die Kontrolle des Bewußtseins von Frauen erkennen... Besonders deutlich wurde dies in den

bösartigen und häufig hinterhältigen Anstrengungen von Universitätsverwaltungen, die Bemühungen von Feministinnen zu unterminieren,
die wenigstens einige Frauenstudienkurse ausschließlich für Frau-
en reservieren wollten. Solche Kurse können die Gelegenheit für
echte Begegnungen mit Meta-Erinnerung bieten, für Wahrnehmung und Nachdenken jenseits der Schemata „erwachsener", das
heißt von Männern-verfaßter Erinnerungen. Dort können Kontexte
für Erinnern über die Zivilisation hinaus entstehen, Kontexte für
Metamuster-weben. Deshalb müssen sie unterminiert werden. Das
radikale Potential frei denkender Frauen ist eine Gefährdung für
die Idee der patriarchalen Universität als solcher.[16]

Zu dieser Analyse brachten mich zum großen Teil meine Erfahrungen
mit Frauenstudienkursen an einer *sehr* patriarchalen Universität. Sie
wurde bestätigt durch Gespräche mit Frauenstudien-Professorinnen in
vielen Colleges und Universitäten in den siebziger und achtziger
Jahren. Ich machte die Erfahrung: Durch die Anwesenheit männlicher
Studenten wird der Lernprozeß bei Frauen verlangsamt, und er verliert
vor allem an scharfem Durchblick. Das ist natürlich teilweise eine
Folge erlernter Reaktionen auf die Anwesenheit von Männern – auch
wenn es nur einer ist. Ich hatte dies schließlich mit den Studentinnen
diskutiert und begonnen, getrennte Kurse für Männer und Frauen zu
halten. Alle hatten die gleichen Literaturlisten und Kurs-Anforderun-
gen. Da weit weniger Männer als Frauen in diesen Kursen waren,
erfuhren die Männer mehr Beachtung. Die Folge war natürlich Mehr-
arbeit für mich. Ich habe jedoch junge Männer ebenso gern wie junge
Frauen unterrichtet, und die Auswertungen der Kurse haben gezeigt,
daß diese intellektuelle Herausforderung allgemein begrüßt wurde.[17]
 Meine Dritte-Galaxie-Lösung des dritten Kontrapunkts hatte einen
Doppel-Effekt. Erstens gelang es mir, auf der Grenze einer phallozentri-
schen Institution einen Raum zu schaffen, wo Frauen – und nicht nur
Männer – ihre Gedanken kühn und kreativ äußern konnten, ohne
Beeinträchtigung und ohne Blockade durch Mechanismen von Selbstzensur. Außerdem, indem ich Ideen spann, deren Quelle meine
eigenen Bücher waren, überwand ich auf spezielle Weise die alte
akadementische Dichotomie zwischen Theorie und Praxis. Indem ich
Crone-logisch meiner Lösung des zweiten Kontrapunkts folgte, gehörte zu diesem Neuen Sprung der dritten kontrapunktischen Bewegung,
daß ich mich auf die Prämissen und Schlußfolgerungen meiner eigenen Philosophie stützte, meinen philosophischen *habitus* anwendete
und die Realität frei erforschte und Be-Nannte.* Ich Ent-Deckte Ele-

---

* An diesem Punkt wird die Leserin bemerkt haben, daß in der Dritten Spiral-Galaxie
mit der Lösung eines jeden Kontrapunkts der Boden für die Lösung des nächsten
bereitet wurde.

mentale Feministische Philosophie in Anwesenheit meiner StudentInnen und Spann mit ihnen weiter. Indem ich diese pädagogische Methode anwendete, brach ich völlig das Totale Tabu gegen die Ausübung der Spirituellen Berührungskräfte von Frauen – und überwand *Apraxie* (zusammen mit *Aphasie* und *Amnesie*) an der Grenze von androkratischer Akademia. Das war eine Schrecklich Kühne Tat.

DER VIERTE KONTRAPUNKT

Meine Dritte-Galaxie-Lösung der Spannung zwischen dem Wunsch nach Legitimationen einerseits und dem Immer-illegitimer-Werden andererseits wurde – besonders als ich mich der Vierten Galaxie näherte – so drastisch, daß ich sowohl für das Dilemma als auch die Trans_zendente Dritte Möglichkeit ein Neues Vokabular brauchte. Statt Unbegrenzbare Illegitimität zu preisen, strebte ich danach, Absolut Hexisch zu sein und diese Metapatriarchale Hexigkeit wirklich beim Namen zu nennen. Wie wir sahen, impliziert dies ein Spinnen/Sündigen über das patriarchale „gut" und „böse" hinaus in aktiver Teilhabe am Entfalten von Sei-en als Gut.[18]

Während meiner Reise durch die Dritte Spiral-Galaxie wurde ich immer aktiver, Brach in die Hintergrund-Gegenwart durch. Dort war (und ist) es für Frauen möglich, die *Anwesenheit von Anwesenheit* ○ zu erleben, daß heißt:

die Selbst-Realisierende Anwesenheit von Stolzen Spröden und Viragos, die Gynergetische Ekstase vermitteln. (*Wickedary*)

Außerdem entdeckte ich, daß auf diese Weise Anwesend (engl. *Present*) sein impliziert, daß wir unser Potential des *Vergegenwärtigens* (engl. *Presentiate*) ○ verwirklichen, das heißt:

die Vergangenheit und die Zukunft als Gegenwärtig zu Realisieren; die Anwesenheit von Vor-Crones, Vor-Geistverwandten und anderen Hintergrundwesen heraufbeschwören. (*Wickedary*)

Vergegenwärtigende Frauen sind nicht auf vorgeschriebene† Dichotomien patriarchaler Legitimität und Illegitimität fixiert. Das heißt präziser, daß wir nicht in der Spaltung zwischen patriarchal definiertem Gut und Böse steckenbleiben. Der Grund dafür ist genau, daß Vergegenwärtigen das Ent-Hüllen einer Integrität impliziert, die die Vordergrund-Dichotomien transzendiert. Das Ent-Hüllen dieser Ur-Integrität *ist* bereits die aktive Teilhabe am Entfalten von Sei-en als Gut. Es heißt, unserem Letzten Grund zu folgen. Der Letzte Grund ist dann also der

---

† Engl. Wortspiel *dick-tated* statt *dictated.*

Anfang und nicht etwa das Ende des Werdensprozesses. Es ist der Erste Grund und Grund aller Gründe, welcher einer/m Handelnden die Motivation zum Handeln gibt.*[19]

Wenn Frauen frei sind, für unsere Selbst und füreinander Anwesend zu sein, dann finden wir unsere Selbst in Berührung mit unserem Ziel. Wir werden nicht länger abgelenkt, sondern sind vielmehr – machtvoll – von unserem Letzten Grund angezogen. Wir sind zum Anfang unserer Zeit-Reise vorgestoßen und Realisieren die Gegenwart als Vergangenheit und Zukunft.

Herausfordernde Hexische Frauen sind demnach auf unsere aktive Teilhabe an der Entfaltung von Sei-en ausgerichtet. Weil wir wissen, legitimiert-sein bedeutet assimiliert-sein, lehnen wir die Rolle, die die Sadogesellschaft/das Knilchtum von uns verlangt, nämlich die Rolle des *Lakaien*, ab:

ein serviler Speichellecker: einer, der durch den Mangel (engl. *lack*) an allem – Integrität, Intelligenz, Leidenschaft, Humor, Mut, Vitalität, Schönheit, Würde, kurz an Potenz – charakterisiert ist. (*Wickedary*)

Wenn wir unsere Elementale Potenz Realisieren, erleben wir Reine Lust. Wir beschließen, Jetzt zu Leben, was heißt, *Hinaus* zu reisen – Auswärts zu reisen. Wenn wir bei dem Moment der Teilhabe an der Hintergrund-Gegenwart angekommen sind, entfalten wir unsere Flügel und schwingen uns empor in eine ausgedehnte Gegenwart, fort von den Kalendern und den Uhren der Uhrokratie.

Wir streifen die Oberfläche und tauchen in die Tiefen des Unterschwelligen Meeres. Wir schwingen auf den Wellen der Gezeiten-Zeit. Wir haben die Dritte Hemisphäre[20] gefunden und schwingen uns jenseits jenes Jenseits empor.[21] Während wir uns der Vierten Hemisphäre nähern, finden wir uns in der Vierten Spiral-Galaxie zu Hause.

Für dieses Zeit-Reisen-Meisterstück der Ankunft in der Vierten Spiral-Galaxie bekommen wir keine Punkte, keine akademischen Grade, keine Anerkennung. Wir sind jedoch von Gratulationen überflutet. Wenn wir uns umschauen, Sehen wir Massen Intergalaktischer *Seals of Approval*, die mit den Flossen winken und in ansteckender Ekstase bellen. Da Ekstase ihren Lohn in sich trägt, können wir nicht mehr verlangen. Es ist an der Zeit, in die Galaxie einzutreten, die die Metageheimnisvolle Zahl trägt – Vier.

---

* Wie es die scholastischen Philosophen ausdrückten: Der Letzte Grund ist der erste in bezug auf die Reihenfolge der Absicht und der letzte in bezug auf die Ausführung.

DAS STRAHLKRÄFTIGE JETZT:

Momente Momentosen Er-Innerns
(Fort von den Kalendern,
Fort von den Uhren)

VORWÄRTS ZUM ANFANG

Die drei vorangehenden Galaxien sind tatsächlich der Auftakt zur Vierten, die gleichzeitig deren Anfang ist.

Auftakt deshalb, weil sie die Spiralenden Pfade von Momenten sind, die mich zu dieser Zeit des Er-Innerns brachten. Das Vierte entsteht aus/ist der Lohn vorangegangener Mühe. Sie sind auch Folgen, denn wenn ich mich nicht in dieser Galaxie Momentosen Er-Innerns befände, hätte ich ihre Pfade nicht aufspüren können. Wenn ich mich nicht hier im Strahlkräftigen Jetzt befände, gäbe es keine Erinnerungen aus meinem *Logbuch*. Befände ich mich nicht im Strahlkräftigen Jetzt, dann gäbe es kein *Auswärts reisen* und keine Auswärtsreise, über die ich schreiben könnte. Wenn ich nicht bereits zu Hause wäre, hätte ich nicht ankommen können.

Doch es war so dringend, anzukommen! Ich mußte hierherkommen, um überhaupt anfangen zu können. Und es ist absolut notwendig, daß ich anfange und daß ich wiederum anfange. Denn ich weiß Jetzt mehr. Nicht genug, aber mehr.

Meine Gefährtinnen und ich – wer sind wir? Vielleicht ein abgerissener kläglicher Rest. Doch zugleich die Heraufbeschwörerinnen eines anderen Kurses. Schwankend am Rand einer zum Untergang verdammten Welt schwingen wir uns in unseren Seelen empor... manchmal, sogar oft. Wir aalen uns in Strahlkräftigem Licht und denken dabei an die Löcher dort draußen und wie sie wachsen und den Todeskuß der Sonne durchsickern lassen, den Kuß unserer Elementalen Schwester Sonne, die – wie unsere Schwestern hier – gegen uns gewendet wurde.

Vergieß keine Träne mehr – oder Tränen tonnenweise. Doch reiß dich zusammen und mach weiter. Mein Mantra für *Auswärts reisen*: „Mach weiter, Mary. Vorwärts!" Denn sie wollen mich stoppen. Sie wollen uns stoppen. Die untoten Vampir-Männer, die wildgewordenen Bioroboter, die Führungsmänner. Sie wollen, daß wir aufhören, denn ihnen geht die Luft aus.

Mach weiter. Eigentlich nicht deshalb, weil sie wollen, daß ich aufhöre, daß wir aufhören. Sondern weil ich von Leben überborde. Denn, wißt ihr, ich bin hier angekommen, Jetzt, und nun kann ich anfangen. Denn ich bin für diese Zeit geboren, und ich bin stark.

Weil meine Mutter sagte: „Geh und mach deine eigene Arbeit, Liebling." Oh, diese Frau! Weil sie mich erwählt hat und weil sie sagte:

„Geh, mach deine eigene Arbeit", schickte sie eine Zeitbombe los, diese Frau. Weil sie mich Ekstase kosten ließ und die Lust danach. Weil ich Es immer noch habe und mehr und mehr.

Greif nach der Vier, dem Vierten, die Dimension, die vorher war. Vom Engen in die Weite – Mach die Tür auf. Und lauf hinaus, Mary, lauf. Umarme das Grün, das Grüne Gras. Fliege mit den Winden, ströme mit dem Wasser. Entzünde Ihr Feuer.

Und Oh, das Verlangen, das Verlangen nach all Dem. Nach dem Moment, der Jetzt ist, das sich Ausdehnende Jetzt. Das Jetzt, das die Vergangenheit hält und freiläßt, das die Zukunft berührt. Das Jetzt, von dem sie nicht wissen können – die untoten Vampir-Männer, die wildgewordenen Bioroboter, die Führungsmänner.

Lauf direkt ins Jetzt. Da ist soviel Platz (kein Platz für Traurigkeit). Es ist so offen hier, dort, überall. So voll der süßen, frischen Gerüche von Erde und Luft. Trau dich!

KAPITEL SECHZEHN

WIE ICH ÜBER DEN MOND SPRANG

Die Momente der Vierten Spiral-Galaxie begannen, als ich an *Auswärts Reisen* zu arbeiten anfing. Das war im Frühjahr 1987, nachdem ich das Manuskript des *Wickedary* beim Verlag abgeliefert hatte. Ich Er-Innere die Momente nicht in ihrer genauen Abfolge. Doch ich weiß noch, daß ich rätselte, was für ein Buch da entstehen würde. Ich wußte, ich wollte ein philosophisches Werk schreiben. Ich erkannte auch allmählich, daß ich Erinnerungen aus meinem *Logbuch einer Radikalen Feministischen Philosophin* schreiben wollte.

Eine Freundin aus Irland – Ann Louise Gilligan – schlug so etwas wie das Letztere vor. An einem Sommertag 1987 aßen wir in einem Straßencafé in Newton Centre. Nachdem sie ihrer Anerkennung für *Reine Lust* Ausdruck verliehen hatte, bemerkte Louise taktvoll auf ihre unnachahmliche Weise, daß Frauen gerne wissen würden, woher *Reine Lust* und meine anderen Bücher kamen. Die Fragen, die sie stellte, liefen darauf hinaus: „Wie geschah es? Wie hast du es gemacht?" Sie stellte diese Fragen nicht so sehr in Erwartung einer unmittelbaren Antwort, sondern – so verstand ich sie – als Anregung für ein Buch, das gewünscht und gebraucht wurde.

Dies war nicht das erste oder einzige Mal, daß ein solcher Vorschlag kam. Mehrere Frauen hatten solche Fragen gestellt, und in letzter Zeit immer häufiger. Doch im Gespräch mit Ann Louise kamen für mich die Fragen all dieser Frauen zusammen. Sie nahmen eine Form an, die wie eine Aufforderung – oder eine Einladung – war, die Geschichte, die Autobiographie, zu schreiben, die eine Antwort geben würde.

Während ich mehr und mehr Erspürte, daß ich dies gern versuchen würde, gab es einen scheinbar widerstreitenden Ruf ebenfalls aus meiner Psyche, nämlich mit meiner eigenen Philosophie fortzufahren. Es schien, daß zwei Bücher gleichzeitig danach schrien, geschrieben zu werden.

Wenn ich Jetzt darüber nachdenke, erkenne ich, daß ich mich in einer vertrauten Situation, nämlich in einem Dilemma befand. Es war nicht leicht, die Transzendente Dritte Möglichkeit zu finden.

In Gesprächen mit Freundinnen und Debatten mit meiner Selbst fragte ich mich, welches Buch ich zuerst schreiben sollte. Je mehr ich über dieses Problem nachdachte, desto tiefer war ich beunruhigt, denn ich stand vor einem doppelten Gebot. Dann kam es mir, daß es nicht nur zwei Bücher geben müsse, sondern daß diese beiden irgendwie eines sein mußten. Doch die Frage war: Wie diese Einheit Realisieren? Ich erkannte immer deutlicher, daß es zwischen diesen beiden geplanten Büchern eine organische Einheit geben müsse, denn mir war klar, daß das *Logbuch einer Radikalen Feministischen Philosophin* die Hauptquelle für mein ausgedehntes Philosophieren sein sollte.

Zuerst dachte ich darüber nach, wie ich diese beiden Bücher oder Werke in einem Band zusammenfassen könnte. Ich meinte, daß die Erinnerungen aus meinem *Logbuch* ein umfangreicher Anhang zum philosophischen Werk sein könnten. Doch bald wurde mir klar, daß dies keine gute Idee war. Der Arbeit/den Arbeiten würde die Integrität fehlen, sie wären unvollständig. Als Spinster/Spinne mußte ich es Anders machen. Nach einiger Zeit ging mir auf, was auf der Hand lag. In der Einleitung zu *Auswärts reisen* habe ich geschrieben:

Die philosophischen und biographischen Dimensionen dieses Buches sind durch vielfache „Zufälle" ineinander verflochten... Die hier dargestellte philosophische Theorie und die biographischen Ereignisse gehören zur gleichen Suche/zum gleichen Anliegen.

So sind also in diesem Buch die Teile *ineinander verflochten*. Sie sind zusammengewebt. Das Weben ist kein nachträglich erfundener Einfall. Ich bin vielmehr, als Reisende auf dem Unterschwelligen Meer, Ent-Deckerin von Verflechtungen, die schon immer da waren. Das Realisieren meiner eigenen Philosophie und das Er-Innern von Augenblicken in den Erinnerungen aus meinem *Logbuch* (das heißt, das Realisieren ihrer Bedeutung) sind der gleiche Trip.

Folglich ist *Auswärts reisen* meine Transzendente Dritte Möglichkeit angesichts des Dilemmas der beiden Bücher, von denen ich wußte, ich mußte sie zur gleichen Zeit schreiben. Die Reise war manchmal hart, doch sie hat mich zum Hier und Jetzt gebracht, zum Anfang. Sie hat mich auch wieder zu dem erstaunlichen Thema Zeit zurückgebracht.

DAS EXPANDIERENDE JETZT

In dem Moment, als ich an *Auswärts reisen* zu schreiben begann, trat ich in das expandierende Jetzt ein. Irgendwann im Juni 1987 saß ich an meiner Schreibmaschine und tippte die ersten Sätze von Kapitel Eins. Die Worte flossen einfach so aus meiner Schreibmaschine, wie mir die Erinnerungen an meine frühe Kindheit kamen. Die Erinnerungen waren inhaltsreich, bunt, abwechslungsreich, rührend. Die Worte, die kamen, waren einfach, manchmal sogar kindlich. Dies war ein ganz anderer Prozeß als das Schreiben an *Gyn/Ökologie, Reine Lust* oder dem *Wickedary*. Ich war eindeutig in eine andere Galaxie eingetreten. Mit *Auswärts reisen* habe ich nicht meine „Memoiren" geschrieben. Es war vom Anfang der Ersten Spiral-Galaxie an ein Ereignis der Vierten Galaxie. Es gehört ins Jetzt. Es wirbelt zurück, verfolgt die Spiralenden Pfade von Momenten zurück und wirbelt voraus, immer mehr ins Jetzt hinein. Als ich das Ende der Dritten Spiral-Galaxie erreicht hatte, kam ich in die Momente der Vierten.

So finde ich mich Selbst beim Schreiben an den Momenten der Vierten Spiral-Galaxie aus einer Vierten-Galaxie-Perspektive. Ich habe mein unterschwelliges Wissen von den früheren Zeiten Realisiert. Jetzt muß ich mein unterschwelliges Wissen vom Jetzt Realisieren.

Jetzt ist keine Zeit, herumzutrödeln, denn ich bin bereits hier. Meine Craft ist ausgerüstet, das Jetzt auszudehnen, die Vergangenheit und die Zukunft zu Vergegenwärtigen, die Anwesenheit von Vor-Crones, Vor-Geistverwandten und anderen Hintergrundwesen heraufzu-Beschwören.

DAS VORDERGRUND JETZT

schlechte nachrichten jetzt. die nachrichten sind schlecht. 1991 haben sie einen krieg gemacht, den testosteron-spiegel der amerikanischen männer angehoben. überall gelbe bänder. fahnen. der schale maul-helden-sieg.

die siegesparaden der schalen maulheldischen jungs, sie vertu-schen die niederlage des patriarchats. dechiffriert waren sie niederlage-des-patriarchats-paraden, scharaden. tonnen von konfetti, obszön, langweilig. tonnen von konfetti für die sieger, die stecher (*prickers*). tonnen ermordeter bäume.

öl läuft aus und läuft und läuft. öl brennt. macht seine feuer zunichte. wasserschläuche an den brennenden busch. asche zu asche. zum teufel mit ihnen.

Anita Hill, vom hügel heruntergestoßen†, das opfer von high tech lynchen. gegrüßt sei die qualifizierteste kandidatin für den höchsten sport.† und der kennedy-camelot-junge, nur eine million hatte er für seinen prozeß, triefend vor unschuld, triefend vor samentränen und dankbarkeit für das „system und gott" – die gott/rute. das gesichtslose opfer/die gesichtslose frau weint. legt ein technologisches raster/schador über ihr gesicht. gottverflucht! alle.

---

† Engl. *kicked down the hill*. Assoziation zum Kinderreim „Jack and Hill went down the hill".
† Engl. *supreme sport*, Assoziation an *Supreme Court*, der Höchste Gerichtshof, vor dem Anita Hills Fall verhandelt wurde.

und die frauen schwinden dahin, schwinden. *The New York Times* merkte es. Schlagzeile: „Harte Zahlen über Frauen. 100 Millionen werden vermißt."[1] gib ihnen den abschiedskuß. weiblicher kindermord, vernachlässigung, verhungern, vergewaltigung, verprügeln, alltäglicher mord. „zieh ihnen einen sack über den kopf, und sie sind alle gleich!" keiner ist schuld. welche schande!

bewaffnete kinder, die sich gegenseitig töten. entwaffnete frauen, die sich gegenseitig vergessen.

das Zeitalter der Zer-Stückelung ist gekommen. die medienmänner sind erregt, entzückt. die gleiche alte geschichte, haß und blutrunst.† gewinn eine wahl. hab eine erektion, wenn du polygrip (Gebißhaftcreme, AdÜ.) und autos verkaufst.

dies ist langeweile, die herrschaft der bohrer (*bore-dom*).

dies ist jetzt der vordergrund. Raus mit dir, Mary, lauf! Raus oder sterben. Oder raus und sterben. Aber raus. Lauf in das Expandierende Jetzt. Kommt, Gefährtinnen, kommt. Traut euch, traut euch. Und gleichzeitig: Behauptet euren Platz. Was? Bin ich verrückt? Ja, das sagt schon der Begriff. Bin ich nicht eine Frau?

und so will ich meinen Platz Behaupten, genau Jetzt. Wie? Im Jetzt, natürlich, im Jetzt der Auswärtsreise.

ICH WILL MEINEN PLATZ BEHAUPTEN

Mein Platz, der Platz, den ich Behaupte, ist der Hintergrund, Jetzt. Weiter vorn in *Auswärts reisen* habe ich erklärt:

> Ich hatte beschlossen, dort zu Kämpfen/Handeln (meinen Platz zu behaupten), wo genau sich die Grenze zwischen Hintergrund und Vordergrund zeigt, wo die dämonischen patriarchalen Verzerrungen des Archaischen Erbes der Frauen für mich am sichtbarsten und zugänglichsten sind, wo meine Craft am effektivsten am Exorzismus arbeiten kann – an der Umkehrung der Umkehrungen, die das Potential für das Realisieren von Ekstase abstumpfen.[2]

Das Thema Leben auf der Grenze ist den Reisenden von *Auswärts reisen* kaum unvertraut. Die wichtige Frage ist: Ist mein Platz, im tiefsten Sinn, auf den Grenzen patriarchaler Institutionen? Die Antwort ist nein, nicht Jetzt.

O ja, ich Kämpfe/Handle immer noch dort, auf jenen Grenzen. Doch mein wahrer Platz, der Grund jenes Platzes sozusagen, ist weiter Draußen, weiter Hinten. Hinten im Hintergrund. Denn ich bin bei der

† Engl. *hate and gory*, der Satz ist eine Assoziation an das Lied aus *Casablanca*: „It's just the same old story... of love and glory."

Vier angekommen, beim Vierten, die Dimension, die vorher da war, die Quelle, der Anfang.

Hier am Anfang habe ich das unverwässerte, ständige Wissen meines Letzten Grundes, das sich Selbst-vermittelnde Gute, welches das Verbum ist, in dem und mit dem und von dem aus alle wahre Bewegung vor sich geht.

Sicher können sie mich ablenken, mich in ihren lügnerischen Dis-Kurs ziehen, doch die Zugkraft, o die Zugkraft des Verbs – des Intransitiven, wißt ihr – ist so überwältigend, daß ich manchmal fliege, in die sich ausbreitenden, umfassenden Arme fliege. Die Arme der Spiralenden Galaxien, die Flügel Spiralender Engel. Nennt sie, wie immer ihr wollt.

Und nur weil ich sagte, ich fliege, glaubt ja nicht, daß ich nicht geerdet bin. Ich habe lange genug in Akadementia herumgehangen, um mich nicht in alten Wortspielen, alten Sophisterien fangen zu lassen. *Natürlich* vermische ich Metaphern – dazu sind sie da, um gemischt und neu arrangiert zu werden, beflügelte Worte sozusagen. Wie könnte ich fliegen, wäre ich nicht geerdet? Wie könnte ich geerdet sein, wenn ich nicht fliegen könnte? Alles ist mit allem verbunden.

ICH HABE ES SATT

Ich möchte mich aus dem Bohr-tum/der Langeweile heraussprengen, auf jede erdenkliche Weise, jeden Tag. „Das ist so extrem", sagen sie. „Es ist Höchste Zeit, Extrem zu sein", sage ich. Während wir bis zu den Knien in Frauenblut waten, soll ich über Freud, Derrida und Foucault plaudern? Nein, ich glaube kaum.

Lieber einen Kometen am Schweif packen und sich mit ihm in die Lüfte schwingen. Besser ausbrechen ohne Kaution. Der ganze Vordergrund ist ein Gefängnis.

„Geschlechter-Studien" – schlechte Studien. Das Männer- und Frauenzentrum an der X-Uni. Verflixt!

„Nicht auf die Männer einschlagen!" sagen sie. „Das ist ganz schlimm", sagen sie. „Schlimmes Mädchen!"

„Das Patriarchat überzieht den ganzen Planeten", schreie ich.

„Das geht dich nichts an", sagen sie. Ihre Augen sind glasig, verblödet. „Wir sind sowieso keine Feministinnen. Das ist passé."

„Könnt ihr nicht den Schmerz der fußverkrüppelten Chinesinnen Erspüren, die Hunderte und Hunderte von Jahren auf verstümmelten, brandigen Stümpfen einherhumpelten?" frage ich.

„Das war eine andere Kultur", sagen sie.

„Könnt ihr nicht den Schmerz der dreißig Millionen genitalverstümmelter afrikanischer Frauen heute nachempfinden?" frage ich.

„Das geht dich nichts an", sagen sie. „Das ist eine andere Kultur."
„Es ist die *gleiche* Kultur", sage ich. „Könnt ihr *überhaupt nichts*
empfinden?"
  Sie weichen zurück, mit grauen Gesichtern. „Als weiße privilegierte
Frauen der Mittelklasse können wir uns doch gar nicht vorstellen..."
„Ach, haltet den Mund", sage ich höflich. „Ihr langweilt mich, ihr
durchbohrt mich. Ihr tötet mich mit eurer akadementischen Dumm-
heit."
  „Wir fühlen uns durch deine Bemerkungen abgewertet", sagen sie.
„So? Das ist gut", sage ich. Endlich.

Oh, hier ist Sojourner Truth. „Hallo, Sojourner! *Dich* haben sie nie in
Postfeminismus, Zerstückelung oder therapeutisches, denkverhinderndes
Gequassel hineingezogen, nicht wahr? Was hast du gesagt?"
„Bin ich nicht eine Frau?"
  „Oh, danke, Sojourner! Ich war gerade dabei, es zu verlieren, aber
Jetzt hast du den Tag gerettet. Meine Craft ist in der Vierten Spiral-
Galaxie angekommen. Aber natürlich kämpfe ich immer noch an den
Grenzen patriarchaler Institutionen. Wirst du mir helfen, das Boot zu
schaukeln? Was? Das hast du schon die ganze Zeit getan? Natürlich
wußte ich es, aber nur unterschwellig. Manchmal bin ich ein bißchen
blöd und begriffsstutzig, und dann wache ich allmählich auf. Jedenfalls
fühlte ich mich beschissen und wundgerieben, hatte den Dis-Kurs in
der Todes-Zone satt, ich bin froh, daß du da bist. Jetzt kriege ich die
Dinge auf die Reihe. Deine O-Zone – deine Aura – ist Strahlkräftig. Ich
kann besser sehen! Und deine Gefährtinnen sind hier – in Mengen. Ich
glaube, Jetzt kann ich sie sehen. Hallo, Sappho! Hallo, Harriet! Hallo,
Mathilda! Hallo, Andrée!"
  Tut mir leid, wenn ich ein bißchen verrückt klinge. Doch die Dinge
im Vordergrund sind jetzt *so* schlimm. Der Blödmann im Weißen Haus
weinte im Fernsehen zum fünfzigsten Jahrestag von Pearl Harbor.
Seine Stimme brach und all sowas. Nagasaki und Hiroshima erwähnte
er nicht. Niemand weinte über Frauenmord und Völkermord. Ich
weiß, es ist immer der gleiche alte Mist. Aber es ist schlimmer.
  Ja, natürlich verlieren sie. Sie marschieren alle im Stechschritt ins
Vergessen. Ich wollte nicht mit ihnen gehen, also beschloß ich, aus
dem Vordergrund in den Hintergrund zu springen, in das Expandierende
Jetzt. Und so viele andere mitzubringen, wie ich kann. Ich will Jetzt
erklären, wie.

SICH AUS DEM VORDERGRUND HERAUSSPRENGEN

Es war in letzter Zeit sehr Windig, in jeder Bedeutung des Wortes. So habe ich über Sprengen nachgedacht.† Als ich daran dachte, mich aus dem Vordergrund herauszusprengen, sah ich meine Selbst auf einem Windstoß reiten, natürlich in meiner Craft, die auch ein Besen sein kann. Doch was ich auch noch tun wollte, war, ein Loch in die Wand zwischen Vordergrund und Hintergrund sprengen – ein Loch so groß, daß alle, die wirklich Lebendig sind, hindurchkommen können. Ich beschloß, daß ich, um dies zu tun, einfach meine Natürliche Selbst sein mußte, die Extrem ist.

Kürzlich begann eine Frau – Berufstyp, keine Feministin – plötzlich von all den Morden zu sprechen, über die die Medien berichten. Sie klang schockiert. Ich sagte: „Ja, und ist Ihnen aufgefallen, wie viele der Opfer Frauen sind?" Sie reagierte, als hätte ich gerade gerülpst und sie nähme das höflicherweise nicht zur Kenntnis. Nach einer Pause von zehn Sekunden sagte sie: „Mir tun all die Kinder, die getötet wurden, schrecklich leid."

Ich will wirklich nicht behaupten, daß alles, was ich an Dynamit mit mir herumtrage, stark genug ist, um diese Frau durch das Loch in der Wand zu Sprengen. Andererseits wird sie vielleicht von einem Windstoß aufgehoben und findet plötzlich ihre Selbst auf der Anderen Seite wieder. Aber wir haben keine Zeit, herumzutrödeln und zu diskutieren. Es ist Zeit zu Handeln.

Lauf, Mary, Lauf. Hüpfe, Springe, Fliege. Unsere einzige Chance ist jetzt. Alles ist hier im Expandierenden Jetzt. Raus und Weg von den untoten Vampir-Männern, den Bio-Robotern, den Führungsmännern/ Ernährern. Es ist alles so einfach. Entzündet die Feuer der Hexen. Hexenfeuer. Löst euch in Rauch auf. Setzt alles auf eine Karte. Alles, was ihr wirklich tun müßt, ist, Engagiert sein... und Wagen.

DIE KUH, DIE ÜBER DEN MOND SPRANG

Es ist ja schön und gut, zu sagen: „Hüpfe, Springe, Fliege." Nicht daß ich genau wüßte, wohin ich eigentlich will. Es ist wie damals, als meine Mutter sagte, daß ich mich nicht ums Geschirr kümmern sollte – sondern „Geh und mach deine eigene Arbeit, Liebling". Ich hatte keine klare Vorstellung davon, was meine Arbeit war, doch ich mußte gehen und sie tun. Schließlich fand ich heraus, was sie war, was sie ist.

Also muß ich Hüpfen, Springen, Fliegen... Jetzt. Es macht nichts, daß ich keine klare Vorstellung habe, *wohin*. Ich werde das herausfinden. Ich bin dabei, es herauszufinden. Ich habe vieles gemeinsam mit der Kuh, die über den Mond Sprang. Wußte *sie*, wohin? Ich bin sicher, sie wußte es nicht genau, aber sie wußte, sie mußte es tun. Es muß für

† Engl. *blast* = Windstoß, *blasting* bedeutet (mit Pulver) sprengen.

sie ein Merkwürdiges Erlebnis gewesen sein. Doch sie ließ sich nicht aufhalten, nur weil ihr Verhalten merkwürdig erschien. Was macht es, daß der kleine Hund lachte. Was wußte *er* schon?†

Je mehr ich darüber nachdenke, desto überzeugter bin ich, daß die Kuh eine ganze Menge wußte – genügend, um sie zu Extremen Handlungen zu treiben. Ich glaube, es ist bezeichnend, daß sie *über* den Mond sprang – und nicht einfach nur *auf* ihn. Sie hatte mehr Phantasie als ein bloßer Astronaut. Ich vermute sogar, die Kuh hatte eine Vorstellung von der anderen Seite des Mondes in ihrem Kopf. Sie hatte irgendwelche Hinweise, irgendein unterschwelliges Wissen, und das war so mächtig, daß es sie weit in den Himmel hinaus und über den Mond vorwärtstrieb. Diese Kuh hatte Wunderlust/Wanderlust, und wenn sich eine in diesem Zustand befindet, kann sie ihre Selbst einfach nicht aufhalten. Es macht nichts, wenn alle Hunde der Welt über sie lachen. Ich kann mich in ihre Situation hineinfühlen.

Das Wichtige an wirklich unterschwelligem Wissen, wie es die Kuh hatte, ist, daß es dich immer auf die andere Seite schickt. Wenn du wanderst und hast die andere Seite des Hügels im Kopf, dann kannst du nicht haltmachen, ehe du die andere Seite erreicht hast. Wenn du eine Seefahrerin mit solch einer Lust bist, dann mußt du den ganzen Ozean überqueren. Und das mit der Kuh nun war gar nicht soviel anders, außer daß ihr Verlangen gewaltiger, Extremer war.

Ich empfinde für diese Kuh schwesterliche Gefühle. Ich bin sicher, daß sie die Domestizierung satthatte. Sie saß auf der Weide fest und irgendein dummer Bauer sah sie im Grunde nur als Euter oder als Zuchtvieh, vielleicht noch als eine große Packung potentieller Hamburger.* Sicher, sie hätte über den Zaun springen können, doch das hätte ihr gar nichts gebracht. Ihr Wesen und ihre Zukunft waren vorausbestimmt. Die Vordergrund-Bauern waren überall, und sie würden sie wieder einfangen und zurückzerren. So sah sie sich vor einem Dilemma und wählte eine Transzendente Dritte Möglichkeit. Eine Kuh nach meinem Herzen! Sie beschloß, über den Mond zu springen. Weit, weit hinauf in den Himmel. Weit über den Mond auf die andere Seite.

---

† Dies alles bezieht sich auf einen englisch/amerikanischen Kinderreim, der so lautet: „Hey diddle diddle/The cat and the fiddle/The cow jumped over the moon/The little dog laughed/To see such sport/And the dish ran away with the spoon." (Hei diedel diedel/Die Katze und die Fiedel/Die Kuh sprang über den Mond/Der kleine Hund lachte/Als er das Kunststück sah/Und die Schüssel lief mit dem Löffel davon.)
* Die Kuh, die über den Mond sprang, hatte sogar von Anfang an noch einigermaßen Glück gehabt. Sie war auf einer kleinen altmodischen Farm aufgewachsen und dem schrecklichen Schicksal ihrer Schwestern entgangen, die ihr Leben in „Tierfabriken" verquälen— hilflose Opfer des modernen Agrargeschäfts. Vgl. Jim Mason und Peter Singer, *Animal Factories*, New York 1980.

Und ich glaube, ihre Schwester, die Mondin, Rief und Rief sie, sagte: „Komm zu mir! Ich versteck' dich. Komm und sei frei!" Ich nun weiß aus Erfahrung, daß die Mondin dir auf die Schulter tippen kann, wenn sie will, denn ich hab's selbst erlebt.[3] Also glaube ich, daß die Mondin jene Kuh Berührte und daß die magnetische Anziehung so stark war, daß die Kuh außer sich war vor ekstatischem Verlangen. Ihr Herz klopfte „Ja, ja". Und die Mondin zog sie so stark an, daß sie einfach hochflog, hinauf und davon. Für mich ist das völlig plausibel. Ich bin auch sicher, daß die Kuh unterwegs viel erlebt hat. Jeder Moment war ein Abenteuer. Jeder Moment führte zu einem weiteren. Jeder Moment brachte ihr Botschaften von der Anderen Seite. Sie folgte ihrem Letzten Grund, und sie fühlte sich als die glücklichste Kuh der Welt.

Natürlich hat „niemand" diese Kuh seither gesehen. Das beweist, daß sie auf der Anderen Seite des Mondes angekommen ist. Dort wurde sie von Schwestern aller Art begrüßt. Ich möchte sie und ihre Freundinnen treffen. Ich möchte sie Jetzt treffen.

Und das werde ich, denn ich kann die Anziehungskraft meiner Schwester, der Mondin, spüren und merke, wie meine Selbst emporsteigt, emporsteigt. Ich dachte, es sei ein Traum, bis ich meine Selbst schreien hörte: „Kraft der Hexe und der Frau in mir."[4]

Eines der wichtigen Dinge mit der Anderen Seite des Mondes ist, daß wir wissen, daß sie da ist. Es würde keine diesseitige Seite geben, wenn die Andere Seite nicht dawäre. Und weil wir diese Seite sehen können, haben wir ein paar wichtige Anhaltspunkte hinsichtlich der Anderen. Das ist einer der entscheidenden Punkte bei unterschwelligem Wissen. Aufgrund dessen, was du Jetzt siehst, kannst du sehen, was du nicht siehst. Du kommst dahin, indem du mehr und mehr Jetzt siehst/bist, Hier und Jetzt.

ER HAT AUS DER WELT EINEN SCHEISSHAUFEN GEMACHT

Die Kuh, die über den Mond Sprang, verstand/versteht zutiefst die Worte von Valerie Solanas, dem prophetisch gewitzten Weib, die 1967 das SCUM-Manifest veröffentlichte. Sie schrieb:

Der Mann muß zwanghaft kompensieren, daß er keine Frau ist. Dadurch und durch seine Unfähigkeit zu menschlichem Kontakt und zum Mitleid hat das männliche Geschlecht die ganze Welt in einen Scheißhaufen verwandelt.[5]

Als Solanas voll wilder Wut die patriarchale Gesellschaft und ihr Produkt – den Scheißhaufen – beschrieb, konnte sie noch nicht wissen, welche Ausmaße und welche Inhalte dieser Haufen im Vordergrund-jetzt der neunziger Jahre angenommen hat. Bis zum Bauch in gefährlichem Abfall sehen wir, wie sich die bösen Nachrichten häufen. Mehr als irgend jemand zählen kann.

In den Abendnachrichten von CBS gibt Rather (ein Kommentator, AdÜ.) mit ernster Miene bekannt, daß sich die Ärzte den alarmierenden Anstieg von Krebs („dem Killer") bei Kindern einfach nicht erklären können. Sind all die Ärzte krank im Kopf? „Ja!" sage ich. Die Scheißhäufler säuseln: „Kinder, trinkt euren giftigen Abfall aus. Das tut euch gut. Schaut, die Ärzte trinken ihn auch."

Die Welt... ein Scheißhaufen! Ist das wirklich so? Oder gibt es noch etwas, das ich tun könnte? Gibt es eine Zeit, einen Raum, eine Gnadenfrist, einen Gnadenraum...?

Dies ist die Zeit, der Raum. Sause, Mary, sause. In das Expandierende Jetzt. Folge dieser Kuh! Spring über den Mond, bälder als bald. Jetzt.

Du bist schon hier angekommen, hier auf der Anderen Seite, am Anfang. Du mußt nur loslassen und Erkennen. Wirf es... dein Leben! Wirf es weiterhin so weit hinaus, wie es nur irgend geht.

Er-Innere, was du schon Weißt.

IM DUNKEL DES MONDES FLIEGEN

Als ich zusammenpacke, um zum Jetzt, das ich Kenne, zu gehen, denke ich daran, meine Schreibmaschine mitzunehmen, denn ich muß mit meinen Erinnerungen aus meinem *Logbuch* nachkommen. Das Jetzt Expandiert, und ich muß darüber Rechenschaft ablegen. Wie ich bereits sagte: Ich muß die Momente der Vierten Spiral-Galaxie aus der Vierten Galaktischen Perspektive nachzeichnen. Ich muß mein Unterschwelliges Wissen vom Jetzt Realisieren.*

Dem Himmel sei Dank für diese Kuh! Wir können ihre Hufe in der Entfernung hören, mir weit voraus. Was für eine tröstliche Wegbereiterin! So erdig und so stabil. Und so entschlossen. Sie ist natürlich schon auf der anderen Seite, aber sie springt kapriolig herum, schlägt aus, entfesselt ein Gewitter, um mich zum Weiterreisen zu ermutigen.

Die Nacht ist sehr dunkel. Es ist die Zeit des Neumonds – des dunklen Mondes. Sie sagen, dies sei eine wunderbare Zeit für Neue Anfänge. Dennoch ist es für mich und meine Gefährtinnen eine schaurige Zeit. Manchmal fühlen wir uns alle im Dunkel des Mondes verlassen – sogar isoliert. Wir wissen alle, daß wir alle hier draußen sind, irgendwo, daß wir sausen, um über den Mond zu Springen. Aber

---

* Deshalb mußte ich auf den Mond umziehen – um über mein unterschwelliges Wissen vom Jetzt nachzudenken. Dazu braucht es eine *ziemliche* Distanz! Der „Umzug" fand im November 1991 statt, als ich an der Vierten Spiral-Galaxie zu schreiben begann.

es braucht doch eine Menge Entrückten/Entzückten/Verrückten/ Verzückten Glaubens† und Hüpfender Hoffnung, um weiterzuma- chen. Und Mut. Wir müssen dem vertrauen, was wir bereits gewußt haben. Das heißt, es mehr Realisieren.

Ich habe natürlich immer noch meine Craft – robuster denn je. Und alle meine Gefährtinnen haben die ihren. Es segelt sich leicht im Nachthimmel – mit Wild Cat auf meiner Schulter – wegen der enormen Anziehungskraft des Mondes. Es wäre wirklich unmöglich, sich dage- genzustemmen.

Und die Sterne! Oh, die Sterne sind so prächtig, so funkelnd. Auch sie greifen aus und Berühren meine Craft, Be-Wegen meine Seele. Und obgleich der Mond zu dieser Zeit dunkel ist weiß ich, daß es auf der anderen Seite Strahlkräftig ist.

† Vgl. *Reine Lust*, S. 389.

KAPITEL SIEBZEHN

GRÜNE *LOGBUCH*-VERMERKE VOM MOND

Als Wild Cat und ich hier auf der Anderen Seite des Mondes ankamen, war die Kuh unser Empfangskomitee. Es war Liebe auf den ersten Blick. Wir rannten alle miteinander in Spiralen herum, manchmal hielt ich mich am Schwanz der Kuh fest, und manchmal stubste sie mich von hinten mit ihren Hörnern. Was für ein Gemüt! Dieses Tier vertut keine Zeit mit akadementischem Dis-Kurs – sie kommt direkt zur Sache.

LEBEN ZU HAUSE AUF DEM MOND

Als die Kuh mir anbot, mir bei Erinnerungen aus meinem *Logbuch* zu helfen, war ich tief Be/Gerührt. Wenn ich tippe, schaut sie mir oft über die Schulter. Dies geschieht nicht etwa aus Neugier oder Besorgtheit. Sie schießt vielmehr Elementale Energie durch mein Hirn und meine Finger, durch die Tasten und auf die Seiten. Was für eine elektromagnetische Verbindung!

Meine Werkstatt liegt an einem wunderschönen Berg mit einem prächtigen Blick auf den Himmel. Wild Cat und die Kuh halfen mir beim Bau, der nicht schwierig war, da es zum größten Teil eine natürliche Formation ist. Das wunderbare Rindvieh Selbst schläft lieber draußen, doch sie ist stets verfügbar. Sie heißt übrigens Catherine. Ich hatte mir das gleich gedacht, denn als Kind las ich ein tolles Buch, das *Catherine the Comical Cow* hieß, und diese Kuh ähnelt der Heldin jenes Buches. Sie ähnelt auch der komischen Kuh, der ich 1976 auf der Alm bei der Kleinen Scheidegg im Kanton Bern, Schweiz, begegnete.[1] Und sie hat viel gemeinsam mit Catherine, der Schlauen Kuh, mit der ich im Herbst 1980 in Leverett, Massachusetts, Freundschaft schloß.[2]

Und Jetzt mag die aufmerksame Leserin mit Recht fragen: Wie geht es Wild Cat mit all dieser Kuh-identifizierten Anziehung? Um ehrlich zu sein, muß ich zugeben, daß es Spannungen gegeben hat. Immer wenn Catherine hereinkam, um über meine Schulter zu schauen, pflegte Wild Cat ans andere Ende der Werkstatt zu staksen, dort setzte sie sich, drehte uns den Rücken zu und peitschte mit ihrem Schwanz. Ich habe mich schließlich mit beiden zusammengesetzt und erklärt, daß Wild Cat für immer und ewig meine auserwählte Geistverwandte ist, die mich unsagbar inspiriert, und daß Catherine unsere wunderbare Neue

Freundin ist. Dann küßten wir uns alle und tanzten gegen die Uhrzeiger-richtung herum, miauten, muhten und heulten den prächtigen Mond, unser Zuhause, an. Seitdem leben wir glücklich und zufrieden zusam-men.

Ich bin sicher, daß inzwischen einige meiner Gefährtinnen ange-kommen sind, doch hier auf dem Mond ist viel Platz, und alle hatten es eilig, sich niederzulassen und zu arbeiten. Sicherlich haben einige ihre Werkstätten an anderen Berghängen, in Tälern und gemütlichen Kra-tern aufgeschlagen. Es war wirklich noch keine Zeit für eine Konfe-renz. Doch jede ist sich der Anwesenheit jeder anderen bewußt.

NACH BOSTON UND ANDERSWOHIN PENDELN

Nach Boston oder anderswohin auf Erden zu pendeln, um zu lehren oder Vorträge zu halten oder Freundinnen zu besuchen, bereitet mir keine Schwierigkeiten. Wenn du den Trip ein- oder zweimal gemacht hast, fällt das Springen leicht. Natürlich haben sie da unten, wo ich an den Grenzen patriarchaler Institutionen kämpfe, keine Ahnung, *woher* ich gependelt komme. Sie glauben, daß ich irgendwo in Newton wohne.

Mehr als einmal mußte ich ein Lächeln unterdrücken, wenn ich hörte, daß „sie" mich als „die Irre"† bezeichneten. Wenn sie wüßten! Doch genau das ist es. Sie sind unfähig zu wissen. So bin ich hier sicher und unsichtbar. Wild Cat und Catherine leisten sich gegenseitig Gesellschaft, und jedesmal, wenn ich von diesen Eskapaden zurück-komme, sind sie begierig, von meinen Trips zu hören.

Keine von uns ist von den schlechten Nachrichten erfreut, die ich jetzt von dem immer bösartiger werdenden Vordergrund mitbringe. Ein unsägliches Beispiel ist der Gruppen-Überfall auf die sechsund-zwanzigjährige Kimberly Rae Harbour in der Halloween-Nacht 1990 in Dorchester, Massachusetts. Laut der ärztlichen Untersuchung wurde der Tod der vergewaltigten jungen Frau durch 132 Stichwunden und mindestens 18 Schlagwunden hervorgerufen. Bis zum 21. Dezember 1991 wurde nur einer der acht jungen Männer, die diese Scheußlich-keit verübt haben sollen, vor Gericht gestellt. Er wurde wegen Mordes, Vergewaltigung und Raub verurteilt. Er kommt jedoch glimpflich davon – bis zu seinem achtzehnten Geburtstag wurde er der Jugend-fürsorge unterstellt, denn er war zur Zeit des Verbrechens erst fünf-zehn Jahre alt.[3]

---

† Engl. *the lunatic*, von lat. *luna* = Mond. Ich werde im folgenden *lunatic* passender-weise mit „mondsüchtig" übersetzen.

schlechte nachrichten in der tat. eine neue generation frauen-mordender unholde wächst heran. dazu mit schußwaffen ausgerüstet. und frauen versterben stückchenweise ihre leben in angst; sie wissen, ihnen wird niemand glauben, daß ihr leben bedroht ist. nicht ehe sie tot sind. noch nicht einmal dann. Also muß ich all dies wissen, und dennoch: Geh, Mary, geh. Siehst du das Grüne Licht? Grün heißt Zeit zum Weitergehen. Mach weiter und weiter. Ich will Jetzt mit meinem *Logbuch* weitermachen.

GRÜNE *LOGBUCH*-VERMERKE: IRLAND

Wenn ich hier mit meinen Freundinnen in meiner Werkstatt auf der anderen Seite des Mondes sitze, bin ich mir bewußt, daß dies die ideale Situation für Momentoses Er-Innern meiner Wahren Weltraum-Reisen zur Grünen Insel ist, die in Gezeiten-Zeit stattfanden. Ich habe mich bereits an Reisen nach Irland, die in früheren Galaxien[4] stattfanden, Momentos erinnert. Speziell mein Besuch in der Dritten Galaxie 1984 war ein Vorgeschmack auf die Vierte-Galaxie-Reise zu dieser Schatz-Insel.[5]

Die erste dieser Reisen war im Juli 1987. Wenn ich aus meiner Gegenwärtigen Mondischen/Mondsüchtigen Perspektive über diesen Besuch nachsinne, erkenne ich ihn als Antwort auf einen unwidersteh-lichen Ruf des Wilden. Von Anfang an war das ganze Abenteuer mit einer Aura von Syn-Crone-izitäten umgeben.

Zunächst einmal hörte ich im Herbst 1986 „zufällig", daß in Dublin ein internationaler Frauenkongreß geplant wurde. Ich „hörte", das heißt, ich mißverstand, daß der Titel „Frauen-Worte" sein sollte. Dies kam mir phantastisch passend vor, da das *Wickedary* im Herbst herauskommen würde. Es lag mir viel daran, diesen Neuen Stoff einer internationalen Zuhörerinnenschaft vorzustellen, ganz besonders, weil das in Irland stattfinden sollte.

So schickte ich im Oktober 1986 einen eiligen „An alle, die es angeht"-Brief an die Organisatorinnen ab, ohne irgendeinen Hinweis zu haben, um wen es sich dabei handelte. Ich fügte einen Vorschlag für einen Vortrag oder Workshop bei und wartete. Ich glaube, es folgten einige Anrufe. Auf jeden Fall begriff ich allmählich, daß der tatsächliche Titel des Dritten Internationalen Interdisziplinären Frauen-kongresses *Frauen-Welten* lautete.

Im Dezember 1986 schrieb mir Katherine Zappone im Namen des Organisationskomitees und lud mich ein, einen der Hauptvorträge auf einer der Plenumssitzungen zu halten. Sie schlug vor, daß ich meine augenblickliche Arbeit in den Kontext meiner vorangegangenen Arbei-ten stellen, die Schlüsselelemente meiner bisherigen Reise erzählen und erläutern sollte, warum die ich „linguistische Frage" als so entscheidend für die Zukunft sehe.

Einige Wochen später bekam ich einen warmen Brief von Geraldine Moane, auch im Namen des Organisationskomitees, die mir dankte, daß ich eine der Hauptsprecherinnen sein wollte. Nach einigen weiteren Telefonaten befand ich mich in der verblüffenden Situation, daß ich insgesamt drei Reden, einschließlich meines Hauptvortrags, zugestimmt hatte, und ich schrieb glücklich drei Vorschläge.

Wenn ich diese Vorschläge Jetzt in meiner Werkstatt auf der Anderen Seite des Mondes noch einmal lese, bin ich fasziniert zu sehen, wie viele Komponenten von *Auswärts reisen* sich dort finden, beispielsweise „Spiralische Bewegung durch Momente oder Trauben von Momenten".

Zu jener Zeit glaubte ich, daß es nur drei solcher Spiralen gäbe. Ich hatte noch nicht Realisiert, daß es vier seien. Obgleich ich mich bereits in der Vierten Spiral-Galaxie befand und das zu Realisieren/aktualisieren begann, hatte ich noch nicht bewußt erkannt, daß es da eine „Vierte" gab und daß ich angekommen war. Ich wußte jedoch, daß „jeder der Momente wiedererlebt und aus anderen Gesichtswinkeln gesehen wird". Aus meiner Gegenwärtigen Perspektive ist klar, daß es noch ein paar mehr Anstöße brauchte, ehe meine Craft in das *bewußte* Erkennen der Vierten Spiral-Galaxie und des Expandierenden Jetzt Springen würde.

Um mein unterschwelliges Wissen von der Existenz der Vierten Spiral-Galaxie zu Realisieren, mußte ich es weiter leben. Um das Expandierende Jetzt zu Erkennen, mußte ich weiter Expandieren. Das Schreiben an *Auswärts reisen* würde eine Fahrt in solches Realisieren sein. Es würde die Momente Momentosen Er-Innerns des Jetzt, des Expandierenden Jetzt ermöglichen. Die gleiche Wirkung hatten viele andere Aktivitäten, einschließlich Reisen.

Und so, als das Grüne Licht sagte: „Auf! Nach Irland!", machte ich mich auf den Weg nach Dublin (am 1. Juli 1987). Ich flog direkt von Boston und brannte vor Aufregung, wieder dorthin zu kommen. Seit meinem Besuch 1984 sagten meine Freundinnen, daß ich bei der Erwähnung von Irland buchstäblich aufleuchte. Für mich ist Irland Ekstase.

Der fünf Tage während Kongreß sollte am 6. Juli beginnen, und einige irische Frauen hatten für die vorhergehenden freien Tage aufregende Reisepläne geschmiedet. Und es brauten auch einige großartige Ideen für die Tage danach. Und so geschah es, daß am Freitag, 3. Juli, dieses irische Hintergrund-Abenteuer sanft und fröhlich mit Unternehmungen im wunderschönen County Wicklow begann, wohin ich in einem Lieferwagen mit fünf Frauen und zwei Hunden rumpelte.

Es war ein liebliches und sanftes Erwachen zur Anderswelt von Irland.*

Die folgenden Tage waren intensiver. Mit Anderen neuen Freundinnen fuhr ich nach Westen.* Wir besuchten vorkeltische Gegenden mit Geheimnisvollen Namen wie Newgrange, Dowth und Knowth – eine Merkwürdige Dreiheit. In Dowth kletterten Margaret (oder vielmehr Maggie) und ich in eine Bienenkorb-Wohnstatt hinab, die denen in Leverett ähnelte und doch anders war.[6] Mary und Marina warteten am Eingang, während wir uns durch einen dunklen langen Gang vorarbeiteten. Als wir das Zentrum am Ende des Ganges erreicht hatten, setzten wir uns hin und begannen „Ba" zu singen (wie ich es häufig mit meinen Freundinnen in Leverett getan hatte). Im Gegensatz zu den Erlebnissen in Leverett, die ich Maggie genau beschrieben hatte, hörten wir keine Bienen summen und waren sehr enttäuscht. Als wir jedoch den Gang wieder hinaufgekrochen und bei Marina und Mary waren, sagten diese, daß sie, während wir unten waren, aus dem Inneren des Gebildes das Summen von Bienen gehört hätten. Dies verblüffte mich, denn sie kannten die Leverett-Story nicht und hatten Maggie und mich nicht singen gehört.

Vor Stolz geschwellt angesichts unseres Erfolges in Dowth versuchten wir in Knowth das Gleiche. Hier war offiziell geschlossen, also kletterten wir über den Zaun und wurden von Brennesseln begrüßt. Glücklicherweise wußten meine irischen Freundinnen, daß gegen das unerträgliche Brennen Ampferblätter helfen, die stets in der Nähe von Brennesseln wachsen. Schnell geheilt, sprangen wir über die grasbewachsenen Erhebungen und um sie herum, über die schwarzen Plastiktüten, die irgendwelche -ologisten, die angeblich den Ort „erforschten", dort plaziert hatten. Wir versuchten in den Steingebilden „Ba" zu singen, doch das erwartete Summen kam nicht. Die Bienen ließen uns wissen, daß sie nicht immer auf Anruf reagieren. Vielleicht waren diesmal die Stiche der Brennesseln ihre Antwort.

Unverzagt eilten wir weiter nach *Sliabh na Cailligh* – dem Hexenhügel, der Radikalen Feministinnen in Irland wohlbekannt ist. Als wir im Abendlicht den Hügel hinaufliefen, wurden wir von herabstoßenden Schwalben und von Wieseln begrüßt, die hüpfend und rollend um den „Hexen-Stuhl" herumspielten.

Und weiter ging's... zum County Sligo. Irgendwann überquerten wir den Fluß Shannon – ich weiß nicht wo. Es heißt, wenn du den

---

* Die Frauen waren Marie Davis, Ioma Ax (allgemein Io genannt), Joni Crone, Aileen Ryan und meine Freundin Marisa Zavalloni, die aus Montreal zum Kongreß gekommen war. Die Hunde waren Nellie und Buffie, geistverwandte Freundinnen von Io und Marie.
* Diese neuen Gefährtinnen waren Mary Duffy, Margaret Doherty und Marina Forrestal. Marisa Zavalloni war auch bei diesem Trip dabei.

Shannon in westlicher Richtung überquerst, kommst du an den Ort, wo du die Feen hören und sehen kannst. Wir waren alle mehr als bereit dazu.

Unser Trip nach Sligo war magisch – hinauf und über Hügel auf den kurvigen engen irischen Straßen in einem kleinen Auto, das mit Sprühender irischer Musik – vom Tonband – gefüllt war. Ich wußte, daß ich mich in Feen-Raum und Feen-Zeit befand, als wir, getragen von der fröhlichen Musik, in der Nacht dahinflogen und schließlich nach Strandhill kamen. Der Mond schien aufs Meer, und die Berge ragten beiderseits der Bucht auf. In Hochstimmung fanden wir Zimmer für die Nacht.

Am nächsten Tag sprangen wir in unser magisches Auto und fuhren nach Carrowmore. Als wir die Spitze des Hügels, der Maebh's Grab sein soll, erreicht hatten, setzten wir uns im Kreis und sprachen über viele Dinge. Dann ging es weiter zu einem Steinkreis neben der Straße nördlich von Sligo – ein Ort, der Creevykeel heißt. Wir hatten alle das starke Bedürfnis, uns dort auf die Erde zu legen, an verschiedenen Stellen. Das taten wir, und wir hatten alle das intensive Gefühl, daß die Erde uns magnetisierte und an sich, in sich zog, uns willkommen hieß.

Erfrischt fuhren wir weiter, als nächstes zum Deerpark Forest, an den Rhododendren vorbei, auf die wir, wie man uns gesagt hatte, achten sollten, und dann den spiralenden Weg hinunter in das Herz des Waldes. Maggie und ich sprangen aus dem Auto und wanderten über die Felder, wir spürten, daß der Grund hohl war... und daß sich dort eine machtvolle Präsenz befand. Als ich auf einer Erhebung stand, von der ich wußte, daß sie sehr alt war, hörte ich eine Biene Summen. Ich schaute nach allen Seiten, sah aber keine Bienen. Ich rief nach Maggie, doch als sie kam, hörte das Summen auf, und ich war mit meinem Erlebnis allein. Die haben schon Tricks drauf, diese Bienen!

Auf dem Weg zurück nach Dublin nahmen wir den Weg nach Carrowkeel. Wir fuhren auf einem kleinen Feldweg ins Grüne, das Grüne Gras und das Moor... und verfuhren uns! Doch vor uns waren eine kleine alte Frau und ein kleiner alter Mann, die aus ihrem Auto ausgestiegen waren, wahrscheinlich um Torf zu sammeln. Die kleine alte Frau und der kleine alte Mann hatten gesund-rote, schöne, ekstatische Gesichter. Als wir riefen, kam der kleine alte Mann zu uns und lächelte. Wir fragten, ob wir auf dem richtigen Wege seien, um die Steinhügel (Grabplätze) zu finden. Er antwortete mit einer unvorstellbar fröhlichen, äußerst musikalischen Stimme: „Das ist er, genau!"

Also blieben wir weiter auf dem Weg. Es war der falsche, oder vielmehr: Es war der richtige, doch wir fuhren in die falsche Richtung, etwas, worauf er uns nicht hingewiesen hatte. So kehrten wir um und fanden die Hügel. Und das Grün überall um uns her war das satteste

Grün! Hier konnten nur Feenleute mit fröhlichen Feenstimmen erscheinen und uns in der falschen Richtung bestätigen. Und das machte nichts – wie meine Eltern sagen würden –, denn es würde am Ende doch alles gut ausgehen. Und so war es auch.

Danach fuhren wir zurück nach Osten, nach Dublin.[8] In Dublin hatten mich die Kongreß-Organisatorinnen stilvoll im Blooms Hotel untergebracht. Meine Seele war immer noch im Westen, in den Mooren, im Feenland. Doch sie war auch hier in Dublin, das vor Erregung bebte. Feministinnen aus der ganzen Welt hatten die Stadt übernommen. Etwa tausend von uns waren aus anderen Ländern gekommen und Hunderte aus ganz Irland. Dublin war *unsere* Stadt, und es war, als hätten wir die Welt übernommen. Überall, wohin du schautest, waren Frauen in „Women's Worlds"-T-Shirts, die „Women's Worlds"-Programme und „Women's Worlds"-Kongreß-Taschen trugen.

Vorträge und Workshops fanden hauptsächlich im Trinity College statt. Ich hatte meinen ersten Vortrag am Dienstag, 7. Juli, in Trinity. Das meiste war aus dem *Wickedary.* Aus zwei Gründen wurde dieser eine von meinen drei Vorträgen sehr diskret bekanntgemacht – in Notizen am Schwarzen Brett und nicht im Programm. Erstens sollte keine mehr als zwei Vorträge halten. Zweitens war dieser für Zuhörerinnen vorgesehen, die bereits mit meiner Arbeit vertraut waren.

Dennoch schlichen sich einige Frauen ein, die dieser Anforderung nicht entsprachen. Eine davon regte sich über das, was sie als meine „Feindseligkeit" gegenüber Männern empfand, auf. Ich war ungeduldig und schnauzte zurück. Die meisten anwesenden Frauen verziehen mir das. Doch die amerikanische Journalistin Katherine Holmquist, die, da fast das ganze Personal streikte, von *The Irish Times* bestellt war, meinen Vortrag „wahrzunehmen", erteilte mir keine Absolution. Sie entstellte den Vortrag – und mich – bis zur Unkenntlichkeit. Folglich schlugen die Frauen, die anwesend gewesen waren, einen Mordskrach. Unzählige donnernde Protestbriefe gingen an *The Irish Times*, noch Wochen nach dem Kongreß.

Meine Erinnerung an diese sehr aufregende Sitzung in Trinity enthält in erster Linie die Tatsache, daß die Frauen sich weglachten. Sie waren mehr als Hexisch genug, um das Hexikon (*Wickedary*) zu würdigen zu wissen. Mein Lieblingskommentar: Ich hörte, wie eine irische Frau gegenüber einer anderen ausrief: „Ich hab' mir fast in die Hosen gemacht!" „Toll", dachte ich. Dies war besser als oder mindestens ebensogut wie das „Arf arf" von Websters' Intergalactic Seal of Approval. So war es also ein *sehr* glücklicher Nachmittag.

Am Donnerstag, 9. Juli, gab ich meinen Hauptvortrag.* Für mich

---

* Jeden Tag gab es eine Hauptsprecherin: Montag: Birgit Brock-Utne (Norwegen); Dienstag: Kamla Bhasin, (Indien); Mittwoch: Monica Barnes, Mary Robinson, Margaret McCurtain, Ursula Barry (Irland); Freitag: Helen Caldicott (Australien).

war das ein unsagbar aufregendes Ereignis. Als ich Wild Cat und Catherine die Geschichte erzählte, waren sie so bewegt, daß sie im Gleichklang miauten und muhten und über die Seiten dieses Kapitels tanzten und tollten, die bald in meiner Werkstatt verstreut waren. Ich mußte sie hinausscheuchen, um diese Erinnerungen zuende schreiben zu können. Doch erst einmal erklärte ich ihnen geduldig, daß diese Werkstatt meine Piratenhöhle auf dem Mond ist und daher ein Ort, um kostbare Kleinodien an Er-Innerungen und Ein-Sichten auszusortieren, eine Arbeit, die intensive Konzentration und Zielgerichtetheit verlangt. Folglich sind keine Ablenkungen erlaubt. Sie versuchen zu verstehen, doch sie sind so Aufgeladen mit Animalischem Magnetismus, daß sie es praktisch unmöglich finden, ruhig und gelassen zu bleiben oder sich loszureißen. Auf jeden Fall werde ich Jetzt in Ruhe gelassen, und so will ich fortfahren.

Mein Vortrag sollte um vier Uhr nachmittags in der National Concert Hall stattfinden. Ger Moane und ich kamen früh, das Haus war praktisch leer. Ich erinnere mich lebhaft, wie wir zusammen die wunderschönen teppichbelegten Treppen in diesem prächtigen Haus hinaufstiegen. Dabei konnten wir exquisite Andersweltliche/Anders-Zeitliche Musik hören, die irgendwo im Haus gespielt wurde. Wir kannten beide weder das Musikstück noch wußten wir, wer es komponiert hatte. Es war eine reine Freude. Es war Absolut Wunderbar. Für mich bedeutete jener Momentose Moment des Heraufsteigens auf der Treppe etwas wie eine Er-Innerung an unsere eigene Größe in alter Zeit – Pracht und Herrlichkeit der Frauen. Besonders Erspürte ich, daß wir am Ent-Decken und Zurück-Bringen weiblicher Großartigkeit nach Irland teilhatten. Wir erlebten unsere vorchristliche und vorkeltische Gynozentrische Realität. Wir gingen hinauf und hinauf, getragen von der fröhlichen Musik. Hinauf zu unserem rechtmäßigen Platz, dem Platz der Rasse der Frauen. Ich fühlte mich in jenem Moment unendlich Stolz. Ich war Ekstatisch.

Von hinter der Bühne hörte ich später das Rufen, Reden und Lachen der Frauen, die hereinströmten und ihre Sitze einnahmen. Bald war der große elegante Saal mit Frauen gefüllt. Frauen aus jedem Kontinent der Erde. Feministinnen aus jedem Kontinent der Erde. „Wir sind alle an den richtigen Ort gekommen!" dachte ich. „Und dieser Augenblick wird Unauslöschlich sein!"

Die „offizielle" Zuhörerinnenschaft bestand aus etwa achthundert Akademikerinnen aus aller Welt, die von ihren Universitäten finanziert wurden. Die inoffizielle Zuhörerinnenschaft bestand, zu meinem Entzücken, aus etwa vierhundert irischen Frauen aus allen Gegenden Irlands, viele von ihnen Frauen der Arbeiterklasse. Die Schwingungen waren warm und Wild.

Der Titel meines Vortrags war: „Be-Denken, Be-Sprechen, ‚Be-

Spelling': Die Archimagischen Kräfte der Frauen Zurück-Rufen." Ich hatte aus jedem meiner Bücher, einschließlich *Auswärts reisen* *, etwas hineingewoben. Die Zuhörerinnen waren mehr als enthusiastisch. Ich spürte eine starke Harmonie mit ihnen, und so ging ich bis zum Letzten.

Hinterher, beim kalten Büfett, das exquisit war, traf ich Frauen aus weit entlegenen Gegenden. Viele sagten mir, daß sie meine Bücher als Pflichtlektüre in ihren Kursen verwenden. Besonders bewegten mich die Berichte von Frauen aus Indien und Japan, die mir von den Erfahrungen berichteten, die sie mit Lesen und Lehren aus *Gyn/ Ökologie* gemacht hatten.

Wenn ich Jetzt dieses Essen Er-Innere, ist mir klar, daß es in Wirklichkeit ein Piratinnen-Bankett war. Wir waren mit unseren Schiffen von allen Enden der Welt gekommen, um miteinander zu feiern, Strategien zu entwickeln und fröhlich zu sein. Wir hatten an dieser Grünen Insel festgemacht, wo einige von uns unsere Schätze mitein-Ander teilten und tauschten. Wir fühlten uns hier zu Hause. Irlands große Archaische Gynozentrische Geschichte ist unter uns wohlbekannt, denn selbst in schrecklichen patriarchalen Zeiten sind unsere Wahrheiten nicht völlig verloren gegangen. Und schließlich: Der Geist jener großen irischen Piratin aus dem sechzehnten Jahrhundert, Granuaile, Lebt und Atmet und Segelt immer noch in diesen Wassern und Durchstreift diese Insel. Selbst Schulkinder lernen Lieder über sie auf Irisch.[9]

Im Verlauf des Abends, als ich mitten im Gespräch mit Schwester-Piratinnen war, rannte ein Mann durch den Raum und rief aus: „Der Bürgermeister ist da! Der Bürgermeister ist angekommen!" „Was soll's?" dachte ich. „Wen interessiert er?" Doch Ger erinnerte mich daran, daß der „Bürgermeister" von Dublin zu jener Zeit eine Frau war.[10] Und dann kam sie herein, die Bürgermeisterin, in voller Amtstracht. Ich hatte den Eindruck, daß sie nicht lange blieb, aber ich kann mich täuschen. Da passierte so viel! Auf das Büfett folgte ein Konzert irischer Musikerinnen – und danach ein Chorus von Gesprächen bis tief in die Nacht.

Mein letzter Vortrag, den ich Freitag, 10. Juli, im „Manison House" hielt, hatte das Thema „Von der Endzeituhr herunterspringen". Ger Moane leitete die Versammlung. Sie stand jederfrau offen, und es waren irische Frauen aus der Arbeiterklasse in großer Zahl gekommen. Ich fand die Zusammensetzung der Zuhörerinnenschaft aufregend und beschloß an einer Stelle, das Mikrophon Frauen zu übergeben, die für dieses spezielle Ereignis ins Manison House gekommen waren. Mir

---

* Der Auszug aus *Auswärts reisen* war aus einem sehr frühen Entwurf des ersten Kapitels.

gefielen die spontanen Kommentare der Irinnen. Eine junge Frau beispielsweise ergriff das Mikrophon und begann ihre Ausführungen mit der Bemerkung: „Also, ich hörte davon, und da bin ich einfach von der Arbeit weggerannt und hierhergekommen!" Sie fuhr dann mit einer eindrucksvollen Analyse der Lebensbedingungen von Frauen in Irland fort. Einige der Frauen, die nicht gewohnt waren, vor großen Gruppen zu sprechen, zeigten großen Mut. Zum Beispiel: Nachdem es ein paar Minuten lang eine Diskussion hin und her darüber gegeben hatte, ob Frauen, die keine Universität besucht hatten, philosophische Bücher verstehen könnten, ergriff eine Frau, die auf dem Lande lebte und herübergefahren war, ungeduldig das Mikrophon. Sie erklärte, daß sie nie sehr sprachgewandt gewesen sei und zuerst das Gefühl gehabt habe, daß sie *Gyn/Ökologie* nie würde lesen können. Dann, nachdem ihre enge Freundin sie ständig angespornt und ermutigt hatte, es zu lesen, fand sie heraus, daß sie das Buch wirklich verstehen könnte und daß sie es mochte. Und so inspirierte sie mit ihrem Mut und ihrer Sprachgewandtheit das Selbstbewußtsein anderer.

Kurz nach dieser Veranstaltung gab es einen „Wir erobern die Nacht zurück"-Marsch durch die Straßen von Dublin.* Es war ein zutiefst anrührendes und inspirierendes Erlebnis, in diesen Straßen zu den ernsten und unerbittlichen Schlägen einer bodhrán (große irische Trommel) zu marschieren. Wir waren Hunderte Kriegerinnen aus vielen Ländern dieses Planeten, die gegen Vergewaltigung und Mord von Frauen marschierten und sangen – um unser Leben marschierten und riefen. In meiner Erinnerung aus der Vierten Galaxie erscheint dieses Ereignis, ebenso wie das Bankett am Abend zuvor, als eine sehr Piratische Episode. Als wir hinter einer großen farbenfrohen Fahne zum Rhythmus der Trommel gingen, wechselten viele Frauen ihren Platz, um miteinander zu sprechen. Ich sehe uns Jetzt als Piratinnen, die wichtige Botschaften austauschten.[11] So Webte zum Beispiel eine Frau aus England, die kurz vor dem Kongreß in Dublin im Frauenfriedenscamp in Greenham Common gewesen war, ihren Weg zu mir und teilte mir wichtige Informationen über das technologische „Zapping" der in jenem Camp lebenden Frauen mit.[12]

Die ganze Woche hindurch hatte es scheinbar unzählige Vorträge und Workshops gegeben, von denen ich an einigen teilnehmen konnte. Es gab auch intensive zwanglose Sitzungen in Restaurants und Kneipen, die sich oft bis weit in die Nacht hinein zogen. Als ob dies noch nicht genug sei, fand ein Erstaunliches Festival irischer Frauenkunst und -kultur statt, das jeden Abend hinreißende Vorführungen anbot.

* Tatsächlich fand dieser Marsch nicht nachts, sondern am späten Nachmittag, kurz nach meinem Vortrag in Manison House statt. Es war sonnig, wie an allen Kongreßtagen und überhaupt während meines ganzen Aufenthalts in Irland. Dieses gute Wetter trug zur Atmosphäre des Optimismus bei, die in dieser Zeit vorherrschte.

Freitagabend gab es eine Women's Worlds Disco, bei der mich besonders die Musik von Mary O'Sullivan begeisterte. Am Samstag besuchte ich „Szenen aus drei irischen lesbischen Theaterstücken", verfaßt von Joni Crone und vorgeführt von Corrine Martin und Melody McNamara im Projects Art Centre. Es war eine kunstfertige und mutige Produktion.

Und das war's dann? Wohl kaum.

Mein Rückflug war erst am Dienstag, 14. Juli, also hatte ich noch zwei weitere freie Tage, um in den Westen zu reisen. Nach Vordergrund-Berechnungen ist das nicht viel Zeit, doch nach Feen-Zeit gerechnet entspricht es mindestens zweihundert Jahren.* Und so sprangen Mary, Maggie, Ger, Joni, Aileen und ich am Sonntag auf einen Zug nach Galway. Dort nahmen wir einen Bus, der durch einen Teil von Connemara zu einem Ort namens Rossaveel fuhr, wo wir ein Schiff nach den Aran Islands bestiegen. Als ich an Bord sprang, verlor ich fast meinen blauen Rucksack, doch er wurde rechtzeitig gerettet. Diese Schiffsfahrt war über die Maßen Real. Ich Sehe Jetzt, daß die Neblige Reise mir zu der Inspiration des Reisens auf dem Unterschwelligen Meer verhalf, was zu einem Hauptthema von *Auswärts reisen* wurde. Ich hatte das Gefühl, daß unsere Vorschwester Granuaile die ganze Zeit mit uns unterwegs war. Ich fühlte mich dieser Persönlichkeit zutiefst verbunden.[12] Ich war von dieser Vorstellung total begeistert. Ich fand, daß Maggie Doherty sehr scharfsichtig war, als sie mir – als wir in dem Wilden Wind auf Deck standen – in die Augen schaute und ausrief: „Hier haben wir die echteste Piratin, die ich je gesehen habe!" Ich fühlte mich geschmeichelt, obgleich wir alle damals ihre Bemerkung nicht sehr ernst nahmen – so schien es zumindest. Jedoch Jetzt, aus dem Rückblick (oder RückHören) der Vierten Spiral-Galaxie erkenne ich die Möglichkeit, daß Maggie Be-Sprochen hat. Ich glaube, daß die Schiffsreise nach den Aran Islands unterschwellig daran mitgewirkt hat, meine Ideen über Piraterie und mein Piratinschiff zu inspirieren und auch über „Piratinfahrten im Nebel" – die weitere wichtige Themen in *Auswärts reisen* sind.

Wir gingen auf der Insel Inishmore von Bord und quartierten uns dort für die Nacht ein. Mich erfüllte es mit Ehrfurcht, an einem Ort zu sein, wo die Menschen Irisch als ihre Hauptsprache sprachen. Das schien das „Queen's English" in die Schranken zu weisen.

Ehe wir uns ausruhten, beschlossen wir jedoch, noch einige Abenteuer zu erleben. Wir hatten ja immerhin erst etwa achtzig Jahre Feen-

---

* Katharine Briggs definiert Feen-Zeit folgendermaßen: „Die alten Feen-Fachleute waren sich sehr deutlich der Relativität von Zeit bewußt, was sich vielleicht auf Traum- oder Trance-Erfahrungen gründete, wenn ein Traum, der viele Jahre umfaßt, zwischen dem Fall aus dem Bett und der Landung auf dem Fußboden erlebt werden kann." Katharine Briggs, *An Encyclopedia of Fairies*, New York 1976, S. 398.

Zeit verbraucht. So mieteten wir uns zwei Ponywagen (natürlich mit Kutschern) und trabten bei Sonnenuntergang um die Insel. Ger und ich waren im ersten Wagen. Ich spürte, daß da hinter uns etwas vor sich ging, drehte mich um und sah, daß unsere Gefährtinnen, besonders Aileen, über uns lachten. Offensichtlich rief unser Anblick, wie wir da auf- und abschnellten, unkontrollierbares Gekicher hervor.

Am Montag fuhren wir nach Dunaengus, eine große Stein-„Festung", und tanzten auf den merkwürdig flachen Felsscheiben herum. Da mein Flugzeug Dienstagfrüh ging, hatten wir nur noch ein paar Feenjahre übrig, um nach Dublin zurückzukehren. So stürzten wir zum Schiff nach Rossaveel, dann in den Bus nach Galway und schließlich auf den Zug nach Dublin.

Am Dienstagmorgen auf dem Flughafen von Dublin waren wir alle in Tränen aufgelöst. Ich war erfreulich beladen mit wunderschönen kleinen Geschenken von meinen irischen Freundinnen. Aber irgend etwas an dieser Reise war unvollständig. Auf einer tiefen Ebene traf ich die Entscheidung, *sehr* bald zurückzukehren und mein irisches Abenteuer fortzusetzen. Doch im Augenblick mußte ich wichtige Dinge jenseits des Atlantik erledigen. Sobald ich diese Arbeit beendet haben würde, würde ich zu diesem magischen Ort zurückkehren.

ZWISCHENSPIEL IN NEWTON

Eine Aura von Traurigkeit begleitete mich bei meiner Rückkehr von Dublin am 14. Juli 1987. Ich war natürlich traurig, Irland zu verlassen. Doch war ich mir zugleich darüber im Klaren, daß ich zu viel Schmerzhaftem zurückflog.

Ich konnte noch nicht wissen, daß Nelle Morton gerade an diesem Tag sterben würde – während ich über den Atlantik nach Boston zurückflog. Doch hatte ich dieses Ereignis für die nahe Zukunft erwartet. Von schwerwiegender Bedeutung war die Tatsache, daß es meiner lieben Freundin Gladys Custance, die ich seit 1970 kannte und die im September ihren achtundachtzigsten Geburtstag feiern sollte, nicht gut ging. Ich fühlte mich nicht bereit, sie – das heißt ihre körperliche Anwesenheit – zu verlieren, auch wenn ich keinen Zweifel daran hatte, daß sie in Anderen Dimensionen immer Anwesend sein würde.

Außerdem hatte ich eine wichtige Arbeit vor mir, nämlich das Vorwort für Andrée Collards Buch *Rape of the Wild* zu schreiben, das posthum veröffentlicht werden sollte.[14] Diese Arbeit würde viele Erinnerungen an meine Freundin erwecken, die vor weniger als einem Jahr gestorben war. Ich war begierig, dieses Vorwort zu schreiben, doch mit ambivalenten Gefühlen.

Freude bereitete mir die Tatsache, daß ich den Druckfahnen des *Wickedary* den letzten Schliff geben würde. Diese Fahnen befanden sich im letzten Produktionsstadium, es würde nicht möglich sein, grundsätzliche Änderungen vorzunehmen, doch wollte ich einige Punkte überprüfen. Außerdem mußten mit der Herstellungsabteilung Fragen des Buchumschlags geklärt werden. Ich wußte, daß ich – wie immer – mit Emily als standhafter Unterstützerin und Beraterin rechnen konnte. Doch die Aussicht, miteinander zu arbeiten und zu spielen, war diesmal getrübt. Denn Emily würde Boston im August verlassen müssen, um ihr neues Lehramt in Los Angeles anzutreten, da es in unserer Gegend keine Arbeit für sie gab. So war meine Freude, sie wiederzusehen, von gemischten Gefühlen begleitet. Diese Trennung würde das Ende einer Epoche bedeuten.

Kurz nachdem ich zu Hause angekommen war, setzte ich mich jedenfalls an meinen Schreibtisch, um mit dem Vorwort zu *Rape of the Wild* zu beginnen. Ich las zuerst das gesamte Manuskript des Buches und merkte Passagen an, die ich besonders wichtig und/oder bewegend fand. Dann machte ich mich ans Schreiben.

Eines Tages, als ich tief in das Vorwort vertieft war, schaute ich auf und wurde von einer vertrauten Gestalt begrüßt, die vor meinem Gesicht hing. Es war keine andere als Sara, die Spinne – oder eine andere aus ihrem Stamm –, die mich vor genau zwei Jahren, im Juli 1985, nach meinem Telefongespräch mit Andrée über Kugelnetzwebende Spinnen besucht hatte.[15] Diesmal schaukelte Sara an meiner Schreibtischlampe, direkt über meiner Schreibmaschine. Ich nahm dies als ein wunderbares Omen. Das letzte Mal hatte ich sie im Sommer 1985 gesehen, wie sie am Rückspiegel meines Autos wie eine Glücksbringerin schaukelte. Hier war sie also wieder und sagte: „Viel Glück, Mary!" Mußte ich nicht annehmen, daß diese Wahrsagende Geistverwandte eine direkt von Andrée gesandte Botschafterin war?

Ich beendete das Vorwort und sandte es ab.

Um meinem Entschluß, in jenem Sommer noch einmal nach Irland zurückzukehren, treu zu bleiben, kaufte ich ein Ticket von Air Lingus, flog am 22. August von Boston ab und kam zwei Wochen später zurück. Natürlich hatte ich mich mit meinen irischen Freundinnen beraten, und wir hatten ein paar ganz unverbindliche Pläne für eine Reise von Dublin in den Westen Irlands gemacht.

Ich hatte meine Abreise so gelegt, daß ich noch in Boston sein konnte, um Emily zu verabschieden. Als ich am Flughafen ankam, hatten sie und ihre Partnerin eine Riesenmenge an Koffern und Kisten aufgegeben, einschließlich drei Katzenboxen. Zusammen mit Robin Hough, der in jenem Sommer in Boston war, frühstückten wir im Flughafenrestaurant. Wir waren eine traurige, abgerissene Gruppe, wie wir da so saßen und Kaffee tranken und erfolglos versuchten, einen

Sinn in all dem zu sehen. Wir alle wußten, daß dies eine verzweifelte Zeit war – daß wir uns mühten, unter den Vordergrund-Bedingungen der späten achtziger Jahre zu überleben. Doch waren wir alle entschlossen, uns nicht durch den Staat/Zustand der Trennung unterkriegen zu lassen.

Als der Flug aufgerufen wurde, gab es eine tief E-motionale Verabschiedung. Robin und ich fuhren zu unseren Wohnungen zurück. Bald danach sagte das Grüne Licht: „Geh, Mary, Geh!" Und ich begann für meine Wiederkehr-Reise nach Irland zu packen.

MONDZWISCHENSPIEL

Ehe ich mit den Eintragungen in mein Grünes *Logbuch* fortfahre, muß ich meine Aufmerksamkeit Catherine und Wild Cat hier auf der Anderen Seite des Mondes zuwenden. Sie haben sich beide wieder in meine Werkstatt geschlichen, als ich über das „Zwischenspiel in Newton" schrieb, und haben geduldig gewartet, daß ich mich ihnen widme. Es scheint, daß – nachdem ich sie hinausgescheucht hatte, um in Ruhe arbeiten zu können – sie ein philosophisches Gespräch darüber angefangen hatten, warum wir alle so vom Mond angezogen sind. Besonders Catherine ist begierig, dieses Thema fortzusetzen.

Ich erkläre ihnen, daß ich nicht alles über das Thema weiß, doch daß es der intellektuellen Anstrengung wert ist. Ich sagte Catherine, daß sie allen Grund hat, neugierig zu sein. Ich erzähle ihr, daß ein Kinderreim über sie geschrieben wurde. Sie peitscht mit ihrem Schwanz als Zeichen von großem Interesse und Aufregung, also sage ich ihn ihr auf.

Ich erkläre dann weiter, daß die Archaischen Mythen in der ganzen Welt eine Verbindung zwischen der Kuh und dem Mond sehen. „Überall auf Erden verehrten die Menschen die weiße Mond-Kuh", sage ich. An dieser Stelle sieht Catherine bekümmert aus. Mir ist klar, warum. Sie ist keine rein weiße Kuh, sie ist braun und weiß.

„Das sollte dir nichts ausmachen, daß du nicht ganz weiß bist", ermahne ich sie. „Du würdest sowieso nicht verehrt werden wollen. Das wäre langweilig. Das Wichtige ist, du bist eine *Kuh... und du bist über den Mond gesprungen!* Außerdem kannst du Milch geben, und die ist weiß, und darum geht es im Grunde, wenn hier von weiß die Rede ist."

Ich nehme meine Freundinnen mit zum Eingang der Werkstatt. „Schaut hinaus", sage ich. „Das ist unsere Galaxie. Das Wort *Galaxie* stammt übrigens vom griechischen *gala*, was ‚Muttermilch' bedeutet. Und diese Galaxie heißt die Milchstraße."

Wild Cat, die bei dem ganzen Kuh-Gerede unruhig geworden ist, zeigt bei der Erwähnung von Milch mehr Interesse. Damit kann eine Katze wenigstens etwas anfangen.

Ich sage zu Catherine: „In der Mythologie, die die Quelle für den Kinderreim ist, hinterläßt die Kuh, die über den Mond Springt, eine Spur ihrer Sternenmilch quer über den Himmel. Außerdem ist in keltischen Ländern die Milchstraße als der Weg der Weißen Kuh bekannt.[16] Und da wir von ‚keltisch‘ sprechen, ich muß zurück und an meinen Grünen *Logbuch*-Eintragungen arbeiten. In diesem Expandierenden Jetzt gibt es *soviel* zu Er-Innern!"

Wild Cat schaut erleichtert, daß dieser Diskurs beendet ist, und Catherine macht in Ekstase über ihr Neues Wissen Kuhaugen. Beide versprechen, wenn sie drinbleiben dürfen, ruhig zu sein, während ich arbeite.

Ehe ich wieder anfange zu tippen, erzähle ich ihnen, daß eine Freundin, über die ich gerade schreibe, nämlich Andrée, sehr an der Mond-Kuh-Göttin interessiert war, die im alten Griechenland auch als „Jo" bekannt war. Andrée hatte sogar einen Lobgesang auf diese Göttin geschrieben. Meine Mondgefährtinnen wollen, daß ich ihnen das vortrage. Ich auch. Er geht so:

Jo-die-Mondin alter Zeiten, Jo-die-Kuh,
Jo die Doppelquelle von Wasser und Milch –
Leben und Lebensnahrung –
Jo, nach der Zeus verlangte, als ihn nach Europa gelüstete
Europa-die-Kuh, Europa-die-volle-Mondin und Nymphe.
Jo und Europa der Weidenbäume und Weiden des Himmels.

Bei diesen Worten schnurrt Wild Cat glücklich und träumerisch und schlummert langsam ein. Catherine, die außer sich ist, fällt in eine selige Ohnmacht.

So bin ich frei, weiter meine *Logbuch*-Erinnerungen niederzuschreiben.

GRÜNE *LOGBUCH*-VERMERKE:
IRLAND (FORTSETZUNG)

Dem Grünen Licht folgend sprang ich am 22. August auf das Flugzeug nach Dublin. Am nächsten Morgen kam ich an, und Joni, Aileen und Ger holten mich ab und fuhren mich zu Buswell's Hotel, ein Ort angenehmer Erinnerungen, wo ich erst mal lange schlief. Am Abend trafen sich Joni, Aileen, Ger, Io, Marie und ich in Joni und Aileens Wohnung, wo wir ein köstliches indisches Mahl und gute anregende Gespräche genossen.

Am Montagfrüh fuhren Ger und ich zum Flughafen hinaus, um ein

Auto zu mieten. Langsam fuhren wir durch den Dubliner Verkehr zurück zu Joni und Aileens Wohnung, wo uns ein exquisiter Lunch erwartete. Ann Louise Gilligan und Katherine Zappone waren kurz vor uns gekommen. Wieder erfreuten wir uns an guten Gesprächen und vorzüglichem Essen.

Schließlich, um 15.30 Uhr (oder, wie die Iren sagen, „halb drei") packten Ger, Joni, Aileen und ich uns in das gemietete Auto, um nach dem Westen aufzubrechen. Wir nannten das „Dublin langsam verlassen". Eine Zeitlang fuhr Ger. Dann, in einem Ort namens Moate, wechselten wir uns ab, und ich setzte mich ans Steuer. Unser Ziel war County Clare, nicht nur, weil es dort wunderschön ist, sondern auch, weil ich glaubte, daß die Daly-Seite meiner Familie aus Clare stammte, und es mich drängte, dorthin zu fahren.

Aileen und Joni saßen auf dem Rücksitz. Nach einer Weile spürte ich, daß von dort eine starke Spannung ausging. Ich entdeckte, daß die rückwärtigen Passagiere... beteten (oder irgend etwas in der Richtung). Natürlich war ich noch nicht ganz daran gewöhnt, auf der linken Straßenseite zu fahren, und die engen, kurvigen irischen Straßen sind etwas anderes als die amerikanischen Superhighways. Für Aileen und Joni mag dies wie eine Schußfahrt ins „nächste Leben" ausgesehen haben. Sie sahen krank aus.

Da ich ziemlich stolz auf meine Fahrkünste bin, fand ich dies irrational. Ger hielt sich an die Rolle, taktvoll zu sein. Unsere Spannungen wurden nicht kleiner, als wir allmählich entdeckten, daß das in Irland gesprochene Englisch und das der USA praktisch nichts gemeinsam haben, soweit es Autos betrifft. Nicht nur, daß „the hood" (Motorhaube) „bonnet" genannt wird und „the trunk" (Kofferraum) „boot". Ein noch wichtigerer Unterschied betrifft die Scheinwerfer. Was die Amerikaner „headlights" (Scheinwerfer) nennen, sind für die Iren schlicht „lights", während was wir „highbeams" (Fernlicht) nennen, bei den Iren „headlights" heißt. Irgendwann (nach Dunkelheit) schrieen Ger und ich uns an: „Deine ‚headlights' sind nicht an", sagte sie. „Sie *sind* an. Schau auf die Straße!" antwortete ich irritiert. „Sie sind *nicht* an", stellte sie laut fest. „Sie *sind* an!" bellte ich. „Siehst du's nicht?" Wir brüllten lauter und lauter. Wir lachten darüber... hinterher.

Vor dieser disharmonischen Episode im Dunkeln ereignete sich jedoch ein überraschend Momentoser Moment in einer Stadt namens Loughrea, durch die die Straße nach County Clare führte. Wir erreichten sie am frühen Abend und hielten an, um etwas Essen aus einem Straßenverkauf mitzunehmen, denn wir wollten den Sonnenuntergang in den Burren nicht verpassen – in jenem großen Wunderland aus reinem Kalkfelsen im Norden von County Clare.

Ich nehme an, daß Loughrea den meisten Besuchern nicht viel zu sagen hat. Es ist eine „gewöhnliche" alte irische Stadt mit mehreren

Kneipen und Läden. Doch in jenem Surrealen frühen Abendlicht hatte es für mich etwas ganz Besonderes. Als ich dort durch die Straßen ging, trug es mich in Dimensionen von *déjà vu* – etwas bereits einmal gesehen haben. Dieses Erlebnis war keine Illusion, es war Super Real. Ich hatte das Gefühl, daß ich – vor langer Zeit oder vielleicht noch früher – genau über diese Straßen gegangen war und genau diese Häuser gesehen hatte. Ich war zu Hause, glücklich, hingerissen. Klar, ich hatte wieder den Fluß Shannon überquert und nahm andere Dimensionen wahr.

Es war genau richtig, daß sich dieses Erlebnis an einem ganz gewöhnlichen Ort ereignete und nicht an einem mit Touristen gefüllten berühmten Platz, wo frau vielleicht auf irgendein besonderes Erlebnis vorbereitet wäre. Dennoch war ich natürlich total überwältigt, denn ich konnte ja nicht wissen, welcher „gewöhnliche" Ort – wenn es den überhaupt gab – mich in einen solchen Zustand Er-Innernder Glückseligkeit versetzen würde.

Als meine Freundinnen aus dem Straßenverkauf-Restaurant kamen, fuhren wir schnell weiter nach den Burren und konnten noch einen guten Teil des Sonnenuntergangs sehen. Die Farben der gerundeten Felsen erinnerten mich an den Great Canyon. Es war eine Art stumpfer Rosenfarbe, die für mich in jenem Augenblick eine Aura von Traurigkeit ausstrahlte. Ich wußte noch nicht, daß dies erst der Vorgeschmack der Burren war, die mir einige Tage später einige ihrer erstaunlichen Wunder enthüllen würden.

Wir fuhren weiter nach Ballyvaughan in County Clare, wo wir in Claire's Restaurant ein spätes und exquisites Abendessen einnahmen. Dort ereignete sich etwas Überraschendes. Es war kurz vor elf, als wir vier uns an einem Tisch mit fünf Stühlen niedersetzten. Etwa um halb zwölf spürte ich eine Präsenz auf dem „leeren" Stuhl. Ich erklärte meinen Freundinnen, daß Gladys Custance mir versprochen hatte, mich während dieser Irlandreise zu besuchen.

Lange vor diesem Versprechen hatte sie mir gesagt, ich solle jeden Abend gegen halb zwölf an sie denken. So war halb zwölf zur „Gladys-Zeit" geworden. Nur einige enge Freundinnen wußten das. Wenn Nancy Kelly mich abends besuchte und wir merkten, daß es „Gladys-Zeit" war, pflegten wir ganz zwanglos „Hallo, Gladys!" zu sagen. Und hier in Ballyvaughan machte mich Gladys subtil auf ihre Präsenz aufmerksam. Keine hatte Mühe, das zu verstehen. Ich weiß, daß ich mir des „leeren" Stuhls sehr bewußt war.

Wir übernachteten in einem B&B† und nahmen am nächsten Tag die Küstenstraße zu den Cliffs of Moher, den hohen erstaunlichen Felsenklippen mit atemberaubenden Aussichten. Als wir ankamen,

† Abkürzung für *Bed and Breakfast* = Hotel garni.

befanden wir uns bereits mitten in unserem zweiten Jahr der Feenzeit auf diesem Trip – oder vielleicht dem zweiten Jahrhundert –, und wir waren erst am Anfang. Als wir hoch oben am Rande der Klippen saßen, ereignete sich etwas Merkwürdiges. In einiger Entfernung kreisten Möwen, eine davon kam herüber, um uns zu besuchen oder besser, um sich zu „produzieren". Ich weiß nicht, wie ich das sonst bezeichnen könnte. Die Möwe stieß herab und schwang sich wieder hoch hinaus, Spiralte umher und flog wieder direkt auf den Felsen zu, dann Spiralte sie wieder eine Weile. Sie kam zurück, ließ sich vom Wind tragen, schoß wieder hinauf und stieß herab, während uns vor Erstaunen über den Vogel die Luft weg blieb. Diese Flugvorführung dauerte etwa eine halbe Stunde (nach „normaler" Zeit gerechnet).

Am eindrucksvollsten war die Kühnheit der Möwe und, so meine ich, ihre Freude an dieser Schaustellung. Ich nahm das persönlich. Wichtig dabei war das Wunder und die Freude – die Glückseligkeit und Freiheit, die diese Möwe vermittelte –, die, wie ich Jetzt Realisiere, ihren Weg in das Schreiben an *Auswärts reisen* hineinsegelte.[17]

Jedenfalls fing es an zu regnen. Des Regens nicht achtend und von Neugier getrieben gingen wir zu einer merkwürdig aussehenden Steinmauer mitten in einem Feld. Durchnäßt fuhren wir zu einem B&B in der Nähe von Doolin. Nachdem wir uns umgezogen hatten, gingen wir zum Essen in eine Kneipe in Doolin, die für ihre authentische Musik berühmt war. Danach machten wir noch einen Spaziergang durch die Gegend, starrten in den wunderbaren Nachthimmel – der sternenreichste Himmel, den ich je gesehen habe. Nicht nur, daß da so *viele* Sterne waren – viel mehr als sogar in Leverett zu sehen waren –, sie schienen auch so nahe, so groß und so hell und mit Händen zu greifen zu sein. Ich sah eine Sternschnuppe. Die Nacht war ziemlich kalt und sehr windig, doch wir gingen weiter.

Als wir zum B&B zurückkamen, war es kalt, und es gab nicht genügend Decken, doch es war zu spät, um noch welche zu erbitten. Am nächsten Tag, Jahr, Jahrhundert spürte ich drohende Halsschmerzen. Doch es gab soviel zu sehen und zu tun!

Wir fuhren zu einer hohen Felsformation nahe den Cliffs of Moher, die als „Hag's Head" (Hexenkopf) bekannt ist – der Name allein machte einen Besuch unumgänglich. Weiter ging es nach Kilfenora, dem Geburtsort von Gers Großmutter väterlicherseits. Weiter nach Corofin, auch in County Clare, um das Corofin Heritage Centre zu besichtigen. Unterwegs sahen wir einen Wegweiser nach „Boston", das zehn Kilometer entfernt sein sollte. Also sprangen wir aus dem Auto und fotografierten uns unter dem Wegweiser. Ich ging in eine nahegelegene Telefonzelle, um nach Dalys und Mortimers (der Name meiner Großmutter mütterlicherseits) zu sehen. Ich rief niemanden an.

Im Corofin Heritage Centre nahm ich einige Fäden auf, die mich bald in ein erstaunliches Abenteuer führen würden. Wir stießen auf Informationen (in einem Glaskasten) über einen Donagh Mor O'Dalaigh, Chef der Barden-Schule von Irland (1250) in Finavarra bei Ballyvaughan an der nördlichen Ecke der Burren. Da O-Dalaigh eine alte Form von O'Daly (später abgekürzt Daly) ist, hatte ich ein besonders Interesse an dieser Persönlichkeit.* Ich Er-Innerte, daß mein Vater gut mit Worten umzugehen wußte.

Ich war tief beeindruckt, daß Donagh Mor O'Dalaigh im dreizehnten Jahrhundert gelebt hatte – das Jahrhundert, in dem ich mich jahrelang zu Hause gefühlt habe. Das war die Zeit Thomas von Aquins, und meine Studien in Fribourg hatten sich mit der Theologie und Philosophie jener Zeit befaßt. Mein ganzes Leben dort war durchtränkt mit der Aura des dreizehnten Jahrhunderts. Ich hatte mich jedoch noch nicht mit dem Irland des dreizehnten Jahrhunderts beschäftigt, bis es in diesem Moment im Heritage Centre in Corofin, wo ich die Dokumente über den Barden Donagh Mor O'Dalaigh sah, lebendig wurde.

Die Dokumente im Glaskasten besagten, daß die von O'Dalaigh gegründete Barden-Schule bis 1650 bestand. Ein Gedicht beschrieb den Barden als „großzügigen Gastgeber" und sagte, seine Studenten hätten „die alte Tradition zurückgebracht". „Wie alt?" fragte ich mich. „Aus wie alter Zeit stammte die Tradition, die sie zurückbrachten? Gab es da irgendeine Tiefe Erinnnerung an das Gynozentrische Irland?"

Wir fanden weitere interessante Dinge im Museum, zum Beispiel die Bilder der Hungersnot-Schiffe. Ich las, daß viele verhungernde Menschen in den Staat New York geschickt wurden. Ich begann mein Volk besser zu verstehen. Im Bauch und in der Seele. Wir alle teilten das Gefühl tiefer Trauer und Schrecken angesichts des Leidens unserer Vorfahren.

Wir verließen Corofin mit vielen Schätzen – Bildern und Ideen. Wir fuhren weiter nach Enis, auch im County Clare. Dort trafen wir Anne O'Neil und gingen mit ihr zu den Ruinen des Häuschens der irischen Hexe Biddy Early aus dem neunzehnten Jahrhundert. Biddys strohgedecktes Haus liegt über dem Kilbarron Lake bei Feakle in County Clare. Wir fünf wanderten in den Ruinen umher und bekamen ein Gespür für den Ort. Wir fanden eine Kerze, die offenbar andere BesucherInnen dagelassen hatten. Was ich jetzt erzählen will, kann besser verstanden werden, wenn die Leserin etwas vom Leben der Biddy Early weiß.

---

* Auf meiner Reise 1984 hatte ich versucht, Informationen über meine Vorfahren mütterlicherseits zu finden, indem ich die Namen Buckley und Falvey suchte, doch ich war nicht sehr weit gekommen. Irland ist, leider, jetzt (im Vordergrund) Teil des Patriarchats. Ich hatte auch unter Daly nachgesehen und in einem Buch über Familienwappen gelesen, daß dies „der größte Name in der irischen Literatur" ist. Ich konnte nicht umhin, stolz darauf zu sein.

Sie wurde 1798 in Faha (nicht weit von Feakle) geboren und war eine Frau mit besonderen Kräften, einschließlich Hellsehen und Heilen. Sie war und ist in ganz Irland, besonders in Clare, bekannt. Die Geschichten ihrer Taten würden Bände füllen. Natürlich wurde sie von einigen Priestern, die vergeblich versuchten, Einfluß auf sie auszuüben, gehaßt und gefürchtet. Eine Geschichte lautet: Als Biddy dem Tode nahe war, kam ein Priester und versuchte die Sterbegebete zu sprechen. Als er ankam, verlöschte jedoch die Paraffinöl-Lampe an der Wand. Als er den Raum, in dem die sterbende Biddy lag, betrat, verlöschte dort die Kerze. Er wollte die Kerze mit einem Streichholz wieder anzünden, doch wieder verlöschte sie. So konnte er die Sterbegebete nicht lesen.[18]

Wir alle kannten diese Geschichte, denn wir hatten die Biographien über Biddy Early, die in der Buchhandlung in Ennis verkauft wurden, gelesen und darüber gesprochen. Also wollten wir gern die Kerze, die wir dort gefunden hatten, anmachen und ein kurzes Ritual zu Ehren von Biddy veranstalten. Wir standen im Kreis, und eine von uns entzündete die Kerze. Und dann – siehe da! – verlöschte sie. Wir standen dort eine scheinbar ewige Sekunde lang... und dann stieg die Kerzenflamme wieder auf! Wir nahmen das als ein sehr gutes Omen und fuhren mit unserer kleinen Feier fort. Jede von uns sprach ein paar Worte, und dann bliesen wir die Kerze aus und gingen – glücklich – davon.

Während des Essens in Brogan's Restaurant in Ennis hatten wir eine intensive Diskussion über Patriarchat, Rassismus und Ökonomie. Danach trennten sich Joni, Ger, Aileen und ich von Ann und suchten ein gutes B&B, vor allem ein warmes. Mein Hals schmerzte immer mehr, doch ich versuchte weiter, nicht darauf zu achten. Ich machte einen Spaziergang und geriet angesichts des Nachthimmels in Ekstase. Die Sterne waren umwerfend!

Der 27. August – der vierte Feen-Tag unserer Reise in den Westen – war noch erstaunlicher als die vorangegangenen. Morgens gingen wir noch einmal in die Buchhandlung in Ennis und fuhren dann weiter zum wunderschönen Lough Gur in County Limerick. Nicht weit vom See entfernt war ein unglaublicher Archaischer Steinkreis – ein sehr großer, mit hohen Steinen. Es war ein herrlicher sonniger Tag*, und wir gingen und tollten aufgeregt in das grasüberwachsene Zentrum des Kreises, wobei wir jeden der Enormen Steine untersuchten. In einen der größten Steine war eine Zickzack-Linie (die Rune *Sowelu*) eingeritzt. Diese Rune ist ein Symbol für Ganzheit, Lebenskraft, Sonnenenergie. Es entging unserer Aufmerksamkeit nicht, daß der Stein, auf

* Die meisten Tage dieses zweiten 1987er Besuchs waren schön und sonnig, genau wie bei meinem ersten Besuch in jenem Sommer.

dem *Sowelu* eingeritzt war, die Sonnenstrahlen auf bestimmte Weise auffing. Er glänzte und glitzerte, reflektierte/brach die Strahlen, strömte Geborgenheit und Wärme aus. Schließlich setzten wir uns im Kreis nieder und begannen „Ba" zu singen. Die körperliche Anstrengung, die warme Sonne und das Singen machten uns schläfrig, also legten wir uns alle hin, und einige schliefen ein. Ich erinnere mich, daß ich mit geschlossenen Augen einen Regenbogen Sah. Nachdem wir uns ein bißchen ausgeruht hatten, wurden wir allmählich wieder wach. Ich weiß nicht, welche von uns das seltsame Phänomen zuerst sah, doch diejenige flüsterte rauh: „Schaut!" Mit uns in dem Kreis waren acht wunderschöne Kälber, die Schulter an Schulter standen. Jedes war dunkelbraun und weiß gefleckt. Als sie sich bewegten, kamen sie synchron auf uns zu wie eine Phalanx, doch hielten sie sich in sicherer Entfernung. Schließlich grasten sie ein wenig und marschierten dann gemeinsam zwischen zwei Steinen hinaus.[19] Offensichtlich war der Steinkreis einer ihrer gewohnten Futterplätze. Wir waren Eindringlinge, doch störten wir sie offenbar nicht zu sehr. Ich werde mich immer voll Staunen an diese Kälber erinnern.*

Nach dem Steinkreis gingen wir direkt zum Louth Gur. Dort gab es seltsame Vögel (jedenfalls für mich seltsam), wie ich sie noch nie gesehen hatte, sie machten Geräusche, die ich noch nie gehört hatte. Doch inzwischen waren Merkwürdigkeiten an der Tagesordnung.

Von dort machten wir uns in Richtung County Kerry auf und hielten zum Essen in einer Stadt namens Abbeyfeale, was uns in den Vordergrund zurückwarf. Als wir in einem schmuddeligen Restaurant saßen und endlos auf unser Essen warteten, hatte ich das Gefühl, daß die Zeit noch nie so langsam vergangen sei. Als der Kellner uns schließlich unser miserables Mahl brachte, war etwas von dem Glanz unserer vorangegangenen phantastischen Erlebnisse vorübergehend verloren. Wir fanden uns in einer nutzlosen Vordergrund-Diskussion darüber, wie die Medien den Kongreß in Dublin behandelt hatten.

Als wir aus diesem stumpfsinnigen Zustand erwachten, eilten wir weiter nach County Kerry und übernachteten in einem B&B in der Nähe von Killarney. Neue Wunder erwarteten uns sozusagen gleich um die Ecke. Wir wollten am nächsten Morgen (28. August) von Port Magee an der Kerry-Küste aus ein Schiff nach den Great Skellig Islands, etwa acht Meilen draußen im Atlantik, nehmen.

Joni, Aileen, Ger und ich sausten an jenem Freitagmorgen in dem kleinen Auto nach Port Magee im verzweifelten Versuch, die Fähre zu bekommen, die dort um elf abfahren sollte. Wir verfuhren uns... und verpaßten die Fähre um einige Minuten.

---

* Und Catherine auch, dessen bin ich mir sicher. Als ich die Geschichte der Kälber tippte, stand sie hochaufgerichtet da, ihr Stolz auf ihr Kuh-Sein war unbeschreiblich gestärkt.

Meine Freundinnen ertrugen diese Niederlage mit Fassung. Ich nicht. Ich war außer mir und tobte, daß ich nicht aufgeben würde. Es müßte doch eine Möglichkeit geben. Ich schlug vor, wir sollten ein Schiff (mit Schiffsführer) nur für uns mieten. Sicher würde sich jemand gern ein paar Pfund hinzuverdienen! Ich war bereit, meine ganzen Reserven auf den Kopf zu hauen! Meine Sturheit siegte. Wir fanden ein Schiff mit zwei Schiffern, und am frühen Nachmittag sausten wir über den Atlantik in Richtung Skelligs.

Die See war rauh. Die Fahrt war Wild. In kürzester Zeit wurde klar, daß wir uns in der Tat auf einem Großen Abenteuer befanden. In der Ferne ragten die Skelligs aus dem Meer – eine große Masse von steilem Schiefergestein. Wir wollten speziell zum Great Skellig (oder Skellig Michael), der etwa eine halbe Meile lang und eine viertel Meile breit ist. Im Nordosten ist er 610 Fuß und im Südwesten 705 Fuß hoch. Wir hatten vor, bis ganz hinauf zu klettern.

Als wir – Wunder über Wunder – beim Great Skellig ankamen, sahen wir die ziemlich große Gruppe Touristen, die mit dem Schiff gekommen waren, das wir verpaßt hatten. Sie bestiegen gerade ihr Schiff. Wir winkten ihnen, glücklich, daß sie abfuhren. Perfektes Timing! Wir würden die Insel für uns haben. Welches Glück, daß wir die Fähre verpaßt hatten! Und Jetzt, wenn ich mich an diesen Glücks-Moment erinnere, höre ich wieder die Worte meiner Eltern: „Es wird schon alles gut ausgehen."

Am Fuß des hochaufragenden Felsens bot uns ein Führer seine Dienste an. Wir lehnten höflich ab und machten uns daran, die alten in Fels gehauenen Stufen hinaufzusteigen, immer weiter hinauf. Wenn wir während dieser anstrengenden Übung mal Luft holten, schauten wir über einen prächtigen Ozean in die Weite des blauen Himmels. Um den gut sichtbaren Small Skellig kreisten unzählige Möwen. Wir wußten, daß auch viele Seehunde da waren, doch die schienen sich versteckt zu halten.

Als wir oben ankamen, fanden wir uns auf einem wunderschönen Grünen Grasplatz. Uns interessierte eine alte Mauer mit einem Fenster, das zum Small Kellig hinübersah, und wir stellten uns vor, wozu das wohl gedient haben könnte. Wir waren auch fasziniert von einer Art Miniatur-Steinkreis, also stiegen wir hinein und sangen „Ba". Nach einer Weile – wir hatten eine Flasche „Ballygowan"-Quellwasser mit-gebracht – begann Joni „Ba-llygowan" zu singen. Wir stimmten ein. Ich nahm die Flasche aus meinem Rucksack, und wir stellten sie in die Mitte des Kreises. Wir Alberten natürlich herum.

In dieser Stimmung machte uns der Gedanke, daß die idyllische Insel Jahrhundertelang von Mönchen bewohnt war*, die hier ihre

---

* Jedenfalls bestehen patriarchale Geschichtsbücher auf diesem Faktum.

asketischen Bräuche pflegten, überhaupt nicht an. Was für eine Verschwendung bei einem so wunderschönen Ort! Er *mußte* eine angemessenere Geschichte gehabt haben, auch wenn sich irgendwann ein paar Mönche eingeschlichen hatten.

Wir sahen die Überreste von etwas, das ganz wie ein Bienenkorb-Gebilde aussah, was mich dazu inspirierte, an Frauen und Bienen zu denken. Ich stellte mir eine Geschichte der Skelligs vor, die ganz anders als die in den Reise„führern" war. Ich meinte, daß vor vielen Hunderten von Jahren Heidnische Frauen – Anhängerinnen der Alten Religion in Irland – Möglichkeiten gesucht hatten, den sich ausbreitenden Christen und ihrer frauenhassenden Religion und ihren frauenhassenden Gesetzen zu entkommen. Einige – vielleicht als Mönche verkleidet – könnten in Booten zu den Skelligs geflüchtet sein und Great Skellig als einen hervorragenden Ort zum Verstecken und Wohnen entdeckt haben.

Der Ort ist in der Tat eine ausgezeichnete Festung. Wenn sie auf dem Gipfel des Great Skellig lebten, würden sie einen weiten Blick auf das umliegende Meer gehabt haben. Sich nähernde Angreifer konnten sie rechtzeitig entdecken. Außerdem hätte es der lange schwierige Aufstieg, den wir gerade hinter uns hatten, jedem Verfolger schwer gemacht, sich ihnen zu nähern. Die Frauen hätten Felsbrocken und andere Waffen herunterschleudern können.

Auch wären sie, wie ich meinte, gut mit Nahrung versorgt. Es gab Fisch im Überfluß, und auf der grasbewachsenen Hochfläche hätten sie Gemüse anbauen können. Vielleicht hielten sie sogar Bienen. Möglicherweise, so glaubte ich, deutete das Vorhandensein von Bienenkorb-Wohnstätten darauf hin, daß jene Frauen Anderen Frauen, zum Beispiel uns, eine Nachricht hinterlassen wollten, daß es sie hier gegeben habe. Welche Lebewesen waren Frauen-identifizierter als Bienen? Wenn eine Gruppe von Frauen eine Botschaft oder einen Hinweis auf ihre Anwesenheit und Identität über die Zeiten hinweg an Frauen vermitteln wollten, vielleicht an Frauen, die tausend oder zweitausend Jahre später vorbeikommen und eine völlig andere Sprache sprechen würden – was wäre ein besserer Hinweis als ein Bienenkorb-Gebilde? Dies würde zumindest ausdrücken: „Wir, eure Schwestern, waren vor euch hier."

Meine Gefährtinnen hielten meine Theorie, oder meinen Mythos, für interessant und vielleicht sogar glaubhaft. Ich meinte, daß sie aus echter Intuition kam und überzeugend war.

Während wir darüber sprachen, sahen wir, wie unsere Schiffsführer uns von unten Zeichen gaben. Wir hatten sie so lange wie möglich ignoriert. Es war Zeit zu gehen. Also mäanderten wir die Steinstufen hinunter, genossen den Blick und die warme Sonne. Das öde Bild der Mönche war auf jeden Fall exorziert, und wir hatten während der rauhen Fahrt zurück viel zum Nachdenken. Wenn ich Jetzt diesen Trip Er-Innere, sehe ich ihn – natürlich – als eine wichtige piratische Expedition. Meine Craft war mit Kleinodien von Bildern und inspirierenden Ideen für *Auswärts reisen* beladen.

An diesem Abend übernachteten wir in einem Haus auf Valentina Island, das Freundinnen von Freundinnen gehörte; wir machten ein Torf-Feuer und hatten sehr intensive Gespräche. Meine Halsschmerzen waren, besonders nach der Bootsfahrt, schlimmer geworden, doch ich wollte sie immer noch ignorieren. Aileen las uns einen Elektrisierenden Absatz aus Meda Ryans Biographie von Biddy Early vor, was möglich machte, die Fäden unseres Abenteuers ineinander zu verflechten:

> Man glaubt, daß Biddy ihr ganzes Leben lang mit ihnen [den Feen] sprach und diesem Eindruck nie widersprochen hat; sie soll gesagt haben: „Dieses Land zwischen Finevara und Aughanish ist das verwunschenste Land in ganz Irland."*[20]

Als Aileen uns diese Worte vorlas, Erspürten wir alle Elektrische Verbindungen. Wir dachten an Donagh Mor O'Dalaigh – „meinen Vorfahren" –, der aus Finavarra stammte; an die Überquerung des Flusses Shannon; an Feen Sehen und Hören; an die Weise Frau/Hexe Biddy Early (mit der wir uns alle irgendwie verbunden fühlten). Alles wies auf Finavarra hin. Und am nächsten Tag sollten Ger und ich diesem Signal mit Heftiger Zielgerichtetheit folgen, angelockt vom Ruf von... Finavarra.

Am nächsten Morgen (29. August) fuhren wir nach Killarney, wo Joni und Aileen den Zug zurück nach Dublin nahmen. Sie hatten Glück und bekamen ihre Fahrkarten zum halben Preis. Wir vier nahmen im Great Southern Hotel, das nahe dem Bahnhof liegt, Sandwiches und Tee zu uns. Zu dieser Zeit waren wir alle sehr aus einer anderen Welt. Ich zum Beispiel, als ich losging, um die Damentoilette zu finden, kam beim Geschenkartikelladen des Hotels vorbei und stieß mit einer lebensgroßen Schaufensterpuppe zusammen, die ein neues Outfit vorführte. Es wäre nichts weiter dabei gewesen, doch ich entschuldigte mich sehr ernsthaft bei der Puppe und ging weiter. Erst als ich zurückkam und das Ding steif vor dem Laden stehen sah, wurde mir klar, was passiert war. Immer, wenn ich mich daran erinnerte, mußte ich lächeln und ein Kichern unterdrücken.

Gestärkt von Tee und Sandwiches gab es Abschiedsumarmungen. Dann fuhren Ger und ich zu unserem nächsten und gespenstischen Abenteuer. Von Donagh Mor O'Dalaigh und Biddy Early inspiriert,

---

* Es gibt, wie dieses Zitat von Meda Ryan zeigt, unterschiedliche Schreibweisen von *Finavarra*. Das gilt für viele andere Namen, einschließlich *Aughinish*, das auch *Aughanish* genannt wird.

folgten wir den sich verschlingenden Fäden, die uns – offenbar unausweichlich – nach County Clare zurückbrachten, zurück zu den Burren und besonders nach Finavarra, auf der Suche nach dem „verwunschensten Land in ganz Irland".

SEHR KURZES ZWISCHENSPIEL AUF DEM MOND

Ich muß mich einfach hier, bei meinen Gefährtinnen auf der Anderen Seite des Mondes, ein wenig ausruhen. Ich muß hier sozusagen geerdet werden, ehe ich mit der Geschichte von Finavarra fortfahre. Die Tiere sind so beruhigend und erdgebunden, ich meine, mondgebunden. „Warum erzählst du die Geschichte nicht weiter?" fragen sie ungeduldig in Zeichensprache, peitschen mit ihren Schwänzen und scharren auf dem Boden. „Bald", sage ich, „bald."

Wild Cat und Catherine wollen immer mehr hören. Sie sind amüsiert und berauscht. Sie würden nie daran denken, sich bei einer Schaufensterpuppe zu entschuldigen – übrigens auch bei sonst niemanden. Sie machen einfach weiter, weiter, weiter. Sie erinnern mich ständig an „mach weiter, Mary, mach weiter". Doch sie verstehen nicht, daß ich meine Selbst einholen muß. Ich muß mich schließlich an das Expandierende Jetzt gewöhnen. Ich muß mein unterschwelliges Wissen vom Jetzt immer mehr Realisieren.

Für eine Katze oder eine Kuh, besonders für diese beiden, ist es anders. Sie waren schon immer da, das heißt, hier. Also kann ich es ihnen nicht erklären. Ich spiele einfach mit ihnen. Wir laufen, wie immer, in Kreisen herum, gegen die Uhrzeigerrichtung, bis ich meinen Orientierungssinn wiedergefunden habe. Wenn ich im Gleichklang mit ihrem Miauen und Muhen heulen kann, dann weiß ich, daß ich bereit bin, wieder anzufangen.

Also! Ich bin bereit, zurückzukehren... ins County Clare.

GRÜNE *LOGBUCH*-VERMERKE:
IRLAND (WEITERE FORTSETZUNG)

Gleich nachdem wir Joni und Aileen verabschiedet hatten, fuhren Ger und ich direkt, das heißt indirekt, nach Finavarra. Wir machten einen Umweg über die Burren, eine Route voller kurviger kleiner Straßen und Kreuzungen. Ich wollte Finavarra unbedingt noch vor Sonnenuntergang erreichen. Am frühen Abend kamen wir zu einer Kneipe in Aughinish Bay. Wir gingen hinein und fragten, wo es nach Finavarra ginge. Die Frau hinter dem Tresen antwortete: „Finavarra – immer die Straße entlang!"

Wir nahmen die Straße, die sie uns gewiesen hatte, und dort trafen wir einen kleinen Mann. Ich öffnete das Autofenster und fragte, ob er irgendwelche Dalys kenne. Er erwiderte, indem er fragte, welchen Daly ich denn meinte. Ich war über meine eigenen Worte verblüfft, ich sagte nämlich, ich suche Frank Daly.* Seine Antwort verblüffte mich noch mehr. Er sagte: „Frank Daly in Amerika. Die Straße runter. Dann links und an der Kreuzung rechts." Er sagte uns noch, daß das Haus, in dem Frank Daly wohnte, „gegenüber dem Denkmal" sei. Ich dankte ihm. Dann sahen uns Ger und ich mit großen Augen voller Staunen an. Wir fröstelten beide. Ich fühlte mich ganz bespukt.

„Frank Daly *in* Amerika... Die Straße hinunter!?" Was konnte das wohl bedeuten? Wir wußten nicht, von welchem Denkmal er sprach, aber wir fuhren weiter. Als wir an der Kreuzung ankamen, wies das Hinweisschild für „Denkmal" nach links. Gegen besseres Wissen folgten wir dem Schild statt der uns gegebenen Wegbeschreibung, und uns wurde bald klar, daß wir auf dem falschen Weg waren. Also fuhren wir zurück zu dem Schild, das herumgedreht worden war, und wandten uns nach rechts, wie man uns gesagt hatte. Sehr bald trafen wir auf einen anderen kleinen Mann auf der rechten Straßenseite, der die Straße kehrte.* Wir fragten ihn nach Frank Daly, und er sagte, daß Annie Coughlin, die im Haus am Ende der Straße wohnte, alles wüßte. Wir dankten ihm, als er wieder zu kehren begann, und fuhren weiter.

Nach ein oder zwei Minuten sahen wir eine hohe grasbewachsene Erhebung an der linken Straßenseite, auf der ein Gedenkstein stand. Ich sprang aus dem Auto und lief hinauf. Auf dem Stein waren die Worte eingemeißelt:

DONAGH MOR O'DALAIGH
EHRWÜRDIGER DICHTER
C. 1300 N. CHR.

Total verblüfft schaute ich mich um. In der Nähe war ein Fluß mit Steinen darin, die in der Abendsonne schimmerten. Die runden Felsen der Burren im Osten sahen genauso aus wie vor einigen Tagen. Es war ein lieblicher Ort. Wir fuhren etwa hundert Meter weiter und sahen plötzlich zur Rechten ein Schild, auf dem stand: „Barden-Schule, 15. Jahrhundert".

Das Land, auf dem die von O'Dalaigh gegründete Barden-Schule stand, war von einer alten Steinmauer umgeben. Ger und ich kletterten

* Wie die Leserin von *Auswärts reisen* weiß, war mein Vater, Frank X. Daly, vor vielen Jahren in Schenectady, New York, gestorben, als ich im College war. Siehe Kapitel Zwei.
* Ich bezeichne ihn wie auch den Mann, der uns die ersten Hinweise gegeben hatte, als „klein", nicht, weil sie besonders klein gewesen wären, sondern weil ich sie als welche von den „kleinen Leuten" oder, genauer gesagt, Feen ansah. Ihr Auftauchen und das Timing waren so Merkwürdig, daß sie aus Anderen Dimensionen zu sein schienen.

über die Mauer, die an der Straße entlanglief. Wir stiegen das hügelige Land hinauf und bewegten uns auf etwas zu, das wie Ruinen innerhalb der Mauer aussah.

Irgendwann hielten wir an und sahen den Himmel im Westen. Er war ganz rosenfarben... Rosen, Rosen. Als wir uns nach Osten wandten, sahen wir, daß die runden Felsen der Burren sich ebenfalls in volle, lebendige Rosenfarbe gehüllt hatten. Es war ein durch und durch Ehrfurchtgebietender Sonnenuntergang.* Dies war der geeignete Ort für einen ehrwürdigen Dichter und eine Barden-Schule.

Während wir im Sonnenuntergang schwelgten, wurde ich durch die plötzliche Erkenntnis abgelenkt, daß wir uns auf einer Weide befanden. Und tatsächlich standen nicht weit von uns einige Stiere oder Ochsen. Einige grasten sogar in der Ruine, auf die wir uns zubewegten. Sie sahen uns entgegen. Ich schlug Ger vor, wegzulaufen, ehe sie sich für uns interessierten. Das taten wir.

Lauf, Mary, lauf. Jetzt! Lauf, Ger, lauf. Jetzt! Den Hügel hinunter, runter, runter. Lauf weiter. Über die Steinmauer. Klettere hinauf und hinüber. Klettere über die Mauer. Das war knapp!

Eigentlich sahen die Tiere gelangweilt aus, doch sie hätten ihre Meinung in einer Sekunde ändern können.

Und die Rosenfarbenen Felsen glühten. Das Gras war von sattestem Grün. Der Himmel war ganz und gar Rosenfarben. Überall war es Rosenfarben und dazu das Grün.

Wir fragten einen anderen kleinen Mann, ob es in der Nähe ein Restaurant gäbe. Er sagte ja. Es hieß Rose Cottage. Wir fragten, ob es in der Nähe ein B&B gäbe. Er sagte ja. Wir beide hörten, wie er sagte, daß es „Sowelu" hieß, doch wir fanden bald heraus, daß es einen gälischen Namen hatte, der so ähnlich wie die Rune klang und „Thron der Maria" bedeutet. Doch wir übernachteten nicht dort, sondern in einem anderen B&B, dessen gälischer Name „Größtes Vergnügen" war.

Wir fanden Rose Cottage und Bridget Rose. Nachdem wir eine Viehherde auf der Straße hatten vorüberziehen lassen, die uns geduldig warten ließ, während sie sich liebevoll am Auto rieben, kamen wir zur Tür von Rose Cottage. Eine schöne grauhaarige Frau mit rosigen Wangen und leuchtenden Augen bat uns in ihre elegante kleine Wohnung. Sie schien auf uns gewartet zu haben. Bridget Rose servierte uns ein hervorragendes Forellenmahl, das wir genossen, während wir aus den Fenstern von Rose Cottage auf den Rosenfarbenen Himmel schauten. Als wir uns nach Kneipen in der Gegend erkundigten, sagte sie, es gäbe zwei: Linnane's, das am Kai gelegen war, und

---

* Nachdem wir den Ort öfter bei Sonnenuntergang besucht und mit einigen Einwohnern gesprochen hatten, gewann ich den Eindruck, daß der Sonnenuntergang an diesem Abend ganz besonders war. Das heißt: Solche Sonnenuntergänge gibt es dort manchmal, doch es sind keine alltäglichen Ereignisse.

Mrs. Dalys in Bell Harbour ganz in der Nähe. Sie beschrieb Mrs. Daly als „eine reizende Frau" und ihre Kneipe als „einen reizenden Ort". Was mein Interesse, Frank Daly in Finavarra zu finden, betraf, empfahl mir Bridget Rose eine Reihe von Leuten, mit denen ich Kontakt aufnehmen könnte. Nach dem Essen gingen wir zuerst zu Linnane's. Dort hörten wir einheimischen Musikern zu und blieben nur sehr kurz, um zu Mrs. Dalys Kneipe weiterzugehen. Mrs. Daly war wirklich eine hübsche Frau. Sie hatte sehr weißes Haar und erinnerte mich an meine Großmutter (die Mutter meines Vaters), die ich nur einmal gesehen hatte; ich war ungefähr vier, und sie lag im Sterben. Jene Mrs. Daly hatte, als ich sie zum ersten und einzigen Mal sah, auch sehr weißes Haar. Man hatte mir erzählt, daß sie, viele Jahre verwitwet und für eine Familie von sieben Kindern verantwortlich, eine sehr gewitzte Geschäftsfrau gewesen war. Diese Mrs. Daly in Bell Harbour, auch eine Witwe, war ebenfalls eine gewitzte Geschäftsfrau. Ich mochte sie sofort.

Die Sterne über Finavarra waren in jener Nacht von magischem Glanz. Als ich sie bestaunte, dachte ich über die Ereignisse des Tages nach. Dieser Samstag in Finavarra war ergreifend gewesen und hatte mir Kleinodien beschert, die überdauern würden... für immer. Keine Piratinnen-Schatzkiste konnte groß genug sein, um sie darin aufzuheben. Sie schienen überzuquellen, unendlich. Wenn ich sie Jetzt Er-Innere, gleichen diese glitzernden Kleinodien den Sternen in jener sternenübersäten Nacht. Sie scheinen grenzenlos, erhellen die Pfade in Andere Welten, signalisieren unendlich viele Möglichkeiten, die jede Vorstellung, die meine Wildesten Träume übersteigen.

In jener Samstagnacht, 29. August, hatten sich meine Halsschmerzen zu einer vollen Erkältung oder Grippe entwickelt. Ich fühlte mich krank und fiebrig. Am Sonntag jedoch hatte ich genügend Energie für weitere Erkundungen. Zuerst besuchten wir Annie Coughlin, die uns, seltsamerweise, sagte, daß sie nie etwas von O'Dalaigh gehört habe, doch empfahl sie uns, mit einer O'Daly-Familie in der Nähe zu sprechen.* Wir glaubten ihr nicht und waren enttäuscht, doch wir machten uns weiter auf den Weg. Wir fuhren hinüber zu der Halbinsel mit Namen Aughinish und versuchten den Ort zu finden, den Biddy Early „das verwunschenste Land in ganz Irland" genannt hatte. Wir Erspürten dort eigentlich gar nichts, und so fuhren wir The Flaggy-Shore entlang in Richtung Finavarra.

---

* Ich konnte jetzt, nachdem ich mit Einheimischen gesprochen hatte, die Worte dechiffrieren, die mich am Tag zuvor bespukt hatten: „Frank Daly in Amerika... gegenüber dem Denkmal." Es gab einen etwa siebzigjährigen Frank Daly, der kürzlich seine Verwandten hier besucht hatte, und dann nach Hause zurückgekehrt war... nach Amerika. Diese Erklärung machte jedoch die Wirkung oder die Kraft des ursprünglichen Erlebnisses keineswegs zunichte.

Als wir schließlich eine Linkskurve nahmen, befanden wir uns am Ufer eines wunderschönen kleinen Sees, der lieblich in der Nachmittagssonne glitzerte. Doch überwältigend war nicht einfach nur der See selbst (der, wie ich später herausfand, Loch Muiri heißt), sondern eine Schar von mindestens vierzig oder fünfzig riesigen weißen Schwänen, die auf diesem sonst völlig leeren See schwammen. Diese hübsche Überraschung war fast zuviel. Wir trafen mit einer ganzen Schar von Gefährtinnen/Schwestern zusammen. Die Begegnung war über Alle Maßen Natürlich.

Wir schwätzten mit ein paar O'Dalys in der Gegend und aßen wieder in der magischen Rose Cottage. Und wieder gingen wir auf Schulterschluß mit jener Kuhherde, die den Weg vor jenem Haus frequentierte und geduldig wartete, daß wir auf sie warteten. Bridget Rose war so liebenswürdig und interessant wie vorher. Ich hatte das Gefühl, daß ich sie noch oft sehen würde. Ich *wußte*, daß ich nach Finavarra zurückkommen würde. Doch jetzt mußte ich erst die ärgerliche Krankheit loswerden. So beschloß ich, nach einer weiteren Nacht im B&B, mich in einem Hotel zu „verkriechen", um mich zu erholen. Am Montag fuhr Ger mich nach Galway, wo ich mich und meine Grippe im Salt Hill Hotel ins Bett legte. Ich sagte ihr, sie könne sich mit dem Auto bis Dienstag davonmachen, und das tat sie auch. Wenn ich nicht vor mich hindöste, verbrachte ich meine Zeit damit, Dutzende von Dalys und Mortimers aus dem Telefonbuch anzurufen und zu versuchen, meinen Stammbaum zu rekonstruieren.

Am Montag hatte Ger eine äußerst spukige Begegnung mit einer großen grünen pelzigen Spinne mit dicken Beinen. Offenbar war das Tier ihr auf den Kopf gefallen, als sie eine verlassene Mühle in der Nähe von Finavarra inspizierte. Als sie ins Auto gestiegen war und wegfahren wollte, merkte sie, daß die Spinne immer noch bei ihr war und anfing, ihr Netz um ihre Taille zu weben. Dies war nicht unbedingt ein positives Erlebnis.

Am Dienstag verließ ich mein „Krankenhaus", und wir zogen in ein kleines Haus in Bell Harbour. Abends trafen Joni, Maggie, Io und Marie ein. Sie hatten der Einladung, in das Haus zu kommen und direkt all die Wunder zu erleben, die wir am Telefon beschrieben hatten, nicht widerstehen können. Wir trafen uns alle in (Mrs.) Daly's Kneipe. Die Neuankömmlinge waren noch ein bißchen skeptisch, daß der Ort wirklich so wunderbar sein würde, wie wir gesagt hatten. Also unternahmen wir in zwei Wagen eine Sonnenuntergangstour zu den Wundern der Gegend. Ich dachte, *das* würde sie überzeugen. Und das tat es dann auch. Ich werde nie den Moment vergessen, als, nachdem wir alle langsam an den Schwänen vorbeigefahren waren und beim Gedenkstein gehalten hatten, Io die Autotür öffnete und mit verblüffter, benommener Stimme ausrief: „Mary, wir haben ihn überquert!"

Und so war es. Eine Gruppe von Frauen hatte *wirklich* den Fluß Shannon Über-Quert. Ich für meine Person kann nur sagen, daß nichts wieder ganz so sein wird wie vorher.

Natürlich blieb die Grippe an mir kleben... und klebte. Und ich klebte und klebte in Dublin fest, wo ich versuchte, eine Ohrenentzündung loszuwerden, damit ich sicher nach Boston zurückfliegen konnte. In dieser Zeit gab es viele intensive Gespräche und manchen Be-Lachenden Moment. Auch vertiefe ich mich lesend in die Geschichte Der Großen Hungersnot.[21] Ich begriff immer mehr von meinen Vorfahren, meinen Eltern, meinen Freundinnen und meiner Selbst.

Auf dem Flughafen in Dublin gab es einen E-motionalen Abschied. Ich flog mit einer Ladung Flaschen mit irischem Ballygowan-Quellwasser ab. Ein Doktor hatte mir geraten, daß ich es wegen meiner Ohrenentzündung den ganzen Flug über trinken sollte.

Es ist lustig, sich Jetzt daran zu erinnern, besonders da sich diese Erinnerung verbindet mit der an unseren Gesang von „Ba-llygowan" im Steinkreis oben auf dem Great Skellig. Ich Er-Innere Jetzt ebenfalls, daß ich gerade rechtzeitig genug in Boston ankam, um zu packen und wieder loszufliegen, um auf dem NOW-Kongreß in Illinois zu sprechen.

Doch ist alles Jetzt, im Expandierenden Jetzt. So ergibt es alles einen Sinn... irgendwie.

MONDIGER ABSCHLUSS

Hier, zu Hause auf der Anderen Seite des Mondes mit Wild Cat und Catherine, der Komischen Kuh, denke ich Jetzt an diese Dinge. Was habe ich für eine Schatzkiste. Ich kann einfach hineingreifen und Hände voll dieser Juwelen herausholen und sie mit den Gefährtinnen hier auf dem Mond teilen und mit Tausenden auf der Erde im Verlauf meiner häufigen Trips dorthin. (Das ist überhaupt kein schlechter Pendelverkehr.) Mein Schiff/meine Craft hier quillt von Reichtümern über. Geschenke für alle! Catherine beispielsweise war so glücklich, von all den Kühen in Irland zu hören, daß sie vor Freude weinte. Und Wild Cat war entzückt, von all dem Grünen Gras dort zu hören. Der Gedanke, sich darin zu wälzen, bringt sie in Ekstase.

Und die Botschaft für mich Jetzt, zu diesem Zeitpunkt, ist: Mach weiter, Mary, Jetzt. Es ist Zeit, ein Anderes Kapitel anzufangen.

KAPITEL ACHTZEHN

TÜREN ZUR VIER: GLÜCKLICHE ENT-DECKUNGEN UND FRÖHLICHES HEIMKEHREN

Wie die Reisende von *Auswärts reisen* weiß, flog ich den ganzen Herbst 1987 mit dem *Wickedary* in der Hand in den Vereinigten Staaten umher und streute, so schnell und so weit ich konnte, Hexische Worte aus. Ich Lebte bereits in der Vierten Spiral-Galaxie, obgleich ich das noch nicht – jedenfalls nicht offenkundig – wußte. Ich mußte immer noch mehr über Vier erfahren, mehr und mehr über Vier... Das Vierte. Die Dringlichkeit meines Bedürfnisses, das zu Er-Fahren, schleuderte mein Schiff über das Meer, das Unterschwellige Meer.

Ich erreichte 1988 wie der Blitz... wie ein Blitzstrahl. Der Himmel wurde heller, als ich mich jenem Jahr näherte. Denn immerhin hatte mich Virginia Woolf im Dezember erschreckt.[1] Diese Hexe! Das Licht aus- und wieder angehen zu lassen. Elektrische Scherze machen. „Schaut sie an, Leute!" hatte sie (eigentlich) gesagt und mich zum Rotwerden gebracht. „Versucht *mich* nachzumachen!" hatte sie offenkundig gesagt.

O.k. – an jenem Tag ging es nach ihrem Kopf. Und das hat mich damals fast umgehauen. Ich glaube, sie hat mich durch die Tür geleitet, die Tür zur Vier... Die Vierte Spiral-Galaxie und die Vierte Dimension.

Natürlich gibt es viele Türen zur Vier. Ich mußte Tür um Tür durchschreiten, um bei Vier anzukommen. Sich vom Unterschwelligen zum Offenen zu bewegen, ist nicht einfach nur ein Hüpfer. Ich konnte nicht einfach eines Tages hereinplatzen und sagen: „Jetzt bin ich ganz da!" Nein. Ich brauchte noch einige Schubser und Tritte und Blitzstrahlen und aufrüttelnde Schocks.

Einige davon kamen im Jahr 1988. In jenem Jahr war die Bahn frei. Meine kunst-/kraftvollen Gefährtinnen schubsten und zogen mich hindurch, zu dem wahrhaft Neuen Neuen.

LOGBUCH-VERMERKE: DER RING VON GLADYS

Am 27. März 1988 starb meine Freundin Gladys Custance in ihrem Winterwohnsitz in Cassadaga, Florida.[2] Sie war siebenundachtzig Jahre alt.

Dies war ein tiefer Verlust. Ich zweifelte nicht daran, daß diese medial begabte Frau, wann immer und wo immer sie wollte, mit mir und mit jeder anderen in Verbindung treten konnte. Sie war nur nicht mehr, wie sie es ausgedrückt hätte, auf der „irdischen Ebene". Ich konnte sie nicht mehr einfach anrufen und mit ihr reden. Ich konnte sie nicht mehr in Onset (Massachusetts) oder in Cassadaga besuchen und mit ihr in ein Restaurant gehen, wie wir das in den vergangenen Jahren öfter getan hatten.

Als ich später in jenem Frühjahr in Onset war, fragte ich Kenneth, ihren Mann, ob ich zur Erinnerung etwas haben könnte, das Gladys gehört hatte. Kurz danach gab er mir einen erstaunlichen Ring, den ich nie zuvor gesehen hatte. Ich habe mich seither stets an ihm erfreut, er liegt auf dem Bücherregal gegenüber dem Tisch, an dem ich dieses Manuskript tippe.

Der Ring faszinierte und überraschte mich. Er bildet keinen Kreis, sondern eher eine beginnende Spirale. Das heißt, er hat zwei Enden, die sich nicht treffen. Sie laufen parallel zueinander mit einem Zwischenraum. Auf den ersten Blick scheinen vier gleiche Steine in einer Reihe auf und zwischen diesen Enden eingesetzt zu sein.* Der Anblick dieser Steine – es waren Opale – verblüffte mich, denn ich konnte mich nicht erinnern, jemals Gladys (oder Kenneth) gesagt zu haben, daß ich im Oktober geboren bin und der Opal mein Geburtsstein ist.

Die Tatsache, daß dieser Spiralring für mich ausgewählt wurde, war auch deshalb schockierend, da ich, soweit ich mich erinnere, Gladys nie erzählt hatte, daß ich vom Denken und Schreiben über Spiralen tief in Anspruch genommen war oder daß mein nächstes Buch aus Spiral-Galaxien bestehen würde.

Die Konfiguration dieses Rings und dieser Steine erfüllten den Zweck einer Art Koan, der mich zu weiteren Meditationen, zu weiterem Sinnen über Spiralen und die Zahl Vier anregen sollte.* Schließlich kam ich natürlich dahin, bewußt die Existenz der Vierten Spiral-Galaxie von *Auswärts reisen* zu Realisieren, an der ich bereits teilhatte.

Als ich nach der Geschichte des Rings fragte, erfuhr ich, daß er in Jamaica gefunden/gekauft worden war. Da Jamaica ein Ort ist, mit dem mich glückliche Erinnerungen verbinden, und besonders, da es eine Insel ist, war auch diese Information für mich aufgeladen. Als Piratin mag ich Inseln besonders gern, speziell Inseln, auf denen Schätze wie dieser geniale Spiral-Ring zu finden sind.

* Als ich den Ring genau betrachtete, sah ich, daß keines der Enden alle vier Steine enthält. Jedes Ende hat vielmehr nur Fassungen für drei. Wenn man sich die Steine als 1, 2, 3, 4 durchnumeriert vorstellt, dann entsteht der Effekt – da drei der Steine (1, 2 und 3) in das eine Ende und drei (2, 3 und 4) in das andere eingesetzt sind –, daß, aus welchem Winkel der Ring auch betrachtet wird, die Steine, die auf den ersten Blick einfach „vier in einer Reihe" zu sein scheinen, in Wirklichkeit ein Arrangement von drei plus einem sind.

* Das „drei plus eins"-Arrangement der Steine ist für mich die „Botschaft", daß „das Vierte" irgendwie von den anderen abgesetzt ist.

Auf jeden Fall bleiben die Fragen über Gladys Ring fesselnd. Hat dieser Ring Bilder, die bereits in meiner Psyche Anwesend waren, geweckt und/oder verstärkt, so daß sie den ihnen zukommenden Ort in *Auswärts reisen* finden konnten? Ich glaube ja. Die Themen Spiralen, Kleinodien, Schatzinseln und Piraterie waren bereits deutlich da, wenn auch noch nicht voll entwickelt. Doch das Thema der Vier verbarg sich noch im Unterschwelligen Meer. Gladys Ring half mir es zu Ent-Decken. Wenn ich den Ring Jetzt in meiner Hand halte und ihn anschaue, frage ich mich, welche Anderen Geheimnisse er vielleicht noch Ent-Hüllen wird. Ich Spüre, daß es mit der Vier noch mehr auf sich hat.

MONDIGE TRÄUMEREIEN

Im Frühjahr 1988 arbeitete ich so stetig wie möglich an dem ersten Entwurf der ersten zwei Spiral-Galaxien von *Auswärts reisen.* Wenn ich jene Zeit Er-Innere, Realisiere ich die Kompliziertheit der ineinander verschlungenen Fäden. Und als ein Moment zum nächsten führte, nahm die Triebkraft auf phantastische Weise zu. Ich konnte nicht Realisieren, in was sich meine Selbst da hineinbegab, bis ich wirklich drin war, und dann war ich bereits schon wieder weiter, wenn ihr versteht, was ich meine. Und *Jetzt!* Während jeder Moment des Momentosen Er-Innerns meine Craft weiter in das Expandierende Jetzt schleudert, spüre ich, daß ich mit Lichtgeschwindigkeit fliege – Strahlkräftigem Licht.

Dies ist, teilweise, eine Erklärung dafür, wie ich hier auf der Anderen Seite des Mondes angekommen bin und ohne zuviel Anstrengung zur Erde und auf ihr umherpendeln kann. Ich Bewege mich einfach hier im Weltraum in meiner eigenen Geschwindigkeit. Außerdem hat jeder Moment in seinem Zentrum eine Stille. Und deshalb bin ich hier mit Wild Cat und Catherine zu Hause. Es macht ihnen sogar nichts mehr aus, wenn ich zu Vortragsreisen und anderen Gelegenheiten wegfahre, denn sie wissen, ich bin im Handumdrehen wieder da. „Kein Problem!" – wie sie in den guten alten U.S.A. sagen.

Jetzt, in diesem Augenblick, befinde ich mich hier in meiner Werkstatt mit meinen Mondgefährtinnen und Er-Innere meine Reisen im Frühjahr 1988. Natürlich bin ich in jenem Frühjahr ganz schön in den Vereinigten Staaten herumgehüpft und habe aus dem *Wickedary* und anderen Büchern Be-Sprochen.[3] Da das *Wickedary* gerade in England[4] und Irland[5] herausgekommen war, hatte The Women's Press für April Vortragstermine in England und Schottland arrangiert und Attic Press in Irland. Während ich hier meine Erinnerungen an diese Tour tippe, schaut Catherine über meine Schulter (was sie oft tut) und schießt elektro-magnetische Er-Innerungen durch mein Gehirn und auf die Seiten des Manuskripts. Ich habe soviel Glück, daß ich eine solche Archimagische Assistentin habe! Und auch Wild Cats telepathische Kommunikation darf nicht übersehen werden. Manchmal sendet sie über die Kuh und manchmal direkt zu mir. Die Komplexität unseres Kommunikationssystems ist schwindelerregend. Es verweist die „hochspezialisierten" elektronischen Systeme auf den ihnen zukommenden Platz und entlarvt, was sie wirklich sind – nämlich äußerst grobschlächtige Dinger, absurde Imitationen Rindviehhafter, Kätzischer und ganz allgemein Weiblicher Fähigkeiten.

LOGBUCH-VERMERKE: ENGLAND UND SCHOTTLAND

Am Montag, 18. April, bestieg ich das Flugzeug nach London. Wie immer schmuggelte ich natürlich mein eigenes Schiff/meine eigene Craft mit mir, was kein Problem darstellt, denn für die „Behörden" ist es unsichtbar. Ich kam frühmorgens am Dienstag in Heathrow an und wurde zu Reeves Frauen-Hotel in Shepheard's Bush Green gefahren. Dies war ein angenehmes und erholsames Haus, wo ich drei Nächte lang blieb.

Der Donnerstagabend war der aufregendste auf jener Londonreise. Ich sprach im Wesley House in der Great Queen Street. Der Vortrag war von Lesbian Line und Lesbian Archive organisiert worden und nur Frauen zugänglich. Ich war von dem Archiv und den Frauen dort sehr beeindruckt. Sie erzählten mir eine ganze Menge über die bedrückenden Zustände in England unter Margaret Thatcher – besonders soweit sie Lesben betrafen. Der Saal war voll besetzt von Radikalen Lesbischen Feministinnen, und die Zuhörerinnenschaft war Aufgeschlossen, Lebendig und Wild. Ich war Bewegt von Gesprächen mit einer Reihe von Frauen und von ihren Geschenken – besonders die Tonbänder von OVA, einer begabten und Sprühenden Gruppe Radikaler Lesbischer Feministischer Musikerinnen. Ich war an diesem Abend sehr glücklich, denn wieder zeigte es sich, daß – auch in den schlimmsten Zeiten – Hexische Frauen Leben.

Am nächsten Morgen (Freitag, 22. April) wurde ich in meinem Hotel abgeholt und zum Zug nach Edinburgh, Schottland, gebracht. Die fast fünf Stunden lange Fahrt führte durch interessante Landschaften – jedenfalls für mich interessant, die ich noch nie mit dem Zug von London nach Schottland gefahren war. Die Zugfahrt gab mir Zeit, meine Gedanken zu sammeln und mich auf ein spannendes Abenteuer vorzubereiten. Ich freute mich auch darauf, June Campbell zu treffen und mit ihr zu sprechen. Sie hatte die „Edinburgh Connection" organisiert.

June hatte mir vor drei Jahren zu *Reine Lust* geschrieben und mir etwas von ihrer erstaunlichen Lebensgeschichte erzählt. Sie hatte „zwanzig Jahre unter buddhistischem Patriarchat und buddhistischer Unterdrückung" verbracht und hatte sich erst Anfang der achtziger Jahre von den tibetischen „buddhistischen Sadospiritualisten", wie sie sie Be-Zeichnete, freigemacht.[6] Nachdem sie diesem Schrecken entkommen war, unterrichtete June an einem College und schloß sich einer Gruppe Feministinnen an, die einen Buchladen und ein Café für Frauen namens „WomanZone" in Edinburgh eröffneten. Seit 1986 organisierten sie und ihre Partnerin Benedetta Gaetani „Abenteuer-Trekking", das heißt, sie führten Frauen auf langen Wanderungen durch den Himalaya.

Als ich spätnachmittags in Edinburgh ankam, holte mich June ab und brachte mich zu der Wohnung, in der sie mit Benedetta lebt. Wir gingen miteinander in ein bemerkenswertes chinesisches Restaurant, das die besten chinesischen Gerichte, die ich je gegessen habe, servierte. Später am Abend und den ganzen nächsten Tag sprachen wir zwischen ausgestreuten Büchern unablässig miteinander.[7] Am Samstagabend sprach ich im Southside Community Centre, das früher eine Kirche gewesen war. Obgleich einige Männer unter den ZuhörerInnen feindselig waren, waren wieder viele Frauen anwesend – manche kamen von weither –, die interessiert waren und mehr über Radikalen Feminismus wissen wollen.

Den Sonntag füllten June und ich mit Umherfahren und Diskutieren. Es war ein ziemlich trüber, grauer Tag, doch das hielt uns nicht ab. Wir fuhren zum Schiehallion, dem „Sie-Berg" von Caledonien. Als wir um den Berg herumfuhren, der die Göttin in ihren grimmigeren Aspekten darzustellen schien, wurde unser Gespräch auch grimmig. Es ging um das Phänomen, daß Frauen – einschließlich Lesben – andere Frauen angreifen. Als wir bei diesem Vordergrund-Thema waren, sahen wir ein Ortsschild namens „Dull" (stinklangweilig), und zugleich kam ein widerlicher Gestank – in Richtung Schwefeldioxid – in unser Auto. Nachdem wir ein Stück weitergefahren waren, brüllten wir vor Lachen über dieses Zusammentreffen. Ich werde diesen Ort Dull nie vergessen.

Als Abschiedsgeschenk las mir June aus Teeblättern, was sich als erstaunlich zutreffend erweisen sollte. So hatte ich viel zum Nachdenken, als ich am Montag den Zug zurück nach England bestieg.

Auf dem Rückweg sprach ich zuerst in Sheffield und fuhr dann weiter nach Bristol, wo ich im Watershed Arts Centre einen Vortrag hielt. Vorher aß ich allein in der Cafeteria dort und sah am Nebentisch einige Frauen, die mich auch bemerkt hatten. Sie kamen bald an meinen Tisch, und ich war nicht überrascht zu erfahren, daß sie vom Frauenfriedenscamp in Greenham Common gekommen waren. Ich mochte sie sofort, und wir stürzten uns ins Gespräch. Sie sahen müde und abgekämpft aus, und unser Gespräch zeigte, daß es dafür allen Grund gab. Wenn ich mich richtig erinnere, waren sie übereinstimmend der Meinung, daß in Greenham so etwas wie „zapping" vor sich ging. Eine Frau erzählte, daß sie praktisch ihr Kurzzeit-Gedächtnis verloren habe. Ich erzählte ihnen von der Frau, der ich 1987 in Dublin begegnet war und die mir die Zustände im Camp beschrieben hatte. Wenn ich jetzt über diese Verbindung schreibe, dann klickt die Verbindung in meinem Hirn: Piratinnen, die wieder und wieder Botschaften austauschen. Wir hatten dafür allerdings nur wenig Zeit, denn ich mußte meinen Vortrag halten.

Am nächsten Tag war ich wieder im Zug nach London. Nach der Ankunft ging ich zu The Women's Press, wo alle äußerst freundlich waren und mich zum Flughafen Heathrow fuhren. Als ich dort auf meinen Flug nach Dublin wartete, dachte ich über die bisherigen Ereignisse nach. Ich dachte an die Frauen von The Women's Press und ihrem mutigen Kampf ums Überleben – Ros de Lanerolle, Katy Nicholson, die meine Reise aufs präziseste vorbereitet, und Mary Hemming, die mich durch den schrecklichen Londoner Verkehr zum Flughafen gefahren hatte.

Ich zitterte vor Erregung, wieder nach Irland zurückzukommen. Etwas von dem Zittern, das ich Jetzt beim Schreiben spüre, kommt, glaube ich, von Catherine, die dicht davor ist, über meine Schulter zu sabbern. Es ist Zeit für eine Pause.

KURZE MONDIGE UNTERBRECHUNG

Der Grund für Catherines Aufregung, als ich Irland erwähnte, liegt auf der Hand. Sie hat sich in die Kühe dort verliebt und hofft, ein bißchen mehr von ihnen zu erfahren. Ich sagte ihr, daß dies nur ein sehr kurzer Trip war – nur fünf Tage. Doch sie machte mich telepathisch darauf aufmerksam, daß ein Feentag in Irland sehr, sehr inhaltsreich sein kann. Ich muß dem zustimmen.

Auch wenn sie recht hat, ich brauche jetzt meine Werkstatt für einen Moment für mich, denn Etwas – oder besser: Einiges – passierte, während ich die letzten Seiten schrieb, und ich möchte eine Pause machen und Jetzt über diese Ereignisse nachdenken. Also muß ich meine Wunder-Katze und -Kuh hinausscheuchen. Da gehen sie durch die Tür. Sie werden bald genug zurücksein, um mehr zu hören.

Das „Einiges" waren zwei von den „Zufällen", die sich im Expandierenden Jetzt ereignen können. Sie passierten exakt, als ich die Sätze über Schiehallion, den „Sie-Berg" in Caledonien schrieb. Ich wollte mehr über diesen merkwürdigen Namen wissen, so Suchte ich in

Barbara Walkers *Das geheime Wissen der Weisen Frauen*. Ich fand nichts über *Schiehallion*. Doch dafür Etwas anderes. Und mehr sollte kommen.

Als ich in dem Buch herumschmökerte, wurde ich durch noch eine Andere Tür zur Vier geschubst. Ein Wort führte zum Anderen, und ehe ich mich's versah, war ich bei einem Eintrag über „Maria" (Mary). Das Wort, das mir auf jener Seite ins Auge sprang, war *Glück*. Wie die Leserin von *Auswärts reisen* weiß, war ich stets der Meinung, ich hätte Glück. So las ich folgendes voller Interesse:

Eines der Symbole der Jungfrau Maria enthüllt den Grund, warum vierblättrige Kleeblätter für „Glücksbringer" gehalten werden. Der vierblättrige Klee in Marias Zeichen... weist in die vier Richtungen. Da es ein heidnisches Zeichen war, bezog sich dies wahrscheinlich auf die vier Sonnwendpunkte des Jahres und die nächtlichen Feiern dieser Ereignisse.

Heidnische Symbole wurden oft in einer nichtheidnischen Gesellschaft, die ihre wahre Bedeutung nicht anerkennen wollte, für „Glücksbringer" gehalten...[8]

Vieles in jenem Eintrag war mir bereits bekannt. Doch die Betonung von „Glück" läutete kosmische Glocken. Mein Heidnisches Glück-haben bekam eine neue Bedeutung. Wie in *Webster's* definiert, bedeutet *Glück* „eine planlose, unvorhersehbare und unkontrollierbare Kraft, die die Ereignisse für ein Individuum, eine Gruppe oder einen Anlaß günstig oder ungünstig beeinflußt: SCHICKSAL, GLÜCKSFALL". Die Umkehrung ist erstaunlich. Mein Glück-haben war eindeutig nicht planlos. Genau das Gegenteil trifft zu. Es ist Verblüffend Planvoll – eine Tatsache, die ich beim Durchleben von und Schreiben an *Auswärts reisen* Realisiert habe. Seine Quelle ist mein Letzter Grund. Es ist mit der beginnenden Präsenz der Vierten Spiral-Galaxie verbunden. Mein Glück ist Weiblich, Elemental, Ganz und Gar Heidnisch. Es hat mich durch manch eine Tür zur Vier geleitet.

Doch das ist nicht alles. Als ich weiter in diesem Werk blätterte, hatte ich Glück und fand den Eintrag „Ba" – für die Leserinnen dieses Buches ein vertrautes Wort.[9] Nach Walker:

Das *ba*... ist mit der alten weltweiten Vorstellung von Ahnen und Ahnengottheiten in Vogelform verbunden.[10]

Der Eintrag fährt fort:

Wahrsagen/Zukunftsschau durch Befragen von Vögeln (das heißt der Seelen der Toten) war in Griechenland, Rom und Nordeuropa üblich... Die Folklore in all diesen Gegenden betont die Notwendigkeit, die magische Sprache der Vögel verstehen zu lernen.[11]

An „Ba" erinnert zu werden, gerade ehe ich anfing, meine 1988er *Logbuch*-Vermerke über Irland zu schreiben, schien ein glückliches Vorzeichen. Es bringt mir Er-Innerungen an Begegnungen mit Vögeln in Irland 1987, besonders die sich produzierende Möwe bei den Cliffs of Moher, die Merkwürdigen Vögel bei Lough Gur und die Mengen von Schwänen bei Finavarra.[12] Es erweckt Assoziationen an Bienenkorb-Wohnstätten und Bienen. Walkers Hinweis auf Ahnen und Ahnengottheiten Beschwört Erinnerungen an das Corofin Heritage Centre und die Unternehmungen in Finavarra im vergangenen Sommer herauf, und ihre Erwähnung der magischen Sprache der Vögel bringt mehrere Fäden zusammen. Nachdem ich Jetzt über die Dinge, die sich beim Schreiben der letzten Seiten ereigneten, nachgedacht habe, kann ich mit dem Rückblick auf die Reisen im Frühjahr 1988 weitermachen. Ich glaube, ich höre es draußen kratzen und bumsen. Meine Freundinnen wollen hereinkommen, um mitzufahren... nach Irland.

LOGBUCH-VERMERKE: IRLAND UND ZURÜCK

Am Mittwoch, 27. April, abends, holten mich Joni Crone und Hilary Tierney am Flughafen Dublin ab und brachten mich zum Buswell's Hotel, wo ich mich ausruhte und auf den nächsten Tag vorbereitete, von dem ich wußte, daß er anstrengend werden würde.

Am Donnerstagnachmittag wurde mein Buch von Anne Good in Books Upstairs, einer ausgezeichneten Buchhandlung in Dublin, „vom Stapel gelassen".[13] Meine Rolle war, Leute kennenzulernen, über mein Buch und anderes zu sprechen und Exemplare zu signieren. Danach aß ich mit einer Gruppe Frauen, einschließlich der Feministischen Theologinnen Ann Louise Gilligan, Katherine Zappone, Mary Condren, der bekannten Schriftstellerin Nuala Ni Dhomhnaill sowie Aileen und Joni, in Nicos Restaurant, das in Dublin für seine gute italienische Küche bekannt ist. Doch konnte ich mich während des Essens nicht richtig entspannen – ich sollte abends im Trinity College sprechen.

Attic Press, der Feministische Verlag in Dublin, der die irische Ausgabe des *Wickedary* herausgebracht hatte, hatte meinen Vortrag organisiert, Mitveranstalterin war die Trinity Women's Group. Ich sprach in der Edmund Burke Hall, die mit gespannten und spannenden Zuhörerinnen voll besetzt war.

Eine lebhafte Erinnerung an diesen Vortrag war der Anblick (und das Geräusch) von Ann Louise, die in einer der ersten Reihen saß und sich voll in den Geist der Veranstaltung hineinbegeben hatte. Ann Louise „spielte mit", besonders als ich eine der „Knilch"-Definitionen aus *Wort-Netz Drei* vorlas. Als ich beispielsweise die Definition von *deadfellows* vortrug, rief sie aus: „Dead right!" Danach gab es einen

Empfang, zu dem sehr intensive Gespräche mit vielen Frauen gehörten. Der Raum war so voll und der Geräuschpegel so hoch, daß wir oft hinaus in die Vorhalle gehen mußten, um einander verstehen zu können. Meine Erinnerungen an diesen Abend sind Positiv Revoltierend. Am Freitag fuhr ich mit Joni und Aileen gen Westen. Wir nahmen den Zug nach Galway, und von dort fuhren wir mit einem Mietauto zu dem Wochenendhaus, das für uns in Bell Harbour bei Finavarra gemietet worden war. Es war das gleiche Haus wie im vergangenen Sommer und wurde allmählich zum Zuhause. Io und Marie kamen mit ihrem Wohnwagen. (Ger war zu jener Zeit in den USA.)

Diese Zeit in Finavarra war voller Vertrautheit, Freundschaft und Spaß. Wir sahen die Kühe bei Rose Cottage wieder und einige der Schwäne auf dem See. Wir besuchten die Klippen von Moher – hielten, vielleicht, Ausschau nach jener besonderen Möwe. Sie ließ sich nicht sehen, doch die Schönheit war belebend und inspirierend.

Am Montag, 2. Mai, verabschiedeten mich meine Freundinnen am Flughafen Shannon, wo ich in fröhlicher Stimmung das Flugzeug bestieg. Ich Erspürte, daß an diesem Magischen Ort noch mehr passieren würde... später. Ich beschloß, sobald wie möglich nach Irland zurückzukommen, besonders in den Westen.[14]

Als ich nach Newton zurückkam, stürzte ich mich wieder in die Arbeit an *Auswärts reisen*, mit gelegentlichen Unterbrechungen am Strand. Ein größeres Ereignis im Juni war die Dritte Internationale Feministische Buchmesse, die an der Universität von Montreal stattfand. Ich sollte dort einen Vortrag halten und wohnte bei meinen Freundinnen Marisa Zavalloni und Nicole Brossard. Nicole war Ehrenpräsidentin der Buchmesse, die mit einem Paukenschlag begann: ein Großes Fest mit Musik, Luftballons und anderen farbenfrohen Attraktionen oben auf dem Mount Royal. Viele Frauen aus aller Welt sprachen. Ich war besonders froh, meine kanadischen Freundinnen hören zu können, Nicole und Marisa natürlich und Mary Meigs und Louky Bersianik.

Kurz danach war es an der Zeit, die Koffer für ein weiteres Großes Abenteuer zu packen – meine Reise in die Schweiz, wo ich in Basel ein einwöchiges Seminar über Elementale Feministische Philosophie halten sollte, gefolgt von einem Vortrag in Bern. Ich fuhr nach Hause! Zu einem Anderen Zuhause, einer Anderen Heimkehr!

LOGBUCH-VERMERKE: ERIKAS INSEL
UND HEIMKEHR... IN DIE SCHWEIZ

Am Mittwoch, 29. Juni, flog ich mit Swiss Air von Boston nach Zürich. Ich befand mich in einem Zustand der Glückseligkeit – was mir manchmal widerfährt, besonders wenn ich an die Schweiz denke oder dorthin zurückkehre. Natürlich war ich seit meiner Studienzeit in Fribourg ein paar Mal dort gewesen, doch dieses Mal war besonders Momentos. Ich kam zurück, um meine eigene Elementale Feministische Philosophie zu lehren, nicht in Fribourg, sondern in Basel. Doch ich hatte sichergestellt, daß ich Fribourg und meine Anderen Lieblingsplätze besuchen konnte, wenn ich mich schon in der Nähe befand.

In den Sonnenaufgang und über die Alpen nach Zürich zu fliegen, ist ein atemberaubendes Erlebnis, wahrhaft ein Flug in eine Andere Welt. Mein Herz hüpfte in Ekstase, als ich die Alpen sah, hinauf, hinauf in Ekstase. Es war eine besondere Ekstase, die ich in Amerika nie gespürt habe – weder wenn ich über die Rockies flog noch sonstwo.

Eine Besonderheit dieser Reise war, daß ich einen Tag nach meiner Ankunft wieder von Zürich abflog, um eine Woche mit Erika Wisselinck in ihrem Haus auf einer kleinen Insel in der Nähe der portugiesischen Insel Madeira zu verbringen. Erika und Doris Gunn, eine Radikale Feministin aus der Schweiz, hatten diesen komplizierten Trip geplant.*

Erika und ich hatten uns zwei Jahre lang nicht gesehen, so hatten wir uns viel zu erzählen, als wir an den schönen Stränden der Insel wanderten oder vor ihrem wunderschönen Steinhaus saßen. Ich will mit der Geschichte dieses Hauses beginnen.

Erika ist nicht reich – um es untertrieben auszudrücken, sie gehört nicht zu denen, die ein Haus an einem so exotischen Fleckchen Erde besitzen würden. Das Ereignis, das dies möglich machte, war, daß sie 1975 einen Arbeitsgerichtsprozeß gegen die Evangelisch-Lutherische Kirche in Bayern führte. Sie hatte dreizehn Jahre lang eine Teilzeittätigkeit als Referentin/Tagungsleiterin an der Evangelischen Akademie Tutzing innegehabt, und sie hatten versucht sie „loszuwerden", indem sie ihren Vertrag änderten. Sie gewann den Prozeß und konnte auf diese Weise das Haus kaufen. Erika hatte Glück gehabt![15]

Und nun waren wir dort, aalten uns in der Sonne und erholten uns im Schatten jener Insel. Erika erzählte mir mehr über die Geschichte von *Anna* – ihr Buch, an dem sie noch arbeitete, das aber kurz vor der Vollendung stand. Ich las ihr aus einem frühen Entwurf von *Auswärts reisen* vor. Dann lasen wir abwechselnd laut einen ziemlich lyrischen Abschnitt aus der Ersten Passage von *Gyn/Ökologie*. Erika war mit Recht stolz auf ihre Übersetzung dieses schwierigen Teils, und wir lasen es abwechselnd in Englisch und in Deutsch, ein bißchen stolzgebläht in gegenseitigen Selbst-Komplimenten.

Wir schwammen jeden Tag und wanderten nach Ost und West. Gegen Ende meines Aufenthalts besuchten wir ein besonders schönes

---

* Doris war es auch, die die ganze Organisation für die Schweiz gemacht hatte – doch dazu komme ich bald.

Tal. Ich erinnere mich, daß ich mit einigen... hm, Kühen sprach... Und Jetzt spüre ich schweres heißes Atmen über meiner Schulter... So, nun hab' ich sie aus der Tür gelockt. Es ist Zeit, mit der Geschichte meines Besuchs in der Schweiz fortzufahren.

Am Freitag, 8. Juli, verabschiedete Erika mich auf dem kleinen Flughafen, und ich war wieder unterwegs. Das erholsame Abenteuer auf der „Geheiminsel" war eine großartige Vorbereitung für die bevorstehende anstrengende Woche. Sie begann mit der Landung in Zürich, von wo ich direkt zum Bahnhof fuhr, den Hauptteil meines Gepäcks im Schließfach verstaute und nur ein Minimum in meinen Rucksack packte. Ich sprang auf einen Zug nach Bern, mit der Absicht, weiter nach Interlaken zu fahren und hinauf nach Wengen und die Kleine Scheidegg. Ich kam am Abend in Wengen an, fand ein Hotel mit einem unglaublich schönen Blick und freute mich auf einen herrlichen Tag in den Alpen.

Der Sonntag begann mit Frühstück auf meinem Balkon, wo ich auf die Berge schaute und dachte, wenn dies der Himmel wäre, dann würde ich mich gern für immer dort einmieten. Ich wanderte eine Weile in Wengen umher, genoß meine Erinnerungen und war Wunderlüstern in der Gegenwart beim Anblick der Jungfrau. Später bestieg ich den kleinen Bergzug auf die Kleine Scheidegg und wanderte hinauf, wo die Kühe grasten.

Himmel, Sonne und Luft waren prächtig, doch ich wußte, ich mußte mich beeilen, und so nahm ich den Bergzug zurück nach Interlaken. Ich schlief ein, und man mußte mich lauthals wecken, als es an der Zeit war, umzusteigen. Ich fuhr weiter nach Bern, wo ich der unwiderstehlichen Versuchung erlag, umherzuwandern und durch die Arkaden zu gehen. Dann bestieg ich wieder einen Zug für die fünfundzwanzig Minuten lange Fahrt nach Fribourg, wo ich die Nacht verbrachte.

Fribourg – mein mittelalterliches Wunderland und meine „Heimatstadt"! Am Sonntag wanderte ich dort herum, besuchte die Universität, die *basse ville* und Bourguillon. Ich mußte mich losreißen, den Zug zurück nach Zürich nehmen, Doris Gunn anrufen und mein Gepäck aus dem Schließfach holen.

Ich glaube, ich befand mich mehr als üblich in anderen Sphären nach meiner intensiven Schweiz-Tour, als Doris und eine Freundin, Elisabeth Sen-Wenk, ankamen. Sie fuhren mich ins Hotel Basel, das nicht weit entfernt von der eleganten Villa lag, wo das Seminar stattfinden sollte. Mein unmittelbares Interesse war Überleben, als ich meine Bücher, Notizen und Kleidungsstücke für die Woche auspackte.

Villa Wenkenhof in Riehen bei Basel, auch „Lusthaus" genannt, war der Rahmen für die Diskussion über *Reine Lust*. Diese Villa aus dem sechzehnten Jahrhundert, die jetzt zu erschwinglichen Preisen für kulturelle Veranstaltungen zu mieten ist, war von Doris durch die von ihr geschaffene Organisation *Avalun* reserviert worden. Ihr höfisches Interieur und die weite Parklandschaft stellten eine angenehme – wenn auch nicht gerade Wilde – Umgebung für das Realisieren von Elementaler Feministischer Philosophie dar.

Über dreißig Frauen hatten sich für das Seminar eingeschrieben. Die meisten kamen aus der Schweiz, einige aus Deutschland, Österreich und den Niederlanden. Neben ihren Sitzungen mit mir am Nachmittag und oft auch abends nahmen die Teilnehmerinnen an Arbeitsgruppen am Vormittag teil.[16]

Vor dieser internationalen Gruppe gelehrter Frauen zu sprechen und mit ihnen zu diskutieren, war stimulierend. Dies waren Frauen, die Freude sowohl an rigoroser Analyse wie auch an Ausflügen der Phantasie hatten. Und mir machte es Freude, ihre Ideen und ihre Reaktionen auf *Reine Lust* zu hören. Einige sagten, ich dächte „wie eine Europäerin" – kein Wunder nach meinen sieben Jahren in Fribourg.

Großen Erfolg hatte das Unkapitel Dreizehn: „Kat(z)egorischer Anhang" von *Reine Lust*, da viele der Frauen Katzenliebhaberinnen waren. Eines Tages, als ich in unserem „Unterrichtsraum" (ein exotischer Salon in der Villa Wenkenhof) stand und Ideen aus *Reine Lust* vortrug, trug sich ein Merkwürdig Synchrones und Kat(z)alytisches Ereignis zu. Hinter mir war ein mit Büchern beladener Tisch, und dahinter waren die riesigen Glastüren, die auf eine Terrasse mit Aussicht auf den fürstlichen Park, der die Villa umgab, führten. Die Türen standen offen. Ohne daß ich es bemerkt hatte, war eine Katze, die ein bißchen Wild Cat ähnelte, hereingekommen. Sie setzte sich direkt vor mich und schaute auf die Reihen von Frauen. Alle lächelten und schauten auf sie, also mußte ich sie auch beachten. Nachdem sie die ihr ihrer Meinung nach zustehende Zuwendung von mir bekommen hatte, machte die Kätzische Geistverwandte die Runde, besuchte verschiedene Frauen, die sie ihrer Aufmerksamkeit für würdig hielt. Dieses Ereignis war erinnerungswürdig Kat(z)atonisch für uns alle. Die Katze war natürlich im richtigen Moment gekommen, um den Elementalen Feministischen Philosophinnen einen Kat(z)egorischen Imperativ, einen Ruf des Wilden zu hinterlassen.

Ich nahm eine Reihe wichtiger Verbindungen zu Frauen, die an dem Seminar teilnahmen, auf. Eine Frau ist mir besonders in Erinnerung, Adelheid Baumgartner, die eine Menge Fragen hatte. Einige waren interessant, doch war ich ein wenig irritiert durch ihr ständiges Sticheln, wie ich es damals empfand, in der Frage der Trinitäten. „Das alte christliche Zeug", dachte ich und wünschte, sie würde aufhören. Ich wußte damals noch nicht, daß Adelheid im Herbst nach Boston kommen, an einem meiner Kurse teilnehmen und weiter ihre Fragen

stellen würde. In Wirklichkeit hatte Adelheid sehr viel mehr zu sagen...
nämlich über Vier.*

Während des fünf Tage langen Seminars gab es viele Aktivitäten
außerhalb des Programms. Dazu gehörte ein Besuch bei der Schweizer
Feministischen Bildhauerin Bettina Eichen in ihrem Atelier. Zu ihren
Arbeiten gehören kraftvolle Statuen der Musen und der Sophia. Ich
hatte auch ein Radio-Interview mit Dr. Ursa Krattiger, einer bekannten
Schweizer Feministin.

Am Abend des 16. Juli fuhr ich nach Bern, wo ich einen öffentlichen Vortrag halten sollte. Ich erinnere mich, wie ich in dem dahin-
eilenden Zug mit mehreren Frauen aus dem Seminar in Wenkenhof
saß. Es war ein Elektrisierender Trip, denn ich kehrte zu einem meiner
Lieblingsorte zurück, den ich während meiner Studienzeit in Fribourg
so oft besucht hatte. Ich hätte mir nie vorstellen könne, daß ich so
wiederkommen würde: aufgeladen, um eine feurige Feministische
Rede zu halten – ausgerechnet in Bern.

Aufgeregt purzelten wir aus dem Zug und eilten zum Veranstaltungs-
ort. Doris hatte mir gesagt, daß dieser Be-Lachenderweise ein Kraft-
werk war.[17] Wir hielten dies für eine einmalige Syn-Crone-izität,
besonders da das Thema meines Vortrags „Die Elementalen Kräfte von
Frauen Er-Innern" war. Als wir hineinstürmten, war es bereits sehr voll
und lärmig. Da einige meiner Gefährtinnen Teil der „Vorstellung"
waren, beschlossen wir, auf die Bühne zu gehen und uns dort auf den
Boden zu setzen. Am Ende meines Vortrags, den Lilly Friedberg
übersetzte, führten Doris und zwei andere Frauen das Unkapitel
Dreizehn, „Kat(z)egorischer Anhang", vor. Das heißt, sie übernahmen
die Rollen von Professor Yessir (dem Inquisitor) und den zwei wunderschönen Kätzinnen, die das Interview mit ihm führten, da ich keine
Lust hatte, mit dem Knilch zu sprechen. Dieses „Spiel" wurde auf
Deutsch vorgeführt, aus Erikas Übersetzung von *Reine Lust*. Die „Katzen" sprangen ergötzlich auf der Bühne herum, ohne eine Zeile
auszulassen. Ich glaube, daß Bern nie zuvor einen solchen Anblick –
oder vielmehr: solche Anblicke und Geräusche – genossen hat.

---

* An einem Abend im Herbst 1988 lud ich Adelheid ein, mit mir in Newton essen zu
gehen, damit wir versuchen könnten, eine Übereinstimmung unseres Denkens zu
finden. Obgleich die Diskussion über viele Themen ging, konzentrierte sie sich teilweise
auf die Zahlen „drei" und „vier". Adelheid setzte ihre Gedanken in einem Brief an mich
fort, den sie mir nach ihrer Rückkehr in die Schweiz im Januar 1989 schrieb: „Es hat mir
nicht gefallen, mir vorzustellen, daß Du in die Falle der Drei gegangen sein könntest. Ich
sah, wie Du spiraltest, in Bewegung warst, und wollte, daß Du so lang wie möglich
weitermachen solltest... Es kann keine Drei ohne die Vier geben. Die Drei wächst aus
der vierten Dimension heraus... Wenn die Dreiheiten keine Wurzel haben, dann ist es
nur ein Spiel. Alle Dreien brauchen die Vier als Grundlage, beispielsweise die Pyramiden. Die Vier könnte auch die vergessenen Dinge, das Unbewußte sein." (Persönlicher
Brief vom 16. Januar 1988)

Als wir im Zug nach Basel zurückeilten, waren meine Gefährtinnen und ich in fröhlicher Siegesstimmung. Auch gab es ein Gefühl kosmischer Verbundenheit zwischen uns. Es war der letzte Abend, an dem wir zusammensein würden, und die Geräusche des Schnellzugs, der durch die Nacht brauste, und der Anblick der hellerleuchteten Städte und Dörfer, die vorbeihuschten, trugen zu dem, was wir fühlten, bei. Sonntag war ein sanfter und schmerzhafter Tag. Doris und Elisabeth, die beide meinen Aufenthalt aufs Angenehmste gestaltet hatten, führten mich zu einem eleganten Dinner aus. Später machten wir einen Spaziergang über Land. Wir wanderten nach Deutschland hinein. Als wir durch den Riehener Wald gingen – der in Deutschland dann zum Schwarzwald wird –, sah ich die Zerstörung vieler Bäume durch den sauren Regen. Dies war ein gewalttätiges Beispiel für die Konfrontation zwischen Vordergrund und Hintergrund, zwischen phantomischen von-Menschen(Männern)-gemachten Schrecken und Elementaler Kraft, Schönheit und Stärke.

Doris und Elisabeth berichteten mir von dem schrecklichen Feuer, das am 1. November 1986 bei Sandoz, einer der vielen chemischen Fabriken in Basel, ausgebrochen war. Es hatte die ganze Nacht gebrannt. Die Luft war total verseucht, und eine Reihe von Menschen, die in der Nähe von Sandoz lebten und/oder arbeiteten, waren innerhalb kurzer Zeit gestorben. Andere, einschließlich Doris, litten an langen Krankheiten. Die Dämpfe waren so gefährlich und dauerhaft, daß viele Menschen es monatelang für lebensgefährlich hielten, hinauszugehen.

Doris erzählte mir, daß sie vor Ausbruch des Feuers einen prophetischen Traum gehabt hatte. In ihrem Traum hatte sie – auf Latein! – den Namen einer der Chemikalien gesehen, die in jener höllischen Feuersbrunst brennen sollten. Außerdem informierte sie mich, daß mindestens drei Frauen, die sich zu jener Zeit nicht kannten, später berichteten, daß sie vorausschauend von dem Feuer geträumt hätten.

Am Montag fuhr ich von Basel nach Zürich, um dort mein Flugzeug nach Boston zu bekommen. Doris, die keine Fahrkarte hatte, begleitete mich. Niemand fragte sie. Sie kaufte mit mir am Flughafen Zürich Mitbringsel, und danach trennten sich unsere Wege – meiner ging nach Boston, ihrer nach Basel. Erst später fand ich heraus, daß Doris keine Rückfahrkarte nach Basel hatte und auch kein Geld. Doch sie schaffte es!*

* In einem Telefongespräch, das wir kürzlich hatten, sagte mir Doris, daß an der Kontrolle zwei Männer nach ihrer Fahrkarte fragten. Da sie keine hatte, fragten sie sie, wie sie hergekommen sei. Sie antwortete: „Oh, ich bin geflogen!" Die Männer schauten sie an, als sei sie verrückt, und einer sagte in sarkastischem Ton zum anderen: „Oh, sie ist geflogen!" Da sie sie wahrscheinlich für verrückt hielten, ließen sie sie gehen. Das ist das Glück einer Lustvollen Verrückten/Hexe. (Transatlantisches Telefongespräch am 30. Januar 1992)

Im Flugzeug hatte ich Zeit, über die Vordergrund/Hintergrund-Gegensätze nachzudenken, die die Atmosphäre jenes Trips durchdrungen hatten. Während der wundervollen sonnigen Tage auf Erikas Insel[18] und später in der Schweiz waren wir gefährlichen ultravioletten Strahlen ausgesetzt. Die „frische Luft" der Villa Wenkenhof enthielt immer noch Reste chemischer Verseuchung. Die Leben der Frauen, die ich getroffen und wiedergetroffen hatte – mutige, kreative, fröhliche, Elementale Frauen –, waren voll von komplexen Kämpfen, um gegen die und trotz der zunehmend widerlicher werdenden Bedingungen patriarchaler Unterdrückung zu Überleben.[19] Unsere Zeit dort „draußen" in jener Luxusvilla war auch eine Zeit „drinnen" in unserem Frauen-Raum – um uns zu erholen, zu Spiralen, zu Spinnen und Strategien zu entwerfen. Ich kam entschlossener denn je zurück... entschlossen zu Gewinnen.

KAPITEL NEUNZEHN

DAS PATRIARCHAT AUF DER ANKLAGEBANK:
ALARM IN DER VIERTEN SPIRAL-GALAXIE

Es ist so erholsam hier auf der Anderen Seite des Mondes mit meinen kätzischen und rindviehhaften Geistverwandten! Wenn ich sie um mich habe, kann ich mit Gleichmut über die Ereignisse des akadementischen Jahres 1988/1989 nachdenken. Sie können die Dinge in einer so klaren Perspektive sehen! Also werde ich in ihrer Gegenwart meine Gedanken sammeln. Jetzt.

Als ich der Katze und der Kuh *Akadementia* zu erklären versuche, sind sie sprachlos. „Was", fragen sie telepatisch, „hat *das* mit... Jetzt zu tun?"

„Nichts", sage ich. „Deshalb muß ich es aufdecken... im Licht der Vierten Galaxie. Deshalb werde ich mit meinen *Logbuch*-Einträgen dazu Jetzt, heute abend, anfangen. Wißt ihr, es hat mit dem Zähmen und Töten von Frauen und Tieren und allem Leben zu tun – also mit Gynozid und Biozid."

Wild Cat und Catherine schließen ihre Augen vor Schock und Schrecken.

„Deshalb sind wir hierher gekommen, hierher, wo uns niemand stört. Wir sind gekommen, um die Verbindungen zu Sehen und zu Be-Nennen. Ich werde mit der Momentosen Er-Innerung bestimmter Ereignisse beginnen. Catherine, geh in deine gewohnte Stellung, schau mir über die Schulter! Wild Cat, spring auf deinen Lieblingssitz, auf dem Bücherregal! So, Gefährtinnen, jetzt kann ich die grimmige und blutrünstige Geschichte beginnen, die für uns nur aufs Herrlichste enden kann."

HEXENPROZESS IM JESUITENSTIL:
LOGBUCH-VERMERKE ZU AKADEMENTIA 1988/1989

Zurück in Newton – nach meiner Heimkehr in die Schweiz – nahm ich das Schreiben an *Auswärts reisen* wieder auf. Da ich im September zum Unterricht ins Boston College zurückkehren mußte, arbeitete ich an diesem Buch im Juli und August so stetig wie möglich... Und dann kehrte ich ans College zurück.

Boston College hatte inzwischen eine zunehmend konservative StudentInnenschaft bekommen. Dieser Konservatismus äußerte sich zum großen Teil in Apathie, doch es gab auch aggressive Erzkonservative, die bereit waren, alle jene, die als „radikal" oder „liberal" angesehen wurden, so bösartig wie möglich anzugreifen.

Ich sehe, wie Catherine und Wild Cat gähnen. Also, um weiterzukommen... In meinen Kursen waren glücklicherweise wie gewöhnlich sehr begabte und enthusiastische StudentInnen. Ich war darauf aus, meine Kurse für sie und für meine Selbst so herausfordernd und anregend wie möglich zu machen. In der häßlichen repressiven Atmosphäre, die in den Gängen zu herrschen und durch die Türritzen einzudringen schien, gelang es mir – und meinen StudentInnen – die hohe Qualität von Lehren, Lernen, Ideen-Spinnen, die stets meine Kurse bestimmt hatte, beizubehalten. Doch Spürte ich, daß es an der Zeit war, etwas an der politischen Front zu tun.

Seit das Boston College 1975 meine Bewerbung als Vollprofessorin abgelehnt hatte (weil meine Arbeit „unwissenschaftlich" sei), hatte ich die Frage einfach ausgeklammert. Im Wissen, daß ich den Rang einer Vollprofessorin mehr als verdient hatte, und zugleich in der Erkenntnis, daß die lange Verweigerung dieses Rangs keine Schande für mich, sondern für Boston College war, hatte ich mich voll meiner Arbeit des Schreibens, Lehrens und Vorträge Haltens zugewendet. Inzwischen waren jedoch die finanziellen Implikationen jener Verweigerung spürbar deutlich geworden. Der Plan, mich so arm wie möglich zu halten, der in den frühen achtziger Jahren erkennbar geworden war, war offensichtlicher denn je.[1] Und es gab noch etwas anderes, sogar noch gemeiner, auf einer anderen Ebene.

Dieses Etwas war eine widerliche Täuschung. Während das Boston College von meinem Namen und Ruhm profitierte* – indem sie meine Bücher in ihrer Buchhandlung ausstellten, StudentInnen und GastprofessorInnen anlockten und öffentliche Anerkennung für akademische Hochleistung und „Liberalität"/„Liberalismus" gewannen –, spielten sie gleichzeitig konservative Heimspiele.

Diese Strategie war mir in den früheren Jahren weniger deutlich gewesen. Ich hatte mich nie mit akademischen „Spielchen" beschäftigt. Akadementische Bohrokratie war nie von brennendem Interesse für mich. Im Lauf der Jahre schrieb ich immer mehr Bücher, und die Anerkennung meiner Leistungen verbreitete sich immer mehr. Vielleicht habe ich diesem Phänomen noch nicht einmal großes Interesse geschenkt. Das Spinnen von Ideen, die Spiralende Reise, war zu intensiv, um Zeit für solche kleinlichen Erwägungen zu lassen.

Natürlich war mir klar, daß ich, wenn ich als Hauptrednerin oder

---

* Dies war verbunden mit dem Verbreiten einer anderen Art „Name und Ruhm". Die heimliche schwarze Liste, die jenes verwickelte Kumpelsystem, das der akademische Männerbund ist, ausgespuckt hatte, hat eine „Null Chance"-Situation für mich und alle – tatsächlichen und potentiellen – Radikalen Feministinnen zum Ziel.

zu einem Seminar oder einem Vortrag eingeladen wurde, dies nicht geschah, weil ich zum Lehrkörper des Boston College gehörte. Die Hunderte von Briefen, die ich erhielt, wurden nicht geschrieben, weil ich Professorin am Boston College war. Doch hat diese Institution in hohem Maß von meiner Arbeit profitiert.[2]

Außerdem haben viele der Tausende LeserInnen meiner Bücher und ZuhörerInnen meiner Vorträge einfach angenommen, daß Boston College für Radikale Feministinnen aufgeschlossen ist. Natürlich bin ich gelegentlich nach BC gefragt worden und habe den FragestellerInnen öffentlich erzählt, wie es war, wie es ist. Doch da waren/sind Tausende, die nie eine Chance hatten zu fragen. Und unter diesen Tausenden haben die, die etwas vom System akademischer Ränge verstehen, von meinen Publikationen ausgehend einfach angenommen, daß ich Vollprofessorin mit ausgezeichnetem Gehalt sein müsse.

Es war also Höchste Zeit, die Situation offenzulegen. Am Anfang, das heißt im Oktober 1988 – genau dreizehn Jahre und drei bedeutende Bücher nach meiner letzten Bewerbung –, als ich mich entschloß, noch einmal die Beförderung in den Rang einer Vollprofessorin zu beantragen, gingen meine Gedanken noch nicht in diese Richtung. Als Matrosin des Unterschwelligen Meeres Spiralte ich einfach mit dem Großen Wind. Mein Instinkt/meine Intuition sagten mir, daß es jetzt Zeit für diesen Schritt sei. Ich Realisierte nicht, daß ich mich auf den Weg machte, Alarm zu schlagen und Boston College öffentlich bloßzustellen. Doch zweifellos wußte dies der Große Wind und beabsichtigte, zu gegebener Zeit Wild und Laut zu Heulen.

Und so kam es dazu: In jenem Oktober fand ich unter den Werbesendungen in meinem Briefkasten eine Benachrichtigung, daß *associate professors* sich selbst zur Beförderung vorschlagen könnten. Natürlich war bekannt, daß die Vollprofessoren bereits ihre Wunschkandidaten ausgesucht hatten. Die Benachrichtigung war in Wirklichkeit eine Formalität, die die Illusion „Fairness" vermitteln sollte. Da das einzig Erforderliche für den Moment das „Einreichen" meines Lebenslaufs war, beschloß ich, mein auf den neuesten Stand gebrachtes achtunddreißig Seiten langes *Curriculum vitae* abzugeben. Irgendwie muß ich bezüglich des langen, entnervenden Prozesses vor dreizehn Jahren von *Amnesie* befallen gewesen sein. Allmählich stellte ich mich auf das volle Ausmaß der vor mir liegenden Langwierigkeit ein.

Das gesamte Material, das ich zusammenstellen mußte, füllte zwei große Kartons. Diese enthielten: (1) meine Dissertationen (in Theologie und Philosophie) von der Universität Fribourg; (2) meine fünf Hauptwerke, in englisch; (3) ein kleines Buch, das ursprünglich auf französisch veröffentlicht wurde*; (4) sechs Leseproben aus meinen

---

* Siehe Mary Daly, *Notes pour une ontologie du féminisme radical*, Outremont 1982.

übersetzten Büchern (in deutsch, holländisch, italienisch und japanisch); (5) einige ausgewählte Anthologien, in denen Artikel von mir erschienen waren; (6) zwei rote Aktenordner (von jedem zwei Exemplare).

Der erste Ordner enthielt:
I. meinen Antrag auf Beförderung,
II. meinen Lebenslauf,
III. Vorlesungsverzeichnisse aus den letzten fünf Jahren,
IV. Kursauswertungen aus vielen Jahren,
V. veröffentlichte Kurs-Kritiken.

Der zweite Ordner enthielt etwa siebenundneunzig Rezensionen meiner Bücher.

Dazu enthielt die Kiste: eine Ausgabe des angesehenen *Contemporary Issues Criticism*[3], in dem ein Artikel über meine Arbeit stand, vierzig bis fünfzig Unterstützungsbriefe von KollegInnen aus vielen Universitäten; Briefe von Studentinnen und Studenten, die an den Vorsitzenden der theologischen Abteilung gegangen waren.

Als ich diese Liste meinen Mondgenossinnen vorlas, fielen Catherine und Wild Cat in Ohnmacht. Ich muß zugeben, daß das Zusammentragen des Materials eine anstrengende Vordergrund-Arbeit war.

Doch das war nicht alles. Man sagte mir, ich solle der Abteilung die Namen mehrerer ExpertInnen auf meinem Gebiet außerhalb des Boston College nennen, die meine Arbeit beurteilen könnten. Das tat ich. Da ich das Gefühl hatte, dem Ablauf nicht trauen zu können, rief ich jede/n Einzelne/n an und bat sie, mich wissen zu lassen, wenn sich die Abteilung an sie wenden würde – oder auch nicht. Mindestens drei von ihnen informierten mich, daß man sie angerufen, ihnen jedoch gesagt hatte, es bestünde keine Eile für das Einsenden ihrer Beurteilungen. Da ich wußte, daß die Sitzung der Vollprofessoren in der theologischen Abteilung in Kürze stattfinden sollte, konnte ich daraus nur schließen, daß irgend jemand wollte, daß die Briefe zu spät ankamen. In diesem Fall hätte die Abteilung „vergessen" können, sie an den Dekan und den Beförderungsausschuß des College für Künste und Wissenschaften weiterzuleiten.

So bat ich diejenigen, von denen Referenzen erbeten worden waren, sie sobald wie möglich und mit Empfangsbestätigung zu schicken. Sie verstanden die Situation nur zu gut und gingen liebenswürdig auf meine Bitte ein. Ich bat auch viele andere Kollegen hier und im Ausland, aus der Theologie und aus anderen Fachgebieten, Briefe zu schicken, und ich fügte Kopien dieser Briefe dem umfangreichen Material meines Dossiers hinzu.

Diese und andere Briefe von Kollegen waren so überwältigend positiv, daß ich – würde ich dazu neigen – hätte rotwerden können. Sie waren wirklich Balsam auf meine Seele. Das gleiche gilt für die nachdrückliche Petition, die von einigen hundert Mitgliedern der American Academy of Religion unterzeichnet war.[4] Während dies alles vor sich ging, machte ich es mir zur Gewohnheit, öfter durch das Büro der theologischen Abteilung zu gehen, wo die Kartons der Bewerber für eine Vollprofessur offen auf Stühlen plaziert waren. Auf diese Weise sollten die Dossiers und/oder Publikationen den Mitgliedern der Abteilung zur Einsicht offen stehen – besonders den Vollprofessoren, denn nur sie hatten in dieser Sache Stimmrecht. Die Professoren sollten sich das Material, das sie sich anschauen wollten, herausnehmen können. Soweit ich feststellen konnte, wurde nie ein einziges Blatt aus meinem Karton herausgenommen und geprüft. Ich bin vielmehr vollkommen überzeugt, daß keiner der Vollprofessoren – mit einer möglichen Ausnahme – mit meinem Dossier oder mit meinen Büchern vertraut war.

Trotz all der positiven Reaktionen von KollegInnen aus dem ganzen Land und von außerhalb der Vereinigten Staaten war die „Antwort" der Leitung ein negativer höflicher Formbrief von Präsident J. Donald Monan, S.J., der am 23. Februar 1989 schrieb:

> Nachdem ich die Empfehlungen, die mir in bezug auf Sie zugegangen sind, sorgfältig geprüft habe, tut es mir leid, Sie davon unterrichten zu müssen, daß ich die beantragte Beförderung abgelehnt habe.
>
> Es ist keine angenehme Aufgabe, eine Entscheidung mitteilen zu müssen, die eine Enttäuschung bedeuten kann. Ich schlage vor, daß Sie einen Termin mit Ihrem Dekan verabreden, um über die in den Statuten vorgeschriebenen Kriterien für das von Ihnen angestrebte Amt mit Hinblick auf eine erneute Bewerbung in kommenden Jahren sprechen zu können.

Ich brachte den Brief in meine Kurse. Die StudentInnen, die Petitionen unterzeichnet, Briefe geschrieben und für mich gesprochen hatten, waren wütend, daß ihre Erfahrungen und Bemühungen nichts zählten. Ihre schwelende Empörung über die Unterdrückung von Frauen am Boston College – wofür mein Fall ein „leuchtendes" Beispiel war – stieg.

Inzwischen schickte ich am 4. März einen Brief an Präsident Monan, in dem unter anderem stand:

> Ich meine, daß ich ein Recht darauf habe, in schriftlicher Form die Gründe zu erfahen, warum Boston College mich nicht befördern will, besonders in Hinblick auf die einmaligen Umstände...

Ich fuhr in diesem Brief mit der Aufzählung meiner Qualifikationen fort und zitierte Professor John B. Cobb jr. von der School of Theology in Claremont, der an Monan geschrieben hatte:

Daß eine führende (wenn nicht die führende) Feministische Wissenschaftlerin auf dem Gebiet Religion ganz offen wegen ihrer religiösen Ansichten diskriminiert wird, ist ein Schandfleck für die akademische Bildung generell...

Ich folgte auch Präsident Monans „Rat" und setzte mich mit J. Robert Barth, S.J., dem Dekan des College der Künste und Wissenschaften, in Verbindung, dessen Antwortbrief vom 14. März – sowohl in seinem als auch in Präsident Monans Namen geschrieben – ein klassisches Beispiel für akademisches Doppeldenken ist. Nach der Information, daß „der Beförderungsausschuß Ihr Material sehr sorgfältig geprüft hat", fährt er (hier im Auszug) fort:

Der Ausschuß hat Ihren vielen Veröffentlichungen sorgfältige Aufmerksamkeit gewidmet. Er hat die weitverbreiteten Zitierungen dieser Werke als Ausdruck von großem Einfluß im sich entwickelnden Fach der feministischen Studien gewürdigt. Bei der Abwägung, ob in Ihren Arbeiten der erforderliche Grad an hoher Leistung erbracht sei, bemerkte der Ausschuß den Kontrast zwischen Ihren Arbeiten und den typischeren Darstellungen wissenschaftlicher Methodologie in Veröffentlichungen, nach denen Kandidaten für die Beförderung zum Professor beurteilt werden. Besonders hervorgehoben wurde *der Mangel an auf offizielle Quellen gestützte Wissenschaftlichkeit Ihrer jüngsten Bücher* [Hervorhebung Daly]. Trotz der positiven Aspekte, die der Ausschuß in Ihrer Lehrtätigkeit und Ihren Veröffentlichungen sah, haben die gewichtigen Mängel, die er in der Übersicht über Ihre Lehrtätigkeit und Ihre wissenschaftlichen Veröffentlichungen fand, zusammen mit der praktischen Abwesenheit jeglichen Engagements in der Abteilung oder im College, zu der Entscheidung geführt, daß Sie im Sinn der Statuten eindeutig keine „Leistung, die in ihrer Gesamtheit hervorragend ist", erbracht haben.

Wenn wir einmal den Witz „Mangel an auf offizielle Quellen gestützte Artikel" beiseite lassen, sollten eine Reihe ins Auge fallender Punkte festgehalten werden. Das Erinnerungsvermögen des Dekans – oder das des Anwalts, der wahrscheinlich diesen Brief entworfen hat – ist absichtsvoll kurz. Der Dekan „vergißt", daß sich die Ablehnung der Vollprofessur 1975 auf „die fragwürdige Wissenschaftlichkeit" meiner *früheren* Bücher stützte.[5] Was meine „praktische Abwesenheit von jeglichem Engagement in der Abteilung oder im College" betrifft, „vergißt" der Dekan, daß ich bis 1975 enorme Energien in derartiges Engagement gesteckt hatte und dennoch der Beförderung für unwürdig erachtet wurde.

Obgleich der Brief zweifellos die Absicht verfolgte, mich „in meine

Schranken zu weisen" – mir das Gefühl zu vermitteln, ich habe schmachvoll versagt und wollte nur noch dieses Ohrfeigen-Dokument in den tiefsten Tiefen meines Schreibtisches versenken –, hatte es die genau gegenteilige Wirkung. Ich fotokopierte es und schickte es, mit weiterem Material, an die Kollegen in den Vereinigten Staaten, Kanada und Europa, die großartige und empörte Unterstützungsbriefe geschrieben hatten. Ich dachte, daß einige es vielleicht nicht nur unterhaltsam, sondern auch lehrreich finden könnten, ein Beispiel für Orwellschen Dis-Kurs. Auch las ich die Briefe meinen StudentInnen vor.

LOGBUCH-VERMERKE ÜBER BE-HEXENDE AKTIONEN

Meine StudentInnen kochten vor Wut. Sie hatten es satt, daß die Beurteilungen und Leistungen von Frauen ausgelöscht wurden. Es war klar, daß sie Aktion wollten. Und so begannen die Demonstrationen.

Am 22. März 1989 zogen etwa fünfzig Protestierende – hauptsächlich Frauen und einige Männer – vor das Botolph House, in dem Präsident Monan sein Büro hat, um ihm eine Petition zu übergeben.[6] Nachdem sie etwa fünfzehn Minuten mit ihren Schildern draußen vor der Tür gestanden hatten, gingen sie friedlich auf die Tür zu. Als Adrienne Burke, eine Boston College-Studentin im Junior-Jahr, versuchte, die Petition durch die Tür hineinzureichen, wurde ihr diese auf die Finger geknallt. Ein brutaler Sicherheitsbeamter griff Adrienne in die Haare und zog sie daran zurück.* Er stieß sie und andere mit den Füßen in den Rücken. Als die Protestierenden sich am Eingang zum Haus des Präsidenten sammelten, bellte ein Dekan Drohungen zwangsweiser Entfernung.

Bald erschien die Presse auf dem Schauplatz, woraufhin der Sicherheitsbeamte aufhörte, die Studentinnen mit Fußtritten zu bearbeiten. Präsident Monan wurde gesehen, wie er mit Sicherheitsbeamten den Hinterausgang verließ und in einem Boston College-Lieferwagen davongefahren wurde. Einige Studentinnen, einschließlich der Organisatorinnen Leigh Anthony, Karen O'Malley und Sara Malone, sprachen mit der Presse, und dann marschierten alle über den Campus, um eine Kopie der Petition beim Vorsitzenden der theologischen Abteilung in Carney Hall abzuliefern, und riefen dazu Slogans, die der Welt zeigten, was in BC passierte. Dazu gehörte: *„Witch trial – jesuit style"* (Hexenprozeß im Jesuitenstil) und *„Mary Daly refused again – Academic freedom only for men"* (Mary Daly wieder abgelehnt – akademische Freiheit nur für Männer).

---

* Einige Studentinnen brachten später den blutbefleckten Umschlag, der die Petition enthielt, in meinen Kurs.

Als sie bei der theologischen Abteilung ankamen, wurde den DemonstrantInnen gesagt, der Vorsitzende sei nicht da. Frustriert zogen sie ab. Es war inzwischen Mittagszeit. Sie hämmerten an Bürotüren, als sie hinausmarschierten und zur Cafeteria in McElroy Commons gingen, die gleich nebenan war.

Als sie durch die Cafeteria zogen, riefen die Protestierenden weiter ihre Slogans. Einige wurden von fliegenden Gegenständen wie Bananen getroffen. Unerschrocken marschierten sie zur „Dustbowl" („Dürregebiet", wörtlich etwa „Staubkuhle", AdÜ.) – das ist der große Grasplatz gegenüber Carney Hall. Die DemonstrantInnen sprayten das Frauensymbol in leuchtend gelb auf den gepflasterten Weg, der den Platz durchzieht, während Karen O'Malley, Leigh Anthony und andere Reden hielten und Auszüge aus den Unterstützungsbriefen vorlasen.

Die Wirkung dieser Aktion auf die DemonstrantInnen war erstaunlich. Sie hatten einen Be-Hexenden Prozeß begonnen. Sie hatten das Miasma von Apathie durchbrochen, das Ende der achtziger Jahre über diesem Campus hing. Sie hatten begonnen, *Apraxie* zu überwinden. Einige erlebten das „Springen/Hüpfen/Fliegen, das von der Lust auf Metamorphose hervorgerufen wird".[7] Sie hatten Momente des Gestaltwandels durchlebt und waren dabei zu lernen, Labrys-ähnliche Kräfte auszuüben, die Angriffe abwehren und Elementale Mächte anziehen.

Sie waren nicht in der Stimmung aufzuhören. Bald gab es eine zweite Demonstration. Am 31. März marschierten DemonstrantInnen in Kreisen um Gasson Hall, das Hauptverwaltungsgebäude und riefen Slogans*, während sie ein wunderbares Netz aus farbigem Garn um die Treppenstufen des Gebäudes und die umgebenden Büsche woben.

Es redeten kraftvolle SprecherInnen, unter anderem die bekannte lesbische Autorin und Linguistin Julia Penelope, Professorin Judith Wilt (Englisch und Frauenstudien), Gastprofessorin Ann Scales (BC, Juristische Fakultät) und Professor John McDargh (Theologie). Ann Scales bemerkte, sie hätte ihren Ruf ans Boston College nicht angenommen, hätte sie gewußt, was man hier mit mir anstellte. Judith Wilt hielt eine eindrucksvolle Rede, in der sie sich einen Dialog zwischen zwei Gebäuden auf dem Campus vorstellte – Gasson Hall (das Verwaltungsgebäude, AdÜ.) und die O'Neill-Bibliothek, in der meine Bücher stehen. Es scheint, so meinte sie, daß sich die beiden Gebäude in ihrer Beurteilung meiner Person nicht einig sind, denn im letzteren werden meine Bücher hoch geschätzt, während man sie im ersteren keiner Beachtung würdigt. John McDargh, der bezeugte, daß es nicht stimmt, daß ich mich weigere, Männer zu unterrichten, zitierte einen Studen-

---

* Zu den Slogans gehörte: „Barth and Monan, peas in a pod; keep women down in the name of God" (Barth und Monan, gleiche Brüder, halten Frauen im Namen Gottes nieder). Zitiert in *The Heights*, 3. April 1989, S. 17.

ten, der ihm erzählt hatte, ich sei die einzige Professorin, bei der er sich getraut habe, über einen rassistischen Vorfall zu sprechen. Im Verlauf der Zeit folgten weitere Ausbrüche von Kreativität. Es wurde offensichtlich sehr viel positive Energie erzeugt. Eine dritte komplexe Demonstration begann damit, daß vier Frauen – Jen Trujillo, Suzanne Gironda, Leigh Anthony und Elizabeth Gelles – nachts in Gasson Hall vier Ballons aufsteigen ließen. Die Helium-Ballons, die in der großen Vorhalle in die Höhe stiegen, trugen die farbige Botschaft: „Befördert Mary Daly" und wurden am nächsten Morgen von mutigen Hausmeistern abgeschossen. Doch das war erst der Anfang.

An jenem Morgen marschierte eine Gruppe DemonstrantInnen – angeführt von Mary Stockton, die eine Schlüsselfigur bei all den Protesten war – mit Gesang und Trommelschlag in Gasson Hall ein. Sie klopften an die Bürotür von Dekan Barth, denn sie wußten, daß er – „beschützt" von der Campus-Polizei – da drin war. Als die Tür nicht geöffnet wurde, dekorierten sie sie mit einem Schild, auf dem nur ein Wort stand: „Feigling." Dann marschierten sie wieder nach draußen, wo es wiederum zu einer eindrucksvollen Demonstration auf den Stufen von Gasson Hall gegenüber der Bibliothek kam. Ausgezeichnete Radikale Feministische Musikerinnen aus Northampton, Massachusetts, sangen Lieder, die sie für diesen Anlaß geschrieben hatten. Joyce Contrucci und Bonnie Mann hielten aufrüttelnde Reden. Eine namenlose Figur, die offiziell einen allgemeinen Titel wie „der patriarchale Feind" trug, für einige jedoch bestimmte Schlüsselfiguren in der Leitung/ Verwaltung darstellen sollte, wurde symbolisch verbrannt. Nach allem, was ich hörte, haben sich alle prächtig amüsiert.

Dies war keineswegs das Ende der Proteste. Energie und Kreativität der StudentInnen waren unerschöpflich. Sie fühlten sich „high" und voller Kraft. Also gab es ein viertes Ereignis, diesmal in der „Dustbowl". Sie verwandelten eine Mülltonne in einen riesigen Kessel und machten „Feuer", indem sie Wasser über Trockeneis im Kessel gossen, wobei sich Dampf entwickelte. Joyce Contrucci las ein Gedicht, das Robin Morgan speziell für die Demonstration geschrieben und aus Neuseeland geschickt hatte. Joyce las außerdem Auszüge aus der veröffentlichten *Crone-ologie* meiner Behandlung durch das Boston College.[8] Und natürlich wurden kraftvolle Sprüche gerufen.*

---

* Die DemonstrantInnen schienen einen fast unerschöpflichen Vorrat an Sprüchen zu haben. So zum Beispiel: „Freedom to learn, freedom to be, denied to women at BC!" (Freiheit zu lernen, Freiheit zu sein, wird Frauen beim BC verweigert.) Oder: „Monan run, but you can't hide, while you're committing gynocide!" (Lauf, Monan, aber du kannst dich nicht verstecken, während du Gynozid verübst.) Und dann: „Yessir Professors are given clout, while Mary Daly is being starved out!" (Jasager-Professoren kriegen Knete, während man Mary Daly aushungert.)

Dann wurden die Frauen aufgefordert, irgend etwas, das sie vernichten wollten, in den Kessel zu werfen – Gegenstände, die patriarchale Unterdrückung repräsentieren. Jede Frau sagte kurz, warum sie ihr „Ding" in den Kessel schmiß. Nicki Leone warf ein Exemplar ihrer B.A.-Arbeit hinein, die sie am Boston College geschrieben hatte. Andere warfen Beispiele für Pornographie, Exemplare von *The Observer* (BCs rechtsgerichtete Studentenzeitung), Kleiderbügel, die Bibel, Styropor-Schachteln, Diätkeks-Dosen hinein. Einige BC-Männer kamen herüber und spuckten die Frauen an, versuchten – ohne Erfolg – auf alle mögliche Weise das Ereignis zu okkupieren und zu unterbrechen.

Noch eine fünfte Demonstration fand in jenem April statt, als eine Gruppe von StudentInnen beschloß, ein „read-in" meiner Bücher im Büro der theologischen Abteilung abzuhalten. Sie betraten das Büro, die Arme voller Bücher, und wurden sofort hinausgescheucht. Die Tür wurde ihnen vor der Nase zugemacht, und ein Campus-Sicherheitsbeamter blieb im Büro, um seine Bewohner zu beschützen. Unerschüttert setzten sich die StudentInnen in den Flur vor der Tür und lasen ihre Lieblingsstellen.

In ein oder zwei Wochen endete das akademische Jahr. Auf der Vordergrund-Ebene hatte ich verloren, patriarchale „Gerechtigkeit" hatte gesiegt. Doch hatte ich wirklich verloren? Im BC war – national und international – für alle erkennbar Alarm geschlagen worden. Es hatte ein ausgezeichnetes Presseecho gegeben.[9] Nicht nur Theologen, auch Akademiker aus anderen Gebieten in den USA und im Ausland hatten ihre volle Unterstützung gezeigt.[10] Angehörige des BC-Lehrkörpers hatten einen Offenen Brief unterzeichnet, was besagte, daß sich einige des Anlasses würdig erwiesen und es sich leisten konnten, sich gegen eine Leitung/Verwaltung zu stellen, die offenkundig keine Achtung vor intellektuellen Verdiensten oder akademischer Freiheit hatte.[11] Ein Offener Brief von etwa dreißig BC-Graduierten (weiblich und männlich), die bei mir studiert hatten, Rief eine Geschichte der Unterstützung Zurück.[12] Ein bewegender Brief von etwa vierzig irischen Wissenschaftlerinnen, Schriftstellerinnen, Künstlerinnen und Aktivistinnen gab ihrem Abscheu vor der Handlungsweise des Boston College Ausdruck und stellte die Heuchelei der Väter und ihre pseudoirische Identität bloß.[13] Unzählige Briefe von Einzelpersonen, von denen einige bei mir studiert hatten, gingen ans Boston College mit Kopie an mich.[14]

Zur Zeit dieser Bloßstellung stieg die Hysterie der katholischen Hierarchie bezüglich des Radikalen Feminismus. Es ist ein merkwürdiges „Zusammentreffen", daß, wie im März 1989 berichtet wurde, „der Terminus ‚radikaler Feminismus' mehr als einmal bei einer kürzlichen Zusammenkunft von 35 U.S.-Prälaten mit Papst Johannes Paul II. und seiner römischen Kurie (aufkam)".[15]

Jenseits von Vordergrund-Fragen wie „gewinnen" oder „verlieren" gibt es jedoch eine tiefere Frage: Hat all diese brillant kreative Aktivität des Widerstands den Weg für Etwas Anderes bereitet? Hat sie Frauen in Momente Momentosen Er-Innerns bewegt? Ich denke, die Antwort ist... Ja.

Denn für die Frauen, die vom Aufstand der Frauen in Boston College Berührt wurden, gab es eine Welle der Hoffnung. Wir wurden ermutigt zu sehen, daß trotz des Vordergrund-Zeitalters der Verstümmelung von Frauen und der Umwelt Frauen immer noch Zurück-Schlagen konnten und wollten. Und Mehr noch... Soviel Gynergie wurde durch diese kraftspendenden Aktionen erzeugt, daß sie sich in die Schaffung eines Absolut Ent-Wirrenden/Erstaunlichen Ereignisses ergoß: eine pyrotechnische Schaustellung von Exorzismus und Ekstase, die Fenster und Türen zum Strahlkräftigen Jetzt öffneten.

Die Geschichte dieses Transzendenten Ereignisses muß Jetzt erzählt werden.

LOGBUCH-VERMERKE ZU
„DIE HEXEN KEHREN ZURÜCK: PATRIARCHAT VOR GERICHT –
EINE DRAMATISCHE ANKLAGE WEGEN GYNOZID 1989"

In jenem akademischen Jahr (1988/1989) gab es in unserer Gegend und in den ganzen Vereinigten Staaten unzählige Berichte über gynozide/biozide Greuel. Ich hatte meinen StudentInnen ständig eingeschärft, daß sie – da patriarchale Wissenschaft und Wissenschaftler im allgemeinen miteinander zusammenhängende Ereignisse so darstellen, als hätten sie nichts miteinander zu tun – immer versuchen sollten, die Verbindungen zu Sehen und zu Be-Nennen. Jenes Jahr versorgte uns mit einer Überfülle an Material, das wir analysieren konnten. Es war offensichtlich, daß viele Verbrechen gegen Frauen verübt wurden und daß der Krieg gegen Frauen und Natur eskalierte.*

---

* Viele meiner Freundinnen sammelten Zeitungsausschnitte über solche Greuel. Vieles passierte im März und April 1989: Eine achtundzwanzigjährige Frau, Anlagenberaterin an der Wall Street, wurde im April von acht Jugendlichen zwischen vierzehn und siebzehn vergewaltigt. Sie zerschmetterten ihren Schädel mit einem Rohr und einem Ziegelstein. Sie zeigten keine Reue, sangen einen Rap-Song, brüsteten sich mit dem, was sie getan hatten, und nannten es „Spaß". Im April wurde der Körper des achten weiblichen Opfers eines Massenmörders in der Gegend von New Bedford, Massachusetts, gefunden. In dieser Zeit wurden zwei (lesbische) Frauen die auf einer kleineren karibischen Insel Urlaub machten, dort am Strand ermordet. Ende März ereignete sich die *Exxon Valdez*-Ölkatastrophe, die den Prince William Sund in Alaska verseuchte. Die beiden Kernreaktionen in der Nähe von Boston – der Reaktor in Seabrook, New Hampshire, und „Pilgrim" (Pilger) in Plymouth, Massachusetts – gingen wieder ans Netz. Diese Aufzählung kann noch und noch fortgesetzt werden.

In jenem Jahr sprach ich, wie gewöhnlich, an einer Reihe von Universitäten.[16] Besonders bedeutsam war mein Besuch an der Virginia Tech in Blacksburg, Virginia, wo ich am 6. April den Hauptvortrag auf der Frauenwoche hielt. Ich lernte dort Evelyn Wight kennen, eine Feministische Aktivistin, deren Schwester, Rebecca, vor gut einem Jahr (13. Mai 1988) auf dem Appalachian Trail, auf dem sie mit ihrer Liebe, Claudia Brenner, wanderte, ermordet worden war. Als Evelyn mich an jenem Abend in Virginia Tech einführte, sprach sie von dem Mord an ihrer Schwester, ausgeführt von einem Mann, „dessen einziges Motiv war, das Bild vor ihm: zwei starke Frauen... zusammen, zu zerstören". Evelyn erzählte:

Claudia Brenners unvergleichliche körperliche Stärke und seelische Entschlossenheit machten es ihr möglich, nachdem fünfmal auf sie geschossen worden war und sie drei Kugeln im Körper hatte, zur nächsten Straße zu gehen und sich dann von einem Auto zur nächsten Polizeistation mitnehmen zu lassen. Sie weigerte sich, ihre Wunden versorgen zu lassen, ehe sie nicht sicher war, daß die Suche nach Rebecca begonnen hatte. Sie fanden Rebeccas Körper, wo Claudia sie verlassen hatte, mit einem Schlafsack zugedeckt, um sie warm zu halten.

Rebecca war tot, und der Mann, der sie umgebracht hatte, verschwunden. Er wurde inzwischen gefunden und verurteilt. Claudia lebt, und es geht ihr heute wieder gut. Doch dies ist eine unvergeßliche Tragödie. Ich bitte euch dringend, sie nie zu vergessen.

Dann hielt ich meinen Vortrag, doch ich konnte Evelyns Worte nicht vergessen. Danach – ohne daß ich voll begriff, warum ich das tat oder wie ich meine Einladung Realisieren könnte – bat ich Evelyn, nach Boston zu kommen und dort zu sprechen, wenn wir es ermöglichen könnten. Ich notierte mir ihre Adresse und Telefonnummer, als ob ich das wirklich in die Tat umsetzen könnte. Jetzt Realisiere ich natürlich, daß die Idee „Die Hexen kehren zurück" sich bereits zusammenbraute... unterschwellig.

Bald danach wurde es klar, daß es Zeit war, das Patriarchat vor Gericht zu stellen. Ich stellte mir ein Ereignis vor, das die gynoziden/bioziden Greuel und was sie miteinander verband, aufdecken, die Schuldigen öffentlich vor Gericht stellen und Nemesis heraufbeschwören würde. Frauen sollten Gelegenheit bekommen, die Mörder von Frauen und Natur zu verwünschen und Ekstase zu erleben und zu feiern.

Zusammen mit Gefährtinnen und Studentinnen Braute ich das Ereignis zusammen, das „Die Hexen kehren zurück" heißen sollte. Wir beschlossen, daß es eine Multi-Media-Produktion nur für Frauen sein und im Sanders Theatre an der Harvard University stattfinden sollte.

Das beste Datum, an dem wir das Sanders Theatre bekommen konnten, war Sonntag, 14. Mai 1989, der zufällig der Muttertag war. „Die Hexen kehren zurück" wurde durch die kreative Arbeit starker Hexen verwirklicht.[17] Wir planten das Ereignis sehr schnell. In diesem Hexenprozeß würden Hexen Richter und Jury sein. Die Angeklagten waren:

Larry Flynt, stellvertretend für alle Pornographen,
Jack the Ripper, stellvertretend für alle Massenmörder,
Exxon, stellvertretend für jede Art von Erd-Vergewaltigern,
Die Idiotisierenden Medien, stellvertretend für alle Verdummer der Welt,
Sigmund Freud, stellvertretend für alle professionellen Hirnficker,
Boss-town College, stellvertretend für alle Geist-Entleerer,
Seine Nichtswürden von Rom und Seine Arroganz, Cardinal Flaw, stellvertretend für die Seelenmörder von Frauen.

Wir planten die Herstellung... und Zerstörung von acht hölzernen Attrappen, die die Angeklagten darstellen sollten. Jeder von ihnen würde entsprechend gekleidet sein und einen passenden Ballonkopf tragen. Larry Flint zum Beispiel würde in einem Anzug aus 10 000-Dollar-Noten auftreten, und Boss-town College würde als mit einem Priesterkragen versehener Fußball dargestellt werden.[18] Begabte Frauen entwarfen die Kostüme und das Bühnenbild. Auch planten wir Musik und elektrisierende Geräuscheffekte. Mit Joyce Contrucci schrieb ich das Drehbuch. Wir hatten nur Zeit für zwei Proben.

Am 14. März strömten Hunderte von Frauen ins Sanders Theatre. Die einführende Rede hielt Evelyn Wight, die die Zuhörerinnen sprachlos machte, als sie ruhig und bewegend vom Mord an ihrer Schwester sprach. Nach ihrer Rede Rief ich eine Nemesis-Verwünschung aus.* Nachdem ich die Kräfte der Elemente Erde, Luft, Feuer, Wasser beschworen hatte, beschwor ich die Präsenz von Vorschwestern – Jean d'Arc, Harriet Tubman, Matilda Joslyn Gage, Sojourner Truth, Charlotte Perkins Gilman, Virginia Woolf, Andrée Collard – und wies dabei auf deren große wunderschöne Porträts im Hintergrund der Bühne. Dann ging das Licht aus.

Als das Licht wieder angemacht wurde, tanzte Melissa Fletcher zu den Spukigen Refrains der „Witching Hour", während wilde Kerker-

---

* NEMESIS HEX: On the Earth, in the Air/Through the Fire, by the Water/We are VENGEANCE, Hecate's Daugthers!/For peace and love we ever yearned/But some do wrong and never learn/This Time it won't be us that burn/The wrath of Nemesis is here! (NEMESIS-VERWÜNSCHUNG: Auf der Erde, in der Luft/durch das Feuer und am Wasser/Wir sind die RACHE, Hekates Töchter!/Wir sehnten uns stets nach Frieden und Liebe/Doch einige tun Böses und begreifen nie/Diesmal aber brennen nicht wir/Der Zorn der Nemesis ist hier!)

meisterinnen mit riesigen Labryssen ihren Platz auf der Bühne einnahmen. So war alles für den Auftritt von „Die Hexen kehren zurück" bereitet.

KURZE MONDIGE UNTERBRECHUNG

Hier werde ich beim Schreiben dieses *Logbuch*-Vermerks durch das Poltern von Catherines Hufen unterbrochen. Ich drehe mich um und sehe, daß sie tanzt. Offenbar hat sie mein Hinweis auf die „Witching Hour" in Gang gesetzt. Ich lese ihr den Refrain vor. Das bringt es! Sie schwenkt ihren Körper und wiegt ihren Kopf, schlägt zu den Worten, die ich ihr vorlese, mit den Hufen aus. Wild Cat klopft mit ihrem Schwanz den Rhythmus zu jeder Zeile. Sie benutzt dieses Anhängsel als eine Art Taktstock, mit dem sie uns führt.

Als ich zu den letzten Worten des Refrains komme, verändere ich ihn etwas. Aus Rücksicht auf Catherine „lese" ich: „Kraft der Hexe und des *Rindviehhaften* in dir!" Dies bringt sie auf den Höhepunkt des Entzückens, sie springt mit rindviehhafter Grazie durch die Werkstatt und schmeißt alles um.

Wild Cat dreht sich um und starrt die Kuh an. „In Ordnung", sage ich. „Jetzt kommst du dran." Und ich singe die Zeile, die ihr gerecht wird: „Kraft der Hexe und des *Kätzischen* in dir!" Dann tanzen wir im Kreis und wälzen uns auf dem Boden. Dann bitte ich meine Gefährtinnen dringend, aus der Tür zu tänzeln. Ich mache mich wieder an meinen Bericht über „Die Hexen kehren zurück".

LOGBUCH-VERMERK ÜBER
„DIE HEXEN KEHREN ZURÜCK" (FORTSETZUNG)

Wie ich sagte, war die Bühne für unsere Dramatische Anklage bereitet. Eine grimmige Gerichtsdienerin (Krystyna Colburn) baute sich breitbeinig am Lesepult auf und rief:

> Wilde Hexen werden nun die Massaker an Seele, Körper und Geist von Frauen enthüllen und verurteilen. Bringt die Angeklagten herein!

Begleitet von lautem Trommelschlag trugen die schwarzgekleideten Angehörigen des Hexenchors die Angeklagten aus dem Hintergrund des Theaters den Gang herunter und die Stufen auf die Bühne hinauf, stellten die Attrappen an den vorgesehenen Stellen auf und setzten sich dann in den für den Hexenchor vorgesehenen Bühnenteil, wo sich ihnen zwei Klatschbasen (*Gossips*) zugesellten.[19]

Auf den Befehl der Gerichtsdienerin: „Alle erheben sich für die Vorsitzenden Crones des Gerichts" rauschten, begleitet von Trompeten und Trommeln, drei Vorsitzende Alte in den Bühnenvordergrund – Emily Culpepper, Joyce Contrucci und ich. Wir trugen weite rote Gewänder, hohe schwarze Wild geschmückte Hexenhüte und hielten unsere Labrysse hoch. Dann setzten wir uns an den Richtertisch und nahmen unsere Hüte ab. Als in der Mitte placierte oberste Vorsitzende schlug ich mit meiner Labrys auf den Tisch und heulte dreimal: „Unordnung im Gerichtssaal!"

Vorsitzende Alte Culpepper, Contrucci und ich standen nacheinander auf und verwünschten das Patriarchat. Und dann begann die Gerichtsverhandlung.

Jeder Angeklagte wurde vor den Richtertisch gebracht. Die Vorsitzenden Alten brachten die Anklagen gegen sie vor, und jeder durfte sich kurz „verteidigen".*

Das Gerichtsverfahren war ein hochkarätig dramatisches Exposé über patriarchalen Gynozid/Frauenmord. Die acht Angeklagten wurden von den Großen Anklägerinnen in sieben elektrisierenden Reden kraftvoll angeprangert und verwünscht.*

Die ganze Gerichtsverhandlung fand unter Wilder Anteilnahme des Publikums statt. Nachdem jede Große Anklägerin ihre Rede beendet hatte, wandte sich eine der Vorsitzenden Alten an das Publikum und den Hexenchor:

Mitglieder der Jury, Hexen von Boston. Ihr habt die Beweisführung gegen den Angeklagten gehört. Wie befindet ihr den Angeklagten? Schuldig oder Nicht Schuldig?

Die „Hexen von Boston" riefen jedesmal mächtig und laut: „Schuldig!"

Nachdem jeder Angeklagte ausreichend Be-Redet, verwünscht und angeklagt war – der Höhepunkt waren die Seelenmörder –, wandte ich mich an das Publikum:

Wie befindet ihr ALLE Angeklagten? Schuldig oder Nicht-Schuldig?

Als das Brüllen von „Schuldig" sich gelegt hatte, setzten die Vorsitzenden Alten ihre Hüte auf und zogen sich zurück, um das Urteil zu fällen.

In den ersten Teil der Gerichtsverhandlung waren immer wieder machtvolle Verwünschungen, Verkündet von Großen Vorsitzenden und Großen Anklägerinnen, sowie bewegende Gesangs- und Gitarrenstücke, schmetternde Hörner und explosives Trommeln eingestreut.

---

* Die Stimme der Angeklagten war Julia Penelope, die echte Zitate von jedem der Verbrecher in angemessen satirischem Ton las.

* Die Großen Anklägerinnen waren Gail Dines (Pornographie), Melissa Fletcher (Massenmörder), Joyce Contrucci (Erd-Vergewaltiger), Julia Penelope (Verdummer), Bonnie Mann (Hirnficker), Emily Culpepper (Geist-Entleerer), Mary Daly (Seelenmörder).

Als die Hexen von Boston nach der Pause auf ihre Plätze zurückkehrten, gab es eine eindrucksvolle Karate-Vorführung, begleitet von
einer Lesung aus Monique Wittigs *Les Guérillères*. Auf den Ruf der
Gerichtsdienerin kamen dann die Vorsitzenden Alten wieder mit hoch
erhobenen Labryssen in den Gerichtssaal gestürzt. Stehend wandte ich
mich an den Hexenchor und Besprach:

Nord Süd Ost West
Am besten fesselt sie das Spinnen-Netz.
Ost West Nord Süd
Greift ihre Glieder und stopft ihre Mäuler.
Versiegelt ihre Augen und erstickt ihren Atem.
Umwickelt sie mit Todesstricken.

Der gesamte Hexenchor stürzte sich auf die Angeklagten, umwickelte
sie mit Garn, was das Stumm-machen der Verstümmler bedeuten
sollte. Danach verurteilte ich, als Oberste Vorsitzende Alte, die Attrappen zum Ent-Haupten.

„Herunter mit ihren Köpfen", schrien die Frauen, als die Kerkermeisterinnen, scharfgeschliffene Labrysse schwingend, sich auf die
Angeklagten stürzten und ihre Ballonköpfe platzen ließen.

Wie eine Frau schrieb: „Die Aktion, intensiv und wütend, war wie
ein riesiges Ausatmen, bei dem angestaute Wut und Frustration rausge-
lassen wurde."[20]

Als die Lichter ausgingen und die Kerkermeisterinnen die enthaupteten Attrappen hinter die Anklagebank warfen, löste sich die
enorme Spannung. Dann verließen wir alle die Bühne. Als die Lichter
wieder angingen, sang Diane Beguine ihr inspirierendes Lied „Celestial
Time Tables". Ich sprach kurz über die Momente von Exorzismus und
Ekstase, aus denen sich die Vierte Galaxie des Reisens Wilder Frauen
zusammensetzt. Alle Mitwirkenden kehrten auf die Bühne zurück und
riefen: „KRAFT DER HEXE UND DER FRAU IN MIR." Das gesamte
Publikum fiel ein. Als sie mit der Musik von „Witching Hour" im Ohr
Sanders Theatre verließen, leuchteten die Augen der Frauen.

Wie eine Frau sagte: „Das Patriarchat existiert Hier und Jetzt nicht!"

Diese Feststellung hätte genauso für das Forum über Frauen und
Höhere Bildung 1975 gegolten.[21] Und für die 1979er Demonstration
„Wir sind fertig mit eurer Bildung".[22] Beide Ereignisse waren Sprühende Triumphe über patriarchale Unterdrückung. Sie waren beide Phänomene der Dritten Galaxie.

Doch diese Erstaunliche Feststellung wurde 1989 getroffen, denn
zu dieser Zeit ereignete sich Etwas Anderes. Unsere dramatische
Anklage und Verurteilung war mit äußerst Vehement Zielgerichteter
Wut und Elementaler Kreativer Kraft geschaffen. Welche Bedingungen
waren zusammengekommen, damit wir dies bewerkstelligen konnten?

Auf der Vordergrund-Ebene war die Unterdrückung von Frauen und Natur schrecklicher und offensichtlicher geworden. Wir wußten mehr über die Pornographie-Industrie und ihre scheußlichen Auswirkungen, mehr über Massenmörder, mehr über die Erd-Vergewaltiger. Wir wußten mehr über Zusammenhänge, zum Beispiel zwischen Gemüt-zerstörenden Medien und Vergewaltigung. Außerdem entging in diesem Kontext des Untereinander-verknüpft-seins weder die akademische noch die kirchliche Bösartigkeit der Beurteilung.

So Sprangen wir 1989, dem Vordergrund-Zeitalter der Ver-Stümmelung, in die Teilhabe an Nemesis. Wir – die Hexen – kehrten zurück, um die gynoziden Mörder der Seelen, Körper und des Geistes von Frauen zu verurteilen und ihnen die Todesstrafe zuzusprechen. Wir verwünschten sie voll Kraft und Wut. Als wir die Attrappen enthaupteten, war dies eine Metapher von Schreckenerregender Kraft. Die Hexen von Boston hatten sie für SCHULDIG erklärt – ohne jede Einschränkung.

Evelyn Wight hatte zu uns über den sehr realen, bösartigen Mord an ihrer Schwester gesprochen.[23] Die Kühne Dramatische Produktion war prächtig, aufrührerisch und voller Wut. Wir brachen Schreckliche Tabus.

Und nach *diesem* Ereignis sagte wirklich mehr als eine Frau: „Das Patriarchat existiert Hier und jetzt nicht." Da dies ein Moment oder vielmehr eine Traube von Momenten Strahlkräftigen Lichts war, gingen viele Frauen durch eine Tür zur Vier. Also *ist* es Strahlkräftiges Jetzt, im Expandierenden Jetzt.

KAPITEL ZWANZIG

WEITERSEGELN:
ANLAUFHÄFEN† AM UNTERSCHWELLIGEN MEER
EINREISEHÄFEN IN DAS EXPANDIERENDE JETZT

In den Momenten des Expandierenden Jetzt existiert das Patriarchat nicht. Es ist jedoch immer im Vordergrund da. Mehr als je zuvor. 1989 wußten wir, worum es ging. Im Dezember kam es zum Vorschein. Das Massaker von Montreal leitete ein Zeitalter eskalierender Frauenmorde ein.

DAS FRAUENMORDENDE MASSAKER IN MONTREAL

Am 6. Dezember 1989 schoß ein lächelnder Mann in Jagdkleidung mit einem halbautomatischen Gewehr vierzehn Frauen in der Ingenieur-Schule (Ecole Polytechnique) an der Universität Montreal nieder und tötete sie. Er verwundete in seinem Anfall weitere neun Frauen.* Seine Absicht war klar. Als der fünfundzwanzigjährige Marc Lépine sich in einen Vorlesungsraum in der Universität pirschte, befahl er den männlichen Studenten, sich auf die eine Seite des Raums zu begeben, stellte die Frauen in einer Reihe auf und sagte zu ihnen: „Ihr seid alle verdammte Feministinnen." Dann befahl er den Männern hinauszugehen und schoß systematisch sechs Frauen nieder. Vorher hatte er erst eine weibliche Bürokraft erschossen, dann verwundete er vier Frauen tödlich in der Cafeteria und vier weitere in einem anderen Unterrichtsraum. ZeugInnen sagten aus, daß er einmal, als er sein Gewehr nachlud, sagte: „Ich will die Frauen." Lépine beendete das Blutbad, indem er sich selbst umbrachte.

Dies war der schlimmste Massenmord in der kanadischen Geschichte. Er wurde in den U.S.-Medien (natürlich nicht völlig) ausgelöscht. Der Kolumnist David Nyhan des *Boston Sunday Globe* nahm jedoch Notiz von dieser Auslöschung. In einem Artikel mit der Überschrift „Psssst... 14 Frauen wurden abgeschlachtet" schrieb er:

Sie waren nur Frauen.
Also war es keine großartige Affäre.

† Engl. *Ports of Re-Call*, Wortspiel mit *Port of Call*, der Anlaufhafen, *Re-Call* weist auf Erinnerung hin. Da dieses Wortspiel nicht in ein Wort zu fassen ist, habe ich mich von der Textdeutung her für Anlaufhäfen entschieden.
* Die Presse berichtete im allgemeinen, daß er dreizehn „Menschen" verwundete, womit sie die Tatsache auslöschte, daß neun davon Frauen waren. Vgl. beispielsweise den Artikel „Massaker in Montreal" in *Newsweek*, 18. Dezember 1989, S. 39.

Wäre es ein westdeutscher Banker... oder ein US-Diplomat oder irgendein Politiker... oder eine Gruppe Schwarzer, Juden, Schwuler, Palästinenser, IRA-Bombenleger, Straßenhändler in Beirut, Fast-Food-Kunden, Flugpassagiere oder Vegetarier gewesen – ich vermute, daß man mehr daraus gemacht hätte... Wie diese Geschichte von den Medien behandelt wurde, sagt genausoviel über die relative Wertlosigkeit von Frauen als berichtenswerte Opfer aus wie das Blutbad selbst... Die große Neuigkeit/ Nachricht ist, daß Terrorismus gegen Frauen keinen echten Nachrichtenwert hat. Warum? Weil er so verbreitet, so eingefleischt, so absolut alltäglich ist.

Was sagt dies über den Status der Frauen im Jahre 1989 aus? Nicht nur, daß dies passieren konnte, sondern daß es so schnell in das „Verrückten"-Kästchen abgeschoben werden konnte, etwa so: „Oh, das wollen wir nicht für die Seite 1, nicht als Aufmacher für die Nachrichtensendung, denn es war ja nur ein Verrückter mit einem Gewehr, das passiert doch immerzu"?*[1]

Natürlich kann die Reaktion auf das Montreal-Massaker nicht per Lesen/Sehen/Hören der von Männern-gemachten Medien beurteilt werden. Radikale Feministinnen haben unser eigenes Netzwerk, unsere eigene Realität. In Boston, beispielsweise, eröffnete im Dezember 1989 Mary Stockton Neuen Frauen-Raum. Er war/ist unter dem Namen Crones' Harvest[2] (Ernte der Weisen Alten) bekannt. Mary bat mich, am 21. Dezember dort den Eröffnungsvortrag zu halten. Ich sprach über Gynozid, wie er sich im Montreal-Massaker manifestiert, und rief die Namen der Opfer. Wir zündeten Kerzen in Erinnerung an diese Frauen an und sammelten in unseren Selbst Mut, weiter zu kämpfen und die Reise fortzusetzen.[3]

AUSWÄRTS REISEN IN DEN FRÜHEN NEUNZIGER JAHREN

In den Jahren 1990 und 1991 hatte ich mich beurlauben lassen und arbeitete an *Auswärts reisen*. Bei meinen Reisen und Reden durch die Vereinigten Staaten kam ich in Kontakt mit vielen, vielen Frauen und wurde durch ihre Gedanken und Reaktionen auf die Teile von *Aus-*

---

* *The Wall Street Journal*, Amerikas größte Zeitung, widmete der Geschichte siebenundvierzig Worte. *The New York Times* brachte dürftige AP-Meldungen, erst auf S. 5, am nächsten Tag auf S. 14. ABC gab der Geschichte zehn Minuten in ihrer Nachrichtensendung. Der Bericht in *Newsweek* ist bebildert mit einer Aufnahme von zwei Männern, die einer verwundeten Studentin helfen. Es ist nicht sofort zu sehen, daß es sich um eine Frau handelt. Auf den ersten Blick scheint es jedenfalls das Bild von drei Männern zu sein. Vgl. *Newsweek*, 18. Dezember 1989, S. 39.

wärts reisen, die ich vorgelesen oder dargestellt hatte, ermutigt und inspiriert.[4]

Besuche in Europa waren besonders wichtig, um das Expandierende Jetzt zu begreifen. Also werde ich Jetzt meine *Logbuch*-Vermerke über die Reisen schreiben, hier in meiner Werkstatt auf dem Mond, natürlich mit der Hilfe meiner Katze und Kuh.

Grüne Logbuch-*Vermerke: Wieder einmal Irland*

Am Donnerstag, 27. September 1990, flog ich nach Shannon in Irland. Freitag mietete ich mich in einem B&B ein, wo mich Ger Moane erwartete. Am Samstag fuhren wir zu dem vertrauten Haus in Bell Harbour bei Finavarra. Dort fanden sich Io, Marie, Joni und Aileen ein. Wir machten die Runden, besuchten Mrs. Daly in ihrer Kneipe und Bridget Rose in Rose Cottage. Mrs. Daly spendierte uns eine Runde, und Bridget begrüßte uns herzlich.

Diemal hatte Bridget besondere Informationen über die Daly-Familie. Sie erzählte mir von „Castledaly", das zwischen Gort und Laughrea im County Galway lag. Da ich in Lughrea 1987 das mächtige déjá-vu-Erlebnis gehabt hatte[5], interessierte mich dieses Schloß sehr. Ich mußte unbedingt dorthin.

Ehe wir nach Castledaly fuhren, wollten wir alle jedoch noch etwas anderes untersuchen – nämlich den Ort kürzlicher „Geistererscheinung". Bridget war diesmal sehr mitteilsam gewesen, und so war klar, worum es sich handelte. Sie erzählte uns, daß innerhalb der letzten paar Jahre einige „vernünftige Burschen" dem Geist eines Mannes begegnet seien, der einen Zylinder trug und mit diesem grüßte. Der Ort war nahe bei der alten zerfallenen Mühle, wo Ger im Sommer 1987 die unerfreuliche Begegnung mit der riesigen Spinne gehabt hatte.[6] Auch Linnanes Kneipe war in der Nähe. Also gingen wir natürlich hin. Es war eine regnerische, kühle Nacht, und wir trafen auf niemanden. Doch lag der Ort zwischen Finavarra und Aughinish, der Gegend, die Biddy Early „das verwunschenste Land in ganz Irland" genannt hatte.

Wir waren zu einem Neuen Abenteuer bereit, und so fuhren wir am Dienstag, 2. Oktober, nach Castledaly. Wir fanden es nach einigem Suchen. Das Schloß war bereits verfallen. Ich sprach mit Nachbarn und erfuhr, daß eine Familie Daly aus Dublin im Sommer in einem Wohnwagen auf dem Grundstück lebte. Ich wollte die Stelle unbedingt sehen, und so kletterte ich mit meinen Freundinnen über ein oder zwei Zäune und fand meine Selbst auf Merkwürdig vertrautem Grund wieder.

Der Tag war regnerisch – ein leichter Sprühregen –, doch ich mußte auf diesem Grund herumwandern und rennen, um die Bäume und die hohen Grasbüschel, die besondere Farben und Formen hatten, die mich an... irgendein weitentferntes Zuhause erinnerten. Das Erlebnis war ekstatisch. Es war die Realisierung eines déjà-vu-Erlebnisses, das ich Jahre Zuvor im oberen Staat New York gehabt hatte. Ich sah Jetzt das „bereits Gesehene" jener Zeit. Ich war an einem Ort angekommen, den ich vor langer Zeit Er-Innert hatte – eine Wiese der Glückseligkeit. Es schien, als sei ich Spiralig an den Ausgangspunkt zurückgekehrt.[7]

Natürlich versuchte ich in Dublin jene Dalys ausfindig zu machen, die dort den Sommer verbrachten. Es gelang mir nicht. Doch spielt das überhaupt eine Rolle? Oder ist selbst ein nochmaliger Besuch in Castledaly irgendwie von Belang? Das sind Vordergrund-Details. Die Wahre Botschaft betrifft das Expandierende Jetzt. Das heißt: vom Kalender, von der Uhr Herunterspringen – in das Strahlkräftige Jetzt eintreten.

Wir fuhren im Regen weiter, nahmen Fast Food zu uns und bewegten uns ostwärts. In Blessington mietete ich mich im Downshire Hotel ein, und nach dem Abendessen gingen meine Freundinnen ihre eigenen Wege. Als ich mich in meinem Zimmer einrichtete, hörte ich kraftvolle laute Vogelgeräusche. Als ich das Fenster öffnete, wurde ich von absolut Elementalen Anblicken und Geräuschen begrüßt. Eine Schar eindrucksvoller schwarzer Vögel rauschte im Licht des Vollmonds vorbei. Sie krächzten, Riefen, Riefen ihre Angestammten Archaischen Laute Zurück. Sie waren beruhigend, und sie waren Wild.

Das Wochenende verbrachte ich mit Ann Louise Gilligan und Katherine Zappone im „The Shanty", das ist ihre Wohnung und zugleich ein Zentrum Feministischen Aktivismus in Brittas im County Dublin. Meine Reisegefährtinnen – Joni, Aileen, Ger, Io und Marie – und ich wurden zum Essen in die „Shanty Muse" eingeladen, ein weiteres Gebäude, das angeblich auf dem Grund einer ehemaligen „hedge school" (Hecken-Schule)[8] steht. Wir ließen es uns gut sein und führten angeregte Gespräche. Ann Louise machte mit mir eine denkwürdige Rundfahrt und einen Spaziergang durch die ganz besonders schöne Gegend dort. Mein Besuch im The Shanty war ein überwältigender Abschluß einer Reise, die erst ein Anderer Anfang auf der Spirale des Expandierenden Jetzt war.

Logbuch-*Vermerke:*
Bologna, Italien... und Wieder Fribourg

Im Herbst 1990 kam *Jenseits von Gottvater* in Italien heraus.[9] Es ist eine ausgezeichnete Übersetzung von Donatella Maisano und Maureen Lister. Auf Italienisch klingt der Titel bezaubernd: *Al di là di Dio Padre*. In jenem Herbst druckte außerdem *Leggere Donna*, eine italienische Radikale Feministische Zeitschrift, einen Artikel von mir.[10]

Es war Höchste Zeit, daß *Jenseits von Gottvater* den Frauen in

Italien zugänglich wurde. In dem Artikel in *Leggere Donna* erzählte ich die Geschichte meines Studiums katholischer Theologie und Philosophie in Fribourg und wie ich mich während des Zweiten Vatikanischen Konzils in Rom „herumtrieb" und den „Gottvätern" (römisch-katholische Hierarchie) nachspionierte und einigen von ihnen Fragen stellte. Ich erklärte in dem Artikel weiterhin, warum ich es für wichtig hielt, daß *Jenseits von Gottvater* in den neunziger Jahren in Italien vorhanden sei: In Italien – wie auch überall sonst – lebte die Macht der Gottväter wieder auf. Außerdem gehört dieses Buch nicht in die vergessene Vergangenheit, sondern „enthält Gedanken und Bilder, denen ich mich immer wieder zuwende, wenn ich mich aus den Seelen- und Geisteinschnürungen des Patriarchats weiter Herausspirale".[11] Ich stellte fest, daß „wir [unsere Elementalen Geisteskräfte] nicht aktiv in der Welt Realisieren können, wenn wir nicht den Gottvater aus unseren Psychen exorzieren".[12]

In jenem Herbst brauten sich Pläne zusammen, daß ich einige Monate, nachdem *Jenseits von Gottvater* auf Italienisch erschienen war, einen öffentlichen Vortrag halten sollte. Die Erste Italienische Lesbenwoche „Un Posto per Noi" (Ein Ort für Uns) sollte vom 1. bis 5. Mai 1991 in Bologna stattfinden. Ich sollte einen allen Frauen offenstehenden Vortrag in der Sala dei Notai, einem Vortragssaal im Herzen der Stadt, halten. Ich hatte das Gefühl, daß es absolut richtig sei, nach Bologna zu kommen und dort zu sprechen.

Es entstand ein Problem, das das Ereignis zu blockieren drohte, nämlich der Golfkrieg. Nach einer Zeit medien-geschaffener Hysterie wegen der Gefahr von Bomben in Flughäfen beschlossen die Organisatorinnen und ich, daß die Luft rein war. Ich fuhr nach Bologna, bewaffnet mit meinem Vortrag, der den Titel hatte: „Eine Piratin in den Neunzigern – die Reise einer Radikalen Feministischen Philosophin."

Maureen Lister, eine der Organisatorinnen der Lesbenwoche, holte mich ab und hieß mich herzlich willkommen. Soldaten mit Maschinengewehren stolzierten über den Flughafen, doch sie schüchterten mich nicht ein. Ich wußte, daß ich an einem Momentosen Ereignis teilnehmen würde. Nachdem ich mich in meinem Hotel kurz ausgeruht hatte, gesellte ich mich zu Maureen und der Frau, die sich tapfer bereiterklärt hatte, meinen Vortrag zu dolmetschen, Maria Louisa Moretti – beide warteten an einem Tisch im Hotel-Café auf mich. Es war eine erinnernswerte komische Situation, als wir an jenem Tisch saßen und Absätze ausschnitten und diejenigen, die sich am besten übersetzen ließen, mit Klebstreifen zusammenklebten. Maria Louisa, die zu den Ereignissen dieser Woche aus Rom nach Bologna gekommen war, war wegen ihrer Rolle als Dolmetscherin nervös, dennoch waren, im Ganzen genommen, unsere Vorbereitungen eine hysterisch-fröhliche Episode.

Am Abend des Freitags, 5. Mai, als ich zur Sala dci Notai ging, um meinen Vortrag zu halten, wurde ich vom Geräusch superben Anders-Weltlichen Trommelns überrascht. Lilly Friedberg, die für diese Woche aus Norddeutschland heruntergefahren war, begleitet von Io Ax, die aus Irland kam, stand auf den Treppenstufen des Gebäudes und trommelte magische Rhythmen zur Begrüßung der Frauen.

Als ich mit Maureen die Stufen hinaufstieg, Er-Innerte ich mich daran, wie ich 1987 in Dublin mit Ger Moane die Stufen der National Concert Hall hinaufgegangen war, und an die magische Musik dort. Ja, das war es, wenn auch in anderem Stil – die Erinnerung an Frauen, die wiedererlangen, was uns gehört. Piratinnen, die wiedererlangen, was uns gehört – im Expandierenden Jetzt.

Ich sprach über die Bedeutung von Radikalem Feminismus, über die Reise Kunstvoller Piratinnen, die das Unterschwellige Meer besegeln, über die Notwendigkeit Neuer Tugenden, darüber, Lesben und Radikale Feministinnen zusammenzubringen – was soviel bedeutet wie das Feuer Ent-Decken. Ich sprach über Momente meiner eigenen auswärtsreisenden Fahrt durch eine Galaxie nach der anderen, weiter und weiter hinein in die Dimension des Wilden.

Die Frauen waren Warm, Wild und Weise. Ihre Fragen und Kommentare waren scharfsinnig. Sie Überlebten in Italien, im Schatten des Vatikans. Sie *kannten* die Unterdrückung von Frauen. Die Gynergie dort erinnerte mich an die Energie in Irland. Sie schien auch verbunden mit der Starken Energie der Frauen in Deutschland, die ich 1986 erlebt hatte. Und sie war ganz sicher verbunden mit der Gynergie in den U.S.A. in den siebziger Jahren. Dieses Erlebnis war wieder einmal ein Hinweis auf ein Phänomen, das ich weiter vorn in diesem Buch beschrieben habe, nämlich daß, wenn in einem Gebiet der Radikale Feminismus „down" zu sein scheint, er anderswo Vehement Aufbrechen kann.[13] Und so benutze ich jetzt wieder einmal als Reisende/Piratin mein Schiff/meine Craft, um Nachrichten/Botschaften von solchen unterschiedlichen Bedingungen zu Gefährtinnen zu tragen und von meinen Beobachtungen über den Gezeitenwechsel des Unterschwelligen Meeres zu berichten.[14]

Während der Veranstaltung „Un Posto per Noi" wurden Verbindungen zwischen Frauen aus Italien und vielen anderen Ländern hergestellt. Künstlerinnen, Musikerinnen, Schriftstellerinnen – Hexen aller Art – tauschten sich über Ideen und Bilder aus. Am letzten Abend fand in der Villa Guastavillani, dem „Stützpunkt" der Veranstaltung, eine Abschlußparty statt, und Lillys Trommeln tönten wieder durch die Räume. Die Erste Italienische Lesbenwoche war ein phantastischer Erfolg! Sie war, so meine ich, ein Vorbote weiterer Phänomene der Vierten Galaxie.

Dieses Ereignis zusammen mit der Neu-Erscheinung von *Al di là di*

Dio Padre spricht Bände über die Vierte Spiral-Galaxie. Es zeigt, wie das Expandierende Jetzt die Bewegung der Vergangenheit und das Hervorbrechen der Zukunft im Strahlkräftigen Jetzt zusammenfaßt. Es zeigt, wie sich Türen zur Vier öffnen und weiter öffnen und den Raum des Jetzt vergrößern.

Am Ende der Woche fuhr ich mit Io mit dem Zug nach Fribourg. Io war mit dem Schiff von Irland nach Deutschland gekommen, wo sie sich mit Lilly Friedberg verabredet hatte und mit ihr nach Bologna gefahren war. Es war nicht nur angenehm, sondern auch von Vierter-Galaktischer-Bedeutung, daß Io und ich die Reise nach Fribourg zusammen unternahmen.

Nach einer Rückreise in die Schweiz, die für mich Ekstatisch war, kamen wir in Fribourg an und mieteten uns in einem Hotel ein. Am nächsten Tag gingen wir hinunter zur *basse ville* und setzten uns in ein Café. Da mich die Themen „11.12" und „der kleine Grüne Mann in meinem Kopf" gerade sehr beschäftigten, begann ich mit Io über dieses komplexe Metageheimnis zu sprechen und ihr zu erklären, daß beide Phänomene in meinem Leben miteinander verbunden waren. Ich erzählte ihr, daß die „11.12"-Erfahrung kurz nach dem Tod meiner Mutter begann und sich immer weiter ereignete mit einer Vielzahl von „Begegnungen" mit Uhren, deren Zeiger „zufällig" auf diese Zeit weisen. Ich beschrieb den „kleinen Grünen Mann" als ein Phantasie-Wesen, dessen Funktion – seit High School und/oder College – stets die eines Zeitnehmers war. In der Retrospektive scheint es unpassend, daß dies eine männliche Figur war. Außer... Dies ist Patriarchat. So kann es nicht überraschen, daß ich als Heranwachsende mir diese Person männlich vorstellte.

Ich hatte immer geglaubt, daß „er" meine ganz persönliche Erfindung sei. Jahre später entdeckte ich, daß Manifestationen und Abbildungen des „Grünen Mannes" ein weitverbreitetes Phänomen sind.[15] Und Io informierte mich, daß der „Grüne Mann" in ganz England zu finden ist – auf Türklopfern, Spazierstöcken und, wie viele berichten, in den Bäumen. Sie erzählte mir auch einige ihrer Erfahrungen – Träume und Visionen – mit Zeit und dem Grünen Mann.

Wir wollten nun beide nach *Grünen Frauen* Suchen. Wir wußten, daß sie überall sein mußten. Unter dem Patriarchat sind die Menschen darauf abgerichtet, solche Bilder *nicht* zu sehen. Die Auslöschung ist so total, daß Grüne Frauen wie alle Göttinnen, Hexen, Weisen Alten schwer wahrzunehmen sind. Ich wollte die Grüne Frau/die Grünen Frauen aus den Tiefen des Unterschwelligen Meeres zurückbringen – zurück in das Strahlkräftige Licht, wo wir Sehen können.

Nachdem wir unsere Getränke im Café ausgetrunken hatten, wanderten wir weiter, direkt in das Herz von Fribourgs *basse ville*. Es war ein bemerkenswerter Maiabend, wunderschön und duftend. Der vom

Mond erleuchtete Himmel und die umgebenden Hügel und Türme waren betörend. Wir gingen durch die alten, krummen engen Straßen, die ich immer gern erkundet habe, besonders nachts. Es gibt viele Gasthäuser und Cafés, die ihre magischen alten Schilder über den Bürgersteig strecken. Eines dieser Schilder beispielsweise trägt das Bild einer großen wunderschönen Gans. Ein anderes zeigt das farbenreiche Bild eines Engels, ich liebte dies seit meinen Studententagen in Fribourg. Io und ich gingen auf den Engel zu, betrachteten ihn, und plötzlich sagte sie: „Schau, da sind Grüne Frauen!" Und wirklich, da waren sie! Zu Füßen des Engels, aus verschlungenen Wurzeln herauswachsend, waren zwei Grüne Frauen. Es war, als seien sie aus Unterschwelligen Bereichen herausgekommen, um uns zu grüßen. Ich war so oft an diesem Engel vorbeigegangen – in den sechziger Jahren und bei meinen letzten Besuchen – und hatte sie bis jetzt nicht *gesehen*: ein Engel und Zwei Grüne Frauen. Sie waren deutlich sichtbar. Io, die Piratin, hatte ihre Kamera dabei, fotografierte sie und schickte mir später ihr Bild.

Am nächsten Tag gingen wir nach Bourguillon, wo eine Marienkapelle steht, der viele Leute Heilkräfte nachsagen. Dies war ganz bestimmt ein Ort der Verehrung und Feier der Göttin/Göttinnen gewesen. Die Kraft, die Wilde Frauen dort Erspüren können, kommt aus einer Vorchristlichen, Heidnischen, Archaischen Quelle.

Am nächsten Tag mußte ich in Bologna das Flugzeug bekommen, also trennten sich Io und ich in Fribourg. Sie fuhr weiter nach Bonn, und ich nahm einen Zug, mit dem ich einen anderen Zug nach Bologna erreichen würde. Donatella holte mich am Bahnhof ab, und ich verbrachte die Nacht in der Wohnung, in der sie mit Maureen lebte. Am nächsten Morgen – 8. Mai – brachte mich Maureen zum Flughafen, und am Abend war ich zurück in Newton und räumte meinen Schreibtisch auf, um das Spinnen an *Auswärts reisen* fortsetzen zu können.

Als Piratin hatte ich in Bologna und in Fribourg Kleinodien gesammelt, genau wie einige Monate zuvor auf meinen Reisen durch Irland. Diese Orte waren Anlaufhäfen für meine Craft und Einreisehäfen in das Expandierende Jetzt. Ich brachte reiche Ausbeute an Bildern starker mutiger Frauen mit und ein Wissen über dauerhafte seelische/ mediale Verbundenheit unter uns. Ich hatte neuen Mut, an *Auswärts reisen* weiterzuschreiben. Mit er-Neuertem Vertrauen und Zuversicht befuhr ich weiter das Unterschwellige Meer.

DIE GROSSE ZUSAMMENKUNFT
UND DIE GROSSE ZUSAMMENFASSUNG

Hier in meiner Werkstatt auf dem Mond bemühe ich mich, Perspektive zu gewinnen. Natürlich versuchen die Tiere zu helfen, obgleich ich sie nicht unbedingt „reflektiv" nennen würde. Wenn sie tanzen und spielen, muß ich sie im Zaum halten, damit ich jetzt den Vordergrund untersuchen kann. Ich muß mich den Fakten des Vordergrunds der neunziger Jahre stellen.

MEHR ÜBER DAS VORDERGRUND JETZT

ich sitze in meiner werkstatt auf dem fußboden und grübele über den stößen von zeitungsausschnitten, versuche in all dem einen sinn zu finden, die szene zu ergründen. die schrecken wachsen und wachsen. niemand kommt mit dem zählen nach. sind sie miteinander verbunden? wetten daß! doch die menschen scheinen das noch nicht zu sehen. die medien lehren sie so gut zu vergessen. desgleichen die „bildung".

im jahr 1992 sagen die wissenschaftler, daß die mit silicon-gel gefüllten brustimplantate reißen und in wesentlich größerer zahl auslaufen, „als man vorher geglaubt hatte".[1] es wurde berichtet, daß dow corning – die führenden hersteller dieser monströsen träger iatrogenischer krankheit – seit mitte der siebziger jahre von „größeren problemen" wußten.[2] es gab auch berichte, die die prothesen mit autoimmunproblemen in verbindung bringen.[3] zu jener zeit trugen über zwei millionen amerikanischer frauen solche implantate. sie nennen das den „american way".[4]

und dies sollte nicht ohne verbindung zu den ökologischen schrekken gesehen werden. im februar des gleichen jahres fand es *time* an der zeit, den ozonschwund über der nördlichen hemispäre zur titelstory zu machen. „die gefahr ist hier und jetzt", verkündeten sie – und daß sich wahrscheinlich jeden tag ozonlöcher öffnen würden. bush und der kongreß der u.s.a. reagierten auf die krise mit dem üblichen geschwätz über „schnellere abwicklung". doch *time* berichtete es wirklich so, wie es ist, verkündete, daß „es zu spät ist, dem schaden vorzubeugen, der sich in den folgenden jahren verschlimmern wird", und theoretisierte, daß „das beste, auf das die welt hoffen kann, die stabilisierung des ozonverlustes bald nach der jahrtausendwende ist".[5]

„hier und jetzt", ja. im schauderhaften jetzt. tödliche ultraviolette/ ultraverletzende† strahlen sickern in unsere körper und in die körper von tieren und pflanzen, in die erde, die luft, das wasser – dringen viele meter unter die oberfläche der meere, töten plankton und kleine wassertiere, die größere fische ernähren. die letzte nichtachtung, der letzte angriff.

die kleinen herren nichtse haben das ozon getötet und die nichts-zone† hergestellt.[6] dies zusammen mit der „globalen erwärmung", die sie angerichtet haben, und mit den massakrierten regenwäldern, verstümmelten frauen und tieren und verseuchten meeren – sie haben eine hölle geschaffen. viel schlimmer als die höllen ihrer heiligen religionen.

die nekrophilen „recht-auf-leben"-kämpfer – meist die gleiche besetzung von vampiren – sind in der nichts-zone zu Hause, in der kein-leben-zone, wo die „babys", um die sie trauern, geboren werden, um zu verkommen. und die frauen fangen wieder an, in den hinter-zimmern zu sterben.[7]

die millionen/milliardenschweren rechtsgerichteten ghule, deren seelen vor habgier zerfressen sind und stinken, leben von der nichts-zone, grapschen und giepern nach mehr. die möchte-gern-millionär/ milliardär-roboter machen das spiel mit, damit auch sie mehr kriegen können, mehr wovon? von der nichts-zone. die entwaffneten heere der obdachlosen, der verarmten, kranken und alten wachsen. mehr kinder werden erschossen... in der schule.

das ganz und gar unnatürliche wird zur norm (wie im „desert storm"). das ist der große plan/der plan der herren.[8]

das ist die normale macho-sichtweise. was ist daran neu? gibt es sonst was neues? nur, daß es immer mehr davon gibt – daß es sich exponentiell steigert. folter und massaker an frauen. folter und massaker an menschen mit dunkler hautfarbe. folter und massaker an der erde. gynozid, genozid, biozid. eine fahrt auf der berg- und talbahn... ins vergessen.

und da ist noch mehr auf dem boden... mehr – immer mehr – in dem vordergrund jetzt.

LOGBUCH-VERMERKE ÜBER DEN ERSTEN
INTERGALAKTISCHEN INTERDISZIPLINÄREN KONGRESS
AUF DER ANDEREN SEITE DES MONDES

Ich habe die Zeitungsausschnitte in kleine Fetzen zerrissen. Ich werde meine Aufmerksamkeit dem Jetzt zuwenden. Ich werde mich wütend/

† Engl. *ultraviolet/ultraviolate* (*to violate* = verletzen).
† Engl. *the little sir nothings have killed the ozone, manufacturing the nozone*. Unübersetzbares geniales wortspiel.

zügig darauf konzentrieren, Jetzt unsere Auras, unsere O-Zonen zu Expandieren. Als ich diese Worte der Katze und der Kuh zuschreie, höre ich das Donnern von Hufen und Füßen. Ich höre das Schmettern von Trompeten und das Dröhnen von Trommeln. Oh, ich weiß, was vor sich geht – Hier kommen sie! Meine Kolleginnen und Gefährtinnen, die in ihren Werkstätten auf der Anderen Seite des Mondes schuften, haben mein Geheul gehört. Sie haben auch geheult. Die Botschaft schwirrt unter uns umher: Es ist Zeit, einen Kongreß auf der anderen Seite des Mondes zu halten. Bälder als Bald.

Die Botschaft fliegt umher: Wir werden uns in einem günstig gelegenen Krater treffen – einer großen und inspirierenden „befestigten Fläche". Wir Hören den Ruf, und wir Rufen den Ruf Zurück. Jetzt ist die Zeit, Hier ist der Ort – draußen im Weltraum. Natürlich nicht so sehr weit draußen. Wir sind alle Intergalaktische Reisende und könnten uns Trips zu Millionen von Lichtjahren entfernten Sternen vorstellen. Doch nicht heute. Wir wollen nahe der Erde, unserem Zuhause, zusammenkommen, und von Hier haben wir einen klaren Blick auf sie.

Einige der Organisatorinnen dieser Veranstaltung bitten mich, *Logbuch*-Vermerke über diesen „Ersten Intergalaktischen Interdisziplinären Kongreß über/von Weisen Alten, Gefährtinnen und ihren Geistverwandten" zu schreiben. Sie bitten mich auch, die Abschlußrede zu halten, eine Zusammenfassung zu geben und über die Elementale Philosophische und Metapolitische Bedeutung dieses Archimagischen Ereignisses zu reflektieren. Ich fühle mich geehrt und schlage als Titel meiner Rede „Die Große Zusammenfassung" vor. Be-Lachend informiere ich sie, daß ich sowieso schon mit *Logbuch*-Vermerken begonnen habe. Ich will diese gern fortsetzen und sie überall mit Gefährtinnen teilen.

Tausende Gefährtinnen haben sich mit unseren Schiffen/Künsten/Crafts versammelt und ebenfalls Tausende phantastische Geistverwandte. Diese beginnen sofort ihren eigenen Kongreß zu organisieren. Eine, die ungefähr wie ein Gürteltier aussieht, spricht laut zu einer Menge und erzählt ihnen, wie sie Überlebt und wie sie sich als Geistverwandte einer Amazonischen Hexe verhält. Wild Cat und Catherine haben Wilde Augen bekommen, schauen überwältigt die Anderen Freundlichen Geistverwandten an. Eine große Pavianin, die sich unablässig kratzt, hat Catherines Interesse erweckt; sie versucht die Äffin nachzumachen und hebt einen Huf an ihre Brust. Bums! Sie fällt um. Aber sie versuchte es eben, so gut es ging. Eine große Gorillafrau hilft ihr wieder auf die Beine und – ich schwöre! – beginnt sie zu striegeln. Diese Tiere sind bemerkenswert freundlich und aufmerksam zueinander.

Oh! Ich sehe Granuaile – die alte Piratin! Natürlich spricht sie ein

Irisch aus dem sechzehnten Jahrhundert, doch ich glaube, ich kann auch ein, zwei Worte. „Well, *Céad Míle Failte* (hunderttausendmal willkommen), liebe Vorschwester!"

Wegen ihres Status als überzeitliche Piratin haben wir sie gerade einstimmig zur Hauptrednerin auf diesem Intergalaktischen Kongreß von Befahrerinnen des Unterschwelligen Meeres gewählt. Wir sprechen buchstäblich Hunderte von Sprachen von allen Orten und Zeiten auf dem Planeten Erde*, doch ist unsere Kommunikation durch unsere Fähigkeit, telepathisch miteinander zu sprechen, stark erleichtert. Granuaile braucht also keine Dolmetscherin.

Für die Leserinnen von *Auswärts reisen* werde ich jedoch gern Granuailes Bemerkungen dolmetschen. Ich kann nicht jedes Detail wiedergeben, aber ich werde, so gut ich kann, das Wesentliche ihrer Ansprache wiedergeben. Da sowohl bei den Leserinnen als auch bei der Autorin dieses Buches vorausgesetzt werden kann, daß sie englisch sprechen, werde ich *Webster's Third New International Dictionary of the English Language* dabei zuhilfe nehmen.

Granuaile steht auf dem Rednerinnenfelsen und beginnt ihre Ansprache. Sie spricht von „Der Großen Zusammenkunft" (*The Great Summoning*). Ihre Rede ist vielschichtig und umfaßt viele Bedeutungen des Verbs *summon*. Sie weist zunächst darauf hin, daß *summon* „zu einer Zusammenkunft aufrufen: EINBERUFEN" bedeutet. Sie erklärt, daß *The Great Summoning* ein Ruf an Piratinnen/Befahrerinnen des Unterschwelligen Meeres ist, im Expandierenden Jetzt zusammenzukommen. Dieser Ruf zur Zusammenkunft, so sagt sie, kommt nicht nur von irgendeiner einzelnen Frau oder von irgendeiner „Autorität", sondern von uns allen, die wir zusammen Jetzt Zurück-Rufen.

Sie erklärt weiterhin, daß *summon* auch „zur Aktion aufrufen" bedeutet. Sie sagt, daß wir unsere Selbst hier, auf der Anderen Seite des Mondes, auf besondere Aktionen auf unserem Heimatplaneten Erde vorbereiten. Ja, wir brauchen unsere Werkstätten auf dem Mond, um Frieden und Intergalaktische Perspektive zu gewinnen. Doch wir müssen auch weiterhin regelmäßig zum Heimatplaneten pendeln, um dort auf unseren jeweiligen Grenzen zu Handeln, zu Kämpfen und Schöpferisch zu arbeiten. Wir sind hierhergekommen, um dort unseren Platz behaupten zu können. Da wir alle unsere Crafts haben, ist dieser Pendelverkehr nicht nur blitzschnell, sondern auch Momentos. Und, so sagt sie mit großem Nachdruck, dies gehört alles zu unserem

---

* Ich glaube, es ist wichtig, hier festzustellen, daß ich eine Reihe von Teilnehmerinnen beobachtet habe, die keine Erdlinge zu sein scheinen und diese Identität auch nicht beanspruchen. Ich glaube, sie sind Kosmische Radikale Feministische Reisende, die sich unserer Gruppe auf der Milchstraße und sogar von weiter weg, in Anderen Galaxien, angeschlossen haben. Wir sind aufgrund Gegenseitiger Anziehung und Intergalaktischer Interaktion zusammengekommen.

Intergalaktischen Reisen, dem Expandieren des Jetzt in der Vierten Spiral-Galaxie... und, ja, vielleicht darüber hinaus.

Granuaile hält jetzt inne. Sie hebt die Arme zum Himmel. Sie streckt die Arme zu uns aus und hebt sie wieder hoch, als ob sie Kräfte innerhalb und außerhalb anruft. Dann brüllt sie mit all ihren Kräften, Er-Innernd, daß *summon* auch heißt: „Beschwören, besonders durch einen Akt des Willens: etwas bewegen: hervorrufen; aufrufen; zusammenbringen: BEZAUBERN, AUFWECKEN."

Sie heult: „Beschwören wir unsere Wut. Beschwören wir unseren Schmerz. Beschwören wir unseren Ekel. Beschwören wir unsere Elementalen Kräfte. Es ist Zeit zu Handeln. Es ist Zeit, zusammen zu Handeln. Es ist Zeit, Nemesis hervorzurufen!"

Wir Tausende Frauen stehen Jetzt. Feierlich sprechen wir gemeinsam:

Wir sehnten uns stets nach Frieden und Liebe
Doch einige tun Böses und begreifen nie
Diesmal aber brennen nicht wir
Der Zorn der Nemesis ist Hier!†

Die Tiere stimmen nun ihren eigenen Nemesis-Zauberspruch an. Ich würde ihn gern übersetzen, doch ich weiß nicht, wie. Oh, er ist so kraftvoll, so schön, so harmonisch, so kakophonisch! Die Frösche, die Tiger, die Seehunde, die Emus, die Elefanten, die Kanarienvögel, die Waschbären, die Wölfe, die Wale, die Bären, die Fledermäuse, die Eichhörnchen... und die Billionen von Insekten und Vögeln. Alle rufen ihre eigenen Worte. Das muß frau gehört haben, um es zu Hören. Doch nehmt mein Wort dafür. Ihr gemeinsames Verwünschen genügt, um die Dummokraten zu Staub zu zermalmen. Und das ist nicht alles. Sie sind auch im Einklang mit der Sphärenmusik. Sie Rufen und Rufen und Rufen Zurück... Hoffnung. Ihre Zaubersprüche sind stark genug, um Leben Hervorzurufen.

Als die Tiere wieder still werden, spricht Granuaile noch einmal: „Die Tiere haben es gesagt. Laßt uns auf Erden wieder Leben hervorbringen. Wir alle sind Piratinnen. Wir haben alle das Unterschwellige Meer befahren. Wir kennen die Geheimnisse dieses Meeres. Wir müssen die Anderen aufrufen, den Mut zum Sehen zu haben, den Nebel zu durchbrechen, zu plündern, was Rechtmäßig uns gehört, und weiterzuSegeln."

Der Applaus für Granuaile ist laut und lang. Nach einer kurzen Pause rufen wir alle nach Hypatia, der großen Philosophin, Mathematikerin und Astronomin aus Alexandria in Ägypten, und bitten sie, zu

---

† Engl. Original: „For peace and love we ever yearned/But some do wrong and never learn/ThisTime it won't be us that burn/The Wrath of Nemesis is Here!"

Be-Sprechen. Mit anmutigen, flinken Bewegungen eilt Hypatia zum Rednerinnenfelsen, ihre Aura strahlt Intellektuelle und Moralische Kraft aus. Die ganze Versammlung glüht vor Erregung, glücklich, hier zu sein und diese eloquente, inspirierende Lehrerin zu hören.

Hypatia beginnt: „Wie einige von euch wissen, lehrte ich im Alten Alexandria Philosophie. Das war Anfang des fünften Jahrhunderts. Meine StudentInnen kamen von überall her, denn, wie ihr wißt, verbreitet es sich schnell, wenn irgendwo eine lehrt, die wirklich an Ideen *interessiert* ist und daran, sie mit anderen zu teilen. Ich bin sicher, viele von euch verstehen, was ich meine!"

Die Teilnehmerinnen lachen schallend.

Hypatia fährt fort: „Und weil ich mich an Ideen begeisterte und sie überzeugend weitergeben konnte, haßten und beneideten mich einige Männer, die als große ‚Autoritäten' angesehen wurden, einschließlich speziell eines bestimmten Bischofs, eines gewissen Cyril von Alexandria. Sie wünschten sich meinen Tod. Diese ekklesiastischen Bürokraten!"

Das Publikum zischt und stöhnt.

Hypatia lacht. „Doch der Grund dafür – das müßt ihr verstehen – war, daß sie wußten, daß sie selbst nicht sehr intelligent waren! Ich folgte nicht einfach den Vordenkern, sondern flog mit meinen Ideen davon – und das war zuviel für sie.

Ich war und bin eine Selbst-identifizierte Heidnische Philosophin. Ihr könntet mich sogar eine Näx-Gnostische Philosophin nennen. In meinen Vorlesungen waren einige kirchliche Typen, die allmählich ängstlich und mißtrauisch wurden – sogar haßerfüllt. Nachdem ich Vorsitzende der Neuplatonischen Schule von Alexandria geworden war, haßten mich einige Kirchenmänner noch mehr als zuvor. Sie spürten, daß ich mich außerhalb ihrer Kontrolle bewegte – daß ich ein Schreckliches Tabu gebrochen hatte und eine wahrhaft autonome Denkerin geworden war. So schickten sie eine Bande, die mich ermorden und zerstückeln sollte. Ich habe in Geschichtsbüchern gelesen, daß meine Körperteile über ganz Ägypten verstreut wurden."[9]

Die Zuhörerinnen halten vor Entsetzen den Atem an. Dann ertönt lautes Wehklagen und Knurren.

„Aber, meine lieben Freundinnen", sagt Hypatia und steht stolz und aufrecht da, „ich bin ganz da, Hier und Jetzt. Ich habe gelernt, diesen Haß umzudrehen, und im Hintergrund behaupte ich immer noch meinen Platz... Leidenschaftlicher als je zuvor."

Hypatia Be-Spricht weiter, stark und ermutigend: „Wie ihr wißt, sind wir Hier, um das Vordergrund-jetzt in den Schatten zu stellen – das Vordergrund-jetzt, das sich im fortgeschrittenen Stadium der dämonischen Krankheit der Zerstückelung befindet. Dies ist der Staat/ Zustand/das Zeitalter der Zer-Stückelung.

Es ist kein Zufall, daß ich Jetzt Hier bei euch bin. (Auch ich bin, wie die Kuh, hierhergesprungen.) Als Weise Alte, die weit herumgekommen ist, habe ich immer meinen Platz behauptet, sogar in und jenseits der Zerstückelung." Die Philosophin brüllt wild: „Durch und über diese Zeit der eskalierenden Zerstückelung hinaus rufe ich zum Er-, Innern auf, Jetzt!"

Nachdem das Gebrüll der Menge abgeflaut ist, sagt Hypatia: „Ich sehe, daß unsere Schwester Susan B. Anthony sprechen möchte. Bitte, Susan!"

Susan eilt nach vorn, steigt auf den Rednerinnenfelsen. „Scheitern ist Unmöglich", ruft die große Kämpferin. Als der Applaus nachläßt, sagt sie: „Ich habe die Bedeutung dieser Worte nicht vollständig Realisiert, als ich sie im neunzehnten Jahrhundert aussprach. Denn meine Zeitgenossinnen und ich konnten damals noch nicht erkennen, daß die Frauenbewegung alle Rassen, alle Klassen umfassen, daß sie planetarische Dimensionen haben würde. Auch war es unmöglich vorauszusehen, daß unsere Schwester Erde in Todesgefahr geraten würde. Also konnten wir noch nicht voll in das Zeitalter der Weisen Alten des Radikalen Feminismus einsteigen. Wir wußten nicht, daß das Zeitalter der Zerstückelung dicht bevorstand."

Susan fährt fort: „Ich verstehe Jetzt die grundlegende Verbindung zwischen der Zerstörung von Frauen und der Zerstörung der Erde. Also bin ich der Neuen Kognitiven Minorität von Frauen beigetreten, die im Zeitalter der Weisen Alten Leben. Innerhalb dieser Kognitiven Minderheit gibt es eine Erinnerung-Bewahrende Gruppe, der ich angehöre. Wir sind Weise Alte, die viel gesehen und erlebt haben. Infolgedessen können wir frühere Momente Zurück-Rufen. Außerdem können wir die Erinnerungen *weitertragen*, von ihnen lernen und den Weg zur Veränderung öffnen. Als Ergebnis meiner Crone-logischen Zeit/Raum-Reisen bin ich Hier, um zu verkünden, daß Feminismus und Ökologie miteinander verbunden sind. Wenn ich aus diesem Kontext zum Kongreß spreche, kann ich mit erNeuertem Vertrauen sagen: Wenn ihr die Andere Seite des Mondes in Köpfen und Herzen habt, könnt ihr darauf bauen, daß Scheitern wahrhaft Unmöglich ist!"

Die ganze Versammlung bricht in Begeisterungsrufe, aber auch in Tränen aus. Dann kündigt Susan an: „Unsere Schwester Harriet Tubman hat uns Jetzt wichtige Worte zu sagen."

Die eindrucksvolle dunkle Alte Weise geht zum Rednerinnenfelsen. Harriet verkündet: „Wenn ihr die andere Seite des Mondes im Kopf und im Herzen tragt, dann könnt ihr viele Merkwürdige Strategien anwenden! Ihr könnt sie mit klugen Spielchen schlagen."

Das Publikum lauscht in ehrfürchtiger Stille.

„Als ich beim ‚Underground Railway'† mitarbeitete, zusammen mit

---

† Geheime Antisklaverei-Organisation (wörtlich „Untergrundbahn").

Anderen unentwegten Kämpferinnen und Kämpfern, tauchten manchmal Warnsignale in meinem Kopf auf, und ich hörte auf sie. Mindestens einmal habe ich mit einer Gruppe von Schwestern und Brüdern einen Zug nach *Süden* bestiegen. Ich nahm an, daß uns niemand verdächtigen würde, wenn wir in *diese* Richtung reisten!"

Die Teilnehmerinnen glucksen vor Lachen.

Harriet lächelt und fährt fort: „Wenn du das Leben Liebst, wenn du eine Träumerin, eine Ränkeschmiedin bist, wenn du auf zwei Hochzeiten zugleich tanzt, dann kannst du klüger und gewitzter werden. Nicht lange und du bist... eine Unbesiegbare Kämpferin."

Das Publikum ist sicht- und hörbar erregt.

Harriet hält inne. Wir Erspüren alle, daß sie etwas Erstaunliches sagen will. Sie verkündet: „Ich schlage jetzt einen Underground Railroad zur Anderen Seite des Mondes vor."

Das Publikum ist äußerst interessiert.

„Viele unserer Schwestern tragen immer noch Ketten!" ruft sie aus. „Am schlimmsten: Ihre Gehirne liegen in Ketten. Wir müssen ihnen helfen, Mondstrahlen zu fangen. Wir müssen sie – im Dunkel des Mondes – bald wachrütteln. Wir müssen ihnen zeigen, wie wir Kühn und Mobil vorgehen. Wir müssen ihre Wegweiser sein. Wir müssen ihnen helfen, daß sie mitfahren können auf unseren Crafts, die Hoch Hinauf Fahren, auf die Andere Seite des Mondes. Bald!"

„Jetzt!" schreit die Kuh, die Kuh, die über den Mond Sprang.

„Catherine!" rufe ich. „Das ist unhöflich!" Doch Harriet lacht voller Begeisterung. „Die Kuh hat recht!" ruft sie aus. „Wir fangen noch heute nacht an!"

Und alle stimmen zu.

Harriet Tubman fährt fort: „Ich schlage als meine Partnerin und Mit-Wegweiserin für die Neuen Expeditionen auf die Andere Seite des Mondes unsere brillante und unerschrockene Schwester, Ureinwohnerin Amerikas, Sacajawea vor, eine Frau mit einem unfehlbaren Orientierungssinn!"

Die Menge stimmt stürmisch zu und ruft nach Sacajawea – deren Name auf Hidatsa „Vogelfrau" und auf Shoshoni „Bootfrau" bedeutet. Die kräftig gebaute Frau schreitet stolz nach vorn. Sie sagt: „Wie viele von euch gehört haben, wurde ich als Mädchen von Sklavenhändlern gefangen. Daher kenne ich Ketten – Ketten um das Gehirn. In den Geschichtsbüchern bin ich als diejenige bekannt, die der Lewis und Clark-Expedition in den Nordwesten der Pazifikküste als Dolmetscherin und Wegweiserin diente. Natürlich hatte ich dabei keine Wahl. Ich wollte keinen weißen Männern dienen. Ich war jung, stark und abenteuerlustig, und ich hoffte mein Volk – die Shoshonis – wiederzusehen. Außerdem wußte ich, wie man die Pfade durch die Berge begeht, und ich wollte sehen, was auf der anderen Seite war. Man hatte mir gesagt, daß dort ein großer Ozean sei. Und mein Herz sehnte sich danach, das Meer zu sehen. Jetzt möchte ich meine Erfahrungen nutzen, um Frauen durch den Nebel und über das Meer, das Unterschwellige Meer zu geleiten. Ich sehne mich danach, mit ihnen zu sprechen und sie auf die Andere Seite des Mondes zu bringen. Bald, oder, wie die Kuh sagt, Jetzt."

Während Sacajawea zur Versammlung spricht, verändern sich die einzelnen Auren und die Gesamtaura der zuhörenden Frauen und ihrer Geistverwandten leicht. Es ist eine greifbare Wohlwollende Präsenz, eine Großartige Intelligenz Hier, Jetzt. Wir sind alle sprachlos, als wir darauf warten, daß Sie spricht.

Meine Arbeit als Übersetzerin wird Jetzt schwierig. Spider Woman ist Hier, und sie Be-Spricht. Sie kommuniziert auf andere Weise, über andere Sinne. Ich werde versuchen, ihre Botschaft zu vermitteln, die ich aus unseren sich verändernden Auren Erspüre. (Welch eine Aufgabe!) Spider Woman†, die auch die Denkende Frau ist, sagt, daß die Welt ihr Geistesprodukt ist. Sie begann, indem sie zwei Fäden spann, einen von Ost nach West und einen von Nord nach Süd. Folglich ist die Welt in vier Viertel eingeteilt. Sie sagt, daß die Sonne und die Mondin ihre Töchter sind. Sie sagt, daß sie nur diejenigen Weisen rettet, die mittels der unsichtbaren Fadenstränge, die oben auf ihre Köpfe gesponnen sind, mit ihr Kontakt halten.[11]

Wenn ich mich Jetzt umschaue, sehe ich, daß alle Gefährtinnen und alle Tiere dieses Kongresses auf der Anderen Seite des Mondes leuchtende Fadenstränge oben auf unsere Köpfe gesponnen haben. Diese waren vorher für mich unsichtbar, doch seit Spider Woman „ankam" (manifest wurde), haben sich die Schwingungen Hier verändert, und die Fäden wurden sichtbar – wie Mondstrahlen. Und ich begreife, daß es Spider Woman, die Uranfängliche ist, die uns auf die Andere Seite des Mondes, der Mondin, ihrer Tochter, zieht. Wir müssen unsere Kräfte des Spinnens Realisieren, so daß wir mit ihr zusammenarbeiten können, wenn sie die Welt wiedererschafft... noch einmal.

DIE GROSSE ZUSAMMENFASSUNG

Jetzt hat sich bei jeder Einzelnen von uns in dieser Leuchtenden Versammmlung das Gefühl eingestellt, daß es Zeit für Die Große Zusammenfassung ist. Wir drücken die „Endsumme" unseres Schmerzes durch Wehklagen und unserer Wut durch Schmähungen aus.[12] Als

---

† Spinnenfrau, Gestalt eines indianischen Schöpfungsmythos, der im folgenden erzählt wird.

sich – bis auf wenige Schluchzer und Flüche – der Lärm legt, rufen viele Schwestern Namen von Frauen, die sie verehren. Ich höre den Namen von Jiu Jin aus China, der großen Kriegerin, Dichterin, Kämpferin für Frauenrechte. Ich höre den Namen von Hatschepsut, großartige Königin des Alten Ägypten. Zahlreiche Frauen ehren die Amazonen von Dahomey in Afrika. Ich höre lautes Lob für die australische Schriftstellerin und Suffragette Miles Franklin und für verdiente Frauen wie Jean d'Arc, Simone de Beauvoir und Rachel Carson. Hunderte von Namen ertönen, und Freudenrufe erschallen an allen Ecken und Enden des Kraters.

Ich besteige den Rednerinnenfelsen und beginne meine Rede. Das folgende ist eine Zusammenfassung meiner „Großen Zusammenfassung".

Wir dürfen unsere weltverändernden Kräfte nicht nur daran messen, wie viele wir sind, obgleich unser Erster Intergalaktischer Interdisziplinärer Kongreß von eindrucksvoller Größe ist. Wir sollten uns vielmehr auf unsere enorme Unterschiedlichkeit innerhalb unserer Einigkeit konzentrieren. Wir sind nicht einfach nur viertausend oder vierzigtausend oder gar vierzig Millionen. So können wir nicht denken, weil es unter uns enorme Variationen gibt. Wir sind nicht einfach, sagen wir mal, einhunderttausend Angehörige der gleichen „Spezies". Wir sind eher so etwas wie hunderttausend Spezies. Und je mehr wir unsere einmaligen Elementalen Kräfte erkennen und entwickeln, desto machtvoller können wir miteinander kommunizieren und in der Welt Handeln.

Einige Definitionen in Webster's *können dazu dienen, das, was ich meine, zu verdeutlichen. Eine Definition von* summation† *ist „kumulative Handlung oder Wirkung; speziell: der Prozeß, durch den eine Reihe von Stimuli, die einzeln nicht ausreichen, eine Reaktion hervorzurufen, kumulativ in der Lage sind, einen Nerven-Impuls hervorzurufen". Nun, der notwendige „Nerven-Impuls" ist, daß der Geist von Frauen zu Biophilen Aktionen angereizt wird, Aktionen, die der vom Vordergrund-jetzt hervorgerufenen eingefrorenen Trägheit Widerstand entgegensetzen, sie überwinden. Einfach gesagt: Es handelt sich um den Impuls, Nervig, das heißt beherzt und unerschrocken zu sein und in Aktionen, die eine nekrophile Welt verändern können, ruhigen Mut zu zeigen.*

Aufgrund unserer Verschiedenen und Unterschiedlichen Begabungen kann sich unsere Biophile Energie exponentielle steigern. Jeder variable „Faktor" hängt von anderen variablen „Faktoren" ab. Folg-

---

† Deutsch: Zusammenzählung, Addition, Endergebnis, von mir um des Gleichklangs und des Inhalts willen im Obertitel mit „Zusammenfassung" übersetzt.

lich, so Wage ich zu sagen, hängt jede Variable Handelnde (Actor)
von Anderen Variablen Faktoren/Akten ab und ist mit ihnen ver-
bunden.

Mit Anderen Worten: Mondsüchtige, Metamorphosierende Inter-
galaktisch Reisende können gemeinsam unsere Welt verändern. Die
Große Zusammenfassung/Addition verlangt kumulative Negation
der Nichtigkeit des Staates der Nekrophilie (Patriarchat). Die große
Zusammenfassung/das Endergebnis ist, unserem Letzten Grund
folgen, unsere Teilhabe am Sei-en Realisieren. Sie ist die kumulative
Bestätigung und Feier des Lebens.

Indem ich dieses Phänomen einfach nur Be-Nenne, scheint sich ein
Nerv-Impuls zu übertragen, der wie ein Blitzstrahl von einer Nervigen
Näxe zur nächsten zuckt. Unsere Auren glühen.

Die exponentielle Zunahme unserer zum Jetzt Er-Innern notwendi-
gen Energie erfordert mehr und mehr Kühne und Drastische Taten.
Wir müssen weiter weit hinaus Spiralen, das heißt, Auswärts reisen.
Wir müssen mit unserer Intergalaktischen Reise weitermachen. Nur
so können wir unseren Kosmischen Kontext genau ermitteln und
weiterhin den Weg für Andere kartographieren.
Wir brauchen unsere Werkstätten auf der Anderen Seite des Mon-
des, und wir werden hier auch wieder Kongresse veranstalten,
wenn die Zeit dafür reif ist. Doch müssen wir ständig zur Erde
pendeln, an der Befreiung unserer Schwestern arbeiten und den
Kampf um das Leben auf dieser Erde weiterführen. Indem wir – als
Philosophinnen, Astronominnen, Dichterinnen, Kriegerinnen,
Heilerinnen, Musikerinnen, Aktivistinnen, Lehrerinnen, Überlebe-
rinnen der Sadogesellschaft und Beauftragte von Nemesis – unsere
vielen Jahrhunderte des Lernen und der Aktionen zusammenbrin-
gen, müssen wir die Momentose Botschaft verbreiten. Susan hat es
gesagt: „Scheitern ist Unmöglich!"

„Scheitern ist Unmöglich!" rufen wir alle miteinander.
Und in Sekundenschnelle machen wir uns alle auf den Weg durch
den Himmel. Wir werden handeln oder sterben... oder handeln *und*
sterben. Aber wir werden nie unterworfen werden, niemals.

ANMERKUNGEN

EINLEITUNG
DIE SPIRALENDEN MOMENTE VON *AUSWÄRTS REISEN*

1   Der Titel *Outercourse* ist zuerst Nancy Kelly eingefallen, und zwar während eines Gesprächs auf der Rückfahrt von Rockport, Massachusetts, nach Boston in einer sternklaren Nacht im Herbst 1987. Wir hatten im Laufe des Tages über Andrea Dworkins neues Buch *Intercourse*, dessen Manuskript ich gerade bekommen hatte, gesprochen. Dann hatten wir uns anderen Themen zugewendet, und nun erzählte ich Nancy von meinen Ideen für ein Neues Werk, über das ich gerade nachzudenken begann, da das *Wickedary* gerade fertig geworden war. Ich beschrieb meine Vorstellung von der Intergalaktischen Reise des Neuen Buches, das vom Lauf/von der Richtung (*course*), die mein Leben und meine Gedanken genommen haben und nehmen, handeln sollte. Wir sprachen über mögliche Titel, die das Wort *course* enthalten sollten. Ich erinnere mich, daß Nancy wie in Trance aufzusagen begann: *„Intercourse, Intracourse, Innercourse, Outercourse...“ „Outercourse*, genau, das ist es!" schrie ich. Der Titel war perfekt. In einem späteren Gespräch erinnerte sich Nancy an ihr visuelles Erlebnis. Sie hatte aus dem Autofenster in die Sterne geschaut und vor ihren inneren Augen eine sich bewegende elliptische Form am Himmel gesehen. (Telefongespräch am 11. März 1991) Es war verblüffend/umwerfend, wie absolut zutreffend ihre Intuition war. Das unterschwellige spaßige Thema – nämlich das Spiel mit dem völlig unterschiedlichen Vordergrund-Terminus *Intercourse* (Umgang, Verkehr, u.a. Geschlechtsverkehr, AdÜ.) war ebenfalls höchst erheiternd.
2   Vgl. *Wickedary*, Bibliographie siehe unter „Einleitende Bemerkungen".
3   Gespräch in Newton Centre, Mass., Juni 1987.
4   Virginia Woolf: *Augenblicke*, Frankfurt/M. 1984, S. 97.
5   Gespräch mit Jane Caputi, Newton Centre, Juni 1988.
6   William J. Kaufmann III, *Galaxies and Quasars*, San Francisco 1979, S. 71.
7   Vgl. *Gyn/Ökologie*, Bibliographie unter „Einleitende Bemerkungen", S. 21-57.
8   Briefwechsel zu „Woman and the Church", *Commonweal*, 14. Februar 1964, S. 603. Vgl. Kapitel Vier.
9   George Orwell, *1984*, New York 1949, S. 32.

KAPITEL EINS
FRÜHE MOMENTE: MEIN TABU-BRECHENDES ANLIEGEN – PHILOSOPHIN SEIN

1   Dies war Schwester Athanasia Gurry, C.S.J., die mich während meiner vier Jahre High School an der St. Joseph's Academy in Schenectady in Englisch unterrichtete.
2   Es gab und gibt immer noch ein Tabu gegen Frauen, die ernsthaft Philosophie studieren und in dem „Fach" Philosophie lehren und wissenschaftlich arbeiten wollen. Sogar ein ganz angepaßtes Lehren und das Schreiben wissenschaftlicher Artikel über männliche Philosophen war und ist bis zu einem gewissen Grade immer noch tabu. Doch darauf beziehe ich mich hier nicht. Ich spreche vom Bruch des *Schrecklichen Tabus* gegen eine Frau, die eine eigenständige Philosophin werden will. Ich wußte bereits, daß mein Anliegen war, eine Philosophin zu *sein*, und obgleich ich noch nicht die Worte dafür hatte, wußte ich, daß dies ein elementales Anliegen war. Vgl. *Reine Lust*, Bibliographie unter „Einleitende Bemerkungen", S. 308-319.
3   Vgl. Kapitel Vier. Meine Dissertation, die dann in Rom veröffentlicht wurde, hatte den Titel *Natural Knowledge of God in the Philosophy of Jacques Maritain* und

wurde Mitte der sechziger Jahre im Fach Philosophie an der Universität Fribourg, Schweiz geschrieben. Es geht hier um die Bedeutung und Implikation der „Intuition von Sein" in Maritains Philosophie, doch auf einer unterschwelligen Ebene versuchte ich eigentlich die Bedeutung und Implikationen meiner eigenen Intuition des seiens für mein eigenes philosophisches Anliegen – mein eigenes sei-en zu verstehen. Ich schrieb dies Wort (*be-ing*) damals noch nicht mit Bindestrich, doch das war der Sinn. Später entwickelte ich meine eigene Philosophie des Sei-ens als Verbum (nicht als Substantiv). Vgl. *Jenseits von Gottvater*, Bibliographie unter „Einleitende Bemerkungen". Vgl. ebenfalls meine weiteren Bücher.

4 Jahre später sollte ich das unbeschreiblich komisch finden. Weitere Einzelheiten dazu siehe Kapitel Fünf.

5 In jenen Tagen konnten die Schwestern gewöhnlich ihre Namen nicht selbst aussuchen. Viele waren mit Männernamen „behaftet", was ihnen entfremdend und grotesk vorgekommen sein muß. Natürlich waren auch einige der Frauennamen sehr merkwürdig und konnten das Selbstgefühl einer Frau zerstören.

6 Die Betrügerei der phantomischen Karikaturen zu durchschauen, muß einem nicht die Bewunderung für die vorgetäuschte fabelhafte Realität verderben. Wenn wir die Unrealität von Donald Duck und Disneyworld entdecken, muß das nicht unbedingt der Würdigung der Wirklichen Enten (Ducks) und der Wirklichen Welt Abbruch tun, sondern kann sie vielmehr mittels des Kontrastes verstärken. Das gleiche Prinzip der Unterscheidung zwischen Hintergrund Anders-Sein und Vordergrund Betrügerei gilt auch für Bücher.

7 Ich hoffe, es ist klar, daß ich mit *transzendental* nicht „jenseits" natürlichen Wissens und natürlicher Erfahrung meine. Ich verwende dieses Wort, um Äußerst Natürliches Wissen und gleichgeartete Erfahrung zu Be-Nennen, die eigentlich die Regel sein sollte, in einer abgestumpfen Gesellschaft jedoch leider außergewöhnlich ist.

8 Auch hat keine der Schwestern mich gedrängt, „einzutreten". Ich glaube, sie konnten voraussehen, daß ich es in dieser enthaltsamen Umgebung nicht lange aushalten würde. Außerdem war es bereits in der High School klar, daß ich um jeden Preis direkt aufs College gehen wollte, und im College war es klar, daß für mich nichts anderes als die Graduate School in Frage kam.

9 Das Buch meines Vaters ist nicht völlig verschwunden. Während ich an *Auswärts reisen* schrieb, schrieb ich an die Library of Congress und nannte ihnen den Namen meines Vaters, das ungefähre Erscheinungsdatum und den Erscheinungsort und den ungefähren Titel. Sie forschten nach und fanden das Buch meines Vaters: *What Every Ice Cream Dealer Should Know* (Was jeder Speiseeis-Verkäufer wissen sollte). Ich bekam eine Fotokopie des Buches. Ich war stolz und gespannt, es zu lesen und zu entdecken, daß es eine wunderbar geschriebene praktische Abhandlung über Speiseeis-Herstellung war/ist, einschließlich einer kurzen Geschichte des Speiseeises, vielen Rezepten etc. Die Tatsache, daß mein Vater, der nur bis zur achten Klasse in die Schule gegangen war, dieses Buch geschrieben hat, verdient Hochachtung. Sogar wenn ich dies hier niederschreibe, Feuert es mich an, mit meiner Wütend Zielgerichteten Arbeit an *Auswärts reisen* fortzufahren, ganz gleich, welche Hindernisse die dämonischen Kräfte der Ablenkung mir in den Weg legen.

10 Wenn ich dieses Kapitel Jetzt noch einmal überlese und weiter über das Phänomen des Glück-habens nachdenke, fällt mir meine Mutter ein, wie sie sagte: „Haben wir nicht Glück, daß wir im Staat New York leben!" Sie glaubte, daß der Staat New York „alles bietet, was man braucht". Es scheint also, daß diese Überzeugung von Glückhaben äußerst beweglich und dehnbar war.

11 Obgleich ich mich nicht erinnern kann, daß ich bewußt wütend auf Eddi war, erinnere ich mich, daß ich Buddy Miles, der kleiner und schwächer als ich war, zu einem Kampf herausforderte. Ich glaube, der Kampf mit Buddy fand nach dem mit Eddi statt. Er ist mir in Erinnerung geblieben, weil ich mich schämte, ein kleineres

Kind verhauen zu haben. Jüngere niederzumachen oder irgendwelche Form von körperlichem Kampf war nicht mein Stil. Ich verstand nicht, warum ich es tat. Wahrscheinlich zahlte Buddy für meinen gebrochenen Ellenbogen.

12 Über das Töten, Aufputzen und die Verwendung von Weihnachtsbäumen als ritueller Wiederholung des Göttinnen-Mords habe ich in *Reine Lust*, S. 126 f., geschrieben.

13 Jahre später, Anfang der sechziger Jahre, fiel mir dies Erlebnis wieder ein, als ich die Gärten von Versailles besuchte. Doch selbst ihre großartige Künstlichkeit hatte weniger Macht, meinen Überschwang zu dämpfen, als der einzelne traurige Baum auf der Eastern Avenue in Schenectady. Während ich dies tippe, schaue ich auf ein Bild von Versailles in einer Enzyklopädie. Die Unterschrift lautet: „Die prächtige Fassade des Palastes, der jetzt ein Museum ist, mit den künstlich gestalteten Gärten im Vordergrund." Ja, das ist es: „Im Vordergrund."

14 Also besorgte ich mir, während ich in der High School war, den Supermarkt-Job und sparte, weil ich befürchtete, daß nicht genug Geld da sein würde. Ich glaube, ich wäre auf jeden Fall ins College gekommen, doch war meine Angstschwelle ins Unerträgliche gestiegen.

15 Wenn ich Jetzt darüber nachdenke, ist mir klar, daß sie wahrscheinlich von den Nachbarn geschnitten wurden. Zu jener Zeit dachte ich, daß sie es so wollten. (Gespräch mit Geraldine Moane, August 1989)

16 Ich habe jedoch den Rasen gemäht, Schnee geschaufelt und Laub zusammengeharkt. Ich kann mich nicht erinnern, daß meine Mutter mich je von diesen Arbeiten abgehalten hätte.

17 Nachdem sie den ersten Entwurf dieses Teils von Kapitel Eins gehört hatte, sagte meine Freundin Clare Hall: „Sie hat dich dahin gestupst, deine persönliche Einzigartigkeit zu finden." (Gespräch August 1988)

18 In den vierziger Jahren trugen Mädchen im allgemeinen keine Jeans. Sie waren nicht direkt grotesk oder völlig unmöglich, doch indem ich sie trug, gesellte ich mich den Reihen der Avantgarde zu. Irgendwie gehörte ich in die sechziger Jahre, ohne daß ich es wissen konnte.

19 *Damian, der Leprakranke* – ein hochgelobtes Buch über einen Missionars-„Heiligen", der sich bei seiner geliebten „Herde" mit Lepra angesteckt hatte – erfüllte mich mit absolutem Horror, besonders der Gedanke, daß meine Finger und Zehen abfallen könnten.

20 Diese Lehrerin war uns damals als Schwester Leon Marie bekannt. Jahre später, nach dem Zweiten Vatikanum, nahm sie ihren eigenen Namen wieder an. Heute ist sie Schwester Genevieve Greisler, C.S.J. Aus Respekt für diesen Entschluß verwende ich hier diesen Namen.

21 Diese Erfahrung war vergleichbar mit dem mir entgangenen Buch über Schiffe, von dem man meiner Mutter abgeraten hatte, weil ich ein Mädchen war. Ich hörte dann schließlich Physik an der Catholic University of America, als ich mich auf den M.A. in Englisch vorbereitete und nebenbei Philosophie-Vorlesungen belegte. Der Physik-Kurs hieß „Physik für Philosophen" und bestand aus Theorie, aber ohne Laboratoriums-Experimente. Obgleich es kein guter Unterricht war, wurde mein langjähriger Physik-Entzug geheilt.

22 Gespräch mit Clare Hall, Juni 1990.

23 Das war natürlich nur „fair", wenn man den Nachnamen Daly vergaß. Wenn man diesen wichtigen Faktor einbezog, dann wäre „Mary Catherine" weitaus fairer gewesen – wenn überhaupt *irgendein* Versuch, Frauen in einer patriarchalen-patrilinearen Gesellschaft Namen zu geben, auch nur entfernt fair sein konnte. (Gespräch mit Geraldine Moane, Juli 1989)

24 Clare Hall erinnerte mich daran, daß dies vermutlich für alle von uns das erste Mal war, daß wir an einem offiziellen Essen teilnahmen. (Telefongespräch April 1991)

25 Ein Vers ging etwa so: Ich kenne eine grüne Kathedrale/ein schattiges Wald-Heiligtum/Wo hoch oben die Blätter/Sich voll Liebe die Hand reichen/Und über deinem und meinem Gebet eine Kuppel bilden. „Grüne Kathedrale" begleitete mich unterschwellig all die Jahre. Erst beim Überarbeiten dieses Kapitels wurde mir klar, welch ungeheuren Einfluß das Lied auf mein Leben gehabt hat. Es gab mir eine „Intuition Elementaler Integrität", die in vielen verschiedenen Momenten Realisiert wurde. Vgl. besonders Kapitel Zwei, Fünf und Sieben.

26 Aus meiner Gegenwärtigen Perspektive kann ich meine Beziehung zu Schwester Genevieve sehr gut Er-Innern. Das liegt teilweise an der Erstaunlichen Tatsache, daß ich im April 1990 einen Vortrag am College of Saint Rose gab und in Albany übernachtete. Am nächsten Tag traf ich Schwester Genevieve „zufällig" im Lehrerin-nen-Zimmer. Nachdem wir uns vierzig Jahre nicht gesehen hatten, bekamen wir sofort wieder Kontakt zueinander und haben uns seither öfter besucht und kurze Trips unternommen, bei denen wir vertraute Orte und Zeiten wiederbelebten.

KAPITEL ZWEI
STUFENWEISE VORAN

1 Eine Ausnahme war der Priester, der in meinem Freshman-Jahr Logik unterrichtete. Ich erinnere seinen Namen nicht genau, es war so etwas wie „Pater Cahill". Es gab auch zwei monotone „Laien"-Professoren, deren Unterricht ich entkam.

2 Vgl. Kapitel Eins.

3 Acht Semester „Religion" (heute gewöhnlich „Religious Studies" genannt) waren ebenfalls Voraussetzung.

4 Vgl. Kapitel Fünf.

5 Vgl. Emily Culpepper, „Female History/Myth Making", The Second Wave, Band 4, Nr. 1 (Frühjahr1975), S. 14-17.

6 Vgl. Virginia Woolf, Drei Guineen, München 1977. In diesem Werk zitiert Virginia Woolf andere Frauen, die bereits vor ihr von einer autonomen Frauenbildung geträumt hatten. Vgl. auch ihr früheres Buch: A Room of One's Own. Vgl. auch Dale Spender, Women of Ideas and What Men Have Done to Them, London 1982. Spender gibt wertvolle Informationen über Frauen, die seit dem 17. Jahrhundert bis heute über Frauenbildung – und andere Themen – geschrieben haben.

7 Manchmal waren diese in deutscher oder französischer Sprache. Ich konnte das damals tun, weil nicht nur das Vokabular, sondern auch Grammatik und Syntax dieser Sprachen frisch in meinem Gedächtnis waren. Um das heute zu wiederholen, müßte ich einige Monate über deutschen und französischen Sprachlehrbüchern sitzen.

8 Ich habe den „kleinen Grünen Mann" – den ich später natürlich lieber die „Grüne Frau" Be-Nannte – seit meinen College-Tagen erlebt. Das ist, glaube ich, ganz natürlich, denn ich bin in unzähligen Situationen gewesen, in denen Timing entscheidend war. Dies wurde besonders seit Ende der sechziger Jahre deutlich. Ich mußte wissen, wann ich ein bestimmtes Buch schreiben, wann ich bestimmte politische Aktionen vornehmen mußte. Der Grüne Mann/die Grüne Frau kamen, soweit ich es Er-Innern kann, aus meinem Inneren. Ich sehe keine äußere Quelle oder Veranlassung. Diese Timing-Wesenheit hängt mit dem „11.12-Phänomen" zusammen, das in Kapitel Fünf beschrieben wird. Es gehört in die Vierte Spiral-Galaxie, die die Zeit des Zeit-Reisens ist.

9 So war zum Beispiel mein Studium der englischen Literatur im College eine ergiebige Quelle für mein eigenes Schreiben. Ich hatte als Nebenfach Latein gewählt, und das war enorm hilfreich an der Universität von Fribourg, wo alle Grundkurse in der theologischen Fakultät in Latein gelehrt wurden. Ich legte sogar mündliche theologische Examen in Latein ab. Meine Deutsch-Studien im College

sowie an der High School und meine College-Kurse in Französisch halfen mir, mit dem Leben und dem Studium in Fribourg und auf meinen Auslandsreisen zurechtzukommen. Meine College-Kurse in Geschichte, Soziologie und Biologie gaben eine Basis für spätere Analysen. Schließlich gaben mir meine Studien der scholastischen Philosophie die Voraussetzung für meine Beschäftigung mit aristotelischer Philosophie und der thomistischen Philosophie und Theologie in der Graduate School. Und über all dies hinaus überbrachte der Geist der Schwestern oft – offen oder unterschwellig – Botschaften von Schwesterlichkeit, die mit der „Zweiten Welle" der Frauenbewegung in mein Bewußtsein aufstiegen.

10 Dies wurde „Dissertation" genannt statt nur „Arbeit". An jener Institution gab es zu der Zeit eine gemeinsame Anstrengung, den M.A. aufzuwerten, indem strenge Voraussetzungen für die Absolvierung von Kursen geschaffen wurden und die Dissertation zu einem sehr herausfordernden und ernsten wissenschaftlichen Projekt gemacht wurde.

11 Es scheint logischer zu glauben, daß meine Entdeckung der Anzeige für ein Ph.D.-Programm in Religion für Frauen meiner Erfahrung von Vorauswissen voranging. Ich meine mich jedoch zu erinnern, daß meine Entdeckung jener Anzeige auf jene Erfahrung folgte. Letztendlich spielt es keine Rolle.

12 Ich erlebte einen Erkenntnis-Schock, als ich später entdeckte, daß Schwester Madelevas wissenschaftliche Arbeit sich mit dem *Pearl*-Dichter beschäftigte. Auf einer tiefen seelischen Ebene hing das Bild jenes mittelalterlichen Poeten mit meinem „Traum vom Grün" zusammen – der Traum, der mein Anliegen, Philosophie zu studieren und Philosophin zu werden, wieder belebt hatte. Daß Schwester Madeleva ihre „School of Sacred Theology" an Saint Mary's geschaffen und mir die Möglichkeit gegeben hatte, dort zu studieren, war nur der Anfang der Erfüllung dieses Traums.

13 Ich will damit nicht sagen, daß das Be-Sprechen der Hecke ein „Beweis" oder auch nur eine Andeutung „früherer Leben" war. Ich habe bis heute keine Erinnerung an ein „früheres Leben" im flachen Sinn des Wortes. Jenes Erlebnis öffnete vielmehr Türen zu einer Anderen Erforschung von Zeitlichkeit. Es reizte meine Phantasie an, wies auf etwas Interessanteres hin als den christlichen Superhighway zum „Leben nach dem Tode".

14 Diese Organisation kämpfte beispielsweise viele Jahre lang gegen die Genitalverstümmelung von Frauen in Afrika. Diese Frauen kämpften unermüdlich – lange vor der „Zweiten Welle" des Feminismus – für ihre Schwestern in Afrika. Durch ihren Nachrichtendienst *The Catholic Citizen* verbreiteten sie Informationen, sie schrieben Petitionen an entsprechende Stellen bei den Vereinten Nationen und wurden dort vorstellig.

15 Obgleich dies ein unerträgliches Verlusterlebnis war, glaube ich jetzt, daß es letztendlich Lebensrettung war. Hätte ich mich in South Bend niedergelassen und an Notre Dame studieren können, wäre das zu bequem gewesen. Es hätte mich nicht über das Meer getrieben, um in Fribourg zu studieren. Meine Strahlkräftige Fahrt wäre verkürzt und in eine Art Schiffsausflug oder Kreuzfahrt für erfolgreiche Akademiker gezähmt worden.

16 Jahre später, als ich las, daß langanhaltender Durst eine der wirkungsvollsten Formen von Folter war, die man in Westeuropa den als Hexen angeklagten Frauen auferlegte, konnte ich das nachempfinden, obgleich ich nie gezwungen war, unerträglichen physischen Durst zu erleiden. In einem Gespräch mit Emily Culpepper (Mai 1988), als ich ihr den Entwurf dieses Teil von *Auswärts reisen* vorgelesen hatte, beschrieb sie, wie sie die Jahre des Stress erlebte, nämlich als ob ihr schwere Steine auf der Brust lagen. Sie hatte Angst, keine passende Lehrtätigkeit zu finden. Als sie dann einen Job hatte, verschwanden die Steine. Emily stellte ebenfalls eine Verbindung zwischen psychischer Folter (in diesem Falle durch Feministinnen-hassende

Akademiker) und der körperlichen Folter an unseren Vorschwestern, den Hexen dar. So hatten wir ein gemeinsames Erlebnis von Meta-Erinnerung.

17 Nachdem mein Brief von einem Bürokraten zum nächsten gegangen war – jeder „antwortete" mir, daß ich an einen anderen schreiben sollte –, schickten sie schließlich eine kurze Ablehnung.

KAPITEL DREI
STUDENTENTAGE IN EUROPA: METAPHYSISCHE ABENTEUER UND EKSTATISCHE REISEN

1 Vgl. Thomas von Aquin: *Summa Theologiae I,* Q. 30, a.2. Der genaue Titel des „Artikels" lautet: „Utrum in Deo sint plures personae quam tres?" – „Ob es mehr als drei Personen in Gott gibt?" Das eigentliche „Problem" für Aquin und zahllose andere Theologen lief jedoch darauf hinaus, daß es, da sie glaubten, es bestünden vier „Beziehungen" in Gott, nach einer gewissen Logik auch vier Personen geben müsse, denn eine „Person" (in Gott) ist eine Beziehung. Die Argumente waren endlos und quälend. Wenn ich den Artikel jetzt wieder lese, bin ich überzeugt, daß ich mich in einem total betäubten Zustand befunden haben muß, um seiner „Logik" zu folgen. Es genüge hier zu sagen, daß hinter all dem eine komplexe und umständliche Spannung zwischen der „Drei" und der „Vier" stand. Aquin mußte die „Göttliche Trinität" rationalisieren, da dies ein Dogma der Kirche war. Die Idee von „Vier Göttlichen Personen" war häretisch und darum undenkbar.

2 Unseligerweise waren die Doktor-Diplome von St. Mary's übertrieben bescheiden feminin. Die großen und pompösen Diplome der Catholic University und der Universität Fribourg waren in Latein, das Dokument von St. Mary's war klein und in englischer Sprache. Und das Schlimmste: Es war mit einem kleinen goldenen, an blau und weißen Bändern hängenden Siegel geschmückt. Besonders diese Bänder hatten das hochmütige Lachen des geschätzten Professors hervorgerufen.

3 Vgl. *The Church and the Second Sex,* Bibliographie zu „Einleitende Bemerkungen", S. 8.

4 Nachdem ich erst kürzlich meine *Tabella Scholarum* oder Verzeichnis der absolvierten Kurse gefunden habe, ist mir klar, daß ich bereits im Herbst 1961 Kurse in Philosophie an der Universität Fribourg belegt hatte, als ich mit meiner theologischen Dissertation begann, in Hinblick auf meinen philosophischen Doktor – Jahre, ehe ich wußte, daß dieses Ziel realistisch und finanziell erreichbar sein würde.

5 Dies bedeutet, daß ich mich bereits in der Craft der Vierten Dimension bewegte. Das heißt, ich erlebte eine bevorstehende Anwesenheit der Vierten Spiral-Galaxie. Durch diese intensiven Erlebnisse habe ich bereits damals frühere Momente mit einem Leuchtstift nachgezogen. Vgl. Kapitel Sechs.

6 Das Wort Modernismus hat viele Bedeutungen. *Webster's* definiert den römisch-katholischen Gebrauch prägnant als „ein System der Interpretation der christlichen Doktrin, die am Ende des 19. Jahrhunderts entwickelt und von Papst Pius X. 1907 verworfen wurde. Es bestritt die objektive Wahrheit der Verkündigung und die ganze übernatürliche Welt und behauptete, das einzige entscheidende Element in jeder Religion und speziell im Katholizismus sei die Kraft, die besten religiösen Erfahrungen der menschlichen Rasse zu bewahren und an andere weiterzugeben."

KAPITEL VIER
PHILOSOPHISCHE SCHLÜSSE UND DER BEGINN DES BE-SPRECHENS: DER RUF *THE CHURCH AND THE SECOND SEX* ZU SCHREIBEN

1 Briefwechsel zu „Women and the Church", a.a.O.

2   Mary F. Daly, „Catholic Women and the Modern Era", in: *Wir schweigen nicht länger! We won't keep silence any longer!*, hrsg. von Gertrud Heinzelmann, Bonstetten 1965, S. 106-110.
3   Mary Daly, „A Built-In Bias", *Commonweal* LXXXI, 15. January 1965, S. 508-11.
4   „Autobiographical Preface to the 1975 edition", *The Church and the Second Sex*, S. 11.
5   Meine philosophische Dissertation kam im folgenden Jahr als Buch heraus: *Natural Knowledge of God in the Philosophy of Jacques Maritain*, Rom 1966.
6   Weitere überraschende Einzelheiten finden sich in meinem „Autobigraphical Preface to the 1975 Edition", *The Church and the Second Sex*, S. 5-14.
7   Das Recht aller Schweizer Frauen, auf Bundesebene zu wählen, wurde erst im Februar 1971 gewonnen. Zur Zeit dieser Niederschrift konnten die im Kanton Appenzell lebenden Frauen auf der örtlichen Ebene immer noch nicht wählen.

KAPITEL FÜNF
ZURÜCK NACH BOSTON UND DARÜBER HINAUS SPIRALEN

1   Es *existierten* bereits klassische Analysen wie Virginia Woolfs *A Room for One's Own* (1929) und *Three Guineas* (1938) – Arbeiten einer reinen Genia. Der Punkt ist, daß diese in meinem College oder an der Graduate School nicht gelehrt, noch nicht einmal erwähnt wurden. Natürlich auch nicht die Studien und Kritiken von so brillanten Frauen wie Mary Astell, Mary Wollstonecraft, Frances Wright, Margaret Fuller, Matilda Joslyn Gage, Charlotte Perkins Gilman oder Mary Ritter Beard. Wegen dieser Auslöschung waren mir keine der Gedanken dieser Frauen *wirklich* zugänglich – mir oder den meisten anderen Frauen, die „privilegiert" waren, eine patriarchale Bildung (die einzige offiziell verfügbare Form von Bildung) zu genießen.
2   „Autobiographical Preface to the 1975 Edition", *The Church and the Second Sex*, S. 11-13.
3   Meine Analyse von „Spuken" wird in *Gyn/Ökologie* entwickelt. Meine eigenen Erlebnisse – wie zum Beispiel dieses – lieferten mir wichtigen Rohstoff, um diesen Mechanismus und die vielen Ebenen, auf denen er wirksam ist, zu durchschauen.
4   † Mary Daly führt hier und in zahlreichen folgenden Anmerkungen ihre sämtlichen Vortragsorte auf. Dies ist für die amerikanischen Leserinnen bestimmt hochinteressant. Bei deutschsprachigen Leserinnen ist anzunehmen, daß nur wenigen von ihnen die Namen der aufgeführten Colleges und Universitäten etwas sagen. Wir geben deshalb nur die generelle Information wieder und lassen die Namen der einzelnen Institutionen weg.
    1968 sprach ich hauptsächlich vor religiösen Gruppen oder an katholischen Colleges, doch auch an einigen weltichen Schulen. 1969 begann ich auch Predigten zu halten. Eine Reihe der katholischen Colleges, an denen ich sprach, besteht heute nicht mehr.
5   Wenn *Outercourse* in Druck geht, sind seit jenem Seminar mit dem „Futuristen" 23 Jahre vergangen. Ich habe immer noch den Drang, die Geschichte zu erzählen. Man könnte sagen, daß mein Hören jenes Vortrags so etwas wie ein Auftrag vom Hintergrund war, diese Verschwörung bloßzustellen und zu Be-Nennen.
6   Siehe Hannah Tillich, *From Time to Time*, New York 1973, besonders S. 14.
7   Mary Daly, „Mary Daly on the Church", *Commonweal* XCI, 14. Nov. 1969, S. 215.
8   Mary Daly, „The Problem of Hope", *Commonweal* XCII (June 26, 1970), S. 316.
9   Ein ausführlicher Bericht über dieses Ereignis findet sich in „Appendix K: Report of the National Conference on the Role of Women in Theological Education", in *Women's Liberation and the Church*, herausgegeben mit Einleitung von Sarah Bentley Doely, New York 1970, S. 135-45.

10   Zu unserer „Forschungs-Vorgabe" für das angestrebte „Institute on Women" (das
     später als „The Women's Institute", dann als „The Women's Theological Coalition"
     und schließlich als „The Women's Caucus" bekannt wurde) gehörten die Gebiete
     Theologie, Ethik, Religionssoziologie und Kirchengeschichte als Hauptfelder für
     Analyse und Forschung zu den Problemen und der Unterdrückung von Frauen. Wir
     entwarfen ein Curriculum für Frauenstudien innerhalb des BTI. Unser Bericht über
     diese landesweite Konferenz enthielt ebenfalls sorgfältig ausgearbeitete Richtlinien
     für die Anstellung einer Frau, die eine gut ausgebildete, kompetente und vollengagierte
     Direktorin des Instituts sein sollte.
11   Meine öffentlichen Vorträge 1970 fanden an sehr unterschiedlichen Orten statt. Ich
     hielt weiterhin Predigten und sprach an einer Reihe von Kirchen, außerdem an
     katholischen Colleges. Ich sprach an der Brandeis University (zusammen mit Pauli
     Murray, die damals dort lehrte), am Episcopal Theological Seminary in Cambridge
     und am Wellesley College.

KAPITEL SECHS
ÜBERLEGUNGEN ZU PHILOSOPHISCHEN THEMEN DER ERSTEN SPIRAL-GALAXIE

1   Vgl. *Gyn/Ökologie*, S. 79-86.
2   Peter L. Berger, *The Sacred Canopy. Elements of a Sociological Theory of Religion*,
    New York 1967, S. 17.
3   *The Church and the Second Sex*, S. 215.
4   Ibid.
5   Vgl. „Patriarchal Poetry" (1927), aus „BEE TIME VINE", in *The Yale Gertrude Stein*,
    New Haven und London, S. 106-46.

AUFTAKT ZUR ZWEITEN SPIRAL-GALAXIE
PIRATENFAHRTEN IM NEBEL

1   Die Wiederauferstehung von Marx und Freud (Tweedledum und Tweedledee) als
    theoretische Zwillingshelden in den Frauenstudien/„Gender Studies" war ein depri-
    mierendes Phänomen der späten achtziger Jahre. Das gilt ebenfalls für Fetischisierung
    von Gestalten wie Jacques und Jacques (Lacan und Derrida), die Schildkröte und
    der Greif, die langsam (sehr langsam) um Alice herumzutanzen begannen, bis sie
    ihr Wunderland vergaß und zu dem Refrain von „Wieder Männer, Wieder Männer,
    Suppe, wunderbare Suppe" eindämmerte. Aus meiner Sicht ist es kein Zufall, daß
    sich dieser fade Ton in akademische Zeitschriften und Seminare, die angeblich
    etwas mit dem Leben von Frauen zu tun haben, eingeschlichen hat, während
    Vergewaltigung, Inzest, Prügeln und Mord an Frauen in der wirklichen Welt in
    unbeschreiblich alarmierendem Maße eskalieren.
2   Selbst patriarchale Piraten sind absolute Outlaws. Wie eine verbreitete alte Enzy-
    klopädie feststellt: „In der Moderne wird die Piraterie allgemein als Verbrechen
    gegen die Gesellschaft betrachtet, und ein Pirat kann in jedem Land, in dem er [sic!]
    gefaßt wird, verurteilt und bestraft werden." Vgl. „Piracy", *Grolier Encyclopedia*.
    Also hat selbst die patriarchale Piraterie einen *allgemeinen* Outlaw-Charakter. Der
    Artikel fährt fort: „Piraterie unterscheidet sich von Freibeuterei insofern, als ein Pirat
    keinen Auftrag von irgendeiner Regierung hat und Schiffe aller Nationen angreift,
    während ein Freibeuter im Auftrag einer Regierung feindliche Schiffe angreift."
    Auch die gängige Vorstellung von Piraten gibt interessante Hinweise. Wie jedes
    Schulmädchen weiß, tragen Piraten oft eine Augenklappe oder haben ein Holzbein.
    So wird allgemein angenommen, daß sie defekt sind – eine Annahme, die den
    Vorstellungen von abweichenden/widerständigen Frauen vergleichbar ist. Außer-
    dem werden Piraten oft als betrunken dargestellt. Wie Suzanne Melendy kommen-

tierte, ist hier die unterschwellige Botschaft, daß sie „außer Kontrolle" geraten sind –
eine in der patriarchalen Gesellschaft übliche Vorstellung/Furcht in bezug auf
abweichende Frauen. (Gespräch im September 1989)

KAPITEL SIEBEN
DIE ZEIT DER TIGER: DER HARVARD MEMORIAL CHURCH-EXODUS UND ANDERE
ABENTEUER

1 Daly, „After the Death of God the Father", *Commonweal* XCIV, März 1971, S. 7-11.
2 Daly, Briefwechsel zu „Women and the Church", a.a.O.
3 Daly, „After the Death", S. 7.
4 Die Tatsache, daß Berger in späteren Jahren noch konservativer wurde, paßt,
   glaube ich, zu dieser Auslegung und bestätigt sie.
5 Vgl. Daly, „The Courage to See", *The Christian Century* LXXXVIII, September 1971,
   S. 1108-11.
6 Daly, „After the Death", S. 9.
7 Vgl. Paul Tillich, *The Courage to Be*, New Haven 1952.
8 Daly, „The Courage to See", S. 1100.
9 Ibid., S. 1108.
10 1971 hielt ich wieder Predigten und Vorträge vor Kirchengruppen. Dazu gehörte die
   Teilnahme an einem NOW-Podium über Frauen und Religion in New York.
   Außerdem hielt ich akademische Vorträge an Colleges und Universitäten. Ich sprach
   auch vor der Boston Theological Society und zum Lehrkörper und den Studenten
   des Boston Theological Institute.
11 Der Text dieser Predigt wurde, zusammen mit meinen einleitenden Bemerkungen
   und einigen Briefen von der „Exodus Community", in meinem Artikel mit dem Titel
   „The Women's Movement: An Exodus Community", veröffentlicht in *Religious
   Education* LXVII, September/Oktober 1972, S. 327-35.
12 Ibid., S. 332-33.
13 Ibid., S. 334.
14 Das Wort *fembot* erscheint zuerst in *Gyn/Ökologie*, S. 38.
15 Vgl. Daly, „The Spiritual Dimension of Women's Liberation", in *Radical Feminism*,
   edited by Anne Koedt, Ellen Levine, Anita Rapone, New York 1973, S. 259-67. Diese
   Anthologie enthält eine Reihe Artikel aus *Notes from the Second Year* und *Notes from
   the Third Year.*
16 Zu jener Zeit hatte AAR noch keine besondere Sparte, in welcher die Unterdrückung
   und die Bestrebungen von Frauen hätten untersucht werden können. Gelegentlich
   hatte es Vorträge zum Thema Frauen und Religion gegeben, doch diese wurden
   gewöhnlich von Männern gehalten und waren als periphäre Teile anderer Diszipli-
   nen verkapselt. Diese Minimierung und Verkapselung des Problems patriarchaler
   Religion war unerträglich. Es war eine Obszönität. Also taten wir etwas dagegen. Als
   ich Programm-Verantwortliche der Abteilung für das folgende Jahr wurde, beschloß
   ich, daß die Vorträge über Frauen und Religion in vier Bereiche gegliedert werden
   sollten: 1. Die Frauenrevolution und die theologische Entwicklung, 2. Mythen und
   Geschlechts-Stereotypen, 3. Umwertung der Werte, 4. neue Ansichten von Geschichte. Daraufhin wurden Aufforderungen für Vorträge ausgesandt, und es gab
   viele eifrige Reaktionen. Die Abteilung „Frauen und Relgion" floriert in den neunziger
   Jahren nach wie vor.
17 Daly, „Abortion and Sexual Caste", *Commonweal* XCV, Februar 1972, S. 415-19.
18 Ibid., S. 415.
19 Ibid., S. 415-16.
20 Ibid., S. 416.
21 Es gab einen wahren Sturm hysterischer Reaktionen auf diesen Artikel. Ihm folgten

zwei kritische Stücke von Peter Steinfels und eine umfangreiche Sammlung von Pro- und Contra-Briefen und eine Antwort von mir. Die meisten der „contra"-Briefe kamen von Männern, sie standen in extremem Kontrast zu der einstimmig positiven Reaktion der Frauen, die mich anriefen, mir telegrafierten oder schrieben.

22 Daly, „The Spiritual Revolution: Women's Liberation as Theological Re-education", *Andover Newton Quarterly* XII, 4, März 1972, S. 136-76.

23 Ibid., S. 170-74.

24. Ibid., S. 174-75.

25 Vgl. Anne Koedt, „Loving Another Woman – Interview", in *Racidal Feminism*, S. 85-93.

26 Ibid., S. 87.

27 Ibid., S. 88.

KAPITEL ACHT
DAS SCHREIBEN VON *JENSEITS VON GOTTVATER* – UND *EINIGE* FOLGEN

1 Betty Farians hatte einen ausgezeichneten Vortrag mit dem Titel „Phallus-Kult: Der Letzte Götzendienst" geschrieben. Betty wurde krank und konnte nicht am Kongreß teilnehmen, doch ihr Vortrag wurde mit allen anderen abgedruckt in *Women and Religion: 1972, Proceedings of the Working Group on Women and Religion of the American Academy of Religion, 1972*, hrsg. von Judith Plaskow Goldenberg, Waterloo, Ontario, 1973. Die Artikel von Daly, Farians, MacRae und Raymond wurden in einer überarbeiteten Ausgabe nochmals abgedruckt, hrsg. von Judith Plaskow und Joan Arnold Romero, Missoula, Montana, 1974.

2 Da ich von meinem Text abwich, findet sich der Abschnitt über „Die Höchst Unheilige Trinität" nicht in meinem Artikel „Theology After the Demise of God the Father: A Call for the Castration of Sexist Religion", in *Sexist Religion and Women in the Church: No More Silence*", hrsg. von Alice L. Hageman zusammen mit dem Women's Caucus of Harvard Divinity School, New York 1974. So wie er in dieser Sammlung von „Lentz Lectures" veröffentlicht wurde, ist mein Artikel praktisch identisch mit dem AAR-Vortrag 1972, der den gleichen Titel hatte. Die Tatsache, daß ich viel aus dem Stegreif sprach, geht aus diesem veröffentlichten Text nicht hervor.

3 Mein Schlag gegen die Funktion des Bildes vom „Heiligen Geist" war so deutlich, daß meine Lektorin nervös geworden war und mich bat, einen Teil davon wegzulassen. Statt dessen tat ich das Material in eine Fußnote. Der aufmerksamen Leserin mußte es nicht entgehen. Es handelt sich um Anmerkung 50 in Kapitel Vier.

4 Das Gedicht wurde in Robins Gedichtsammlung *Monster*, New York 1972, veröffentlicht. In einem Gespräch im Oktober 1989 erinnerte mich Linda Barufaldi daran, daß ich an jenem Tag aus „Monster" gelesen hatte, und so konnte ich diesen Aspekt des Ereignisses in der Zeit der Vierten Galaxie Er-Innern.

5 Vgl. Kapitel Zwölf und Dreizehn. Vgl. Daly, *Gyn/Ökologie*, S. 59-61, 98-102, 119-121. Wenn ich jetzt über dieses Phänomen nachdenke, dann kommt mir der Gedanke, daß die trinitarische Umkehrung auch als *Triplizität* gesehen werden könnte, definiert als „eine extreme Form der Duplizität oder Doppelzüngigkeit". (*Webster's*)

6 Zusammen mit der christlichen Trinität legitimiert das christliche Kreuz, besonders das Kruzifix, auch als „Todesbaum" bekannt, die endlosen Versuche des Väterlandes, der Biophilen Bewegung, Ganzheit und Kreativität ein Ende zu setzen. Dieses Sadosymbol legitimiert das *Flachland* ○ der Väter, und dieses ist „die Zone der Ödheit, Gleichheit, Depression: PATRIARCHAT, VORDERGRUND: der Ort, wo Nichts wächst". (*Wickedary*) So wie die lebendige, sich verändernde Dreifache Göttin etwas völlig Anderes ist als die christliche Trinität, so sind auch die Gynozentrischen Metaphern von Quaternität, z.B. die vier Mondphasen, die vier Jahreszeiten, völlig Anders als alles, was durch die christlichen Kreuze oder die

endlos flachen Vierecke und Schaubilder des Vordergrunds, welcher patriarchale Zivilisation ist, vermittelt werden kann. (Vgl. *Gyn/Ökologie* und *Reine Lust*)

7 Vgl. Virginia Woolf „A Sketch of the Past", in *Moments of Being*, a.a.O.

8 Transkontinentales transtemporales Telefongespräch mit Linda Barufaldi, 15. 8.1989.

9 Ibid.

10 Mary Daly zählt hier vier weltliche Universitäten und drei kirchliche Institutionen auf, an denen sie sprach.

11 Transkontinentales Telefongespräch mit Linda Barufaldi, 20. August 1989.

12 Ich glaube, es ging um Vergewaltigung und das Geschlechtskasten-System. Ich bin sicher, daß ich mich nicht in eine hochintellektuelle Erklärung der Sprache der Transzendenz begab. Jedenfalls schienen die Gesichter der Zuhörerschaft aufmerksam.

13 Vgl. Daly, *Jenseits von Gottvater*, S. 202.

14 Ibid., S. 38.

15 Ibid., S. 220.

16 Meine Groß- und Kleinschreibung dieser Worte entspricht ihrer ursprünglichen Form in *Jenseits von Gottvater* – was nicht in allen Fällen mit meiner jetzigen Schreibweise übereinstimmt. Wie Gertrude Stein schrieb: „Manchmal hat man das Gefühl, daß Italiener groß geschrieben werden sollten, und manchmal klein, und so kann es einem mit fast allem gehen." Vgl. Gertrude Stein, „Poetry and Grammar", in *Gertrude Stein: Writings and Lectures 1909-1945*, Baltimore 1974, S. 133.

17 Ich habe dies in späteren Arbeiten, die in die Dritte Spiral-Galaxie gehören, kritisiert. Meine Absicht hier ist, zu verstehen, was damals vor sich ging, diese Stellen in den Kontext zu stellen und einige Folgerungen daraus zu ziehen.

18 Vgl. *Reine Lust*, S. 430.

19 Vgl. „The Qualitative Leap Beyond Patriarchal Religion" in *Quest: A Feminist Quarterly*, Frühjahr 1975, bes. S. 29-32.

20 *Jenseits von Gottvater*, S. 33.

21 „The Qualitative Leap", bes. S. 32-37.

22 Virginia Woolf, *Drei Guineen*, a.a.O., S. 58.

23 *Jenseits von Gottvater*, S. 19.

24 In jenem Semester (Frühjahr 1973) sprach Mary Daly an fünf theologischen Ausbildungsstätten sowie weiteren religiösen Institutionen.

25 Dazu gehörten ein öffentlicher Vortrag und eine Podiumsdiskussion auf der „Nobel Conference" am Gustavus Adolphus College in St. Peter, Minnesota, im Januar 1973 und Vorträge an verschiedenen Universitäten und Colleges.

26 Außerdem wurde es in akademischen Zeitschriften rezensiert, einschließlich *Cross Currents, The Journal of Religion, The Drew Gateway, Religious Studies Review, The Washington Book Review, Friends Journal, Ideas of Today, Genesis 2, Growth and Change, Contemporary Psychology. Horizons* widmete ihm ein Symposium, das Besprechungen von fünf theologischen Kritikern und eine Antwort der Autorin enthielt. Positive Besprechungen wurden in so unterschiedlichen Zeitungen und Zeitschriften wie *The Village Voice, The National Catholic Reporter, Publishers Weekly* und *The Christian Century* veröffentlicht. Viele Rezensionen erschienen erst 1975, 1976 und noch später, als das Buch bekannter wurde und Beachtung fand. Die ersten Zeitungsrezensionen sind großenteils der zähen und hingebungsvollen Arbeit von Mary Lou Shields zu verdanken.

27 In Fairness mir selbst gegenüber stelle ich fest, daß der stärkste der offen lesbischen Briefe das Datum 14. Mai 1975 trägt. Das war zweieinhalb Jahre, nach dem ich *Jenseits von Gottvater* geschrieben hatte. Hätte ich es zu jenem Zeitpunkt geschrieben, hätte ich wahrscheinlich den merkwürdigen Abschnitt über „Heterosexualität und Homosexualität: Die Zerstörende Zweiteilung" (S. 145-148) weggelassen, denn 1975 war eine ganz andere Zeit als 1972. Die Zeiten hatten sich geändert.

28　Glücklicherweise gab es andere Feiern und Veröffentlichungsparties für *Jenseits von Gottvater*, bei denen es fröhlicher zuging. So gab es zum Beispiel eine aufregende Feier bei Beacon Press und eine faszinierende Party in der Wohnung der Feministischen Autorin Barbara Seaman in New York.

29　Die weitverbreitete Achtung für *Jenseits von Gottvater* unter Wissenschaftlern zeigte sich nicht nur durch seine Aufnahme als Lehrmaterial, in Rezensionen, Podiumsdiskussionen und Fußnoten-Bezügen, sondern auch in einer Lawine von Vortragseinladungen. Im Akademischen Jahr 1973/1974 sprach Mary Daly an zahllosen Universitäten und Colleges. Sie hielt einen Vortrag in der Abteilung Frauen und Religion beim Jahrestreffen der American Academy of Religion über „Nachchristliche Theologie". Außerdem sprach sie bei weniger akademischen Anlässen, wozu gehörte: ein Workshop auf der National Conference of the National Association for the Repeal of Abortion Laws im Park Sheraton in New York, eine Planned Parenthood Conference an der Yale Divinity School, *The Boston Globe* Book Festival, ein Beacon Press Podium in der Follen Community Church, die Jahreskonferenz der Religious Newswriters Association in Louisville, Kentucky. Dazu die Sophia Fahs Lecture auf der National Convention of the Unitarian Universalist Association in New York am 23.6.1974.

KAPITEL NEUN
MEINE „FEMINISTISCHE NACHCHRISTLICHE EINLEITUNG" ZU *THE CHURCH AND THE SECOND SEX*:
DAS JAHR DES UMBRUCHS RÜCKT HERAN

1　Im ersten dieser Briefe wurde ich „informiert", daß das Buch als Paperback herauskommen würde. Daraufhin informierte ich die Lektorin, die mir geschrieben hatte, daß die Rechte des Buches nun bei mir lägen. Diese Tatsache setzte mich natürlich in die Lage, die Bedingungen für diese zeitgerechte/unzeitgerechte Wiederauferstehung zu bestimmmen.

2　„Autobiographical Preface to the 1975 Edition", *The Church and the Second Sex*, S. 7.

3　Ibid., S. 6.

4　Ibid.

5　Ibid., S. 16.

6　„Post-Christian Theology: Some Connections Between Idolatry and Methodolatry, Between Deicide and Methodicide", *Women and Religion*, 1973 a.a.O., S. 33-34.

7　Ibid., S. 34.

8　Ibid., S. 35.

9　Vgl. *Reine Lust*, Kapitel Acht: „Monotone Dämonen, Flutende Musen".

10　„Feminist Postchristian Introduction", *The Church and the Second Sex*, S. 36.

11　Mary Lowry war besonders hilfreich und erfindungsreich, sie entdeckte die Vorzüge von „Hobo", half mir, es zu finden und die Montage zu machen. Mary war Mitbegründerin des New Words Bookstore, ein Frauenbuchladen, der 1974 in Cambridge, Massachusetts, aufgemacht wurde.

12　*Jenseits von Gottvater*, S. 199/200.

13　Ibid., S. 220.

14　Die Vortragsorte von Mary Daly in jenem Herbst waren wieder Universitäten und Colleges und eine unitaristische Kirche in Miami, Florida. Dazu schreibt sie: Die Reise nach Florida gab mir Gelegenheit, Informationen über Elizabeth Gould Davis aufzuspüren, deren Erstaunliches Buch *The First Sex* (deutsch: *Am Anfang war die Frau*, Frauenoffensive München, 1977, AdÜ.), das 1971 bei Putnam und 1972 bei Penguin herauskam (zur Zeit ist es vergriffen), die Feministische Bewegung in Neue Dimensionen von Phantasie und Kühnheit hochgeschossen hatte. Elizabeths früher Tod im Juli 1974 hatte viele geschockt und traurig gemacht. Im Gespräch mit einer ihrer Freundinnen erfuhr ich einiges über das Leben und die Gedanken dieser heroischen Frau.

15 Vgl. Janice Raymond, Ph.D., „Mary Daly: A Decade of Academic Harassment and Feminist Survival", in *Handbook for Women Scholars: Strategies for Success*, hrsg. von Mary L. Spencer, Monika Kehoe und Karen Speece, San Francisco 1982, S. 83.

16 Nach den „objektiven" Vorschriften zählten nur Kurs-Kritiken seit 1969, als ich in den Rang einer Associate Professorin kam. Was in dem Bild fehlt, ist die Tatsache, daß die Kritiken meiner Kurse von 1966-1969, als meine Studenten praktisch alle männlich waren, überwiegend außerordentlich positiv waren. Was also hier wegge-lassen wird, ist die Tatsache, daß trotz dieser überwältigend positiven Beurteilung durch männliche Studenten mir 1969 die Beförderung und lebenslängliche Anstel-lung verweigert wurde. Erst nach vier Monaten Demonstrationen – vornehmlich von männlichen Studenten – war die Leitung bereit, ihre Entscheidung zu revidieren. Vgl. Kapitel Fünf.

17 Jan Ent-Hüllte die Fakten dieser Täuschung und des Vertrauensbruchs durch die Jesuiten in ihrer Rede auf dem „Forum on Women and Higher Education" am 27. Februar 1975 am Boston College. Vgl. Kapitel Fünf.

18 Malcolm Boyd, „Who's Afraid of Women Priests?", *Ms.*, Dezember 1974, S. 49.

19 Anne kehrte im Juni 1975 in die Vereinigten Staaten zurück, als ich meinen Urlaub genommen hatte, um *Gyn/Ökologie* zu schreiben. Sie begegnete Jan Raymond, die gerade ihre volle Lehrtätigkeit in Amherst, Massachusetts, begann. Anne studierte *Beyond God the Father* in Jans Vorlesungen im Hampshire College im Herbst 1975. Wir lernten uns Ende der siebziger Jahre kennen, und Anne wurde eine wichtige Gefährtin in der Dritten Spiral-Galaxie.

KAPITEL ZEHN
ÜBERLEGUNGEN ZU PHILOSOPHISCHEN THEMEN DER ZWEITEN SPIRAL-GALAXIE

1 So brachte mein aufrichtiger Versuch, in meinem Artikel „After the Death of God the Father" Peter Bergers Theorie anzuwenden und weiterzuentwickeln, den Zorn jenes Soziologen über mich, denn ich hatte die Regeln gebrochen und die Dinge beim Namen Ge-Nannt. In einem anderen Artikel aus dem gleichen Jahr (1971), „The Courage to See", begann ich – mit allem notwendigen Respekt – gegen Paul Tillichs Unzulänglichkeiten aus der Hüfte zu schießen. Leider war er, wie die meisten Großen Männer, bereits tot, doch seine Schüler und Gegner verstanden die Ten-denz. Vgl. Kapitel Acht.

2 Vgl. *Jenseits von Gottvater*, Kapitel Sechs.

3 Diese Synthese wurde in der Dritten Spiral-Galaxie, in *Gyn/Ökologie*, *Reine Lust* und dem *Wickedary* weiterentwickelt.

4 Wie ich in *Jenseits von Gottvater* erklärte: „Selbst der Begriff der ‚Methode' muß aus seinem bisher gültigen semantischen Feld herausgelöst und neu interpretiert wer-den, denn die auftauchende Kreativität der Frauen ist keineswegs ein rein verstandesmäßiger Prozeß... Erst jetzt wird den Frauen bewußt, daß das weltweite Sprachdiktat der Männer ein falsches, weil einseitiges ist... Menschsein bedeutet, das Selbst, die Welt und Gott zu benennen. Die ‚Methode' der wachsenden spirituellen Bewußtheit der Frauen ist nichts weniger als dieser Anfang, menschlich zu spre-chen: die Zurückeroberung des Rechts zu benennen. Die Befreiung der Sprache wurzelt in unserer eigenen Befreiung." (S. 21/22).

5 Ibid., S. 26.

6 Ibid., S. 25.

AUFTAKT ZUR DRITTEN SPIRAL-GALAXIE
DURCH DEN NEBEL SPINNEN UND WEBEN

1 Ich kam zu dem Ergebnis, daß das Wort *Ärger* unangemessen ist, um Frauenidentifizierte Wut zu Be-Nennen. *Ärger* ist ein abgeschwächter Terminus, der im allgemeinen „Gefühle" bezeichnet, die durch phallozentrische Religion, Medien und Therapie verlagert oder ersetzt wurden.
2 *Reine Lust,* S. 471-472.
3 Dreh- und Angelpunkt für dieses Muster-Entdecken ist das *Sado-Ritual-Syndrom,* das ich Ende der siebziger Jahre Ent-Deckte. Vgl. *Gyn/Ökologie,* S. 153-155. Alle fünf Kapitel der Zweiten Passage von *Gyn/Ökologie* sind Expansionen/Entwicklungen dieses Themas. Auch das *Sadospiritual-Syndrom* spielt in meiner Analyse des *Staates/Zustands der Greuel* eine zentrale Rolle. Vgl. *Reine Lust,* S. 94-101. Alle vier Kapitel des ersten Reiches von *Reine Lust* sind Erklärungen des *Sadospiritual-Syndroms.* Beide Syndrome sind im *Wickedary* kurz definiert.
4 Virginia Woolf, *Moments of Being,* a.a.O., S. 72.
5 Analyse und Definitionen dieser Tugenden finden sich in *Reine Lust* und im *Wickedary.*

KAPITEL ELF
DER QUALITATIVE SPRUNG ÜBER DIE PATRIARCHALE RELIGION HINAUS

1 Vgl. Kapitel Neun.
2 Nach dem Empfang gingen Emily, Robin und ich in einen Wiener Weingarten, und am nächsten Tag fuhren wir nach Venedig, wo wir auf der Piazza San Marco glücklich einen köstlichen Wein tranken („Lacryma christi del vesuvio" – „Tränen des Christus vom Vesuv"). Ein paar Tage später flog ich mit einigen komplizierten Flugverbindungen bei stürmischem Wetter zurück nach Boston und kam genau rechtzeitig an, um meine 16.30-Vorlesung in Feministischer Ethik zu halten.
3 Mary Daly, „Femmininismo radicale...", S. 357.
4 Ibid., S. 358.
5 Vgl. Kapitel Zehn.
6 Vgl. „The Qualitative Leap Beyond Patriarchal Religion", a.a.O., S. 29-32.
7 Ibid., S. 30. In diesem Artikel verwendete ich John Wayne und Brigitte Bardot als Bild für die mit Klebestreifen zusammengebundene Paarheit der Androgynie. Später ersetzte ich sie durch John Travolta und Farrah Fawcett-Majors. Während meiner Vorträge in den achtziger Jahren mutierte ich sie zu Ronald und Nancy Reagan. Der ideale neue/alter Ersatz für die neunziger Jahre ist noch nicht aufgetaucht.
8 „The Qualitative Leap", S. 30.
9 Ibid.
10 Dieser Gedanke war unter Männern, die sich in den siebziger Jahren als Feministen bezeichneten, verbreitet. Wenn es auch für einige Männer positiv gewesen sein mag, weinen zu lernen und ihre Gefühle auszudrücken, so wurden dadurch die Frauen nicht befreit.
11 „The Qualitative Leap", S. 31-32.
12 Ibid., S. 29.
13 Ibid.
14 Ibid., S. 24.
15 Vgl. Virginia Woolf, *Drei Guineen,* a.a.O.
16 Hier führt Mary Daly wieder eine Reihe von Colleges und Universitäten auf, an denen sie im Winter und Frühjahr 1975 gesprochen hat. Außerdem sprach sie auf dem Cambridge Forum in Cambridge, Massachusetts, und im Woodstock Women's Centre in Woodstock, New York.

17 Vgl. Kapitel Neun.
18 *The Heights*, 10. Februar 1975.
19 Ibid. Vgl. Kapitel Neun.
20 Vgl. Janice G. Raymond, die die Vorgänge auf jenem Treffen darstellt in „Mary Daly: A Decade of Academic Harassment and Feminist Survival", a.a.O.
21 Vgl. Raymond, „Mary Daly", S. 84, wo das juristische Memorandum jenes Treffens zitiert wird. Quinlans Artikel in *The Heights* zitiert McBriens jämmerlichen Anspruch, daß *Beyond God the Father* „zu wenig Fußnoten auf dem Gebiet der Christologie, Ekklesiologie und des Alten Testaments" habe. Obgleich es schwierig ist, die Geduld aufzubringen, auf solche Vorwürfe zu antworten, erklärte ich geduldig, daß das Buch mehr als angemessene Fußnoten hat. Es ist festzuhalten, daß die Experten von außen, deren günstige Beurteilungen meines Buches abgetan wurden, waren: 1. John Bennett, früherer Präsident der Union Theological Seminar, 2. John Cobb, berühmter Theologe an der theologischen Fakultät der School of Teology in Claremont, California, 3. James Lutzer Adams, em. Professor der Harvard Divinity School. Die einzigen Personen, deren Urteil „zählte", waren die Angehörigen der Abteilung für Theologie am Boston College.
22 In jener Zeit benutzten wir den Ausdruck *Vormütter*. Kurz danach verwendeten viele von uns statt dessen den Begriff *Vorschwestern*. Dieses Wort schien treffender. Nicht alle Frauen sind Mütter, doch alle können Schwestern sein. *Vorschwestern* impliziert eine Beziehung von gleich zu gleich und keine „mütterliche" Rolle.
23 Die weiblichen Lehrkräfte, die sprachen und aus verschiedenen „Fachgebieten" an verschiedenen Universitäten kamen, berichteten von Erfahrungen von Diskriminierung, der Verweigerung lebenslanger Anstellung und Entlassungen an diesen Institutionen. In meiner Rede verbreitete ich mich über das Wesen Feministischer Studien und auf welche Weise diese an den Universitäten hintertrieben wurden. Ich verkündete, daß 1975 das Jahr der Gegenströmung gegen Frauen sei. Jan Raymond sagte in ihrer Rede etwas Wichtiges über ihren eigenen Fall. „Meine endgültige und größte Sünde war Frauen-Identifikation und -Verbundenheit. Ich beging die unverzeihliche Tat, ernsthaft bei einer Frau zu studieren und mich mit ihr beruflich zu identifizieren. Im Bildungssinn war ich nicht die ‚Tochter eines gebildeten Mannes', um Virginia Woolfs Ausdruck zu benutzen, sondern die Tochter einer gebildeten Frau. Hätte ich mich statt dessen entschlossen, bei einem berühmten und international anerkannten männlichen Wissenschaftler zu studieren und mich und meine Arbeit dort ernsthaft zu engagieren, dann wäre heute mein Status am BC zweifellos ein ganz anderer."
24 Die großen Zeitungen berichteten nicht über das Forum, obgleich Journalisten eingeladen worden waren. Dieses Schweigen belegt die Tatsache, daß 1975 in der Tat das Jahr der beginnenden Gegenströmung war. Es wurde jedoch in *The Heights*, 3. März 1975, ausgezeichnet berichtet, besonders in einem Artikel von Maureen Dezell. Auch die feministischen Medien berichteten. Doch das Wichtigste war, daß es sich tief in das Gedächtnis der Hunderte von Frauen, die Anwesend waren, einprägte.

KAPITEL ZWÖLF
DAS SPINNEN VON *GYN/ÖKOLOGIE*: MEIN DONNERSCHLAG DER RACHE

1 *Gyn/Ökologie*, S. 409.
2 Ibid., S. 53-54. Weitere Informationen zu dem patriarchalen Seelendrama oder der Reise in die andere Welt finden sich in Morton W. Bloomfield, *The Seven Deadly Sins: An Introduction to the History of a Religious Concept, with special Reference to Medieval English Literature*, Michigan State University Press, 1967, besonders S. 7-27. Bloomfield untersucht die Tradition der (patriarchalen) Reise in die andere Welt

in Verbindung mit den Todsünden. Er schreibt: „Die Sünden sind Nebenprodukt eines eschatologischen Glaubens, den man das Seelendrama oder die Seelenreise genannt hat... Die sieben Todsünden sind ein Überbleibsel aus irgendeiner gnostischen Seelenreise, die vermutlich in den frühen christlichen Jahrhunderten in Ägypten oder Syrien existierte. Doch ist die Seelenreise selbst Teil eines wesentlich weitgespannteren größeren eschatologischen Konzepts, nämlich der Reise in die andere Welt..." (S. 12).

3 Diese wurde zum zentralen Thema von *Reine Lust*, das fünfeinhalb Jahre nach *Gyn/Ökologie* herauskam.

4 Diese ging ich bis zu einem gewissen Grade im *Wickedary* an. Sie werden weiter im vorliegenden Buch behandelt.

5 Ein einfaches Beispiel war die Ent-Deckung der etymologischen Verbindung zwischen den Worten kosmetisch und Kosmos, die beide vom griechischen Wort *kosmos*, was „Ordnung, Universum" bedeutet, abstammen.

6 *Gyn/Ökologie*, S. 47.

7 Tatsächlich schrieben einige New Yorker Lektoren, die kurze Teile des Manuskripts gesehen hatten, äußerst negative Kommentare, die mich jedoch natürlich nicht entmutigten. Der positive Fluß meiner Muse war viel stärker als deren Negativität.

8 Ich konnte damals nicht ahnen, daß *Gyn/Ökologie* gleich nach Erscheinen mit soviel Wärme und weitgehend positiv aufgenommen werden würde. Noch hätte ich mir vorstellen können, daß die positiven Reaktionen andauern würden.

9 Hier zählt Mary Daly eine lange eindrucksvolle Reihe von Universitäten und Colleges auf, an denen sie während der Arbeit an *Gyn/Ökologie* (Herbst 1975 bis Herbst 1978) Vorträge hielt. Außerdem notiert sie: Ich sprach auch bei den Modern Language Association National Conferences in Chicago und New York. Ich hielt Vorträge bei: der Conference on Women and Spirituality, die an der University of Massachusetts in Boston stattfand; Bread & Roses Restaurant in Cambridge, Massachusetts; The Women's Building in Los Angeles, California; The NOW New Jersey State Conference; The Women's Coffeehouse in Minneapolis, Minnesota; Women's Conference on the Environment in Albany, New York.

10 Die Einsicht, daß *Lesbianismus* im tiefsten Sinn *Feminismus* impliziert und daß *Radikaler Feminismus* wiederum *Lesbianismus* impliziert, ist von vielen Frauen geteilt worden. In den siebziger Jahren drückten dies einige sehr knapp aus, indem sie Anstecker mit der witzigen und verwegenen Aufschrift „Fesbian Leminist" trugen.

11 Folglich wurde ich eine Weberin/ein Webweib und mußte schließlich *Reine Lust* und später das *Wickedary* schreiben. Doch in dieser Galaxie mußte zuerst *Gyn/Ökologie* kommen.

12 Vgl. Kapitel Acht.

13 Telefongespräch August 1990.

14 Peggy und ich wurden wirklich häufig von Lachanfällen überwältigt. Dies eskalierte beim wiederholten Korrekturlesen des Manuskripts und der Druckfahnen von *Gyn/Ökologie*. Da Peggy meine „Work-Study-Studentin" war, investierten wir gemeinsam lange ermüdende Stunden, und unser Zustand ähnelte manchmal einer Art Delirium. Wir schindeten uns mit den Korrekturen ab und hatten das Material auf einem großen grünen Spieltisch ausgebreitet, den sie gelegentlich als den „grünen Foltertisch" bezeichnete. Gewisse Sätze in dem Buch lösten jedoch bei Peggy unweigerlich Kicheranfälle aus, ganz gleich wie oft sie laut vorgelesen werden mußten. Mir fällt ein spezielles Beispiel ein. Es gehört in den letzten Teil des Buches mit dem Ttiel „Die Feier der Ekstase". Der Satz lautet: „Foxy ladies chase chlucking biddies around in circles." (Fesche Hasen jagen gackernde Hühner im Kreis herum.) (S. 442)

15 Telefongespräch August 1990.

16 *A Positively Revolting Hag* Ô ist „eine umwerfende, schöne Weise Alte; eine, die bei

phallischen Institutionen und phallischer Moral positiven Abscheu erregt und Andere zu Akten Reiner Lust anstachelt". (*Wickedary*)

17 Transkontinentales Telefongespräch August 1990.

18 Wir dachten auch an die Symbolik von „666", die mit dem „Antichrist" verbunden ist.

19 Wir hatten weiterhin wilde Abende. In Emilys Wohnung in der Sacramento Street in Cambridge fanden einige lärmende Parties statt. Hier gab es ein hochgeschätztes altes Klavier, auf dem sie komisch-sentimentale alte protestantische Hymnen herunterhämmerte, während die Anwesenden mitsangen. Zu unseren monströsen „Lieblingshymnen" gehörte „Have Thine Own Way, Lord". Dazu gutes Essen und Wein – wir amüsierten uns alle hervorragend.

20 Vgl. Kapitel Elf.

21 Vgl. Margaret A. Murray, *The Witch Cult in Western Europe*, Oxford 1921, S. 222.

22 *Gyn/Ökologie*, S. 414.

23 Ibid.

24 Natürlich hatte ich seit den frühen siebziger Jahren über Labrysse gelesen und studiert, beispielsweise in Elizabeth Gould Davis, *The First Sex*, a.a.O. Als ich jedoch die riesigen Doppeläxte in Kreta sah, wurden diese lebendige Metaphern, nahmen eine Andere Dimension an.

25 So erfüllt z.B. der Titel *Reine Lust* den Zweck einer Labrys. Er ist zweischneidig/ doppeldeutig. Wird er klein geschrieben (*pure lust*), dann bezeichnet er die tödliche Un-Leidenschaft, die im Patriarchat herrscht, die leidenschaftslose lebensverachtende Geilheit, die die Gegenstände ihrer Begierde/Aggression vergewaltigt und tötet. Großgeschrieben (*Pure Lust*) bezeichnet er Reine Leidenschaft: unverfälschtes, absolutes, einfach reines Streben nach der Fülle des Sei-ens; unbegrenztes, unbegrenzendes Begehren/Feuer. Vgl. *Reine Lust*, S. 9 und S. 11, außerdem *Wickedary*.

26 Jahre später, in ihrer Reife, bewiesen sie ihre Fähigkeit, zusammenzuarbeiten, indem sie das „Unkapitel Dreizehn: Kat(z)egorischer Anhang" inspirierten, mit dem *Reine Lust* schließt.

27 Vgl. Kapitel Acht.

28 Im Gegensatz zu der eher langsamen, wenn auch kraftvollen Ansammlung von Rezensionen, die auf *Beyond God the Father* folgten, war die Reaktion der Medien auf *Gyn/Ecology* rasch sowie massiv und weitgehend positiv. Angesichts der dicken Mappe mit Besprechungen bin ich jetzt nicht nur von ihrer Zahl, sondern auch von der Unterschiedlichkeit der Publikationen überrascht. Dazu gehörten *Publishers Weekly* und *The New York Times Book Review;* wissenschaftliche Zeitschriften wie *Union Seminary Quarterly Review* und *Cross Currents*, christliche Zeitschriften wie *The Christian Century* und *Christianity and Crisis*, Feministische Zeitschriften wie *Sojourner, New Directions for Women, Ms., Chrysalis* und *Feminist Studies* (England). *Gyn/Ecology* wurde in Zeitungen in den ganzen Vereinigten Staaten besprochen, u.a. in *Harrisburg Weekly, Minnesota Daily, Sun City Arizona News-Sun, San Francisco Bay Guardian*. Auch in England wurde das Buch viel besprochen, u.a. in *The London Observer, The Literary Review, New Statesman* und *Books and Bookmen*. Eine besonders erbärmliche und lächerliche „Rezension" schrieb P. Andrew Greeley, ein Priester-Autor von weitverbreiteten Groschenromanen, der in einem in vielen Zeitungen erscheinenden Artikel *Gyn/Ecology* zum „schlimmsten katholischen Buch des Jahres" ernannte. Offenbar hatte Greeley das Buch als Vorbereitung für sein unverschämtes Herausbellen seiner priesterlichen Verkündigungen nicht knacken können. Ihm war auch die Tatsache entgangen, daß dies kein „katholisches" Buch war und daß die Autorin seit fast einem Jahrzehnt keine Katholikin mehr war.

29 Elektrische Verbindungen unter Tausenden von Frauen wurden hergestellt, als ich nach Erscheinen von *Gyn/Ecology* in den USA und in Kanada sprach. (Mary Daly

zählt eine lange, eindrucksvolle Liste von Colleges und Universitäten auf, außerdem Frauenzentren und Frauenbuchläden.)

30 Vgl. Janice G. Raymond, „Mary Daly", a.a.O., S. 85. Vgl. auch Judy Appel, „A Brief History", *Affirmations: Newsletter of the Women's Theological Coalition of the Boston Theological Institute* (Mai 1979), S. 8.

31 Berichtet in *The Heights*, 26. Februar 1979. Ebenfalls in der Feministischen Zeitung *Equal Times*, 18. März 1979, und in *Valley Women's Voice*, Mai 1979.

32 Vgl. *The Heights*, ibid., *Equal Times*, ibid., und Raymond, „Mary Daly", a.a.O., S. 85.

33 Zu dieser Zeit hatte die andere Komplizin von Paris, Sharon Webb, ihre Teilnahme aufgesagt. Ihr erklärender und sich entschuldigender Brief vom 25. Januar erschien in *The Heights* am 5. März 1979.

34 *The Heights*, 26. Februar 1979, S. 8. Vgl. auch *Equal Times*, 15. April, S. 11.

35 Ibid., S. 8.

36 Ibid., S. 8. Vgl. auch Judy Appel, „A Brief History", S. 4.

37 Am Morgen des 12. Februar wurde mir ein Brief der Leitung des Boston College mit dem Taxi ins Haus gebracht, in dem sie mich informierten, daß ab jetzt alle meine Kurse überwacht würden. Dieses „Verfahren" wurde am gleichen Tag in die Tat umgesetzt. Vgl. *The Heights*, 26. Februar 1979, und *Equal Times*, 18. März 1979.

38 Vgl. Jan Raymond, „Mary Daly", S. 86. Ich erklärte weiter, wenn Boston College behauptete, sie führten eine „gründliche Untersuchung" des „Problems" (das sie selbst geschaffen hatten) durch, dann würden zu einer solchen „gründlichen Untersuchung" von Anfang an Gespräche mit mir und mit meinen StudentInnen gehört haben. Man hatte keine der üblichen höflichen Verfahrensweisen eingehalten. Der erschwindelte wissenschaftliche Status von P. Paris war wohlbekannt: Er war noch nicht einmal berechtigt, sich für einen Kurs einzuschreiben. Zusammenfassend nannte ich die ganze Affäre bei ihrem wahren Namen: eine Hexenjagd. Karen A. Hagberg nahm das Thema Hexenjagd auf in „Boston Witch Hunt: Feminist Author Prosecuted!", *New Women's Times*, 13.-27. April 1979, S. 1-2.

39 Veröffentlicht in *The Heights*, 12. März 1979, S. 18.

40 *The Heights*, 23. April 1979. Vgl. Raymond, „Mary Daly", S. 87. Vgl. auch *Sojourner: The Women's Forum*, Mai 1979.

41 Dieser Brief wurde in *The Heights*, 23. April 1979, veröffentlicht.

42 Dieser Titel stammt bekanntlich aus Virginia Woolfs *Drei Guineen*, a.a.O. Das genaue Zitat aus Woolf lautet: „For we have done with this ‚education'!"

43 Über dieses Ereignis wurde in *New Women's Times* (April/Mai 1979) berichtet. Die Zeitung widmete einen beträchtlichen Teil dieser Ausgabe der Wiedergabe der Reden auf der Kundgebung. Auch in *The Heights*, 23. April 1979, gab es einen ausgezeichneten Artikel von Lisa Sergi. Am Ende des Artikels werde ich zitiert. Ich hätte das Ereignis „einen spirituellen Triumph" genannt und gesagt: „Wir konnten die Feindseligkeit, die Unterdrückung, die Kleinlichkeit dieser Patriarchalen Institution in ein analytisches und kraftvolles Ereignis für die Hunderte anwesender Frauen verwandeln." Ich stellte fest, daß die Rednerinnen dem Abend eine „symbolische und mythische Bedeutung" geben konnten, indem sie die Ereignisse am BC mit einer weiteren Weltsicht verbanden. „Dies stand in direktem Kontrast zu der Kleinlichkeit und der Fixierung auf Details der Universitätsleitung." Besonders eine graduierende Studentin – Judy Appel von der Harvard Divinity School, die eine Doppeleinschreibung in meinen Kursen hatte – opferte enorm viel Zeit und Energie, um Informationen über meine Geschichte mit Boston College zu sammeln und dies bei Feministinnen in den gesamten Vereinigten Staaten zu verbreiten. Natürlich trugen viele, in der Tat die meisten, meiner Studentinnen zu diesem Öffentlichmachen der Fakten und dem Erfolg der Kundgebung bei. Vgl. auch Pat Harrison, „Daly Support Rally Exhorts, Exhilarates", *Sojourner*, Mai 1979.

44 Am Ende ihrer Rede stellte Jan fest: „Es ist wichtig, sich klarzumachen, daß sich die

Toleranz für Kritiker des Systems nur in bestimmte Richtungen erstreckt, und diese sind immer noch männlich-definiert. Wäre Mary Daly eine radikale Humanistin, eine Marxistin oder eine Anarchistin, dann hätte sie die Unterstützung vieler ihrer akademischen Brüder. Sie wäre innerhalb der Grenzen radikaler Toleranz anzusiedeln. Doch Mary Daly ist statt dessen eine Spinster, eine Furie, eine Revoltierende Häxe, eine Weise Alte." Dieser Auszug wurde in *New Women's Times* (April/Mai 1979) veröffentlicht. Er stimmt inhaltlich mit dem letzten Absatz von Raymonds Artikel „Mary Daly", S. 87-88, überein.

45 Virginia Woolf, *Drei Guineen*, a.a.O., S. 40.

46 Einige Zeilen aus „The Witching Hour" sind in *Gyn/Ökologie*, S. 200, zitiert. Besonders kraftvoll sind die Worte des Chorus:
In der Hexennacht kommst du zu deiner Macht
du fühlst sie tief in dir, sie steigt aus dir empor
und du glaubst, daß du dich irrst, bis du dich selbst schreien hörst
Macht der Hexe und der Frau in mir. (Willy Tyson, *Debutante*, Urania Records)

47 Und in der Tat ereigneten sich weiterhin Erstaunliche Ereignisse, die an dieser Anderen Dimension teilhatten. Vgl. Kapitel Neun.

48 *Gyn/Ökologie*, S. 44.

49 Gespräch mit Emily Culpepper, Mai 1990.

KAPITEL DREIZEHN
IM GROSSEN STIL SPINNEN: DIE EXPLOSION/EXPANSION VON *REINE LUST*

1 Die Definitionen und Beschreibungen dieser Charaktere finden sich in *Reine Lust*. Vgl. auch das *Wickedary*. Wie ich in *Reine Lust* schrieb: „Das Substantiv *snool* bedeutet (schottisch) ‚ein kriecherischer, unterwürfiger Mensch'. Es heißt auch ‚ein fader, gemeiner, verächtlicher Mensch, von schäbiger, kleinlicher Gesinnung' (O.E.D.). In der Sadogesellschaft regieren die *snools*, sie sind die Regel. Die gespaltene Persönlichkeit dieser Charaktere – Mitglieder einer Schauspieltruppe, die die Bohrokratie beherrscht und legitimiert – wird durch die Bedeutung des Verbs *to snool* enthüllt. Dies bedeutet einerseits ‚zum Gehorsam zwingen: EINSCHÜCH-TERN; SCHIKANIEREN' und andererseits ‚KRIECHEN; SICH DUCKEN'. Snools/ Knilche sind eine Kombination aus Sadismus und Masochismus, die stereotypen Heiligen und Helden des Sadostaates." S. 33-34.

2 *Sadogesellschaft* ○, „eine durch phallische Lust hervorgebrachte Gesellschaft; die Summe der Orte/Zeiten, wo die Überzeugungen und Praktiken des Sadomasochismus Die Regel sind; die Folterkreuz-Gesellschaft: PATRIARCHAT, KNILCHTUM". (*Wickedary*)

3 *Reine Lust*, S. 3.

4 Ibid., S. 9-10.

5 Ibid., S. 10-11.

6 Hier zählt Mary Daly die zahlreichen Universitäten und Colleges auf, an denen sie im akademischen Jahr 1979/1980 sprach. Außerdem hielt sie einen Vortrag auf *The Boston Globe Book Fair* und sprach in verschiedenen Frauenbuchläden.

7 Mehr über Wahrsagende Geistverwandte findet sich in Kapitel Zwölf.

8 Und dies war dann wirklich mein letzter Vortrag in den Vereinigten Staaten, der sich ausschließlich mit *Gyn/Ecology* befaßte. In meinen Vorträgen im Ausland in den kommenden Jahren habe ich jedoch Stränge aus jenem Buch aufgegriffen und dann aus meinem in Arbeit befindlichen Werk *Pure Lust* vorgetragen. So in Sydney, Australien, 1981 und in den 1982-Vorträgen in Granz, München, Köln und Nijmegen. Ich habe weiterhin diese früheren Stränge aufgegriffen und mit neuem Material zusammengewoben, als ich Mitte der achtziger Jahre in Europa sprach. Dies war notwendig, weil meine Bücher in Europa später als in den USA herauskamen.

9 „Autobiographical Preface to the 1975 Edition", *The Church and the Second Sex*, S. 14.

10 Dieses Buch wurde schließlich posthum veröffentlicht. Vgl. Andrée Collard with Joyce Contrucci, *Rape of the Wild: Man's Violence against Animals and the Earth* (London 1988; deutsch: *Die Mörder der Göttin leben noch*, München 1988).

11 *Reine Lust*, S. 10.

12 In jener Zeit lag viel Gerede über „die bevorstehenden schlechten Jahre" in der Luft. Es gab Voraussagen, daß Geld fast wertlos werden würde und daß Grundbesitz Überlebens-notwendig sei.

13 Am Tag des Tornado unterrichtete ich in Boston, doch ich sah seine Folgen kurz danach. Jedes Detail prägte sich meiner Psyche auf immer ein.

14 *Reine Lust*, S. 15/16.

15 Ibid.

16 Vgl. auch *Reine Lust*, S. 17. Das griechische Wort *stoicheia*, das in den Paulinischen Briefen oft erscheint, wird manchmal mit „Elementargeister" und manchmal einfach mit „die Elemente" übersetzt. Obgleich die Paulinischen Briefe als ungeeignetes Sprungbrett erscheinen mögen, um Elementale Feministische Philosophie zu Ent-Decken, bleibt die Tatsache, daß ich als Piratin unwahrscheinliche Quellen benutzen kann und muß, indem ich rechtmäßig Informationen plündere, die Frauen gehören, und sie in Crone-logischen Strahlkräftigen Kontext setze. Ich tue das hier wie stets mit penibler Wissenschaftlichkeit und gebe die Quellen gewissenhaft an.

17 Vgl. Kapitel Zwei.

18 Vgl. Kapitel Zwei und Drei.

19 Vgl. Kapitel Vier.

20 Vgl. Kapitel Vier.

21 *Reine Lust*, S. 29, S. 174-175.

22 Die Intuition und ihre schockierende Plötzlichkeit kommen in vielen der Werke von Jacques Maritain vor. Vgl. z.B. Jacques Maritain, *Approaches to God*, New York 1954. Eine genaue Analayse dieser „schockierenden" Intuition und ihrer Implikationen findet sich in Mary F. Daly, *Natural Knowledge of God...*, a.a.O.

23 Dies ist eine Anspielung auf die Worte von Muriel Rukeyser: „Was würde geschehen, wenn eine Frau die Wahrheit über ihr Leben sagte? Die Welt würde zerspringen." Vgl. Muriel Rukeyser, „Käthe Kollwitz", III, St. 4, *The Speed of Darkness*, New York 1968, S. 103. Rukeyser verleiht der Macht des Wahrheit-Sagens Stimme, indem eine Frau über ihr Leben spricht. Ich beschreibe die Kraft einer Wahrheit-sagenden Zeit, in der nicht nur Frauen Be-Sprechen, sondern auch die Elemente.

24 *Wickedary*, S. 276.

25 Ibid., S. 277.

26 Siehe Kapitel Eins.

27 Vgl. Virginia Woolf, *Augenblicke*, a.a.O., S. 98.

28 Vgl. Kapitel Zwanzig.

29 Meinem Führer zufolge lautet eine Theorie über diese Strukturen – die in ganz New England zu finden sind –, daß sie etwa im 9. Jahrhundert von irischen Mönchen gebaut wurden, die vor den Wikingern flüchteten. Die Letzteren haben sie vielleicht verfolgt, um ihre Schätze zu stehlen – wahrscheinlich wertvolle Gegenstände, die der Kirche gehörten. Die „irische Connection" zu diesen „Bienenkörben" enthüllte sich mir einige Jahre später, als ich 1978 Irland besuchte. Vgl. Kapitel Siebzehn.

30 J.C. Cooper, *An Illustrated Encyclopedia of Traditional Symbols,* London 1978, S. 21.

31 Lilly Friedberg machte mich auf diese bha-Verbindung aufmerksam.

32 Cooper, *Encyclopedia*, S. 20.

33 Nach *Webster's* kommt *stamina* vom lateinischen Wort *stamin*, Plural von *stamen* „Grundfäden am (aufrecht stehenden antiken Webstuhl), Schicksalsfaden der Parzen". (Nach Langenscheidts Taschenwörterbuch Lateinisch).

34 Siehe *Reine Lust*, S. 394-398.

35 Das Kapitel, das Erika in meinem Haus (und auf meiner Schreibmaschine) schrieb, war ursprünglich auf Englisch. Es wurde unter dem Titel „Anna – One Day in the Life of an Old Woman" in *Trivia: A Journal of Ideas*, 4, Frühjahr 1984, S. 31-42, abgedruckt. Auf Deutsch heißt das Buch *Anna im Goldenen Tor: Gegenlegende über die Mutter der Maria*, Stuttgart 1990. In diesem Buch ribbelt die Autorin die patriarchale Geschichte auf und schafft eine Neue und wahrscheinlichere Legende.

36 Vgl. Kapitel Zwölf. Dies wurde impliziert in dem Statement, das ich im März 1979 unterzeichnen sollte (und das ich *nicht* unterschrieb), wo es heißt: „Während der Einschreibperiode werden Universitätsangehörige ihre Klassen als Beobachter besuchen."

37 *The Interpreter's Bible*, 12 Bände, New York 1952-57.

38 *The Interpreter's Dictionary of the Bible*, 4 Bände, New York 1962.

39 Vgl. *Reine Lust*, besonders Einleitung und Kapitel Vier.

40 Vgl. Kapitel Zwei und Fünf. Es ist nicht üblich, daß in Uhrengeschäften die Uhren auf zwölf Minuten nach 11 gestellt werden. Obgleich ich kein Tagebuch führe, fand ich in dem dieses Kapitel betreffenden Material eine 1981 geschriebene Notiz über diesen Vorfall.

41 Unter den Briefen dieser Kategorie waren ausgezeichnete unterstützende Briefe von Nelle Morton und von Howard Clinebell von der School of Theology in Claremont, California.

42 Hier zählt Mary Daly wieder eine Reihe von Universitäten und Colleges auf, in denen sie im Winter und Frühjahr 1982 gesprochen hat. Sie fährt fort: Ich hatte eine Reihe von Einladungen abgelehnt und andere verschoben, da ich mich „in Klausur" befand und intensiv schrieb. Mein Vortrag an der Universität von Montreal, Kanada, war Teil einer Konferenz, die Marisa Zavalloni organisiert hatte. Die vielen ausgezeichneten Vorträge wurden später in einem Buch mit dem Titel *L'Emergence d'une culture au féminin*, hrsg. von Marisa Zavalloni, Montreal 1987 veröffentlicht.

43 Vgl. Emily Culpepper, „Philosophia in a Feminist Key: Revolt of the Symbols" (unveröffentlichte Th.D.-Dissertation, Harvard University, 1983).

44 Hier werden die Vorträge vom Winter und Frühjahr 1982/1983 an Universitäten und Colleges und einem Frauenbuchladen aufgeführt.

45 Vgl. Ernest G. Schachtel, *Metamorphosis*, New York 1959.

46 Gespräch Juli 1982.

47 Gespräch Januar 1983.

48 Vgl. Kapitel Acht.

49 Telefongespräch September 1991.

50 Vgl. Kapitel Zwei.

51 Vgl. Kapitel Eins.

52 Vgl. Kapitel Zwei.

53 *Reine Lust* ist eine Realisierung dessen, was die Genia aus dem 12. Jahrhundert, Hildegard von Bingen, „veriditas" oder Grünkraft nannte. *Auswärts reisen* ist eine Andere Manifestation von Grünkraft – und es muß noch mehr Elementale Kraft Realisiert werden. Doch das ist eine spätere Geschichte und vielleicht auch ein Anderes Buch.

54 Transkontinentales Telefongespräch August 1991.

55 Der Index wurde 1985 für die Paperback-Ausgabe von *Pure Lust* von Nilah MacDonald ausgebaut.

56 Hier führt Mary Daly ihre Vorträge während des akademischen Jahres 1983/84 an Universitäten, Colleges und in Frauenbuchläden auf.

57 Hester Eisenstein, *Contemporary Feminist Thought*, London 1984.

58 Vgl. Kapitel Zehn.

59 Vgl. C. Woodham-Smith, *The Great Hunger: Ireland 1845-1949*, Lond. 1962, S. 145.

1   Bloodroot hat ein ausgezeichnetes Angebot an Büchern und Kunstgegenständen
     sowie eine vorzügliche und ständig wechselnde Speisekarte. Es ist inspirierender
     Frauen-Raum und wird häufig von Reisenden auf dem Weg nach oder von New
     York besucht. Besonders beliebt sind die Frauenveranstaltungen am Mittwochabend,
     wozu Vorträge und Musikaufführungen gehören. Das Bloodroot-Kollektiv hat
     feministische vegetarische Kochbücher veröffentlicht, in denen sich tolle Rezepte
     und viele feministische Zitate als Gehirnnahrung für die Leserin finden. Während
     ich dies schreibe ist gerade *The Second Seasonal Political Palate*, Bridgeport,
     Connecticut 1984, erschienen. Das dritte wird bald herauskommen. Bloodroot ist in
     85 Ferris Street, Bridgeport, Connecticut 06605.
2   Vgl. Kapitel Zwei, Fünf, Dreizehn und Zwanzig.
3   Vgl. *Wickedary*, bes. S. 279-84.
4   Ibid.
5   Vgl. *The American Heritage Dictionary*, S. xxi.
6/7 Hier führt Mary Daly ihre Vorträge an Colleges und Universitäten sowie in
     Frauenbuchläden im Herbst 1984 und im Winter und Frühjahr 1985 auf. Außerdem
     sprach sie beim Women's Music Festival and Writers' Conference in Bloomington,
     Indiana, und auf dem NOW Rally in Brighton, Massachusetts, wo gegen die
     Kampagne der katholischen Hierarchie gegen Geburtenregelung und Abtreibung
     protestiert wurde.
8   Von 1985 bis 1987 war Suzanne Melendy Vorsitzende/Einführende in die WITCH-
     Vorträge, ihr folgte Krystyna Colburn, die das für die folgenden Jahre übernahm.
9   Barbara G. Walker, *The Women's Encyclopedia of Myths and Secrets*, San Francisco
     1983, S.325; deutsch: *Das Geheime Wissen der Frauen*, Frankfurt 1993, S. 281/282.
10   Ibid., S. 324-25; fehlt in der deutschen Ausgabe.
11   Vgl. Kapitel Zwölf und Dreizehn.
12   *Wickedary*, S. xvi.
13   Ibid.
14   Ibid., S. xvii.
15   Aufzählung der Vorträge im Winter und Frühjahr 1985/1986.
16   Der Titel meines Vortrags war „From Touchable Caste Raging Race: New Vices and
     Virtues – Plastic and Potted Passions".
17   1985/1986 war Emily Fast-Assistent-Professorin für Religion an der University of
     Massachusetts in Boston. 1986/1987 war für sie ein Interimsjahr mit verschiedenen
     Jobs (einschließlich Unterricht in einem Gefängnis und in Vorschulklassen), mit
     denen sie sich über Wasser hielt, während sie einen passenden Lehrauftrag suchte.
     Das waren wirklich Zeiten der vollsten Gegenströmung – von der wir zehn Jahre
     vorher bereits einen Vorgeschmack bekommen hatten. Vgl. Kapitel Elf.
18   Aufzählung der Vorträge in diesem Semester.
19   Den Ausdruck *Third Hemisphere* (Dritte Hemisphäre) fand ich in dem Buchtitel des
     irischen Schriftstellers Edward (Lord) Dunsany. Ich entwickelte diesen Gedankenn
     jedoch auf meine eigene Weise. Vgl. sein Buch *Tales of Three Hemispheres*, Boston
     ca. 1919.
20   Transatlantisches Telefongespräch mit Geraldine Moane in Irland, November 1991.
21   Ibid.
22   Ibid.
23   Telefongespräch November 1991.
24   Anfang Juli gab ich einen Hauptvortrag und zwei weitere Vorträge auf dem Third
     International Interdisciplinary Congress on Women in Dublin.
25   Aufzählung der Institutionen, an denen Mary Daly im Herbst 1987 sprach.

26 Vgl. Kapitel Zwei, Fünf und Dreizehn sowie dieses Kapitel über das 11.12-Phänomen.

27 Ich hatte mir die „Women and Religion Section" 1971 auf dem Annual Meeting of the American Academy of Religion in Atlanta ausgedacht und vorgeschlagen, und diese/r Zeit/Raum ist seit 1972 aufrechterhalten worden. So hatte ich 1987 das Gefühl, mich izu Hause zu befinden. Vgl. Kapitel Sieben.

KAPITEL FÜNFZEHN
ÜBERLEGUNGEN ZU PHILOSOPHISCHEN THEMEN DER DRITTEN SPIRAL-GALAXIE

1 Vgl. Kapitel Zehn.
2 Vgl. Kapitel Zwölf.
3 Natürlich hatte ich schon früher Worte entdeckt, besonders in *Beyond God the Father*, doch waren das weniger, und insgesamt waren sie weniger Wild.
4 Vgl. Kapitel Zwölf.
5 *Gyn/Ökologie*, S. 133.
6 Vgl. Kapitel Eins und Zwei.
8 Vgl. Kapitel Zwei.
9 Vgl. Kapitel Zwei und Drei.
10 Diese Suche nach autonomem Wissen zeigte sich in meinen Fribourger Dissertationen. Vgl. Kapitel Drei und Vier. Sie manifestierte sich aufs Unverschämteste in *Reine Lust*. Vgl. Kapitel Dreizehn.
11 Vgl. Kapitel Zehn.
12 Vgl. Kapitel Dreizehn.
13 *Reine Lust*, S. 455-468.
14 Ibid., S. 456/457.
15 Ibid., S. 457. Direkt nach dem zitierten Absatz erläuterte ich meine Vorbehalte gegenüber dem Terminus *Separatismus: „Als Bezeichnung für die Bewegung metamorphosierender Frauen ist *Separatismus* daher ein Wort ‚zweiter Ordnung', wie ich das nenne. Denn sein Schwergewicht liegt nicht auf der Richtung oder dem Letzten Grund unserer Bewegung – der ontologischen Metamorphose selbst –, sondern vielmehr auf einer wesentlichen Voraussetzung für diese Bewegung unter den Bedingungen des Patriarchats: Da unter diesen Bedingungen die Trennung/Scheidung von jenen Kräften, die uns vom Sei-en abschneiden, notwendig ist, ist es keineswegs unzutreffend, wenn sich eine radikale Feministin als Separatistin bezeichnet. Die Bezeichnung ist jedoch – wenn sie nicht im Kontext mit Lust-vollen Worten gebraucht wird – unzulänglich. Da es bei der Feministischen Separation einzig um biophile Kommunikation/Teilhabe am Sei-en geht, ist es Bio-logisch zu folgern, daß die diesen Kontext herstellenden Worte Andere sind – Worte, die *für* eine solche transzendente Kommunikation stehen, wie beispielsweise Spinnweib, Webweib, Brauweib, Parze, Muse."
16 Ibid., S. 467-68. Sarah Hoagland hat ausführlich über dieses Thema geschrieben.
17 Wie ich bereits erläuterte, habe ich es niemals abgelehnt, einen eingeschriebenen *bona fide* qualifizierten männlichen Studenten, der den Wunsch hatte, bei mir zu studieren, zu unterrichten.
18 Vgl. Kapitel Vierzehn.
19 Vgl. Kapitel Sieben in *Jenseits von Gottvater*.
20 Vgl. Kapitel Vierzehn von *Auswärts reisen*.
21 Ibid.

KAPITEL SECHZEHN
WIE ICH ÜBER DEN MOND SPRANG

1   Vgl. Nicholas D. Kristof, „Stark Data on Women: 100 Million Women are Missing",
    The New York Times, 5. November 1991, S. C1, C12. Kristof stellt fest: „Daß Jungen
    traditionell vorgezogen werden, setzt sich – in China, Indien und vielen anderen
    Entwicklungsländern – schnell in Vernachlässigung und Tod von Mädchen um." Er
    sagt weiter, daß das Problem in Asien größer zu werden scheint, und zitiert dazu
    den Harvard-Wirtschaftswissenschaftler Amartya Sen: „Professor Sen schätzt, daß
    weitaus mehr als 100 Millionen Frauen in der Welt vermißt werden, und er bestätigt,
    daß die Gründe für das Ansteigen dieser Fehlzahlen in manchen Gegenden darin
    liegen, daß Mädchen nicht in gleichem Maße wie die Jungen von den Fortschritten
    in Gesundheitsfürsorge und Ernährung profitieren, die die Sterberate in den Entwick-
    lungsländern vermindern." Zahlreiche Demographen scheinen die Meinung zu
    teilen, daß Millionen von Frauen sterben, nur weil sie Frauen sind. Kristof stellt fest:
    „Nur in der Gesamtstatistik werden die Fehlzahlen deutlich." Zum Kindermord und
    der Vernachlässigung weiblicher Kinder kommt noch ein Problem der modernen
    Technologie hinzu. Kristof kommentiert: „In unseren Tagen hat die Technologie
    den Eltern eine sauberere Lösung als den Kindsmord an die Hand gegeben: die
    Ultraschall-Untersuchungen, die das Geschlecht des Fötus feststellen." Kristof be-
    richtet von einem UN-Report, in dem „8000 Abtreibungen in Bombay" erwähnt
    werden, „nachdem die Eltern das Geschlecht des Kindes erfahren hatten, *nur eine
    davon betraf einen männlichen Fötus* [Hervorhebung Mary Daly]". Und *Science and
    Technology* zitiert einen chinesischen Bauern mit den Worten: „Ultraschall lohnt sich
    wirklich, auch wenn meine Frau vier Abtreibungen durchmachen mußte, bis wir
    einen Sohn bekamen."
2   Vgl. Kapitel Dreizehn.
3   Vgl. Kapitel Dreizehn.
4   Willy Tyson „The Witching Hour", a.a.O.
5   Valerie Solanas, *Manifest der Gesellschaft zur Vernichtung der Männer, S.C.U.M.*,
    Darmstadt 1969, S. 30.

KAPITEL SIEBZEHN
GRÜNE *LOGBUCH*-VERMERKE VOM MOND

1   Vgl. Kapitel Zwölf.
2   Vgl. Kapitel Dreizehn.
3   Vgl. Doris Sue Wong „Juvenile Guilty of Murder, Rape in Killing of Harbour", *The
    Boston Globe*, 21. Dezember 1991, S. 1, 7.
4   Vgl. Kapitel Drei und Vier.
5   Vgl. Kapitel Dreizehn.
6   Vgl. Kapitel Dreizehn.
7   Dies ist der Name einer Felsgruppe auf Witch's Hill.
8   Ich habe eine große Dankesschuld an Mary Duffy, die mir half, die vielen
    komplizierten Ortsnamen mit Beschreibungen auf diesem Zwei-Tage-Trip in den
    Westen zu Er-Innern – und in der richtigen Reihenfolge! Gespräch 11. August 1987.
9   Diese Sprache ist die irische Form des Gälischen.
10 Der Name jener Bürgermeisterin war Carmencita Hederman. Sie war die erste und
    bis heute einzige Bürgermeisterin von Dublin.
11 Diese Art von sich-durcheinander-bewegen und Botschaften austauschen fand
    natürlich während des ganzen Kongresses statt, in Restaurants, auf den Straßen, in
    Hotels, in Kneipen, in den Vortragssälen. Es war jedoch nirgends dramatischer als
    auf dem „Wir-erobern-die-Nacht-zurück"-Marsch.

12 Das Frauenfriedenscamp in Greenham Common in England wurde 1981 vor dem riesigen Stützpunkt der US-Luftwaffe, auf dem die ersten Cruise Missiles stationiert wurden, eingerichtet. Durch die Jahre sind Tausende Frauen aus aller Welt dort hindurchgegangen. Es war der Schauplatz mutigen Widerstands und Kampfes und unzähligen Stunden intensiver Diskussionen. Einige Frauen, die dort waren, glauben, daß sie durch Mikrowellen „gezappt" wurden und daß dies eine desorientierende Wirkung auf sie hatte.

13 Ein faszinierendes Buch über diese Piratin ist Anna Chambers, *Granuaile: Das Leben und die Zeiten von Grace O'Malley, ca. 1530-1603*, Dublin 1979. Als ich den Stammbaum der Nachkommen von Granuaile (Grace O'Malley) durchsah, war ich verblüfft, den Namen Mary Daly groß und deutlich auf der Mitte der Seite zu finden. Sie gehörte dorthin, weil sie jemanden namens Peter geheiratet hatte, der der Sohn von Maud Bourke war, der Ur-Ur-Enkelin von Grace O'Malley. Es besteht kein Grund zu glauben – oder nicht zu glauben –, daß jene Mary Daly irgendwie mit mir verwandt ist. Es geht nicht darum, ob ich eine Nachkommin von Granuaile im strengen Vordergrund-Sinn bin. Meinen Namen auf dieser Karte zu Ent-Decken gab mir einen Ruck und bestärkte mich in dem Bewußtsein, daß das Irland der Granuaile Teil meines Erbes ist. Ich habe dort Wurzeln.

14 Andrée Collard, *Rape of the Wild*, a.a.O.

15 Vgl. Kapitel 14.

16 Vgl. Barbara G. Walker, *Das Geheime Wissen ...*, a.a.O., S. 719.

17 Vgl. beispielsweise Kapitel Zehn, in dem ich beschreibe, wie ich mir, auf dem Großen Wind segelnd, wie eine Möwe vorkomme.

18 Vgl. Edmund Lenihan, *In Search of Biddy Early*, Cork und Dublin 1987), S. 103.

19 Ich finde es schön, daß ich Fotos von den acht Kälbern mit uns im Steinkreis habe. Nicht daß irgend jemand dieses magische Ereignis in den Bereich der Halluzination verweisen könnte... aber, dennoch...

20 Vgl. Meda Ryan, *Biddy Early: The Wise Woman of Clare*, Dublin 1978, S. 99.

21 Vgl. Cecil Woodham-Smith, *The Great Hunger*, a.a.O. Dieses außergewöhnliche Buch ist eine reiche Informationsquelle und ausnehmend gut geschrieben und belegt.

KAPITEL ACHTZEHN
TÜREN ZUR VIER: GLÜCKLICHE ENT-DECKUNGEN UND FRÖHLICHES HEIMKEHREN

1 Vgl. Kapitel Vierzehn.

2 Zu Gladys Custance siehe auch Kapitel Fünf, Acht und Siebzehn.

3 Aufzählung von Vortragsterminen im Frühjahr 1988 an Colleges, Universitäten und dem Crazy Ladies Bookstore in Cincinnati, Ohio.

4 Die britische Ausgabe des *Wickedary* kam 1988 in London bei The Women's Press heraus.

5 Die irische Ausgabe des *Wickedary* kam 1988 in Dublin bei Attic Press heraus.

6 Persönlicher Briefwechsel, 1. Dezember 1985. Dies wurde in einem transatlantischen Telefongespräch am 22. Januar 1992 bestätigt.

7 June verglich Christentum und Buddhismus und vertrat die Auffassung, daß der Buddhismus in seiner Frauenunterdrückung subtiler ist und möglicherweise die Seelen von Frauen noch nachhaltiger durchdringt. Als Beweis bezüglich des tibetanischen Buddhismus beschrieb sie eine Meditation, bei der man „einen Lama sehen (sollte), der auf deinem Kopf sitzt und eine ‚reine' Essenz (Samen) aus seinem Körper durch den deinen tropfen läßt". Gespräch am 23. April 1988, bestätigt in einem Telefongespräch 1992.

8 Vgl. Barbara G. Walker, *The Women's Dictionary...*, a.a.O., S. 57-58 (fehlt in der deutschen Ausgabe). Im gleichen Eintrag sagt Walker: „Der im Grunde heidnische

Charakter von Maria, da sie eine Zusammensetzung aus alten Göttinnen-Vorstellungen war, führte dazu, daß die Kirchenväter in den ersten Jahrhunderten ihrer Verehrung erbitterten Widerstand entgegensetzten und diejenigen, die behaupteten, sie sei wahrhaft göttlich, als häretisch bezeichneten."

9 Vgl. Kapitel Dreizehn und Siebzehn.

10 Walker, *The Women's Dictionary...*, a.a.O., S. 396 (fehlt in der deutschen Ausgabe).

11 Ibid. (fehlt ebenfalls in der deutschen Ausgabe).

12 Vgl. Kapitel Siebzehn.

13 Es gibt keine genaue Entsprechung im amerikanischen Englisch zum „vom Stapel lassen" in diesem Sinn. Wir würden in den USA vermutlich sagen „Bücher signieren" oder „Autorin-Empfang" oder „Veröffentlichungsparty".

14 Ich kam im Herbst 1990 zurück und nehme mir vor, das weiterhin zu tun.

15 Kürzlich bemerkte Erika, daß sie nicht gewonnen haben würde, wäre die Krise später, unter der konservativeren Regierung der achtziger Jahre (mit ihren Veränderungen des Arbeitsrechts, AdÜ.), eingetreten. (Transatlantisches Telefongespräch, 25. Januar 1992)

16 Diese Arbeitsgruppen wurden von Ursa Krattiger, Eveline Ratzel, Elfie Fuchs und Lilly Friedberg geleitet.

17 Transatlantisches Telefongespräch 25. Januar 1992. Seit ich dort gesprochen hatte, war es inzwischen zu einem Jugendzentrum geworden: „Jugendzentrum Gaskessel".

18 Ein oder zwei Jahre nach meinem Besuch wurden die atemberaubenden Küstengewässer und Strände dieser Insel durch einen Ölteppich verseucht, was zu zeigen scheint: „Du kannst ihm nicht entkommen." Inzwischen ist der Ort „gesäubert" worden.

19 Viele Frauen erzählten mir von ihren persönlichen Kämpfen mit unzähligen Fangarmen des Patriarchats. Eine Frau berichtete, wie sie als sehr junges Kind rituell mißbraucht wurde. Sie zeigte mir ein dickes Tagebuch, in dem sie die schrecklichen Erinnerungen niederschrieb, die einige Jahrzehnte nach den (wiederholten) Folter-Sitzungen wiederkamen.

KAPITEL NEUNZEHN
DAS PATRIARCHAT AUF DER ANKLAGEBANK: ALARM IN DER VIERTEN GALAXIE

1 Mein Gehalt lag in Wirklichkeit unter dem von dieser Institution öffentlich benannten Durchschnittsgehalt eines *assistent professors*.

2 Anzeigen für die theologische Abteilung, in denen mein Name aufgeführt war, erschienen in Publikationen wie *America* oder *Commonweal*. Anzeigen für Frauenstudien, die meinen Namen heraushoben, erschienen in dem Feministischen Magazin *Soujourner*. Diese Form der Werbung ist jedoch nur ein kleines Beispiel für dieses Phänomen.

3 Vgl. *Contemporary Issues Criticism*, ed. by Dedria Bryfonski (Detroit, Michigan: Gale Research Company, 1982), Band 1, S. 123-133.

4 Die Unterstützungserklärung von Mitgliedern der American Academy of Religion enthielt Auszüge aus einigen der Briefe, die führende amerikanische Theologen ans Boston College geschickt hatten. In dem Absatz, der diesen Auszügen voranging, stellten die unterzeichneten AAR-Mitglieder fest: „Wir möchten uns unseren Kollegen in ihrer starken Unterstützung und ihrem Drängen nach der längst überfälligen Beförderung von Mary Daly in den Rang einer Vollprofessorin anschließen. Zweifellos zeigt sich die weitverbreitete Anerkennung der Bedeutung von Mary Dalys Arbeit in Kommentaren wie den folgenden: „Ich glaube in der Tat, daß sie eine tiefere Wirkung auf unsere theologische Welt als irgendein anderer amerikanischer Theologe seit Reinhold Niebuhr gehabt hat." Thomas J.J. Altizer, State University of

New York at Stony Brook.

„Ich übertreibe nicht, wenn ich sage, daß ich Daly für die meist gehörte und einflußreichste Kritikerin von Religion, Philosophie und Gesellschaft unserer Zeit halte." Margaret R. Miles, Harvard Divinity School.

„Es scheint mir, daß, wenn der Rang des Professors als Beweis für Quantität und Qualität wissenschaftlicher Leistung und für den Dienst am akademischen Beruf und darüberhinaus an der Gesellschaft irgendeine Bedeutung hat, Mary Daly es verdient, befördert zu werden." Judy Plaskow, Marymount College.

„Es ist schwer vorstellbar, wo sich das ganze Gebiet der religiösen und theologischen Studien heute ohne den von ihr geleisteten Beitrag befände." Harvey Cox, Harvard Divinity School

„... sowohl in den Vereinigten Staaten als auch in Europa... höre ich immer wieder, daß Mary Daly die Schneide nicht nur der feministischen Theologie, sondern des modernen religiösen Denkens sei." Carol P. Christ, Pomona College.

„Ich bitte Sie dringend und verspätet, Dr. Daly die Anerkennung zuteil werden zu lassen, die ihre Arbeit seit langem verdient." John B. Cobb, Jr., School of Theology at Claremont, California.

5   Vgl. Kapitel Elf.
6   Die StudentInnen stellten in ihrer Petition fünf Forderungen. 1. Daly soll zur Vollprofessorin befördert werden mit einer entsprechenden deutlichen Anhebung ihrer Bezüge. 2. Women's Studies sollen zum Hauptfach erhoben werden. 3. Es soll mehr Kurse in Frauenstudien am BC geben. 4. Es sollen beim Lehrkörper sowie in der Leitung mehr Frauen angestellt werden, mit Schwergewicht auf farbigen Frauen. 5. Es soll im ersten Studienjahr einen Pflichtkurs geben, der sich besonders mit den Problemen von Rassismus, Sexismus, Vergewaltigung und Pornographie beschäftigt, jedoch nicht darauf beschränkt ist. Vgl. *The Heights*, 23. April 1989.
7   Vgl. *Reine Lust*, Kapitel Zwölf. Vgl. Definition von *Be-Witching* im *Wickedary*.
8   Vgl. Kapitel Zwölf von *Auswärts reisen*.
9   Örtlich gab es unterstützende Artikel zu meinem Fall und zu den Demonstrationen in *The Boston Globe, The Boston Herald* (der zwei Artikel und eine Kolumne zum Thema veröffentlichte) und *Newton Graphic*. Es gab gute Artikel in so unterschiedlichen Publikationen wie *The New York Times, The Washington Post, The National Catholic Reporter, Catholic Herald* (London), *The Christian Century*.
10 Viele Briefe kamen von Professoren in Amerikanistik, Englisch, Philosophie, Politische Wissenschaften, Psychologie, Soziologie und Frauenstudien. Es gab auch zahllose Briefe von Frauen und Männern, die nicht im akademischen Umfeld arbeiteten.
11 Der Brief aus dem BC-Lehrkörper trug fünfundvierzig Unterschriften und stellte unter anderem fest: „Die unterzeichneten Lehrpersonen, sowie Mitglieder des Women's Studies Committee und andere, sind alarmiert über das, was wir für Widerstand gegenüber Frauen in der Wissenschaft ansehen, wie er sich in der kürzlichen Verweigerung der Beförderung der feministischen Wissenschaftlerin Mary Daly durch die Universität äußert." Vgl. *The Heights*, 1. Mai 1989, S. 7.
12 Im Brief der ehemaligen StudentInnen hieß es unter anderem: „Boston College wiederholt gegenwärtig den Fehler, den es im Fall Marcuse vor 25 Jahren und im Fall von Daly vor 20 Jahren gemacht hat. Dieser... sinnlose Fehler... [zeigt, daß] Boston College immer noch durch Überbleibsel aus der Vergangenheit, die es nicht abschütteln kann oder will, von wahrer Urteilsfähigkeit abgehalten wird." Vgl. *The Heights*, 1. Mai 1989.
13 Der „Offene Brief an Präsident Monan" der irischen Frauen stellte unter anderem fest:
    Mary Daly wird hier und international zweifellos zu den brillantesten und originellsten Denkern des zwanzigsten Jahrhunderts gezählt. Dennoch ist ihr der Status und

die ökonomische Sicherheit, die Sie weitaus weniger brillanten, produktiven und weitbekannten Wissenschaftlern gewähren, versagt worden... Wenige Monate nach Mary Dalys letztem Besuch in Irland war die Stadt Dublin Gastgeberin für ein Football-Spiel zwischen Boston College und West Point. Dies gab Boston die Gelegenheit, sich als eine der vorzüglichsten akademischen Institutionen Amerikas darzustellen, eine, die sich ihrer akademischen Freiheit rühmt und die starke Bindungen an Irland hat... Das Irland, das Sie feiern, ist nicht das Irland, in dem wir leben. Das heutige Irland ist von Geschlechtsdiskriminierung und Unterdrückung geprägt. Die Arbeit von Mary Daly ist für diejenigen unter uns, die wir ein neues, von den Schrecken der Vergangenheit befreites Irland suchen, inspirierend. Für kommende Generationen wird die Arbeit der Irisch-Amerikanerin Mary Daly eine scharfe Kritik der Herrschaftsstrukturen und eine prophetische Vision darstellen... Wir als irische Frauen sind entsetzt über Ihre Entscheidung, ihr die Vollprofessur zu verweigern und sie weiterhin so schäbig zu bezahlen.

14 So schrieb zum Beispiel ein ehemaliger Student an Präsident Monan unter anderem: „Von all den Lehrern, bei denen ich in den vier Jahren im Hochbegabten-Programm am Boston College und drei Jahre an der Harvard Law School studierte, hat Dr. Daly die stärkste Wirkung auf meine geistige Entwicklung gehabt. Es ist eine Schande, daß sie nicht schon lange die Vollprofessur bekommen hat. Ich nehme an, daß Sie, Sir, und Ihre Kollegen nicht die Gelegenheit hatten, Dr. Daly als Lehrerin zu haben; vielleicht hätten Sie sonst, so wie ich, das Kirchturmdenken hinter sich gelassen. Unabhängig von den vorgegebenen Gründen für die Entscheidung hege ich den starken Verdacht, daß sich die Entscheidung nicht auf Dr. Dalys Leistung stützt, sondern darauf, daß Sie mit dem, was sie sagt und schreibt, nicht einverstanden sind. Dies ist ein ärgerlicher Eingriff in die akademische Freiheit." Der Autor dieses Briefes hat 1969 im Hochbegabten-Programm bei mir studiert, wurde Scholar of the College und graduierte *summa cum laude*.

15 Vgl. *The Nation*, 24. März 1989. Der Artikel fuhr fort: „Kardinal Joseph Bernardin von Chicago unterschied, als er nach dem Treffen befragt wurde, den von [Kardinal] Law definierten radikalen Feminismus von dem, wie er ihn nannte, ‚christlichen Feminismus‘, den er als ‚nicht nur wichtig, sondern notwendig‘ bezeichnete. Christlicher Feminismus, so sagte er, arbeitet an der Veränderung der Rolle der Frau in Kirche und Gesellschaft ‚innerhalb eines bestimmten Rahmens‘ und ‚innerhalb der Strukturen der Kirche‘. Befragt, ob Mitglieder der Kurie seine Unterscheidung teilten, antwortete er: Ja, ich bin sicher, daß sie das tun.‘"

16 Eine Aufzählung von Vortragsveranstaltungen in jenem akademischen Jahr (1988/89).

17 Dazu gehörten Mary Stockton, Produzentin, und Carole Tillis, Regisseurin.

18 Die Attrappen wurden von Anna Larson und Nicki Leone entworfen, hergestellt und angezogen.

18 Zum Hexenchor gehörten Leigh Anthony, Susan Messenheimer, Maria Moschoni und Georgia Stathopoulou. Die Klatschbasen waren Nilah MacDonald und Suzanne Melendy.

20 Dies schrieb Annie Lally Milhaven in einem unveröffentlichten Artikel über dies Ereignis.

21 Vgl. Kapitel Elf.

22 Vgl. Kapitel Zwölf.

23 In einem Telefongespräch im Februar 1992 sagte mir Evelyn Wight, daß die Gelegenheit, an jenem Abend zu sprechen, es ihr möglich gemacht hatte, über ihre Scheuklappen hinauszusehen und zu Realisieren, daß da eine ganze Welt von Frauen, insbesondere Lesben, vom Mord an Rebecca zutiefst betroffen ist. Davor hatte sie sich in ihrer Trauer isoliert gefühlt, doch dort hatte sie das überwältigende Mitgefühl und die Energie der Anwesenden Frauen gespürt, als sie sprach. Kurz ehe

Evelyn auf die Bühne ging, um ihre Rede zu halten, ging Lierre, eine der Musikerinnen, hinter die Bühne und sang ihr ein Lied vor, das sie über den Mord an Rebecca geschrieben hatte, die genau ein Jahr und einen Tag vor der Aufführung „Die Hexen kehren zurück" getötet worden war. An diesem Abend hatte Evelyn zum ersten Mal über den gewaltsamen Tod ihrer Schwester weinen können.

KAPITEL ZWANZIG
WEITERSEGELN: ANLAUFHÄFEN AM UNTERSCHWELLIGEN MEER – EINREISEHÄFEN IN DAS EXPANDIERENDE JETZT

1   David Nyhen, „Shhh... 14 Women Were Slaughtered", *Boston Sunday Globe*, 10. September 1989. Er schrieb weiter: „Montreals Bürgermeister Jean Doré, dessen ständige Babysitterin zu den Opfern gehörte, weigerte sich, das Verbrechen einfach nur als die Tat eines geistesgestörten ‚Wahnsinnigen' abzuwerten. Nachdem er den grauenhaften Schauplatz gesehen hatte, sagte der Bürgermeister, was gesagt werden mußte: ‚... eine gewisse Zahl von Männern in unserer Gesellschaft haben die Voraussetzung der Zivilisation, die völlige Gleichheit von Männern und Frauen, nicht akzeptiert.' Dies ist die wahre Botschaft von Montreal, abgesegnet durch die Form, in der die Medien das Ereignis behandelt haben: Männer wollen's nicht wissen, Männer hören nicht gern, was der Bürgermeister sagte."

2   Crones' Harvest wird im *Gaia's Guide International 1991/1992* beschrieben als „ein radikal-feministischer Buchladen, mit Kunstgegenständen, Schmuck, Bekleidung und Musik sowie feministischen Vorträgen und anderen Ereignissen nur für Frauen im Einzugsgebiet von Boston". *Gaia's Guide* ist ein internationaler Reiseführer für Frauen. Er ist im allgemeinen in Frauenbuchläden erhältlich. Die Adresse von Crone's Harvest ist 761 Centre Street, Jamaica Plain, Massachusetts 02130.

3   Wenigstens ein männlicher Journalist anerkannte die Tatsache, daß das Massaker von Montreal ein deutliches Zeichen für einen Krieg gegen Frauen war. Das war James Quig, von dem in *The Gazette* (Montreal) am 10. Dezember 1989 ein Artikel mit dem Titel „We Mourn All Our Daughters" (Wir trauern um all unsere Töchter) erschien. Er schrieb: „Sie sind gefallen. Sie starben in einem Krieg. In den Straßen von Prag und Berlin würden wir sie gefeiert haben. Doch sie arbeiteten sich an einer viel älteren Mauer ab... Sie wollten Ingenieurinnen werden. Wie Martin Luther King hatten sie einen Traum. Das war ihre einzige Waffe: ein Traum. Deshalb tötete er sie. Sie waren die Töchter einer Revolution. Ob sie es wollten oder nicht. Ob sie es wußten oder nicht... Unsere Töchter wollen ihren Anteil. Mit diesem Traum wurden sie für Marc Lépine zum Feindbild!" Leider sind Quigs Gedanken an einigen Stellen wirr. Er fährt fort, daß „nur Männer den Krieg beenden können" und daß „dies die Zeit für Zorn (ist). Manneszorn. Dies ist keine Aufgabe für Frauengruppen, nicht einfach noch ein Leckerbissen für die Frauenbewegung." Soviel zur wohlmeinenden männlichen Analyse.

4   Aufzählung von Vorträgen an Universitäten, Colleges und Frauenbuchläden im Herbst 1989, 1990 und 1991. Mary Daly fügt hinzu: In meinen Vorträgen 1990 bezog ich mich wiederholt auf das Massaker von Montreal, zitierte die Namen der vierzehn abgeschlachteten Frauen und sprach über das Problem der Auslöschung durch die Medien.

5   Vgl. Kapitel Siebzehn.

6   Vgl. Kapitel Siebzehn.

7   Vgl. Kapitel Dreizehn.

8   „Hedge Schools" (Hecken-Schulen) waren Schulen im Freien, die geheim und versteckt waren, weil die Briten in der Zeit der „Penal Laws" den Katholiken jegliche Bildung verboten hatten. Die Penal Laws, die 1695 erlassen und in ihrer Gesamtheit erst mit der katholischen Emanzipation 1829 widerrufen wurden, waren eine Reihe

grausamer Erlasse der Briten, mit denen die katholischen Iren auf hilflose Machtlosigkeit reduziert werden sollten. Vgl. Cecil Woodham-Shmith, *The Great Hunger*, a.a.O., S. 26-28.

9 Mary Daly, *Al di là di Dio Padre*, a.a.O.

10 Mary Daly, *„Il mio viaggio die filosofa Femminista Radicale"*, Leggere Donna, September/Oktober 1990, S. 14-15.

11 Ibid.

12 Ibid.

13 Vgl. Kapitel Vierzehn.

14 Ibid.

15 Vgl. William Anderson und Clive Hicks, *Green Man: The Archetype of Our Oneness with the Earth* (Der Grüne Mann: Der Archetyp unseres Einsseins mit der Erde, AdÜ.), London und San Francisco 1990). Die Autoren, und offensichtlich ihre Ehefrauen, die ihnen halfen, „Grüne Männer" zu entdecken, haben eine bemerkenswerte Neigung, nur Männer zu sehen, obgleich eine Reihe der Abbildungen mir äußerst weiblich erscheinen (z.B. gegenüber den Seiten 32 und 65). In ihren Danksagungen erwähnen sie, daß ihre „Haupt-Dankesschuld Kathleen Bashford" gilt, „die das erste Buch über den Grünen Mann schrieb und der jeder, der sich mit dem Thema beschäftigt, für ihre Gelehrsamkeit, ihre wissenschaftliche Detektivarbeit und ihre vorzüglichen Fotografien dankbar sein muß". Es wäre hilfreich gewesen, wenn sie uns mehr Information über die ursprüngliche Arbeit dieser Frau gegeben hätten. Außerdem ist ihre Antwort auf die von ihnen selbst gestellten Frage: „Warum gibt es keine Grünen Frauen?" genauso verwirrend wie die Frage selbst. Sie sagen: „Es gibt zwar einige... doch sind sie sehr selten" (vgl. S. 23). Außerdem ist ihre Erklärung meiner Meinung nach bankrott: „Im allgemeinen jedoch scheint die Antwort zu sein, daß er, aufgrund des Mythos, an dem der Grüne Mann teilhat, genausowenig ohne das weibliche Prinzip existieren könnte, wie jeder sterbliche Mann ohne sterbliche Frau existieren kann" (S. 23). Sie widmen dieser „Frage" genau einen Absatz. Wenn ich mir die Fotos anschaue, stelle ich fest, daß in den seltenen Fällen, in denen Brüste abgebildet sind, diese als Grüne Frauen anerkannt werden. Wenn die Abbildung jedoch ein sehr weiblich aussehendes Gesicht, umgeben von Blättern, zeigt, und die Frage der Brüste sich nicht stellt, scheint man anzunehmen, es handele sich um einen Grünen Mann.

ENDE – ANFANG
DIE GROSSE ZUSAMMENKUNFT UND DIE GROSSE ZUSAMMENFASSUNG

1 Vgl. Judy Foreman, „Implants leak at rate of 5%, scientists say" (Wissenschaftler sagen, 5% der Implantate laufen aus, AdÜ.), *The Boston Globe*, 19. Februar 1992.

2 Vgl. beispielsweise Judy Foreman, „Long-term safety was concern of researchers for implant maker", *Boston Sunday Globe*, 19. Januar 1992. Foreman weist darauf hin, daß Dow bereits seit 1975 von größeren Problemen bei ihren Silikon-Implantaten Kenntnis hatten.

3 Vgl. Foreman, „Implants leak", a.a.O.

4 Die Injektion von Silikon in Frauenbrüste ist schon ziemlich lange „the American way". Nach dem Zweiten Weltkrieg waren den amerikanischen GIs die Brüste der Japanerinnen „zu klein". Die „Lösung" war, flüssiges Silikon, ein in der Industrie verwendetes Kühlmittel, das aus Fässern in den Docks japanischer Städte gestohlen wurde, in die Brüste der Frauen zu injizieren. Als das nicht funktionierte, weil das Silikon in den übrigen Körper sickerte, wurden Chemikalien hinzugefügt, die Narbengewebe hervorriefen, das die Silikontropfen an ihrem Platz hielt. Dies war der Anfang der schmutzigen Geschichte vom Silikon im Körper der Frauen, deren Implikationen erst fünfzig Jahre später ans Licht kamen. Vgl. Judy Foreman,

„Women and silicone: a history of risk", *Boston Sunday Globe*, 19. Januar 1992.

5   Vgl. Michael D. Lemonick, „The Ozone Vanishes", *Time*, 17. Februar 1992. Vgl. auch Eloise Salholz und Mary Hager, „More Bad News in the Air", *Newsweek*, 17. Februar 1992.

6   *Nozone* wurde von Jane Caputi in einem Telefongespräch im Februar 1992 Be-Sprochen.

7   Die National Organization for Women (NOW) hat heroisch gekämpft, um Frauen zum Widerstand gegen diese Frauen-hassende Regression aufzurütteln. In einem ihrer Rundbriefe berichtet die Organisation vom Tod einer Siebzehnjährigen in Illinois, die ihren Eltern nicht wehtun wollte, deren Einverständnis sie in diesem Staat gebraucht hätte, um eine legale Abtreibung zu bekommen. Fälle wie der ihre vervielfachen sich in den neunziger Jahren in den Vereinigten Staaten. Ein erschrek-kendes Beispiel für das, was auch hier geschehen könnte, ist der rechtliche Status von Frauen in der Irischen Republik. Dies wurde vor den Augen der Welt deutlich, als 1992 einer Vierzehnjährigen, die Opfer einer Vergewaltigung geworden war, verboten wurde, das Land zu verlassen, um eine Abtreibung zu bekommen. Die gerichtliche Verfügung wurde erst aufgehoben, als sie sich als selbstmordgefährdet erwies und sich herausstellte, daß sie wahrscheinlich durch die Schwangerschaft seelische Langzeitschäden davontragen würde – sowie nach enormem öffentlichem Protest in Irland und in der ganzen Welt. Feministinnen im katholischen Irland kämpfen für eine Gesetzesreform. Der Kampf ist jedoch schwierig, da als Folge eines Referendums im Jahre 1983 ein Artikel, der die Abtreibung verbietet, in die Verfassung aufgenommen wurde (Artikel 40.3.3). In dem Artikel heißt es: „Der Staat bestätigt das Recht auf Leben für die Ungeborenen und garantiert, mit angemesse-ner Berücksichtigung des gleichen Rechtes auf Leben für die Mutter, soweit es praktikabel ist, durch seine Gesetze dieses Recht zu verteidigen und ihm Geltung zu verschaffen." Jedes Jahr verlassen Tausende Frauen Irland, um eine Abtreibung zu bekommen. Nicht jede Frau kommt davon.

8   Vgl. *Gyn/Ökologie* und *Reine Lust.* Die sieben Punkte des Sado-Ritual-Syndroms, die ich in *Gyn/Ökologie* Ent-Deckte, lassen sich auf jedes dieser Greuel genausogut anwenden, wie sie auf das chinesische Fußeinbinden und andere gynozide Greuel passen. Vgl. *Gyn/Ökologie*, S. 153-155.

9   Es ist allgemein üblich, in Nachschlagewerken auf dem Gebiet der Philosophie die Existenz von Hypatia und Anderen Frauen auszulöschen, während sie dem sich wiederholenden Dröhnen der Drohnen endlose Seiten widmen. So brauchen wir beispielsweise nicht in *The Encyclopedia of Philosophy*, hrsg. von Paul Edwards, New York und London 1967, nachzusehen.

10   Für weitere Informationen über die Geschichte von Sacajawea vgl. Paula Gunn Allens Gedicht „The One Who Skins Cats", in *Skins and Bones: Poems 1979-1987*, Albuquerque, New Mexico, 1988, S. 14-19.

11   Vgl. Barbara G. Walker, *The Woman's Dictionary*, a.a.O., S. 419-420 (fehlt in der deutschen Ausgabe).

12   Da wir uns des Vordergrunds jetzt intensiver bewußt sind, haben wir viel, worüber wir jammern und wehklagen können. In den frühen neunziger Jahren setzt sich die Eskalation des Gynozids, die Radikale Feministinnen Ende der achtziger Jahre vorausgesagt hatten, fort. Beispielsweise 1991. Im Oktober jenes Jahres eröffnete der Massenmörder George Hennard, der Frauen „heimtückische weibliche Vipern" nannte, in einem Restaurant in Killeen, Texas, das Feuer. Er tötete vierzehn Frauen und acht Männer. Im gleichen Monat gestand ein Mann in New Hampshire, daß er seine Frau erwürgt und seine drei kleinen Töchter erstickt hatte. Und in jenem Oktober wurde ein Polizeibeamter in Braintree, Massachusetts, angeklagt, seine blinde, diabetische Frau, die am Dialysegerät hing, angegriffen, ihr die Schulter ausgerenkt und verschiedene Brüche am Knie und am Ellbogen beigebracht zu

haben. Davor – Ende des Sommers – wurde ein Sechzehnjähriger in Beverly, Massachusetts, verhaftet, weil er seine vierzehnjährige Freundin ermordet hatte. Wie die Kolumnistin des *Boston Herald*, Margery Eagan, feststellte, wurde mehr Geld für den Franklin Park Zoo in Boston ausgegeben, als der gesamte Staat Massachusetts für die Zufluchtsstätten für Frauen und Kinder aufbringt. Und: „Mehr amerikanische Frauen suchen Soforthilfe wegen Schlägen vom Ehemann als wegen Überfällen, Vergewaltigungen und Autounfällen zusammengenommen. Schläge sind der Verletzungsanlaß Nummer Eins für Frauen, die neunmal öfter in ihrer Wohnung als auf der Straße angegriffen werden." Vgl. Margery Eagan, „Battered Women Deserve Unconditional Protection" (Geschlagene Frauen brauchen bedingungslosen Schutz, AdÜ.), *The Boston Herald*, 24. Oktober 1991.

REGISTER